AF137803

Johann Wilhelm Preger

Geschichte der deutschen Mystik im Mittelater

Band 2

Johann Wilhelm Preger

Geschichte der deutschen Mystik im Mittelater
Band 2

ISBN/EAN: 9783743356269

Hergestellt in Europa, USA, Kanada, Australien, Japan

Cover: Foto ©ninafisch / pixelio.de

Manufactured and distributed by brebook publishing software (www.brebook.com)

Johann Wilhelm Preger

Geschichte der deutschen Mystik im Mittelater

Geschichte der deutschen Mystik

im Mittelalter.

Nach den Quellen untersucht und dargestellt

von

Dr. **Wilhelm Preger,**

Gymnasialprofessor in München.

II. Theil:

Aeltere und neuere Mystik in der ersten Hälfte des XIV. Jahrhunderts.
Heinrich Suso.

— —

Leipzig,

Dörffling und Franke.

1881.

.n̦

Uebersicht des Inhalts.

Zweites Buch.

Heinrich Suso.

Anhang.

Berichtigungen und Zusätze.

S. 62 Z. 12 v. o. statt Wort lies Hort.
„ 63 „ 7 v. u. l. Himmelsrose.
„ 104 „ 18 v. o. statt A. L. l. A. Pr.
„ 135 f. Vgl. das von Rieger mitgetheilte Stück in Wackernagel's Altd.
   Pred. u. Geb. S. 598: Es waren fünf lesemeister zestrasburg
   bieinander und retten von der heiligen geschrift und sunderlich
   von liden etc.
„ 184 Z. 18 v. o. st. worden l. werden.
„ „ „ 3 v. u. l. *natura*.
„ 301 „ 2 v. o. st. wurden l. würden.

ERSTES BUCH.

Aeltere und neuere Mystik in der ersten Hälfte des XIV. Jahrhunderts.

Unterschiede der älteren und neueren Mystik.

Im ersten Theile dieses Werkes ist versucht worden, die wichtigsten Erscheinungen der deutschen Mystik bis in die Anfänge des 14. Jahrhunderts und daran anschliessend die Lehre Meister Eckhart's darzustellen. Die Kraft dieses Geistes hat in hohem Masse befruchtend auf das religiöse Denken in Deutschland gewirkt. Ein neues Leben geht von ihm aus und ergreift immer weitere Kreise. Daneben erhält sich die ältere kirchliche Mystik noch fort und zieht durch einzelne hervorragende Leistungen die Beachtung auf sich. Die Weise unserer Darstellung, welche den Leser theilnehmen lassen will an der Auffindung und Einordnung des Materials in den geschichtlichen Aufbau, fordert darum hier einen vergleichenden Rückblick auf die ältere kirchliche und auf die neuere eckhartische Mystik, um Kriterien zu gewinnen, nach welchen der neue sich zudrängende Stoff unterschieden und beurtheilt werden kann.

Als höchste Vollendung des Menschen und daher als das Ziel des religiösen Lebens wird von der älteren kirchlichen Mystik übereinstimmend das unverhüllte Schauen der ewigen Wahrheit oder des göttlichen Wesens bezeichnet. Mit Hilfe der Gnade wird dieses Ziel erreicht. Die Gnade führt den Menschen stufenweise aufwärts, macht ihn zu einem anhebenden, fortschreitenden, vollkommenen Menschen (I, 277)[1], reinigt, erleuchtet, vervollkommnet ihn (I, 262): sie ist es, welche die Seele im Glauben und in der Sehnsucht der Liebe auffliegen macht (I, 225), welche den Intellect durch ihr gesteigertes Licht, das Licht der Glorie, zuletzt zum Schauen des göttlichen Wesens befähigt (I, 262). Die erkennende Kraft der Seele, die *ratio* (Bernhard), die

---

[1] Die Citate wollen nur als Beispiele dienen, und meinen nicht, dass nur an dem angeführten Orte von der betreffenden Sache die Rede sei.

1*

intelligentia (Hugo, Richard), der Intellect (Albert, Thomas) ist das Auge mit dem wir Gott schauen.

Der durch die Liebe bestimmte Wille trägt die erkennende Kraft allmählich zum Schauen empor (I, 267); durch die Befolgung der evangelischen Rathschläge wird ausgeschlossen, was die Energie der Liebe hindert (I, 266); die Flamme der Liebe besiegt die widerstrebenden Leidenschaften (I, 232), sie läutert die Kräfte, lehrt Dinge und Sinne verachten (I, 223). Nur in der Negirung alles Körperlichen und Sinnenfälligen, in der Abstraction von allen Formen der Dinge, von dem Sein selbst, sofern es in den Creaturen verbleibt, gelangen wir zum Schauen Gottes (I, 266). Da wird der Geist sich selbst entfremdet (I, 250), da stirbt er, dringt ein in das Dunkel, geht, indem Sorgen und Begierden und Einbildungen zum Schweigen gebracht sind, mit dem gekreuzigten Christus aus dieser Welt zum Vater (I, 259).

Das Innewerden Gottes ist auf seinem Stufengange durch die Liebe bedingt. Der gesteigerten Liebe entspricht ein gesteigertes Schauen, und hinwieder ist jedes Schauen rückwirkend und die Liebe steigernd.

Allmählich durch forschende und erwägende Consideration strebt die *ratio* vom Sinnlichen zum Uebersinnlichen empor; zuweilen aber wird die Seele durch plötzliche Entrückung (*raptus*) zum Schauen (*contemplatio*) nach jenen Höhen geführt (I, 221 ff.). Nach Hugo und Richard erhebt sich die Intelligenz durch *cogitatio, meditatio* und *speculatio* zur Contemplation. Da verhält sich dann die *speculatio* zur *contemplatio* wie das Schauen der Wahrheit im Spiegel zu dem Schauen der Wahrheit ohne Hülle (I, 248).

Verschiedenartig sind die Stimmungen und Zustände, in denen sich die Seele auf diesem Wege zum Schauen befindet. Unruhe begleitet die Meditation, Bewunderung die Speculation, Süssigkeit die Contemplation (I, 232), oder andächtiges Hingenommensein (*devotio*), Bewunderung und Jubel (I, 250). David, vereinzelte Bezeichnungen seiner Vorgänger namentlich Richard's zusammenfassend, nennt: *jubilus, ebrietas, spiritus, spiritualis jucunditas, liquefactio* (I, 279). Zu der letzten und höchsten Stufe der Contemplation gelangen wir durch die Entfremdung von uns selbst, durch Ekstase, welche durch die Liebe und durch die Wonne, mit der uns das Geschaute erfüllt, bewirkt wird, und die *raptus* genannt wird, insofern die Grösse und Herrlichkeit des plötzlich Geschauten uns mit einer Art von Gewaltsamkeit über uns selbst hinausführt (I, 250).

Es ist in diesem Leben möglich, zuweilen auf die höchste Stufe der Contemplation zu gelangen (I, 226, I, 259 u. a.). Der Mensch soll nicht ruhen, bis er hienieden wenigstens einige Erfahrung von dieser uns in der Zukunft beschiedenen Fülle der Seligkeit gemacht hat (I, 267).

Und gelangt der Mensch zu dieser höchsten Stufe, so wird dann Gott selbst die Form der Seele, die menschliche Empfindung zerfliesst an sich selbst und wird gänzlich in den göttlichen Willen umgegossen, die Seele wird vergottet (I, 226). Wie der Wassertropfen im Weine Geschmack und Farbe des Weins gewinnt, wie das im Feuer glühende Eisen seine eigene Form verliert und die des Feuers annimmt, wie die vom Sonnenlicht erfüllte Luft in die Klarheit des Lichts umgegossen wird, so ist es mit der Seele, deren Form Gott geworden ist. Ihre Substanz bleibt wohl, aber sie ist in einer anderen Form (Bernhard I, 226 cf. Hugo I, 232). Da wird dann unser Geist Gottes inne nicht in einem anderen (als in einem Spiegel), sondern unmittelbar (Hugo I, 233 cf. Bonav. I, 257). Wenn so Licht ist, der das Licht erzeugt, und Licht ist, der da empfängt, so ist dasselbe der da erzeugt und der da empfängt: so doch, dass jener es ist von Natur, dieser von Gnaden (Hugo I, 241).

Von dem schauenden Leben (*vita contemplativa*), dessen typische Gestalt Maria von Bethanien ist, unterscheidet sich das wirkende (*vita activa*), das in Martha, der Schwester Mariens, repräsentirt ist. Das schauende Leben ist das seiner Natur nach höhere, tritt aber hinter das wirkende zurück, so oft die Liebe es verlangt (I, 227).

Diese Gedanken etwa bezeichnen den Umkreis, innerhalb dessen die ältere kirchliche Mystik sich bewegt. Es ist ein Grosses, was hier erstrebt wird, und ob nun das Ziel erreichbar ist oder nicht — das Streben selbst war für die Geschichte des religiösen Lebens von der grössten Bedeutung. Es gibt sich darinnen ein Verlangen nach unmittelbarem Erleben des Göttlichen, nach selbständiger Erfahrung kund: die Kräfte der Seele werden durch die Forderungen der Mystik wachgerufen, das religiöse Leben aus seiner Unmündigkeit emporgehoben. Denn wenn wir die Schriften betrachten, welche Zeugnisse dieses Lebens sind, so finden wir in ihnen das Gemüth, die Empfindung zu reicher Fülle erschlossen, über dem Kampfe mit der Sinnlichkeit und Sünde, der von den Mystikern in gesteigertem Masse geführt wird, vertiefen und verfeinern sich die sittlichen Erkenntnisse, und das Auge achtet in höherem Masse auf die Thätigkeit der Seele und ihrer Kräfte.

Aber hier ist auch die Grenze der älteren Mystik. Es gelang ihr nicht, sich von den unlebendigen Schulbegriffen über die Seele und ihre Kräfte völlig los zu machen, und es ist dies wohl ein Grund mit geworden, dass sie für die Theologie in wissenschaftlicher Hinsicht wenig Frucht brachte.

Eckhart ist gleichzeitig mit Dietrich von Freiburg, vielleicht durch ihn mitbestimmt, zu einer tieferen Auffassung vom Wesen der menschlichen Seele gelangt, und es ist wichtig, dies im Auge zu behalten, weil Gedanken und Sprache der neuen durch Dietrich und Eckhart bestimmten mystischen Schule hauptsächlich von hier aus das Gepräge gewinnen, das sie von der älteren kirchlichen Mystik unterscheidet.

Das reiche Empfindungsleben, das durch die ältere kirchliche Mystik erschlossen wurde, hatte die Anlage und den Trieb der Seele für das Unendliche zum volleren Bewusstsein gebracht und zugleich das Gefühl erweckt, dass der Grund des Seelen- und Geisteslebens ein reicherer sei, als z. B. die Scholastik eines Thomas annahm. Man erkannte, dass das, was Thomas den Kräften der Seele — von dem Wesen der Seele redet er wenig und ungenügend — zumass, nur einen geringen Theil des menschlichen Seelenlebens befasse. Schon Dietrich fasst das Verborgene des Geistes, das über den Kräften stehende, als ein in sich vollkommenes, in sich seliges, wenn auch geschaffenes Sein, das nur die Kräfte zu überformen brauche, um den Menschen zu einem vollkommenen zu machen und die höchste Erkenntniss in ihm zu bewirken. Der *intellectus agens*, wie er dieses Verborgene nennt, ist etwas ganz anderes als was Thomas darunter versteht. Er stellt ihn den Intelligenzien gleich, die Wesen höherer Art sind als die Engel. Auf das Zurückgehen der Kräfte in diesen verborgenen Grund, nicht auf das Ueberformtwerden der Kräfte von aussen und oben her, wie das bei Thomas der Fall ist, kommt ihm alles an. Und die gleiche Forderung stellt Eckhart. Auch er betont das Wesen der Seele den Kräften gegenüber. Hier vornehmlich liegt das Bild; es ist der Funke, von dem aus die Seele und alle ihre Kräfte „gotvar" werden. Hier wird Gott in der Seele geboren. Es gilt für die Kräfte, dem stillen Wesen der Seele, oder, wie er in der letzten Zeit hervorhebt, dem stillen Wesen der Gottheit gleichartig zu werden. Die Lehre vom Seelengrunde, die Fragen, wo das Bild liege, in dem Wesen oder in den Kräften, und im Zusammenhange damit die Frage von der Geburt Gottes in der Seele, diese sind es, welche die neuere Mystik vornehmlich beschäftigen.

Und von der psychologischen Frage aus verbreitet sich die neue Auffassung auch über die damit zusammenhängenden theologischen Fragen. Wie in der menschlichen Seele Potentialität und Act sind so sind sie auch in Gott. Gott ist nicht lediglich *actus purus*. In Gott ist ein ewiges Werden und ein ewiges Sein zugleich. Der Sohn ist geboren und wird immerdar geboren; aus dem Wesen strömt unmittelbar das ewige Bild, die Natur der Gottheit; diese ist der Grund, in welchem sich die noch unoffenbare Persönlichkeit sich selbst offenbar wird, an ihr erwacht sie, leuchtet sich und sagt sich Person.

Es sind dies Sätze, welche für eine annähernde Erkenntniss des Wesens der Persönlichkeit und der innergöttlichen trinitarischen Offenbarung von der grössten Bedeutung sind. Und wie in der psychologischen Frage das Thema von dem Seelengrunde, so wird nun in der specifisch theologischen Frage das Thema vom Wesen Gottes, von dem noch unoffenbaren, weiselosen Abgrunde, von dem Ausfluss der Natur, dem ungeborenen und geborenen Wort etc. charakteristisch für die neuere Mystik. Bei der Unterscheidung von Potentialität und Act in Gott wird dann auch das ideale Vorsein der Dinge in anderer Weise gefasst als bei Thomas. Bei der Voraussetzung des Thomas, dass Gott *actus purus* sei, kann logisch von einer Entstehung der Idealwelt, von einer Erhebung derselben aus dem Nichtsein gar nicht die Rede sein, und consequent ebenso wenig von einem Act der Weltschöpfung, der nicht gleich ewig wäre mit Gott selbst. Denn die Schöpfung im biblischen Sinne gefasst setzt eine Bewegung in Gott selbst, einen Uebergang vom Nichtschaffen zum Schaffen, mithin eine Potentialität voraus. Und derselbe ungelöste Widerspruch bleibt bei Thomas in allen Fragen, welche das Verhältniss Gottes zur Welt, zur Geschichte mit der Menschheit, zur Erlösung betreffen. In der Mystik Eckhart's, sofern sie Theosophie oder auf mystischer Grundlage ruhende philosophische Lehre von Gott und seinen Offenbarungen ist. traten, wie wir sahen, die Fragen von dem Wesen der Gottheit, sofern sie nicht bloss die wirkende Ursache, sondern das reale Substrat aller Dinge ist, die Fragen von der Identität der Dinge mit Gott, ehe sie wurden, in einer von Thomas ganz verschiedenen Auffassung sehr bedeutend in den Vordergrund. Das göttliche Wesen ist die materiale Grundlage der Welt, sich selbst entfremdet und zu einem der Gottheit fremden Wesen geworden durch den schöpferischen Willen Gottes, aber immerhin das unter der Einwirkung der geschöpflichen Form latent gesetzte göttliche Wesen, so dass diese geschöpfliche Form nur

durchbrochen zu werden braucht, um für die Seele Gott selbst als
Grund und Statt, in der sie schaut und denkt, zu gewinnen. Während
bei Thomas die Seele in die Kräfte fliesst und diese, von der Gnade
gestärkt, ihre Ueberformung von aussen her durch das göttliche
Wesen, das ist den Begriff Gottes, empfangen, und zwar so, dass das
Schauen und Erkennen Gottes auch in der Ewigkeit ein beschränktes
und theilweises bleibt, weist die neuere Mystik die Seele auf einen
rückläufigen Weg, von den Kräften in das Wesen, zu einem Schauen
in ihr eigenes Innere, zu einem Vernichten und Durchbrechen ihres
eigenen Grundes, um dadurch von der Gottheit umgriffen zu werden und
diese als Grund und Stätte für ihr Personleben zu gewinnen, dessen
Denken und Schauen dann selbst ein unendliches wird. Es wird nicht
allzu schwer sein, von diesen Grundanschauungen aus die Schriften
der Mystik der folgenden Zeit, soweit sich für sie keine weiteren Anhaltspunkte bieten, der älteren oder neueren Schule zuzutheilen.

Lehre der älteren Schule.

1. Quellen: Handschrift von St. Georgen. Schriften des Mönchs von Heilsbronn. Münchner Handschrift Cod. germ. 100.

Handschrift von St. Georgen.

Eine Handschrift aus St. Georgen in Karlsruhe enthält nicht ganz 36 Stücke, welche zumeist einem Predigtbuche entnommen sind, dessen Verfasser am Oberrhein gewirkt hat. Die gleichen Stücke finden sich in einer Züricher Handschrift in derselben Reihenfolge, und noch vier weitere, welche, wie eine Vergleichung mit anderen Handschriften ergibt, gleichfalls jenem Predigtbuche angehört haben. So ziemlich in gleicher Folge und Zahl bringt die Stücke eine Handschrift, die zuletzt Pfeiffer besass, und welche von einem Priester Kolbe in Sygaevis bei Feldkirch mit andern Stücken verwandten Inhalts 1387 geschrieben ist. Dem gleichen Predigtbuche sind über 20 Stücke in einer Wiener und Kloster Neuburger und über 40 in einer Haager Handschrift entnommen. Das Nähere darüber s. in: Altdeutsche Predigten und Gebete von W. Wackernagel, Basel 1876, von M. Rieger herausgegeben, ergänzt und literargeschichtlich weitergeführt, und von K. Weinhold mit einer Abhandlung über die Sprache in den altdeutschen Predigten und Gebeten bereichert. S. das. S. 262 ff. 384 ff.

Den Aufstellungen und sorgfältigen Untersuchungen, welche Rieger in Bezug auf den Umfang, die Verbreitung und die Heimath des den verschiedenen Handschriften zu Grunde liegenden Predigtbuches gebracht hat, stimme ich zu bis auf die Sätze, welche die Entstehungszeit des Predigtbuches betreffen.

Eine Stelle in einer der Predigten gewährt für die Zeit, in der
sie entstanden sind, einen Anhaltspunkt. Sie lautet in den Handschriften von Zürich und St. Georgen: „die engil sehent in ze allen
ziten getwerclich vn girliche an. Dar an mvgen wir wol merken. de
das ein wunneclichis lieht invoz sin. de man ze allen ziten girlich ane
siht mit vroiden ane vrdrvz. vnd hant si doch wol drivzehen
hvndirt iar sin schone menscheit an gesehen. vnd sehent in noch
also girlich an. alse der ersten stvnde do er ein gast da was.‟
Eine noch genauere Bestimmung bringt die Handschrift Kolbe's: me
denn drizehen hvndert jar vn dri jar.

Wackernagel zieht aus der chronologischen Bemerkung nach der
ersten Fassung den Schluss, dass das Predigtbuch um 1300 entstanden
sei, während Rieger dasselbe für älter hält und meint, diese Zahl 1300
weise nur auf die Zeit eines Abschreibers, der die ältere Zahl seiner
Gegenwart gemäss corrigirt habe. Dabei deutet Rieger die Worte:
„da er ein gast da was‟ auf den Himmel und zählt die 1300 Jahre
von Christi Himmelfahrt an, so dass also die Zeitangabe eine Abschrift
meine, die um das Jahr 1333 gemacht worden sei.

Allein für's erste ist die Deutung jener Worte auf Christi Himmelfahrt unmöglich. Der Gedanke des Predigers ist, dass der Anblick der
Menschheit Christi für die Engel ein Gegenstand immer gleicher freu-
diger Bewunderung sei, seit sie dieselbe zum erstenmal gesehen. Nun
sehen sie die Menschheit Christi von seiner Geburt und nicht erst von
seiner Himmelfahrt an. Auch ist es unrichtig, dass das „da‟ auf den
Himmel gehe. Eine solche Vermuthung liesse sich etwa fassen, wenn
es hiesse: „da sie (die Menschheit) ain gast da was‟; aber es heisst:
da er (Christus) ein gast da was, und es ist nirgends kirchliche Anschauung und Sprachweise, dass Christus im Himmel ein Gast oder
Fremdling gewesen sei oder wurde, wohl aber dass er es auf Erden
gewesen sei.[1]

Und dass das 1300 der Züricher und St. Georger Handschrift
nicht die Zeit des Originals sondern des Abschreibenden meine,
dafür weist Rieger auf die Handschrift des Kolbe hin, der 1303 Jahre
zähle. Wenn der Schreiber dieser Handschrift, so meint Rieger, die

---

1) Unser Prediger zeigt anderwärts selbst, dass er keine andere
als diese Anschauung habe: „Ich liess Himmelreich, mein rechtes Erbe. und
fuhr auf Erdreich und ward Mensch — — denn ich habe um deiner Liebe
willen mich verelendet (bin ein Fremdling — s. o. do er ein Gast da
was — geworden).

Jahrzahl im Original geändert und nach seiner Gegenwart in 1303 corrigirt habe, warum sollten nicht auch die Abschreiber, die für die Handschriften von Zürich und St. Georgen benutzt wurden, in ähnlicher Weise gethan haben können, warum sollte nicht auch hier eine ältere Jahrzahl ihrer Gegenwart gemäss in das Jahr 1300 umgesetzt sein? Aber auch dieser Einwand Rieger's ist unhaltbar. Beachten wir zuerst, dass die Correctur in der Handschrift Kolbe's: me den drv zehn hvndert jar vnd drv jar, so wie sie lautet sinnlos ist. Man setzt das „mehr denn" zu einer runden Zahl, weil man eben diese Zahl durch eine Einzelziffer nicht weiter specificiren will oder kann; man setzt aber nicht eine genauere Ziffer wie 1303, und fügt ein „mehr" hinzu, wenn dieses specificirte Jahr, wie hier 1303, völlig bedeutungslos für die Leser ist. Denn gesetzt, dieses „mehr" sollte sechs oder acht Jahre sein, warum würde dann nicht gleich 1309 oder 1311 gesagt sein, wenn der Schreiber doch einmal eine mindere Zahl geben wollte? Es ist offenbar, dass der Abschreiber in Kolbe's Handschrift sich nur nachlässig ausgedrückt hat. Auch er fand in seiner Vorlage „wol 1300 jar"; er wollte das seiner Zeit gemäss corrigiren, und hätte schreiben sollen: mehr als 1300 jar, nämlich 1303 jar, aber er zog dies ungeschickter Weise in ein „me als 1303 jar" zusammen.

Hätten wirklich die Schreiber der Handschriften, aus welchen die Abschreiber von Zürich und St. Georgen schöpfen, eine ältere Jahrzahl gleichmässig in das Jahr ihres Abschreibens umgesetzt, so müssten beide ihre Abschriften im J. 1300 gemacht haben: ein zwar nicht unmöglicher, aber doch kaum wahrscheinlicher Fall. Nimmt man nun noch dazu, dass die Correctur in 1303, wie wir sahen, auch auf eine Vorlage mit dem Jahr 1300 hinzuweisen scheint, so würden sogar drei Abschriften in das Jahr 1300 fallen. Wie sollte nun aber solcher Unwahrscheinlichkeit gegenüber die gleiche Jahrzahl nicht vielmehr auf den ganz natürlichen Schluss führen, dass wir in dem Jahre 1300 die Zahl des Originals vor uns haben?

Wenn Rieger, um seine Vermuthung einer früheren Zeit des Originals zu erhärten, auf ein der Handschrift von St. Georgen beigebundenes Blatt verweist, welches eine Stelle der Predigtsammlung in älterer Sprach- und Schriftform enthält, so würde dies nur beweisend sein, wenn mit Sicherheit gesagt werden könnte, dass die Handschrift von St. Georgen selbst eine Abschrift vom Jahre 1300 wäre. So aber sind ihre jüngeren Formen nur ein Beweis, dass sie selbst entsprechend jüngeren Datums ist als das J. 1300.

Schriften des Mönchs von Heilsbronn.

Für eine der vier in Frage kommenden Schriften gibt sich der
Verfasser selbst zu erkennen. In den gereimten Schlussworten zu der
Schrift über die sechs Namen des Fronleichnams, in der Heidelberger
Handschrift 417 auch die goldne Zunge genannt, bezeichnet sich der
Verfasser als einen „Mönch von Halsprunne". Für diese Schrift liegen
unter den Münchner Handschriften viererlei Arten von Texten vor. Es
sind *Cod. lat.* 8961 (4⁰. 15 sc.) und 9004 (4⁰. 14 sc.), sodann *Cod.
germ. 100* (8⁰. 14 sc.) und 683 (4⁰. 14/15 sc.). Wir bezeichnen sie nach
dieser Reihenfolge mit *A, B, C, D*. Die beiden ersten geben den Text
in einer Mischung von Latein und Deutsch, die dritte hat nur deutschen,
die vierte nur lateinischen Text. Wir betrachten sie vorerst einzeln
etwas näher.

A beginnt lateinisch, hat dann bei der Erklärung der drei ersten
Namen vorwiegend lateinische Sprache, bei der Erklärung des 4. und
5. Namens sind beide Sprachen ziemlich zu gleichen Theilen vertreten,
und die Erklärung des 6. Namens sowie der Schluss, wo das Abendmahl mit dem Manna verglichen wird, sind fast ausschliesslich deutsch.
In den lateinischen Theilen des Textes ist mehrfach dem lateinischen
Wort der deutsche Ausdruck beigesetzt.

In *B* beginnt die Erklärung des 1. Namens deutsch und endet
lateinisch, bei der des 2. bis 4. und des 6. Namens ist das Latein vorherrschend oder nahezu ausschliesslich und ebenso ist der Schluss über
das Manna lateinisch. Nur die Erklärung des 5. Namens ist vorwiegend deutsch. Auch hier ist vielfach den lateinischen Wörtern oder
Sätzen die Uebersetzung beigefügt, oder es steht zwischen lateinischen
Sätzen ein verbindender deutscher Satz.

C enthält die deutsche Bearbeitung des Traktats in vollständiger
Ausführung mit gereimten Eingangs- und Schlussworten. In den
letzteren gibt sich der Verfasser der Reime selbst als Verfasser des
Traktats. Er sagt ferner, dass er die Blumen, welche die Riesen Augustin,
Ambrosius, Bernhard, Gregorius von Gottes Leichnam gestreut haben,
zu einem Büchlein zusammengeklaubt habe, dass er sie zu deutsch
auslegen wolle. Auch die Verse, in denen er es rechtfertigt, dass er
nicht in Versen, sondern „in gemeiner Red" sein Thema behandle,
zeigen klar, dass der Verfasser nicht ein fremdes Werk bloss
übersetze.

D ist nicht vollständig in der Handschrift. Diese bricht am Schluss des Bandes bei der Erklärung des 2. Namens mitten in dem Abschnitt, welcher die sechste Art der Minne beschreibt, ab. Das etwa den fünften Theil des Traktats enthaltende Fragment erweist sich als Ueberrest eines durchgängig lateinischen Textes über dieses Thema und zwar so, dass dieser sich in der Ausführung mit dem in *C* ausgeführten deutschen Texte deckt.

A und *B* geben sich unzweifelhaft als Vorarbeiten für eine deutsche Bearbeitung zu erkennen. In beiden sind, wie bemerkt, einzelnen Worten oder Sätzen die deutschen Ausdrücke bereits beigefügt, in jeder dieser Handschriften Abschnitte deutsch bearbeitet, die in der anderen noch lateinisch sind.

Die Frage ist nun, wie sich die verschiedenartigen Texte in *A*, *B* und *D* zu *C* oder dem deutschen Texte verhalten?

Wir vergleichen einige parallele Stellen miteinander:

A: *Secundo quia Deus hoc donum dabit voluntarie et gaudenter etc. quia quod voluntarie dabunt hoc plus est acceptum quam sine voluntate.*

B: *Secundo circa donantem notatur voluntas et hylaritas,* wann die gab nit als gezem wär, die man vngern vnd vnfrölich oder vnwilliklich gäb.

C: Zem andern male merket man an dem, der da git, ob erz willeclich vnd frölich git: wan div gabe niht als geneme were die man vngerne vnd vnwilleklich gebe.

D: *Secundo commendatur in dacione si libenter donum et hilariter dat, quia nullum donum est ita gratum quod involuntarie et turbido vultu datur, sed si* (Text sic) *lete daretur.*

Unter diesen Texten weisen die von *B* und *C* am nächsten aufeinander: *circa donantem* — an dem der da geit; *notatur* — merket man (dagegen *D: commendatur*); ferner der deutsche Satz in *B* verglichen mit dem in *C*.

B: *Quia revera omnis spiritualis amor de amore dei nascitur et oritur, sicut una candela ab alia incenditur.*

C: Wann als werlich allir geistlichir minne von gotes minne enzvndet wirt als ein kirze von einer andern.

D: *Quia de certo omnis amor spiritualis accenditur ab amore divino sicut eciam homo ab homine sancto emendatur.*

Dass hier *C* nach *B* und nicht nach *D* übersetzt habe, wird an dem Gleichniss offenbar. Das Gleichniss in *D* scheint eine Verbesserung des Gleichnisses in *B* und *C* sein zu sollen.

A: Unde in naturalibus omne cor nobile et virtuosum gaudet quando debet dare.

B: Unde philosophi dicunt, quod nobile cor omni hora letatur et virtuosum efficitur cum dat vel dare debet.

C: Wan ez sprechen die meister von der natur, daz ein ertik herze edelz vnd tugenthaftez sich zo allen ziten frewet so ez git oder geben sol.

D: Unde dicunt philosophi, quod omne cor nobile et virtuosum gaudet omni tempore, quando debet aliquid boni aliis communicare.

Auch hier ist *C* unter Benützung von *A* und *B* entstanden. Der Schluss in *C* weist auf *B*; in *D* lautet er anders. Die Worte aber: hertze edelz und tugendhaftez sind aus *A* und nicht aus *D* herübergegenommen, da gegen *D* der abweichende Schluss spricht und *A* und *B* als zweierlei Vorarbeiten desselben Verfassers überall sich unzweideutig kund geben.

B: Unde bene ipsis qui nati sunt, qui ferventi amore esuriunt hunc panem, unde quociens tales sumunt corpus domini, tociens operatur in eis gracias virtutum.

C: Wol sie daz sie ie geborn worden die mit haizer vnd minnesamer beger hungert nach disem brote, wan die selben enpfahen in nimmer als ofte, er bringe als ofte gnade.

D: Bene erit eis, qui unquam nati fuerunt, qui mundo corde et accensi divino amore istum panem sumunt vel eciam desiderant, quia quociens eum recipiunt semper cum eo aufferunt eis celestia odoramenta.

Hier ist bei *C* wieder der Text von *B* und nicht der von *D* benützt, wie die Vergleichung des ganzen und insbesondere der jedesmalige Schluss zeigt. Wir bemerken zugleich das Bestreben in *D*, Ergänzungen und Verschönerungen zu *C* zu bringen.

Aus den bisherigen Wahrnehmungen ergibt sich zweifellos, dass *A* und *B* Vorarbeiten für *C* sind. Der Mönch wollte einen Traktat über den Fronleichnam in deutscher Sprache schreiben. Aber was er zu bringen gedachte, entnahm er lateinischen Quellen und er selbst war gewohnt, Theologisches zuerst lateinisch zu denken. So entwarf er seine Schrift, indem er nur einstweilen, was ihm geläufiger war, deutsch schrieb, das übrige aber lateinisch verfasste; doch so, dass er auch hier schon vorsehend einzelne Sätze und Ausdrücke im Deutschen beisetzte. Diesen Entwurf haben wir in *B* vor uns liegen. Wir sahen, dass derselbe in deutscher Sprache beginnt, dass aber dann das Lateinische immer grössere Herrschaft gewinnt. Eine grössere Ausnahme macht nur die populäre Auslegung eines Gleichnisses in der Erklärung des 5. Namens, für dessen Gedanken ihm der deutsche Ausdruck näher lag als der lateinische.

A muss später als *B* entstanden sein, denn sie bringt Stellen, die in *B* noch lateinisch sind in deutscher Bearbeitung. Sodann erscheint der lateinische Text häufig wie eine Zusammenfassung des ausführlicheren Textes in *B*. So schon in den beiden oben angeführten Stellen, oder in folgender:

A: In hoc dono debemus devotissime considerare tria: primo honestatem et dignitatem ipsius donatoris etc. Ehe das *secundo* und *tertio* folgt, kommt gleich die nähere Erläuterung. *B* dagegen schickt eine übersichtliche Eintheilung erst voraus und hebt dann von neuem an, um das Einzelne auszuführen:

B: In hoc dono tria consideranda et devote inquirenda sunt, primo ille qui dat, secundo datum, tertio, cui datur. In eo, qui dat, tria consideranda etc. (der deutsche Text von *C* folgt hier wieder dem Texte von *B*).

Diese beiderlei Wahrnehmungen über *A* lassen kaum einen andern Schluss zu, als dass der Verf. von *B*, dem der Stoff unter der Feder gross geworden war, in *A* das Ganze noch einmal kürzer und übersichtlicher zusammenfassen, und dabei einzelne Stücke von *B* im voraus deutsch bearbeiten wollte, ehe er die ganze Schrift vollständig in deutscher Sprache ausarbeitete.

Wie verhält sich nun aber zu *C* der völlig lateinische Text in *D*? Wir sahen aus den obigen verglichenen Stellen, dass der Mönch *B* und nicht *D* benützt hat. Der Text in *D* müsste, wenn er vor der deutschen Bearbeitung *C* entstanden wäre, vom Mönche selbst sein, denn der Mönch bezeichnet deutlich die Composition des Traktats als seine eigene Arbeit. Aber wenn der Mönch *D* verfasst hat, so sind die sprachlich gemischten Texte von *A* und *B* unerklärlich. Denn hat er *D* vor *A* und *B* verfasst, und sind *A* und *B* Vorarbeiten für *C*, wie unzweifelhaft ist, wozu dann in diesen beiden noch einmal so vieles lateinisch? Ist aber *D* nach *A* und *B* verfasst, so bildete dann das Latein in *D* verglichen mit *A* und *B* das Latein letzter Hand — und dann fragt man, warum folgt der Mönch in der deutschen Bearbeitung nicht dem Latein von *D*, sondern dem von *B*?

Der lateinische Text von *D* kann also nur später als die deutsche
Bearbeitung von *C* entstanden sein. *D* folgt nun aber fast durchgängig
dem deutschen Texte von *C*, stellt sich also als eine Uebersetzung desselben heraus. Diese Uebersetzung aber wird schwerlich vom Mönche
selbst herrühren, denn das Latein in *D* trägt an vielen Stellen ein ganz
verschiedenes Gepräge. Ich stelle zum Vergleiche einige Sätze von *B* und *D* nebeneinander:

B	*D*
Si non fuisset plena voluntas, nequa-quam tantum donum dedisset.	*Si enim involuntarie dedisset, nullo modo ita donum excellens donasset.*
Tertio apud datorem consideratur, si det ex amore et non ex pavore, quia datum ex timore non est gratum.	*Tercio in dacione commendatur si dat ex dileccione non ex timore, quia nullum donum est gratum quod ex timore donatur.*
Ex quo ergo hoc donum excellen-tissimo amore deus dedit, ideo debet nobis esse gratum dannkäm et valde acceptum.	*Et ex quo id donum Christus dedit in sua excellentissima charitate, ideo merito debet nobis esse gratum.*

Der Ausdruck in *B* ist treffender und sprachlich richtiger. Vgl.
in *B* *tantum donum* mit dem unrichtigen *ita donum excellens* in *D*,
donum dedisset in *B* mit *donum donasset* in *D*, das kürzere und ge-
drängtere *quia datum ex timore non est gratum* mit dem weitschwei-
figeren parallelen Satz in *D*, das *excellentissimo amore dedit* mit dem
unrichtigen *dedit in sua exc. charitate* bei *D*.

Mir scheint, wer einmal geschrieben hat wie *B*, konnte nicht mehr
schreiben wie *D*. Es ist nicht unmöglich, dass die Uebersetzung *D* erst
im 15. Jahrhundert entstanden ist. Wenigstens kennt der Schreiber,
welcher *B* im J. 1299 geschrieben hat, keinen vollständigen lateinischen Text. Er hatte nämlich in seiner Vorlage eine Lücke, und musste,
da er keinen lateinischen Text hiefür fand, zu dem deutschen greifen.
Er bemerkt dies mit den Worten: *Et sic defectus libri hic vulgariter
impletus est, quia non aliter potui habere.*

A. Wagner,[1] der nur die Anfänge der Handschrift *A*, *B* und *D*
kannte, nimmt ein vollständiges, vom Mönche verfasstes lateinisches
Original an, und lässt *D* eine schlechte Abschrift dieses Originals,
A einen Auszug, *B* den Versuch einer Uebersetzung des Originals

---

1) Ueber den Mönch von Heilsbronn. Strassb. b. Trübner 1876. Ders.
über den Text der Münchn. Hdschr. Cgm. 100 in d. Zeitschr. f. d. A.,
neue Folg. VIII, 92 ff.

sein, wobei dem Uebersetzer die Kraft erlahmt oder die Lust ge-
schwunden sei, so dass er sich bald wieder der lateinischen Sprache
zuwandte, die ihm vorlag. Aber diese Annahme ist unmöglich, da die
Latein in *B* sich mit dem in *D* nicht deckt, und da ferner sich *A* und *B*
unverkennbar als Vorarbeiten für *C* erweisen und als solche vom
Mönche selbst herrühren müssen. Repräsentirte nun *D* das lateinische
Original des Mönchs, so wäre die Wiederholung ganzer Theile in
lateinischer Sprache und noch dazu in so vielfach anderer Fassung für
eine Vorarbeit zu *C* unerklärlich.

Wir kommen zu dem Buche der sieben Grade, das einstimmig dem
Mönch zugeschrieben wird, obwohl es keinen Verfassernamen trägt.
Gervinus und Pfeiffer berufen sich darauf, dass beide Werke in einer
von demselben Schreiber gefertigten Abschrift (Heidelberg Nr. 417
perg. 4. 1390) unmittelbar auf einander folgen, und ihrem inneren
Wesen nach zu einander stimmen. Aus gleichem Grunde schreiben sie
auch die Tochter Sion und den Alexius, welche sich in der Handschrift
finden, dem Mönche zu. Th. Merzdorf[1] hat diesen Wahrscheinlich-
keitsgründen einige beigefügt, welche mehr in's Einzelne gehen, aber
nur zum Theil beweisend sind. Erst A. Wagner hat den vollständigen
Beweis theils durch genaue Untersuchung des sprachlichen Charakters,
theils durch Parallelstellen geliefert, deren Inhalt und Form auf den
gleichen Verfasser schliessen lassen. Es ist unnöthig, den Beweis-
gründen Wagner's weitere beizufügen, deren sich noch manche finden.
Einer Untersuchung bedarf nur noch das Verhältniss, in welchem die
sieben Grade zu dem Prosastücke „die sieben Staffeln des Gebetes"
stehen, das sich bei Pfeiffer Myst. I. S. 387 ff. findet.[2] Pfeiffer hält
„die sieben Grade" für eine Bearbeitung der sieben Staffeln. Wagner
dagegen meint, dass der Tractat bei Pfeiffer und unser Gedicht auf
eine gemeinsame Quelle zurückgehen. Beide seien selbständige Bearbeitungen dieser Quelle, das Gedicht die ältere, der Tractat die
jüngere. Der Mönch, meint er, könne möglicherweise selbst der Verfasser dieser Quelle sein.

---

1) Der Mönch von Heilsbronn. Zum ersten Male vollst. herausgegeben.
Berl. 1870.

2) Pfeiffer gibt nicht an, woher er dieses Stück genommen hat. Es
ist aus *Cgm. Mon. 176. 12°. 14 sc. membr. f. 20⁵ sqq.* und folgt da unmittelbar auf das Stück „die sieben Vorregeln der Tugend", das den David
von Augsb. zum Verfasser hat.

Leider habe ich selbst, wie es scheint, durch mein Urtheil über
das von Pfeiffer mitgetheilte Stück den Anlass zu dieser Meinung dar-
geboten. Während nämlich Pfeiffer dasselbe um die Mitte des 13. Jahrhunderts verfasst sein lässt, wies ich es einer Zeit zu, in welcher die
Mystik Eckhart's bereits ihre Wirkungen zu äussern begonnen habe.
Was mich zu dieser Meinung bestimmte, waren zwar nicht die beiden
Stellen, welche von der Trinität handeln (s. Wagner 51), wohl aber
eine Stelle in der sechsten Staffel, in welcher von der Vergottung
des Menschen die Rede ist. Da heisst es: Wenn der Mensch ein Geist
mit Gott wird und so fest in das göttliche Bild gedrückt wird, dass er
keinen andern als Gottes Willen hat „diz wirt geheizen ein eincheit
des geistes des menschen geist, und machet und bringet in dar zuo,
wan er selbe der heilige geist ist, ein got und ein minne.“
Ein Satz wie der letzte war vor Eckhart bei kirchlich gesinnten Theologen nicht möglich; Eckhart aber sagt von dem mit Gott geeinten vollkommenen Menschen: „wan er ist selbe diu gnade gottes“, „in demselben
puncten bin ich der sun gotes, den got ewiclich geboren hat“, „da in
dem werck enbeleibet der geist nymer creatur, den er ist das selb, das
die seligkeit ist, und ist ein wesen und ein substancie der gotheit,
und ist seligkeit sein selbes und aller creaturen“ und ähnlich an vielen
Stellen.

So wäre denn wohl mein Urtheil gerechtfertigt, wenn der Text
bei Pfeiffer der ursprüngliche Text wäre, wenn eine spätere Hand ihm
nicht hier, absichtlich oder unabsichtlich, eckhartische Farbe gegeben
hätte. Ich fand erst später einen bisher unbekannten lateinischen
Text zu dem deutschen bei Pfeiffer, von dem sich zeigen wird, dass
er das Original ist, und dieser führt in der betreffenden Stelle ganz
die Sprache der alten Mystik. Es ist nur eine kleine sprachliche Verschiedenheit; aber sie führt uns aus dem eckhartischen Kreise wieder
heraus. Im lateinischen Original lautet nämlich obige Stelle also:
*Dicitur autem hec unitas spiritus, non tam quia afficit eum, afficit
enim spiritum hominis spiritus sanctus, sed quia ipsa est ipse spiritus
deus, caritas domini, qui est amor patris et filii et unitas et suavitas,
bonum et osculum et amplexus et quidquid potest esse commune
amborum in summa illa unitate veritatis.* Also nicht er selbst,
nämlich der Mensch, ist der heilige Geist, wie es in dem deutschen
Texte ausgesprochen zu werden scheint, sondern *ipsa* — die *unitas*,
das was die Einheit bewirkt und bildet, das einende Band ist er selbst,
der heilige Geist.

Dass der lateinische Text dieses Tractats die Vorlage für den deutschen gebildet habe, dies zu erkennen, wird weniges genügen.

Gluten enim divini amoris et desiderii calor suspirantis dei praesentiam quodammodo contrahit animam a sue dissolucionis eva- gucione et in deum sursum agit, ut nulli exteriori occupationi valeat intendere et a se exire, sed tota colligitur intra se tam cogitacione quam affeccione, et intellectus supra se in Deum tendens ipsorum et corporalium sensuum officia spernit etc.

„Wan der minnelim der göttlichen minne vereinet sie, unde die hitze der siuftenden girde nach der göttlichen gegenwürte zühet die sele so gar ze samene in sich selben von aller der wandelunge, die si mit uzern unde mit irdischen dingen gehaben mac, unde wird ut gejaget in got, daz si an deheine uzere unmuoze gedenken mac al- mit dem willen und mit der verstantnüsse. Diu sele ilet uf über sich in got unde versmahet halt ir selber ampt, daz ist sehen unde hören und ander lipliche sinne etc.

Wir sehen, hier ist in beiden Texten derselbe Inhalt bis in's Einzelne. Aber was im lateinischen zusammengefasst ist, das ist im deutschen auseinandergelegt und durch mehrfache Begriffe dargestellt. So steht gleich im Anfang ein „vereinet sie" neben dem „ziehet zusammen, so lesen wir für die wenigen Worte *a sue dissolutionis eva- gucione* im deutschen den Satz „von aller der wandelunge, die si mit uzern unde mit irdischen dingen gehaben mac".

Der Uebersetzer will deutlich machen, durch seine Uebersetzung den Sinn erschliessen: bei ihm erwarten wir nicht den Rückgang auf die kürzere dunklere Fassung, sondern die Entfaltung, den Versuch, den einen schwer wieder zugebenden Ausdruck durch mehrere Begriffe klar zu machen. Diese Merkmale aber trägt das Deutsche in obigen Sätzen und nicht das Lateinische. Wer wollte glauben, dass ein Uebersetzer in's Lateinische darauf verfallen wäre, den hervorgehobenen Satz: „von aller der wandelunge, die si mit uzern unde mit irdischen dingen gehaben mac" mit *a sue dissolucionis evagacione* wiederzugeben? Auch ersieht man aus der undeutschen Wortstellung die vorliegende lateinische Construction. „Diu hitze der siuftenden girde nach der gottlichen gegenwürte" erklärt sich nur aus dem lateinischen: *desi- derii calor suspirantis dei presentiam.* Zu ähnlichen Bemerkungen geben die Umstellungen und Hilfsbegriffe des deutschen Textes in der zweiten Hälfte der Stelle Anlass.

Die Münchner Handschrift,[1] welche uns den lateinischen Text bietet, hat indes noch einen weiteren Werth. Sie nennt uns auch den Verfasser des Tractats: *frater David ordinis minorum*. Nicht bloss die Vergleichung des Latein im Tractate mit dem Latein in den bekannten Werken David's dient dieser Verfasserangabe zum Beweis, sondern auch die Vergleichung des Inhalts mit den verwandten Stellen in David's Schrift *de septem processibus religiosi status:*[2]

Ist nun aber David von Augsburg der Verfasser des Tractats von den sieben Staffeln des Gebets, dann werden wir auch nicht sagen

1) *Cod. lat. 9667 membr. 8°. 11 sc.*

2) Ich setze hier einige Stellen aus der Einleitung und aus den Sätzen zur 6. und 7. Staffel Sätzen David's aus dem 31. und 36. Capitel der genannten Schrift gegenüber, welche keinen Zweifel lassen, dass wir denselben Verfasser vor uns haben:

De septem processibus etc.

Cap. 31 · Multiplex est orationis utilitas, in quibus etiam alias bonas actiones oratio excellit. Prima quia facilius et citius per eam impetramus, quae a Domino desideramus, ita ut quandoque brevi oratione aliquis obtineat, quod diutinis ieiuniis et aliis laboribus et piis operibus vix obtineret.

ib.: Oratio quoque mentem magis a terrenis elevat et elongat, quam caeterae actiones, quia curae illae negotiantur cum Martha circa frequens ministerium extrinsecus etc.

ib.: Oratio etiam quasi speculum clarius facit hominem agnoscere defectus suos vel profectus, quia conscientia lucidius se sibi ibi repraesentat et vel de profectu in fiduciam spei laeta erigitur, vel ex defectus consideratione confunditur.

Cap. 36: Amor enim Dei cum pura intelligentia conditus inebriat mentem et ab exterioribus extractam sursum elevat et sua virtute Deo conglutinat et conjungit.

Cod. lat. 9667, f. 53 ff.

Gradus oracionis:

Licet omnia bona opera precipue nos docet oracioni operam dare Dominus pluribus de causis. Primum est, quia in oracione nobis omnia ad salutem veram necessaria promcius obtinemus quam in alia aliqua actione.

Secunda causa est, quia oracio pre aliis bonis actionibus tota ad deum et ad celestia tendit et a terrenis elongatur, cum alie actiones magis habeant aliquid terreni occupacionis.

Tertia causa est, quia omnes profectus hominum vel defectus clarius in oracione sentitur et quasi in speculo conspicit homo maculas quas in aliis operacionibus contraxit.

Gluten enim divini amoris et desiderii calor suspirantis dei presenciam contrahit animam a sue dissolucionis evagacione et in deum sursum agit ut nulli exteriori occupacioni valeat intendere.

Und so noch andere Stellen in Cap. 36.

dürfen, er und der Mönch hätten aus einer gemeinsamen Quelle ge
schöpft. David steht wohl ganz auf dem Boden der älteren Mystik,
aber seine Schriften sind nicht etwa Auszüge aus fremden Schriften,
sie tragen vielmehr nach Form und Inhalt das Gepräge seines eigenen
Geistes. Dass insbesondere die Gedanken in unserem Tractate die
eigenen Gedanken David's seien, dessen können wir uns so mehr gewiss
sein, als sie zum Theile, wie wir nachgewiesen haben, in der Schrift
de septem processibus wiederkehren, wo sie sich in anderem Zusammenhange finden.

Ueber die Zeit des Mönchs konnte bisher Genaueres nicht gesagt
werden. Wagner macht auf ein Citat aus „Bischof" Albrecht aufmerksam, das uns also für den Fronleichnam auf die Zeit nach 1260 führt.

Aber diese Grenze für die früheste Zeit muss noch um ein
gutes später gezogen werden. Der Mönch hat nämlich, wie ich zeigen
werde, für seinen Fronleichnam das grosse Predigtbuch seines Abtes
Konrad Soccus von Brundelsheim[1] benützt. Er nennt ihn zwar nicht,
aber ganze Stücke, die er fast Satz für Satz aus ihm in sein Werk
herübergenommen, zeugen unwidersprechlich dafür. So benützt er die
121. Predigt des Wintertheils des Soccus, wo er (M. 8 ff.) über den
2. Namen des Fronleichnams redet; der Abschnitt über das vierfache
Contempliren nach der Länge, Breite, Tiefe und Höhe ist im engen
Anschluss an Predigt 62 des Sommertheils geschrieben; der ganze
Schluss des Fronleichnams, wo das heil. Abendmahl mit dem Manna
verglichen wird, ist der 119. Predigt des Wintertheils bei Soccus entnommen.[2]

Ich wähle hier zur Vergleichung einige Sätze aus dem Abschnitt,
in welchem das Manna und das heil. Abendmahl in Parallele gestellt
werden, und bemerke nur, dass die im Text des Mönchs gelassenen
Lücken sich auf Sätze beziehen, welche das dem Soccus Entnom-
mene nur erläutern oder verdeutlichen, und ferner, dass die 7 Ver-
gleichungspunkte des Soccus beim Mönche in 6 zusammengezogen sind.

---

1) *Sermones Socci de tempore; Serm. de Sanctis.* 3 Bde. fol. Argent. 1484.
2) Auch im Buch der 7 Grade finden sich wenigstens Anklänge. Vgl.
147 ff.: Also will ich herre in deinem nam — — mein schieflein niedert
lenchen, denn do ez treibet der snelle wint, der heilig geist etc. und
Pred. 57 des Wintertheils: *Sic navis nostre religionis non proficit, si a pros-*
peris ventis, i. e. a Spiritu sancto non implebimur incessanter.

Sermo (Pred. 119 des Wintertheils)

Sunt autem septem proprietates
manne sic in quibus designatur panis
noster popularis propter quas pro
probabile convenientiam habent ad in
vicem

Prima dic convenientia mannaia
cum pane nostro est de otepne sicut
enim manna de celo pluit sic manna
nostram de celo est ipso testante
qui dicit Ego sum panis qui de celo
descendi

Secundo conveniunt in sapore, quia
sicut manna diversos sapores habuit
corporaliter, ita diversos sapores
gratie habet panis noster spiritualiter
ter   Bernardus Qualem te er
habes deo, talis oportet ut appareat
tibi deus. Unde dicit Albertus de cor-
pore domini Sicut aures diversorum
verba dei audientium diversas in verbo
inveniunt (gratias) pro uniuscuiusque
statu illuminationis, ita fauces diversorum hunc cibum gustantium diversas
inveniunt gratiarum refectiones, ita
tamen si fauces non fuerint infecte
amaritudine aliena: infirmis enim omnia insipida sunt.

Tertio vetus panis cum novo convenit in loco. Non enim manna dabatur nisi in deserto, ubi patres aliud
delectabile non habebunt etc.

Mönch (Cgm. 9004).

Hic cibus corporis domini figuratus
est nobis in veteri lege per celicum
panem sc. manna propter sex proprietates celibat, que fuerunt in manna
et spiritualiter sunt in celesti cibo.

Prima proprietas, quod deus hunc
panem significanter zaichenlich pluit
preter omnem naturalem ordinem, quia
dominus dicit, pluam vobis panem de
celo.   Simili modo datur nobis
iste panis de celo preter usum nature.
In evangelio Ego sum panis qui de
celo descendi.

Secunda proprietas fuit in gustu
gesmach, quia cum comedebatur, tunc
habebat suavitatem omnis saporis. Sic
panis noster celicus habet saporem
omnis gracie   unde Bernardus: O
spiritualis homo, sicut tu obvias deo,
ita deus obviat tibi, unde magnus Albertus episcopus et predicator: Sicut
verbum dei acceptum in cordibus hominum multiformes gracias et illumina-
ciones operatur, secundum devocionem
singulorum, sic eciam corpus domini
devote sumptum in cordibus diversorum multiformes gracias parit si sani
sumus in devocione. Dulcis enim cibus
egrotis est amarus.

Tertia proprietas est loci, quia nul-
latenus dabatur nisi in deserto ubi
non fuit deliciosa fruicio gelust etc.

Diese Stellen genügen. Der Mönch folgt seinem Vorbilde fast
Satz für Satz, selbst durch die verschiedenen Citate. Wörtlich abgeschrieben hat er nicht. Er reproducirt frei was er gelesen oder vielleicht auch in der Kirche aus dem Munde des Abtes gehört hat. Wir
sehen zugleich hier wieder, warum er zuerst das meiste lateinisch
concipirte. Er schöpfte seinen Stoff zumeist aus lateinischen Quellen.

Konrad von Brundelsheim bekleidete zweimal das Amt des Abts
in Heilsbronn, in den Jahren 1303—6 und dann wieder 1317—1321.[1]

----

1) G. Muck, Geschichte von Kloster Heilsbronn. 3 Bde 1879—1880.
Bd. 1. S. 102 ff.

Im letztgenannten Jahre starb er. Sein grosses Predigtwerk, das, wie die ausserordentliche Menge von Handschriften allein in München und dann die beiden Drucke von Strassburg 1484 und von Deventer beweisen, ein weitverbreitetes und von den Geistlichen viel benützter Predigtbuch war, scheint in dem Zeitabschnitt zwischen seiner zweimaligen Regierung geschrieben zu sein. Eine Stelle im Vorwort führt auf diese Vermuthung: *Si, inquam, tales occupati et castigati scripserunt* (er vergleicht sich mit Gregorius und anderen, die in wichtigen Aemtern und unter Verfolgungen Schriften verfasst hätten) *et doctrinam suam posteris reliquerunt, multo magis nos in ocio positi scribere possumus.* Daraus geht mit Sicherheit hervor, dass er diese Schriften nicht verfasst hat, als er Abt war, und mit Wahrscheinlichkeit, dass er sie verfasst hat in einer Zeit, da für ihn ein Wechsel von der Thätigkeit zur Ruhe eingetreten war; der Ausdruck *in ocio positi* scheint mir das vorauszusetzen. Das wäre dann die Zeit nach 1306. Ob nun unser Mönch noch bei Lebzeiten des Abts von dessen Predigten Gebrauch gemacht oder erst nach dessen Tode, lässt sich mit Sicherheit nicht bestimmen. Die Frage wäre entschieden, wenn die Bemerkung wahr wäre, welche in dem Drucke von Deventer steht, man habe diese Predigten erst nach dem Tode des Abts gefunden und zwar versteckt in *soccis*, und darnach das Predigtbuch in *soccis* genannt. Allein das ist offenbar ein Märchen. Wie sollte das Manuscript, das im Druck 3 starke Foliobände ausmacht, da können verborgen gewesen sein. Ich glaube mit Muck, dass Schuh *soccus* der Familienname des Abts und Brundelsheim (Proselzheim, nicht weit von Würzburg) seine Heimath gewesen sei. Die Absicht seine Arbeit zu verheimlichen hatte ja der Verfasser nach der obigen Stelle des Vorworts nicht. So werden wir also sicherer gehen, wenn wir als früheste Zeit für die Abfassung des Fronleichnams das J. 1306 annehmen.

Ueber die ersten zwanziger Jahre als späteste Zeit für die Entstehung des Fronleichnam werden wir nicht hinausgehen dürfen. Es finden sich im Fronleichnam nur ein paar schwache Spuren, die allenfalls dahin gedeutet werden könnten, dass er die neuere Mystik kennt. Ferner weist die Sammlung von asketischen Stücken, welche in der Münchner Handschrift *Cgm. 100* auf den Fronleichnam folgt und von der gleichen Hand geschrieben ist wie dieser, auf eine Zeit, da die neuere Mystik in den fränkischen Gebieten noch wenig Boden gewonnen hatte. Es ist endlich beachtenswerth, dass nichts auf die

Worten hinweist, welche durch das Interdikt seit 1321 in Deutschland
hervorgerufen wurden, die doch im Fronleichnam so vielfach Veranlassung war, Fragen zu berühren, welche durch das Verbot des Abendmahls nahe gelegt wurden. Ueber den Schatz der Verdienste Christi
(welcher uns im heil. Abendmahl mitgetheilt wird) hat der Papst „alle
Schlüssel und volle Gewalt, aber die Bischöfe haben gezielte Gewalt",
so heisst es im Fronleichnam (M. 28). Schwerlich würde der Mönch
in Heilsbronn, wo es die Aebte mit dem gebannten Kaiser Ludwig
hielten, eine derartige Bemerkung so ohne alle Beziehung auf die
Zeitverhältnisse gemacht haben, wenn die Zeit, in der er schrieb, schon
die des Interdikts gewesen wäre.

Der Herausgeber der Schriften des Mönchs von Heilsbronn, Merzdorf, schreibt auch das von uns im ersten Theil besprochene kürzere
Gedicht der Tochter von Sion, sowie das Gedicht Alexius dem Mönche
zu. Er folgt darin Pfeiffer und Gervinus, die ihre Vermuthung, wie
wir schon bei den 7 Graden sahen, darauf gründen, dass die vier
Stücke, von gleicher Hand geschrieben, in einer Heidelberger Handschrift vom J. 1390 sich beisammen finden und ihrem Wesen nach zu
einander stimmen. Allein es ist auffallend, dass der Name des Abschreibers der vier Stücke mit einer Schlussformel nicht hinter dem
4. Stücke, sondern schon hinter den beiden ersten steht. Dadurch
erscheinen Sion und Alexius als einer anderen Handschrift entnommen
und erst später den beiden ersten Stücken beigeschrieben. Der theilweisen Verwandtschaft des Inhalts aber steht in der Sion die Verschiedenheit der dichterischen Individualität gegenüber. Der Verfasser
der Sion ist kürzer und kräftiger im Ausdruck und viel dichterischer.
Auch macht die Sprachform, wie Wagner sowohl für die Sion wie für
den Alexius überzeugend nachgewiesen hat, es unmöglich, im Mönche
den Verfasser zu sehen. Aber wohl deutet manches darauf hin, dass
der Mönch die Sion gekannt hat. Nicht allgemeineres sachlich Verwandtes führe ich dafür an, denn das hat seine gemeinsame Quelle in
der älteren kirchlichen Mystik, sondern Einzelheiten und Anklänge in
der Form.

Nach Hugo wird in der Sion wie in den sechs Namen der Stufengang in der Erkenntniss beschrieben; von der *cogitatio* geht es durch
die *meditatio* zur *contemplatio*. Beide Stücke unterscheiden mit Hugo
und Richard in der letzteren die *speculatio* und die *contemplatio* im
engeren Sinn. Bei beiden führt die Weisheit nur zur *speculatio*, und

erst die mit der Weisheit zusammenwirkende Minne zum Contempliren
im engeren Sinne (Merzdorf 57 ff. u. Sion ebendas. 169 u. 170). Hier
ist bei ihnen wieder Anschluss an Bernhard. Dass sich die beiden
Verfasser an die bedeutenden Vertreter der älteren Mystik anschliessen
ist nicht auffallend, aber das jedesmalige Zusammentreffen im An
schluss an diesen oder jenen ist es, worauf es hier ankommt.

Auch die Form klingt an, so im Preis der Minne:

Sion.	Sechs Namen *Cgm. 100. f. 27 sq.*
368: Aller tugenden chuniginne,	O kvnigin aller tvgende, an dich
461: Swer mich niht hat, der ist	wirt nieman behalten, mit dir wirt
ein niht;	nieman verlorn.
Swen ich gesalbe, der wirt ge-	
sunt.	
505: Daz gepende und der gurtel	Auch edelst du die sele, wan dv
weiz:	zierst sie mit gebende vnd mit ge-
Gedulte und chauschait, vleiz.	wande aller tvgende.
384: Wann ich allew dink vermagt:	O starkez krefteclichez bant, du
Ich twanch dez den gotez sun,	vberwindest den, den nieman vber-
Daz er herab auf erden chum	winden kan. wan du vberköm in des
Und an sich nam di menschait.	daz er vf erden mensche wart.
398: Die freiheit wart gepunden.	Du bindest den, den nieman ge-
	binden mac.
519: Di tohter gar verloz ir chraft,	Dv machest siech die sele als in
Sie wart von minne sigehaft.	der minnenbuch stet geschriben:
1: Von Iherusalem ir czarten chint,	Ich beswer ivch töhter von iheru-
Di meinem lieb haimleich sint,	salem daz ir minem lieben kvndet
Tut meinen herczen lieben	daz ich si minnen siech.
chunt:	
Ich sei siech, von minnen wunt.	

Sodann die letzten Zeilen des gereimten Epilogs, den der Mönch
seinem Tractat beigibt, und der so gleichartige Schluss in der Sion:

Sion 587:	Fronleichnam *Cgm. 100. f. 110:*
Sprechet amen allew lieben chint,	Nv bite ich alliv guten kint,
Dew dise brief gelesen sint,	Die in geistlichem leben sint,
Daz wir mit Jhesum dem czarten	Daz sie mich des geniezen lan,
Gesiczen derselben minne garten,	Daz ich in hie gedienet han.
Und gedenchet auch mit trawen mein,	vnd vnsern herren fur mich biten.
Sprechet: er müz selik sein.	Daz er nach barmeklichen siten
Der uns dicz getiht oder gelesen hat,	Einem mvniche von halsprvnne
Got geb im aller selden rat	Siner gnaden gunne
Hie auf ertreiche	Ze lon vmb diz getihte etc.
Und dort ewicleiche.	

Wird so wahrscheinlich, dass der eine Verfasser das Werk des andern gekannt hat, so müssen wir wohl die Sion als das ältere Werk annehmen, denn die Form im Fronleichnam ist zu flüssig und gelöst und zu wenig kräftig ausgeprägt, um im Gedächtniss Anderer bestimmend auf die Production einzuwirken. Wohl aber ist eine solche Wirkung bei den Formen der Sion denkbar. Christine Ebner gedenkt der Sion um 1344.[1] Das Alter der Strassburger Johanniterhandschrift A 98, welche nach einer Reihe eckhartischer Predigten und mystischer Gedichte am Schlusse auch unsere Sion hatte, sowie mehrfache Spuren des Einflusses derselben bei Gedichten aus der ersten Hälfte des 14. Jahrhunderts lassen ohnedies für die Entstehung der Sion eine Zeit gegen das Ende des 13. Jahrhunderts vermuthen.

Alexius selbst fällt nicht in unsern Bereich. Die Askese gilt da nicht als Mittel, welches zum Schauen Gottes führen soll, sondern nur als Bedingung für die Erwerbung ewigen Lohnes überhaupt.

Münchner Handschrift *Cgm. 100*.

Von den vier Münchner Handschriften für den Fronleichnam enthält *Cgm. 100* in der zweiten Hälfte eine Auslese aus Predigten und Lehren, welche vorherrschend der älteren Mystik angehören und nur hie und da Anklänge an die neuere Mystik zeigen. Ich halte dafür, dass die Sammlung noch in der ersten Hälfte des Jahrhunderts und nicht erst in der zweiten entstanden ist, weil bei dem Vorherrschen der neueren Schule in der späteren Zeit unter der Menge von Stücken, welche die Sammlung enthält, sicher auch gar manche, welche den Geist der neueren Schule vertreten, mit eingeflossen wären. *Cgm. 100* ist eine Pergamenthandschrift, mit Sorgfalt geschrieben, aus dem 14. Jahrhundert. Sie gehörte ehedem dem Pitterich-Regelhaus in

---

1) „Da sprach eine Stimme: es sollen eurer etliche kommen mit einem Spiegel. Sie verstand das nicht; zu jüngst da fand sie es geschrieben in dem Buch der Tochter von Syon, da steht wohl von einem Spiegel". Das „kommen mit einem Spiegel" findet in unserer kürzeren Sion wohl eine Erläuterung, wo jede der Töchter ihr Spiegelglas hat, aber nicht in der Sion des Lamprecht. Gegen K. Weinhold, Lamprecht von Regensburg 1880, S. 305, welcher meint, es sei nicht zu entscheiden, auf welches der beiden Gedichte sich Christine beziehe. Im übrigen findet Weinhold meine Ansicht (s. I. 284 ff.) von dem Verhältniss dieser kürzeren Sion zu der des Lamprecht und über die Quelle zu beiden den Ansichten von Gervinus und Wackernagel gegenüber durch seine Beobachtungen bestätigt.

München. Wagner's Vergleichung (Zum Mönch von Heilbronn, Zeitschr. f. deutsches Alterth. Neue Folge VIII, f. 92) zeigt, dass ob dem Original näher steht als die schlechte Heidelberger Handschrift von 1390. Von anderer aber keines Falls jüngerer Hand, auch ursprünglich zum Bande, der den Fronleichnam enthält, nicht gehörig (die Numerirung der Lagen fängt erst mit dem Fronleichnam an) beginnt jetzt der Band mit dem „minnen baum, den div minnend sel hie und uf chlimmen", einer auch in *Cgm. 132* (14 sc.) sich findenden Allegorie. Wir werden demnach auch dieses Stück so wie einige bemerkenswerthe der erwähnten Auslese unter die Zeugnisse der kirchlichen Mystik an der ersten Hälfte des Jahrhunderts setzen dürfen.

2. Deutsche Bearbeitung lateinischer Texte.

Wir haben im ersten Theile darauf hingewiesen, dass nur die beiden ersten Stücke, welche Pfeiffer dem David von Augsburg zuschreibt, diesem wirklich gehören. Die übrigen, nach lateinischen Vorbildern bearbeitet, zeigen im Stil sich den ersten beiden Stücken ungleich. Von dem Tractate (VII) „von der unergründlichen Fülle Gottes" sagt Pfeiffer selbst noch im Vorwort, er habe sich erst hinterher überzeugt, dass er nicht von David sei. In der That weist die bewegte Rhetorik desselben uns auf einen andern Verfasser als David hin. Nun haben aber auch die beiden vorhergehenden Stücke, welchen Pfeiffer die Ueberschriften „Von der Anschauung Gottes" und „Von der Erkenntniss der Wahrheit" gegeben hat, denselben Verfasser. Nicht nur unter sich gehören sie zusammen, wie ich im ersten Theile bereits andeutete, sondern auch mit dem ihnen folgenden erwähnten Tractate. Das beweisen eines Theils einzelne ganz gleichartige Stellen,[1] andern

---

1) V (362, 30): Sie minnent dich âne mûte, sie sehent die âne urdrütze, sie niezent dich âne gebresten etc. und VII (370, 2. 26): Sie niezent dich ân urdrutze; sie dienent dir âne mûte; alles das sie gernt, daz vindent sie.

V (362, 33): Sie sint vrô daz sie dich habent — sie sint aller vroest daz sie dich nach allem ir willen haben suln, und VII (373, 12): Sie vreunt sich daz sie dich habent. Sie vreunt sich des, daz sie dich nâch allem ir willen haben suln.

V (362. 19): Sô sie ie hoeher vliegent. sô sie dîner endelôser hoehe

Theils die gleichen rednerischen Figuren und die Art, wie bei allen
die Lehre in der Form der Anrede an Gott vorgetragen wird. Die
Stücke in ihrer ursprünglichen Form haben ohne Zweifel einen der
bedeutenden Vertreter der älteren Mystik zum Verfasser. Die deutsche
Bearbeitung derselben fällt mit aller Wahrscheinlichkeit in die erste
Hälfte des 14. Jahrhunderts. Die Sprache ist entwickelter, beweg-
licher als bei David. Die Art Suso's spricht uns aus ihr an. So dürfte
für diese dem Ursprung nach älteren Stücke mit ihrer Bearbeitung
durch eine jüngere Hand in diesem Abschnitte unseres Buches die ge-
eignete Stelle sein.

Der Inhalt dieser Stücke entspricht durchaus den Lehren der
älteren Mystik, wie wir sie im ersten Theile dargelegt haben. Aber
sie sind anziehend durch die Lebendigkeit, mit der die Gedanken sich
darstellen und durch die Schönheit, die im Ausdruck jener Gedanken
die deutsche Sprache theilweise zeigt. Die ursprünglich lateinische
Construction ist freilich an vielen Stellen noch erkennbar. [1]

Die von Pfeiffer mit der Aufschrift „Von der Anschauung Gottes"
bezeichnete Abhandlung beginnt mit dem bekannten Gedanken, dass
die drei obersten Engelchöre das Licht, das von Gott ausgeht, weiter
verbreiten, so dass der ganze himmlische Palast davon erleuchtet wird
und entbrennet mit Minne; denn den niederen Ordnungen wäre das

---

ie mêr wundert, und VII (373, 6): Sie vliegent ze allen zîten in vollen
vreuden in die niezunge der gruntlôsen wunder.

V (361, 31): Alle die strâze der himelischen Jerusalêm übergozzen
werdent von den minne roeren, die den lebendigen brunne dâ umbeteilent
dînes gotlichen honicfluzzes, und VII (370, 30): Du trenkest sie mit dem
bache dines wollustes, mit dem sizfluzze dîner êwigen honicvlüzzigen
gotheit.

1) V (362, 32): Sie sint vrô daz sie dich habent, sie sint vroeer, daz
sie dich immer haben suln, sie sint allervroeest daz sie dich nâch allem
ir willen, nach allem ir wunsche, nach aller ir begirde vollecliche immer
âne ende haben suln, und daz sie ouch nach allem dînem willen immer
wesen suln, unde daz nimmer mêr an in des niht enwirt, daz dir missevalle.

V (363, 24): Als vil sich ein ieglich mensche mêr lûtert nach dem
spiegel dîner heilikeit hie in erde etc.

VI (365, 14): Wesen, leben, enpfinden, lipliche sinne und verstantnüsse etc. sint in dir gewurzet, war umbe unde wie unde wenne ein
ieglichez also werden solte, âne sünde aleine.

VII (370, 19): Sie sint güetic von dir guot; sie sint minne von dir
minne; sie sint wîse von dir wisheit; sie sint staetic von dir staetekeit;
sie sint vrîheit von dir sicherheit; sie sint gotlich mit dir got.

unmittelbar von Gott ausgehende Licht zu stark; es muss durch die
Vermittelung der oberen Chöre gemildert werden (vgl. *Dionysius de
celesti hierarch. C. 3. 9. 10* etc.). Im Folgenden wird nun die Fülle
dessen, was Gott den Seligen des Himmels sei, in preisender Rede und
der Form der Apostrophe ausgeführt. Wie Gott über allen und unter
allen und in allen Dingen sei, wie er ihr Herr, ihr Diener, ihr Vater,
ihre Mutter, ihr Kind, ihr Bruder, ihre Gemahl sei Wie selig ist der
Dienst der Seligen im Himmel! Sie minnen dich ohne Mühe, sie sehen
dich ohne Ueberdruss, sie geniessen dich ohne Gebresten u. s. w.
O weh, wie gut das Wesen da ist! O weh, wie mild der Wirth da ist,
der seinem Gesinde so manche Wonne von dem minnereichen Keller,
das ist von deinem allergetreuesten Herzen so unspärlich schenket. In
einer Weise, die ganz an die Sprache Suso's erinnert, wird dann weiter
gegen den Schluss hin die Schönheit des himmlischen Lebens gepriesen.

„Von der Erkenntniss der Wahrheit" ist das VI. Stück von Pfeiffer
überschrieben. Es ist in der Form ganz gleichartig gehalten: die Anrede durch das ganze Stück, dann im Verlaufe die gleichen Figuren
der Rede, die Anapher, die Antithese, die Steigerung. Die oberste
Seligkeit der Creatur, welche nach Gott gebildet ist, liegt an der
lauteren Erkenntniss der obersten Wahrheit, die Gott selbst ist. Mit
der Minne soll man in ihn verwandelt werden, wie das Feuer in sich
verwandelt die Materie, an die es sich heftet. Aber die rechte Minne
hat zur Voraussetzung, dass man ihn recht erkenne. Es ist eine dreifache Erkenntniss: mittelst des Glaubens, mittelst des Verständnisses,
mittelst des Gesichtes. Die letzte ist die vollkommenste, da liegt die
ganze Seligkeit an. Im Glauben ist die Wahrheit bewunden und ver-
deckt als das Licht in der Laterne. So lange die Augen schwach sind,
sollen wir die Laterne vor uns haben, dass uns des Lichtes Glanz nicht
verblende. Doch können die Augen gesunden. Ist die Wahrheit uns
süsse, ihr zu folgen an Tugenden, ist sie uns licht, sie zu wissen an
der Kunst: das ist eine gute Urkunde gesunder Augen. Doch werden
sie nimmer so gesund, dass sie die göttliche Wahrheit und den ewig
brechenden Sonnenglanz mit unerschrockenem Anblick mögen ansehen,
die weil uns das tödliche Fell vorgespannt ist und der Sünden Stein
walget (sich beweget) in den Augen. Dann wird gezeigt, wie der
Glaube mit Hilfe des Verständnisses in Gott uns das ewige, unwandelbare Gut erkennen lasse. Wir Menschen hienieden errathen dich an
deinen Fussspuren, an den geschaffenen Formen, die du nach dir geformet hast. Die Engel und das himmlische Ingesinde sehen dich in

dir selbst und sehen sich und alle Dinge in dir in edlerer Weise als sie
in sich selber sind. Weder Engel noch Mensch kann aus eigner Kraft
finden was du bist; wenn sie viel finden, so finden sie nur was du nicht
bist. Was du selbst in dir selbst bist, das mag niemand finden als
deiner selbst Geist und den du damit erleuchtest. Unter allen Geschöpfen sind zwei, um deren willen alles gemacht ist, Engel und
Mensch.

Da Gott wusste, dass er, das höchste Gut, durch Mittheilung nicht
Schaden nehme, da rieth ihm seine Milde, jemand zu machen, der die
Seligkeit geniessen könne die er ist. Der musste auch Gott so viel
gleich sein, um es begreifen zu können. An dreien Dingen ist ihm der
Engel und die Seele gleich, an Verständniss, freiem Willen, Gehügde.
Mit diesen dreien sollen sie das oberste Gut, ihn selbst, in sich ziehen
und sich in ihn verwandeln, nicht um zu werden was Gott ist, sondern
um mit ihm gereinet und geseliget zu werden. Wir möchten dich nicht
minnen, erkennten wir dich nicht, uns möchte auch in der Freude dich
zu haben nicht wohl sein, sollten wir dich wieder verlieren. Man mag
ohne Leid nicht verlassen, was man mit Liebe hat. Mit dem Verständniss wissen wir was an dir zu minnen ist, mit dem freien Willen
verdienen wir Lohn um dich oder Pein. Wären wir ohne freien Willen,
so möchtest du uns nicht Dank wissen was wir Gutes thäten. Denn
wir wären durch unsere Natur dazu gezwungen. Minne will frei sein;
ist sie bezwungen, so ist sie nicht Minne; denn sie selber mag nicht
bezwungen werden. Wie ein Wachs in das Siegel gestempelt ist, so ist
die Seele nach dir gebildet. Du fliessest in sie mit der Gnade, so zerfliesset sie wieder in dich mit der Minne, dass sie ein Geist mit dir wird
in geistlichen Freuden.

An diese Gedanken schliesst sich das Stück „Von der unergründlichen Fülle Gottes" an, und zwar in gleichen Formen wie die beiden
vorhergehenden. Mit dem ersten Anblick, mit dem du die Seele an-
siehst, senkest oder giessest du dich in sie mit all der Minne und all
der Süssigkeit, die du selbst bist, und alle ihre Minne und alles ihr
Leben verwandelst du in dich. Gott, die grundlose Fülle der Seligkeit,
weckt das Verlangen, stillt es und gibt stetes Geniessen. Alles Leben
der Seele im höchsten Gute fasst sich in die Worte zusammen: minnen
und geminnet werden. Dann wird die Art der Minne der Himmlischen
beschrieben, überall in einer Weise, wie sie uns in den vorigen Stücken
begegnet: sie minnen dich ohne Furcht, sie minnen dich mit dir, sie
dienen dir ohne Mühe; sie sind göttlich mit dir, o Gott. Was sie wollen,

vermögen sie, haben sie, sind sie. Was du bist von Natur in deiner
Seligkeit, das sind sie von Gnaden. Du tränkest sie von deiner honig-
flüssigen Gottheit. Bei dir ist der Brunnen des Lebens, der heilige
Geist, und das Licht in dem Lichte, das ist der Sohn in dem Vater.
Die allerhöchst fliegen in deiner göttlichen Weisheit, die versinken am
tiefsten in die grundlose Fülle deiner ewigen honigsüssen Gottheit.
Maria, die Gott „zur Sühnerin hat gegeben allem menschlichen Geschlecht.", wird gemahnt, drei Tropfen uns zu schöpfen, von dem Vater
die Nachfolge in seinem liebsten Willen, von dem Sohne die göttliche
Erkenntniss, von dem h. Geist die innerste Wirkung der göttlichen
Heimlichkeit. Wer gibt mir, so ruft die Seele aus, dass ich den begreife, der mir näher ist, denn ich mir selber bin. Minne, des bist du
eine Wirkerin. Du hast dich zu ihnen gebunden mit dem Bande das
du selber bist. Das ist das Band, das dich von des Vaters Herzen in
der Frauen Leib, in die Krippe, an die Säule, an das Kreuz zwang
(vgl. Tochter von Sion I, 287 und Fronl. M. 16). Alles was in deinen
Willen gewandelt wird, wird erhöht über alle Dinge, denn dein Wille
ist ob allen Dingen. Diesen Willen begehre ich mehr zu vollbringen,
als dein Antlitz zu sehen. Der Tractat handelt weiter von der Freude
der Heiligen, von der göttlichen Güte, welche die Gerechtigkeit über-
windet, in der Weise eines Hymnus. Wir glauben wieder Suso zu
hören, wenn die Himmlischen angerufen werden: Bittet den, der meine
Freude da ist, den ihr da niesset nach allem euren Willen, dass er sich
selber und euch an mir ehre und des Ausflusses von der ewigen honigsüssen Gottheit ein Tausendtheil eines Tropfens lasse fliessen in meine
Seele, dass meine Seele und mein versunkenes Gemüthe von dieser
bitteren Traurigkeit auferhaben und in die göttliche Freude verwandelt
werde zu niessen seine göttliche Heimlichkeit — — mein Liebster, ge-
treuester, keuschester, göttlicher Gemahl! ohne dich wird mir nimmer
wohl, und mit dir wird mir nimmer weh. — Wer dies lieset, so heisst
es zum Schluss, der soll thun als das Eichhorn, das kauet die Schale
an der Nuss, bis dass es kommt auf den Kern. Also soll man die
Worte mit dem Zahn des Verständnisses kauen bis man kommt in die
Richtung der göttlichen Heimlichkeit; dann so soll man die Worte
lassen.

3. Der Prediger der St. Georger Handschrift.

Eine Predigtsammlung aus der ersten Zeit des 14. Jahrhunderts, aus welcher Handschriften von St. Georgen im Schwarzwald, von Adelhausen bei Freiburg und von Sygawis bei Feldkirch sowie andere in Wien, Kloster Neuburg und eine aus einem Kloster bei Mastricht (jetzt in Haag) geschöpft haben, enthielt, wie Sprache und Inhalt der daraus mitgetheilten Predigten[1] beweisen, wohl meist Predigten eines und desselben Mannes, und war, wie sich aus der Zahl und den Stammorten der Handschriften ersehen lässt, ein weitverbreitetes, hochgeschätztes Erbauungsbuch, ähnlich wie später das Susobuch oder der Tauler. Der Prediger hat, wie Rieger mit ziemlicher Sicherheit nachgewiesen hat, am Oberrhein gewirkt. Dass er eine Anzahl seiner Predigten in Frauenklöstern gehalten und einem der Bettelorden angehört habe, ist den Predigten selbst zu entnehmen. Da er vor Schwestern predigt, die eine Priorin haben, so ist er wohl kein Franziskaner gewesen. Einen Dominikaner als Verfasser anzunehmen liegt nahe bei der Verbreitung dieses Ordens am Oberrhein und bei der Pflege, welche die deutsche Predigt gerade in diesem Orden vor andern fand. Dazu kommt, dass die Sprache Suso's und Tauler's Spuren seines Einflusses zu tragen scheint. Auch sein Name ist uns nicht genannt. Von den Predigten seines Zeitgenossen Nikolaus von Strassburg, die gleichfalls zum Theil in Frauenklöstern am Oberrhein gehalten sind, sind die seinigen charakteristisch verschieden.

Unser Prediger zeigt Schule und seine Predigten sind bis in's Einzelne disponirt. Doch ist er ohne Pedanterie. Das was ihm gerade wichtig scheint, wird häufig auf Kosten der andern Theile ausgeführt. Er ist vor allem bemüht, den Ernst der Heiligung zu erwecken und zu stärken; die Fragen der Erkenntniss treten zurück. Auch ist bei ihm der Fortschritt der Gedanken meist nicht durch das logische Denken, sondern durch die Phantasie vermittelt: das Bild, das Gleichniss führt ihn weiter. Und er ist da oft sehr glücklich in der Verwendung. An das Schriftwort: „Thue deinen Mund weit auf, lass mich ihn füllen“ anknüpfend, sagt er: „Das spricht er nicht von dem Munde, mit dem ich rede; er spricht es von der Seele Munde. In Treuen, er

---

1) Bei Haupt II. 350 ff. u. 356 ff.; Wackernagel, Altdeutsche Predigten etc. Predigten 46—49 und 53—57 und weitere 3 Predigten aus der St. Georger Handschrift im Anhang S. 522 ff. mitgetheilt von Rieger.

dünket unserem Herrn zu enge, und ist er doch von Natur also weit, dass er wohl Himmelreich und Erdreich und Höllenreich und Teufel und Engel und alles das je ward und wären gar tausendfünfzig Welten das verschlänge alles dieser Mund, das ist der Seele Gierde. Wie sollen wir diesen Mund weitern? In Treuen, das sollen wir mit reiner Gierde, dass wir alle vergängliche Dinge fahren lassen und nicht gehren als Gottes und seiner Gnade".

Geht unser Prediger auch hie und da etwas in die Breite, so fesselt er doch durch Herzlichkeit und durch die grosse Lebendigkeit, mit der er selbst eintritt oder Personen und Sachen uns unmittelbar nahe führt. „Ich bin ein Aehrenleser", so lässt er den Herrn sprechen, „wie ihr wohl sehet, wenn die reichen Leute schneiden, da gehen die armen Leute nach und lesen Aehren. Zugleicher Weise thut unser Herr. Der Teufel ist der reiche Mann, der schneidet über alle die Welt, manche edle Seele leider, die Gott kaufte mit seinem Blute. So ist unser Herr der arme Mann und geht immer hinten nach und liest Aehren, und wo ihm je eine Seele mag werden, die zücket er an sich und des mahnet er den Menschen. O weh, spricht er, gedenke dass ich ein Aehrenleser bin worden um deines Heils willen. Er spricht auch, lieber Mensch, gedenke wie ich dich gesucht habe. Ich liess Himmelreich, mein rechtes Erbe, spricht er, und fuhr auf Erdreich und ward Mensch, und gab mein Herz von meinem Leibe und meine Seele gab ich von mir zum Scheiden, darum dass ich dein Herz suchte und deine Seele. Lieber Mensch, daran gedenke und erbarme dich über mich Armen. Denn ich hab um deiner Liebe willen mich verelendet (bin ein armer Fremdling geworden), nun gib mir dein Herz, das ich auf Erdreich gesucht habe!"

Es ist nicht die hinreissende Beredsamkeit eines Berthold, es ist mehr die milde Weise David's, die hier zu uns spricht: sie gleicht dem sanften eindringenden Regen, der das Land befruchtet.

Seine Anschauungen bewegen sich auf dem Gebiete der Mystik Augustin's, Bernhard's, Hugo's. Die Reinigung, die Heiligung ist es, die uns Gott näher und näher bringt. Durch das Denken an Gott (*cogitatio*), durch die fleissige Betrachtung (*meditatio*, *consideratio*) geht es zur Beschauung des göttlichen Spiegels (*contemplatio*). Es ist der von jenen Vorgängern betretene Weg; aber wir sehen an der Art der Ausführung, wie selbständig er darauf weiter geht und wie besonnen er dabei zu führen weiss.

Die Aufgabe für das neue Leben, so lehrt er mit jenen, ist eine

doppelte, einerseits sollen wir auf dem Wege der Reinigung das Sündige enttfernen, anderseits positiv das Heilige uns aneignen; letzteres
geschieht eben auf dem Wege des Denkens, der Betrachtung, der
treuen Durchsicht (Hugo I, 231) und der Beschauung. Er spricht
zuerst von dem Denken. Ein Lehrer spricht: Ein jeglicher Gedanke
von Gott machet die Seele heilig. In Treuen so ist es, fährt er fort,
aber leider ist nun das Herz so wild und der Gedanke so weit-
schweifend, dass unser Herz selten mit Gott ist, und so der Mensch
jetzt wähnet, dass er sein Herz bei ihm habe, so hat es die Welt
umfangen, nun hin über's Meer und her wieder, und ist so wilde, dass
es nimmer kann ruhen. Und so der Mensch an sein Gebet kommt und
er sein Herz an Gott setzt, ehe denn er je spreche *Pater noster*, das
eine Wort, so ist das Herz wieder entronnen in die Weite. In Treuen,
das Gebet machet nicht die Seele selig, hebt er hervor, denn so viel
als der Gedanke an Gott ist. Die Leute, die mit ihrem Herzen Gott
also unheimlich sind, die mögen des wohl fürchten, dass sie der himmlischen Heimlichkeit (vertrauten Gemeinschaft) mit Gott verlustig
gehen. Und soll doch, so fügt er hinzu, darum niemand verzagen.

Wenn er sagt, die Untugend solle man überwinden mit Tugenden
und dann in Gott ruhen, so bekennt er natürlich dabei, dass wir nimmer heilig mögen werden ohne seine Gnade; aber er fordert auch, dass
wir unser Herz allezeit zu der Gnade schicken. Die Gnade beginnt
mit der Vergebung der Sünde; dieser folgt die Erleuchtung durch die
Lehre, die den Glauben erleuchtet; Gnade macht hiebei vorsichtig, dass
man nicht meine, die streng äusserliche Arbeit in der Heiligung sei
die Hauptsache, womit so mancher schon vom Teufel betrogen worden
ist. Die Gnade lehrt ferner Gottes Verhältniss zu den Creaturen recht
betrachten. Einseitig nur bedenken, dass Gott der Allmächtige, über
die Welt Erhabene ist, führt dahin, die Erniedrigung Gottes in der
Menschwerdung Christi zu läugnen; man muss zugleich in Betracht
ziehen, dass er auch die Weisheit und die Güte ist, die ihn des be-
zwang, dass er menschliche Natur an sich nahm um unserer Erlösung
willen. Die Gnade lehrt ferner der Welt entfliehen. Ihr wisset wohl,
so man einen Baum will fällen, so schreien die Leute: Fliehet, fliehet,
dass euch der Fall nicht begreife. Zu gleicher Weise ist die Welt ein
Fall und Gott und die Schrift schreien euch zu: Fliehet, fliehet alle
bald von der Welt, sie erschlägt euch zu dem ewigen Tode, alle die in
diesem Falle verenden."

Auf solchem Wege der Reinigung und der Heiligung durch die

Beschauung Gottes gibt sich dann die göttliche Süssigkeit in über reicher Weise zu erfahren. Er vergleicht mit den Meistern Gott mit einem Quell, der aus dem Felsen springt und sich nicht enthalten mag, sondern überall überströmt und sich doch nicht erschöpft. Dann heisst es mit Jesajas: sie sehen ihn und minnen ihn und zerfliessen von Süssigkeit, und werden sich dann wundernd und breitet sich aus ihr Herz (Jes. 60). Denn anders können sie nicht: so sie an Gott so viel Süssigkeit und Schönheit sehen, sie müssen ihn minnen, und darnach zerfliessen sie von der überflüssigen Güte, und von der Güte wird ausgebreitet ihr Herz, dass sie alle Creaturen minnen in Gott und Gott in allen Creaturen, und wird die Seele also gebreitet, dass sie minnet alle Ding in allen Dingen, und unser Herr zerfliesset all um sie her, dass sie recht mit Gott allumfangen ist.

Wenn er nun den Zustand der Seele auf dieser höchsten Stufe beschreibt, so fehlt es ihm nicht an Anschauungen hierfür aus dem wirklichen Leben. Er predigt in Klöstern, wo, wie wir aus den Lebensbeschreibungen der Schwestern in den oberdeutschen Frauenklöstern ersehen, Zustände der Verzückung überaus häufig sind. Da hat die Seele vergessen alle Dinge bis auf ihn. Doch mag der Schlaf nicht lange sein: aber dieweil es ist, so muss sie schweigen, alles, das Sterbens (sterblich) an der Menschheit ist: der Mund der redet nicht noch die tödtliche Zunge, sondern in dieser Stunde harren alle Kräfte des äussern Menschen ohne Schmerz und ohne Geschrei; und du sollst nicht wähnen, dass du dich derweilen säumest mit dem Schweigen an dem Gebete: für dich betet die weise Verständigkeit (der wise wistuom), dein lieber Bruder Jesus Christus.

So sehr auch die Zeit mit ihren gesetzlichen Anschauungen von Verdienst, Lohn und Vertretung durch die Kirche und die Heiligen in seine Mystik hereinspielt, diese ist doch im Grunde ein Leben, das von Anfang bis zu Ende auf die Gnade sich gründet und auf unmittelbare eigene Erfahrung des Göttlichen sich stützen will. Da heisst es wohl, unserer Frauen Gebet kühlet des Herrn Zorn wider den Sünder, aber anderwärts sieht er in Jesu selbst die Fleisch gewordene Liebe, das für uns bittende Erbarmen. Wenn sich ihm ferner das ganze neue Leben aus dem Glauben entfaltet, und zwar aus einem Glauben, der eine feste Zuversicht, ein gewisses Vertrauen auf das Unsichtbare ist[1],

---

1) „Die Wurzel", so heisst es in dem Tractat, der das neue Leben mit einem Palmbaum vergleicht, „die Wurzel, von der dieser Baum wächset.

und er dann doch diesen Glauben so bestimmt, dass der Mensch glaubet,
dass ihm gelohnet werde nach seinen Werken, so ist er doch auch
wieder weit entfernt, dem Werk als Werk, als äusserlichem Thun
einen Werth beizulegen. Das Gebet, so hörten wir ihn sagen, macht
nicht die Seele selig, denn so viel als der Gedanke an Gott ist. Er
spricht von einer falschen Güte, die der Satan dem Menschen einbilde,
welche in dem Vertrauen auf die zahlreichen Werke des Fastens,
Wachens, Betens bestehe. Dabei sieht er in allem Sonderlichen, Auf-
fallenden, Uebertriebenen einen hochmüthigen Eigenwillen, einen
Sinn der nur sich selber folgen will. Sehr schön schliesst er an das
Wort des Jesajas: „Ihr sollt ausfahren mit Freuden" eine Betrachtung
über den Segen an, den das Fahren in der Sammlung, in der Gemeinschaft mit andern bringe. Der einzeln Fahrende wird leicht überwunden. Das selbstwillige Wesen, das sich in der Absonderung und in
der Begierde andere zu überbieten kundgibt, straft sich damit, dass
der Mensch über dieser Askese so erschöpft, so taub wird, dass er
unversehens fällt wo er zu fliegen wähnet. Dem stellt er dann den
Segen der wahren Gemeinschaft gegenüber, deren Wesen in der sich
selbst vergessenden Liebe besteht, an dem Antheil, den jegliches an
dem andern nimmt. Denn sie sind da alle so minniglich zusammengefügt und in einen Willen also lauterlich vereinbart, dass sich eine
jegliche Seele an der anderen Freude und Würdigkeit freuet recht als
an ihrer eigenen Freude.

Es liegt in der Natur der Mystik, wie schon öfter hervorgehoben
ist, dass sie auf unmittelbare selbständige Erfahrung des Göttlichen
dringt und dadurch dem Christenleben den Charakter grösserer Unabhängigkeit und Freiheit verleiht. Auch nach dieser Seite hin ist
unser Prediger ein Beispiel. „Willst du immer auslaufen um Brod zu
bitten, nicht backen selber dein Brod? — Lehre dich selber, wie du
Tugend übest und gute Werke, stärke dich selber mit Gottes Worte —
und hilf dir selber die Arbeit tragen mit Gottes Wort. Du sollst dich
selber lehren und predigen Tugend und gut Leben. Der Prediger wäre
dir oft zu ferne, Trost an ihm zu suchen, des du bedarfst für Leib und
Seele. Er (Christus) ist voll süsses Trostes, vollkommenes Rathes, voll
Mildigkeit, Barmherzigkeit und aller Tugend hunderttausendfältig; da
such alles das du willst, er gibt dir süssiglichen Trost. Nun spricht

---

das ist rechter und fester Glaube. Denn von dieser Wurzel wächset Furcht
der Hölle und Zuversicht der ewigen Freude und Frucht aller guten
Werke".

St. Paulus: Gottes Wort soll wohnen in eurem Herzen, das ist das lebende Wort, Christus unser Herre."

Aber doch bringt es diese ältere Mystik nirgends zu jenem Grade innerer Unabhängigkeit von menschlicher Bevormundung wie Eckhart und seine Schule. Wohl sagt unser Prediger: „Merket, dass unser Herr die selige Seele befreit von aller Meisterschaft, von allen Banden, dass du je mehr freien Muthes, freien Willens alles das du willst und alles das dich lüstet mit Freiheit thun sollst ohne alle Furcht". Aber diese Freiheit ist ihm mehr nur das ersehnte Ideal des zukünftigen Lebens, wie und gleich der folgende Satz belehrt.

Fragen, die in das Gebiet der speculativen Mystik gehören, berührt unser Prediger nur hie und da. An ein Wort Bernhard's anknüpfend „die Hände, die Himmelreich und Erdreich schufen, die wurden durchschlagen mit scharfen Nägeln" sagt er: „Nun möchtet ihr sprechen: wie möchte das sein? Gott war da ja noch nicht Mensch geworden, da er Himmelreich und Erdreich schuf? Des will ich euch bescheiden. Unser Herr Gott, der ewig Vater hatte seinen Sohn Jesum Christum gebildet in ihm selber vor Anfang der Welt. Des will ich euch Urkunde (Zeugniss, Beweis) geben. Da unser Herr die Engel schuf, da schuf er auch Lucifer, und gab dem mehr Schönheit und Würdigkeit, denn keinem andern Engel. Da sass er auch Gott näher und sah ihn lauterlicher denn die andern Engel. Da sah er ein menschlich Bild in dem göttlichen Spiegel, das war die Menschheit unseres Herrn Jesu Christi. Da gedachte Lucifer: dies Bilde bin ich, weil niemand so schön und auch so würdig ist als ich, davon hat er mich in ihm selber gebildet. Nun will ich meinen Stuhl neben ihm setzen, so bin ich ihm gleich. Und da er das gedachte, da fiel er. Das ist ein Urkund, dass die Menschheit gebildet war von Anfang in der Gottheit (s. u. über den Tractat von der Menschwerdung Christi).

Zur Zeit, als unser Prediger in Oberdeutschland wirkte, begann die Mystik nicht nur in der deutschen Predigt und Abhandlung, in den deutschen Schriften, welche von Visionen und Offenbarungen berichten, sondern auch in der dichterischen Rede einen grösseren Raum zu gewinnen. Unser Prediger zeigt, dass er solche Dichtungen kennt. Manches bei ihm trägt die Farbe der Tochter von Sion oder verwandter weiter unten zu besprechender Gedichte; zuweilen flicht sich auch der Reim in die eigene Rede oder diese steigert sich bis zum Anklingen des Lieds, wenn er z. B. die Seele sprechen lässt:

Mir ist das Herze mein versehrt,
Dass es nimmer wird gesund,
Nach Jesu, meinem Lieben,
Der machet meine Seele wund.

Beachtenswerther noch ist es, dass diese Predigten auf Suso's und
Tauler's Sprache von Einfluss gewesen zu sein scheinen. Denn wenn
er klagt: „O weh, Seele, dass du je etwas dachtest, denn an die ganze
Seligkeit, dass du je etwas minnetest, als das oberste Gut, dass du je
etwas sprachest, als sein Lob, dass du je ein Werk thatest, als in seiner
Minne! Möchte dir das leid sein, wäre es (Text wohl unrichtig: es
wäre) dir eine Bitterkeit, dass du all deine Gierde, all deine Freude, all
deine Süssigkeit an dem nicht suchtest, und dass du ihn nicht minnetest
von all deiner Kraft, der dir nun so gar lustlich und süssiglich ist!“
oder wenn er ausruft: „O weh, süsse Seele, wie recht minniglich diese
Ruhe ist, da Gott ruhet in diesem Paradiese, das ist dein blühendes
Herze in allen Tugenden und deine Seele ruhet unter seinem göttlichen
Schatten! Gesegne Gott die Seele, die mit rechter Gierde ruhet unter
dem Schatten des heiligen Geistes! Diese Seele mag wohl genesen von
aller Vreise (Gefährdung)“, und wenn er dann wieder mahnt: „Nun
sollt ihr lieben Jungfrauen, die Gottes Bräute wollen sein, die sollen
sich wohl bewahren und behüten, dass der Reif und der Mehlthau in
das blühende Paradies eueres Herzens nicht komme, denn das machet
dürre und taub der Rosen Wachsthum, unter denen Gott mit der Seele
ruhen will“ — so meinen wir in solchen Stellen schon die bewegte,
innige Sprache Suso's und ihren Rythmus zu hören. Auch manche für
Tauler charakteristische Formen finden sich bereits bei unserem Prediger. So das „beide inwendig und auswendig“ und ähnliches: „An
seinem Herzen, das ist aufgethan, darum dass du wohl sehest, dass
seine Minne ganz wäre, beide inwendig und auswendig“. Oder: „So
sollen wir unsern Glauben erleuchten, und sollen denen mehr glauben,
denen wir glauben sollen und die weiser und witziger sind beide von
Natur und von Kunst“. Oder: „Dass er wähnet, dass er Gottes
Engel sei, und diese Erscheinung geschiehet beide auswendig und
inwendig“.

Die Zeit, in der unser Prediger wirkte und sein Einfluss sich ver-
breitete, war die Jugendzeit der beiden genannten Männer, und ihre
Heimath lag in dem Bereich seiner Wirksamkeit. Der Orden, dessen
Mitglieder sie waren, ist derselbe, dem wahrscheinlich auch er angehört hat, und der Boden, auf dem Tauler wie Suso anfangs stehen, ganz

der der älteren kirchlichen Mystik. So könnte es wohl sein, dass die beiden berühmten Männer eine bedeutende Anregung unserem Prediger zu danken hätten.

4. Albrecht der Lesemeister.

In der oben besprochenen Münchner Handschrift (*Cgm. 100*), welche die deutsche Schrift des Mönchs von Heilsbronn vom Fronleichnam enthält, findet sich nach einem dem Bruder Berthold dem Minnerbruder (*fratri minori*) zugeschriebenen Stücke eine Predigt über die Speisung der Fünftausend, für die als Verfasser Albrecht der Lesemeister genannt ist. Wir treffen einen „Bruder Albrecht von Driforte, Lesemeister" unter den Schülern Eckhart's und zwei Predigten von ihm mit Predigten Eckhart's und seiner Schule in einer noch zu besprechenden Oxforder Handschrift. Allein ich halte den Albrecht der Münchner Handschrift für einen andern. Jener erinnert an Eckhart's Schule, dieser nicht, wiewohl er mit seiner Predigt der Mystik angehört. An Albertus Magnus ist ebenfalls nicht zu denken: unser Albrecht redet nicht die theologische Sprache jenes Gelehrten, sondern die des practisch gerichteten volksthümlichen Predigers. Auch wäre die Aufschrift „Bruder Albrecht der Lesemeister" für Albertus Magnus ungewöhnlich. Die Predigt ist an Klosterleute gehalten. Denn die dem Herrn nachfolgten in die Wüste und sassen auf dem Heu, das sind die, welche ihm „nachfolgten in das geistliche Leben und den Leib besessen haben, dass er unter ihnen sein muss". Die Brode sind von Gerste, rauh im Munde und mühelich zu essen; aber unser Herr thut dazu zwei Fische und mildert es damit, und thut seinen Segen darüber und bricht es selber, dass es ihnen gar süsse und gut zu essen wäre. Nachdem sich so der Prediger die Grundlage für seine Predigt willkürlich genug zubereitet hat, führt er, was er seinen Zuhörern sagen möchte, mit Verständniss und grossem Geschick aus. Er zeigt gesundes sittliches Urtheil und einen praktischen Blick. Die fünf Brode sind der Gehorsam, das Gebet, die Betrachtung des Wortes Gottes, die Anschauung der Wahrheit, die Seligkeit. Man kann gehorsam sein und dabei Ehre suchen, man kann gehorsam sein in Dingen die Schmach bringen und nicht willig dabei sein. „Es ist ebenso möglich Gift zu empfangen an dem Gehorsam, als Judas den Feind empfing an unseres Herrn Leichnam.* Und sehr schon fügt er nun bei, wie der Herr uns dies Brod geniesbar gemacht habe: er hat es gesegnet und gebrochen und auch vorgegessen damit, dass er selbst gehorsam war seinem Vater; und er hat es uns zerbrochen mit der Minne; denn die Minne machet dem Menschen dies Brot also klein, dass er alle Arbeit für klein hält und für ein nichts was er that.[1] Geschickt trifft er dabei naheliegende Verirrungen. Beim Gebete, dem zweiten Brode, bemerkt er: Mancher spricht „unser Herr weiss wol was ich bedarf". Nein! wir sollen bedenken selber, welcher Tugend uns gebreche, der sollen wir begehren und darnach arbeiten. Beim dritten Br.de, der Betrachtung des göttlichen Wortes, tadelt er die, welche das Wort statt auf sich auf andere beziehen und sprechen: „Ha wie recht dem das kommt". Er erinnert wieder, dass es gleiche Sünde sei des Herrn Leichnam unwürdig geniessen und das Wort mit „Unzüchten" hören. Die Predigt kennzeichnet sich als der mystischen Richtung angehörig durch das, was er zum vierten und fünften Brode bemerkt. Sich müssigen von irdischen Dingen, um die Wahrheit des Herrn zu schauen und so in Gottes Heimlichkeit geführt zu werden wie Paulus, das ist das Ziel, mit dem die Predigt schliesst. Aber auch hier zeigt sich sein gesunder und praktischer Sinn. Der Mensch soll sich, wenn er zum Anschauen der Wahrheit kommt, wundern und, so fügt er hinzu, sich bessern darnach. Und anknüpfend an den Satz, dass Paulus für das in der Verzückung Gesehene keine Worte hatte, sagt er: das sei uns eine Lehre, dass man solcher Dinge nicht viel künden soll.

---

5. Der Mönch von Heilsbronn.

Dem Mönche gehören, wie wir gesehen haben, von den vier Schriften, welche ihm zugeschrieben werden, nur zwei an: das Buch von den sieben Graden und das von den sechs Namen des Fronleich-

---

[1] Pfeiffer (Zeitschr. f. d. A. VIII, 234) hat den Text der Handschrift hier einfach abgedruckt; aber es ist da offenbar dreimal „er" und „es" verwechselt: „daz ez (Text: er) die minne den menschen als klein machet, daz er (Text: ez) alle die arbeit klein dunket vnd ein niht, daz er (Text: ez) tout."

nam. Beide sind in deutscher Sprache verfasst, das erstere in Reimen
das letztere in Prosa, und nur Vorwort und Schluss sind gereimt. Der
Dialekt ist der mitteldeutsche, wie A. Wagner nachgewiesen hat, und
hie und da mit Einwirkung des bairischen. Er erinnert vielfach an die
noch heute bei Ansbach gesprochene Mundart. Es ist kein Zweifel,
dass „der Mönch von Halsprunne", wie er sich in dem Nachwort zum
Fronleichnam nennt, dem Cistercienserkloster Heilsbronn zwischen
Ansbach und Nürnberg angehört habe. Auf einen Angehörigen des
Cistercienserordens führt auch noch die Weise, wie er Bernhard zu
weilen anführt: er nennt ihn „Vater Bernhard", „mein Herr Bernhard"; und auf Heilsbronn [1] bei Ansbach ausser dem Dialekt die Beziehung des Fronleichnam auf die Predigten des gleichzeitigen Heils-
bronner Abtes Konrad Soccus.

Wie nachgewiesen wurde, hat der Mönch seine beiden Schriften
zur Zeit dieses Abtes (1303 - 1321), wenigstens nicht lange nach
dessen Tode verfasst. Das Kloster stand unter dem Vorgänger des
Soccus, Heinrich von Hirschlach, und dann unter diesem selbst in
Blüthe. Nicht etwa bloss der äussere Besitz der Mönche dehnte sich
in diesen Zeiten bedeutend aus, auch für die Erweiterung des Wissens
ihrer Conventualen sorgten die Aebte und für die ihres geistlichen Einflusses in den benachbarten Gebieten. Für den Eifer um die Studien
zeugen die zahlreichen Handschriften, welche Abt Heinrich für die
Klosterbibliothek schreiben liess, [2] und für die geistliche Thätigkeit der
Mönche die Bemühungen des genannten Abtes bei dem Papste und bei
dem Bischof von Bamberg, dass den Predigern des Klosters die Predigt
in der Diözese Bamberg gestattet werde. Der Bischof Luitpold nennt
in dem Schreiben (1299), welches dem Abt die erbetene Zusage gewährt, das Kloster ein Haus, „in welchem die Blüthe der Andacht
herrlich hervorsprosst und die reichste und heilsamste Frucht der
Seelen bringt". [3]

Wie sich erwarten lässt, war es Bernhard, der Stifter des Ordens,

---

1) *De Visch*, Bibl. *script. s. o. Cisterciensis ed. 2. p. 362* führt irrthümlich „Halesbrun" und *Fons Salutis* als 2 Klöster dieses Ordens an; das
erstere verlegt er nach Baiern in die Diözese Eichstätt, das zweite in die
Diözese Bamberg.

2) S. den Katalog von Irmischer über die Handschriften der Univ.-
Bibliothek zu Erlangen. wohin zum grossen Theil die Bibliothek von Heilsbronn gekommen ist.

3) s. Muck I, 84.

dessen Schriften vor andern studirt wurden und keiner hat mehr ge-
than, den Geist Bernhard's unter den Conventualen, in Franken, ja in
Deutschland zu verbreiten, als Konrad Soccus. Sein grosses lateinisches
Predigtwerk ruht wesentlich auf den Schriften Bernhard's und hat die
Verbreitung der Lehren desselben zum Zwecke. Es ist kaum eine
Predigt, die nicht Mittheilungen aus ihm machte. In einer Menge
von Handschriften sind dann diese Predigten über Deutschland ver-
breitet worden, und es ist schon hervorgehoben, dass sie noch gegen
Ende des 15. Jahrhunderts kurz nacheinander zweimal gedruckt wur-
den. Sie bildeten mit ihrer reichen Fülle von Citaten, in ihrer licht-
vollen Anordnung eine Fundgrube für die deutsche Predigt. Auch unser
Mönch hat reichlich aus ihnen geschöpft.

Der Erklärung des zweiten Namens des Fronleichnam ist ein
längerer Excurs über die Minne beigefügt, an dessen Schlusse der
Mönch seinen Vorsatz kund gibt, später noch ein ganz Büchlein von
der Minne zu schreiben (M. 20). A. Wagner vermuthet, dass das Gedicht der sieben Grade dieses in Aussicht gestellte Buch sei. Ich kann
dem nicht zustimmen, denn in den sieben Graden ist das Thema,
welches er ankündigt, und der Gedanke, welcher ihn beherrscht, die
Unterschiede in den verschiedenen Stufen des Gebets darzulegen und
zu zeigen, wie diese durch die verschiedenen Stufen des inneren Lebens
bedingt sind. Das wesentlichste Element hiebei ist allerdings die
Minne; aber der Gesichtspunkt, unter den alles gestellt ist, ist nicht
sie, sondern das Gebet. Ein anderer Grund, um dessen willen ich
Wagner nicht beistimmen kann, ist folgender. In den sieben Graden
hält er mit seinem Vorgänger David es für möglich, dass der 6. Grad
in diesem Leben noch erreicht werden könne. Mit diesem Grad aber
verbindet der Mönch jene höchste der von Bernhard charakterisirten
Stufen der Minne, da der Mensch sich selbst nur liebt um Gottes willen
(7 Gr. 1430 ff.). Im Fronleichnam spricht der Mönch gleichfalls von
dieser höchsten Stufe der Minne; aber er sagt da, an Bernhard sich
anschliessend, [1] dass sie erst nach diesem Leben erreicht werde. Bei
der Autorität, welche Bernhard überall für den Mönch hat, bei dem
Bekenntniss des Mönchs, dass er selbst hinsichtlich der höheren Stufen

---

1) *De dil. deo Cap. 15: Sane in hoc (tertio) gradu diu statur et nescio
si a quoquam hominum quartus in hac vita perfecte apprehenditur, ut se
scilicet homo diligat tantum propter deum. Asserant hoc, si qui experti sunt:
mihi, fateor, impossibile videtur.*

des Gebets und der Minne nicht aus eigener Erfahrung sprechen
könne, sondern nur Autoritäten folge, ist es nicht wohl denkbar, dass
er von Bernhard's Ansicht in diesem Punkte, nachdem er sie einmal
kennen gelernt hatte, wieder abgegangen sei. Er hat also, als er das
Gedicht schrieb, wohl Bernhard's Stufen der Minne, aber nicht dessen
Ansicht über die Grenze gekannt, bis zu welcher wir in diesem Leben
zu kommen vermögen. Die sieben Grade müssen demnach früher als
der Fronleichnam geschrieben sein. Dass der Mönch, ehe er diesen
herausgab, schon eine oder auch mehrere Schriften in Reimen verfasst
habe, darauf deutet er selbst im Eingang zu dem Fronleichnam hin,
wenn er sagt:

> Auch han ich mut in mine sin,
> Daz ich diz cleine buchelin
> Wolle ane rimen machen.
> —   Davon han ich mut ze varn
> Gemeiner rede di strazen
> Und alles rimen lazen.

Denn wozu hätte er diese Rechtfertigung, warum er nicht in
Reimen schreibe, nöthig gehabt, wenn man ihn nicht für einen solchen
gekannt hätte, der bereits in Reimen geschrieben hatte? Dann aber
dürfte wohl, der oben mitgetheilten Wahrnehmung zufolge, das Buch
der sieben Grade ein solches von ihm in Reimen verfasstes Werk gewesen sein.

Aehnlich wie Bernhard seine Stufen der Minne (I, 224 f.). hatte
David seine Stufen der Andacht aufgestellt. Auf der ersten nöthigt
sich der Mensch zur Andacht; auf der zweiten betet er mit Lust; auf
der dritten mit Sehnsucht, dass die Worte nicht mehr genügen; auf
der vierten erkennt er die Tiefe seiner Sünde und die göttliche Minne,
er gewinnt süssen Frieden und mancherlei Freude und lichtes Verständniss; auf der fünften macht das Kosten der göttlichen Liebe die
Seele so trunken, dass sie sich der äusseren Dinge nicht mehr ver-
sinnet; auf der sechsten wird der Geist über sich selbst hinausgehoben
und so eins mit Gott, dass er wie zerfliessendes Wachs das Gepräge
des göttlichen Bildes empfangen kann. Was Gott ist von Natur, das
wird er da von Gnade. Wie durch die enge Klunse einer Thüre sieht
hier der Mensch das Glitzern des grossen Lichtes. Aber nur selten und
nur in der Verzückung geschieht das. Auf die siebente Stufe gelangt
niemand in diesem Leben; nur Christi Seele und vielleicht die des
Paulus und der Maria haben sie hienieden erreicht. Da ist der Spiegel,
durch den wir auf Erden Gott sehen, gar weggenommen; wir sehen

Gott von Angesicht zu Angesicht. Denn wenn den Heiligen des Leibes
Bürde dahinfällt, dann fliegen sie dem Adler gleich zur obersten Sonne
und heften das lautere Auge auf das hellscheinende Licht, auf das so
minnigliche und klare Antlitz des blühenden Gottes.

Diese Gedanken sind es, welche der Mönch in 2218 Verszeilen im
Buch der sieben Grade ausführt. Die Sprache hat im Ganzen einen
leichten Fluss, da er der Hebung meist auch eine Senkung folgen lässt
und für die Verbindung der Gedanken durch vermittelnde Sätze sorgt,
worüber er freilich auch oft in's Breite geräth. Seine Rede erhebt
sich nicht viel über die Prosa, nur zuweilen nimmt sie einen höheren
Schwung, namentlich da wo ihm das Gemüth bei Betrachtung der
Liebe Gottes überwallt. Und in dem was der Mönch aus seiner Individualität hinzubringt, nicht in den theologischen Gedanken, die nicht
sein eigen sind, liegt überhaupt der Werth des Gedichts. Es stellt
sich in ihm einer der religiösen Charaktere jener Zeit in voller Unmittelbarkeit dar.

Den Fronleichnam in Versen zu schreiben hält den Mönch die
Heiligkeit des Gegenstandes ab. Dazu komme noch, meint er, dass
die Aufgabe, den Reim zu suchen, und überhaupt der Glanz der Worte,
den die dichterische Rede fordere, der genauen Darlegung des Sinnes
hinderlich sei. Seine Prosa ist indes noch ziemlich schwerfällig und
über dem Bestreben deutlich zu sein wird er auch hier oft breit. Man
sieht aus seinen lateinisch-deutschen Vorarbeiten, dass er gewohnt ist,
Theologisches zuerst lateinisch zu denken, wie er es denn auch zumeist
aus lateinischen Quellen geschöpft hat. Es ist vorherrschend Bernhard,
dem er folgt, und da zumeist so, wie ihm dessen Lehre durch die Predigten seines Abtes Soccus vermittelt ist.

Sein Tractat zerfällt nach den sechs Namen für den Fronleichnam: Eucharistie, Gabe, Speise, Communion, Opfer, Sakrament in
sechs Theile. Er ist bemüht, wie sein Abt es in den Predigten thut,
sein Material nach Kategorien zu ordnen. Er will das Sakrament nach
seinem Ursprung, Wesen und Ziel, nach Umfang, Inhalt und Wirkung
betrachten. Wo er das Abendmahl bespricht, soferne es Gabe ist, will
er zuerst sprechen von dem Geber, dann von der Gabe, dann von dem,
welchem gegeben wird (s. Soccus Pr. 121 des Wintertheils) Aber es
ist alles mehr äusserlich neben einander gestellt als von einander ab-
geleitet, und damit dass er die sechs Namen zum Princip der Eintheilung macht, von denen die drei ersten wesentlich auf dieselben Gedanken führen, geräth er in eine Menge von Wiederholungen.

Bei der Ausdeutung des zweiten Namens, wo er von der Minne des Gebers spricht, liegen der Darlegung der verschiedenen Formen der Minne die vier Unterscheidungen Bernhard's zu Grunde, nur dass bei ihm sechs Stufen gemacht sind, die er als knechtische, gehrende, süsse, sehnliche, keusche, geniessende Minne bezeichnet.

Bei der Ausdeutung des sechsten Namens, *Sacramentum* Heiligkeit, spricht er von der Heiligkeit die Gott ist, und die Gott wirkt. An die Darlegungen des Soccus (Pr. 62 des Sommertheils) sich anschliessend, betrachtet er die Heiligkeit die Gott ist, unter den paulinischen Kategorien der Höhe, der Tiefe, der Breite und Länge. Es ist hier kaum etwas von theologischen Gedanken, das auf ihn selbst oder auf sein eigenes Forschen zurückzuführen wäre; auch wo er mit seinem Ich hervortritt, ist dies nicht immer er selbst, sondern er setzt sich da nur für Soccus ein. Was er aber durch solche Vermittlung über die *contemplatio* bringt, die je nachdem der Sohn, oder der Vater, oder der heil. Geist auf sie einwirken, *speculatio* oder *jubilatio* oder *contemplatio* im engeren Sinne heisst, geht wieder auf Hugo und Richard oder auf Bernhard zurück (vgl. Soccus Pr. 21 des Sommerth. und Bern. in Cant. Serm. 69. 52 etc.).

Bei all dieser theologischen Unselbständigkeit bleibt indes der Mönch doch immer von Bedeutung, da seine Schriften, in deutscher Sprache verfasst, eine Reihe von Gedanken der älteren Mystik weiteren Kreisen zugänglich machen und da in seiner Persönlichkeit, die oft sehr lebendig hervortritt, ein Theil der besseren deutschen Geistlichkeit überhaupt gezeichnet ist. Es sind die Eigenschaften einer frischen und kräftigen Natur, eines aufrichtigen, demüthigen und schlichten Sinnes, der überall nur nach dem fragt, was das Herz befriedigen kann, welche uns aus den Schriften des Mönchs entgegentreten.

Wie in ihrer Weise einst Schwester Mechthild, oder wie David von Augsburg und andere, so wendet auch er sich gegen die sich überhebende Schultheologie seiner Zeit. Die Einung mit Gott ist nicht zu suchen und zu finden in Büchern, und nicht zu erfragen auf hohen Schulen oder bei hohen Pfaffen. Alle Kunst Griechenlands, alle Meister zu Salerno und Paris wissen nichts Gewisses von dieser Gnade, sondern nur ein reines lauteres Herz. So sage ja auch Paulus, dass Gott erwählt habe, was schwach ist vor dieser Welt, und Christus danke, dass Gott es den Weisen dieser Welt versperret und seinen kleinen Kindelein, den Armen am Geist geoffenbaret habe. Er meint, dass manches

arme Schwesterlein und andere arme Geister über alle Lesemeister
könnten sagen von dieser Gnade, die sie im Herzen tragen.

Er selbst bekennt ehrlich von sich, dass er noch auf der ersten
Stufe der Grade des Gebets stehe und keine Erfahrung der heiligen
Dinge habe, von denen er reden werde. Demüthig bittet er, dass er
vor seinem Tode noch kommen möge auf den zweiten Grad, da er mit
reuiger Klage Antlass und Hulde für alle seine Schuld gewinne. Aber
die Barmherzigkeit neigt sich herab, wo man ihr Jammer zeigt und
des Jammers hat er   Haus und Stadel voll. Mit Urlaub, Herre mein!
ruft er aus, wo willst du mit deinem Erbarmen hin? Die Engel bedürfen
dessen nicht, sie sind ja gut. Erbarmen muss sich üben an Armen.
Die Gnade hat nicht grossen Dank, die Dienste lohnt; wenn sie aber
solchen sich erweist, die nichts gutes an sich haben, da heisset sie recht
Barmherzigkeit. Er ruft den Herrn zum Zeugen, dass er der Rede
nicht lüge: er habe es für Himmel und Erde geachtet ein Mensch nach
Gottes Willen zu werden und doch nichts dabei geschafft. Das sei in
den Himmel geschrieen und sei (o Herr) der Barmherzigkeit gemahnt,
die der Schächer am Kreuze fand!

Wie gross erscheint ihm dann bei solcher Demuth die Minne
Gottes! Das Gemüth wird ihm weit, das Gefühl wallt ihm auf und
ergiesst sich im Preise ihrer Grösse und Herrlichkeit.

> O süsser Herre Jesu Christ,
> Des süsse Minne ein Abgrund ist!
> O grundloser Brunne,
> Aller Gnaden Wunne!
> Was ist der arm Mensch dir,
> Dass du so gar deines Herzens Gier
> An ihn so völlig legest,
> So gross Minn zu ihm trägest,
> Dass du den Menschen so blöde.
> So krank, so schwach, so schnöde,
> So minniglichen meinest,
> Dass du ihn an dir vereinest.
> — Bist du es nicht du grosser Gott,
> Der da heisset Sabaoth?
> — Und doch in dieser Majestät
> Dein Herz in solcher Minne steht,
> Dass du ihn suchst mit solchem Flehn,
> Als würde all dein Ehr vergehn,
> Und nicht bestehn dein Reiche
> Ob dir der Mensch geschweige.

Thu ich was Gutes, das ist dein,
Das Ueble alles, das ist mein,
Und doch, deine Süsse gut,
Bei dieser Armuth,
Nach uns tobet und quillt!

Nun führt er aus, was diese Minne, die stärker ist als der Tod,
ja stärker als Gott selber, alles gethan hat und noch thut, und ruft:

Freu dich Mensch freudenreich,
Freu dich nun und ewiglich,
Freu dich, freu dich um die Sach,
Ob du an dir auch seiest schwach.

Die Liebe spricht durch des Weissagen Jesajas Mund, sie wolle
unser nicht vergessen, ob auch ein Weib ihres Kindleins vergässe, und
in solch sehnlicher Klage bitte und mahne sie uns alle Tage   und
nun bricht er ab mit dem Preis der Minne Gottes und ruft:

Wirf das Buch hie aus der Hand,
Und bedenk dieser Minne Band
In deinem Herzen innen
Und lern ihn wieder minnen.
Er bittet dich nicht: Klöster stift!
Nicht: Lerne Weisheit in der Schrift!
Nicht bittet er: Fahr übers Meer!
-- Nach dir allein ist sein Begehr.

Wir haben schon oben gesehen, dass der Mönch von seinem
eigenen Thun nichts hält und der Gnade begehrt, die der Schächer am
Kreuze fand. Er theilt die Rechtfertigungslehre seines Vaters Bernhard. Mit diesem sagt er: An den Werken (Arbeiten) Christi steht alle
meine Gerechtigkeit und nicht an meinen Werken, denn deren gebricht
mir (M. 27). Aber dabei ist er wieder gut römisch, denn der Schatz
der Verdienste Christi wird ganz unter die Gewalt des Papstes und
der Bischöfe gestellt. „Ueber den Schatz hat der Papst alle Schlüssel
und volle Gewalt, aber die Bischöfe haben gezielte Gewalt." (Vgl. dagegen unten Giseler von Slatheim).

Ob der Mönch die speculativen Lehren Eckhart's gekannt habe,
darüber lässt sich mit Sicherheit nichts sagen. Einiges, das wie eine
Ablehnung aussieht, könnte Eckhart gegenüber gesprochen sein. Er
betont, dass die Einung, die der Mensch auf den höchsten Stufen mit
Gott hat, wohl zu unterscheiden sei von der natürlichen Einung, die
Gott habe mit seinem Sohne. Er setzt die Einheit des Menschen mit

Gott nur in die Einmüthigkeit des Willens.[1] Auch die Stelle, wo er das Speculiren über die Dreieinigkeit abweist, könnte allenfalls mit Hinblick auf Eckhart geschrieben sein. Er will von der Einheit und Dreiheit der göttlichen Personen nicht sprechen, bemerkt er einmal, damit er sich nicht verbrenne an dem, das er nicht erkenne (7 Grade 2019 ff.). Aehnlich kennzeichnet er sich selbst in seiner mehr praktischen, von aller Speculation sich fernhaltenden Richtung, wo er eine längere Besprechung verschiedener Versuchungen mit den Worten schliesst: „Disiv rede ist vber minen dank ze lanc worden vnd ist daz da von daz mir disiv materie bi mir selber vil kunder ist denn div ordenunge der engel kör, da ich nie hin kom." (Fronl. *Cgm. 100, f. 53.*)

— —

6. Allegorie: Der Minnebaum. Der Baumgarten. Der Palmbaum.

Es sind nicht neue Formen, in denen wir die Erzeugnisse der deutschredenden Mystik niedergelegt finden; aber sie hat die alten, die sie mit ihrem Geiste erfüllte, vielfach ansprechender gemacht. Wie viel inniger, freier und unmittelbarer sind doch in der Regel ihre Predigten als die ihrer meisten lateinischen Vorbilder. Auch in der Erzählung, im Briefe, im Spruch, im Liede, in der allegorischen Dichtung bringt sie es zum ansprechendsten Ausdruck. Nur in der wissenschaftlichen Abhandlung bleibt die deutsche Mystik in der Form hinter der lateinischen zurück.

Wir sahen bisher vielfach und noch besonders im letzten Abschnitte, wie reichlich die Mystik von der Allegorie Gebrauch macht;

---

1) 7 Grade 1415 ff.: Aber die ainung di got hât
       Mit der sêl, von gnâden gât,
       Di an in czwain czesamen treit
       Ir paider wille ainmutichait.
       Als wir von gemainer red jehen,
       Wo wir czwai mensch ainmutik sehen,
       Der eins ans andre niht entut
       Den daz dem andern ist gemut etc.
Und 1495 ff.: Wann dis ainung stet in der aht,
       Daz sich got niht in der maht
       Noch alz er ist verainet.

und es ist natürlich, dass sie, die Ausserordentliches, Uebersinnliches zu
ihrem eigentlichen Elemente hatte, für das schwer Auszusprechende
sich mit Vorliebe der Gleichnisssprache bediente. Die Schrift selbst
mit ihrem historischen Inhalt wurde ihr, weit vorherrschender noch
als es früher nach dem Vorgang des Origenes der Fall war, eine einzige
Allegorie, welche die Kräfte des inneren Lebens, den Weg der Seele zu
Gott, die Vereinigung mit ihm zur Aussage bringt. Und wie in der
Schrift die Vorgänge des natürlichen Lebens vielfach als Gleichnisse
für das Leben des Geistes verwendet werden, so bringt nun die Mystik mit vollen Händen zu der Typik der Schrift und der älteren
Literatur noch die eigene reiche Nachlese herbei, um das alles ihrer
Lehre dienstbar zu machen. Es wäre eine für unsere Zwecke unfrucht-
bare Mühe, die ursprüngliche Heimath einzelner Allegorien aufsuchen
zu wollen. Wichtiger ist uns, zu fragen, wie das Gleiche von verschiedenen Verfassern eigenthümlich behandelt wird. Wir nehmen aus
der Menge mystisch-allegorischer Darstellungen unserer Periode eine
solche, bei welcher wir vergleichen und einen Massstab für die Beurtheilung der Verfasser gewinnen können.

Der Fromme wird in den Psalmen dem fruchtbaren Baume, die
Braut im hohen Liede dem Palmbaum verglichen. So lag es nahe, das
Leben der Seele in seiner religiösen Entfaltung unter dem Bilde des
Baumes darzustellen. Dem Boden der älteren Mystik angehörig und
vielleicht noch in das 13. Jahrhundert zurückgehend ist der Baum der
minnenden Seele oder der Minnebaum, welcher sich zweimal in
Münchner Handschriften aus dem 14. Jahrhundert findet. Mit diesem
Stücke vergleichen wir den Baumgarten mit den sieben Bäumen von
Konrad von Weissenburg, und den Palmbaum von dem Prediger der
St. Georger Handschrift.

Der Minnebaum lässt ersehen, wie theologisch unreif noch die
Geistlichkeit bei uns war, als die Mystik von Frankreich her auf sie
Einfluss zu üben begann. Der Verfasser bezeichnet als die Wurzel des
Baumes der Minne die knechtische Furcht, die Furcht vor den Höllen-
strafen. Das wäre nun immerhin noch ein richtiger Ausgangspunkt,
wenn wie bei Bernhard in dessen Darstellung der Entfaltung der Liebe
die Beziehung auf das Evangelium hinzukäme und so der Uebergang
von der Selbstliebe zur reinen und höchsten Liebe vermittelt wäre.
Aber hievon findet sich hier keine Spur. Nachdem als die Wurzel des
Minnebaums die knechtische Furcht bezeichnet ist, werden aus dieser
Wurzel drei andere Wurzeln abgezweigt oder vielmehr an sie ange-

hängt: die Reue, die Beichte, die Busse. Jedes dieser drei Stücke
theilt sich dann wieder in drei besondere Würzelein: die Reue in die
Bitterkeit, den Widerwillen gegen die Sünde, den Vorsatz zu büssen;
die Beichte in das Bekenntniss des Herzens, des Mundes, des Werkes;
die Busse in Gebet, Fasten, Almosen. Von der Vergebung und ihrer
Wirkung auf das Leben der Seele wäre nach Reue, Beichte und Busse
zunächst zu reden gewesen, um die Bedingung für das Nachfolgende zu
gewinnen; statt dessen heisst es: So dann die sündige Seele sich lange
in diesen Wurzeln geübet hat und wohl darinnen zunimmt, so wird sie
dann wachsend und zunehmend an der Minne — und klimmet auf den
ersten Ast des Minnebaumes, das ist die geistliche Freude an dem Gemahl der Seele. In gleich äusserlicher Weise werden dann die anderen
Aeste des Baumes angefügt: das Minneseufzen, die Emsigkeit, das
Vollharren (Ausharren) in der Minne, die hitzige Minne, die Minne-
zähre, die von der hitzigen Minne „undanks" ausbricht, dann die
Schauung ewiger Dinge, da die Seele die oberste Süsse erschaut. Jetzt
lernet sie mehr und mehr alle Dinge verschmähen, sie wird über-
wallend von Minne, zerfliessend, siech, Gebresten des Fleisches tritt
ein, während der minnende Muth über die Luft wächst und die Seele
eingezückt[1] wird, so dass sie und Gott Ein Ding werden. Da spricht
sie dann: Ich niesse die göttliche Süsse und trinke den himmlischen Wein.[2]

---

1) *Cgm. 100:* — auf den zwölften ast, daz ist daz enchvchen vnd in
dem selben minnen chvchen wirt si vnd got ein dinch.

Cgm. 132: auf den zwelften ast, daz ist daz enzvchen vnd in dem
selbe minne zvche wirdet si vnd·got ein dinch.

2) Das Bild vom himmlischen Weine angewendet auf die stufenweise
Erhebung des Seelenlebens und gleich in den Anfängen einen bedeutenderen Verfasser als den des Minnebaums verrathend, in *Cgm. 100,*
f. 158 ff. Ein siebenfacher Wein fliesst aus vom grundlosen See der
heiligen Dreifaltigkeit. Den ersten, den rothen Wein, schenket die tobende
Minne; er erinnert an die Treue Christi bis zum Tode. Der erste Trunk
sammelt das verflossene Herz zu einem hungrigen Jammer, der zweite
zu bitterer Reue, der dritte zur Begehrung einer aufrichtigen Beichte,
der vierte zur Quälung in süsser Busse. Der zweite, der süsse Wein,
fliesst von Jesu Demuth; er wird geschenkt aus der Kanne der Heimlichkeit, er lässt sich gerne trinken und durchfährt den Leib ehe man sein
gewahr wird. Der erste Trunk davon bringt Selbstbetrachtung, der zweite
Erkenntniss der eigenen Unwürdigkeit, der dritte ganzen Trost mit starkem Frieden; er trägt den Menschen in Sicherheit des ewigen Lebens.
Der vierte Trunk gibt den unbegreiflichen Schmack der Süssigkeit, welcher

Nahe verwandt mit dem Minnebaum ist der Baumgarten mit den sieben Bäumen und dem Palmbaum mit den sieben Aesten. Was in dem Baumgarten die sieben Bäume, das sind an dem Palmbaum die sieben Aeste. Vom Minnebaum unterscheiden sich beide Allegorien durch eine hier gleichmässig verwendete symbolische Zuthat. Zu jedem Baume oder Ast kommet ein Vogel, unter jedem oder an jedem blühet eine Blume. Dabei tritt deutlich zu Tage, dass der Verfasser des Palmbaums die Allegorie vom Baumgarten gekannt hat, und sie nur einheitlicher und verständnissreicher fortbildet.

Der Baumgarten ist einer Sammlung von 18 Stücken entnommen, die auf 12 Pergamentblättern einer Berliner Handschrift stehen, welche der Schrift nach dem 14. Jahrhundert angehören. Nach Bornemann, der darüber berichtet und das Stück von dem Baumgarten mittheilt,[1] scheinen die Stücke dem gleichen Verfasser anzugehören, der bei einem derselben als der vil selige Bruder Konrad von Weissenburg angeführt wird.[2]

Von den sieben Bäumen des Baumgartens ist der erste der Baum der Reue mit dem Pfau und dem Veilchen d. i. mit der Selbsterkenntniss (dem Spiegel) und der Demuth; dann folgt der Baum des Erbar-

---

mit brennender Minne fliesset von dem Strome der tobenden Fluth, und er tränket den Menschen so gar und völlig, dass er Leibes und der Seele, Himmels und Hölle nicht achtet. So wird dann weiter von dem lauteren, dem harten, dem gewürzten, zuletzt vom Beerenweine (dem natürlichen gegenüber dem künstlichen?) gesprochen. Diesen trinkt selten einer, und nur solche, die von der väterlichen Minne verwundet sind. Er bewirkt die volle Einigung, so dass die Seele dann spricht: Ich sehe, das ich glaubte, ich habe umhalset, das ich gehrte. Der erste Trunk gewährt den Schmack der göttlichen Einung, der zweite die Erkenntniss der göttlichen Natur, der dritte die Wollust der Gebrauchung göttlicher Natur, der vierte die unbegreifliche Wollust, die in der Einheit Gottes mit allen seinen Engeln und Heiligen und dieser untereinander liegt.

1) V. d. Hagen, Germania II, 303 ff. Ein Stück mit ähnlicher Bezeichnung: „Geistlicher Leute Baumgarten", gleichfalls in einer Haudschrift des 14. Jahrhunderts zu München (Cgm. 210, und dann noch in mehreren Handschr. des 15. J.) enthält Anweisungen und Gebete, und berührt unser Gebiet nicht.

2) Wenn Bornemann den Verf. dem elsässischen Weissenburg zuweist, so ist dies sehr wahrscheinlich richtig, aber willkürlich ist es, wenn er in ihm einen Benediktiner sieht, weil dort ein Kloster derselben war. Er brauchte, um nach Weissenburg benannt zu sein, nur von dort zu stammen. Auch hatten die Dominikaner seit 1288 dort ein Kloster.

mens mit dem Wiedehopf und der Wasserblume, das ist dem Mitleiden
und den Thränen; der Baum der Geduld mit dem Raben und der Lilie;
denn der Rabe singt, wenn er sterben soll, und der Duft der Lilie wird
stärker, wenn sie von Dornen gestochen wird. So werden nach einander
die sieben Bäume angeführt. Aber die siebenerlei Richtungen und
Fassungen der Seele, welche mit den Bäumen gemeint sind, und welche
einen stufenweisen Fortschritt bezeichnen sollen: die Reue, das Erbarmen, die Geduld, die Minne, das Lob, das Wohnen im Himmelreich,
die Begierde sind in ihrer Aufeinanderfolge ebenso wenig motivirt, als
dies bei dem Minnebaum der Fall ist. Unlogisch erscheint die Begierde
an den Schluss gestellt, nachdem vorher von dem Wohnen des Herzens
im Himmelreich die Rede war. Konrad begnügt sich auch nur damit
sie zu nennen: der siebente Baum, so heisst es, ist ein Baum der
Gierden. Darauf, so fährt er fort, sitzet ein Vogel, der heisst Phönix.
Der hat die Natur an sich, so er lebt bis an sein Alter, so flieget er
dann hinweg, und trägt die Würze zusammen die er kann finden, und
sitzet dann in die Würzen und wehet sich mit den Federn so lange an,
bis sie entzündet werden, und verbrennet dann und bleibet von der
Asche ein kleines Würmlein, so wird dann ein Vogel als von erst. Also
soll der Mensch thun: wenn er in den Sünden ist, so soll er all die
besten Tugenden in sein Herz legen und all das Gute, das er je hörte
sagen, so wird dann sein Herz entzündet und wird sich selber aubren-
nend, und so soll er dann seine Sünde klagen unserem Herren Gott, so
verschmähet das der Herr nicht, wie kleine Reue auch der Mensch hat.
Die Blume, die darunter soll stehen, das ist die Feldblume, die hat die
Natur, dass sie gemein ist allen den Leuten. Also ist unser Herr gemein allen die ihn gehren, denen will er sich selber geben zu einem
ganzen Troste.

Offenbar mit dem Bestreben, das äusserlich Aneinandergereihte in
der Allegorie Konrad's einheitlicher zu gestalten und für das Ziel der
mystischen Vereinigung mit Gott zu verwerthen, setzt der Prediger
der St. Georger Handschrift für den Baumgarten mit den sieben
Bäumen den Palmbaum mit den sieben Aesten, hierinnen dem Verfasser des Minnebaums ähnlich, aber in der Darlegung theologisch besser
begründend als seine beiden Vorbilder. Die Wurzel, aus der der ganze
Baum wächst, ist der rechte und feste Glaube, des Baumes Stamm die
willige Armuth, die Aeste: Erkenntniss der eigenen Schwäche; Erbarmen mit dem Nächsten; Kasteiung, die das leibliche Leben in Unter-
ordnung hält; Andacht, mit der die Seele in Christi Leiden und Gottes

Gnade sich versenkt; Begierde der Seele nach Gott; Gebet, das Gott ladet in der Seele zu wohnen; die Süssigkeit.

Hier schliesst sich eines an das andere mit natürlicher Folge an, und das letzte, die Süssigkeit, erscheint als eine Frucht dessen was vorhergegangen ist: So der Mensch des Baumes Aeste alle übersteigt, mit stetem Willen und Tugenden, so giesset unser Herr so grosse Süssigkeit in die reine Seele, dass sie dem Leibe unerträglich ist, und er all seine Kraft verliert. Doch ist der Geist so stark, dass er den Leib trägt; wie der Gesunde den Siechen so trägt der Geist von göttlicher Kraft des Leibes Erschreckung. Auf dem Aste sitzet der Phönix, der wohnet auf dem Oelberg; so sich der Phönix erneuern will, so fliegt er auf die hohen Berge in die hohen Lüfte, der Sonne so nahe, dass er erhitzet, und dann kommt er hernieder in sein Haus und schlägt die Fittiche also sehr zusammen, dass er entbrennet und verbrennet, und aus der Asche wird dann ein neuer Phönix. So thut der selbige Mensch, der emporfliegt zur Höhe geistlichen Lebens u. s. w. Die Blume aber auf diesem Aste ist die Feldblume, Jesus Christus, der wie die Feldblume gemein ist allen Leuten, armen und reichen, allen die sie gehren — —. Er lässt Christus, die Feldblume, nun selbst sprechen, wie er bekleidet sei mit rothen Kleidern, „das ist mein rosenfarbenes Blut, das ich um deinetwillen vergoss. Lieber Mensch, nun verzage nicht etc. — — Ich bin auch gemeine allen die mich gehren. Mein Tod ist gemein, meine Gnade ist gemein, mein Erbarmen ist gemein, mein Trost ist gemein, mein Himmelreich ist gemein, ich und mein Vater und der heilige Geist sind gemein allen denen, die Gnade und Trostes gehren von rechtem Herzen, denen will ich mich selber geben mit vollem Troste, und nach diesem Elend will ich selber ihr Lohn sein und ihre Freude. Mir ist niemand zu arm noch zu sündig."

---

7. Gedichte.

Wir werden bei der Tochter von Sion oder der Dichtung des Mönchs von Heilsbronn zuweilen an ältere Werke von dichterischer Behandlung oder in dichterischer Form erinnert, deren Sprache und Gedanken hie und da anzuklingen scheinen, so an das Hohenburger

Hohelied[1] und die Marienlieder eines niederrheinischen Priesters[2]:
beide aus dem 12. Jahrhundert. Man könnte fragen, ob nicht auch
diese und ihnen verwandte Erzeugnisse einen Platz in der Geschichte
der deutschen Mystik zu beanspruchen haben? Denn wenn in dem
Hohenburger Hohenliede die Seele in Traumesweise in den Glanz der
himmlischen Weisheit geführt wird, oder wenn der rheinische Dichter
uns die Innigkeit und Unmittelbarkeit schildert, mit welcher Maria die
Gemeinschaft Gottes geniesst, so scheint wohl hier der Boden der
Mystik betreten zu sein. Und dennoch dürfte es sich rechtfertigen,
wenn wir diese und ähnliche Werke früherer und späterer Zeit von
unserer Aufgabe ausschliessen. Die Mystik im eigentlichen Sinne zeigt
uns die eigene Persönlichkeit im Suchen und Streben nach unmittelbarer Einigung mit Gott, sie lehrt den Weg dahin wirklich betreten,
sie hält es für möglich, das Ziel in der Zeit nahezu zu erreichen, sie
glaubt von Erlebnissen, von Erfahrung des Göttlichen sprechen zu
können. Dieser Weg aber ist in Werken wie die angeführten nicht
betreten. Nach dem Hohenburger Hohenliede ist das, was in diesem
finsteren Lande der Verbannung vor dem inneren Sinne spielt, nicht
etwas, woran der Schauende als an ein Wirkliches glaubt, sondern nur
ein Traumbild der dichterischen Phantasie. Und in den Marienliedern
erscheint dem Dichter der innige Verkehr mit Gott als eine Gnade,
deren Maria ausnahmsweise gewürdigt ist; für die übrigen Seelen hat
er nur eine Stellung im Gefolge der Maria. Bescheiden steht die eigene
Seele hier noch in der Ferne; noch wird an sie nicht die Anforderung
gestellt, selbst das höchste Ziel zu erreichen.

Auch nach einer andern Seite hin müssen wir Grenzlinien ziehen.
Wenn der mystische Verkehr der Seele mit Gott Gegenstand einer
Darstellung wird, bei der es dem Dichter vornehmlich nur um seine
Kunst zu thun ist, so fallen auch derartige Erzeugnisse nicht in den
Kreis unserer Betrachtung. Dahin gehören z. B. das Gedicht „Die
minnende Seele", welches Bartsch bekannt gemacht hat,[3] und ein jenem
nachgebildetes jüngeres in Mone's Anzeiger.[4]

1) Herausgegeben von J. Haupt, Wien 1864.
2) Herausgegeben von W. Grimm, Haupt, Zeitschrift f. d. A. X, 1—172.
Vgl. zu beiden: Wilhelm Scherer, Geschichte der deutschen Dichtung im
elften und zwölften Jahrhundert. Strassburg, bei Trübner. 1875. S. 76 ff.
und S. 118 ff.
1) Bibl. der gesammten deutschen Nationalliteratur Bd. 37, S. 217 ff.
4) Anzeiger etc. 1839, S. 334—38.

Wir fühlen es diesen Gedichten, die eine ganze Klasse repräsen
tiren, ab, wie die Darstellung selbst, nicht der Inhalt Zweck de
Schreibenden ist. Sie führen uns an einer Reihe von Bildern vorüber,
die dem Leben der weltlichen Minne entnommen, oft derb sinnlich, den
Ernst der Lehre oder die religiöse Empfindung so überwuchern, dass
diese kaum noch darunter zu erkennen sind. Sie sind auch mehrfach
von illuminirten Zeichnungen begleitet und mit charakteristischen Aufschriften wie: er entblösst, sie spinnt, er flieht, er verbirgt sich, sie
fäht ihn an einem Strick, hie küsst er sie, hie paukt er ihr u. s. w. versehen; so gleich äusserlich andeutend, dass sie zur Unterhaltung dienen
wollen.

Anders ist es mit Dichtungen, die zwar auch in ähnlicher Form
sich bewegen, in denen sich aber der Dichter selbst von seinem Gegenstande ergriffen zeigt, und bei denen die Lehre oder die religiöse
Empfindung unverkennbar die Hauptsache sind, wie wir dies an der
Tochter Sion wahrgenommen haben. Der Mönch von Heilsbronn hat
ein Gefühl für die Grenze, wo der religiöse Zweck aufhört, das allein
bestimmende zu sein, wenn er für den Fronleichnam den Reim ver-
schmäht, nicht bloss weil er hindere, den Inhalt seinem Wesen gemäss
zur Darstellung zu bringen, sondern auch weil „die gereimte Klugheit" des Dichters, das ist der Blick auf die Kunst seiner Darstellung,
von der Andacht abziehe.

Gedichte, in denen die mystische Richtung der Zeit nicht zum
Spiele für den Dichter wird, in denen vielmehr das von ihr ergriffene
Gemüth sich selbst genug thun oder lehrhaft auf andere einwirken
will, sind um den Anfang und im Verlaufe unserer Periode ziemlich
zahlreich. Sie schliessen sich nach Form und Inhalt zum Theil an die
bereits besprochenen an.

Wir wissen, welche bedeutende Stellung in der Geschichte unserer
poetischen Literatur Ostfranken im 11. und 12. Jahrhundert einnahm.
Wenn dann das 13. Jahrhundert einen allgemeinen Frühling brachte,
so scheinen doch, nachdem derselbe verblüht war, die alten Stätten des
Vorfrühlings noch länger als andere in Nachtrieben fruchtbar gewesen
zu sein. Wie die Frauen die Pflegerinnen unserer Literatur waren,
und erst vereinzelt, dann häufiger in Prosa und Versen sich selbst
schaffend betheiligten, darauf aufmerksam zu machen hatten wir gerade von der Aufgabe aus, die sich dieses Werk gestellt hat, die
nächste Veranlassung. Das unter dem Unfrieden der Zeit in den
Frauenklöstern sich bergende religiöse Leben hatte, von Mönchen

namentlich des Dominikanerordens geleitet, vorherrschend die Richtung
der Mystik genommen, und wie in Thüringen und Sachsen am Ende
des 13. Jahrhunderts Frauenhände uns von diesem Leben Kunde
geben, so geschieht dies nun noch häufiger und angeregt von dorther
in Süddeutschland in der ersten Hälfte des 14. Jahrhunderts. Da
lassen uns nun die Aufzeichnungen der Christine von Engelthal, der
Elsbeth Stagel und Anderer den eigentlichen Boden der geistlichen
Minnepoesie, in die sich die weltliche mehr und mehr umsetzt, wohl erkennen. Nicht nur für die geistlichen Frauen bestimmt sind derartige
Dichtungen, sondern in ihnen selbst werden wir auch die Verfasser zum Theil zu suchen haben. Mit Eifer wurden Werke wie das
fliessende Licht der Gottheit oder die Tochter von Sion in den Frauenklöstern verbreitet und aufgenommen; wir ersehen das nicht nur aus
vereinzelten Notizen, sondern auch aus den Visionen selbst, über
welche uns berichtet wird, und bei welchen Ausdruck und Inhalt von
der Wirkung Zeugniss geben, welche jene Schriften auf die Einbildungskraft geübt haben. Da war es denn naheliegend, dass von diesen
Frauen selbst auch die dichterische Form zum Ausdruck der Empfindung
gewählt wurde. Von der Metzi Seidenweberin zu Töss berichtet Elisabeth Stagel: Etwann fing sie an zu sprechen süsse Wörtlein als *propter
Sion non tacebo* und war ihr dann so reichlich zu Muth (der Sinn zu Ge-
——— ——d Reigen so gestimmt), dass sie recht schlug mit den Händen,
dass es erhallte; etwann fing sie an und sang einen Liedlein von unserm
Herrn so fröhlich und so wohlgemuth in dem Werkhaus unter dem
Convent. Und sonderlich sang sie ein Liedlein gar begierlich, das
sprach also

> Weises Herz, flieh die Minne,
>   Die mit Leide muss zergan,
> Und lass dich in dem besten finden,
>   Das mit Freuden mag bestan.
>   Ob du falscher Minne bist,
>   Der thu dich ab,
>   Gott leide (verleide) sie dir! [1]

Und im Sterben singt die blinde Adelheid zu Engelthal, die ehe-
malige Begine:

> Freu dich, Tochter von Sion,
> Schöne Botschaft kommet dir,
> Du sollst singen süssen Klang
> Nach alles deines Herzens Gier.

----

1) *Cod. Nor. Cent. V*, 10 f. 24ᵇ.

Du bist worden Gottes Schrein:
Da von sollst du fröhlich sein,
Und sollst nicht leiden Herzens Pein.
Wohl her! An den Reihen,
Den schöne Kind wohl sehen (gehen?)!
Jubiliren, meditiren,
Jubiliren, contempliren,
Jubiliren, speculiren,
Jubiliren, concordiren!'

Zu den Gedichten, welche an der Grenze des Jahrhunderts stehen und vielleicht noch in das 13. Jahrhundert zurückreichen, gehören die von Franz Pfeiffer in den altdeutschen Blättern aus Münchner Handschriften bekannt gegebenen.² Das zweite derselben ist aber da mit Unrecht als ein Gedicht gebracht; es sind, wie auch die Handschrift andeutet, drei unterschiedene Lieder, und das dritte davon ist in der Recension Pfeiffer's nach dem sehr mangelhaften Texte der Handschrift, die er benützte, oft völlig unverständlich. Wir besitzen es correcter in einer älteren Münchner Handschrift.³

Dieses Gedicht „Viel werthe Seele halt dich werth" fordert im Eingang die Seele auf, alle falsche Demuth abzulegen und nach dem höchsten zu streben, die höchste bei dem Höchsten zu sein; denn zu hohem ist sie geschaffen; sie ist die Form, die Gott nach seinem Bilde gebildet hat, die Braut, für die er das Leben gab, der er die Engel zu Dienst gestellt hat.

Der beste Meister der je ward,
  Der wirkte gar mit Fleisse dich,
  Nie Koste war für dich gespart:
  Des jammert manches Menschen mich,
  Dass er sein Reichheit also gross
  Dem Erdreich zugewendet hat,
  Und, aller Zierde worden bloss,
  Zum Fleische sich gesellet hat.⁴

---

1) Gnaden Ueberlast *l. c.* 29 f. Etwas verändert in der 2. Hälfte und mit einem weiteren Verse in Wackernagel's Altd. Lesebuch 896.

2) S. das. II, 359 ff.

3) *Cgm. 94, f. 78 sq.*

4) Bei Pf. unverständlich durch Auslassungen: Der beste Meister der ie wart | der wohrte gar mit vlize dich | ni koste maneges menschen mich | daz sin richeit also groz | vleische sich gesellet hat. Nach *Cgm. 94* ist der Text: der beste meister der ie wart | der worhte gar mit vlize dich | nie koste wart vor dir gespart | des iameret maneges menneschen mich | daz (er?) sin richeit also groz | vse ertriche gezogen hat | und aller zierde ist worden bloz | ze vleische er sich gesellet hat.

Nun eine Klage, dass der Mensch also nach dem Tode strebe, eine
Mahnung, dass der viel arme Mensch sich erbarmen und der Seele ihre
Würde wieder geben möge, hierauf eine Schilderung der Minne Jesu,
die des Menschen Herz überwältigen soll: ein Hinweis, wie er von des
Vaters Herzen ging, und von seinem Erbe schied, alle seine Gewalt in
Ungewalt gab, wie er als ein Lämmlein sein Kreuz zu der Marter trug,
viel stille schwieg und es sein liess und das Leid nie wog, wie der,
welcher den Himmel mit Licht umkleidet hat, vor dem Kreuze von
seinen Kleidern ausgezogen wurde, wie ihn die Minne zum Opfer gab,
zu einem Fluch für Menschennoth, dass an des Fronkreuzes Stab „Sein
Tod wär meines Todes Tod auf dem Kreuz ward er gedehnet, dass
er wäre ein Harfenklang dem, der sich nach Minne sehnet.‟

So wird in ergreifender Weise seine Liebe im Leiden weiter ge-
geschildert, um Liebe zu wecken. Das schöne Gedicht schliesst:

> Sich wie sein Arme sind zerspreit,
>   Sein Minne gert zu halsen [1] dich,
> Sollt ihm dein Minne sein verseit,
>   So wird dein Minn' unminniglich!
> Nun minne reine Minnerin,
>   Deiner Minne füget niemand bass,
> Hie ist rechter Minne Gewinn,
>   All ander Minne birt (Text: gibt) den Hass. [2]

Klage um die verlorene Zeit, Sehnsucht nach der Liebe Gottes spricht
aus dem anderen Liede „Ein hoher werder pin‟ hat mich in trueren
bracht‟. Im ernsten Rythmus bewegt sich hier die Sprache des in
Liebe suchenden Gemüths:

> „Des will ich meine Jahr
>   Der Welt in Schwachheit stehn,
> Und in der Armen Schaar
>   Verworfenlichen gehn —
> Um minne, der ich gehre.
>   Mein Lieb, mein Heil, mein Trost
> Muss an dem Einen liegen,
>   Des Tod mich hat erlöst.

Feststehende Formen der mystischen Sprache zeigt theilweise ein
der ersten Hälfte des 14. Jahrhunderts angehöriges bis jetzt unge-
drucktes Lied derselben Handschrift, welcher Pfeiffer das vorige ent-

---

1) *Cgm. 94:* ze halsen. Pfeiffer: ze helfenne.
2) Die vier letzten Zeilen fehlen in den altd. Bl., sie stehen in der
älteren Handschrift.

nommen hat. So mangelhaft es die ungeschickte Hand des Schreibers
wiedergegeben hat, so lässt sich doch die ursprüngliche Form annähernd
erkennen. Es verdient um jener Formen willen und als ein Zeugniss
der edleren Lyrik hier eine Stelle. [1]

> Minniglicher Barmerére (Erbarmer)
> Barmiglicher Minnenschuss,
> Mache kunder mir die Märe,
> Wie der güssereiche Guss
> Und der übersüsse Fluss,
> Der den Himmel gar durchfliesset
> Und das Erdreich so durchgiesset,
> Wie mich wärme dieser Guss.
>
> Willst du, Herre, so gedenke,
> Wie die Minne nach dir quillt,
> Meine Seele also lenke,
> Dass sie werde minnerfüllt.
> Wie sie worden ach so lass,
> Dass sie sollte dich befassen!
> Aller Trost will mich verlassen,
> Wolltest du nicht wenden das!
>
> Weil nun nicht ohn dich verziehen
> Meine arme Seele mag:
> Wo sie wollte dir entfliehen —
> Herr, da thue deinen Schlag!
> Wo sie wollte Sünde blenden —
> Lichtes Licht, das sollst du wenden,
> Thu ihr auf, des Tages Tag!

Inhaltlich dem nachher zu besprechenden Gedichte von der Minne
Spiegel nahe verwandt ist das erste der von Pfeiffer mitgetheilten
Stücke Swer gern hiet ein gut leben, ein Gedicht voll dramati-

---

1) Der Text der Handschrift *Cgm. 142*, f. 230ᵇ: Mincliher wurer
wurcliher (ich vermuthe: barmerere, barmecliher) minnen scuz mache
evnder mir di mere wi der gvse riche gvz vnd der vbr scvze flvz der den
himel gar dvrch flvzet vnd daz ertriche so dvrch gvzet wi wrmidet
mich der gvz.

Wiltv herre so gekende (gedenke) wi dv minne nach dir maz mine
sele also gelenke wart daz sel de minne vaz swi si nv worden si so laz
daz si solte dich begrife der trost wil mir gar enslifen dv en wollest
wenden daz.

Sit nv niht — an dich mine sele mac gehize (gezihe?) an dich mine
sele mac swa si wolte dir enpflien herre da tn dinen sclac swa si wolte
svnde blenden lithze (liehtez) lith (lieht) daz soltv wenden tn ir vf des
tages tac.

scher Lebendigkeit, das aber der Grenze schon bedenklich nahe steht,
die wir oben gezogen haben. Die Sinne in Zucht zu nehmen, den
eignen Willen aufzugeben, die Sünde zu bekämpfen ist der Minne
erstes Thun. Sie sucht Jesum: Du hast gewundet, nun hilf, nun eile,
send mir der geschwinden Minne Pfeile; nach dir einem ist all meine
Noth, kommst du nicht, – ich liege todt; du bist mir in das Herz ge-
graben, ich muss und muss dich haben; mit dir wollt ich zur Hölle
fahren, eh' ohne dich zu der Engel Schaaren, bass thut mir die Minne
dein, denn Himmel und Erde und all ihr Schein. Da kommt Jesus und
umschliesst sie. In unmässiger Süsse und ungestümer Gier fleht sie
nun: Jesu mein Herze, nimm mich mit dir, dass ich deine Süsse ohne
Ende habe. Aber der Fahrt ist noch nicht Zeit. Inzwischen wird ihr
das Warten mit manchem Trost versüsst; denn Jesus den Seinen kann
machen viel mannig süsses Lachen, die Saiten kann er rühren, aus
Freude in Freude führen. In dieser inneren Freude ist ihr Mund voll
Lobes: Gelobt gelobt gelobt sei Gott, *Dominus Deus Sabaoth,* Aller
Herren gewaltiger Herre, im Himmel und auf Erden ferre (fern) ist
es alles deiner Ehren voll! Wohl nun wohl, wohl immer wohl! Die
freudenreiche Gemeinschaft mit ihm wird durch das Bild des Tanzes
geschildert, der Tanz im Rythmus selbst versinnlicht: Jesus des Tanzes
Meister ist, zum Tanze (zu swanzet) hat er hohen List. Er wendet
sich hin, er wendet sich her, sie tanzen alle nach seiner Lehr. Aber
wenn nun der Tanz zu Ende, da tritt die Seele in strenger Tugend-
übung, keusch an Leib und Gemüthe wieder der Elenden Pfad; ihre
Geduld und Demuth wächst; in Ungemach, in Leid und Spott lachet
sie und lobet Gott. Ihr Siechthum heisset seliges Leid, „wohl wie weh
und weh wie wohl" heisst der Liebe süsser Dol (Schmerz); wohl: dass
sie Jesum zu eigen hat, weh: dass er sie hier so lange lässt; doch
schenkt er ihr seiner Gnaden Ueberfluss — hei, hei welche Hochzeit,
da man so grosse Gabe geit! Der Wirth ist mild und kennt nicht
Mass. Von der Freude der Seele wird auch der Leib ergriffen: da ihm
oft wird so wohl, dass jeglich Glied ist Gottes voll. Sie bricht darüber
von neuem in Lob aus; allen Geschöpfen ruft sie zu: Helfet, helfet mir
loben alle mit süssem Sange mit Lobes Schalle, er ist ewig in seinen
Ehren, unser Lob soll ewig währen! Schaut sie auf ihn, trifft sie der
innerste Kuss, dann hat sie keine Worte, sie bricht heraus mit Weinen,
mit Sehnen, mit Lachen, ihre Seele schwebt in der Höhe und wird der
Engel Geselle. Wie stille sie da, von der Flamme der Minne durch-
sucht, in Gott ruht, so dass ihr die Sinne schwinden! So ist Jesus allein

ihre Lust; schon sein Name macht ihr das Herz brennen; er ist in den
Ohren ein Harfenklang, im Munde ein süsser Honigtrank — des musst
du Jesus sein gelobt, dass dein Minne so nach uns tobt! Zeuch uns
an dich, wahre Minne, dass ich immer in dir brenne! so schliesst das
Gedicht.

Von den besprochenen Gedichten steht das erste: „Viel werthe
Seele halt dich werth" in einer Handschrift, die zu Augsburg geschrieben wurde, und dann wieder mit den übrigen in einer Sammlung,
welche deutsche Stücke des David von Augsburg enthält. Die beiden
Handschriften gehören dem 14. Jahrhundert an und die erstere wird
wohl nicht viel jünger sein als das Gedicht selbst, welches sie mittheilt.
Zumeist aus Nürnberger Handschriften stammen die von Bartsch ver-
öffentlichten geistlichen Dichtungen, welche er als Anhang seiner Ausgabe des grossen Gedichtes von der „Erlösung" beigefügt hat,[1] und
von denen wir zwei als für unsere Geschichte von Bedeutung hier hervorheben wollen. Das eine ist von Bartsch „Gott und die Seele" überschrieben, das andere trägt in der Handschrift selbst die Aufschrift
„Der Minne Spiegel". Die Handschriften, welchen beide entnommen
sind, stammen aus dem 15. Jahrhundert und gehörten ehedem in das
Dominikanerkloster St. Katharina zu Nürnberg. Bei dem zweiten
schliesst Bartsch aus der Sprache auf einen mittelfränkischen Verfasser, und setzt es in die erste Hälfte des 14. Jahrhunderts, während
er für das erstere um seines durchgängig genauen Reimes willen noch
das 13. Jahrhundert annehmen möchte. Die Einfachheit des Gedichtes
und der noch unentwickelte Dialog scheinen mir diese Annahme zu
bekräftigen.

Dieses Gedicht „Gott und die Seele"[2] zeichnet sich durch
schlichten Ernst und tiefe Innigkeit aus. Es zerfällt in zweimal drei Strophen, deren jede mit einem Refrain schliesst; in der ersten Hälfte bittet
die Seele, in der letzten mahnt und erbietet sich der Herr. Ach starker
Gott vom Himmelreich, so hebt die erste Strophe an, verlass mich nicht,
du weisst wohl, wie es um mich steht, gib mir deinen väterlichen Rath,
„denn", so lautet der Refrain, „ohn dein Hilf bin ich verlorn". Mein
blühende Ros, nu streit für mich, so fährt die zweite Strophe fort,
denn der Schwarze fürchtet dich, der mich Tag und Nacht anficht, weil
er sieht, dass ich Unrecht gethan. Ich will ihm widerstehn, koste es

---

1) Bibl. d. ges. d. National-Lit. Bd. 37.
2) a. a. O. 214 ff.

auch Leib und Leben   „aber, so schliesst die Strophe wieder, ohn
dein Hilf bin ich verlorn". „O Jesu Christe, ich gib mich dir, dein
eigen will ich ewig sein, zur Morgengab bitt ich von dir, nagel mich
in die Wunden dein", mit diesen und andern Worten fleht sie zum
dritten mal und inniger die Barmherzigkeit an, „denn" so heisst es
wieder und verstärkend, „ohn dein Hilf ist all verlorn".

Der dreimaligen Bitte entspricht in den drei letzten Strophen die
Mahnung und das Erbieten Christi:

> Ich oberstes Gut und Sommerwonne,
> Ich klopfe an das Herze dein,
> Dein Freundschaft mir das nicht missgönne,
> Thu auf mein Wort und lass mich ein etc.

wobei jede der Strophen in die Worte ausläuft:

> Ach lass die Welt, es muss doch sein,
> Nimm wahr, ich bin das ewig Gut,
> Und drücke dich in die Wunden mein,
> Da bist du allzeit wohl behüt.

Wie in den Gemälden der alten Kölner Schule so ist in diesem
Gedichte noch etwas Steifes und Gebundenes, aber wir fühlen die tiefe
Empfindung durch und der Ernst und die Einfalt des Sinnes berührt
uns wohlthuend. Dagegen erscheinen in dem Gedichte „Der Minne
Spiegel" die Bande wie gelöst, in leichter Weise folgt die Sprache
dem hohen Flug des Gemüths, dem reich hervorquellenden Gefühl,
und die Selbständigkeit und Freiheit des inneren Lebens, das sich
hier einen ungemein lebendigen Ausdruck gibt, lässt uns in einen
Geist von reicher religiöser Erfahrung und evangelischer Erkenntniss
blicken.

Das Gedicht theilt sich in 132 achtzeilige Strophen, von denen
nach den beiden Eingangsstrophen abwechselnd je eine Gott oder der
Seele gehört. Den Inhalt bildet der Verkehr der glaubenden, liebenden,
hoffenden Seele mit dem Erlöser. Die Seele ringt dem Herrn Vergebung ab, geniesst als Begnadigte seiner tröstenden Nähe, wird des
Gefühls der Gnade eine Zeit lang beraubt um es dann in erhöhtem
Masse zu besitzen, und sehnt sich zuletzt nach dem Tode, um völlig
vereint zu werden mit dem, den sie liebt.

„Ein Seel zu Gottes Füssen lag", so beginnt das Gedicht. Sie
sucht Vergebung, der Herr weist sie ab, er ist zu lange von ihr ver-
schmäht worden. Aber sie lässt nicht nach, immer dringender fleht
sie, immer tiefer beugt sie sich, Jesu unzählige Wunden sollen ihr

Fürsprech sein, sie will nicht Kind, nur Knecht sein: hilf mir, die
Creatur, der ich diente, verlässt mich; ich bin die Dirne, um die du so
grosse Pein littest; willst du mich lassen, wo soll ich hin? um unserer
Sünden willen bist du gesandt! Den strafenden Worten des Herrn
gegenüber hat sie zuletzt nichts mehr zu sagen als: O Herr bescheide
meine Pein!

Doch im Glauben an seine Liebe, an sein Wort beginnt sie von
neuem mit dem Herrn zu ringen:

> Herr ist nun meiner Sünden viel,
> So ist dein Güt ohn alles Ziel,
> Und ist meine Bosheit tief und gross,
> Ist dein Erbarmen grundelos.

Und als der Herr noch immer zögert, da ruft sie kühn: Du hast
um mich gelitten! Dein Reich ist mein nach altem Recht, und bin
dein Kind und nicht dein Knecht! In der ganzen Schrift find ich nicht,
dass du die Sünder von dir getrieben! Ihr könnet eure Rede wohl, ihr
fasset mich beim Worte, sagt endlich der Herr — da ruft sie noch
einmal: „Herr, David fiel und kam zu Hulde“, um nun endlich das
lange ersehnte: Nun steh auf Seele mein, sei ledig aller Sünden dein!
zu vernehmen. Nun erwacht in ihr das Verlangen die Sünde zu bekämpfen und der Herr will mit ihr sein; sie beklagt ihre verlorenen
Jahre und der Herr will sie des ergötzen; sie muss durch Leiden gehn,
aber er hilft sie tragen. Dabei tröstet sie sich ihrer Kräfte nicht; sie
weiss, wenn der Herr sie lässt wird sie zu nichte. Sie bittet um
Stetigkeit den Leib zu tödten, sich von Ausserkeit zu wenden, und der
Innigkeit zu fleissen, und sie fühlt sich selig in seiner Milde, die nicht
schwindet soviel sie fliesst. Die Kraft seiner süssen Minne verzehret
das Mark der Herzen, doch was sie vermag gibt sie in ihren Dienst.
Sie empfäht den Kuss seiner Minne, sie ist von der Liebe Schuss verwundet, sie wird von Gnaden was er ist von Natur: ihr Geist wird
von der Seele gespalten, und die Zeit wird ihr zum Augenblick. Da
ist sie dem Herrn die lichte Himmelrose, bei der er lieber wohnt
denn bei der hohen Engel Spiel, das aufgehende Morgenroth, die
Tochter von Sion,[1] der nichts gleich ist an Adel. Sie meint, er sei

---

1) Minnespiegel 687: mîn herze in solher liebe stât. Ich traht niht
wan dîn majestât. Und der Herr antwortet: Nu fröwe dich, tohter von
Syôn etc. und Tochter v. S.: Ich bins di tochter von Syon, Ausgangen
nach chunig Salomon. Minnespiegel 923 ff.: Ir minnende sele, ich iuch

um sie allein bekümmert, aber er bescheidet sie: ich pflege dein und
aller Dinge.

Nun folgt eine weitere Stufe, da sie wohl in der Gnade steht, aber
das Gefühl derselben ihr entzogen wird: Meine Taube, schwimme
mannlich über den See! es ist eine Ehre um mich zu leiden, nur meinen
Kindern wird es zu theil. Sie klagt, er tröstet. Warum wandelst du
dich so? fragt sie, und er antwortet:

> Mein Trautin, dass ich dich bescheide,
> Mich rühret weder Lieb noch Leide,
> In gleicher Weise ich immer steh,
> Und doch ungleiche Werk begeh,
> Ich schirme und richte und ordne mit Ruh
> Den Himmel, das Erdreich spät und fruh.

Aber sie klagt weiter, und er tröstet: das Leiden läutert dich,
Freude wird sein Ende sein, es ist ein Sporn für alle Tugend. Ich bin
für Liebe geschaffen, wie der Fisch für das Wasser — wir sind getheilt, nicht geschieden! hält er ihr entgegen. Da ruft sie: Um deinetwillen will ich mich dein erwägen, guter Tage nimmer pflegen, soll ich
dich auch nimmer sehen, und in der Hölle ewig sein: dennoch will
ich dir dienen, Herre! Mit diesem Bekenntniss ist die Prüfung zu
Ende: Wo war je solche Liebe! ruft der Herr aus. Diese Liebe lehrt
dich der heilige Geist, der die Liebe gibt. Nun will ich gern dein
eigen sein: fange mich, flösse mich ein; deine Liebe hat mich überwunden.

Ein neues Stadium tritt nun für die Seele ein. Jähe kommt er die
Seele zu umfassen;[1] aber so lange sie trägt des Leibes Last, siehet sie
nicht der Gottheit Glast;[2] und das ist jetzt ihr Verlangen, sie kann es

---

beswer, Daz ir sagt dem künec Aswer, Mich habe verwunt der minne
strâle, Daz er gestill mîn grôze quâle. Und Tochter v. S.: Von Iheru-
salem ir czarten chint, Di mainem lieb haimlich sint, Tut meinem herczen
lieben chunt: Ich sei siech, von minnen wunt.

1) Minnesp. 939: Vil lip din Botschaft ist mir komen, Und habe
tröstlich maer vernomen etc. Licht der Gottheit: Wir haben das
Raunen wohl vernommen, Der Fürst will euch entgegenkommen.

2) Minnesp. 917: lâ sîn, du maht erlîden niht die clârheit mîner
angesiht und Licht der Gottheit (I, 106): O Frau (die Seele) kommst
du dahin, so musst du erblinden, denn die Gottheit ist so feurig heiss,
wie magst du da bleiben auch nur eine Stunde? Minnespiegel 813 ff.:
— ich alsô geschaffen bin, die liebe muoz mîn herz mîn sin — der visch

nicht erwarten bis sie an der Wahrheit Ziel kommt, mit den Engeln
aus dem vollen Meere schöpft — sie sieht, dass sie noch nicht auf dem
höchsten Grade steht; erst wenn sie kommt in die ewige Zeit, wird sie
seine Gottheit klar sehen, und er lässt sie harren, dass ihr Verlangen
wachse. Und hätt ich Riesenkraft, sie wäre verzehrt, so strebt mein
Herze; o laufe mir nicht zu lange vor! Dein Jammer macht mich
müde, ruft jetzt der Herr, dass ich in der Blüthe deiner reinen Seele
ruhen muss. Zieh mich in dich, mach mich dein satt, ruft sie mit immer
stärkerer Sehnsucht; — sie wendet sich an alle minnende Seelen, dass
sie dem König Ahasver sagen, sie sei von seiner Minne Kraft verwundet, dass sie ihr Boten seien zu ihm. Aber, so lässt er ihr
sagen, am besten werbe ihre Botschaft sie selbst; sie solle fahren
und überfliegen der Engel Schaar und der Minne Bogen spannen
(931 ff.).[1]

Mit Freuden folgt sie der Botschaft:

> Zu Cherubim und Seraphim
> Ist aufgeschwungen mein Herz, mein Sinn;
> Des ist mir worden offenbar
> Der Gottheit Sonderspiegel klar.[2]
> Des ich begehrt hab tausendmal.

Und Gott antwortet:

> Mein Herzens Lieb, mein Königin,
> Mein Turteltaub, mein Kaiserin.
> Du bist sehr genaturt in mir,
> Dass nichts ist zwischen mir und dir.

muoz in dem wazzer sweben, er mac niht an dem land geleben. und
Fliess. Licht (ebendas.): Wie möchte ich denn meiner Natur widerstehn? — Der Fisch mag in dem Wasser nicht ertrinken, der Vogel in
den Lüften nicht versinken etc.

1) Vgl. Tochter von Sion (I, 285): da wirbt das Gebet der Bot-
schaften viel zwischen der Tochter von Sion und Jesu Christ auf seinem
Thron, bis die Tochter sich selbst aufmacht und mit der Minne und dem
Gebet fährt über aller Engel Schaar, und die Tochter und die Minne
endlich vor den König zu stehen kommt, und die Minne ihren Bogen
spannt und den König schiesst auf seinem Thron.

2) In der Tochter von Sion hat jede der Töchter: *Cogitatio*, *Fides*,
Spes, *Caritas* ihr eigen Spiegelglas, darinnen die minnende Seele Gott
schaut. Wohl im Gegensatz hiezu ist hier von dem Sonderspiegel der
Gottheit die Rede.

Ueber menschlich Wesen fühlt sie sich gezogen, ihr Gemüthe in der Gottheit blüht, in seiner Minn ihr Herze glüht. Aber es ist ihr nun eine Pein, im Leibe zu leben:

> Und war die Gewalt in meiner Hand,
> Ich brach noch selber des Leibes Wand,
> Und mag ich dich nicht bald erwerben,
> So muss ich recht von Leide sterben.

Nie Liebe in solcher Minne brannte, sagt der Herr zu ihr und sucht ihre Sehnsucht zu stillen; aber nur schwer ist sie zu beruhigen: Tödtet mich die Liebe, so ist es deine Schuld, mein Leib irret mich deines Gesichtes; du siehst meine Qual, mich spaltet schier der Minne Strahl. Ich bin dir treu, bis ich dich zu mir bringe, antwortet tröstend und beruhigend der Herr.

II.

Uebergänge.

1. Nikolaus von Strassburg.

Nikolaus gehört um seiner Predigten willen und als Vertheidiger Eckhart's der Geschichte der deutschen Mystik an. Wir geben ihm hier und nicht unter den Mystikern aus Eckhart's Schule seine Stelle, weil er, wie die Predigten wahrscheinlich machen, auf dem Boden der älteren Mystik bereits stand, als er einzelne eckhartische Lehren aufnahm. Was wir von Predigten des Nikolaus noch besitzen,[1] ist einer grösseren Sammlung entnommen. Denn die Stücke 3—5 bei Pfeiffer enthalten nur Fragmente, das fünfte aus verschiedenen Predigten. Die neunte Predigt bei Pfeiffer enthält eine Stelle, die aus Eckhart's späterer Mystik stammt. Sie ist im Kloster der Dominikanerinnen zu Freiburg gehalten, wie eine St. Galler Handschrift angibt. Auch von den übrigen Predigten sind dieser Handschrift zufolge sieben in Freiburg, eine in dem nahen Kloster Adelhausen gehalten.

Wenn in einzelnen Handschriften gesagt ist, dass die zu Freiburg gehaltenen Predigten von „Bruder Nikolaus, dem Lesemeister zu Cöln" gehalten seien, so kann dies entweder heissen, dass Nikolaus diese Predigten in einer Zeit gehalten habe, als er Lesemeister zu Cöln war, oder dass Nikolaus, welcher nach seiner letzten bedeutendsten Stellung als Lesemeister zu Cöln in der Erinnerung fortlebte, derjenige sei, der einst diese Predigten zu Freiburg gehalten habe. Die Aufschrift würde also nicht hindern, anzunehmen, dass Nikolaus die Predigten verfasst hätte, ehe er Lesemeister zu Cöln wurde, etwa als Konventuale des

---

1) Gedruckt bei Pfeiffer, Deutsche Mystiker I. 261 ff.

Freiburger Dominikanerklosters. Einen längeren Aufenthalt in Freiburg wenigstens scheinen die Predigten der St. Galler Handschrift vorauszusetzen. Bestimmtes über Nikolaus bringt uns erst der von dem Erzbischof von Cöln gegen Eckhart eingeleitete Inquisitionsprocess. Wir wissen, dass das zu Venedig 1325 gehaltene Generalcapitel der Dominikaner den Prior Gervasius von Angers mit Untersuchung der Anklage betraut hatte, welche gegen Brüder des Ordens in Deutschland um ihrer Lehren willen erhoben worden war. Die Anklage war vornehmlich gegen Eckhart gerichtet, und hinter derselben stand, wie es nach den späteren Akten zweifellos ist, der Erzbischof von Cöln. In Eckhart, einem seiner berühmtesten Mitglieder, war der Orden selbst, der Ruhm seiner Rechtgläubigkeit angegriffen. Dem Orden musste daran liegen, die Untersuchung in Händen zu wissen, von denen nichts zu fürchten war und aus denen sie nicht genommen werden konnte. Die Dominikaner hatten Privilegien, durch welche ihnen ziemlich ausgedehnte Inquisitionsrechte den Bischöfen gegenüber zugesprochen waren. Sie setzten es bei der Curie durch, dass mit der Inquisition für die Angehörigen der deutschen Ordensprovinz ein Mann betraut wurde, der alle nöthigen Garantieen bot. Es war dies unser Nikolaus, der eben damals mit Eckhart zu Cöln als Lesemeister wirkte und der Richtung desselben befreundet war. Nikolaus war im J. 1326 vom Papste mit allen Rechten eines Inquisitors ausgestattet worden, der Papst hatte ihn zu seinem besonderen Stellvertreter ernannt, und ihm die Vollmacht gegeben, alles, was Glaube und Wandel der Brüder des Ordens in Deutschland betreffe, vor sein Forum zu ziehen und rechtskräftig zu entscheiden. Schon um die Mitte desselben Jahres war Eckhart's Sache von ihm untersucht und entschieden und zwar mit dessen Freisprechung. Wir haben gesehen, wie unzufrieden der Erzbischof mit diesem Ausgang war und wie er die Sache nun vor sein eigenes Tribunal zu ziehen beschloss. Aber sein Versuch scheiterte an dem entschlossenen Widerstande des Nikolaus und Eckhart.

Als sodann Nikolaus selbst auch als ein Freund der Häresie von den erzbischöflichen Inquisitoren in Anspruch genommen wurde, weigerte er sich Rede zu stehen und appellirte an die Entscheidung des päpstlichen Stuhls, vor dem er wie Eckhart am 4. Mai 1327 erscheinen wollte. Eckhart kam nicht mehr dahin, er starb in jenem Jahre; aber es ist sehr wahrscheinlich, dass Nikolaus zu der bestimmten Zeit in Avignon sich eingestellt habe. Aus der Appellationsschrift des Mino-

ritengenerals Michael Cäsena vom 18. September 1328[1] ersehen wir,
dass Nikolaus von seiner Ordensprovinz Deutschland zum Definitor für
das nach Perpignan ausgeschriebene Generalcapitel ernannt worden
war. Dieses Capitel wurde am 31. Mai 1327 eröffnet. Der Weg von
Cöln dahin führte nahe bei Avignon vorüber. Auch lassen die Vor-
würfe, welche Cäsena dem Papste macht, darauf schliessen, dass Nikolaus nach Avignon gekommen sei. Nachdem Cäsena hervorgehoben,
dass Johann XXII., obwohl er das Urtheil des Erzbischofs über
Eckhart und Nikolaus erhalten hätte, dennoch die Ernennung des
Nikolaus zum Definitor nicht beanstandet noch ihn seiner Stellung als
päpstlicher Specialinquisitor enthoben habe, hebt er hervor, dass der
Papst dem Nikolaus vielfach Rathschläge ertheilt und Gunst erwiesen
habe. Ein Dominikanerbruder, der als Bote des Erzbischofs nach
Avignon gekommen, um daselbst die Verurtheilung der beiden Ver-
klagten zu betreiben, sei sogar längere Zeit gefangen gehalten worden.
Cäsena, welcher vom 2. December 1327 bis 26. Mai 1328 zu Avignon
vom Papste in einer Art Gefangenschaft gehalten wurde, konnte
diese Dinge dort aus bester Quelle schöpfen.

Diese Gunsterweisungen des Papstes hatten ohne Zweifel ein
politisches Motiv. Nikolaus war, wie schon seine Stellung in Cöln erweist, eines der angesehensten und einflussreichsten Mitglieder des
Ordens in Deutschland. Der Papst bedurfte aber um diese Zeit des
Ordens zu seinem Kampfe gegen Ludwig den Baier, der sich so eben
zu dem kühnsten Angriff wider ihn erhoben hatte. Die Beschlüsse der
Generalcapitel von 1327 und 1328[2] zeigen denn auch, welchen Gewinn es für den Papst hatte, den Orden in der eckhartischen Sache
geschont zu haben. Doch wir wissen, wie bald ein Umschwung in der
Stellung zwischen Kaiser und Papst eintrat. In der Zeit, als Cäsena
seine Anklageschrift wider Johann erliess, war Ludwig's Sache in
Italien so gut wie verloren. Dem Papst musste daran liegen, dem
Kaiser die Stützen seiner Macht vollends zu entziehen. Kreise, die der
Kurie entfremdet waren, wiederzugewinnen. Dem mächtigen Erzbischof
und den Minoriten zu Gefallen wird im März 1329 die Bulle gegen

1) *Baluzii Miscell. ed. Mansi III.* 246 *sq.* Die betreffende Stelle f. 302,
deren ursprüngl. Ort ich erst später fand, s. im Anhang zum 1. Theil
meines Werks.

2) S. m. Abhandlung: Der kirchenpolit. Kampf unter Ludwig dem Baier
und sein Einfluss auf die öffentl. Meinung in Deutschland. Abhandl. der
k. b. Akad. d. Wissensch. III. Cl. XIV Bd. I. Abth. S. 41.

Eckhart erlassen worden sein. Die Bulle bedroht zugleich alle die,
welche die verdammten Sätze Eckhart's vertheidigen oder billigen
würden. Damit war auch Nikolaus getroffen. Welchen Einfluss dies
auf des Nikolaus Verhalten und seine Stellung im Orden gehabt, wissen
wir nicht, können aber wohl dessen gewiss sein, dass mit dem Erlass der Bulle seine Stellung als Specialinquisitor des Papstes verloren
war. Weitere Nachrichten über den ferneren Verlauf seines Lebens
fehlen uns.

Für die Beurtheilung des Nikolaus sind wir jetzt nur noch auf
die bei Pfeiffer mitgetheilten 13 Predigten und Predigtstücke angewiesen, nachdem eine Strassburger Handschrift, welche des Nikolaus
Schrift *De adventu Christi* enthielt, bei dem Untergange der dortigen
Bibliothek mit vernichtet worden ist.[1] Diese Schrift hatte Nikolaus
im J. 1326 dem Papste gewidmet, der ihn vor kurzem zu seinem In-
quisitor in der Anklage wider Eckhart ernannt hatte. Die Schrift zer-
fiel in drei Theile, deren erster aus heidnischen Schriftstellern Zeugnisse
für die Wahrheit des Christenthums beizubringen suchte, während der
zweite mit Zeugnissen des alten Testaments für das Christenthum
wider die Juden stritt, und der dritte vom Antichrist und dem Ende
der Welt handelte. C. Schmidt, der sie näher kannte, bemerkt, dass
Nikolaus darin mit ebensoviel Verstand als Gelehrsamkeit zu beweisen
gesucht habe, dass den vielen Sagen und Prophezeiungen, welche in
jenen ernsten Zeiten im Umlauf waren, wenig zu trauen sei, da man
aus der heiligen Schrift nichts Genaues bestimmen könne über Zeit
und Stunde des Endes der Welt, und da dies zu wissen überhaupt
weder nützlich noch nothwendig sei.[2]

---

1) Ich will, was ich mir bei einem früheren kurzen Aufenthalt in
Strassburg aus der an den Papst gerichteten Zuschrift bemerkt habe, beisetzen: *Nicolaus de Argentina, ord. fratrum praedic. provinciae Theutoniae,
ac in eadem provincia sanctitatis tuae humilis nuntius et minister. — — Distin-
guitur autem presens opusculum in tres tractatulos, quorum primo solum de
libris gentilium adducuntur testimonia ad probandum ea que fidei nostre sunt,
et per que persuaderi possit pro fide nostra illis qui auctoritatem veteris et
novi testamenti non recipiunt. In 2. tract., tracto ex scripturis, quorum testimonia omnes Judei recipiunt, probantur quedam, in quibus a nobis discrepant,
sc. personarum divinarum pluralitas etc., in 3. agitur de Antichristo et fine
mundi.* Die Handschrift trug die Sign. *C. 25.*

2) Schmidt, Tauler S. 5 ff. In dieser Schrift, so fügt Schmidt in der
Anmerkung. welche den Inhalt nach den in der vorigen Anmerkung mitgetheilten Worten des Nikolaus angibt, hinzu, zeigt Nikolaus eine ausser-

Nikolaus erinnert durch seine Lebhaftigkeit an Eckhart. Die Rede setzt sich sehr häufig in Frage und Antwort oder ganze Strecken weit in den bewegtesten Dialog um. Der Lebhaftigkeit entspricht die Anschaulichkeit, mit der er darstellt. Er weiss überall zu individualisiren; der eigene Name, seine Kutte, das Kloster, wo er predigt, müssen ihm dabei dienen. Auch den Text, über den er predigt, belebt er durch anschaulichere Züge. Nach dem Schrifttext „nöthigen" die Emmaus-jünger den Herrn bei ihnen zu bleiben. „Sie zogen ihn bei den Kleidern und sprachen: Herr, du musst bei uns bleiben" sagt Nikolaus. Er verläugnet den Lesemeister, den Dogmatiker ebenso wenig wie Eckhart; unvermittelt genug wird die theologische Frage, die ihm gerade wichtig scheint, an den Schrifttext angehängt. Aber wir bemerken, dass er nur durch Herkommen und Beruf, nicht durch die eigene Natur, wie Eckhart, auf speculative und dogmatische Fragen geführt wird. Die naive, die volksthümliche Auffassung liegt ihm viel näher als die wissenschaftliche. Eine Bemerkung Augustin's benützend, beantwortet er die Frage, warum man dem Vater die Gewalt, dem Sohne die Weisheit, dem heiligen Geist die Güte zuschreibe? dahin, dass man dies thue, um falsche Vorstellungen nicht aufkommen zu lassen. Denn man schreibe gewöhnlich älteren Leuten geringere Kraft, jüngeren geringere Weisheit zu und verbinde mit dem Begriffe Geist den eines aufbrausenden Wesens. So dienen die den einzelnen göttlichen Personen beigelegten Attribute, eine Uebertragung solcher falscher Vorstellungen abzuwehren. Und von dem erhöheten Christus sagt er: Ihr sollt wissen, dass er jetzt sitzt auf dem Rücken des obersten Himmels und geht da in seinem Throne als ein biderber Mann in seinem Hause. Ueberhaupt kommt er der Neigung des Volkes, über die Geheimnisse der jenseitigen Welt, über das Schicksal der Seele nach dem Tode Aufschlüsse zu erhalten, auf das Bereitwilligste entgegen. Er folgt hierin dem Geiste der Kirche seiner Zeit. Mit der grössten Sicherheit weiss er von Dingen zu sagen, über die wir nichts wissen können. Das kleine Kind, das unmittelbar nach der Taufe stirbt, wird sofort so weise, dass es die Zahl aller Creaturen weiss und seine Seele ist so gross als eines dreissigjährigen Menschen Seele. — Wenn einer aus Liebe für einen andern 100 Jahre Fegefeuer auf sich nimmt, so

---

ordentliche Belesenheit sowohl in den alten Classikern als in den christ-lichen und jüdischen Autoren des Mittelalters. Das Jahr 1326 wird *annus praesens* genannt.

muss er sie bestehen, es sei denn dass er hier noch so lange lebt, um sie
abbüssen zu können; im andern Falle wird ihm zum Ersatz für das
ausgestandene Leiden die Freude des Himmelreichs vergrössert. Nicht
minder kommt er der Lust des Volkes am Wunderbaren entgegen. Es
genügt ihm nicht, aus der Emmausgeschichte zu berichten, dass der
Herr den Jüngern das Brod brach. Wenn der Herr das Brod brach,
fügt er hinzu, so war es wie mit einem Messer geschnitten. Volksthümlich ist Nikolaus vor allem auch in der Art wie er die Lehre vor-
trägt. Beispiel, Gleichniss, Fabel werden häufig verwendet, und diese
sind dem Anschauungskreise, dem Munde des Volkes selbst entnommen.
Bezeichnend genug für das sinkende Kaiserthum und das aufstrebende
Frankreich wird wiederholt der König von Frankreich als Typus verwendet, wenn es gilt, die Umwandlung in dem Schicksal der Armen
und Elenden durch Reiche und Mächtige zur Illustration für das Verhältniss der Menschen zu Gott zu benützen. In der Form, wie er erzählt, gibt er den besten Darstellern der Zeit nichts nach. Er mahnt,
aufzuklimmen an das Kreuz Christi, Trost nirgends als hier zu suchen.
„Ich will euch ein Gleichniss geben“, so fährt er fort. Es gingen einmal eine Katze und ein Fuchs miteinander über ein Feld. Da sprach
der Fuchs: „Frau Katze, was könnet ihr?“ Die Katze sprach: „ich
kann Bäume klimmen.“ „Ach“, sprach der Fuchs, „was Kunst ist
das!“ Da sprach die Katze: „Herr Fuchs, was könnet ihr?“ —
„Traun“ sprach er, „ich kann grosse List und hab dann noch einen
Sack voll Kunst: so ich den entbinde, so kann mir niemand gleichen.“
So sie also reden, so kommen Windhunde und wollen den Fuchs fangen.
Die Katze entrann auf einen Baum und sprach: „Herr Fuchs, entbindet
den Sack, es ist Zeit!“ — „O“, sprach der Fuchs, „Frau Katze, ich
achtete eurer Kunst nicht. Nu wäre mir euere Kunst lieber denn alle
Weisheit die ich je lernete.“ Kommt der Tod, das ist die Moral, so
wissen die Weltleute mit all ihrer List nicht wohin sie entrinnen, so
klimmen die guten Leute auf den Baum unseres Herrn Jesu Christi und
in alles sein Leiden. [1]

Die Behandlung des Textes bei Nikolaus zeigt die gleiche Willkür
wie bei Eckhart und den meisten Predigern dieser Zeit. Er wird ihm
zur Allegorie für das innere Leben, das er darstellen, zu dem er mahnen

---

1) Pfeiffer vergleicht diese Darstellung mit einer poetischen Bearbeitung derselben Fabel im 13. Jahrhundert, die wahrscheinlich den Stricker
zum Verfasser habe, und findet die Antwort der Katze bei Nikolaus ungleich
besser motivirt durch den vorhergehenden Spott des Fuchses, als dort.

will. Zuweilen folgt er dem Texte, zuweilen nimmt er ein einzelnes
Wort heraus; bei dem Einen verweilt er nach Gutdünken, über Anderes
eilt er hinweg; vom Texte nicht Veranlasstes, aber dem Bedürfniss des
Augenblicks Entsprechendes wird ohne viel Vermittlung eingeführt.
Jener oberdeutsche Prediger, den wir oben schilderten, zeigt weit ge-
nauere Disposition und gleichmässigere Durchführung.

So bekannt sich Nikolaus mit der Lehre der Schule zeigt, er lässt
doch immer wieder das praktische Bedürfniss vorwalten und hebt nach-
drücklich hervor, wie sehr das Leben mit Christus die Hauptsache, wie
wenig auf ein bloss schulmässiges Wissen zu geben sei. „Hätte der
einfältigste Bauer, so bemerkt er, der in einem Dorfe ist, mehr Minne
und Demüthigkeit, denn der weiseste Pfaffe, der zu Paris je gelehrt
wurde: so sie in das ewige Leben kämen, er gäbe ihm nicht sechs
Pfennige um alle seine Kunst; denn unsere Seligkeit liegt an Minne
und an Demüthigkeit; die gehn vor aller Welt Weisheit."

Nikolaus steht auf dem Boden der älteren Mystik. Doch finden
sich bei ihm auch eckhartische Elemente. Was ihn der mystischen
Richtung überhaupt zugehörig macht, das ist sein Dringen auf Innerlichkeit. „Je innerlicher ihr unsern Herrn hier in der Zeit herberget,
also viel sollt ihr ewiglich von ihm desto innerlicher geherbergt werden." Den Freund zu schauen, der vom Tode uns erlöst, ist ein natürliches Begehren. Die Mauer hinanklimmen, hinter der er sich birgt,
sie übersteigen bringt uns leider noch nicht dahin, ihn von Angesicht
zu schauen. Die Mauer ist unser Leib und die leiblichen Sinne. Wir
sollen hinaufklimmen mit Minne und Begierde, sollen die Sinne und
den Leib tödten in allen ihren leiblichen Werken, dass sie dem Geiste
gehorsam werden. Je mehr das geschieht, je mehr werden wir ihn hier
schauen in unserer Erkenntniss. Aber ihn zu sehen wie er ist, dazu
gelangen wir hier nicht. Wir müssen damit harren, bis wir einst
kommen in sein Königreich. Bei dem Verlangen, ihn zu schauen, mag
der Mensch wohl von grosser Minne so inhitzig und feurig werden, dass
er von sich selber kommt. Wenn wir an seine Minne gedenken, namentlich wie er sich uns mit allem was er ist darbietet zu einer Speise im
heil. Abendmahl, wobei er sich uns bietet in einem fremden Kleide,
dass wir nicht vor ihm zurückscheuen möchten: da mag unser Gemüth
wohl so erhöhet werden, dass wir aller niedern Dinge vergessen und
dass uns recht ist als ob wir fliegen sollen; und so wir unsern Herrn
empfangen, so sollen wir eines Adlers Flug haben mit hochfliegenden
Gedanken; und wäre auch dass der Adler mein Fleisch ässe: so ich

stürbe, so würde mein Fleisch eins mit ihm und flöge mit ihm auf (295).
Nikolaus denkt sich die Einigung im heil. Abendmahl mit Christus so,
dass sich die Gottheit mit der Seele, die Menschheit mit dem Leibe ver-
einige, und dass durch Vermittlung der Seele die Gottheit ihre Kraft
in den Leib, durch Vermittlung des Leibes die Menschheit ihre Kraft in
die Seele fliessen lasse. „Denn ihr sollt wissen, so ihr unseres Herrn
Fronleichnam empfahet, so empfahet ihr die Menschheit in eueren Leib
und die Gottheit in euere Seele." Und auf die Frage, wie die Gottheit
auch dem Leibe, die Menschheit der Seele zu gute komme? antwortet
er mit einem Beispiel: Man lege einen Stein zum Feuer. Geht nun das
Feuer in den Stein? Nein, die Kraft des Feuers geht in den Stein,
dass er recht glühend wird. Also thut das Sacrament unseres Herrn
Fronleichnam. Die Gottheit giesset die Kraft in den Leib durch die
Seele, dass er recht entzündet wird von Minne, und die Menschheit
giesset ihre Kraft (durch den Leib? diese Worte scheinen zu fehlen) in
die Seele" (295 ff.).

Dass Eckhart mit seinen Anschauungen von dem Seelengrunde
Einfluss auf Nikolaus gehabt habe, das zeigt sich in der Art, wie er
die Stelle auslegt: „das ist ewig Leben, dass sie dich bekennen einen
wahren Gott, und den du gesandt hast Jesum Christum". „Liegt ewig
Leben, so fragt er, daran, dass wir Gott sehen wie er an ihm selber
bildlich ist? Nein, Gold sehen ist nicht Gold besitzen. — Wäre aber,
dass das Gold so unmaterialisch und so kleinfüge wäre, und wäre geistlich vereint mit mir in meinen Augen, dass das Gold sich selber sähe
in meinen Augen, so wäre das Gold mein und also wäre Gold sehen
Gold besitzen. Also lieget unser Besitzen ewigen Lebens nur an dem
Sehen, dass wir Gott sehen wie er mit uns vereint ist und wir mit ihm;
denn eine geistliche Kraft ist gegeben meinem Gemüthe, in der Kraft
ist Gott so eins, dass er sich selber darinnen sieht. Da ist das da siehet
dasselbe, wie das da gesehen wird."

Nikolaus vergleicht diese Kraft dem Pharisäer Simon, insofern
Pharisäus der gesonderte heisse, denn sie sei gesondert von allen
Dingen; er nennt sie die Schauerin (vgl. Eckhart, Pf. II, 672) d. h die
Kraft, von der überformt wir Gott schauen (282, 36). Das erinnert an
die Aussagen Eckhart's von dem Funken, dem alles Geschaffene fremd
ist, der sich selber als Gott bekennt (vgl. oben Nikolaus: in der Kraft
ist Gott so eins, dass er sich selber darinnen sieht), oder wenn Eckhart
sagt: es ist etwas in der Seele, das Gott so sippe ist, dass es ein ist
und nicht vereint (vgl. wieder die obige Stelle aus Nikolaus: in der

Kraft ist Gott so eins etc.); und wieder die Stelle bei Eckhart: das
Auge, da inne ich Gott sehe, das ist dasselbe Auge, da inne mich Gott
siehet. Mein Auge und Gottes Auge das ist Ein Auge und Ein Gesicht
und Ein Bekennen und Ein Minnen (vgl. I, 118).

Wir sahen, es war einer der Klagepunkte gegen Eckhart, dass er
den Funken als etwas Ungeschaffenes bezeichnete. So könnte Nikolaus
auch um deswillen, dass er selbst diese Ansicht Eckhart's theilt, vor
das erzbischöfliche Gericht gerufen worden sein.

In anderen Fragen, wie über die Engel, ihr Wesen, über die Un-
wandelbarkeit des Zustands der guten Engel, über ihr Verhältniss
zum Menschen schliesst er sich an Thomas Aquin, in der Frage über die
sechs Tage der Weltschöpfung im Unterschied von Thomas an Augustin
an, indem er sagt, Gott habe die Welt in einem Augenblick geschaffen.
Die sechs Tage möchten wohl als die Stufenfolge zu fassen sein, nach
welcher Gott die Ordnung der Natur den Engeln zum Bewusstsein gebracht, die Bilder der Dinge ihnen eingepflanzt habe.

Der Bemerkung werth ist es, wie die Anschauung von der obersten
Kraft der Seele und die Frage von der Menschwerdung und Erniedrigung Christi sich bei Nikolaus berühren. Er lehnt sich in dem,
was er über die Einigung der menschlichen Natur mit der Person des
Sohnes Gottes sagt, offenbar an Thomas an, und hat dessen Auseinander-
setzungen im dritten Theil der Summa im Auge. Aber doch weicht er
auch in einigen Punkten wieder von ihm ab. Wenn Thomas sagt,
Christus sei vor seinem Leiden *comprehensor* und *viator* gewesen, das
erstere sofern er nach seinem Geiste *secundum mentem* Gott vollkommen
sah, das letztere sofern er eine leidensfähige Seele und einen leidens-
fähigen und sterblichen Leib hatte und in dieser Beziehung erst nach
der vollen Seligkeit strebe, so sagt auch Nikolaus, Christus sei ein
„Zielläufer" und ein „Zielbesitzer" zugleich gewesen. Aber während
Thomas nur von der geschaffenen *mens* spricht, mittelst welcher
Christus Gott schaute, ist es bei Nikolaus die oberste Kraft der Seele.
Diese oberste Kraft der Seele aber ist ihm wie Eckhart die unge-
schaffene göttliche Natur, zu welcher der Mensch hinzugeschaffen ist.
Dieser Differenzpunkt hat dann, wie sich weiter unten zeigen wird,
Einfluss auf die Frage, in wie weit Christi menschliches Wissen von
Gott ein beschränktes oder unbeschränktes war. Einen weiteren
Differenzpunkt finde ich in der Frage über die Annahme der mensch-
lichen Natur durch den Sohn Gottes. Nach der Summa lässt Thomas
den Herrn sofort eine Leiblichkeit annehmen wie sie war in Folge der

Sünde; Nikolaus aber eine glorificirte Leiblichkeit, auf die er aber sofort verzichtete, so dass sich die Entäusserung (Phil. 2) auf eine Herrlichkeit bezog, nicht des Mensch Werdenden, sondern des Mensch Gewordenen. Denn Nikolaus sagt: Christus in dem ersten Augenblick,
da er empfangen ward in seiner Mutter Leibe, da war er nach der
obersten Kraft der Seele in also grosser Wonne und Freude und in also
grosser Weisheit, als sie heute dieses Tages ist; denn er war da so
selig als jetzt nach der obersten Kraft der Seele; und er hatte seinen
Leib da also wohl gekleidet mit ewiger Ehre, als da er von dem Tode
erstund. Also war er ein Zielbesitzer in dem ersten Augenblick da er
empfangen ward in seiner Mutter Leibe. Ich spreche: In dem ersten
Augenblick da er empfangen ward in seiner Mutter Leibe, da hatte er
seinen Leib so wohl gekleidet mit ewiger Ehre als nach der Aufersteh-
ung. Das hatte er wohl ziemlich (als etwas das ihm gebührte, seiner
Würde entsprechend war) gehabt; darauf wollte er verzichten und wollte
einen leidlichen Leib an sich nehmen, dass er Lohn verdienen möchte.“

Nikolaus ist mit Eckhart auch ein Zeuge der Wahrheit für die
Rechtfertigung nicht durch das Verdienst der Werke, sondern durch
die Ergreifung des Verdienstes Christi. Nach der Lehre der mittelalterlichen Kirche, insbesondere des Thomas, haben die mit Hilfe der Gnade
vollbrachten guten Werke den Charakter des Verdienstes, das heisst sie
erwerben von Gott einen Lohn, der vom Standpunkt der göttlichen Gerechtigkeit aus nicht vorenthalten werden kann. Mit der Gnade Christi
kann der Mensch durch Thaten seines befreiten und freien Willens sich Erlass der Strafe, Mehrung der Gnade und das ewige Leben verdienen. Wenn
auch das, was der Mensch leistet, in keinem Verhältniss steht zu dem
Lohne, den er erlangt, so hebt das doch den Charakter des Verdienstes
nicht auf, da es nur dem Verhältniss des endlichen Menschen zu dem
unendlichen Gott entspricht, dass jener nach Massgabe seiner Kräfte
leistet, dieser nach Massgabe seines Reichthums für die Leistung zahlt.
Nun ist freilich nicht zu erwarten, dass Nikolaus die Wahrheit in
dieser Frage mit solcher Ausschliesslichkeit hinstellt, dass er nicht auch
die herrschende Auffassung als einen zweiten Weg noch gelten liesse.
Zu dieser Alleinherrschaft gelangte die Wahrheit erst durch die
Reformation. Aber erstlich lässt uns Nikolaus nicht im Zweifel,
welchen Weg er für sich erwählt, und zweitens stellt auch Nikolaus
den andern der Zeitlehre geläufigen Weg in einer Weise dar, dass er
nur in den Ausdrücken dieser Zeitlehre noch huldigt, dem Sinne nach
eben doch auch wieder dabei das Wesentliche der Wahrheit ausspricht.

Während also nach römischer Lehre die guten Werke satisfac-
torisch sind und Erlass der Sündenstrafe verdienen können, sagt Nikolaus 282, 9: „Darum war das mindeste Werk, das mein lieber Herr je
that, das war zu viel für alle unsere Sünde. Warum wollte er da so
überflüssig leiden und 33 Jahre nie guten Tag gewinnen — und alle
sein Blut so reichlich ausgiessen und alle Jammerkeit leiden und zuletzt einen schändlichen Tod? Da hat er uns einen grossen Schatz zu-
sammengelegt, da sollen wir hineingreifen und sollen zahlen unsere
Schuld. Ja könnten wir weislich greifen in diesen Schatz, wir be-
dürften des Unsern nit dazu, nit ein Ave Maria.“

Und in der achten Predigt (nach Pfeiffer) lässt er fragen: Herre,
womit zahlt man Schuld? Und antwortet: „Das sage ich dir. Man
zahlt Schuld mit einem Kehr des Willens ohne alle unsere Werke. Der
Wille soll aber ganz sein, nicht halbirt, und soll stark sein, nicht
zitternd; und dass du nimmermehr eine Sünde wollest thun, sonderlich
Todsünde; und sollst sprechen: O mein lieber Herr Jesus Christ, ein
Fürst unmässiger Würdigkeit, ein Zimmermann aller der Welt! Ich
bin eine laue Sünderin, mache mich eine hitzige Minnerin! So mag
der Kehr des Willens also kräftig werden vom Minnen, und macht
(magst?) dich heften an das würdige Verdienen unseres Herrn Jesu
Christi also kräftiglich: Hättest du hundert Todsünden gethan, Gott
vergibt dir die Schuld und Strafe miteinander (283, 24 ff.).

Mit ungemeiner Lebendigkeit und volksthümlicher Klarheit lehrt
er die gleiche Wahrheit in der folgenden Stelle (287, 24 ff.):

Käme ich in das Fegfeuer und fände da einen Menschen brennend,
so spräche ich: „Was liegst du hier“? So spricht er: „Ich liege hier
und zahle meine Schuld“. So spreche ich: „Ach, du rechter Thor,
zahlst du hier mit deiner eigenen Kost! weisst du nit, dass das würdige
Verdienen unseres Herrn für uns gebessert hat?“ — „Ja, ich weiss es
wohl.“ — „Oder ist es unkräftiger als es ehedem war?“ — Nein,
nein! es ist also kräftig als es je war, ja es ist joch (noch) so frisch
grüne als da er an dem Kreuze hing. — „Ist es aber etwa verschlossen
oder wehrt es jemand dem andern?“ — „Nein, nein!“ — „So dünket
mich, Geselle, es sei deine Schuld, dass du hier liegst und zahlst mit
deiner eigenen Kost; du warst entweder so unweise, dass du es nicht
konntest suchen, oder aber so träge, dass du es nicht wolltest suchen
und sind nur zwei Schritte dahin.“ Nu möchtet ihr sprechen: „Herre,
muss man wegen Unwissenheit auch in das Fegfeuer? Ja, der Mensch
möchte hundert (jar?) in dem Fegfeuer brennen wegen Unwissenheit,

so er nicht suchen wollte, dass er wissend würde. Dir ist recht geschehen als einem der wüsste, dass der König von Frankreich hätte einen so grossen Berg aus gemahlenem (geschrotetem, feinem) Golde, als einer in der Welt ist, und ist der gemein für alle Menschen und hätte aus lassen rufen, dass niemand solle zahlen mit seiner eigenen Kost; das ist das beste Gold: der sein nur ein wenig hätte, der zahlt alle seine Schuld; er wird auch gesichert davon und wehrt es niemand dem andern. Nun kommt einer, dem bin ich schuldig fünf Schillinge und spricht: „Bruder Niklaus, zahle mir meine Schuld!“ Ich thu meinen Seckel auf und zahle mit meiner eigenen Kost. Das siehet jener und spricht: „Du thörichter Mann, was zahlest du aus deinem Seckel! Weisst du nicht, dass der goldene Berg da liegt, der gemein ist und den niemand dem andern wehrt, und der König hat auslassen rufen dass niemand solle zahlen mit seiner eigenen Kost?“ So spricht er: „Ja, ich weiss wohl“.   „So bist du gar unweise, dass du nicht dahin kannst kommen, oder aber so träge, dass du dahin nicht willst, und sind nur zwei Schritte dahin, und wird den Leuten ohne Arbeit; denn es ist gemahlen Gold, und man darf es nicht hauen (ausbrechen): man greift nur drein und nimmt wie viel man will, recht wie einer der in Semmelmehl greift.“ So ist das hochgültig, würdig Verdienen unseres Herrn Jesu Christi; das ist hie nahe bei uns und ist so gut und so kräftig, wer sich nur mit Minnen dazu fügen kann und weislich drein kann greifen, der zahlt alle seine Schuld mit fremder Kost. Er legt nicht allein Schuld ab; er wird auch gereichert davon an innerlicher Minne und Gnade. Er bedarf des Seinen nit ein Ave Maria; denn alles, das mein lieber Herre je that oder litt in drei und dreissig Jahren, das war alles unser; er bedurfte sein nit.“

Wenn nun nach der Art wie in diesen Stellen Nikolaus redet, kein Zweifel sein kann, dass er selbst diesen Weg für den richtigen hält und für sich einschlägt, so bringt er doch der herrschenden Lehre insofern einen Tribut, als er den andern Weg als eine zweite Möglichkeit Schuld zu tilgen hinstellt, indem er ihn durch ein „auch“ dem ersten Wege coordinirt. „Man zahlt auch Schuld ab, sagt er, mit Busse (satisfactorischen Werken), die man mir gibt.“ In diesem Falle „nimmt der Herr kleine Zahlung für grosse Schuld“. Welche Bedeutung hat da unsere geringe Leistung? Nach Nikolaus hat auch sie nicht den Charakter des Verdienstes, sondern ist nur das von Gott geforderte Zeichen des dem Verdienste Christi zugekehrten Willens, und das was Schuld tilgt, ist eben wieder nur das Verdienen Christi. Wenn

man zum Sacrament des hochwürdigen Verdienens Christi (dem Bros-
sacrament) geht, und der Beichtiger gäbe dir nur ein Paternoster, es
wäre genug gebessert für hundert Todsünden. Denn der Beichtiger
ist eine Röhre, durch die das Sacrament fliesset auf uns Schuld zu
vergeben. „Der seine Busse wohl daran knüpfen kann und gerade
halten (sein Gefäss) unter den Ursprung und weislich kann greifen in
den unmässigen Schatz seiner Besserung: wie klein die Busse ist, sie
ist vollkräftig für alle unsere Schuld? „Ich bekenne", so lässt Nikolaus
den also Büssenden sagen, „Grossheit deines hochgültigen Verdienens,
und bitte dich, dass du mir zur Steuer lassest rinnen zu meiner kleinen
Busse von dem unmässigen Schatze deiner Besserung, dass sie mit
Kraft deines Verdienens kräftig werde abzulegen und zu vergelten
alle meine Schuld."

Auch der andere Gesichtspunkt, den Nikolaus hervorhebt, hat mit
dem, was man unter Verdienst eigentlich versteht, nichts zu thun. Er
sagt: die auferlegten Büssungen hätten den Gewinn, dass sie den
Menschen vorsichtiger und geschickter machten, vor künftigen Sünden
sich zu hüten. Er fasst sie also unter dem pädagogischen Gesichtspunkt. Wenn er nun fortfährt: „und verdienest auch Lohn damit",
so meint Nikolaus, während die Werke nicht nöthig seien, Vergebung
der Schuld und Strafe zu erwerben, so seien sie nöthig, um Mehrung
der Gnade zu gewinnen.

Dass er sich bei seiner Auffassung des Gegensatzes zur herrschenden Lehre bewusst sei, zeigt die 5. Predigt bei Pfeiffer (275): er meint,
die Meister sprächen misslich über die Beschaffenheit der wahren Reue.
Er weist den Gedanken des Acquivalents ab, und geht an dieser Stelle
sogar soweit, dass er auch die Mehrung der Gnade allein von der
kräftigen Zukehr des Willens zu dem Verdienste Jesu abhängig macht.

<hr />

2. Namenlose Stücke.

Von der Menschwerdung Christi.

Der bei Pfeiffer gedruckte Tractat „Von der Menschwerdung
Christi"[1] ist jener Münchner Handschrift (*Cgm. 176. 14 sc.*) entnommen,
welche auch die oben besprochenen deutschen Bearbeitungen ursprüng-

1) Deutsche Mystiker I, 398 ff.

lich lateinischer Texte enthält. Er hat wie jene die Art einer theologischen Abhandlung, der Verfasser bewegt sich aber freier von der lateinischen Form, und zeigt durch die naive Sprache in einzelnen Stellen, dass er sich auch im Denken unabhängiger den französischen Vorbildern gegenüber fühlt. Die freiere Handhabung der deutschen Sprachform in eigentlich theologischen Erörterungen dürfte wohl vornehmlich eckhartischen Einwirkungen zuzuschreiben sein, und ebenso wird es vornehmlich auf Eckhart zurückzuführen sein, wenn solche Erörterungen eine höhere speculative Richtung nehmen. Ich gebe darum der genannten Abhandlung hier ihre Stelle. Der Verfasser redet von dem ewigen Rathschluss der Menschwerdung, von der Vorbereitungszeit des Heils, von der Nothwendigkeit der Menschwerdung und von dem Wunder des Altarsacraments.

Der Herr vom Himmelreich, so beginnt die Abhandlung, hat ein Gemahl. Wer ist die? Das ist seine Weisheit. Die hatte ihm den Sohn Jesum Christum in seiner Ewigkeit und in seiner Wohnung immerdar geboren. Wie? Wie wenn ein Maler ein gut Bild entworfen hätte und das noch nicht mit Farbe gefüllet wäre, so dass man es wohl sehen möchte, also war die Menscheit entworfen in der Gottheit. Diese Weisheit, so heisst es weiter, ward schwanger, und da die Zeit kam, dass „die Kinder" geboren sollten werden, dass er den Menschen schaffen wollte mit seiner Gemahlin, der Weisheit, da wirkte der Vater nie ohne den Sohn noch der Sohn ohne den Vater.

Wir werden später diese Stelle, bei welcher eine doppelte Auffassung der Weisheit zu Grunde liegt, sofern sie die unpersönliche göttliche Natur und sofern sie die Person des Sohnes ist, noch näher besprechen.

Der Verfasser unterscheidet dann die Wohnung des Paradieses und den Hort des göttlichen Reiches. Beide verhalten sich zueinander wie der vollkommenene Zustand auf einer niederen zu dem auf einer höheren Stufe. „Denn hätte er uns gleich zuerst gesetzt in den Hort seines Reiches, so wären wir auch gefallen in den Abgrund der ewigen Hölle, wo sie nimmer erlöst werden können." Weil nun der Mensch durch den Fall mit Recht in die Gewalt des Todes und des Teufels kam, da hat, als seine Liebe uns gern erlösen wollte, seine Gerechtigkeit es nicht zugelassen, dass den Teufeln Gewalt geschehe. „Da mochte er uns mit Gut nicht erlösen: es konnte nur geschehn, dass er ein Leben um das andere gab, einen menschlichen Tod für des Menschen Tod, und ein Kind um das andere Kind. Also mochte der

Mensch nicht erlöset werden denn mit der Menschheit." Nach dieser Anschauung ist das Aequivalent dadurch begründet, dass die Menschheit, die Gattungsidee, in Christus Fleisch wird, und als gleichwerthig gilt mit der Vielheit der zu erlösenden Menschen. Und dann „war der Vater bei den Propheten mit seinem heiligen Geiste und wohnte des Vaters Wort mit ihnen und lehrte sie das Leben der alten Ehe (des alten Bundes) zu einer Bezeichnung (Vorbild) der neuen Ehe. Da ihr Leben und ihr Glaube da nicht wusste, was noch möchte werden in der Ehe, da nahm der eingeborne Sohn Gottes die Gottheit in der Gottheit und musste an sich nehmen die Menschheit in der Menschheit." Neben den Gründen für die Menschwerdung des Sohnes, die in dem Bedürfniss für unsere Erlösung liegen, wird einer angeführt, der auch ohne den Fall des Menschen die Menschwerdung zur Folge gehabt haben müsste. Dieser Grund ist: „Dass er uns sein Bild wollte zeigen, damit wir, die er aus Liebe nach dem Bilde des Sohnes gebildet hatte, dies sehen möchten und seiner Liebe um so gläubiger würden." [1]

Von dem Worte Gottes in der Seele.

Auf dem Boden der alten Mystik stehend, aber berührt, wie mir scheint, von der Lehre Eckhart's über die Geburt des ewigen Worts in der Seele zeigt sich der Verfasser eines Traktats,[2] der von dem Worte handelt, das Gott in der Seele redet.

Wenn Gott selbst in der Seele wirkt, was immer nur kurze Zeit währt, so ist die Seele unversuchlich, in der Beschauung, der Leib in völliger Passivität. Gottes Wirken ist im Innersten und von innen aus, während der Engel und der Teufel von aussen her auf die Seele wirken. Der Teufel vermag die Weise der Wirkung Gottes nicht zu sehen, wohl aber die des Engels, und er ahmt diese nach und bildet unordentliche Uebung der Seele ein. Der Mensch gewinnt Licht, Leben und Kraft zu guten Werken von dem Worte Gottes. Dieses Wort aber ist nicht das äusserlich geredete, sinnliche, sondern das ewige Wort, das Fleisch geworden ist. Darum fallen jetzt viele geistliche Leute, weil dies Wort bei ihnen verstummt ist. Gott redet näm-

---

1) „Daz er uns sin bilde wolte zeigen, sit er sinem vater so lieb was, daz er uns do nach im gebildet hete durch unser libe; unde daz bilde muoste er uns zeigen, daz wir siner liebe deste geloubiger wären."

2) *Cgm. 100. f. 142 sqq.*

lich in zweierlei Weise mit dem Menschen, unmittelbar und mittelbar.
Die unmittelbare Weise geht von der hohen Gottheit aus und wird
nicht durch die Menschheit Christi oder irgend eine Creatur vermittelt.
Wenn Gott in solcher Weise redet, so wird die Seele in die Höhe ge-
hoben und gebettet in Gottes Schönheit. Um dazu zu gelangen bedarf
es nach Gregor fünf Dinge: Abthun alles Zerstreuenden, dem Andern
kein Leid thun, Unrecht des Andern in Lieb ertragen, sich vergänglichen
Gutes nicht freuen, nicht Leid tragen beim Mangel desselben. Unter
der Sehnsucht und Wanderung der Seele vollzieht sich die Einung
Gottes mit der Seele; es wird in ihr ein Licht entzündet, das Gott
selber ist (Geburt des ewigen Worts in der Seele). Von dem Lichte
entspringt grosse Freude, die der Leib nicht verhehlen, aber der Mund
nicht aussprechen kann. In solchem Zustande war Paulus. Ist er
vorüber, dann soll der Mensch sich behüten und der Süssigkeit der
göttlichen Worte gedenken. Infolge der göttlichen Erleuchtung vermag
der Mensch in grossen und kleinen Dingen den göttlichen Willen zu
erkennen, und die Seele ist damit, dass Gott das Licht in ihr entzündet
hat, Gottes Braut geworden. Einen solchen Menschen vermögen leibliche Dinge nicht mehr zu betrüben; er kennt nur Ein Leid, dass er
nicht immer der Freude des Schauens geniessen darf. Gott entzieht
sie ihm aber wieder, dass der Mensch erkenne was er an sich selber
ist, und dass die Sehnsucht stark bleibe.

Gott schauen mit leiblichen Augen ist unmöglich; wir sehen ihn
nur im geistigen Gesichte. Bei diesem Schauen wird Gott und Mensch
vereint. Jesus ist es, der sich mit uns eint. Die in der Einigkeit Gottes
erstorben und begraben sind, sind gehasset. Doch rührt sie das nicht,
ebenso wenig wie der Menschen Lob. Gott begräbt sie in sich, dass sie
das Lob nicht bewegen mag. So liess er Mose auf den Berg gehen, weil
er nicht wollte, dass er angebetet werde. So lässt er auch die be-
gnadeten Seelen auf den Berg der hohen Gottheit gehen und sich
freuen mit der heiligen Dreifaltigkeit. Sie werden geminnet in dem
Worte der Wahrheit, das Gott selber ist.

Nicht um Lohnes willen soll der Mensch Verschmähung leiden,
sondern um dem Herrn gleich zu werden nach seiner Menschheit. Er
soll auch nicht Gnade und Lob im Himmel ansehen, sondern nur das
Lob Gottes allein.

Auslegung des Vaterunsers.

Die mystische Auslegung des Vaterunsers, welche Schönbach be
kannt gemacht hat,[1] zeigt ein Sprachmaterial, das bereits Gemeingut
geworden ist und dem man das individuelle Gepräge in den eigentlich
theologischen Abschnitten wenig mehr anmerkt. Schon um deswillen
werden wir den Tractat nicht mehr in's 13. Jahrhundert setzen dürfen.
Der Verfasser besitzt einen gesunden Blick und einen auf die Innerlichkeit des religiösen Lebens gerichteten Geist. Er bringt Gedanken,
wie sie auch die ältere Mystik kennt, aber mehrfach in Formen und
Wendungen, wie sie durch Eckhart geläufig geworden sind.

Gott ist der Vater des Sohnes nach der Weise der Geburt, und
mit dem Sohne des heiligen Geistes nach der Weise des Ausflusses.
Hier ist er Vater von Natur, der Welt gegenüber von Gnaden. Nachdem nun der Verf. etwas umständlich die Geschöpfe angeführt, denen
er Vater ist, und die Art bezeichnet hat, wie er es ist, spricht er davon,
wie er ewig unser Vater war. Er hat uns ewig an sich gehabt an
seiner Vorsehung, und es haben alle Dinge an Gott Licht und Leben
und ist die mindeste Creatur in dem Morgenlichte (in der Idee bei Gott.
Augustin) lauterer und klarer und schöner, denn der schönste Engel in
dem Abendlichte. Dies Morgenlicht heisst göttliche Ewigkeit, in der
haben alle Dinge natürlich Wesen und Einfältigkeit und sind nicht
unterschieden von Gott.

Zu den Worten „du bist in den Himmeln" bemerkt er: Wo aber
die Himmel sind, da unser Vater inne ist, darüber höret Rede. Sie sind
da, wo er selbst ist. Er ist in dem Sohn, im heiligen Geist in natürlichem Wesen; in den Engeln, in den Heiligen und in den guten Menschen
mit seinem gnädigen Wesen, und ist da allermeist wo man die göttliche
Natur erkennt und die drei Personen der unterschiedenen Gottheit. Er
ist in allen Stätten und Dingen mit seiner Macht, sonst würden sie zu
nichte „wie sie da waren da sie nicht waren"; er ist ihnen gegenwärtig
mit seiner Weisheit, in der ihm alle Dinge offenbar sind; er ist in allen
Dingen wesentlich in seinem natürlichen Wesen. Er ist ob allen Dingen,
ohne von ihnen erhöht zu sein; er ist unter allen Dingen, sie tragend,
ohne von ihnen beschwert zu sein; er ist in allen Dingen, ohne von
ihnen beengt zu sein; er ist in jedem Dinge inwendiger, als ein Ding in
sich selber ist. Er ist unser Wesen und Leben und unsere Kraft.

----

1) Zeitschr. f. d. A. Neue Folge VI, 71 ff.

Wir heiligen seinen Namen, wenn wir erkennen, dass der Sohn alle Dinge in sich selbst hat und nicht von sich selbst sondern von dem Vater, und dass alle Dinge gewesen sind in dem heiligen Geist und nicht von ihm selbst, sondern von dem Vater und dem Sohn. Und aus der Erkenntniss entspringet Minne und daraus Dank und Lob und Vereinung des Willens und göttliche Sitte (heiliges Leben). Das heisset: geheiliget werde dein Name.

Wie hier die Erkenntniss Gottes und des Verhältnisses aller Dinge zu ihm in eckhartischer Weise als die Wurzel eines heiligen Lebens betont wird, so werden wir wieder an Eckhart erinnert, wo er bei der Auslegung der 6. Bitte davon spricht, wie selbst das Haften der Seele an dem, was Gottes ist, uns an der wahren Einigung mit Gott hindern könne. So kann die Lust an der Menschheit Christi uns ein Hinderniss werden, Trost zu suchen an seiner Gottheit. Die Apostel waren gehindert am Trost des heiligen Geistes, so lange sie Trost suchten an Christi Sichtbarkeit, wiewohl er doch Gott und Mensch war. Sie wären noch mehr gehindert worden, hätten sie sich bekümmert mit einem einfältigen Menschen als mit Maria oder mit den Heiligen oder mit den Engeln, und nun führt er die Reihe frommer Hindernisse durch bis zu den hübschen Paternostern und schönen Bildlein, an denen die Andacht der veräusserlichten Kirche so gerne haften blieb.

III.

Lehre der neueren Schule.

1. Quellen: Baseler und Strassburger Handschriften. Oxforder Handschrift. Blume der Schauung. Königsberger Handschrift. Heiligenleben des Hermann von Fritslar. Pergamentblätter in Haupt und Hoffmann's altdeutschen Blättern. Berliner Handschrift Nr. 191.

Baseler Handschriften *B* XI, 10 und *B* IX, 15 und Strassburger Handschrift A. 98.

Die meisten Handschriften des 14. oder 15. Jahrhunderts, in welchen eckhartische Predigten oder Tractate gesammelt sind, bringen auch Stücke von andern Verfassern, welche in Eckhart's Geiste predigten und schrieben. So die beiden Baseler Handschriften *B* XI, 10 und *B* IX, 15, die beiden Einsiedler Handschriften 277 und 278, die beiden Strassburger *A* 98 und *F* 145, die Oxforder Handschrift Laud. 479, die Nürnberger Handschrift *C* VI, 46 *h*. und andere. Aber die Handschriften sind mit ihren Angaben von Verfassernamen nicht alle von gleichem Werthe. Von *B* XI, 10 habe ich im 1. Theile und anderwärts[1] dargethan, wie wenig zuverlässig ihre Aufschriften sind. Ich wies gegen Pfeiffer nach, dass einzelne Stücke, die sie dem Kraft von Boyberg, dem von Sterngassen, dem Franke von Cöln zuschreibt, dem Meister Eckhart angehören. Meine Nachweise sind seitdem durch weitere gewichtige Zeugnisse bestätigt worden. Zu dem Zeugnisse der Strassburger Handschrift *F* 145, dass der dem Franke von Cöln zugeschriebene Tractat dem Eckhart gehöre, kommt nun das indirecte

---

1) Zeitschr. f. hist. Theol. 1866. Heft IV: Kritische Studien zu Meister Eckhart.

Zeugniss der nachher zu besprechenden Oxforder Handschrift hinzu, welche eine Anzahl von Predigten Franke's enthält, die nach Stil und Auffassung zeigen, dass dieser Autor lange nicht die Bedeutung hat, welche dem Autor jenes von *B* XI, 10 dem Franke zugeschriebenen Tractats beizumessen ist. Wir werden die Predigten Franke's im Anhang mittheilen. Dass *B* XI, 10 auch zwei weitere Predigten Eckhart's fälschlich mit Namen seiner Schüler bezeichne, erwies ich aus inneren Gründen und aus einer andern Baseler Handschrift *B* IX, 15, deren Werth vor *B* XI, 10 ich zu begründen suchte. Auch hiefür bringt nun die Oxforder Handschrift weitere Rechtfertigung. Sie bestätigt, dass nicht Kraft von Boyberg sondern Eckhart der Verfasser der Predigt von dem höchsten Gute sei. Ich wies nach, dass der Sammler der Predigtstücke von IX, 15 ein Schüler Eckhart's sei. Damit werden wir für die in IX, 15 gegebene Sammlung, die sehr wahrscheinlich die Originalhandschrift selbst ist, bis auf die erste Hälfte des 14. Jahrhunderts zurückgeführt. Eine Vergleichung der Schriftweise von IX, 15 mit XI, 10 stimmt mit meinem Nachweise zusammen; denn der Charakter der Schrift von IX, 15 ist ein entschieden älterer. Nun aber gehört auch XI, 10 noch dem 14. Jahrhundert an. Dürfen wir aber die Sammlung von *B* IX, 15 der ersten Hälfte des 14. Jahrhunderts zuschreiben, so ist für die darin vorkommenden Prediger Johann von Sterngassen, für den von Laufen und von Sax eine ungefähre Zeitgrenze gewonnen.

Pfeiffer hat für seine Ausgabe von Eckhart's Predigten die Handschrift *A* 98 der früheren Stadtbibliothek zu Strassburg benützt, welche einst den dortigen Johannitern gehört hatte und aus dem 14. Jahrhundert stammte. Diese von mir selbst noch eingesehene Handschrift war von verschiedenen Händen geschrieben. Die Stücke der einen Hand (St. 2—27) enthielten nur Eckhartisches, die der andern (St. 28—45) bildeten eine Sammlung von Stücken Eckhart's, Sterngassen's und anderer. Diese letztere Sammlung (wie sehr wahrscheinlich auch die erste) rührt von einem Schüler Eckhart's her. In einer der Predigten (der 17. bei Pfeiffer) gibt sich der Sammler mit den Worten: „Und das spricht unser Meister" als einen Schüler Eckhart's zu erkennen. Ich habe im 1. Theile S. 310 die Merkmale zusammengestellt, aus denen ersichtlich wird, dass die hier aufgeschriebenen Predigten Eckhart's der Zeit seines Aufenthalts in Strassburg angehören. Da ist es nun für die Zeitbestimmung von Werth, dass mehrere mystische Gedichte von beachtenswerthem Inhalte, die wir später besprechen werden, in diese zweite Sammlung aufgenommen sind. Das 15. Stück derselben war die Tochter von Sion in ihrer kürzeren Fassung, nach welcher sie fälschlich dem Mönch von Heilsbronn zugeschrieben worden ist.

Oxforder Handschrift.

Die Oxforder Handschrift (Laud. Misc. 479. 8. membr.) stammt aus dem Karthäuserkloster zu Mainz. Sie ist aber, wie der Dialekt zeigt, in Thüringen geschrieben. Der Schrift nach gehört sie dem 14. Jahrhundert an. Sie enthält Predigten von Eckhart und einer Anzahl bisher wenig oder nicht gekannter Prediger. Sievers, der aus ihr 20 Predigten Eckhart's veröffentlicht hat,[1] vermuthet, die Sammlung sei zu Erfurt entstanden und wohl dem anregenden Einflusse der dortigen Wirksamkeit Eckhart's zu danken. Von den Verfassern der Predigten meint er, sie schlössen sich in ihrer ganzen Darstellung eng an Eckhart an und seien, wenn nicht alle, so doch grösstentheils als unmittelbare Schüler Eckhart's zu betrachten.

Eine nähere Betrachtung der Handschrift ergibt, dass dieses Urtheil im Ganzen wohl begründet ist. Nur wird sich später zeigen, dass nicht alle Verfasser sich eng an Eckhart anschliessen. Die Sammlung ist überschrieben: „Dit buchelin heizit ein paradis der fornuftigin sele". Der Sammlung der Predigten steht ein Inhaltsverzeichniss über die beiden Theile der Sammlung voran. Die Nummern des Verzeichnisses über den ersten Theil decken sich mit den Predigten bis auf die 19. Unter dieser Zahl sind im Verzeichniss zwei Predigten, während sie im Texte mit 19 und 20 numerirt sind. Dann steht im Verzeichniss die Nummer 24 zweimal bei zwei aufeinanderfolgenden Predigten, und dem an zweiter Stelle stehenden 24 ist des Ausgleichs wegen die Zahl 25 beigegeben. Das lässt vermuthen, dass wir in der Oxforder Handschrift das Original der Sammlung haben, da ein Abschreiber die in die Augen springenden Fehler sicher durch die richtige Numerirung beseitigt hätte, während sie im Original stehen blieben, um das Auge nicht durch die Correctur zu stören. Am Schluss des zweiten Theiles steht: *Explicit paradisus anime intelligentis.* Auf der Rückseite des letzten Blattes 113 findet sich von etwas jüngerer Hand, wie es scheint: *Iste liber pertinet ad domum montis Sanctis Michael prope mogunciam ordinis carthusiensis.* So könnte also die Handschrift von den Kar-

---

1) Zeitschr. f. d. A. Neue Folge XV. 373 ff.

thausern zu Mainz erst einige Zeit, nachdem sie geschrieben, erworben
worden sein. In dieser zweitheiligen Sammlung bilden die Predigten
Erkhart's den Stamm: von den 31 Predigten des ersten Theils sind 13,
von den 33 des zweiten Theils sind 18 Predigten von ihm. Die Predigten
sind nicht nach den Verfassern, auch nicht nach den Sonntagen des
Kirchenjahres geordnet, sondern nach Themata, wie das auch am Beginne des zweiten Theils angedeutet ist: *Incipiunt themata secunde
partis.* So bezieht sich z. B. eine Anzahl aufeinanderfolgender Predigten des 2. Theils auf die vielverhandelte Frage: Ob Vernunft edler
sei oder Wille? Von den Predigten, die nicht von Eckhart stammen,
gehören 3 dem Bruder Florentius von Utrecht, „der Unterlesemeister
(1, 2, Lesemeister 1, 30 resp. 31, II, 32) war zu Erfurt bei den Predigern". Meister Hane der Karmeliter hat 3 Predigten; Bruder Johann
Franke „der Lesemeister der Prediger" 5 Predigten; Bruder Th. von
Apolda „der Prediger" 1 Predigt; Bruder Eckart Rube „der Lesemeister
im Predigerorden" 6 Predigten; Bruder Erbe „der Prediger und Lesemeister" 1 Predigt; Bruder Giseler von Slatheim, „der Lesemeister
(Lector) war zu Cöln und Erfurt", 5 Predigten; Bruder Herman von
Loveia, Lector (Br. H. der Lesemeister von der Loveia, Lofeia), 3 Predigten; Bruder Albrecht von Driforte, der Lesemeister, 2 Predigten;
Bruder Helwic von Germar, „der Lesemeister war zu Erfurt", 2 Predigten; ein Barfüsser Lesemeister 1 Predigt. Eine Predigt: *Illumina
oculos* –- Hi lerit sente Dyonisius etc., ohne Verfasserbezeichnung,
gehört wie weiter unten gezeigt werden soll, einem Bruder Kraft an.
Von diesen 11 Predigern, deren Predigten mit denen Eckhart's vermischt stehen, sind drei: Th. von Apolda, Giseler von Slatheim, Albrecht
von Driforte, deren Heimathorte in Thüringen liegen: Treffurt und
Schlotheim etwa eine Tagereise westlich resp. nordwestlich, Apolda
ebensoweit östlich von Erfurt. Es war die Regel, dass man in das
Kloster trat, zu dessen Bezirk der Heimathort gehörte: so scheinen
die drei Genannten dem Erfurter Dominikanerkloster angehört zu
haben. Dass Theodorich von Apolda ein „Prediger" war, ist ausdrücklich bemerkt; bei Giseler geht es aus einer Predigt hervor; bei
Albrecht von Driforte ist es wahrscheinlich, da weitaus die meisten
Predigten Dominikanern angehören, der Sammler auf Seite der Dominikaner gegen die Barfüsser steht, und bei zwei Verfassern deren Zu-
gehörigkeit zu einem andern Orden bemerkt ist. Bei zwei Verfassern
unserer Predigten, bei Florentius von Utrecht und dem obengenannten
Giseler wird Erfurt als der Ort bemerkt, wo sie Lesemeister waren.

Nimmt man hinzu, dass die Predigten der Sammlung im thüringischen
Dialekt geschrieben sind, und dass unsere Handschrift wahrscheinlich
das Original der Sammlung ist, so scheint es, dass die Mehrzahl der
Verfasser in Erfurt gepredigt hat.

Die Oxforder Handschrift gehört der Schrift nach dem 14. Jahrhundert an. Bei Florentius von Utrecht, Giseler von Slatheim und
Helwic von Germar heisst es, dass sie Lesemeister waren zu Erfurt.
Sie scheinen also zur Zeit, da die Sammlung gemacht wurde, gestorben
gewesen zu sein. Eine der Predigten Giseler's von Slatheim kommt
auch in der Einsiedler Handschrift Nr. 278 vor. Ein Vergleich dieser
bei Pfeiffer gedruckten Predigt mit dem Text in unserer Handschrift
zeigt, dass letzterer der ursprünglichere ist. Die Einsiedler Handschrift
gehört gleichfalls dem 14. Jahrhundert an. Die nachher folgende
Untersuchung der Königsberger Handschrift wird ergeben, dass Giseler
in der ersten Hälfte des 14. Jahrhunderts lebte. Eine Predigt des
Johann Franke in unserer Handschrift „Fiat das ist das edelste Wort",
findet sich ohne Namen auch in einer Kloster-Neuburger Handschrift
des 14. Jahrhunderts. So führt uns manches darauf hin, die Zeit
mehrerer dieser Lesemeister mehr gegen die Mitte, als gegen das Ende
des Jahrhunderts zu setzen. Sie könnten also gar wohl unmittelbare
Schüler Eckhart's gewesen sein, wenn anders die Analyse ihrer Predigten eine Verwandtschaft mit den Lehren dieses Meisters ergeben sollte.
Unsere Oxforder Handschrift bringt auch Predigten Eckhart's („Eckhart's des Alten"), die aus dessen Strassburger Zeit stammen, und die
Pfeiffer aus der besprochenen Strassburger Handschrift *A* 98 mitgetheilt
hat. Der Sammler schöpfte somit auch aus Quellen, die von auswärts
stammten, die ihm aber in Thüringen, wo seine Sammlung entstand, zugänglich waren. Dass man in Thüringen Eckhart's Lehren mit Vorliebe studirte, seine Schriften zu gewinnen suchte, auch als er
nicht mehr in Thüringen lebte, das ist ohne Zweifel die Folge seiner
früheren Wirksamkeit daselbst oder auch des Einflusses solcher Erfurter Lesemeister, die noch in Strassburg oder Cöln seine Schüler gewesen waren.

Die Blume der Schauung.

Hermann von Fritslar, der ein Heiligenleben in Form von Predigten hat schreiben lassen, welche nach den Kalendertagen der Heiligen

geordnet sind, sagt in der Predigt am Tage Mariä Verkündigung: „Man beget hute den tac unser liben vrowen alse di mensliche nature becliben ist und geeiniget an di gotlichen nature. Da von habe ich vil lazen geschriben in dem buche daz da heizet di blume der schowunge. Dieses von Pfeiffer für verloren gehaltene Werk findet sich in einer Handschrift der Nürnberger Stadtbibliothek vom J. 1461. Sign. VI, 46 h. Dass wir in dieser Handschrift die von Hermann von Fritslar besorgte Schrift haben, ergibt sich aus einer Vergleichung mit dem Heiligenleben. Erstlich entspricht dem oben angeführten Titel die Aufschrift in der Nürnberger Handschrift: „Diez buch heisset die plum der beschauung und der geistlichen ubung". Zweitens der örtliche Hinweis, denn in der Aufschrift heisst es weiter „wan es ist gemacht in dem lande ze sorgen was (?), es nymt sein geleichnus von der heyligen geschrift und von der cristenlewt (?) warheit". Aus dem verdorbenen Texte dieser Sätze ist wenigstens das klar, dass ein Ort Sorge als die Heimath des Buches angegeben wird. Herr Gymnasialdirector Dr. G. F. Eysell in Hersfeld hatte die Güte mir folgendes mitzutheilen: „Es liegt am Fusse des eine gute halbe Stunde von hier entfernten Petersberges, worauf früher eine Propstei gestanden hat, ein kleiner Ort, Sorge genannt. „Ich bin von der Sorge", sagen heutzutage die Bauern. Demnach ist die Möglichkeit vorhanden, dass dort im 14. Jahrhundert Werke des fraglichen Inhalts geschrieben oder abgeschrieben worden sind." Sorge liegt eine Tagereise von Fritslar entfernt.

Es stimmt ferner, wenn im Heiligenleben zwischen dem, der das Buch schreiben lässt, und dem Schreiber unterschieden wird, und wenn in der Blume der Schauung in ähnlicher Weise der „Dichter" des Buchs dem Schreiber gegenübergestellt ist.

Ferner sagt Hermann von Fritslar im Heiligenleben in der obenangeführten Stelle: er habe in der Blume der Schauung viel lassen schreiben von der Vereinigung der göttlichen und menschlichen Natur in Christo. In unserem Büchlein aber handelt ein grösserer Abschnitt von dieser Frage.

Endlich sind auch die sonstigen Themata in beiden Schriften beweisend. Denn von den Legenden des Heiligenlebens abgesehen, sind die hier besprochenen Fragen denen in der Blume der Schauung gleichartig.

So dürfen wir als sicher annehmen, dass die in der Nürnberger Handschrift erhaltene Blume der Schauung keine andere als jene ist, welche Hermann von Fritslar hat schreiben lassen. Ihre Zeit ist durch die Erwähnung im Heiligenleben bestimmt, das zwischen 1343—1349 entstanden ist.

Die Königsberger Handschrift.

Joseph Haupt hat in den Sitzungsberichten der Wiener Akademie Bd. 76 eine Wiener Handschrift besprochen, welche eine Sammlung von Predigten über die Evangelien und Episteln von Advent bis Ostern enthält, und von der er nachweist, dass sie die Quelle für eine Anzahl von Predigten im Heiligenleben des Hermann von Fritslar sei. Er setzt die Handschrift in die 2. Hälfte des 14. Jahrhunderts. Sie ist aus Papier und Pergament gemischt. Die Predigten über die Heiligentage finden sich bei ihr nicht.

Wir haben auf unserer Münchner Staatsbibliothek die gleiche Sammlung in einer Rebdorfer Handschrift (*Cgm. 222. fol. membr.*): sie reicht nicht weiter als die Wiener Handschrift, wiewohl sie nicht unmittelbar von ihr abstammt.

Eine dritte Handschrift befindet sich auf der Univ.-Bibliothek zu Königsberg. J. Haupt machte auf sie aufmerksam. Er erkannte aus einer Notiz Steffenhagen's im 13. Bande der Zeitschrift f. d. A., dass sie dieselbe Sammlung enthalte wie die Wiener Handschrift, aber vollständiger, nämlich auch den ganzen Sommertheil. Er hielt es für möglich, dass diese Handschrift auch die Predigten über das Leben der Heiligen enthalte: dies ist jedoch nicht der Fall. Dagegen ist gerade der Sommertheil der Predigten von grosser Wichtigkeit, da wir aus ihm den Hersteller der Sammlung ermitteln und zugleich eine Reihe weiterer Aufschlüsse über einzelne auf die Geschichte der Mystik bezügliche Thatsachen und Persönlichkeiten gewinnen können. Ich gebe, ehe ich in die nähere Untersuchung eingehe, zuerst einige äussere Notizen. Der Handschrift fehlen am Anfang und Ende einige Blätter. Auch sonst ist hie und da ein Blatt verloren gegangen. Sie beginnt mit dem Schluss der vierten Predigt der Wiener Handschrift, nämlich mit der siebenten der 9 bei Haupt abgedruckten theosophischen Fragen über die Geburt des ewigen Worts in der Seele, und endet mit einer Predigt über 2 Cor. 5. Die Sammlung ist keine vollständige in dem Sinne, dass auch für alle Perikopen der Woche Predigten gegeben wären. Sie stimmt im Wintertheile mit der Wiener und Münchner Handschrift überein, nur hat sie hie und da einige Kürzungen und Auslassungen. Schon im Wintertheile kommt es vor, dass Predigten

das Evangelium und die Epistel nacheinander auslegen, mit keinem
anderen Uebergange als etwa: Ich nehme das Evangelium, das man an
dem Sonntag liest. Sehr häufig wird diese Verbindung im Sommer-
theile bis zu der 7. Pfingstwoche. Von da an folgen die Predigten
über die Sonntagsevangelien unmittelbar auf einander bis zum
24. Sonntage, und dann erst Epistelpredigten für die Zeit von der
ersten Pfingstwoche an.

Ich nehme für meine Untersuchung die Predigt am Abend vor
Himmelfahrt (f. 86ᵈ) zum Ausgangspunkt. Den Anfang dieser
Predigt macht die Auslegung der zwei ersten Verse des Evangeliums
Joh. 17, 1 — 11. Es ist der Anfang des in dem 17. Capitel enthaltenen
hohepriesterlichen Gebets des Herrn. Der Text wird Satz für Satz ausgelegt. Meist steht das Wort „Text“ voran, dann folgen einige Textworte, dann die kurze Auslegung, eingeleitet mit dem Worten: „Glossa“
oder „das meint“, „das ist“, oder „man fraget“ etc. Dabei werden
öfter verschiedene Auslegungen nebeneinandergestellt mit den Worten:
„ein anderer Sinn ist“, „eine andere Glossa spricht“. Die Auslegung
geht bis zum Schlusse des 2. Verses, dann folgt die Bemerkung: „das
hy czu gehört, steht uf den palm abent“. Der Schreiber ist also
darüber, eine Sammlung von Predigten nach der Sonntagsreihe zusam-
menzustellen. Dass der Zusammensteller und nicht ein späterer Abschreiber diesen Rückweis auf den Palmabend gemacht habe, zeigen
die folgenden Worte: „danach wil ich das Evangelium nemen von
der mittewoche, vnd von dem vritage und von dem pfingst abent“.
Der Vergleich mit diesen drei Predigten in der Woche vor Pfingsten
zeigt zugleich mit Sicherheit, dass der Zusammensteller auch der Verfasser dieser Predigten ist. Die Mittwochspredigt legt zuerst die
Epistel aus, und zwar in ganz gleicher charakteristischer Behandlungsweise wie die Predigt am Himmelfahrtsabend, und dann folgt
der Uebergang zum Evangelium: „Nu kere ich mich zu dem evangelium das ich vor gelassen habe“. Die Auslegung knüpft in der
That genau da an, wo die Predigt am Himmelfahrtsabend aufgehört
hat, bei Joh. 17, 3. Auch die 2. und 3. Predigt der bezeichneten
Woche erweisen sich als Fortsetzungen der Auslegung von Joh. 17,
und enthalten Rückbeziehungen: „Nu ge ich wider in das evangelium,
das da ein gebete ist“ etc. Auch ist die Methode der Behandlung in
ihnen die gleiche. Die Predigt am Pfingstabend verweist uns aber wieder auf die Mittwochspredigt der Pfingstwoche, die sich dann auch als
Fortsetzung und Abschluss der Predigten über Joh. 17 zu erkennen gibt.

So haben wir nun unzweifelhaft 6 Predigten desselben Verfassers, der sich zugleich als der Hersteller der Sammlung erweist. Denn dass derselbe Sammler das Werk wenigstens bis zu der Predigt des letzten Evangeliums des Kirchenjahrs geführt habe, ergibt sich aus der Predigt am 3. Freitag nach Pfingsten, welche in Betreff des Evangeliums von der Erweckung des Töchterleins Jairi auf die Predigt am 24. Sonntag nach der Pfingstoctave verweist, wo die Auslegung darüber sich finde: „wiltu dise glose suchen di vindistu uf di leczte dominike von dem iare in disem buche". Und diese Predigt bringt in der That die Auslegung. Wir werden nachher noch ein weiteres Zeugniss finden, aus welchem hervorgeht, dass der Verfasser der 6 besprochenen Predigten aus der Pfingstzeit auch den ganzen Wintertheil zusammengestellt hat.

Mit dem, was bis jetzt ermittelt ist, haben wir das Nöthige, um die Fragen, zu denen dies Sammelwerk Anlass gibt, zu erledigen.

Wir fragen zuerst nach der Person des Sammlers. Hier gibt uns die Predigt am Himmelfahrtsabend, von der wir ausgingen, die Handhabe. Nachdem diese Predigt, wie wir gesehen, die Auslegung über das Evangelium Joh. 17 mit v. 2 abgebrochen und für Ergänzungen zu dieser Auslegung auf den Palmabend verwiesen und zugleich angekündigt hat, dass das Evangelium in drei nächstfolgenden Tagen vor Pfingsten noch weiter ausgelegt werden soll, sagt der Verfasser, er wolle aus diesem Evangelium (für heute) ein Wort zu besonderer Auslegung herausnehmen: „Nv neme ich eyn wort vz dem evangelio, das sente Johannes beschribit, do von ich vor gesprochin hab, vnse herre spricht in dem evangelio: das ist das ewige lebin das man dich bekenne eynen waren got etc. Dy meyster krigen vnder enander wedir ewige selikeit me lege an den werkin der vernunft adir an den werkin des willen adir in beydin glich". Die jetzt folgende Predigt steht nun auch von Wort zu Wort in der Oxforder Handschrift, und hat da folgende Ueberschrift: „*Hec est vita eterna etc.* In diser predigade disputirt Bruder Gisilher von Slatheim, der lesimeister was zu Kolne vnd zu ertforte wider die barfuzin vnd beweisit daz diz were der fornuft edelir ist dan diz were dez willin in dem ewigin lebine vnd brichit di bant der barfuzin in argu^ea? meisterliche". Mit der Aufschrift Giseler enthält diese Predigt auch eine Einsiedler-Handschrift.[1] Die Zuverlässigkeit der Angaben der Oxforder Handschrift unterliegt

1) Veröffentl. durch Pfeiffer in Haupt, Zeitschr. f. d. A. VIII. 211 ff.

keinem Zweifel. Sie bringt 5 Predigten Giseler's an verschiedenen
Orten, jede mit dem Namen des Verfassers, und eine Vergleichung ergibt, dass sie demselben Verfasser angehören. Der Sammler der Predigten der Oxforder Handschrift ist überdies mit regem Interesse gerade
an dem Kampfe betheiligt, welcher von Giseler gegen die Barfüsser
geführt wird, wie wir aus andern seiner Bemerkungen ersehen. Dazu
kommt nun auch noch die Bestätigung durch die von der Oxforder
unabhängige Einsiedler Handschrift.

Wir hätten somit den Hersteller der wichtigen Predigtsammlung
der Königsberger Handschrift in der Person des Giseler von Slatheim
gefunden. Er war Lesemeister zu Cöln und Erfurt und zwar, wie eine
Bemerkung des Herstellers der Oxforder Predigthandschrift im Verlauf der angeführten Predigt selbst ergibt, Lesemeister der Dominikaner. [1]

Und er hat die obenangeführten sechs Predigten der Pfingstzeit
zunächst an seine Conventbrüder gehalten, wie dies schon die Mittwochspredigt der Pfingstwoche andeutet, wo er über die Worte: ich
bitte auch für die, die durch ihr (der Apostel) Wort an mich glauben
werden, sagt: vnd bat auch vor di lute die von uns gelerit soldin
werdin. Noch deutlicher aber geht dies aus der Art hervor, wie er in
den bezeichneten Predigten seine Zuhörer an andere Prediger erinnert,
die sie gehört hätten.

Die Namen jener Prediger, die er hier anführt, sind von Wichtigkeit,
weil sie eine nähere Bestimmung der Zeit und der Stadt, wo die Predigtsammlung entstanden ist, ermöglichen. Die Stellen, in welchen er
auf Prediger hinweist, sind folgende:

1. Predigt am Himmelfahrtsabend: „so wil ich etwas sprechin vz
disem ewangelio. wen ir habit wol gehort meistir Heinrich vnd
meistir vriborc vnd von meistir Dytriche vnd meistir Echart
vnd den von Muncze vnd bruder Johan vnd bruder Petir vnd
meistir Heidinrich — uf dis ewangelium was bedutit. Nu neme ich
eyn wort vz dem ewangelio, das sente Johannes beschrib do von ich
vor gesprochin hab" etc. Folgt nun die besprochene Predigt Giseler's
über die Frage von dem Vorzug der Vernunft etc.

2. Predigt am Mittwoch vor Pfingsten. Nachdem 9 Fragen
über das schauende Leben gestellt sind, heisst es: Ir habit wol gehort

---

1) vnse hohistin meistere h. *predicatores* sprechin daz di
minne etc.

was brudir Herman von dem Tummen (Cummen?) hy von gesait
hat vnd der von Kyrbork vnd brudir Andres.

3. Predigt am Freitag vor Pfingsten. Nach der Auslegung des
Verses Joh. 17, 11 schliesst die Predigt: Ir habt gehort czu capetil
bruder Heynrich vnd den jungen Eckart vnd den von dryforden.
Nu nemet dise ler czu jenir vnd bittet got für mich. Amen".

4. Predigt am Pfingstabend. Nachdem Giseler mit den Worten
„nu ge ich wedir in das ewangelium des hoin gebetis vnsers herren
Jesu Christi" die in der vorigen Predigt bei Joh. 17, 12 abgebrochene
Textauslegung fortzusetzen begonnen und von der ewigen Erwählung
gesprochen bis zu der Frage: „man vregit, ouch ab di irweltin mogin
verlorn werdin vnd di dirweltin mogin behaldin werdin?" heisst es:
„Magister Johannes, vnd der von Erich vnd der von Sprewenbere
habin hy von wol gesprochin, das vf dise irwelunge nymant buwen
sal sunder uf heilikeit vnd uf tugint vnd uf vnsin gloubin. Behalde
wir dis, so syn wir irwelit".

5. Predigt am Mittwoch in der Pfingstwoche. Nach den Worten
„vnse mynunge di wirt alleine volbracht in dem ewigen lebin alleine"
heisst es: Brudir Jordan vnd meystir Herman vnd meystir
Heynrich wol gesprochin han, abir meystir Heynrich von
vrymar hat allirbest hy von gesprochin, wen her sprach: das ewige
wort hatte dry eyginschaft di is nymande gegebin mochte noch
gemyne: das bestenden uf ym selbir, vnd das is sinen orsprunc ir
kennet sundir mittil, vnd das is sundir czuval, vnd dis ist eyginir dem
ewigen worte alleine vor allin creaturen. Wir mogen wol mit gote
vereint werdin. darumme hute sich allis menschlich — vnd wisse was
he halde und was he spreche".

Giseler beruft sich in den drei ersten der angeführten Predigten
auf Predigten von Meistern, die seine Zuhörer, d. i. seine Ordensbrüder
gehört hätten. Meinte Giseler, sie hätten durch ihn die Auslegungen
dieser Meister gehört, so würde dem die 2. und 3. Predigt widerstreben, denn in der 2. müssten sich solche Mittheilungen finden
und in der dritten lässt der Satz „Ir habt gehört czu capetil" nicht an
solche Auslegung denken. Demnach werden Giseler's Zuhörer auch
die in der ersten Predigt angeführten Meister und Prediger selbst gehört haben.

Wo soll dies nun aber geschehen sein? Auswärts oder in der
Stadt wo sie sind? Wenn auswärts, so müsste man an eine Schule
denken, die alle durchgemacht hätten und an der die obengenannten

zugleich gelehrt und gepredigt und den betreffenden Abschnitt ausgelegt hätten. Eine solche Schule, an der fünf Meister gelehrt und gepredigt hätten, und zwar Meister wie Eckhart und der von Freiburg, könnte nur eine höhere Schule sein, wie etwa Cöln, wo das *Studium generale* des Ordens war, oder Strassburg und Erfurt, in welch letzterer Stadt wahrscheinlich auch wie in Strassburg ein *Studium provinciale* des Ordens sich befand. Allein die wenigsten von Giseler's Zuhörern hatten wohl das *Studium generale* besucht (vgl. m. Vorarbeiten etc. S. 8) und die wenigsten das *Studium provinciale* gleichzeitig. Giseler müsste also Zuhörer im Auge haben, die im Kloster zu Cöln oder zu Strassburg oder Erfurt nicht als Studirende, sondern als ständige Conventualen des Ordens lebten, und da Gelegenheit hatten, auch die Predigten der obengenannten Meister zu hören. Giseler war selbst Lesemeister zu Cöln. Auch Eckhart und Theodorich von Freiburg hatten dort das gleiche Amt. Allein auch wenn wir annehmen, dass die Zuhörerschaft Giseler's am *Studium generale* zu Cöln sich befand, so müsste doch ein besonderer Anlass gewesen sein, der nicht weniger als 9 Redner auf Kanzel oder Katheder führte, um über das 17. Capitel des Johannes zu belehren. Das Natürlichste ist, an ein Capitel zu denken, das eine grosse Anzahl von Ordensgliedern in eine Stadt zusammenführte. Ein Generalcapitel könnte das nun nicht gewesen sein.

Denn da Eckhart als Meister angeführt ist, so können wir mit unseren Predigten nicht vor das Jahr 1302 zurückgehen, und da Hermann von Fritslar im J. 1343 unsere Predigtsammlung benützt, nicht über das letztgenannte Jahr hinaus. Innerhalb dieses Zeitraums aber fand weder zu Cöln noch zu Erfurt ein Generalcapitel statt (das für 1330 nach Cöln angesagte konnte dort wegen der Feindschaft der Bürger gegen die Dominikaner nicht statt finden und wurde in Trier abgehalten). Zu Cöln oder Erfurt aber müsste das Generalcapitel gehalten worden sein, da Giseler vor einer Zuhörerschaft predigt, der er auf längere Zeit angehört als die Zeit eines General- oder Provinzialcapitels währte. Wir wissen aber aus der Oxforder Handschrift, dass er Lesemeister zu Cöln und Erfurt war, und schliessen zugleich aus den Predigten selbst sowie aus den Bemerkungen des Sammlers, dass er diese Predigten müsse in der Zeit seines Lectoramts gehalten haben, da sie nicht nur einen in Disputationen geübten Mann voraussetzen, sondern weil auch bei jeder derselben dem Namen auch „Lektor“ oder „Lesemeister“ von dem Sammler beigefügt ist. Auf ein Capitel weist uns aber auch die 3. Predigt selbst hin, wenn Giseler da zu seinen Conventbrüdern sagt: „Ir gehabt gehort ezu capitil bruder Heynrich vnd den jungen Eckhart vnd den von Driforten." Denn dass nicht die Versammlung des einzelnen Convents unter Capitel gemeint sein werde, erhellt schon daraus, dass Giseler zu einer solchen gewöhnlichen Versammlung der Conventsbrüder eben redet, so dass also die Beifügung eine andersartige Versammlung gemeint wissen will. Auch deutet der Hinweis auf eine grössere Zahl von Predigern eine ausserordentliche Zusammenkunft an. Nun ist in Cöln, das zur Ordensprovinz Deutschland gehörte, innerhalb des obengenannten Zeitraums auch kein Provinzialcapitel gehalten worden. Wohl aber fanden in Erfurt, das zur Provinz Sachsen zählte, in den Jahren 1303 und 1325 Provinzialcapitel statt. Auf dem ersten wurde Meister Eckhart, auf dem zweiten Heinrich von Lübeck zum Provinzialprior Sachsens erwählt.

Nun führen uns mehrere der angeführten Namen von selbst auf die Ordensprovinz Sachsen. Von Meister Eckhart wissen wir, dass er früher Prior zu Erfurt war, dann dass er 1303—1311 das Provinzialat von Sachsen bekleidete. War Erfurt sein Heimathkloster, wie ich im 1. Theil als wahrscheinlich nachwies, dann gehörte er für immer, auch wenn er in den Schulen zu Strassburg und in den Jahren nach 1320 am *Studium generale* zu Cöln lehrte, der Ordensprovinz Sachsen zu, so dass eine Betheiligung am Provinzialcapitel zu Erfurt im J. 1325 wahrscheinlich ist. Auch von dem jungen Eckhart, der in der dritten Predigt als Prediger genannt ist, wissen wir mit Bestimmtheit, dass er der Provinz Sachsen angehörte. Er starb 1337 als Definitor dieser Provinz auf der Rückkehr von dem Generalcapitel zu Valenciennes. Meister Heinrich, der in der 1. und 5. Predigt genannt und vielleicht in der 3. Predigt gemeint ist (Bruder Heinrich), würde dann Heinrich von Lübeck sein, der eben damals am 13. September 1325 zu Erfurt zum Provinzial Sachsens von dem Capitel gewählt wurde, und der, wie wir aus Quétif und Echart wissen, Lesemeister war. Meister Dietrich könnte dann jener Theodorich von Sachsen sein, der von dem Generalcapitel des Jahres 1311 nach Paris geschickt wurde um da Magister zu werden. Auch die Namen Sprewnberg (Stadt Spremberg im Brandenburgischen, Dorf Spremberg in Sachsen) und Frimar (Dorf im Gothaischen), Driforte (Treffurt in Thüringen) deuten auf die Provinz Sachsen hin. Ob unter Meister Vriborc unser im 1. Theil besprochener Theodorich von Freiburg zu verstehen sei, darüber lässt sich nichts mit Bestimmtheit sagen. Dass er in ziemlich gleichem Alter mit Eckhart

stand, habe ich als wahrscheinlich erwiesen. Ist er der 1320 mit Eckhart in Untersuchung gezogene Dietrich von St. Martin, dann ist die
Möglichkeit nicht ausgeschlossen, dass er, wie Eckhart nach Cöln, so
er an eine Schule in Sachsen versetzt worden sei. Dass er nur Meister
Vriburg, nicht Meister Dietrich genannt wird, spräche für diese Annahme. Man nannte ihn nur mit dem 2. Namen, um eine Verwechslung
mit dem gleich nach ihm genannten Meister Dietrich (s. o.) zu verhüten.

Nimmt man das Resultat der letzten Erörterung als ein wahrscheinliches an, dann sind die 5 Predigten Giseler's in der Pfingstzeit 1326,
in dem nächsten Jahre nach dem Capitel, das im September 1325 zu
Erfurt stattfand, gehalten worden, als die Erinnerungen an die Prediger, welche bei jenem Capitel auftraten und denen als Thema für
ihre Predigten oder als Ausgangspunkt für ihre Disputationen Joh. 17
gegeben worden war, noch im frischen Gedächtnisse war. Der in der
5. Predigt genannte Meister Heinrich von Vrimar gehörte indes nicht
dem Orden der Dominikaner, sondern dem der Augustiner Eremiten an.
Er stammte aus Frimar in Thüringen, war längere Zeit Provinzial der
Thüringisch-Sächsischen Provinz und wurde auf dem Generalcapitel
der Augustiner zu Rimini im J. 1318 zum Examinator der auf den
Schulen in Deutschland promovirenden Augustiner ernannt. [1]

Mag man nun auch das Jahr 1326 nur als ein wahrscheinliches in
Betreff der Entstehung jener fünf Predigten annehmen, gewiss wird es
immerhin bleiben, dass sie vor dem Jahre 1337 gehalten sind, da in
der 3. Predigt der junge Eckhart, der in dem genannten Jahre starb,
als ein noch lebender bezeichnet ist.

Und mag man auch das als nur wahrscheinlich betrachten, dass
Giseler jene 5 Predigten in Erfurt hielt, so wird man doch mit voller
Sicherheit sagen können, dass er die Sammlung der Predigten selbst,
wie sie in der Königsberger Handschrift vorliegt, in Erfurt vorgenommen hat.

Für's erste deutet schon die Königsberger Handschrift an, dass
ihr Original in Thüringen müsse entstanden sein. Die Handschrift des
Heiligenlebens des Hermann von Fritslar, das, wie wir sehen werden,
in Erfurt entstanden ist, die Sammlung der Oxforder Handschrift, die
gleichfalls ihre Heimath in Erfurt hat, und unsere Königsberger Handschrift begegnen sich in den gleichen Eigenthümlichkeiten der Sprache.
Wie im Heiligenleben und der Oxforder Handschrift so lesen wir in der

---

1) S. über ihn und seine Schriften: *Ossinger, Bibliotheca Augustiniana.
Ingolst., Aug. Vindel.* 1776 *f. 952 sqq.*

Königsberger u für o in: ab, sal; e für i in: en (ihnen); i für ie in: di, wi; i für e in: vregit, irwiltin, mogin, behaldin, meistir, godin; o für e in: forlorin, fornuft; o für u in: orsprunc, u für o in: du; s für sch in: menslich etc. Auch schliesst unsere Handschrift Oberdeutschland und die Rheinlande als Entstehungsort der Sammlung aus, wenn sie in der Aufschrift zur Predigt am Vorabend des Epiphanienfestes diesen Abend als den zwölften Abend bezeichnet und dazu bemerkt „in andern landin heisit is der oberste abint vinne di grosin dinc, di also hute gesehen sint an den dry königen." Ein sicherer Schluss aber lässt sich aus der dieser Predigt zunächst folgenden Predigt ziehen. Dieselbe gibt sich als eine Predigt Giseler's selbst zu erkennen. Dies zeigt sich nicht bloss in der oben bezeichneten Weise der formalen Behandlung des Textes, nicht bloss in dem Inhalt, der gleich anfangs die mystische Frage von der Geburt Gottes in der Seele berührt, sondern auch in wörtlichen Beziehungen zu einer durch das Zeugniss der Oxforder Handschrift gesicherten Predigt Giseler's. Hier sagt Giseler in einer Predigt über denselben Text von den Königen: „Du si quamin zu ierusalem vnd vregiten wo he were — du si mensliche troist suchtin vnd rait, du forlorin si gotlichin troist. zu hant du si von menslichime troiste lizin, du fundin si gotlichin troiste, wan si funden den sterrin". Und in unserer Predigt heisst es: „Wissit da si czoiten czu Jerusalem, do vergink en der stern. das waz dorumme, wen si menschlichin rat suchtin vnd menschliche anewisunge, so wart von en genomen gotlich rat vnd gotliche anebewisunge." Stellt sich somit die Predigt in der Sammlung als eine Predigt Giseler's heraus, dann liefert der Schluss dieser Predigt den Beweis, dass er sie nicht in Cöln gehalten hat, da sie dieser Stadt so gedenkt, dass man sieht, dass sie nicht der Ort der Predigt selbst sein könne. Sie sagt nämlich von den Leichnamen der Könige: „vnd wi si von Meylan quommen czu Kollin, do si noch legin, des in sag ich nv nicht." Da Giseler erst Lesemeister zu Cöln, dann zu Erfurt war, so weist uns hiemit auch diese Predigt auf letztere Stadt als die Heimath der Sammlung hin.

Giseler kann seine Sammlung nicht nach 1337 gemacht haben, da die besprochenen fünf Predigten der Pfingstzeit, wie wir sahen, zur Zeit der Sammlung selbst verfasst worden sind, und die dritte derselben den jungen Eckhart als noch lebend voraussetzt. Er kann sie aber auch nicht wohl vor 1323 gemacht haben, da er eine Predigt mit aufnimmt, die den Ausbruch des Streites des Franziskanerordens mit dem Papst Johann XXII über die Frage von der Armuth Christi voraus-

setzt. Erst von dem genannten Jahre an richtet sich die Polemik
der Franziskaner gegen den Papst selbst. In der Freitagspredigt der
2. Woche nach Ostern wird die Polemik des Minoriten-Lesemeisters
Heinrich von Clevan (wohl schwerlich verschrieben für Ceva; Cleben
im Merseburgischen?) gegen die ketzerische Lehre von der Armuth
Christi zutgeheissen und am Schluss gesagt: „vil rede mochte man bewisin das Christus eyn luter arm mensche wart. Ir ist abir nicht not,
wen dat di heilige cristinheit heldit, dy nicht irren mac, des halde ich.
Ouch wen ich welde vngerne sprechin wedir den pabist (odir wedir
di cristinheit — letzteres, wie ich vermuthe, Zusatz des spätteren Abschreibers), sondir ich gan obil den di ermute lerin soldin, das si is
valschlichin widirsprechin."

Gieseler hat eine grössere Zahl von Predigten anderer Verfasser
in seine Sammlung mit aufgenommen, die an Werth sehr verschieden
sind, und durch Stil und Weise der Behandlung sich unschwer von
seinen eigenen unterscheiden lassen. Er hat die Verfasser nicht genannt, aber die Mittwochspredigt in der 4. Adventswoche über Phil. 4, 4
und die Predigt am 3. Sonntag nach Ostern Joh. 16, 17 sind z. B. von
Eckhart (bei Pfeiffer Pr. 27 und 41; letztere auch in der Oxforder
Handschrift) und die Freitagspredigt in der 4. Adventswoche gleichfalls über Phil. 4, 4 von Hane dem Karmeliten (sie findet sich mit dieser
Aufschrift in der Oxforder Handschrift). Da interessirt es uns nun, zu
wissen, ob der Verfasser der neun Fragen von der Geburt des ewigen
Worts in der Seele, welche Haupt in seiner Abhandlung über die
Wiener Handschrift hat abdrucken lassen, Gieseler oder ein anderer sei?

Die neun Fragen werden in der Mittwochspredigt der 1. Adventswoche am Schlusse der Auslegung der Epistel gestellt und von der
Epistel hinweg ganz unvermittelt eingeführt mit den Worten: „das
ist alles war, das calder lute vnd grober itzunt me ist, wenn ir ie
ward, das enwil ich nicht ansehen, sunder ich will ein collacio haben in
diesem aduent von acht vragen (so W. und M., es muss aber neun
heissen, wie aus der Aufzählung der Fragen selbst hervorgeht). Die
Antworten auf diese Fragen finden sich in den folgenden Predigten: auf
die zweite in der nächstfolgenden Predigt vom Freitag (nach K., nicht am
Schlusse der Predigt zum 1. Adventsonntag, wie Haupt hat, da ja die Fragen
erst in der Mittwochspredigt gestellt sind); auf die erste in der Mittwochspredigt der 2. Adventswoche, auf die dritte in der Freitagspredigt derselben Woche (nach K., nicht Mittwoch, wie Haupt hat); auf die vierte,
fünfte und sechste in der Mittwochspredigt der 3. Adventswoche, auf die

siebente Frage (von Haupt nicht nachgewiesen) in der Predigt zur ande
ren Messe des Christtages, auf die achte und neunte Frage am Schluss
der Predigt am 18. Tage nach Weihnachten.

Die 2. Predigt am Epiphaniasfest, welche, wie wir sahen, von
Giseler selbst herrührt, behandelt gleichfalls die Geburt des ewigen
Worts in der Seele: „Do Jhesus wart geborn in der judin lant etc. daz
ist wen daz ewige Wort geborn wirt in dem wesin der sele, so kerin
alle di vzern creften von irdichin dingin vnd han nymer beheglichkeit
an yn, vnd die obersten crefte kerin alle in gotliche beschouwnge —
aber dese dry konige wustin daz lant do jhesus ynne geborn waz, diz
meint: alle di crefte der sele vzerlich vnd ynnerlich di gewustin wol
daz cristus geborn ist, abir in welchir craft cristus aller eygenste geborn
sy, des in wissin si nicht, wen Jherusalem waz eyn heubtstat in dem
lande inde, do gedachten di konige, daz si do vregin soldin vnd daz si
allir beste da berichtit mochten werdin: vnd daz gemute der sele daz
ist di eyne heubtstat in der sele, daz sal der mensche vragin, ab jhesus
dinne geborn si? wen daz hat gotliche gedanken vnd gotliche begerunge
vnd gotliche vreude, so jhesus ist dynne geborn.“ Da ergibt nun der
Schluss dieser Stelle eine unlängbare Beziehung auf die Antwort zur
vierten Frage: „Nu ist eyn vrage in welchir stat der sele wirt daz
ewige wort geborn? — di virden sprechin in verborgenkeit des ge-
mutis, wen also dicke alz der mensche imphet eynen gutin gedankin von
der menschheit vnsis herren adir von dem ewigen worte adir emphindet
eynir newen lust von gote adir verstet eyne newe warheit. also dicke
wirt daz ewige wort in der sele geborn.“

Und mit dem Anfang der aus Giseler's Predigt angeführten Stelle
steht gleichfalls in deutlicher Beziehung die Fortsetzung der eben be-
rührten Antwort auf die vierte Frage: „Dy funften sprechin, vnd mit
den hald ichs, is werde geborn in dem allir ynnersten des wesins vnd
dis werden gewar alle crefte der sele. Wy heldit sich der licham der
czu? he ist in eyner stille me (rue?) das he keyne bewegunge mak habin
siner ledir (Glieder), wen di obersten crefte habin di nidirsten in geholt,
vnd daz wesin der sele hat di oberste crefte in geholt, vnd stet allis in
eyner stillen ruwe vnd denne wirt daz ewige wort geborn glichlich in
geiste vnd in libe.“

Aber nicht bloss die sachliche Uebereinstimmung, sondern auch
die Vergleichung äusserlicher Merkmale führt darauf, dass Giseler der
Verfasser der neun Fragen sei. Wir haben oben einige der formalen
Eigenthümlichkeiten in Giseler's Predigten hervorgehoben: die dem

Texte Satz für Satz folgende Auslegung, die ihm gewohnten Formen, Text und Auslegung einzuleiten, die Art, wie er mit einem Satze wie „Nu ge ich in das evangelium" ohne weiteres von der Auslegung der Epistel in die des Evangeliums übergeht. Den ganz gleichen Charakter haben auch die Predigten der neun Fragen. „Nu neme ich der fragen eine", so schliesst er ohne alle Vermittelung seine Antworten auf die neun Fragen in den verschiedenen Predigten an die dortigen Ausführungen an, und ebenso trägt die Art der Textbehandlung in diesen Predigten den angegebenen Charakter. Auch die Weise, eine Reihe von Fragen zu stellen, ohne dass der Text direkt dazu veranlasste, oder Fragen zu stellen und für die Beantwortung auf andere Predigten zu verweisen, findet sich wie in den Predigten der neun Fragen in den Predigten Giseler's. In der Mittwochspredigt vor Pfingsten spricht er von der christlichen Wachsamkeit und bezeichnet unter anderm den als wachend, der seine Kräfte richte in ein schauendes Leben. Daran knüpft er neun Fragen von dem schauenden Leben und sagt am Schlusse: „Ir habit wol gehorit was brudir Herman von dem Tummen hy von gesait hat" etc., und ohne eine weitere Antwort auf die Fragen gegeben zu haben, geht er zur Auslegung der anderen Textesworte weiter. In der Predigt am Mittwoch vor Fronleichnam, die gleichfalls von Giseler ist, schliesst er, ganz wie in der Predigt wo die neun Fragen von der Geburt des ewigen Worts in der Seele gestellt werden, mit fünf Fragen von der Geburt des ewigen Worts durch den Vater und sagt: „von disin obirvernunftigin vragin wil ich sprechin vnd wil si berichtin an eyner andern stat".

So kann kein Zweifel sein, dass Giseler auch der Verf. der neun Fragen und der Predigten ist, in welchen sie gestellt und beantwortet werden.

Mancher werthvolle Aufschluss ist mit den bisherigen Erörterungen gewonnen. Die Thatsache, dass die Predigtsammlung der Königsberger Handschrift zwischen 1323 und 1337 zu Erfurt entstanden ist und Giseler von Slatheim zum Urheber hat, lässt uns wie die Zeit Giseler's selbst, so nun auch die Hane's des Karmeliten und Albrecht's von Driforte, der in der 3. der besprochenen Predigten der Pfingstzeit angeführt ist, bestimmen. Sie zeigt uns ferner, in welchem Masse die Schule Eckhart's in Thüringen die Lehren ihres Meisters vertritt; sie lässt uns mit der Oxforder Handschrift und dem Heiligenleben des Hermann von Fritslar in Erfurt einen Brennpunkt der neuen theologischen Richtung erkennen und liefert zugleich ein sehr reichhaltiges Material zur mystischen Theologie.

Das Heiligenleben von Hermann von Fritslar.

Unter diesem Titel hat Franz Pfeiffer im ersten Theile seiner „Deutschen Mystiker" nach einer Heidelberger Handschrift eine Sammlung von Predigten über das Leben der Heiligen, wie sie dem Kalender des Jahres eingefügt sind, herausgegeben. Im Vorwort stellt er zusammen, was er aus einzelnen Stellen dieses Werkes über Hermann glaubt erschliessen zu können. Er zeigt aus ihnen, dass er grössere Reisen nach Italien und Spanien unternommen habe, begründet seine Vermuthung, dass er ein begüterter Laie gewesen sei, der sich von der Welt zurückgezogen habe und im Verkehr mit Geistlichen oder gleichgesinnten Freunden zur Lectüre theologischer Schriften und zur Abfassung seiner Sammelwerke veranlasst fand. Von dem Werke selbst sagt er, der Gesammteindruck sei der Art, dass wenn auch die auffallende Verschiedenheit in Ton und Haltung der Predigten verschiedene Verfasser erkennen lasse, doch die Form im allgemeinen für Hermann in Anspruch genommen werde müsse. Und wenn auch die speculativen und metaphysischen Fragen und Erörterungen aus fremden Büchern gezogen sein sollten, so könne doch beim legendarischen Theile des Buches mit ziemlicher Sicherheit nachgewiesen werden, dass dieser Theil in den meisten Fällen Anspruch auf selbständige freie Bearbeitung (durch Hermann) habe. Hermann verstehe die Kunst, angenehm und fliessend zu erzählen. Sein Vortrag sei lebendig, gewandt und zeichne sich durch Kürze und Gedrungenheit vortheilhaft aus. Anziehend seien die da und dort eingestreuten Schilderungen von Sitten, Gebräuchen und Gewohnheiten in Italien und Spanien. Ein früheres Werk, dessen in der Sammlung als eines durch Hermann veranlassten gedacht ist, „Die Blume der Schauung" hält Pfeiffer für verloren.

So weit Pfeiffer, dessen Untersuchung vor allem das fehlt, dass sie nicht fragt, ob denn nicht auch der Schreiber, dem Hermann die Herstellung des Buchs aufgetragen, einen Antheil an der Gestalt dieses Buches gehabt habe. Es könnte ja sein, dass der Schreiber kein blosser Abschreiber wäre, dass alles das, was Pfeiffer von der freien selbständigen Bearbeitung, von dem lebendigen Vortrag u. s. w. sagt, nicht dem Hermann, sondern dem Schreiber zuzulegen wäre.

Wenn Hermann das Buch hat schreiben lassen, wie das an verschiedenen Stellen bemerkt ist, so will es schon nicht recht einleuchten, wie da von einer freien selbständigen Bearbeitung der gesammelten

Predigten durch Hermann die Rede sein könne. Man müsste nur annehmen, dass Hermann selbst auch habe schreiben können, und sein
zusammengestelltes schriftliches Material dem Schreiber nur zu rein-
licher Abschrift übergeben hatte. Aber dann wäre nicht der geringste
Grund abzusehen, warum Hermann nicht sich selbst auch als den, der
diese Predigten niedergeschrieben, hätte bezeichnen lassen. Hat aber
Hermann selbst diese Predigten nicht niedergeschrieben, und soll von
einer freien selbständigen Bearbeitung durch Hermann die Rede sein,
so müssten wir uns den Schreiber in den 6 Jahren, in denen das Buch
entstanden ist (nach der Handschrift in den J. 1343—1349), bei
Hermann gegenwärtig und unter seinem Einfluss schreibend, und diesen
selbst, wenn von einem eigenen Stil Hermann's die Rede sein soll, mehr
oder weniger dictirend denken. Auch dann aber wäre kein Grund zu
erkennen, warum das Ich Hermann's fast überall in die dritte Person
gestellt ist.

Hermann hat das Buch „gezuget" (zeugen, auf eigene Kosten
herstellen lassen Pfeiff. 1, 472, vgl. das sinnverwandte „frumen"
Wackern. A. L. 263); er hat es schreiben lassen. „Der dies liez
schriben, der hat ez gesehen" so heisst es wiederholt in dem Buche.
Einmal auch in der ersten Person: „da von habe ich viel lazen geschriben in dem buche, daz da heizet die blume der schowunge".

Es ist also die Frage: Hat der Schreiber nicht selbst auch für
Hermann mehr oder weniger gesammelt, eigene Predigten mit aufgenommen, die fremden zum Theil überarbeitet? Wir nehmen, um dies
zu ermitteln, die Predigt über Petri Stuhlfeier (S. 91) zum Ausgangs-
punkte. „Man beget hute sante Peters tac, und man beget alse her zu
Antiochia wart gesetzit etc. Dar umme neme ich ein wort von ime,
daz der wise man sprichit: „sehet einen wisen prister". Hierauf führt
der Verfasser aus, wie der Apostel um vier Stücke willen gross gewesen sei, und geht dann über zu einer auf den Gegenstand des
Festes bezüglichen Rede mit den Worten: „Nu wil ich sprechen von
der Hochzit hute", und erzählt die Legende von dem Stuhl Petri, und
wie dieser Stuhl zu Rom gesetzet und da noch sei, worauf gegen den
Schluss wie aus eigener Anschauung einzelnes am Stuhl beschrieben
und von der Art der Feier zu Rom berichtet wird, und dann schliesst
die Predigt mit den Worten: „der diz liz schriben, der hat in gesehen mit sinen ougen und gemezzen, und ouch dicke dar uf gekusset,
und hat ouch dise prediate gehort predien zu Rome. Daz uns dirre
aplaz aller werde und daz wir zu dem grozen fursten sankte Peter

kumen in daz ewige leben, des helfe uns der vater und der sun und der heilige geist. Amen".

Diese Predigt enthält also als einen ihrer Bestandtheile eine von Hermann in Rom gehörte Predigt. Der, welcher diese eingeschobene Predigt gibt, führt sie ein mit den Worten „nu wil ich sprechen von der hochzit hute"; dieser so in der ersten Person sie einführende hat vorher seine allgemeine Betrachtung über Petrus in derselben Weise eingeführt: „darumme nemme ich ein Wort von ime". Von Hermann aber, der die eingeschobene Predigt in Rom selbst gehört hat, heisst es in der dritten Person: der diz liz schriben, der hat ihn (den Stuhl Petri) gesehen.

Hier unterscheidet sich also der Verfasser des ganzen Stücks durch die erste Person von Hermann, welchem er selbst, der Verfasser, einen Theil des Stücks verdankt.

In der Predigt am Tage Philippi Jakobi wird von den Orten berichtet, wo die Apostel begraben liegen, und da heisst es wieder von Hermann: der diz liz schriben, der ist zu in allen gewest do si ligen. Bitet got vor in. An diesen legendarischen Theil der Predigt, der mit den Worten schliesst: „Diese (die Apostel) gebruchin alle gotis in dem ewigen leben" schliesst sich ziemlich unvermittelt der speculative Theil mit den Worten: „Dar umme sullit ir merken eteliche stucke die got alleine ane gehoren", und dann wieder eben so unvermittelt: Nu will ich vort sprechen von dem lebene Philippi und Jakobi.

Auch hier also eine Unterscheidung zwischen erster und dritter Person, zwischen dem Schreibenden und Hermann.

Bei näherer Betrachtung der ersten Predigt fällt die Verwandtschaft in der Compositionsweise des Stücks mit den Predigten des Giseler von Slatheim auf. Der Verfasser legt zuerst einen Text aus Matthäus 16 aus. Die Textworte, die Satz für Satz vorgenommen werden, sind angezeigt mit *textus*, die kurzen Erläuterungen mit *glosa*. Bei der Glosse eine Zusammenstellung verschiedener Meinungen der Ausleger: die ersten sprechen, die andern, die dritten etc. Dann der rasche Uebergang von dem theologischen in den legendarischen Theil der Predigt — kurz, die Weise der Formen und des Stils erinnern an Giseler von Slatheim.

Suchen wir nun im Heiligenleben die mit dieser Predigt nach Form und Stil verwandten Predigten, und es ist ihrer eine grosse Zahl. so begegnen uns auch hier alle bei Giseler bemerkten Eigenthümlichkeiten wieder.

Ich bezeichne hier zur Vergleichung folgende Predigtnummern in der Pfeiffer'schen Ausgabe: 30. 31. 40. 48. 50. 51. 52. 54. 55. 58.

Giseler's Gewohnheit, Satz für Satz des Textes vorzunehmen, und Text und Erläuterung durch die Worte *textus* und *glossa* zu bezeichnen. Im Heiligenleben: 30. 31. 55.

Die unvermittelten Uebergänge bei Giseler vom Evangelium zur Epistel oder umgekehrt. Gewöhnlich: Nu kere ich mich in das Evangelium. So im Heiligenleben vom legendarischen Theil zum Evangelium oder einem biblischen Texte. Pr. 58: Nu kere ich uffe daz ewangelium hute. Pr. 55: Nu neme wir ein wort uz der biblien.

Die theosophischen Fragen von der Geburt des ewigen Worts in der Seele etc. werden bei Giseler sehr häufig ganz ohne Zusammenhang an das andersartige Thema angehängt. Im Heiligenleben bieten sich überall hiefür Beispiele in Menge.

Bei Giseler werden öfters nur die Fragen gestellt, ohne dass Antwort darauf gegeben würde. Im Heiligenleben findet sich gleiches Pr. 48. S. 150, 16 ff. Pr. 51.

Giseler führt gerne Prediger aus der Gegenwart mit Namen an. Im Heiligenleben 40: diz sprach der nuwe meister Herman von Schilditz. 18: Gerhart von Sterrengazzen.

Giseler zeigt an vielen Orten, dass er manche Länder gesehen, und schildert gerne fremde Bräuche. Dass im Heiligenleben nicht alles, was von fremden Landen aus eigner Anschauung berichtet wird, auf Hermann zurückzuführen sei, geht aus der dritten Christtagspredigt hervor, welche aus der Predigtsammlung Giseler's herübergenommen und dessen eigene Predigt ist. Da wird gemahnt, bei dem Worte: „das Wort ward Fleisch" auf die Kniee zu fallen mit der Bemerkung: „also pfliget man in welscheme lande".

Giseler verweist in seiner Predigtsammlung auf frühere oder spätere Predigten; gleiches findet sich in dem Heiligenleben Pr. 36: Wiltu me hi vone lesen, so suche uf den zwölften tac. Pr. 40: Und wiltu diese legende lesen so suche uffe sancte Silversters tac. Pr. 61: Wiltu me lesen so suche den tac siner geburt in disem buche.

In der Predigtsammlung wie im Heiligenleben hat der Sammler mit den eigenen eine Reihe fremder Predigten gegeben.

Vereinzelt hätten diese Dinge selbstverständlich keine Beweiskraft. In ihrer Vereinigung vermögen sie wohl für die Identität Giseler's mit dem Zusammensteller des Heiligenlebens zu sprechen. Nehmen wir zu diesen mehr äusserlichen und nebensächlichen Merk-

malen noch die gleichartige Tendenz beider Sammelwerke, in ihnen
eine Menge von Fragen der Mystik einzustreuen, die gleiche Richtung
der neueren mystischen Schule, und dazu auch die gleiche Freimuthig-
keit in der Beurtheilung der Dinge, so darf auch von dieser Seite aus
die Identität als gesichert betrachtet werden.

Einzelnes kommt hinzu, die Gewissheit zu bekräftigen. Wir
sahen, Giseler von Slatheim hat seine Postille in Erfurt gemacht. Eine
von Pfeiffer nicht verwerthete Bemerkung führt uns darauf, dass auch
das Heiligenleben in Erfurt entstanden sei. In der Predigt über
Dionysius (Pr. 72) heisst es: die Engel begruben ihn auf einem Berge,
da liegt er, „und diz ist von Paris also verre herwart also von Erfurte
zu Uehtrichshusen (Iehtershausen): daz sint zwo mile, also ich ez gemezzen habe mit minen fuzen." Wie käme der Verfasser zu dieser
Vergleichung mit Erfurt und Iehtershausen, wenn er nicht in Erfurt
seinen Wohnort gehabt hätte?

Dazu stimmt die Zeit. Die Predigtsammlung ist, wie wir sahen,
in der Zeit von 1323— 1337 entstanden, das Heiligenleben zwischen
1343—1349. Und ferner, in das Heiligenleben sind aus der Predigtsammlung Giseler's sämmtliche Predigten, bei denen die Evangelien
mit Heiligentagen zusammenfallen, herübergenommen, wie dies schon
Haupt nachgewiesen hat. Dieser vermuthet in Hermann von Fritslar
einen Sammler, der sein Heiligenleben aus einem grossen Sammelwerke, das Predigten über die Evangelien und Episteln des Kirchenjahrs und zugleich über die Heiligentage enthielt, zum Theil geschöpft
habe. Wir wissen nun, dass das Heiligenleben des Hermann von
Fritslar ein Theil dieses Sammelwerks selbst ist, dass der andere Theil,
der ältere, in der Königsberger Handschrift vorhanden, und dass der
Zusammensteller, Ueberarbeiter, Verfasser dieser beiden Theile Giseler
von Slatheim, Lesemeister der Dominikaner zu Erfurt ist.

Hermann hat Giseler beauftragt, ein Heiligenleben zusammen-
zustellen, das sich an dessen frühere Predigtsammlung anschliesse.
Die Form und Gestalt dieses Buches ist vorherrschend auf Giseler zurückzuführen. Derselbe hat verschiedenes von Hermann's eigenen Erlebnissen mit aufgenommen. Hermann selbst hat in das vollendete
Werk nachträglich noch die eine und andere Bemerkung wie jene über
die Blume der Schauung eingefügt.

Pergamentblätter in Haupt und Hoffmann's altdeutschen
Blättern II, 97 ff.

In Haupt und Hoffmann's altdeutschen Blättern werden mehrere
Bruchstücke mystischen Inhalts mitgetheilt, welche sich auf zwei durch
Abschneiden verkürzten Pergamentblättern erhalten haben, so dass nun
keines dieser Bruchstücke mit dem andern im Zusammenhang steht.
Da jede Seite der zwei Blätter doppelte Columnen hatte, so sind es
8 solcher Bruchstücke. Für das dritte und vierte fand ich in der
Oxforder Sammlung die Predigt, der sie ursprünglich angehören. Es
ist die Predigt: *Illumina oculos meos*. Aus ihr lässt sich ersehen, dass
das, was von den beiden Pergamentblättern weggeschnitten ist, ungefähr eben so viel Zeilen waren, als sich noch erhalten haben, etwa
10—11. Die Predigt *Illumina*, welcher das 3. und 4. Bruchstück angehören, unterscheidet sich von allen Predigten in der Oxforder Sammlung dadurch, dass sie die einzige ist, bei der kein Verfasser angegeben
wird; denn wenn es in der Aufschrift heisst: „Hie leret sente Dyonisius,
daz di sele muz habin drigir leige licht, di da kumin sal zu dem luterin
bekenntnisse godis", so wird sofort aus der ganzen Predigt klar, dass
nur die Unterscheidung eines dreifachen Lichtes auf Dyonisius zurückgeführt sein will und dass wir in allem übrigen die Ausführung eines
Predigers der eckhartischen Schule vor uns haben. Wer ist nun der
Verfasser dieser Predigt? Das erste von den acht Bruchstücken in den
altdeutschen Blättern enthält einen Verfassernamen. In der Mitte desselben heisst es: Bruder Kraft sprach auch — so waren also diese
Pergamentblätter Bestandtheile eines Sammelwerkes ähnlich wie Cod.
bas. BXI, 10 und so viele andere, und im ersten Bruchstücke hätten wir
von zwei Stücken Bruder Kraft's von dem einen den Schluss, von dem andern den Anfang. Die Frage ist, ob dieser Kraft auch der Verfasser der
Predigt *Illumina oculos meos* sei. Die Antwort wird vielleicht gegeben werden können, wenn wir erst ermittelt haben werden, ob das
zweite der Bruchstücke die durch die Scheere gestörte Fortsetzung von
Bruder Kraft's angefangener Belehrung ist. Das Thema, über das
Bruder Kraft sprechen will, ist das Wort des Herrn: Bleibet in mir.
Wenn man bleibet, so hebt er an, so beweget man sich nicht. Bewegung ist, so erörtert er, an den Kräften und an den Gedanken „vnd
als man vn — hier tritt nun die Lücke ein. Welchen Weg hat Kraft
mit den hier ausgesprochenen Gedanken betreten? Einen Weg, auf
welchem sich die eckhartische Mystik sehr häufig finden lässet.

So sagt Eckhart (509): Nun sollen wir unbeweglicher werden denn Nicht. Wie? das merke. Wenn Gott die Seele in ihrer selbst Freiheit hat gesetzt also, dass er über ihren freien Willen ihr nimmer etwas thun will und von ihr nicht gemuthen das sie nicht will, darum was die Seele erwählt in diesem Leibe mit ihrem freien Willen, darauf mag sie wohl bestehen. Will sie denn dazu kommen, dass sie nichts bedürfe und dass sie unbeweglicher werde denn nicht, so soll sie alle ihre Kräfte sammeln in ihren freien Willen, also dass sie ungehindert bleibe von ihr selber und von allen Dingen und soll sich vereinen in dem unbeweglichen Gotte. Die Forderung also der Unbeweglichkeit der Seele, welche am Schluss des ersten Bruchstücks gestellt ist, sehen wir bei Eckhart mit dem freien Willen in Verbindung gebracht. Nun bewegt sich unser zweites Bruchstück gleich im Anfang um den gleichen Gedanken, so dass kein Zweifel sein kann, dass es zu der im ersten Bruchstück angefangenen Unterweisung des Bruder Kraft gehört. Denn also beginnt es: „is su (die Seele?) wre an vnderlaz in di blozen goteheit, des in is nicht, wen su hat zu wirkene, des in hat der wille nicht, der in hat nicht zu wirkene, dan he gebutet und verbutet". Der Gedanke ist: die Seele hat zu wirken, wird abgezogen nach aussen, sonst wäre sie ohne Unterlass in die blosse Gottheit gerichtet: aber der Wille kann ohne Unterlass dahin gerichtet bleiben. Dann heisst es weiter: „Swanne die verstentnisse verstet war vnd das durchgeht, da vone inphet iz lust vnd in der lust so wirt iz ir eigin, wan iz der wille wil".

Wir können somit das zweite Bruchstück als für Bruder Kraft gesichert betrachten. Ist aber dies der Fall, dann werden wir auch die Predigt *Illumina oculos meos*, aus der das 3. und 4. Bruchstück stammen, als dem Bruder Kraft angehörig betrachten dürfen. Denn es führt uns auf den gleichen Verfasser nicht bloss der Umstand, dass diese Predigt in der Handschrift ursprünglich auf die beiden vorausgehenden Stücke Kraft's folgte, sondern auch die Gleichartigkeit in der Sprache und der verwandte Inhalt einiger Sätze.

Das erste Bruchstück geht von dem Gedanken aus, dass die Seele aus der Zertheilung und Vereinzelung in das Wesen zurückgehen müsse, „alle tugende durch ge und vberge; wan swer sal si ein war gizug gotis, der sal eine glicheit gotis trage". Gott hat nicht Willen, noch Minne, noch Verständniss sein selbst — was Gott hat, das ist er selbst.

Im wesentlichen dieselbe Anschauung liegt einem Theile der Predigt zu Grunde: „alliz daz gudis ist geteilit in alle dinc, daz ist zu mole

beslozzin in der sache aller dinge". Die Creaturen sind durch diese Ge-
theiltheit gebrechlich. Und „also vil alse die sele sines (Gottes) glich-
nissis hait (ausgeht von den Creaturen), also vil ist si unbegreiflich
(ungebrechlich?)".

Das zweite Bruchstück sagt: „Swanne die verstentnisse verstet
war (die Wahrheit) vnd daz durchget, davon inphet iz lust", und
in der Predigt *Illumina* heisst es: „wan di sele von naturlicheme
bekentnisse ist cumen uf die sache allir dinge, und daz allez, daz
gudis ist, ist beslozzen in der sache allir dinge, fon deme naturlichime bekentnisse intspringit ein naturlich minne".

Berliner Handschrift *Cgm. Nr. 191.*

Pfeiffer bringt aus der obengenannten Handschrift im 3. Bande
der Germania unter dem Titel „Sprüche deutscher Mystiker" eine
grössere Anzahl von Sprüchen, die aber nur dem kleineren Theile nach
diese Aufschrift verdienen. Der Zusammensteller hat am Rheine gesammelt. Die meisten Namen weisen dahin. Von Baseler Predigern
ist ein Herr Heinrich von Augsburg, [1] Leutpriester zu St. Peter in
Basel, angeführt, und ein Barfüsser. In das Rheinland weisen die den
Vornamen beigegebenen Heimathorte Gengenbach, Neuenburg, Durlach.
Der Predigerbruder Düring könnte der von dem Chronisten Meyer an-
geführte Prior Türing von Kamstein sein, unter welchem 1302 ein
Provinzialcapitel zu Basel gehalten wurde. Der Prediger Lesemeister
Sterngassen predigt nach dem Zusammensteller zu St. Nikolaus in den
Unden in Strassburg. Nach Strassburg ist möglicherweise auch Bruder
Thomas, Lesemeister zu den Augustinern, zu setzen. Ein Augustiner, Tho-
mas, Magister der Theologie, wird unter denen genannt, die mit Tauler zu
Strassburg wirkten (s. Schmidt-Tauler 51). Unter „dem Lesemeister
zu Cöln" ist, wie ich nachgewiesen habe (Kritische Studien a. a. O.
S. 515 ff.), Eckhart zu verstehen. Nach Cöln weist ferner „der von
Tennestetten, Prediger und hoher Lesemeister zu Cöln". „Bruder
Heinrich von Cöln" ist, wie das mitgetheilte Stück ergibt, Heinrich von
Löwen. Der Zusammensteller besitzt wenig Verständniss. Er findet es
für werth, von dem „von Franken" (Franke von Cöln?) hervorzuheben,

---

1) Heinrich von Nördlingen steht während seines Aufenthalts in Basel
mit einem „Herrn Heinrich" in naher Freundschaft und schreibt häufig
Grüsse von ihm nach Medingen. Vgl. Br 45, Heum. Doc. 9 Doc. 12 Heum.
53 Heum. Doch könnte dieser Heinrich auch der im 30. Br. genannte
„herr Heinrich von Rinvelden" sein. S. m. Vorarb. a. a. O. S. 101 ff.

dass er zu dem Spruch Jakobi: Seid aber Thäter des Worts und nicht
Hörer allein, damit ihr euch selbst betrüget. Denn wer da ist ein Hörer
und nicht auch ein Thäter, der ist gleich einem Manne, der sein leiblich Angesicht im Spiegel beschauet. Denn nachdem er es beschauet
hat, gehet er von Stund an davon und vergisset wie er gestaltet war
bemerkt habe: „Also geschieht auch dem, der die Predigt höret und
nicht darnach wirket." Nicht viel mehr Werth hat eine Reihe von anderen Sprüchen.

2. Die Schule Eckhart's.

Gross war der Einfluss, welchen Eckhart während seines Lebens
übte; sein Ansehen wuchs noch, als er gestorben war und der Papst
seine Lehre verurtheilt hatte. Seine Predigten und Tractate wurden
trotz des Verbotes weiter verbreitet. „Das ist die Glosse über etliche
Evangelien und auch andere gute Lehre und hat gemacht Meister Eckhart; und sind etliche Predigten (auch) nicht bewährt von der heiligen
Christenheit, doch so halten sie etliche Lehre" (so sind sie doch be-
lehrend), so leitete eine Strassburger Handschrift[1] eine ziemlich grosse
Reihe eckhartischer Stücke ein. Einen wie grossen Einfluss man Eckhart zuschrieb, das zeigen die ausserordentlichen Mittel, welche der
Erzbischof von Cöln und der Papst für nöthig hielten, um diesem Einfluss Schranken zu setzen. Auf ihn als auf einen hohen Meister beruft
sich der ketzerische Begarde bei Suso; den „weisen Meister Eckhart"
erhebt mit Dietrich über alle das Lied der Nonne (s. u. unter den Gedichten); als einen Meister, der „die Wahrheit alle Fahrt lehrte",
„dem Gott nie nichts verbarg", oder auch geradezu als „den Meister"
verehrt ihn der Schüler, der seine Predigten nachschreibt nad sammelt:
von ihm als dem „heiligen", „dem seligen", „dem göttlichen Meister"
sprechen Suso, der junge Eckhart und andere Schüler:[2] in einer Zahl,
wie es nicht entfernt bei einem Meister dieser und der folgenden Zeit
der Fall ist, finden sich in den Handschriften zerstreut Sprüche und

1) F, 145. f. 193.
2) Baseler Handschr. B. IX, 15 *passim.*

Gleichnisse, die mit seinem Namen verknüpft sind: ein Zeugniss, dass
ihn sein Jahrhundert als eine Hauptquelle lehrhafter Weisheit betrachtete. Erfurt, Strassburg und Cöln, wo der grosse Lehrer vornehmlich gewirkt hatte, bilden noch längere Zeit nach seinem Tode die
Brennpunkte für die mystische Lehre in seinem Geiste. In Erfurt vertreten seine Richtung in hervorragender Weise bis in die vierziger
Jahre Giseler von Slatheim, Helwig von Germar; in Strassburg Johann
von Sterngassen und Tauler; in Cöln der jüngere Eckhart, Florentius
von Utrecht und ebenso eine Zeit lang Giseler und später Tauler, der
erstere als Lesemeister, der letztere als einflussreicher Prediger.

Es wirkte manches dazu mit, dass Eckart's Lehren in Deutschland rasche Verbreitung fanden. Cöln, die „heilige" um ihrer Reliquien
willen von ferne her aufgesuchte Stadt, die Metropole einer der wichtigsten Kirchenprovinzen, die Stadt, wo die einflussreichsten Orden der
Zeit ihre angesehensten Lehrstühle hatten, bildete im 14. Jahrhundert
einen Hauptherd des religiösen Lebens. „Nun nehmen wir hervor die
Stadt Cöln", heisst es in einer dem Tauler zugeschriebenen Predigt
um 1360, „ich weiss nicht in der ganzen Welt, von einem Ende bis
an das andere, wo das Wort Gottes so reichlich, lauter und blösslich
ausgegossen und entdeckt worden ist diese nächsten sechzig Jahre her
und noch heutiges Tages, wie hier zu Cöln, durch viele erleuchtete
Lehrer und Gottesfreunde, die Gott dahin verordnet hat. Wo sah man
je desgleichen?" Hier in Cöln fand vor allem die deutsche Theologie
ihre Pflege. Es war unter andern die Stadt, wo die Lectoren oder
Lesemeister der Dominikaner in Deutschland ihre letzte Ausbildung
erhielten, wenn sie nicht, was nur bei dem kleineren Theile der Fall
war, noch nach Paris geschickt wurden. Da in der Regel nach wenig
Jahren die älteren Lehrer ihren Lehrstuhl wieder zu verlassen hatten,
um jüngeren Kräften Platz zu machen, sie selbst aber meist dann an
solchen Schulen weiter wirkten, welche der Cölner zunächst standen,
so war den Vertretern der eckhartischen Mystik ein weites und frucht-
bares Feld eröffnet. Auch sonst bot sich, abgesehen von dem geschriebenen Wort, noch mancher Weg für die Verbreitung der Lehre
des Meisters, da im Orden für einen regen Hin- und Wiederfluss der
Kräfte und wechselseitige Einwirkung trefflich gesorgt war. Die jähr-
lichen Provinzialcapitel in den Provinzen Deutschland und Sachsen
führten nicht nur die Prioren, sondern auch die bedeutenderen Prediger
und Lesemeister der höheren Schulen an den Ort der Zusammenkunft,
der jährlich wechselte. Diese erhielten hier Gelegenheit, ihre red-

nerische Kraft oder ihre wissenschaftliche Schärfe vor den zur Berathung der Ordenssachen Versammelten an den Tag zu legen. Predigten, die etwa über das gleiche Thema gingen, Disputationen über Fragen, die an der Zeit waren, weckten das Interesse, regten Neues bringend die Geister an.

Es waren selbstverständlich die Brüder des Dominikanerordens, unter denen Eckhart seine meisten Schüler hatte. Aber auch unter Theologen ausserhalb seines Ordens machte sich bald der Einfluss seiner Lehre bemerklich. Es mag fraglich bleiben, ob jene acht Zeugen aus den Augustinern, Karmelitern und Franziskanern, welche Eckhart's Protest gegen die Inquisition Heinrich's von Virneburg unterstützten, hiebei mehr die eckhartische Lehre oder die Freiheit des Ordensklerus im Auge hatten: dagegen lassen die noch vorhandenen Tractate oder Predigten der angesehenen Augustiner Heinrich's von Frimar und Hermann's von Schilditz, des Karmeliten Hane und anderer den Einfluss Eckhart's deutlich genug erkennen.

Dehnen wir den Begriff der Schule auch auf solche aus, welche nicht berufsmässig durch Lehre und Predigt wirkten, aber unmittelbar oder mittelbar in Anschauung und Leben durch die neuere Mystik bestimmt erscheinen, dann wären hier auch Laien wie Hermann von Fritslar und Ruhman Merswin, oder Frauen wie Anna von Ramswag, Elisabeth Stagel, Elisabeth von Eyke und andere zu nennen. Von Elisabeth Stagel wissen wir durch Suso, dass sie mit den höchsten Fragen der eckhartischen Mystik sich eingehend beschäftigte, noch ehe sie mit Suso bekannt wurde.

Unter den Schülern, welche Eckhart's Lehre vertraten, ist keiner, der an speculativer Begabung an den Lehrer hinanreichte. Am nächsten in dieser Beziehung steht ihm noch Johann von Sterngassen. Nur wenige überhaupt folgen Eckhart in die letzten und höchsten Fragen, und die, welche es thun, gehen auf dieselben nirgends in so umfassender Weise wie der Meister ein. Dann theilen sich die Anhänger der neueren Mystik insoferne, als es die einen in der für die Schule charakteristischen Lehre vom Seelengrunde oder vom Bilde mit Eckhart's Auffassung in dessen mittlerer Zeit oder mit jener Dietrich's halten, wie z. B. der junge Eckhart, während die andern, wie Suso, Tauler, der Verfasser des Tractats von der Minne Eckhart's letzten Standpunkt vertreten. Auch in der schon älteren Frage, ob Erkenntniss oder Minne mehr zur wesentlichen Vereinigung mit Gott helfe, gehen die Ansichten auseinander, und der Streit hierüber wird

unter Nachwirkungen thomistischer und scotistischer Gegensätze mehr
und mehr zur Parteifrage zwischen den Dominikanern und Franziskanern.

Beachtenswerth ist auch der Unterschied unter den Vertretern
der Mystik in der Art, wie die mystische Lehre behandelt wird. Bei
den Oberdeutschen wiegt die practische, bei den Niederdeutschen die
theoretische Richtung vor. Dort trägt die Predigt mehr den Charakter
der wirklichen Rede; sie ist individueller, lebendiger, mehr auf Gemüth
und Willen eindringend, und dabei in der Sprache meist durchgebildeter.
Hier ist die Predigt vorherrschend dogmatische Abhandlung, die
Sprache trockener, ungelenker, schulmässiger. Dort zeigt sich das
lebhaftere Naturell, die reichere Empfindung des Südens, hier die
ruhigere, verstandesmässige Natur des Nordens.

Bei dem in der deutschen Volksnatur wurzelnden Triebe nach
geistiger Selbständigkeit konnte die politische und kirchliche Lage in
der ersten Hälfte des 14. Jahrhunderts, der Kampf Kaiser Ludwig's
mit den Päpsten, die Anfechtung der kirchlichen Autorität durch die
strengere Partei der Minoriten, die ungeistliche Vertretung vieler
Kirchenämter einer freieren Bewegung in religiösen und theologischen
Fragen nur förderlich sein. Bei den Anhängern der Mystik kam ohnedies die durch diese Richtung selbst genährte grössere Selbständigkeit
im Urtheil und Leben hinzu.

Wir erinnern uns, mit welcher Energie Eckhart und Nikolaus von
Strassburg dem Inquisitionsverfahren Trotz boten. Suso wird wenige
Jahre nachher, weil er die Lehre seines Meisters vertritt, wegen
Ketzerei vor das Gericht eines Provinzialcapitels in den Niederlanden
gezogen; er demüthigt sich unter die strafende Hand seiner Obern,
aber von seinem literarischen Freimuth ist ihm nichts genommen. Dies
zeigt einestheils seine lateinische Ausgabe des Buchs der ewigen Weisheit kurze Zeit nach den Capiteln zu Herzogenbusch und Brügge, und
noch in seinen letzten Jahren die Herausgabe seiner Vita, in welcher
dieselbe Lehre, welche einst in seinem Buch der Wahrheit als
ketzerisch beschuldigt wurde, von neuem vorgetragen wird. Ein Theil
der Gottesfreunde geniesst das Abendmahl aus der Hand profanirender
Priester, das ist solcher, die sich über das Interdict des Papstes hin-
wegsetzen. Giseler erklärt sich in seiner grossen Predigtsammlung
über den päpstlichen Bann in einer Weise, dass die Furcht vor demselben verscheucht werden konnte. Frei bekennt er sich ferner in der
Frage von der apostolischen Armuth zu der Lehre der schismatischen

Minoriten, und beschuldigt damit, dass er sagt, dass er hierin nicht
gerne reden wolle wider den Papst, diesen falschen Lehrer. Wir werden
sehen, wie Tauler und die ihm geistesverwandte Margarethe Ebner auf
der Seite des gebannten Kaisers stehen. Mit reformatorischem Ernst
strafen Suso, Tauler, Giseler den Verfall des Klerus und bekennen sich
mit Entschiedenheit zu den Gottesfreunden, auf denen der Verdacht
und die Missgunst der Kirche ruhte. Es ist kein revolutionäres, wohl
aber ein kräftiges reformatorisches Element in der neueren Mystik, da
zugleich die bei Eckhart verurtheilten Sätze mit oder ohne Polemik
in der Hauptsache aufrecht erhält.

Man könnte bei einigen der folgenden Mystiker fragen, warum
wir sie der neueren Schule zurechnen, da doch der Inhalt ihrer Stücke
nichts in sich begreift, was nicht auch dem Gedankenkreis der älteren
Mystik angehören könnte. Aber hier bilden die Redeformen, die ganze
Sprachweise ein Kriterium. Durch Eckhart und Dietrich war die Lehre
vom Wesen der Seele, vom Seelengrunde, wie wir in der Einleitung bemerkt haben, in den Vordergrund getreten. Die Wege, welche ihre
Mystik vorschrieb, führten von den Sinnen ab nicht aufwärts, sondern
einwärts, in den inneren verborgenen Grund, in das Nicht, das im Innersten der Seele leuchtet. Die Frage, wie der Mensch diesem Nicht
gleichförmig werde, wie das natürliche Wesen des Menschen durchbrochen werden könne, um in diesen inneren Grund sich zu versenken,
beschäftigt von ihm an die Mystik in vorwiegender Weise. Da erscheinen denn nun gar bald die Ausdrücke, welche sich auf das Aufgeben, Vernichten des natürlichen Wesens beziehen, nicht mehr wie
die selbsterzeugte Sprachform des Schreibenden oder Redenden, sondern als ein dem feststehenden Sprachschatz der Schule entnommenes
Gut, das in gleicher Weise der Hauptsache nach bei den Meisten
wiederkehrt und sich da, wo wir, wie bei Suso oder Tauler, ein reicheres
Material für die Beurtheilung vor uns haben, als zugehörig zu den
Gedanken der eckhartischen Schule erweist. Da werden wir denn
auch z. B. bei Johann von Weissenburg und Heinrich von Löwen, in
deren kurzen Stücken die charakteristischen Ideen der eckhartischen
Schule nicht hervortreten, immerhin aus der Sprache schliessen dürfen,
dass sie der neueren Mystik angehören.

Wenn wir jetzt eine Reihe von Repräsentanten der neueren
Schule vorführen, so wird unsere Aufgabe eine doppelte sein müssen;
erstlich gilt es die einzelnen für sich zu betrachten, das wenige, was
wir von ihrem Leben und ihren Schriften wissen, und den Inhalt dieser

Schritten in Kurze mitzutheilen, um die Fragen kennen zu lernen, welche den einen vor dem andern vorzugsweise beschäftigen; dann aber wird es nothig sein, das Verhältniss der Schüler Eckhart's zu den hauptsächlichsten Fragen der Theosophie und Mystik, wie sie durch den Meister angeregt worden waren, zu prüfen und zu sehen, welche Erläuterungen dieselben durch sie erfahren. Unter den Schülern Eckhart's in Süddeutschland sind vor allem Suso und Tauler von der grössten Bedeutung. Aber um eben dieser Bedeutung willen werden wir ihnen besondere Theile unseres Buches zu widmen haben und ihr Leben so wie ihre Schriften in dieser Abtheilung unerörtert lassen. Nur in dem Abschnitt, in welchem wir die wichtigeren Sätze der eckhartischen Schule zusammenstellen und erörtern wollen, können sie nicht umgangen werden.

3. Oberdeutschland.

1. Johann von Sterngassen.

Durch Pfeiffer und W. Wackernagel sind vornehmlich aus Handschriften von Basel (B. XI, 10 und B. IX, 15) und Einsiedeln (N. 278) mehrere Predigten und kleinere Stücke veröffentlicht worden, welche in den Handschriften einem „von Sterngassen" zugeschrieben sind. Nur zweimal steht „Johann von Sterngassen". Alle diese Stücke erweisen sich bis auf eines, das, wie ich nachgewiesen, dem Meister Eckhart zuzuschreiben ist, nach Stil und Inhalt als demselben Verfasser angehörig.

In der Predigt *Formans me* [1] wird das vorzeitliche, zeitliche und nachzeitliche Sein der Seele besprochen. Im vorzeitlichen Sein sind wir Formen im göttlichen Wesen, im zeitlichen soll Gott die Form unseres Wesens werden, im nachzeitlichen wird wohl eine wesentliche Vereinigung mit Gott, aber „an der Schauung, nicht an der Wesung" sein. Die Bedingung hiefür ist das sich entschlagen von allen creatürlichen Bildern; denn so wenig als Gott und der Teufel sich vereinen, so unmöglich ist es, dass Gott mit der Seele sich vereine, die mit natürlichen Bildern behaftet ist. Dass wir uns von diesen Bildern nicht

---

1) Wackernagel, Altdeutsche Predigten etc. Bas. 1876. S. 163 ff.

lauter und abgeschieden halten, das ist der Grund, warum wir des ohne
Unterlass in uns sprechenden Wortes der Gottheit nicht gewahr wer
den. Denn so hoch ist der Adel der Seele, dass in etlichen Punkten
der Unterschied zwischen ihr und Gott kaum zu finden ist. Der Grund,
warum sie dennoch ein so kräftig Wort nicht zu sprechen vermag wie
der himmlische Vater, scheint darin zu liegen, dass sie nicht gleich
dem ewigen Sohne in ihrem Wesen im Vater geblieben ist.[1]

Die Predigt *In omnibus requiem quaesivi*,[2] welche in *E* 278
mit „Johann von Sterngassen" überschrieben ist, geht von dem Gedanken aus, dass die Seele nur Ruhe finde in dem Nicht der Gottheit.
Im Verlaufe der Predigt finden sich die Begründungen. Die Seele ist
„gottformig" (nicht Gott formlich, wie der Text bei Wackernagel hat),
d. h. sie ist Gottes Bild. „Wie ein jeglich Ding ist an seinem Wesen,
darnach wirket es. Meine Seele ist gottformig an ihrem Wesen, davon
ist sie allvermögend. Alles das Gott wirken mag, das mag sie leiden".
Sodann begründet er seinen Satz mit dem Ursprung der Seele aus Gott:
„Ein jeglich Ding ruhet in der Statt, aus der es geboren ist. Die
Statt, aus der ich geboren bin, das ist die Gottheit. — Wirf den Vogel
in das Wasser, er ertrinket; wirf den Fisch in die Luft, er verdirbt.
Der Fisch ist in dem Wasser geboren, Wasser ist seine Natur. Bist
du aus Gott geboren, willst du leben ausser Gott, wahrlich du stirbst.
— Es ruhen verständige Creaturen nirgends denn an ihrem Wirken.
Was ist das Ziel meines Wirkens? das in Gott ist ein Wirken, das soll
in mir sein ein Leiden; das an Gott ist ein Sprechen, das soll in mir
sein ein Hören, das an Gott ist ein Bilden, das soll in mir sein ein
Schauen".

Die Predigt *Maria Magdalena etc.*[3] (Maria von Bethanien, die
Schwester der Martha, ist gemeint) erweist sich schon durch die Gleichartigkeit ihres Anfangs und Schlusses mit den letzten Sätzen der
vorigen Predigt als demselben Verfasser angehörig. Christi Wort
„Eins ist noth" wird dahin erklärt: „das ist schauen, niessen und leiden
Gott. — Aller Creaturen Wesen liegt an ihrem Wirken. Unser Wirken
ist das ewige Wort hören". Und der Schluss: „Gott du sollst sprechen,

---

1) Das ist auch Eckhart's Meinung. Pf. 394, 21 ff.: diu sele ist also
von im uz geflozzen, daz si an dem wesen niht ist enbliben, sundern sie
hat ein frömdez wesen enpfangen, daz sinen ursprunc von dem götlichen
wesen genomen hat. Dar umbe mac si gote niht glich würken.

2) Wackernagel. A. Pr. S. 166 ff.

3) Pfeiffer in Haupt. Zeitschr. f. d. A. VIII, 251 ff.

ich soll hören, du sollst wirken, ich soll leiden; du sollst bilden in dem ewigen Worte und ich soll schauen". Die Predigt bewegt sich in der Darlegung dieses Unterschiedes. Gottes Wesen ist sein Wirken, sein Wirken sein Sprechen; unser Wesen und Wirken ist das ewige Wort hören. Bedingung hiefür ist: Soll ich das ewige Wort hören, so müssen alle Dinge in mir schweigen, so muss ich schweigen, so muss das ewige Wort in ihm selber schweigen (d. h. mit der Dreiheit der Personen muss ich in das Wesen der Gottheit, in das Nicht mich versenken).

Mit der Predigt *Formans me* berührt sich die Predigt über die Frage: wer Gott sei?[1] Alle Creaturen fragen mich: wer Gott sei? da ging ich in mich selber und fand, dass alle Creatur eine zergängliche Eitelkeit an sich selber ist und dass alle Creatur eine unbresthafte Wonne in der Gottheit ist, und befand, dass das Licht des göttlichen Antlitzes in mir geformet war (s. o. das vorzeitliche und zeitliche Wesen der Seele). Da kam in mich ein mich in dir vergessen und meine Vernunft ward in dich gegeistet — da kam in mich ein Schauen deiner Ewigkeit und ein Befinden deiner Seligkeit und ich fand mich allein an dir verstarret. Ich fand mich mit dir das Wesen wesend und das Wort sprechend und den Geist geistend; und der Vater war in meiner Seele allmächtig und der Sohn allwissend und der heilige Geist allminnend.

Der Spruch Sterngassen's von den 21 Stücken, die Maria an sich hatte, als der Engel zu ihr kam,[2] beschreibt ihren Zustand, wie ihn die vorige Predigt von dem in die Gottheit Versenkten schildert. Dort heisst es: „Mein Geist ward entmittelt, und meine Vernunft ward in dich gegeistet — und fand mich allein an dir verstarret", und hier: „Sie war allen Creaturen entminnet und war alleine Gott geminnet. Sie war allen Creaturen gefreiet, und war allein an Gott verstarret. Ihr Geist war mit dem Geiste Gottes vergeistet".

Mit dem ebenangeführten Stücke der Form nach verwandt ist das gleichfalls mit Johann von Sterngassen bezeichnete Stück in *B* IX, 15 (bei Wackernagel, Altd. Lesebuch): „Wer will, dass ihm zuweilen sei, als unserem Herrgott allewege ist, der soll haben diese 7 Stücke an ihm etc. Es zeigt sich hier gleichfalls jener Parallelismus in den Sätzen, wie wir ihn in den übrigen bloss mit „Sterngassen" bezeichneten Predigten finden. Derselbe tritt in den drei ersten der 7 Stücke

1) Haupt VIII, 255 ff.
2) Haupt VIII, 257.

auf's deutlichste hervor: das eine ist, dass er mit Gott nicht minne;
das andere, dass er aus (ausser) Gott nicht suche; das dritte, dass er
an (ohne) Gott nicht meine. Hier ist zugleich das Spiel, das mit dem
Worte „nicht" getrieben wird, und das, so ferne es als „Nicht" das
Wesen der Gottheit bezeichnet, der Gegenstand alles Meinens, Min-
nens und Suchens sein soll — zu vergleichen mit dem Eingang der
Predigt: *In omnibus requiem quaesivi*. „Ich habe an allen Dingen
Ruhe gesucht und habe an Nichte Ruhe gefunden. Nun spricht sie:
ich habe an nichte Ruhe gefunden denn an Nichte. Das Nichte, an dem
die Seele Ruhe findet, das ist blosse Gottheit".

Die Sprüche von ihm, welche nach einer Berliner Handschrift
Pfeiffer in der Germania hat abdrucken lassen, sind da gleichfalls nur
einem Sterngassen ohne Vornamen zugeschrieben. Aber dass sie dem
Johann angehören, zeigt sich bei einigen derselben unverkennbar. So
heisst es da: „Er sprach auch: Ein jeglicher Geist ist gestellt in drei
Wege also: zum ersten Male: keine Statt mag ihn beschliessen. Zum
andern Male: keine Zeit mag ihn gemessen. Zum dritten Male: keine
Creatur mag ihn bezwingen". Wie hier der Parallelismus, so führt bei
andern die Leichtigkeit, das launige Spielen mit der Rede auf Johann.
„Er sprach auch: Wer ein guter Mensch ist oder will sein oder will
anfangen zu sein ein guter Mensch, der muss dieser dreier Dinge eines
haben oder zwei oder alle drei.[1] Es sind Dicta aus Predigten Sterngassen's, die der Zusammensteller aufgeschrieben hat. Da derselbe nur
wenig Urtheil hatte, so ist ein guter Theil des Aufgezeichneten neben-
sächlich und untergeordnet.

Johann von Sterngassen muss ein Redner von hinnehmender Gewalt gewesen sein. Schon die Form seiner Rede, die in ihrer Eigenthümlichkeit sich in allen angeführten Stücken gleichmässig geltend
macht, hat etwas sehr anmuthendes. Ein angenehmer Rythmus waltet
in ihr; er reiht gerne Sätze in ganz parallelen Formen aneinander und
liebt es die Schlussworte auch im Klange gleich zu stimmen; oder er
lässt diesen Parallelismus in knappen, glücklichen Antithesen walten.
Im Beginn der Predigt *Formans me* sagt er: „Er hat uns geformet

---

1) Mit der Einleitung dieses unter Nr. 5 in der Germ. angeführten
Spruches vergleicht sich unter Nr. 15: „Hat der Mensch diese Ding nicht
alle zwölfe, so habe er ihr aber sechse. Hat er sechs nicht, so habe er
ihrer drei. Hat er drei nicht, so habe er ihrer zwei. Hat er die nicht,
so habe er eines. Hat er das nicht, so habe er doch einen Freund, der ihrer
eines habe, in des Gebet er sich befehle".

an ihm und mit ihm. Er hat uns geformet an ihm. Wie er uns geformet hat, das sollt ihr merken. Wir sind ein Licht in seiner Lauterkeit und ein Wort in seiner Verständigkeit und ein Leben in seiner
Innigkeit. Also hat er uns geformet an ihm vor der Zeit. Zu dem anderen Male, was wir nun sind in der Zeit: in uns ist eine Lauterkeit,
in die ohne Unterlass leuchtend ist das Licht der Gottheit; in uns ist
eine Verständigkeit, in die ohne Unterlass sprechend ist das Wort der
Dreifaltigkeit; und in uns ist eine Innigkeit, in die ohne Unterlass
wirkend ist das Leben der Ewigkeit."

Viele Sätze zeigen die kurze, geschlossene, prägnante Form der
Sentenz und tragen so die Sicherheit des Sprechenden auf die Zuhörer
über. „Nichts mag mich satt machen, sagt er in der Predigt *In omnibus requiem quaesivi*, als was mich voll mag machen. Dem gotthungrigen Menschen schmecket nichts als blosse Gottheit. Wäre ich
Gottes voll, nichts achtet ich aller der Welt. Wer dieser Welt achtet,
das ist ein Zeichen, dass er sich selbst hat verachtet. Wer sein selbst
achtet, der hat aller Dinge verachtet. Der ruhet, der aller Bewegung
ist beraubet. Wäre eine Creatur zumal unbeweglich, die wäre Gott.
Gott ist darum Gott, dass er unbeweglich ist. Ist eine Creatur deine
Ruhe, die ist dein Gott."

In dem einen und andern Stücke merkt man, dass hier nur Auszüge gegeben sind, die wichtigsten Gedanken stehen gedrängt beisammen. Aber auch so zeigt sich die Lebendigkeit und Frische des
Redners, und in der Aufeinanderfolge der Sätze der logische Gang und
die schliessende Kraft, die in seiner Rede gewaltet hat. Er ist ein klarer
Denker, der mit Sicherheit die Hörer zu dem Ziele führt, wo er sie
haben will. Der Ernst, die Kraft und die Lebhaftigkeit, mit der er
sich selbst dabei unmittelbar einsetzt, unterstützen ihn hierin. „Wie
kommt es aber, so fragt er seine Zuhörer, dass ich von Gott mehr weiss
denn ihr? Es ist nicht das schuld, dass ich der Bücher mehr kenne; der
Künste Hilfe ist gar klein. Es ist das schuld, dass ihr euch nicht so
fleissig aller Dinge ledig, bloss und abgeschieden habt als ich es habe.
Hättet ihr euch aller Dinge so unwissend und abgängig gehalten als
ich habe, ihr wüsstet so viel als ich und leicht mehr." Er lässt die Zuhörer theilnehmen an dem was ihm augenblicklich, besonders in seinen
Studien beschäftigt: „Seht, wolltet ihr mir um Gott helfen werben,
dass er mich in einer Sache behüte, in der ich viel gearbeitet habe.
Und wisset, dass ich meine Sinne viel damit beschäftigt habe und noch
so sehr damit bekümmert bin, dass ich es niemand sagen darf. Und

ich dürfte es auch euch nicht wohl sagen; doch zwinget mich die Minne gegen euch und der Gedanke, dass ich euerer (eueres Gebets) geniessen möchte." Und nun bringt er die Frage, die ihn beschäftigt. Es ist die bereits erwähnte, wie es komme, dass die Seele bei ihrer so grossen Gleichartigkeit mit Gott ein so kräftig Wort nicht sprechen möge wie der himmlische Vater.

Durch dieses Hervortreten der eigenen Persönlichkeit, durch die Art, wie er die Zuhörer zu Theilnehmern seiner eigenen Arbeit zu machen sucht, durch die Lebhaftigkeit, mit der er fragt, erinnert er nicht minder an Eckhart, wie durch den Inhalt seiner Lehre. Aber er ist nichts weniger als ein blosser Nachahmer. Wir fühlen überall die Selbständigkeit seiner Natur hindurch. Seine Lehren sind die Eckhart's in dessen Strassburger Zeit. An Vielseitigkeit der Speculation und Tiefe steht er hinter dem Meister zurück; auch führt ihn die Leichtigkeit, mit der er die Sprache handhabt, hie und da vielleicht in's Spielende. Bei Sterngassen ist überhaupt auf die Form der Rede, auf Ordnung und Gliederung mehr Bedacht genommen. Er steht eben nicht mehr im Drange des Schaffens, sondern verwendet Resultate, welche zumeist schon durch den Meister errungen sind.

Da bei der Gleichartigkeit der besprochenen Stücke kein Zweifel über die Identität des Verfassers sein kann, und bei zweien der volle Name Johann von Sterngassen genannt ist, so können wir nun mit Sicherheit, was in verschiedenen Aufzeichnungen von Schriftstellern des Dominikanerordens über ihren Ordensbruder Johann von Sterngassen bemerkt ist, auf unseren Verfasser übertragen.

Ueber die Heimath Johann's berichtet keiner von ihnen. Hermann von Fritslar bringt in seinem Heiligenleben die Predigt eines Gerhard von Sterngassen, [1] die dieser auf dem Predigerhofe zu Cöln gehalten hatte. Es gab in Cöln eine Sterngasse. Rieger vermuthet deshalb in Cöln die Heimath seines Geschlechts. Verstärkt wird diese Vermuthung dadurch, dass ein dritter Sterngassen, Hermann, sich unter den Cölner Dominikanern findet, welche im eckhartischen

1) Diese Predigt ist ohne Bedeutung, eine Heiligenlegende, ohne einen Zug, der auf eine mystische Richtung des Verf. schliessen liesse. Daher ist hier keinesfalls eine Verwechslung mit dem Namen Johann's. Vielleicht ist dieser Gerhard derselbe Gerhard von Sterngassen, der (nach einer gütigen Mittheilung des Hrn. Prof. Dr. Karl Schmidt in Strassburg) in einer Urkunde vom J. 1316 als Prior der Dominikaner in Strassburg vorkommt.

Process 1327 den Protest des Nikolaus von Strassburg unterzeichnet
haben.

Steill lasst ihn aus adeligem Geschlechte stammen, und Johann
Meyer von Basel nennt ihn zu den Jahren 1318—23 und bezeichnet
ihn als vortreflichen Prediger des Wortes Gottes.   Das Lob ist, wie
wir selbst sehen können, begründet.   Die Zeitangabe erhält ihre Bestätigung durch die eine der Baseler Handschriften, in welcher der
Theil, der den Spruch Johann's enthält, wie ich nachgewiesen habe,
von einem unmittelbaren Schüler Eckhart's herrührt.[1] Johann Meyer
führt ihn unter den Doctoren der Theologie aus seinem Orden an.
Dass er für einen Gelehrten angesehen wurde, deutet er selbst an, wie
wir sahen, nur mit der Bemerkung, dass der Bücher Hilfe gar kleine
sei, um zum beseligenden Schauen Gottes zu gelangen.   Nach der Einsiedler Handschrift war der Schreiber, welcher die Predigt *Formans
me* hörte und zuerst niederschrieb, beunruhigt wegen des pantheistischen Charakters, den diese Predigt zu tragen schien.   Ein anderer,
wohl der, von dem die Einsiedler Sammlung herrührt, und der die Predigt gleichfalls gehört hatte, erklärt diese Auffassung für ein Missver-
ständniss und sucht den Meister zu vertheidigen.   Er sei, sagt der Vertheidiger, kein einfältiger Pfaffe gewesen und habe den Geboten der
Wissenschaft gemäss sich so hohe Probleme gestellt.   Nach einer Stuttgarter Handschrift war „der von Sterngassen" Lesemeister der Prediger oder Dominikaner zu Strassburg.   Da diese Bemerkung bei einer
Predigt steht, die sich auch in *B* XI, 10 findet, und bei der kein
Zweifel ist, dass sie Johann von Sterngassen zum Verfasser hat, so ist
damit für ihn auch eine Stätte seiner Wirksamkeit ermittelt.   Führt
ja schon die Bemerkung des Baseler Chronisten, dass Sterngassen Doctor
der Theologie gewesen sei, und das Verzeichniss seiner Schriften,
welches Antonius Senensis gibt, auf eine Lehrthätigkeit desselben an
einer höheren Schule.   Auf Strassburg weist auch eine Stelle der
Sprüche, welche in der Germania mitgetheilt sind.   Pfeiffer hat da den
sinnlosen Text: „Er seite auch aber an einer andern bredigen (von)
sancte Nyclawese zuo den hunden und sprach" etc.   Es muss
heissen: („zuo) sancte Nyclawese zuo den unden." St. Nikolaus in
den Unden hiess ein Dominikanerinnenkloster in Strassburg, jenes
Kloster, wo Tauler's Schwester Nonne war, bei der er starb (S. Schmidt,

---

1) Demnach ist Echard's Angabe unrichtig, welcher Sterngassen zum
Jahre 1390 nennt.

Tauler 62). Da Sterngassen auch in den Sprüchen der Germania mehr-
mals als Lesemeister bezeichnet ist, so erhält die Stuttgarter Nachricht
durch die zuletzt angeführte Stelle eine Bekräftigung. Antonin-
Senensis nennt ihn einen Mann, der wegen seiner Erkenntniss und
seiner ausgezeichneten Schriften berühmt gewesen sei. Von seinen
Schriften führt er an einen Commentar zu den vier Büchern der Sentenzen, zu dem Buch der Weisheit und zum Psalter, *Quaestiones in
totam philosophiam naturalem, in librum de bono fortuna*, Predigten
de tempore et de sanctis;[1] dabei bemerkt er, dass er noch vieles andere
geschrieben habe.

2. Heinrich von Egwint.

Unter diesem Namen finden sich vier Predigten in der Handschrift 278 des Klosters Einsiedeln.[2] Eine Predigt in *B* XI, 10 trägt
gleichfalls seinen Namen, hat aber Eckhart zum Verfasser. Jene vier
Predigten sind von demselben Schreiber aufgezeichnet, der auch Sterngassen noch gehört hat. Egwint gehört also der ersten Hälfte des
14. Jahrhunderts an. Der Name (abwechselnd in *E* auch Eggewint,
Egwind, in *B* XI, 10 Egwin geschrieben) scheint auf die Schweiz als
seine Heimath zu deuten.

Es sind vorherrschend eckhartische Gedanken, welche in seinen
Predigten wiederkehren, wie dies namentlich bei der ersten und vierten
Predigt hervortritt. In der zweiten und dritten Predigt ist uns von
Werth zu sehen, wie er die eckhartische Lehre vom Seelengrunde auf-
fasst (s. u.). In der vierten sagt er: „Das Wesen aller Creaturen ist ein
Ausfluss von dem lauteren Brunnen des göttlichen Wesens und göttlicher
Natur, die das Wesen selber ist." Dieselbe Predigt erwähnt auch das
Buch von dem „Brunnen des Lebens". Es ist die Schrift *Fons vitae*,
welche den Avicebron[3] (wahrscheinlich derselbe mit Ibn Gebirol, einem
spanischen Juden im 11. Jahrhundert) zum Verfasser hat, und welche,
wie die häufigen Erwähnungen bei andern Schriftstellern beweisen,
auf lange hinaus von Einfluss war. Nach Avicebron stammt auch die

1) Aus einem alten Bücherverzeichniss der Dominikaner zu Regensburg führt Schmeller, Serapeum 1841, 266 an: *Sermones Sterngacii; Stern-
gatius sup. 4 libr. sententiarum.*
2) Herausgegeben von Pfeiffer in Haupt VIII, 223 ff.
3) Ueber ihn vgl. H. Ritter. Die christl. Philosophie I, 610 ff. und Geschichte der Philosophie Bd. VIII.

Materie aus der göttlichen Substanz. Ich habe gezeigt, dass Eckart das göttliche Wesen auch als den potentiellen Grund für das materielle Sein ansehe, nur dass er zugleich eine durch den freien schöpferischen Willen Gottes bewirkte Verschiedenartigkeit des Wesens der Creatur von dem Wesen Gottes lehrt. Gegen eine Umdeutung dieser eckhartischen Lehre im thomistischen Sinne sichert nun auch wohl die Berufung seines Schülers auf die *Fons vitae.*

Egwint ist von lebendiger Anschauungskraft, bilderreich, aber durch Häufung der Begriffe schwerfällig, oft undeutlich. Seine Weise bietet das Gegentheil von dem lichten, klaren Flusse der Rede Sterngassen's.

In der ersten Predigt: „Meister, wo wohnest du?" ist die Frage, wo man Gott finde, das Wo der Gottheit, das eigentliche Thema. Man findet Gott, ist die Antwort, auf dem Berge der Myrrhen (Cant. Cant. 4, 6) d. i. in der Höhe der Busse; in dem grünenden Busche der Wüste (Ex. 3), d. i. im hohen Muthe, welcher in der Höhe der Gottheit grünet und blühet: auf dem Berge der Nebel (Ex. 20, 21), wenn der Wille der Seele wirkt nach eingeschriebener Form göttlichen Willens; wie Elia in der Gruft (1 Kön. 19) im süssen Maienthau (Luther: ein stilles sanftes Sausen): das ist im Gemüth, das an einer göttlichen Gleichheit süsser Wandlung in dem ewigen Worte formet vernünftige Worte (d. h. unser Geist sich einend mit dem ewigen Wort redet Worte), in welchen der begehrende Geist mit Gott leise raunet ohne Wort und ohne Laut und in ihm singet der Minne Ton und doch ohne Schall, über den Engeln, in dem Vater, in dem Beginne (Joh. 1, 1). Nur die vier ersten Punkte sind ausgeführter, die letzten von dem Schreiber nur angedeutet.

In der zweiten Predigt: „In den Händen sollen die Laternen brennen", versteht er unter den Laternen das Licht der Gnade, das uns in die Regel der Wahrheit führt, die in dem obersten Reiche der Seele ewig blinkt; das ist der Funke oder Glanster (Ganster) der Seele, in welchem wir uns mit allen Menschen als eine Menschheit fassen, in dessen Licht eingerückt wir der höchsten Wonne geniessen; er ist das Bild in des Gemüthes Verborgenheit (*abditum mentis* vgl. I, 299 Anm.); hier ist das höchste Gut, das in deiner Seele leuchtet; wenn da der Geist gesetzt ist in das freie Wesen Gottes, dann stirbt alle Furcht und Enge der Herzen; da folget zuweilen der Leib und hanget inmitten der Lust. Aber die Seele mag sich nicht erbieten in das überschwebende Licht (das mit Unrecht von etlichen Meistern als ein natürliches Licht bezeichnet wird), sie wäre denn widerschlagen (s. u.).

Die dritte Predigt: „Seht, alle Dinge verneue ich" führt aus, wie die Seele alle Dinge sei und wie sie verneuet werde. Die Seele mag zunehmen ohne Ende, das stellt sie höher als die Engel. Wie schwer fällig durch Häufung der Begriffe Egwint wird, mag unter anderm folgende Stelle zeigen: die Creaturen sind geschaffen, dass sonderlich Engel und Mensch „die überflüthige Wonne in den dreien Personen in ihrer (der Engel und Menschen) selbst Wesen hätten an einem Blicke des Geistes auf göttlicher Naturen Essentie, in einer verstrickten wesentlichen Gegenwärtigkeit der bildfreien Form göttlichen Wesens" (vgl. das in der 2. Predigt vom Funken gesagte). In dem Ortlichte (Urlichte) der Vernunft des Geistes liegt der Grund der Seligkeit.

Die vierte Predigt: *Si quis vult etc.* Wer zu mir kommen will, der verleugne sich selbst, beginnt: Darum hat Gott sein natürlich Bild, seinen Sohn, den Leuten geoffenbart, dass sie, ihm nachkriechend, geleitet werden in eines entgeisteten Geistes Uebung. Wie diese Entgeistung geschehen soll, wird nach Stellen aus Gregor, Augustin, Origenes, Chrysostomus und dem Buche von dem „Brunnen des Lebens" (s. o.) dargelegt. Dann folgt: mich dünket, dass man diese Worte: „Wer mir folgen will" künstlicher verstehen möge. Er legt den Unterschied zwischen Gott und den Creaturen dar: Gott ist Wesen, die Creatur hat Wesen. Von der Creatur mag ich nicht (in absoluter Weise) sprechen: das ist, sondern ich spreche z. B. das ist ein Engel und versage ihm damit das andere Wesen, das andere Creaturen haben. Wie hier, so folgt er dann dem Thomas in der Bestimmung des Unterschieds vom Wesen der Engel und dem der Menschen. Jeder Engel hat, was die Stufe auf der er steht, leisten mag; nicht so der Mensch: daher auf den Grad menschlicher Natur viele Menschen gehen, jeder Engel aber einen eigenen Grad repräsentirt. Aller Creaturen Wesen aber ist ein Ausfluss aus dem lauteren Brunnen göttlichen Wesens und göttlicher Natur — alle Ausflüsse streben wieder nach ihrem Ursprung. Der Mensch soll sich daher werfen in das Wesen, das zu Gott wieder natürlich (nicht: widernatürlich, wie der Text bei Pfeiffer hat) kriechend ist.

3. Bruder Kraft.

Dass Bruder Kraft der eckhartischen Schule angehöre, ist nach den Stücken, die wir ihm glaubten zuschreiben zu können (s. o. S. 108 ff.), unzweifelhaft. Seine Predigt: *Illumina oculos etc.* findet sich in der

Oxforder Handschrift: das weist ihn der ersten Hälfte des 14. Jahrhunderts zu. Der Umstand, dass allein bei dieser Predigt die genannte
Handschrift keinen Verfassernamen zu nennen weiss, scheint darauf
hinzudeuten, dass er dem Erfurter Kreis nicht angehört habe. Die bezeichnete Predigt findet sich auch in der Baseler Handschrift *B* XI, 10;
allerdings auch ohne Namen: allein es kommt hier zugleich in
Betracht, dass jene Bruchstücke Kraft's, welche in den Altdeutschen
Blättern mitgetheilt sind, gleichfalls aus einer oberdeutschen Handschrift stammen, und dass der Schreiber der Baseler Handschrift einen
„Kraft von Boyberg" [1] wenigstens zu nennen weiss, wenn er auch den
Namen fälschlich über ein eckhartisches Stück setzt. So dürfen wir
vermuthen, dass Bruder Kraft derselbe mit Kraft von Boyberg, und
dass er seiner Heimath nach ein Oberdeutscher gewesen sei.

Kraft's Rede zeigt nicht den raschen und lebendigen Fluss
Eckhart's, aber sie trägt das Gepräge der vorherrschenden theo-
retischen Richtung des Meisters, und ihr Inhalt zeigt sich von der
Lehre desselben beherrscht. An Eckhart erinnert gleich das erste der
Bruchstücke. Wir sahen, wie sehr dieser von dem Aeusseren auf das
Innere, von dem Werk auf den Geist und das Wesen dringt. Die
Tugend besteht nicht in vereinzelten Leistungen, sie ist das gut
Handeln, sofern es uns zur andern Natur geworden ist. Die Seele muss
„durchgehen und übergehen alle Tugend", sie muss absichtslos alle
Tugenden aus ihr leuchten lassen „recht als ob sie die Tugend selbst
sei". [2] Und Kraft sagt: der Mensch solle „alle Tugenden durchgehn
und übergehn", und hierin Gott gleich werden, der auch nicht
Minne etc. habe, sondern der alles das, was man ihm zulege, selbst sei.

Der Tractat Eckhart's von der Ueberfahrt der Gottheit und von
dem Ausflusse des Vaters gehören einer Stufe seiner Entwicklung an,
welche der früheren Erfurter Zeit zunächst folgt (vgl. I, 314). Das
Verhältniss, in welchem Vernunft und Wille zu der Vereinigung mit
Gott stehen, wird dort mit den Worten ausgedrückt: das mir mein Bekenntniss gab, das minnte ich; das ich nicht bekannte, das konnte ich
auch nicht minnen; aber doch ist der Wille edler als das Bekenntniss:
er will Gott begreifen über alles Bekenntniss (vgl. 496 und 521).
Gleicherweise den Willen vorzugsweise betonend sagt eine Stelle des

---

1) Bechburg? ein adeliges Geschlecht im Bisthum Basel; vgl. *Trouillat,
Monuments etc. IV*, 242.

2) Niedner, Zeitschr. f. h. Th. 1864, 168; vgl. Pfeiffer 524. 523 etc.

ersten der beiden Tractate (509 f.): „Will die Seele dazu kommen,
dass sie nichts bedürfe und dass sie unbeweglicher werde denn Nicht,
so soll sie alle ihre Kräfte sammeln in ihren freien Willen, also das
sie ungehindert bleibe von ihr selbst und allen Dingen und soll ·ich·
vereinen in dem unbeweglichen Gotte". Und so sagt nun auch Kraft
im zweiten der Bruchstücke: Um unbeweglich in Gott, der blossen
Gottheit, zu bleiben, müssen wir von dem Wirken (nach aussen) zurück
gehen auf den Willen. Der Wille (als Grundrichtung des Gemüths
gefasst) wirket nicht, er gebietet und verbietet (vgl. Eckh. Pf. 381, 1 ff.).
Wenn dein Verständniss versteht wahr (die Wahrheit) und das durchgeht, davon empfäht es Lust und in der Lust so wird es ihr (der Seele)
eigen, wenn es der Wille will.

Die Predigt *Illumina oculos meos*, welche uns in der Oxforder
Handschrift und in Basel *B* XI, 10 erhalten ist, handelt im Anschluss
an Dionysius von dreierlei Licht, das den Menschen erleuchtet, dem
natürlichen, dem geistlichen und dem göttlichen (*De div. nom. 4. 7.*).
Mittelst des natürlichen Lichtes vermag der Mensch von den Dingen,
die verursacht sind, auf eine Ursache aller Dinge zu schliessen, die
von sich selber ist; und von der Wahrnehmung des in den Creaturen
vertheilten Guten auf die Idee des absolut Guten, die identisch ist mit
der Ursache aller Dinge. Daraus entspringet eine natürliche Minne zu
der Ursache aller Dinge, „denn von Natur hat die Seele, dass sie minnet
ein jeglich Ding nach dem dass es gut ist", und also „bekennet und
minnet die Seele von Natur Gott über alle Dinge. Das andere Licht,
das geistliche, entspringet im Glauben. Alles was der Glaube in sich
beschlossen hat, das mag die Seele von Natur nicht erreichen. Dahin
gehört, dass drei Personen sind in Einem Wesen, und dass sie nicht als
drei sondern als Ein Gott wirken. Das dritte Licht, das Licht der
Glorien, ist ein göttlich Licht. Die göttliche Natur, die grundlos ist,
wird nur von einem grundlosen Verständniss ergründet; aber aller
Creaturen Verständniss ist gemessen und begränzt. Sollen wir Gott
unmittelbar erkennen, so muss das geschehen mit dem Bekenntniss,
womit sich Gott selbst erkennet; dieses Verständniss ist kein anderes
als das die göttliche Natur selbst ist. Und insofern sich das Licht senkt
in die oberste Kraft, sofern wird Gott ohne Mittel erkannt. In diesem
Lichte erkennet die Seele aller Dinge Edelkeit in Gott; denn alles das
je ausfloss, oder nun ausfliesst, oder noch ausfliessen soll, das hat ewig
Wesen und Leben in Gott. Nicht als es hier gebrechlich ist an der
Creatur, sondern als es sein (Gottes) eigenes Wesen ist; denn es ist

seine Natur. Gott hat sein eigen Wesen nicht von nichte, er hat es von seiner eigenen Natur.

Während das was von der ersten und zweiten Art des Lichtes gesagt ist, keine Differenz von der herkömmlichen Anschauung bietet (vgl. Thom. S. I, qu. 2, a. 3 u. qu. 12, a. 12 u. 13) so scheint die Lehre vom Lichte der Glorie die eckhartische Auffassung von der Ueberformung der Seele durch die wesentliche Vernunft, die Gott selbst ist, und die als „Funke" in der Seele des Menschen wohnt (vgl. I, 417. 135. 188 und Pf. 583, 9 ff. und 587, 10 ff. 588, 11 ff. 34 ff.) zur Voraussetzung zu haben. Während Thomas das Licht der Glorie als geschaffen ansieht, ist dem Bruder Kraft dieses Licht die göttliche Natur selbst.

4. Bruder Arnold der Rothe.

Arnold scheint Oberdeutschland anzugehören. Das einzige Stück, das wir von ihm kennen, findet sich in einer Einsiedler Handschrift.[1] Das Jahrzeitbuch zu Fraubrunnen im Kanton Bern nennt zum 18. Juli einen Predigerbruder Arnold von Bern. Vielleicht ist es unser Verfasser. Arnold gehört unfraglich zu den bedeutenderen Predigern; er steht unter dem Einfluss der neueren Schule, obwohl er das speculative Gebiet kaum berührt und eine mehr practische Richtung hat. Eine frische, lebendige Weise, Anschaulichkeit und Kraft in der Sprache zeichnen ihn aus. Er mahnt sich geistig zu beschäftigen mit Christi Thun und Leiden, um von Gott erhoben zu werden über die Zeit, in die Triskammer (Schatzkammer) der heiligen Dreifaltigkeit, d. i. in des ewigen Vaters Herz. Mit Berufung auf Philo mahnt er, alle Dinge in sich schweigen zu lassen. Wenn alle Bilder und Gleichnisse deinem Herzen entgangen sind: in dieser Nacht will der himmlische Vater seinen eingebornen Sohn gebären in deiner Seele und in dieser Stille will das göttliche Wort zu dir reden. Ach wie ist es so gut, die Hände zusammenlegen und zu sprechen: Hilf Herre Gott! Gnade Herre Gott! ruft er ironisch aus. Aber damit ist's nicht gethan, versuche dich mit der That, nimm Armuth und Verschmähen auf dich, versuche dich an den Engeln, sie haben Reinigkeit aus Gnade, Gottschauen von Natur. Nimm sie zum Vorbilde. Wer solche „Wirthschaft" d. i. solchen Genusses in göttlichem Lichte zu göttlicher Süsse

---

1) Herausgegeben von Pfeiffer in Haupt, Zeitschr. f. d. A. VIII, 209 ff.

theilhaft würde und stürbe darüber, er führe sofort zu Gott und unter
die Seraphim.

5. Johann von Weissenburg.

Von der wahren Armuth handelt die kurze Belehrung Johann's,[1]
die mit einem Spruche Augustin's eingeleitet und mit weiteren Sätzen
Cassiodor's, Augustin's, Gregor's bekräftigt wird. Das Aufgeben des
hoffärtigen, des eigenen Willens ist es, was die Armuth zur Armuth
macht. „Ach wüssten alle Menschen", darauf geht seine Mahnung
hinaus, „die gerne Gottes Willen in dem allernächsten erfolgen woll
ten, wie nahe und wie gar reich ihr Eingang in Gott und in alle gött
liche Wahrheit wäre, so sie dem eigenen Willen sterben, so wäre kein
Mensch, ehe er seinen eigenen Willen halten und behaben wollte, er
litte lieber alle die Pein und Marter, die man ihm anthun möchte bis
in den Tod. Bittet Gott für mich armen Bruder Johans und begehrt
an Gotte, dass er mir helfe, dass ich ein willenloser Mensch werde;
denn die willenlosen Menschen sind Ingesinde Gottes und ihre Woh
nungen sind in dem Himmel."

6. Heinrich von Löwen.

Ich stelle den Niederländer Heinrich von Löwen unter die oberdeutschen Mystiker, nicht bloss weil sein Heimathkloster zur oberdeutschen Provinz des Dominikanerordens, zur Provinz Deutschland
gehörte, sondern auch weil er längere Zeit in Oberdeutschland gelebt
und gewirkt hat, und seine Art sich mehr mit der der oberdeutschen als
der sächsischen Mystiker verwandt zeigt.

In den Handschriften des Klosters Roetdael bei Brüssel (*Rubea
Vallis*) befand sich von der Hand des Kanonikus der regulirten Augu-
stiner Johann Gillemans (um 1480) eine *Vita* Heinrich's, aus welcher
Choquet seine Mittheilungen über diesen geschöpft hat.[2] Quétif und
Echart bringen zu Choquet nur noch einige literarische Bemerkungen.

---

1) *B* XI, 10. Dem Texte daselbst ist von anderer aber gleichzeitiger
Hand beigeschrieben: dis ist von dem von Wissenburg. Der Verf. nennt
sich am Schlusse selbst Bruder Johans. Ein Bruder Joh. v. Weissenb.
ord. praed. angeführt in den Bas. Annalen s. a. 1301. Pertz, Mon. XII.
Unser Stück ist jedenfalls später.

2) *Choquet, H., Sancti Belgi, ordinis praedicatorum. Duaci 1618. p. 78 sq.*

Den von Gillemans aus älteren Quellen geschöpften Nachrichten zufolge ist Heinrich aus der bei Löwen begüterten adeligen Familie derer von Calstris geboren, und heisst darum bei den Späteren auch Heinrich von Calstris; nach seinem Geburtsorte oder nach dem Kloster, wo er in den Orden der Dominikaner trat, wird er sonst Heinrich von Löwen oder „der von Löwen" genannt. Er war ein Zeitgenosse und Freund Tauler's, mit welchem er zu Cöln studirt hat. Darnach besuchte er die Schule zu Paris. Er gehörte eine Zeit lang dem Convente zu Cöln an, später war er Lector in Kloster Wimpfen in Schwaben. Gillemans berichtet von ihm verschiedene Visionen; Seelen, Dämonen, die Jungfrau Maria reden mit ihm. Es sind Erzählungen, wie wir sie bei den Ekstatischen jener Zeiten in ähnlicher Weise in Menge finden. Der Ruf seines heiligen Lebens scheint gross gewesen zu sein. Er starb um das Jahr 1340, nach dem Jahrzeitenbuch des Klosters zu Löwen: am 18. Oktober. Wir haben von ihm noch einen Spruch, einen Brief und eine Predigt. Er zeigt sich dem Geiste Tauler's wie dem Suso's verwandt. Der kurzen oder vielmehr gekürzten Predigt nach zu schliessen scheint er ein Redner von Lebendigkeit und Innigkeit gewesen zu sein.

Der in der Bas. Hdschr. *B* IX, 15 aufbehaltene Spruch[1] bezeichnet es als das höchste Werk der Liebe, den andern zu Gott zu ziehen; nur soll es jeder in der ihm angemessenen Weise thun und keiner lehren wollen, was er selbst mit Leben noch nicht versucht und erfahren hat.

Womit der Mensch sich als ein Gotteskind erweise und bewahre, davon handelt der Brief.[2] Was das äussere Leben betrifft, so sollen Geberden, Worte und Werke schlicht und zu Gottes Dienst und Ehren sein; im innern Leben sollen die Gedanken lauter und himmlisch, der Sinn von Gott allein eingenommen, der Wille darauf gerichtet sein, alle Dinge um Gottes willen zu lassen. Der Grund der Seele soll stille sein, gleich einem ruhigen Wasser, sonst mag das lautere einfältige Gut darin nimmer erscheinen. Nichts, weder Lieb noch Leid, soll ihn bewegen aus seiner Stille. Zwar ist kein Mensch ausser Christus und Maria, die nicht anfänglich Bewegungen hätten, welche die Seele aus ihrer Stille bringen; aber es gilt die Bewegungen innerlich zu über-

---

1) Bei Wackernagel A. L.
2) Unter den Briefen Tauler's in Tauler's Predigten, Ausg. Cöln 1543, der 27., bei Surius der 29.

winden, sobald man es gewahr wird. Man muss dahin kommen, dass alle Bewegung der Seele unter dem Gebete sich verliere, so dass kein Schatten davon bleibt.

Mit der Aufschrift: „Diese Worte predigte unsere Frau von Himmelreich in dem Gleichniss von Bruder Heinrich's Person von Löwen (Löfen) auf dem Prediger Hof zu Cöln", findet sich eine Predigt Heinrich's in verschiedenen Handschriften. [1]

Die höchste Weisheit besteht in der Demuth und Reinheit des Herzens. Die Reinen sehen Gott und gebrauchen seiner. Unser Herr spricht von einer solchen Seele: was sie will, das will ich, und was ich will, das will sie. Sie soll nicht reden ohne mich, sie soll nicht hören ohne mich, und wir sind eins. Das ich bin von Natur, das ist sie von Gnaden. Ich hab sie erwählt, sie erkennet es nicht im Leben. Gäbe ich ihr, das ich bin, in diesem Leib, sie vermöchte es nicht; nach diesem Leben will ich ihr kommen und ihr Dank und Lohn sein — da soll sie kommen zu voller Erkenntniss göttlicher Minne, da soll sie vereint werden. Eia armer Mensch, erbarme dich über dich selber! Dieweil du bist in diesem Leib, kehrest du dich auf Affenheit (Eitelkeit): das wird unser Herr von dir fordern. Kehre um, um des barmherzigen Gottes willen, und erbarme dich über dich selber, denn unser Herr ist barmherzig. Du armer Mensch, warum erkennst du nicht, dass du bist wie Staub und Asche in diesem Leib? Erbarme dich über dich selber. Denn ich bin bereit dich zu empfangen, spricht unser Herr. Eia lieber Mensch, ich will deine Minne sein und dein Trost! Eia lieber Mensch, lass es dich erbarmen, dass die zarte süsse edle minnigliche Gottheit nach dir sich sehnt und ihre Menschheit um deinetwillen dahingegeben hat! Erbarme dich über dich selber und komme zu mir!

7. Hartmann von Kronenberg.

Der Chronist der Dominikaner Johann Meyer von Zürich nennt unter den deutschen Dominikanern, welche sich zur Zeit des Ordensmeisters Hervéus 1318—23 durch Gelehrsamkeit ausgezeichnet hätten, mit Johann von Sterngassen und Johann von Greifenstein auch Hartmann von Kronenberg. Steill fügt bei, dass Hartmann aus adeligem

---

1) Koblenz, Gymn.-Bibl. Nr. 43. 4°. 15 sc. mit dem Zusatz in der Aufschrift „von Löfen"; *Cgm. Mon.* 627, f. 238ᵈ 2°. 1458, *Cgm.* 628, f. 83, und noch in verschied. Handschriften. Gedruckt in Pfeiffer's Germania III, 242.

Geschlecht gewesen sei, und nennt später noch einen zweiten ansehnlichen Ordensgenossen von gleichem Familiennamen, Konrad, der sich als Prediger hervorgethan habe und um 1350 gestorben sei. Wir haben eine Predigt, das Fragment einer Predigt und einen Spruch, die bloss mit dem Namen Kronenberg bezeichnet sind. Der Spruch findet sich mit Sprüchen anderer Meister, von denen nur noch Bischof Albrecht und Eckhart genannt sind, zu einem Stücke verbunden, in einer Züricher Handschrift vom J. 1393.[1] Die zwölf Meister der Pariser Schule treten da zusammen und ein jeder sucht den besten Sinnspruch zu geben, den er zu geben vermag. Dass dieser Wettstreit nur fingirte Einkleidung für die Zusammenstellung sei, ergibt sich aus dem Nebeneinander von Bischof Albrecht und Eckhart zu Paris. Kann somit auf die Zeit unseres Kronenberger's aus dem Stücke der „Zwölf Meister zu Paris" nichts gefolgert werden, so lässt doch die Bezeichnung desselben als Meister vermuthen, dass unter den beiden Kronenbergern derjenige gemeint sein werde, von welchem Steill sagt, dass er sich durch Gelehrsamkeit ausgezeichnet habe, also Hartmann. Die beiden Predigten[2] haben unzweifelhaft den gleichen Verfasser. Sie folgen in der Einsiedler Handschrift unmittelbar aufeinander, und bieten nach Stil und Inhalt nichts, was auf verschiedenen Ursprung schliessen liesse. Von ihnen aber lässt die vollständigere in der sinnreich spielenden Ausdeutung eines Bibelwortes den Verfasser des Spruches in den 12 Meistern wieder erkennen. So dürfte wohl Hartmann von Kronenberg der Verfasser der drei erhaltenen Stücke sein.

Die erste Predigt ergeht sich über die Worte, dass Christus die Seinen gelibet habe bis an's Ende (Joh. 13, 1). Die Predigt zeugt von Scharfsinn, Geist und Innigkeit. Den Worten „bis an's Ende" wird ein fünffacher Sinn untergelegt. Bis an das Ende seines Lebens suchte er die menschliche Natur auf ihre höchste Seligkeit wiederzubringen. Bis an das Ende unseres Lebens minnet er uns; bis zum letzten Ziel der Seligkeit sucht er jeden nach seinem Masse zu bringen; bis in das äusserste des Leidens ist er in tiefster Demuth herabgestiegen; bis zur höchsten Hingabe offenbart sich seine Liebe, indem er sich uns zur Speise gibt. Dieser fünffachen Erweisung seiner Liebe soll unsere

---

1) *B* 223 730. Unter der Aufschrift: Die 12 Meister zu Paris, herausgegeben von Wackernagel in Haupt, Zeitschr. f. d. A. IV, 496 ff.

2) Nach der Handschrift 278 in Einsiedeln herausgegeben von Pfeiffer in Haupt VIII, 219 ff.

Gegenliebe entsprechen. Er hat uns geliebet bis in seinen Tod, so sollen wir ihn lieben bis in unsern Tod. Wir sollen um Gottes willen in göttlicher Natur uns selbst sterben, wie er um unsertwillen in menschlicher Natur erstorben ist. Er liebt uns bis an das Ende unseres Lebens; so sollen wir ihn lieben bis an das Ende des göttlichen Lebens, das ist ohne Ende. In Bezug auf den fünften Punkt bemerkt er: Er gab dem Menschen alles das er ist und alles das er hatte, Leib, Seele und Gottheit. Er nahm sich ihm selber und gab sich dem Menschen. Also soll der Mensch sich selber ihm selber nehmen und sich Gotte geben. Davon spricht er selber, er habe die Seinen geminnet. Die Seinen sind, die sich allzumal Gotte gelassen haben. Denn will der Mensch sein selbst sein, so mag er Gottes nicht eigentlich heissen. Willst du ein sicher Zeichen, ob du dich Gott gelassen habest: das sollst du daran merken, wenn du Lieb oder Leid niemals so annimmst als ob es dir geschehen sei. Denn bist du dein selbst nicht, so mag dir auch nichts geschehen. Was dir geschieht, das ist ihm geschehen.

Das zweite der Stücke ist nur das Fragment einer Predigt über den Zeugentod des Stephanus und handelt von der rechten Art zu leiden.

Der Spruch in „den 12 Meistern“ beginnt, die Erwartung erregend: „Gott hat alles, was er will — ihm mangelte nie ein Ding, denn nur eines“. Die Lösung ist, dass seinem unendlichen Drange zu geben die Zahl der reinen und lauteren Herzen nicht entspreche, die seiner empfänglich sind.

8. Sprüche.

Von dem gewöhnlichen Spruche, welcher eine Vernunftwahrheit oder eine sittliche Wahrheit in leicht behaltbarer, prägnanter Form ausdrückt, können wir als besondere Art den Sinnspruch unterscheiden, in welchem ein Gedanke zuerst in auffallender, paradoxer Weise oder wie ein Räthsel ausgesprochen wird, um dann nach einigen folgenden erläuternden Sätzen als evident zu erscheinen. Die Vorliebe für diese Form der Lehre im Mittelalter erklärt sich aus der sinnigen Weise des Volkes, und es ist bei der Natur der Mystik begreiflich, dass sie selbst vor allem davon Gebrauch macht. Schon Eckhart erscheint als ein Meister solcher Spruchweisheit, insbesondere auch des Sinnspruchs. So nennt er unter den sechs Tugenden, die ein vollkommener Mensch haben soll, neben einer stillen Frage, einer friedsamen Ruhe eine schlafende Wachbarkeit, eine nüchterne Trunkenheit. Der summarischen Auf-

zählung folgt dann die Erläuterung, der Aufschluss. [1] In den
„12 Meistern zu Paris" (s. vor. Abschn.) schliesst Eckhart die Reihe
der Sprechenden. Es sind Wahrheiten religiös praktischer Natur, welche
in dieser Zusammenstellung von den meist ungenannten Meistern vorgetragen werden. Der erste und siebente Meister meinen, es sei
besser, Sünde lassen als Sünde büssen oder wider Gottes Wort sich für
das Reich Gottes opfern wollen. Wie die Sünde von Gott entferne, die
Tugend ihm nahe bringe, davon reden der achte und zweite Meister.
Von der Wichtigkeit des Leidens für die Heiligung handeln der vierte
und fünfte, von der inneren Selbstverläugnung als dem grössten Werke
der dritte, zehnte (Albrecht) und zwölfte Meister (Eckhart). Wie Gott
der mit Andacht und Innigkeit sich erhebenden Seele mit sich selbst,
dem ungeschaffenen Gute lohne, das spricht der sechste Meister, wie er
sich vollkommen in die lautere Seele gebe, der elfte (Kronenberg), wie
er sein Wort da gebäre, der neunte Meister aus.

Für den unbenannten sechsten Meister bietet die Züricher Handschrift den Namen an einer andern Stelle, wo derselbe Spruch ausführ-
licher als ein Spruch des Bruders Johann von Hasla mitgetheilt ist. [2]
Es ist ohne Zweifel Johann von Hasslach gemeint, den der Nekrolog
der Freiburger Dominikaner (zum 9. März) als früheren Lesemeister
bezeichnet. [3] „Herr", so schliesst der Spruch, „halt inne mit der Welt
(von der du mir so viel gegeben hast); ich habe auch mit dir zu
rechnen. Ich gab dir in jener Welt (die Erde ist gemeint) ein
Paternoster zu kaufen, das hast du mir wenig vergolten. Du weisst
wohl, dass ich empfangen habe der Dinge, die du geschaffen hast; das
weisst du wohl, dass mir damit mein Paternoster nicht vergolten mag
werden: gib mir Herr dich selber und vergilt (so) deine Schuld."

Der unbenannte vierte Meister ist in *B* IX, 15 genannt, wo der
Spruch, dass der viel seliger sei, den Gott tritt mit den Füssen, als der,

---

1) Sechs Tugenden eines vollkommenen Menschen. Von mir gegen
Pfeiffer (Germ. III, 241), der diesen Spruch dem Nikolaus von Strassburg
zuschreibt, als eckhartisch nachgewiesen und aus einer Münchner Handschrift abgedruckt in Zeitschr. f. hist. Th. 1866, 515 ff.

2) Abgedruckt bei Wackernagel A. L. 892.

3) Mone, Quellen zur bad. Landesgesch. 2. Ob er identisch sei mit
dem von dem Chronisten J. Meyer unter die Magister der Dominikaner
gestellten Johann von Freiburg, wie Mone vermuthet, ist mir zweifelhaft.
Ueber Johann, Lector zu Freiburg, vgl. Quétif und Echard I, 523, und
Epp, Chronik: Joh. Lector Friburgensis † 1317. Heinrich v. Diessenhoven
nennt einen Magister Johannes von Freiburg zum J. 1355.

welchen er küsset mit dem Munde lachend, dahin weiter ergänzt wird,
dass der Mensch alles vermöge mit Leiden und Schweigen, mit Leiden
und Sterben. Der Verfasser heisst da der „von Sachs“.[1] Es ist wohl
Nikolaus von Sax (Saxen), der Lesemeister zu Basel, welcher von
dem Chronisten Meyer in die Zeit um 1343—1345 gesetzt wird.

Von den „Sprüchen deutscher Mystiker“, welche von Pfeiffer in
der Germania mitgetheilt sind, verdient ausser den schon bezeichneten
kaum einer der besonderen Hervorhebung. Eine grosse Menge von
meist namenlosen Sprüchen, die zu einem guten Theil den Geist der
neueren Mystik vermerken lassen, hat noch im 14. Jahrhundert Bruder
Eberhard von Ebrach gesammelt. Die Münchener Bibliothek bewahrt
zwei Exemplare dieser wie es scheint beliebten Sammlung.[2] Unter den
nicht mit Namen bezeichneten sind manche von Eckhart und Suso;
doch ist Eckhart auch zuweilen genannt; neben seinem und Dietrich's
Namen begegnen noch die des „Flemit“, des „Kuhit“, des Hermann
von Linz. Der „Flemit“ meint: „Gott minnet den Menschen nicht,
wie er ist, sondern wie er begehrt zu sein“. Eine Bemerkung des
Kuhit (der Rauhe?) lautet: Gott gebe sich in ein jegliches Leiden, wie
er sich im Sacramente gebe. Nur weil wir zuweilen das Leiden als
Leiden und nicht als Gabe nehmen, wie sie der Freund dem Freunde
gibt, darum empfangen wir nicht so viel Gutes in dem Leiden wie im
Sacramente. Es liegt der Mystik nahe, die Heilsgnade auch unabhängig
von Wort und Sacrament sich wirksam zu denken. Man könnte hier
eine solche Meinung vermuthen, wenn nicht, was mir wahrscheinlich
ist, nur ein möglichst starker Ausdruck gebraucht wird, um den grossen
Segen anzudeuten, den Leiden bringen kann. Mit dem Leiden beschäftigt sich überhaupt eine grosse Zahl der Sprüche. Es ist der Weg
der Menschheit Christi, den die neuere Schule vor allem gehen heisst,
um in die Gottheit zu gelangen. „Es sassen sechs Lesemeister“,

---

1) Der Spruch in dieser Form und mit dem Namen bei Wackernagel
A. L. 890. Bei dem Abdruck „der 12 Meister“ von Wackernagel unbeachtet geblieben.

2) Cod. Lips. 1546. Vgl. Kopp, Geschichte der eidgen. Bünde über die
Familie von Sax IV, 2, 294. IV, 1, 17. V, 1, 338. Ruine Hohensax bei dem
Dorfe Sax zwischen Werdenberg und Altstetten im Kanton St. Gallen.
Greith, die deutsche Mystik im Predigerorden. führt einen geistl. Dichter
aus dem Dominikanerorden Eberhard von Sax an, welcher dem 13. Jahrh.
angehört.

3) Cgm. 172 und 181, beide aus dem 14. Jahrhundert.

so beginnt ein anderes Stück, „und wurden zu Rede, was Gott aller-
löblichst wäre und dem Menschen allernützbarst". Sie alle sprechen:
geduldig leiden, und ein jeder begründet das auf seine Weise. „Geduldig leiden", spricht der fünfte, ist also gut, dass Gott selber spricht,
niemand mag mit keiner Art Gutem sich meiner Gottheit mehr gleichen
und seine Menschheit mengen mit mir in meiner göttlichen Lauterkeit
als mit willigem geduldigem Leiden, und solchem Menschen will ich
geben das allerhöchste Gut, das ist mich selbst. Ein Schmähwort geduldig ertragen um Gottes willen, so schliesst der sechste, bringt
mehr Lohnes, als mit St. Paulo verzückt werden in den dritten Himmel.

Sinnig und volksthümlich drückt die Mahnung zum willigen Leiden
der Reimspruch aus:

> „Neig dich in Leiden": das lass sein
>   Dein'n Schrein;
> Und „minne die Feinde"
>   Das leg darein;
> „Meid dein' Freund"
>   Das leg dazu;
> „Sei geduldig in Widerwärtigkeit",
>   Und schliess wieder zu![1]

Aber nicht bloss das Leiden willig zu ertragen, sondern es auch
aufzusuchen, wird angerathen. „Ein Lehrer spricht: Minne Armuth
und suche Leiden und begehre Schmachheit: so darfst du weder bitten
noch flehen; denn das Himmelreich ist in dir." Wir wissen, wie unter
vielen andern auch Meister Eckhart's geistliche Tochter Katrei nach
diesem Rathe handelt. Auch Suso folgt ihm lange Zeit. Es ist eine
gefährliche Mahnung, und Meister Eckhart selbst hat einen solchen
Rath nie als allgemein für alle, die nach dem Höchsten streben, hin-
stellen wollen. „Und also", so hatte er gesagt, „achte ich das besser
als alle Dinge, dass sich der Mensch Gott lasse grösslich, wenn er auf
ihn etwas werfen will, es sei was Leidens das sei, dass er es mit Freude
und Dank nehme und lasse sich Gott mehr führen, denn dass sich
der Mensch selber darein setze" (563). Auch Suso hält es für gut,
dem Eifer, wie er in der Zeit lag, Schranken zu ziehen und Warnungen
folgen zu lassen. Bezeichnend ist, wie er seiner geistlichen Tochter
Elisabeth Stagel abräth, in selbsterwähltem Leiden es ihm nachthun
zu wollen. „Luge allein ein jeder Mensch auf sich selbst und merke,

---

1) Mittheilung des Hrn. Prof. Dr. C. Schmidt in Strassburg.

was Gott von ihm haben wolle, und sei dem genug, und lasse alle anderen Dinge bleiben. Der Rath Suso's für Elisabeth ist es Gott zu überlassen, mit welchem Kreuz er sie üben wolle. „Gott hat mancherlei Kreuz, womit er seine Freunde kasteit. Ich versehe mich des, dass dir Gott ein anderlei Kreuz wolle auf deinen Rücken laden, das dir noch peinlicher wird; das Kreuz empfahe geduldiglich, so es dir kommt (Vita 37)."

Auch Tauler warnt vor eignen Aufsätzen: Nicht was wir wählen, sondern was Gott wählt, und das hinnehmen und sich seiner selbst gänzlich verziehen, in allen Weisen, im Haben und im Mangeln, das bereitet besser, um in den Grund der Wahrheit eingeführt zu werden, als wenn der Mensch Steine und Dornen äsze, ob es anders die Natur erleiden möchte: „Erkenneten die geistlichen Menschen den grossen gefährlichen Schaden, den sie sich selber thun mit ihren eigenen Aufsätzen: ihr Mark in ihrem Gebein dorrete und ihr Blut schwände in ihrem Leibe" (Pr. 33).

9. Gedichte.

So vorwiegend die neuere Mystik sich mit Fragen der Erkenntniss beschäftigte, so ruhte doch auch bei ihr die Speculation so ganz auf der Mystik des Gemüths, dass es zu verwundern wäre, wenn hier nicht gleichfalls der Gedanke hie und da einen dichterischen Ausdruck gewonnen hätte. Eckhart selbst hat seine Lehre in Rythmus und Reim zu fassen gesucht. Wir haben ein solches Beispiel in den Reimen vom „Ueberschall".[1] Das in dunkler Kürze zusammengedrängte erläutert er dann selbst in ausführender prosaischer Rede. „Eine andere Lehre von Meister Eckhart's Gedicht", so fand sich in einer der zu Grunde gegangenen Strassburger Handschriften eine Erläuterung über die 8 Seligkeiten überschrieben.[2] Auch von Schülern Eckhart's haben wir eine Anzahl von Gedichten. Im Gedichte dürfen wir erwarten, dass das zum Ausdruck gekommen sei, was als das Charakteristische

---

1) Bei Pfeiffer der XII. der Tractate; doch hier Rythmus und Reim bereits stark verwischt. Die ursprüngliche Gestalt erkennbar bei Mone, Anzeiger für Kunde des deutschen Mittelalters 1834. S. 177 ff. nach der auch von Pfeiffer gekannten Karlsruher Handschr. von St. Peter Nr. 85.

2) Cod. F. 145. fol. 15 sc. Pap. Von Pfeiffer nicht gekannt, meist Stücke Eckhart's und seiner Schule enthaltend, darunter auch den Tractat von der wirkenden und mögl. Vernunft.

einer Richtung hervorgetreten ist und vorherrschend die Gemüther beschäftigt hat. Und so tragen denn auch jene Gedichte die Merkmale
an sich, welche wir im Eingange als die unterscheidenden der neueren
Mystik hervorgehoben haben, und die ihnen ein Gepräge verleihen, das
sie von den dichterischen Erzeugnissen der älteren Schule bestimmt
unterscheidet.

Da mag nun vor allen andern das Lied einer Dominikanernonne [1]
Erwähnung finden, das die beiden grossen Meister, welche die neue
Richtung der Mystik begründeten, mit Namen preist und in ihnen eine
ungewöhnliche Erscheinung begrüsst. Uns kommen Prediger, so verkündet die Nonne in der ersten Strophe ihres Lieds, des freuet sich
mein Muth; sie sagen uns gute Wort, sie wollen uns erschliessen den
himmlischen Hort. Drei Meister sind es, welche sie rühmt: „Der
werthe Lesemeister", den sie nicht nennt, der also wohl die Schule der
Dominikaner in ihrer Stadt leitet, dann Dietrich und Eckhart. Von
dem Ungenannten erwähnt sie die feurige Fürbitte seiner Minne. Der
zweite ist der „hohe Meister" Dietrich. „Er spricht lauterlich all
in principio; des Adlers Flug will er uns machen kund, die Seele will
er versenken in den Grund ohne Grund". Der dritte ist der „weise
Meister" Eckhart. „Vom Nicht will er sagen — wer es nicht versteht,
mag es Gotte klagen, in den hat nicht geleuchtet der himmlische
Schein". Sie selbst vermag es nicht zu deuten, aber mit dem Meister
mahnet sie: „Ihr sollt euch gar vernichten in der Geschaffenheit, geht
in das Ungeschaffne, verliert euch selber gar; allda hat sich ein Gaffen
(verwundertes Schauen) all in das Wesen gar". Eine jede der
4 Strophen endet mit dem Refrän:

> Scheidet abe gar,
> Nehmet Gottes in euch wahr.
> Senket euch in Einigkeit,
> So werdet ihrs gewahr.

Von der Einigkeit, dem Nicht des göttlichen Wesens und der Vereinigung mit demselben durch Ausgehen von sich und aller Creatürlichkeit handeln mehr oder weniger auch die andern Gedichte aus der
eckhartischen Schule, welche bis jetzt bekannt sind. Die sechs dem
Tauler zugeschriebenen Cantilenen sind sicher nicht von ihm, wie
ihre Sprache zeigt; aber sie tragen mit Ausnahme des letzten das

---

1) Aus einen Pergamentcodex der gräfl. Thun-Hohenstein'schen Bibl.
in Teschen veröffentlicht von Höfler.

Gepräge der eckhartischen Richtung. Sie sind wohl schwerlich alle
von dem gleichen Verfasser und haben verschiedenen Werth. Ihr Text
ist uns nur schlecht überliefert. Von dem „Entwerden“, dem Ausgehen
von sich selbst, handelt das erste Gedicht, aus dem ich einige Strophen
hervorheben will:

> Ich will von Blossheit singen neuen Sang;
> Denn rechte Lauterkeit ist ohn Gedank.
> Gedanken mögen da nicht sein,
> Wo ich verloren hab das Mein':
>   Ich bin entworden.
>
> Mich irret nimmer mein Ungeleich:
> Ich bin gleich gerne arm und reich,
> Mit Bilden mag ich nicht umgehn,
> Mein selber muss ich ledig stehn:
>   Ich bin entworden.
>
> Wollt ihr wissen, wie ich von Bilden kam?
> Da ich die Einigkeit in mir vernahm.
> Da ist rechte Einigkeit,
> Wenn mich entsetzt nicht Lieb noch Leid:
>   Ich bin entworden.
>
> Wollt ihr wissen, wie ich von Geiste kam?
> Da ich nicht dies noch das in mir vernahm,
> Nur blosse Gottheit ungegründet;
> Da mocht ich länger schweigen nicht, ich musste künden:
>   Ich bin entworden.
>
> Seit ich also verloren bin in den Abgrunde,
> Da mocht ich länger reden nicht, ich ward ein Stummer:
> Also hat mich die Gottheit klar
> In sich verschlungen — —
>   Ich bin entsetzet.

Die in den tiefen Abgrund des Wesens genommen sind, so sagt das
zweite Gedicht, die erkennen Unterschied, von Bildern und Formen bloss.
Da sich das bildlose Bild in sein selbst Bild grüsst? (grutz), da in dem
Eingusse und Ausflusse sind die Dinge mit Unterschied und bleiben doch
in Einigkeit ohne alle Ausgegangenheit. Eines in allem und alles in
Einem erkennen, ist ein reicher Fund; die dies in der Wahrheit (erkennend) sind, denen ist rechte Freude kund. Die stille Wüste, da
weder Wort noch Weise innen steht, so heisst der Abgrund des göttlichen Wesens in dem dritten Gedichte; hier wird dem Geiste, der sich
da hat ergangen, die ungeschaffene Seligkeit kund. Schau in den

Spiegel, so mahnt das vierte Lied, da gebiert sich wahre Minne und leuchtet die Dreifaltigkeit:

> Die wonniglich Dreifaltigkeit
> Die leuchtet in der Inwendigkeit,
> Und senkt sich ein zu Grunde.
> Gott der ist so wunniglich,
> So wer ihn liebt, ist freudenreich,
> Findt ihn zu allen Stunden.
> Der Grund da, der ist namenlos,
> Und ist auch bloss von Bilden,
> Da wird der Geist auch formelos
> All in der Gottheit wilde.
> O der minnigliche Blick!
> Da wird der Geist so eingerückt,
> Dass er sein selbst geht unter.
> Gott der ist so wunniglich,
> So wer ihn liebt, ist freudenreich,
> Findt ihn zu allen Stunden.

Auch in den vier Gedichten einer Strassburger Handschrift[1] wird die göttliche Natur gepriesen, die im Innersten der Seele sich kundgibt, und in der wir als in einem Spiegel die Dreieinigkeit und die himmlischen Ordnungen schauen.

So beginnt das erste dieser Gedichte:

> Wer die Nahheit minnet, dem ist ein Fernes bei (nahe),
> Höret was er gewinnet: die Namen alle drei!
> Gott der ist mir näher, denn ich mir selber sei.
> Er ist offenbare der Seele die ist frei.
> Was ist Nahheit? Minne! Minne ist Ewigkeit,
> Das Reich das ist da inne, darin die Seele geht.

Wäre ich meinem Nächsten näher! So klagt die zweite Strophe. Doch ein Licht scheint mir, das mich zu Gotte leitet über meine Natur, und mich scheidet von allem was nicht Minne ist. O edle Seele, halte dich gerne lauter: die Minne ist dir bereit. — —

Höret Wunder alle was die Minne thut — da der reiche König Mensch wollte sein, annehmen unser Bilde in einer Magde fein: in göttlicher Minne ward ein Kindelein.

---

1) *A 98.* Eine vollständige Abschrift der vier Gedichte verdanke ich der Güte des Herrn Prof. C. Schmidt. Ich selbst hatte mir nur einen Theil des ersten Gedichtes abgeschrieben. Leider ist der Text der Handschrift an vielen Stellen verdorben.

Uns ist ein Kind geboren, ein Sohn ist uns gegeben
Der ist dazu erkoren, dass er ist unser Leben.
Jesus, süsse Blume, du bist so übergut,
Aus der Minne Strome floss uns der Minne Fluth.
Die Bäche die sind süsse: und so sind sie geflossen
Von Händen und von Füssen   dass Minn' dies Schloss erschlossen.

Der süsse Wein von Engaddin (Cant. 1, 14.), der Wein der reinen
Minne, fliesst durch den Spiegel all in die Seele mein. Gott selbst ist
meiner Natur viel hohes Adelthum. Höre auf (tritt zurück vor mir)
Herr Seraph, viel höher bin ich geboren. Hoher, reicher Minner, du hast
mich umfangen, ich bin in Gott gegangen, ich blühe in der Minne und
stehe ewig!

Verbum caro factum est: das dünket mich so gut, das Wort in
dem Vater ward Fleisch und Blut. Wunder unergründlich! dass die
Gottheit Gott blieb unverwundet, da Christ vergoss sein Blut: das ist
unempfunden (vnder funden?) in seiner Ewigkeit; Christ empfing die
Wunden, der Gottheit Hüll und Kleid.

Gott der ist ein Reich, das niemand kann verstán,
Ueber alle gleichen, ohn irgend zu empfahn.
In allen Creaturen ein Leben ohne Wahn.
In sich selber einig: (doch) da ist er mir entgán.
Die Einheit die ich meine ist ewig, ohne Grund,
In sich selber einig, da ist sie niemand kund.
Doch ist Gott gemeine, damit, dass er ward wund,
Die drei Personen, einig, sind mir ein reicher Fund,
Sonder Grund gefunden. Hier bleiben ist so gut,
Da werden wir verschlungen in seiner Minne Gluth

Grundlose Minne, wohin bist du mir entgangen? Dich kann
niemand finden, wenn nicht mit dir selber. Steh als Untergrund, gewaltig Wort! Als unser Mund mache uns deine Minne kund!

Das zweite der Gedichte „von alledem, das nieder ist, bin ich ent-
laden". hat wenig Schwung: doch gehört auch es der eckhartischen
Richtung zu. Das Wesen zu schauen, das die Seraphim schauen und
doch nicht erkennen, das ist „mein Wesen" (mein bestes Sein). Die
„Gottheit" die erhöhet mich, seine „Unbekanntheit" scheint auf mich;
der Vater zücket das Herze mein mit seiner Minne.

Mit mehr Antheil des Gemüths und zugleich mit leichterer Handhabung der Form ist das dritte Gedicht verfasst, das in einfacher
schlichter Weise Weg und Ziel der Mystik in der Sprache der neueren
Schule zum Ausdruck bringt.

Die da wollen minnen
Das grundlose Gut,
Sollen treten über die Sinne:
Das machet feinen Muth.

O weiselose Weise,
Du bist so recht fein,
Du schwebest ob den Sinnen,
Da ist die Stätte dein.

O unverstanden Wesen,
Grundlos einig Sein!
Und ich mag nicht genesen,
Ich sei von allem frei.

Die hohe Kraft der Minne
Die hat mich unterstân,
Geführt in eine Stille,
Einförmig muss ich gân.

Wen die edel Minne
Begreifet zu einer Stund,
Geführt in eine Stille,

—

Also gethane Minne
Ward mir ein wenig kund
Die mich also verschlinget
In ihren tiefsten Grund.

O unverstanden Wesen,
Grundlos einig Sein!
Und ich mag wohl genesen,
Ich steh in Gotte frei.

Die Minne hat mich geführet
In ein Verlorenheit,
Allda ward ich umkleidet
Ganz mit Seinesheit.

O unverstanden Wesen,
Grundlos einig Sein;
Und ich mag wohl genesen,
Ich steh in Gotte frei.

Das vierte der Gedichte: „Ich will von der Minne singen, die in des Vaters Herzen brann" sagt von der Geburt des Sohnes, von der vollen Offenbarung des Vaters in ihm, von dem Blicken und Wiederblicken in Gott u. s. w. Es sind die durch Eckhart geläufigen Redeformen, nur in Reime gefasst.

Es mag sein, dass bedeutendere Gedichte der eckhartischen Schule noch verborgen liegen. Von den hier angeführten reicht keines an den Ernst, die Sinnigkeit und Schönheit des im ersten Bande mitgetheilten Liedes aus dem Ende des 13. Jahrhunderts.

4. Niederdeutschland und Thüringen.

1. Der jüngere Eckhart.

Einer der bedeutendsten Schüler Meister Eckhart's ist der junge Eckhart, „Bruder Eckhart, den man heisset den jungen", wie mehrere Stücke von ihm in einer Handschrift der Wiener Hofbibliothek (Nr. 2739) überschrieben sind. Gedruckt sind von dem jungen Eckhart zwei Predigten und ein Brief in der Cölner Ausgabe der Tauler'schen Predigten von 1543. Sehr wahrscheinlich ist er auch der Verfasser des wichtigen Tractats von der wirkenden und möglichen Vernunft, den eine der Handschriften „Eckhardus von Gründig" überschreibt. Ist er der Verfasser dieses Tractats, dann wäre seine Heimath wohl Grün-Dyk oder Grünendeich bei Stade im Hannoverschen, denn ein anderer Name dieser Art kommt wenigstens unter den jetzigen deutschen Ortsnamen nicht vor. Und ein Niederdeutscher ist der junge Eckhart; denn die Stücke der Wiener Handschrift deuten auf niederdeutschen Ursprung; er predigt in der sächsischen Provinz des Dominikanerordens auf einem Provinzialcapitel dieses Ordens 1325 zu Erfurt und stirbt als Definitor dieser Provinz auf der Rückkehr von dem Generalcapitel zu Valence in der Dauphiné im J. 1337.

In dem jüngeren Eckhart zeigt sich Innigkeit des Gemüths mit Nüchternheit und Klarheit gepaart. Die speculativen Fragen treten hinter den practischen zurück; aber wo er sie berührt, geschieht es mit Sicherheit, so dass man erkennt, dass er auch hier zu Hause und zu festen Resultaten gekommen ist. So selbständig alles erscheint, was er sagt, so steht er doch ganz in der Richtung Eckhart's. In einer seiner Predigten nennt er ihn den seligen Meister Eckhart. Die Frage vom Seelengrunde, vom Bilde, in welchem die mystische Vereinigung mit Gott geschieht, beschäftigt ihn vor andern, sie bildet den eigentlichen Mittelpunkt seiner Predigten.

Unser Herr, das ist der Gedankengang des ersten Stücks der Wiener Handschrift, verlangt von den Seinen steten Fleiss. Der Vollkommene achtet sich immer als einen beginnenden Menschen, denn bei unserer Schwachheit ist das Ausfallen aus Gott und das Abfallen ein häufiges. Kehren wir ein in Gott, so gebiert sich Gott in uns. Warum heisst das eine Geburt? Weil die Natur sich bei der Geburt ganz einträgt, und Gott trägt sich ganz in die Seele und gebiert da seinen Sohn, wenn die Seele sich ihm ganz entgegenträgt. Kehrt der Geist ganz in Gott ein, so wird er wiedergeboren in Gott und wird Ein Geist mit Gott und wirket Ein Werk und Ein Wesen und Ein Leben. Je öfter je näher, dass es ihm unmöglich dünkt, von Gott je geschieden zu werden. Aber ein entschiedenes volles Zukehren ist noth. Er will das Gemüth haben, nicht die Gedanken; die gehen hin mit den Sinnen wider unsern Willen; aber unseres Gemüthes sind wir gewaltig, so wir Fleiss haben (s. oben Bruder Kraft über den Willen). Dann tritt für das Nun der Zeit das Nun der Ewigkeit ein. Gott ist ein ausfliessend Wesen, das sich von Noth geben muss. Gott ist so fleissig, so gut — er kann nur geben. Er wirkt nichts neues; was er gibt, das hat er ewiglich gegeben, denn er ist nicht wandelbar. In dem Augenblick, da die Stätte bereit ist, füllet er alle Empfänglichkeit der Seele auf's höchste. Wir sollen nur den Fleiss haben, dass wir Gott nehmen in allen Zeiten und Weisen, wie die Bienen, die den Honig von allen Blumen nehmen.

„Gott will das Gemüth haben, nicht die Gedanken." Eckhart meint mit dem Gemüth das Wesen der Seele. Darüber äussert er sich näher in dem vierten Stücke der Wiener Handschrift (f. 205ᵃ): „Gemüth ist viel mehr denn Gedanke oder Vernunft oder Wille; das ist alles darinnen und fliesset von ihm aus. In göttlichem Wesen ist Vater und Sohn, und die Personen, nach denen die Kräfte gebildet sind, sind doch das Wesen nicht. Also fliessen die Kräfte aus dem Gemüthe und sind es doch nicht; es hat es alles und viel dazu. Wem Gott mehr in dem Gemüthe wohnet, der minnt ihn und kennt ihn; in dem ist auch Gott mehr und zumal. Ein jeglicher in dem Himmelreich hat Gott zumal; aber der eine hat Gott tausendfalt mehr denn der andere."

Der Mensch soll sich allezeit ansehen als einen anhebenden Menschen: so hiess es im ersten Stücke. Darüber ergeht er sich des weiteren im 5. Stücke (f. 209): „Recht angehoben geht immerfort. Das ist recht, das also ist wie es sein soll, und das ist der Fall, wenn man dies Werk mit Gott und in Gott und allein lauterlich blosslich um

Gottes willen beginnt, sondern alles andere warum — weder so noch
sonst, meint auch nicht hoch noch niedrig sein, sondern dass der Mensch
ausgehe und lasse Gott eingehn in allem und beginne es in ihm mit ihm
in einem ausser sich selber. Auch soll es der Mensch ott beginnen, so
wird es zuletzt wesentlich. Denn es mag nicht in allen Dingen die
Vollkommenheit sein, die billig sein sollte, es sei im Gebet oder Gnade
oder Werk. Darum soll man ein jegliches erneuen, erfrischen was an
ihm gebricht, dass man alles was ziemt, zum mindesten (das Hundertste)
erfülle, es sei ein Paternoster oder was das sei. Und wäre es auch
wohl, dass ihm nichts gebreche, so soll doch sich der Mensch nimmer
achten in keinem Thun, als ob er etwas thue.   Drei Dinge lerne:
Sei alle Wege als ein anhebender Mensch, das benimmt dir alle Träg-
heit. Du sollst sein allezeit in Gott heimlich, so bist du allezeit in
Freuden. Und nimm alle Dinge gleich von Gott, Lieb und Leid, so
bleibest du allewege in Frieden."

Mit den Wiener Stücken sich berührend und reich an Gedanken ist
auch die Predigt in der Sammlung der Tauler'schen Predigten (ed. 1543
f. 15) über die Worte *Ecce rex tuus venit.* Eckhart handelt da von
dem Reichthum, den der Sohn Gottes durch seine Menschwerdung uns
gebracht hat. Durch dieselbe könne er sich uns nun zur Speise geben:
die Creatur vermöge wohl zu trösten, aber nicht zu speisen. Da die
Person des Sohnes unterstehe dem Leib und der Seele des Herrn, so
könne Gott nun ganz unser eigen werden. Christi oberste Kräfte und
seine Vernunft schauen das göttliche Wesen und sein Wille gebraucht
es und darin liegt alle Seligkeit. So sind auch wir nun derselben Seligkeit empfänglich in derselben Weise, in der er selig ist, und können diese
auf Erden schon im Vorschmack haben. Da auch die niedersten Kräfte
und leiblichen Sinne in Christus so geeint waren, dass man sprechen
mag: Gott sah, Gott litt, so vermögen auch wir nun göttliche Werke
zu wirken. Weil wir geeint sind mit dem Haupte, so haben wir Gemeinschaft untereinander, so dass alles Gut der andern auch mein eigen ist.
Da wir nur durch und mit dem Sohn den Vater sehen und erkennen
mögen, so müssen wir mit Christus ein einiger Sohn sein. In der ewigen
Geburt sind nicht viele Söhne, sondern nur Ein Sohn: du musst daher
ein ewiges Ausfliessen sein mit dem ewigen Wort. Wie kommt man
dazu? Wie das ewige Wort menschliche Natur annahm, denn die
menschliche Natur ist ein Bild des Vaters, und sie annahm als eine
freie ungetheilte, so musst du nun abscheiden alles was Unterschied
macht und dich nehmen nach der Ungetheiltheit menschlicher Natur.

Denn der (einzelne) Mensch ist ein Zufall (Accidens) der Natur
(Gattung). Und so gewiss die menschliche Natur in Christo ein Sohn
des Vaters ist worden, so wirst auch du dann ein Sohn des Vaters mit
Christo. Scheide dich darum von allem Nicht (accidentellem), denn das
Nicht macht Unterschied. Eine Kraft ist in der Seele, die ist ge-
schieden von Nicht: in dieser Kraft ist nichts als Gott allein. Alle
deine Werke, wenn sie nicht eitel sein sollen, musst du von da aus
nehmen: an dieser Stätte ist Gott ganz dein eigen, wie er eigen des
Sohnes ist. Nur die Dinge leben, die Bewegung nehmen von ihrem
Ursprung.

2. Tractat von der wirkenden und möglichen Vernunft.

Die dem Originale am nächsten stehende Handschrift unseres
Tractats weist durch Schreibweise und einzelne Wortformen auf niederdeutschen Ursprung für den Tractat hin.[1] Eine der Handschriften bezeichnete als Verfasser einen Eckhart von Gründig. Das einzige
Gründyk oder Grünendeich, das wir kennen, liegt bei Stade. So weist
auch diese Aufschrift auf einen niederdeutschen Verfasser. Ich sprach
die Vermuthung aus, dass der jüngere Eckhart der Verfasser sei.
Dieser war ein Niederdeutscher. Die Zeit des Tractats fällt mit
der des jungen Eckhart zusammen. Denn der Tractat setzt das
Jahr 1302 voraus, da er von dem „Meister" Eckhart spricht, und
wenn, wie nach der ältesten Handschrift und ihrem Schreiber zu
schliessen ist, das Original „Meister" Thomas und nicht „Sanct"
Thomas geschrieben hat, so wird der Tractat noch vor 1323, als dem
Jahre, in welchem Thomas kanonisirt wurde, geschrieben sein. Auch die
Verwandtschaft einzelner Stellen mit Sätzen des jüngeren Eckhart
lassen in diesem den Verfasser vermuthen.

Der junge Eckhart sagt von der Geburt des Sohnes in uns:
„Darum scheide ab alles, was Unterschied macht, und nimm dich nach
der Ungetheiltheit menschlicher Natur. Denn der Mensch ist ein Zufall (Accidens) der Natur. Darum gehe ab und verliere alles was dir
Zufall anbringet, und nimm dich nach der freien ungetheilten
menschlichen Natur. So gewiss die menschliche Natur Sohn des

---

1) S. die Einleitung zu meiner Ausgabe des Tractats in den Sitzungsberichten der k. Akademie, Phil.-hist. Cl. 1871, S. 170. Zwei weitere Handschriften des Tractats, die eine im Besitze des Herausgebers von: Vier
Schriften von J. Rusbroek. Hann. 1848. die andere Cod. Nor. Cent. VI. 46 h.

Vaters ist worden, so wirst du dann auch ein Sohn des Vaters mit Christo." Und der Tractat fragt von der Geburt des Sohnes in der Seele ob dies Werk in den Kräften geschehe und verneint es: „denn wirkte Gott in den Kräften, so wirkte er in Zufall. Nun wirket Gott in keinen Zufall, sondern er wirket in Wesen, da er findet Ledigkeit, denn Wesen wirket nicht. Nun möchte man fragen, ob dies sei gesprochen von dem gemeinen Wesen der Seele? So mag man antworten: Ja."

In dem vierten der Wiener Stücke heisst es: „Ein jeglicher in dem Himmelreich hat Gott zumal, aber der eine hat Gott tausendfach mehr als der andere." Und der Tractat sagt: „Wenn ich Gott bekenne nach der Weise (dass Gott mein Verständniss überformt), so muss ich Gott bekennen allzumal. Hiemit will ich nicht sprechen, dass sie darum gleich seien in dem ewigen Leben."

Der junge Eckhart lehrt von dem Bilde Gottes in der Seele: „Gott hat sich seine Statt bereitet und behalten in der Seele, die nie ward noch nimmer wird von Creaturen berühret — das ist, da das Bild Gottes ist, das Gott so gleich ist, der das erkennte, der erkennte Gott. In diesem Grunde ist Gott ohne Unterlass." - Und: „Eine Kraft ist in der Seele, die ist geschieden von Nicht (dem Creatürlichen), und hat nichts gemein mit andern Dingen: denn in dieser Kraft ist nichts als Gott allein: der leuchtet allein in dieser Kraft".

Und der Tractat schreibt, eine Stelle aus Meister Eckhart von dem Bilde der Seele, das Eckhart einen Funken nenne, anführend: „dies ist so edel und Gott also gleich und ist so fern erhaben über Zeit und Statt, und ihm ist fremde alles das geschaffen ist — und ausser diesem Funken ist Gott nicht in der Wahrheit: denn wer Gott will finden, der suche ihn in diesem Funken."

Der junge Eckhart sagt: „Wenn sich der Geist da (in der Statt, wo das Bild Gottes ist) allzumal wiederkehrt in Gott, so wiedergebiert sich der Geist in Gott und wird da ein Wiederbilden und Wiedergebären in Gott und wird Ein Geist mit Gotte, und wirket Ein Werk (ein und dasselbe Werk) und Ein Wesen und Ein Leben". Und im Tractat heisst es: „Wo nun ist ein lediger Geist, der beraubet ist aller Werke, der mag leiden das vernünftige Werk Gottes. Also ist nicht vereint der Geist mit Gott, sondern also ist er Einer mit Gott. — Wenn sich Gott nimmt in diesem Funken, so gibt er sich diesem Funken, und wenn sich dieser Funke nimmt in Gott, so nimmt er sich lauter Gott."

Gehen wir nun zu dem Inhalt des Tractats selbst über.

Er geht von der Frage aus, ob das was die Seligkeit des Menschen
bewirke, etwas von Gott Geschaffenes oder ob es ein Uebernatürliches,
nämlich Gott selbst sei? Der Verfasser bekennt sich zuerst zu dem
Satze, dass die Vernunft des Menschen mittelst der Formen denke, die
sie der sinnlichen Welt entnehme, wolle sie aber Gott erkennen, so
müsse sie abgehen dieses ihres eigenen Werkes und sich halten ledig
und in einem lauteren Leiden, um den Eindruck der göttlichen Form
zu empfangen. Wenn dieses geschehe, dann vermöge sie Gott auf unendliche Weise zu erkennen. Er geht dann zu der Frage über, ob
dieses Werk der Ueberformung mit der göttlichen Form, oder die Geburt Gottes in der Seele, in den Kräften oder im Wesen der Seele geschehe, und er sagt, es geschehe im Wesen der Seele. Nun ist die
Frage, ob dieses Wesen das geschaffene Wesen der Seele sei, oder ein
Etwas in diesem Wesen, das ungeschaffen und ein Theil des göttlichen
Wesens selbst sei, wie Eckhart lehrt. Der Verfasser bekennt sich hier
abweichend von Meister Eckhart zur Lehre Dietrich's, der jenes Etwas,
das den Menschen selig mache, weil er darin die volle Erkenntniss
Gottes besitze, als etwas Geschaffenes ansehe. Dieses geschaffene Sein
nenne Dietrich die wirkende Vernunft. Diese sei ein in sich seliges
Sein, das in Gott ein- und ausfliesse, etwas das selig sei von Natur.
Und nun komme es darauf an, dass die andere Vernunft, die eine mögliche Vernunft heisse, und die dem Geiste eigene, sofern er ein Zeit-
wesen sei und im Leibe lebe, von jener wirkenden Vernunft überformt
werde. Die Seligkeit des Menschen bestehe somit darin, dass das, was
an sich selig sei von Natur, überforme das, was nicht selig sei von
Natur, nämlich die mögliche Vernunft. Den Menschen dahin zu
bringen sei nun die göttliche Gnade wirksam, die eine von Gott geschaffene creatürliche Form sei, welche in die Kräfte des Menschen
(Vernunft und Wille) gegeben werde, um sie fähig zu machen von der
wirkenden Vernunft überformt zu werden. Diese wirkende Vernunft
gleicht den Intelligenzen, die geschaffen sind wie die Engel, aber
nicht in sich selber stehen, sondern nur ein geschaffenes Sein sind, das
in Gott aus- und einfliesst. Die wirkende Vernunft ist in allen intelli-
genten Wesen von Natur, auch in dem Teufel und den Verdammten. Die
ewige Pein besteht darin, dass die Verdammten die Zeit der Gnade
nicht benützt haben, um sich zu befähigen für die Ueberformung durch
die wirkende Vernunft, und dass sie nun, in unbereuter Todsünde gestorben, für ewig nicht mehr von ihr überformt werden können.

Der Tractat berührt eine Frage, bei welcher es sich um die Grenze zwischen Pantheismus und Theismus zu handeln scheint. Der Verfasser bekennt sich, vielleicht von dem Bedenken geleitet, dass die Lehre Meister Eckhart's vom Funken der Seele zum Pantheismus führe, zu Dietrich's Auffassung, welche das Bild im Wesen der Seele, den *intellectus agens*, das was Eckhart den Funken nennt, als ein geschaffenes Sein auffasst. Aber dieses Sein, welches die höchste Erkenntniss, die Erkenntniss Gottes möglich macht, befähigt, obwohl geschaffen, den Menschen doch, Gott auf adäquate, d. h. unendliche Weise zu erkennen, denn es ist ein vernünftig Bild der göttlichen Vernunft. Wie er mit diesen Auffassungen in Gegensatz zu Thomas tritt, das wird sich weiter unten zeigen, wo wir einzelne Lehrfragen vergleichend erörtern werden.

3. Tractat von der Minne.

Mit dem Tractat von der Vernunft berührt sich ein bisher unbekannter und wichtiger Tractat über die Minne, welcher sich in einer Nürnberger Handschrift findet.[1] Er scheint noch bei Lebzeiten Eckhart's geschrieben, denn wenn der Verfasser bei der Vertheidigung Eckhart's sagt: der Meister meint nicht, mag nicht meinen, so könnten zwar diese Präsentia selbstverständlicher Weise auch von einem Verstorbenen gesagt sein; allein sollte der Tractat der Rechtfertigung eines Todten dienen, eines der unter Anklage auf Ketzerei gestorben ist, dann würde sicher die Beziehung auf andere Stellen seiner Schriften nicht fehlen, die Abwehr wohl auch minder unbefangen und frei sein, und doch wohl an der einen oder andern Stelle, wo von dem, was Eckhart gemeint habe, die Rede ist, eine Präteritalform sich eingeschlichen haben. Es scheint mir der Tractat in die letzten Jahre Eckhart's zu fallen, wo er bereits wegen einzelner seiner Sätze stark angefochten war, aber Meister wie Schüler noch mit unbefangenem Freimuth, ja wie in herausfordernder Weise den hergebrachten Anschauungen gegenübertraten. Von der wirkenden Vernunft handelnd sagt der Verfasser: das ist das ungeschaffene in der Seele, davon Meister Eckhart spricht. Würde dem Verfasser schon bekannt gewesen sein, dass Eckhart wegen dieser Lehre von der Inquisition des Erzbischofs von Cöln angeschuldigt wie nachher vom Papste verurtheilt worden sei, und würde er von der eigenen Vertheidigung Eckhart's

---

1) *Cod. Nor. VI. 46ᵇ.* S. Anhang.

hierüber im J. 1327 etwas gewusst haben, er würde nicht so unbefangen diesen Satz hier anführen, während er doch sich gedrungen fühlt, Eckhart gegen einen andern angefochtenen Ausdruck in Schutz zu nehmen.

In die letzte Zeit Eckhart's aber für unsern Tractat führt uns nicht bloss die in demselben geführte Vertheidigung der eckhartischen Lehre, dass Gott sei förmlich Wesen der Creaturen, sondern auch die Anführung des Thomas mit den Worten: also spricht der heilig Meister Bruder Thomas. Bei dieser Wortstellung und Verbindung ist kein Grund anzunehmen, dass das Wort „heilig" oder „der heilig Meister" von einem späteren Abschreiber eingeschoben worden sei. Es würde dann diese Stelle verbunden mit den oben dargelegten Wahrnehmungen uns für die Abfassung des Tractats in die Jahre 1323—1326 weisen.

Der Verfasser ist ein Schüler Eckhart's aus dessen letzter Zeit, schulmässig durchgebildet, geistig frei und selbständig und sich dessen bewusst. Offen spricht er seinen Gegensatz zu herrschenden Meinungen aus, und aus der Art, wie er es thut, merkt man, wie hoch über die alten Anschauungen hinaus ihm das Neue erscheint, das er im Gefolge seines Meisters vertritt. Wir haben keine Anhaltspunkte, um mit Bestimmtheit den Tractat diesem oder jenem Lande zuzutheilen. Auf die Sprache der Handschrift, die dem 15. Jahrhundert angehört und in Süddeutschland geschrieben ist, ist hier nicht zu gehen. Dem Inhalte nach weist der Tractat auf die Cölner Schule Eckhart's. Ich reihe ihn an den Tractat von der Vernunft, weil er sich vielfach mit demselben berührt und die dort verhandelten Fragen zum Theil auch hier wiederkehren. Doch ist der Verfasser keineswegs derselbe mit jenem des Tractats von der Vernunft. Er geht weiter als Eckhart von Gründig, schliesst sich mehr noch an Eckhart an als jener, und hat auch in der Entwicklung seiner Sätze eine strengere, schulmässigere Ordnung.

Der Gedankengang des Tractats ist folgender: Die Meister halten die Minne, mit der wir Gott minnen, für eine geschaffene Form oder eingegossene Tugend, welche den Willen zu Werken der Minne geneigt macht. Gegen diese herrschende kirchliche Auffassung, welche an die Stelle der unmittelbaren persönlichen Einwirkung des göttlichen Geistes eine bloss sachliche, geschaffene Kraft setzt, spricht er mit Augustin, dass nicht allein der *habitus* zur Minne sei ungeschaffen, sondern dass auch das Werk (das Wirken) das aus dem *habitus* oder der Richtung zur Minne entspringt, der heilige Geist selber sei, denn Johannes sage: Gott ist die Minne. Erst will er die Wahrheit seines

Satzes beweisen, dann die entgegengesetzte Meinung widerlegen, und endlich zeigen, wie Gott mit dem Menschen vereint werde als Minne und nicht als Wesen.

Wenn es heisse: Gott ist die Minne, so sei damit gesagt, dass die Minne, mit der Gott sich und die Creaturen minnet, er selber sei. Denn die Minne, mit der Gott sich selbst minnet, ist dem Wesen nach identisch mit dem göttlichen Wesen. Da wir ferner Gott nicht erkennen können als mit der Erkenntniss, die Gott selber ist, die Neigung des Willens aber, Gott zu minnen, aus der Erkenntniss entspringt, so kann auch die Minne, mit der wir Gott minnen, nur Gott selber sein. Dass wir aber Gott nur erkennen können mit der Erkenntniss, die er selber ist, geht aus folgendem hervor: Object für unsere Vernunft in dem ewigen Leben ist die ungemessene Vernunft Gottes, die alle Dinge spricht. Folglich muss unsere Vernunft etwas haben, das fähig ist alle Dinge zu vernehmen (vgl. Sterngassen). Nun aber ist keine Vernunft im Stande, an sich und aus sich selbst alle Dinge zu vernehmen ausser der göttlichen Vernunft, darum können wir nur mit der Erkenntniss, die Gott selbst ist, Gott erkennen. Auch die Intelligenzen sind nicht im Stande, Gott völlig zu erkennen, wenn man ihre Erkenntniss als geschaffene Erkenntniss fasst; denn göttliches Wesen ist alle Dinge in einer ungemessenen Weise, kann darum auch nur erkannt werden mit einer Erkenntniss, die alle Dinge ist in einer ungemessenen Weise. Auch in diesem Leben können wir nur mittelst der Erkenntniss, die Gott selbst ist, Gott erkennen; denn jede andere Form, mittelst welcher wir erkennen, zieht die Vernunft aus ihr selbst auf ein anderes Nicht anstatt auf Gott, der in ihr ist. Die wirkende Vernunft, die Gott ist, kann sich aber mit unserer möglichen Vernunft nur insofern vereinen, als sie Erkenntnissform ist, wie Hitze sich nicht vereinen mag mit einem Gegenstande ausser als Hitze. Sie ist das Licht, das wir nicht selbst sehen, mit dem wir aber Gott, ja eine jede Wahrheit sowohl in diesem wie in jenem Leben erkennen. Daraus folgt nun aber, dass wir auch Gott nur minnen können mit der Minne, die er selber ist; denn die Minne ist eine Neigung des Willens, die aus der Erkenntniss der Vernunft entspringt. Aber auch aus einem andern Grunde folgt, dass wir Gott nur mit solcher Minne minnen können. Denn alle geben zu, dass unsere Minne in's Unendliche wachsen könne. Daraus folgt aber, dass es die göttliche Minne selbst sei, mit der wir minnen; denn wäre sie eine geschaffene Form, so könnte sie nicht auf unendliche Weise zunehmen.

Die Einwürfe dass der Mensch nur in dem Falle Gott leicht und frei zu minnen vermöge, wenn seine Minne aus einem geschaffenen *habitus* entspringe, erscheinen dem Verfasser als nichtig; denn weder die Leichtigkeit noch die Freiheit leiden darunter, wenn wir in der Kraft des heiligen Geistes selbst und nicht in Kraft einer geschaffenen Form minnen. Nichts vermöge so schnell zu bewegen als der heilige Geist, und keine geschaffene Form könne dem Menschen so innerlich werden als der heilige Geist selbst. Doch will der Verfasser deshalb nicht sagen, dass unsere Minne allein vom heiligen Geiste sei; sie ist auch von Freiheit des Willens, doch also, dass der Mensch in Minne mehr wird gewirkt, als er selbst wirket, wie Paulus sagt: „die von dem Geiste Gottes geführt werden, die sind Gottes Kinder".

Diese Erkenntniss und Minne nun, die Gott selber ist, ist das Ungeschaffene in der Seele, von dem Meister Eckhart redet, das vereint wird einer jeglichen Creatur in allen vernünftigen Werken, so dass ein jeglicher in aller vernünftigen Erkenntniss das ewige Wort gebiert.

Zu dem dritten Thema übergehend, wie Gott dem Menschen vereint werde als Minne, nicht als Wesen, wird der Verfasser zum Vertheidiger Eckhart's, dessen Ausdruck „dass Gott sei förmlich Wesen der Creaturen" man dahin missverstanden habe, dass Gott mit dem Menschen dem Wesen nach eins werde (vgl. auch die Abwehr bei Sterngassen und unten die ähnliche Suso's). Wir übergehen hier diese Vertheidigung, da wir sie weiter unten noch zu besprechen haben, wo die Meinungen der Schule über einzelne Lehrfragen vergleichend zu erörtern sein werden.

4. Helwic von Germar.

In Erfurt wirkte in der ersten Hälfte des 14. Jahrhunderts als Lesemeister Helwic von Germar, unter den Schülern Eckhart's, die dem Erfurter Kreise angehören, an speculativer Begabung wohl der bedeutendste. Wir haben von ihm leider nur zwei Predigten; sie beschäftigen sich mit den Fragen von der innergöttlichen Offenbarung und von dem Seelengrunde, und zeigen uns, dass er die letzte Stufe der Speculation Eckhart's vertritt. Er berührt nicht bloss diese höchsten Fragen, er spricht die Resultate der eckhartischen Theosophie nicht bloss dem Meister nach; wir sehen ihn vielmehr selbständig suchen und schliessen, und er ist sich seiner selbständigen Erkenntniss

auch im Gegensatz zu andern bewusst, wenn er in Bezug auf das
Wesen der innergöttlichen Offenbarung im Blick auf die Mehrzahl der
Lehrer sagt: Es sind wenige, die es verstehen.

Mit dem Verfasser des Tractats von der Minne bestreitet er in der
ersten Predigt: *qui videt me, videt et patrem meum*, dass die Ueberformung durch die wirkende Vernunft zur wahren Erkenntniss Gottes
führe; er bestreitet dies, weil er hier die wirkende Vernunft im Sinne
einer geschaffenen Kraft auffasst. Davon vielmehr, dass die mögliche
Vernunft Gott selbst in sich empfäht und sein Werk leidet, wird sie
zur Erkenntniss Gott erhoben. Er unterscheidet an den Dingen Materie
und Natur. Nach seiner Natur kann das Feuer nur hitzen, nach seiner
Materie kann es Wasser werden etc. Mit der letzteren vergleicht er
die mögliche Vernunft. Die Seele hat eine Möglichkeit, Gott in sich
zu leiden, der sie vollkommen macht und also aus ihr selber (ihrer
Natur) erhebt, dass sie ihn erkennen mag. Materie ist das mögliche,
also das noch nicht seiende Sein, uarum das Unerkennbare. Je näher
etwas der Materie ist, desto unerkennbarer ist es. Es ist darum nichts
so erkennbar als Gott, denn sein Wesen ist zumal lauter und unbe-
zwungen und in sich gesammelt. Dass wir ihn nicht erkennen, daran
ist unser krankes Auge schuld.[1] Nun aber können wir im Sohn den
Vater erkennen. Denn der Vater ist das „Bekenntniss" (das Erkennende), der Sohn „die Bekenntlichkeit" (das, mittelst dessen der Erkennende erkennt). „Nicht ist das da bekenne den Vater als der Sohn"
(Matth. 11, 27). Hier kann unter dem Sohne nicht die Person des
Sohns gemeint sein, denn dann würde der Vater sich selber nicht erkennen, noch auch der heilige Geist: es kann also dies Wort nur so
verstanden werden, dass nichts den Vater erkenne, als was dieselbe
Natur hat, wie der Sohn, also heisst es: nichts erkennt den Vater als
die Natur der Gottheit, die den drei Personen gemeinsam ist. Wenn
man vom Sohne sagt, er sei „das Bekenntniss des Vaters", und damit
meint, dass der Vater nur sich mittelst des Sohnes als eines Spiegels
erkenne, so ist das falsch; denn dann wäre der Sohn ein Ursprung des
Vaters, da der Vater eben Vater ist als der Erkennende. Aber es ist
dreierlei Fluss in Gott. Der Vater fliesset in sich selber in seiner Natur,
ehe er etwas erkennt und will: der andere Fluss ist, dass sich der

---

1) Cf. Thom. S. III, qu. 92. a. 1: *Sicut autem secundum naturam suam
est maxime ens, ita et secundum se est maxime intelligibilis. Sed quod a nobis
quandoque non intelligatur, est ex defectu nostro.*

Vater kehrt auf sich und erkennet sich selber und alles das in ihm ist; der dritte Fluss ist sein Wille. Dass der Vater die Creaturen erkennt, ist nicht Ursache ihrer Schöpfung — Ursache ist sein Wille. Der Vater betrachtet — der Sohn ist die Frucht dieser Betrachtung, das Wort, der vollendete Gedanke — der heilige Geist führt dieses Wort in des Menschen Seele — Sei demüthig, gesammelt, eins: so wird das Wort in dir geboren.

In der zweiten Predigt *Praedica verbum* sagt er von der Geburt dieses Wortes: die Seele hat eine Kraft, die sonder Materie, Zeit und Statt wirket. Wenn die Seele in dieser höchsten Kraft steht allein, so spricht der Vater ein Wort in diese Kraft, und gebiert seinen Sohn in diese Kraft, und empfähet sich selber in sich selber in diese Kraft. Also wird das ewige Wort empfangen in der Seele. Dies ist das Kind und das Wort, das wir sollen hervorbringen. Die Seele muss sehr lauter sein, in der dies Kind geboren werden soll, denn der Vater gebiert dies Kind nirgends denn in der Ewigkeit. Also muss die Seele gezogen sein in Gottes Ewigkeit, da mag sie empfangen das ewige Wort.

Wir sehen, die Ewigkeit, in der das ewige Wort geboren wird, ist nichts ausser dem Menschen, sondern eben jene Kraft, die der Seele immanent ist. Es ist der Seelengrund, der Funke Eckhart's, den er in seiner letzten Periode als etwas Ungeschaffenes bezeichnet. So folgt Helwic von Germar dem Meister nach in der Auffassung der göttlichen Natur als der ersten unmittelbaren Spiegelung des göttlichen Wesens, an der der Vater Vater wird, das heisst sich selbst erkennt, und mittelst deren als des unpersönlichen Wortes das persönliche Wort geboren wird; und er folgt dem Meister nach in der Auffassung des Seelengrundes als eines Ungeschaffenen, in welchem die Ueberformung geschieht; und von der so bewirkten Geburt des ewigen Wortes im Seelengrunde aus lässt er dann den Menschen erneuert werden. Denn dieses in jener Kraft geborne Wort „leuchtet als ein Licht der Wahrheit in den Geist, und wirkt durch den Geist in den Kräften der Seele und in den Werken und Sitten und Wandel. So wird das Wort hervorgebracht, das Paulus meint" (2. Tim. 4, 2).

5. Zwei ungenannte Lesemeister der Franziskaner.

In der Oxforder Handschrift findet sich die Predigt eines Barfüsser Lesemeisters über die Worte *Ecce nova facio omnia* (Offb. 21, 5).

Der Verfasser steht unter den Einwirkungen der eckhartischen Mystik,
aber die der Schule Eckhart's wesentlichen Fragen finden in ihm kein
Vertretung. Elemente der eckhartischen Mystik finden sich auch bei
einem zweiten Lesemeister der Franziskaner, dessen Tractate Pfeiffer
im 8. Bande von Haupt's Zeitschrift mitgetheilt hat. Wir besprechen
an dieser Stelle ihre Abhandlungen, weil Fragen in ihnen berührt
sind, welche von den Schülern Eckhart's im Gegensatz zu dem von
diesen beiden Lesemeistern gegebenen Antworten entschieden werden.
Der Lesemeister der Oxforder Handschrift scheint in Erfurt gelehrt zu
haben. Seine Predigt ist inhaltreich und zeigt überall ein Bestreben,
die Gedanken von einander abzuleiten, aber es ist dabei kein tieferes
principielles Denken ersichtlich; auch an Klarheit und Bestimmtheit
lässt er es zuweilen fehlen. *Ecce nova facio omnia* — an diese vier
Worte knüpft er nacheinander seine Gedanken an. Das Wort: „Siehe"
setzt ein nur theilweise Erkanntes voraus. Der Aufmunterung entspricht ein Sich verwundern. Wo Verwundern, da ist Forschen und
Fragen. Bei den Heiligen im Himmel ist kein volles Erkennen Gottes,
daher stetes Wundern und Fragen. Wollen wir mit ihnen vereinigt
werden, so müssen wir ihnen gleich zu werden trachten. Mit der Wirksamkeit, die im Sinnenleben sich bewegt, kommen wir nicht empor,
finden, verdienen wir Gott nicht. Nur das Wirken der Vernunft thut
das. Sie vermag in allen Dingen Gott zu finden. Wir finden Gott
in uns selbst, je weniger wir uns selbst in uns finden wollen, je mehr
wir in ihm verwerden und zu nichte werden. „Neu" macht er alles.
Die Seligen haben alles in einer Neuheit und Frische. Deshalb ist da
immer Lust ohne Verdruss. Wollen wir in der Zeit in steter Neuheit
und Frische sein, so müssen wir steten Fleiss (s. Eckhart den jüngeren)
haben, d. h. Achtsamkeit, dass sich die sündige Natur nicht unver-
merkt einmenge, wenn die innere Stimme, die uns warnet und treibet,
schwächer ist. Da glauben wir dann wohl mit Zustimmung der Gnade z. B.
gemächlich leben zu dürfen, und sind durch die Natur betrogen. Steter
Fleiss, dass der Wille allezeit auf Gott gerichtet bleibe, bewahrt uns
davor und erhält uns in Neuheit und Frische. „Ich mache". Das
eigentliche Werk der Heiligen ist Minne. Minne ist das grösste Werk.
Zu erkennen, was Minne sei, ist unmöglich. Denn eine Sache erkennt
man nur, wenn man ihre Ursache und ihr Ziel erkennt. Nun ist Gott,
die Ursache der Minne, unerkennbar. Minne versetzt uns in Gott. Gott
in uns. Von dieser Einung wird der Mensch gottähnlich, dass er göttliche
Werke wirket zu allen Zeiten. Darum spricht man, dass die Werke

der Heiligen im Himmel allmächtig sind, denn Gott wirkt in ihnen.
Wir können Gott nicht verdienen, Gott verdient sich selbst in uns.
Wer darum in der wahren Minne ist, der thut nicht das Auge auf oder
zu, ohne dass es ewigen Lohnes werth wäre. Ein solcher nimmt ewig
zu. „Alles" macht er neu. Gott ist alle Dinge in allen Dingen.
Darum sollen wir kein Ding nehmen als es in sich selber ist, sondern
Gott sollen wir nehmen in allen Dingen, und alle Dinge nur, soviel sie
uns in Gott tragen. Gott ist nicht ein Ding; er ist, aber er ist über
allem, das da ist, und über allem, das Vernunft begreifen mag. Darum
nennt ihn ein Meister (Dionysius) eine Finsterniss. Das was wir erkennen zeigt nur, wie gross das ist, was wir nicht erkennen, gleichwie
ein Licht, das in eine grosse Finsterniss gehalten wird, nur die Grösse
dieser Finsterniss erst recht offenbart. Die Schrift spricht (s. Bonaventura I, 258), dass Gottes Punkt (Centrum) erfüllet alle Dinge und
sein Zirkel ist nirgends. Der Mittelpunkt ist gleich fern von allen
Punkten des Zirkels. So tief auch die Heiligen in Gott kommen mögen
mit ihrer Erkenntniss, so sind sie ihm damit nicht näher als da sie
anfingen.

„Die Brüder und Lesemeister im Predigerorden", so bemerkt der
Sammler der Oxforder Predigten zu dieser Predigt des Barfüssers,
„halten nicht Ein Wort, das er setzet, indem er spricht: das allerhöchste Werk und das grösste der Seligen im Himmelreich sei Minne.
Es ist Erkenntniss, sprechen die Prediger und haben wahr."

Die hier berührte Frage wird in gleicher Weise beantwortet wie
von dem Verfasser der eben dargelegten Predigt in einem der fünf
namenlosen Tractate, welche Pfeiffer in Haupt's Zeitschrift[1] veröffentlicht hat. Der erste dieser Tractate erörtert zuerst das Verhältniss der
Intelligenzen, die er „verständerinnen" nennt, zu Gott. Im Unterschiede von Theodorich von Freiburg (s. I, 302 ff.) und von dem Verfasser des Tractats von der wirkenden Vernunft, welche das unmittelbare Schauen Gottes das Wesen der Intelligenzen selbst sein
lassen, lässt er sie nur die Träger der Weltideen sein.[2] Noch ver-

----

1) Z. f. d. A. VIII, 422 ff.
2) Tractat v. d. Vern. a. a. O. S. 187: „wan waz sie niht versten in
irem wesen, daz entlerent si ouch niht. 181: Wan nu ir wesen ir würken
ist und ir vernunftec würken daz ist, daz sie got schouwet sunder mittel,
dar umbe muoz daz von not sin, daz si saelec si von naturen (Von der
wirkenden Vernunft ist in dieser zuletzt angeführten Stelle die Rede.

schiedene andere Fragen behandelt dieser erste Tractat. Warum die
„Wiedertragungen" (Relationen) in Gott, welche den Unterschied der
Personen begründen, nicht auch einen Unterschied im göttlichen Wesen
bewirken? wie das Verhältniss der menschlichen Natur zur göttlichen
Natur und Person in Christus zu fassen sei? welches das Verhältniss
der Erkenntniss Gottes zu der der Engel und der Menschen sei? Der
Verfasser lehnt sich hier vorherrschend an Thomas an. In Bezug auf
die Ideen sagt er: „Das einfältige göttliche Wesen ist eine einfältige
Form oder Bild aller Dinge in der Wahrheit und hat nach einer Weise
viele Bilder in Ordnung zu den Creaturen, und da denn die wahre
Einigkeit dieses Bildes (so wohl nach der einen Lesart: Pfeiffer hat die
andere „disse Bilde" in den Text aufgenommen) nach der (dieser)
Weise Gott versteht, darum spricht Sanctus Augustinus, unterweilen
auch andere Heilige, dass Gott alle Dinge verstehe mit Einem Bilde,
und unterweilen so sprechen sie, dass er ein jeglich Ding verstehe
mit einem besonderen Bilde."

Auch die Stücke 2—4 bei Pfeiffer gehören demselben Verfasser
an, wie Stil, Behandlungsweise und Inhalt sofort beweisen.[1] Das zweite
beschäftigt sich mit Fragen über das heil. Abendmahl, mit der Lehre
von der Brodverwandlung, der Allgegenwart des Leibes Christi, dem
Innewohnen desselben im Brode, dem Rückhalt für die Accidentien des
Brodes nach der Wandlung.

Das dritte Stück handelt unter anderm von „dem alten Kriege
unter den Meistern", ob die Seligkeit mehr liege an der Minne oder an

welche den Intelligenzen gleichgestellt wird). Dagegen Haupt VIII, 125:
aber din verstanderinne wie das were, das siu alliu ding verstat verstande
ir wesen, doch die erste sache verstet siu niht verstande ir wesen.

1) Vgl. z. B. S. 431 Stück 1: ein iegelich ding wirt verstanden mit
sime glichnisse, das in dem verstentnisse sin muos, das es verstan sol.
S. 431: unde dar umbe darf ein iegelich verstentnisse bilde der dinge, diu
es verstan sol, wand siu mit ir selbes wesenne dem verstentnisse gegenwertig niut mügent sin, möhten aber siu mit ir selbes wesen im sin
gegenwertig, als si sint mit iren bilden, so verstüende es si vil bas danne
es nu tuo — und Stück III, S. 442: ein ieglichiu kraft, siu si verstentlich
oder sinlich, sol si etwas bekennen oder begrifen, das muos ir gegen-
würtig sin entweder mit im selber oder mit sime gelichnisse — vil bas
wurde es verstanden dan es nu mit sime glichnisse tuo — und Stück IV,
S. 450: wand das ding mit ime selber dem verstentnisse niht gegenwertig
mag sin, da von so muos es ime gegenwertig sin mit sime bilde oder mit
sime glichnisse — möhte es aber mit im selber gegenwertig sin, vil bas
wurde es verstanden mit im selber dan mit dem bilde.

der Erkenntniss? und entscheidet sich schliesslich für die Minne. Denn
„Minne folgt der Erkenntniss nach, und bei jeglichem Werke, das nicht
abnehmend ist ist das letzte das vollkommenste". Auch „vereint
Minne mehr als Verstehn. Denn wenn es auch an dem ist, dass wir
dort verstehn sollen sonder alle Gleichnisse, ohne Mittel, so liegt
doch in der Natur des Verständnisses, dass ihm genüget mit einem
Bilde des Dinges das es verstehen soll. Aber der Minne genügt
mit keinem Bilde, sondern sie will sich ganz vereinen dem das sie
minnet."

Diese Argumente sind darum von Interesse, weil sie einen Anhaltspunkt bieten für die Zeit und den Verfasser. Denn aller Wahrscheinlichkeit nach haben wir hier „den Meister", gegen den Giseler von
Slatheim in der fünften später noch zu besprechenden Predigt der
Oxforder Handschrift polemisirt. Dieser sagt da: Ein Meister spricht,
dass die Einung der Minne grösser sei in dem ewigen Leben, denn der
Vernunft, denn Vernunft ziehet in sich ein Gleichniss des, das sie bekennt, und ihr genüget. Sie begehret nicht mehr eins zu sein denn in
dem Gleichniss; aber Minne, spricht er, will eins sein mit ihrem Lieben
ohne Gleichniss. Hier haben wir das zweite Argument in fast wört-
licher Anführung. Giseler widerlegt das mit dem Satze, dass Minne
sich auswerfe, die Vernunft einnehme und lauterlich eins werde mit
dem, das sie erkennet. Auch das andere Argument führt Giseler an,
„dass an allen Dingen, die da sind im werden (s. o.: an jeglichem Dinge,
das nicht abnehmend ist), behält das letzte Ende mehr Adels an dem
Ende, denn an dem Beginne". Das ist wahr, so wendet Giseler ein, an
den Dingen die in der Zeit sind: es ist aber von Gnaden, davon ich
nun spreche u. s. w. Dazu kommt noch die ganz unverkennbare Beziehung Giseler's auf einzelne Ausdrücke. So heisst es in unserem
Tractat: „die andere Rede, womit sie das bewähren, die bindet
mehr". Und „sehet, welche allermeist binden und glaubet". Und dagegen die ironische Bemerkung Giseler's am Schlusse seiner Wider-
legung: „hier sind die Bändelein zerbrochen lichten Sinnen". Es ist
nun wohl nicht bloss dieser Tractat des Meisters, den Giseler im Auge
hat, denn er führt noch andere Argumente desselben Meisters an, die
hier sich nicht finden: aber die wörtlichen Beziehungen sind zu auffallend, als dass wir nicht in dem von Giseler bekämpften Meister
unseren Meister erkennen sollten.

Nun sagt die Einleitung zu der Predigt Giseler's, dass derselbe
hier gegen die Barfüsser disputire. So haben wir also in dem Verfasser

unseres Tractats sehr wahrscheinlich einen Lesemeister dieses Ordens
vor uns, und da einzelnes in der Sprache (z. B. gene für jene) an Köln
erinnert, wo auch Giseler eine Zeit lang Lesemeister war, einen Meister
der zu Köln gelehrt hat.

Offenbart sich nun auch in diesem dritten Tractat eine Differenz
des Verfassers von der eckhartischen Schule, so zeigt er sich doch in
vielen seiner Sätze durch die neuere mystische Richtung beeinflusst.
Wir sehen dies im 1. Tractat, wo er specifisch eckhartische Fragen,
wie von der Geburt des Worts in der Seele und von der Minne, mit
der wir Gott minnen, behandelt. Wir kennen Eckhart's Lehre, nach
welcher der Vater in dem von der göttlichen Natur (der wirkenden Vernunft) überformten Wesen der Seele seinen Sohn ebenso gebiert, wie er
ihn von Ewigkeit her gebiert. Und annähernd an Eckhart's Auffassung
sagt unser Verfasser: Meine Seligkeit liegt auch daran, dass ich
tretend werde in eine Gemeinschaft der ewigen Geburt und werde in
etlicher Weise gewinnend einen gemeinen Sohn mit dem ewigen
Vater und eine gemeine Minne mit ihm. Die Worte „in etlicher Weise"
zeigen die Differenz von Eckhart an. Die Seligen, so lehrt er ferner,
erkennen Gott vollkommenlich, wenn sie ihn auch nicht begreifen, d. h.
wenn sie ihn auch nicht in unendlicher Weise erkennen. Auch mit dieser
letzteren Limitation weicht der Verfasser von einzelnen Vertretern der
eckhartischen Schule ab (vgl. den Tractat von der wirkenden und möglichen Vernunft). Seine Meinung erläuternd sagt der Verfasser: Jeglicher vollkommenen Erkenntniss folgt nach ein Sprechen des Worts
(in welchem das Erkannte Gestalt gewinnt). Das Wort, das ich von
den Dingen spreche, offenbart des Dinges Natur. Nun offenbart sich
das göttliche Wesen den Seligen unmittelbar; Gott ist dem Verständ-
nisse nicht mit Bild, sondern mit sich selber gegenwärtig: folglich ist
das Wort, das die Seligen sprechen, göttlich Wesen. Aber es ist dies
Wort nicht ein Wort persönlich, sondern ein wesentlich Wort: es mag
auch nicht ein Sohn unseres Verständnisses heissen, denn es fliesset
nicht von unserem Verständniss und ist nicht diesem unserem Verständniss gleich an der Natur: darum kann es nicht in Wahrheit ein
Sohn in Bezug auf unser Verständniss heissen. In ähnlicher Weise
argumentirt der Verfasser in Bezug auf die Minne. Minne, so sagt er,
ist eine Neigung, welche nachfolget einer Form, die in dem Verständniss empfangen ist. Die Form nun, die in dem Verständniss der Seligen empfangen ist, ist die formlose, unmässige (über
alles Mass hinausgehende) Form des göttlichen Wesens: darum

mag die Minne oder Neigung, die der Form nachfolgt, nicht wohl mässig
sein   also wird der Seligen Minne etlicher Massen unmässig.[1]

6. Giseler von Slatheim.

Giseler wahrscheinlich aus dem eine Tagereise nordwestlich von
Erfurt gelegenen Schlotheim gehörte dem Dominikanerorden an und
war in der ersten Hälfte des 14. Jahrhunderts Lesemeister zu Cöln
und zu Erfurt. Er ist für die Geschichte der Mystik von besonderer
Wichtigkeit nicht sowohl durch seine eigene Geistesarbeit, wiewohl
auch diese nicht unbedeutend ist, als durch sein ausgebreitetes Wissen
und durch die Fülle von Mittheilungen, die er uns in seinen beiden
grossen Sammelwerken, den Predigten über die Evangelien und
Episteln des Kirchenjahres und denen über das Leben der Heiligen,
aus der mystischen Literatur seiner Zeit gemacht hat. Wie gezeigt ist,
hat er das erstere Werk in den Jahren 1323--1337 zu Erfurt, das
letztere ebendaselbst 1343 1349, und zwar dieses auf die Veran-
anlassung des Hermann von Fritslar, eines begüterten Laien und
Freundes des Mystik, zusammengestellt. In beide sind zu den eigenen
Predigten oder Erörterungen zahlreiche Stücke von fremden Predigern
und Lesemeistern aufgenommen. Wo in dem legendarischen Theile
der Predigten des Heiligenlebens von heiligen Orten die Rede ist, die
der Veranlasser der Sammlung, Hermann von Fritslar, selbst besucht
hat, da wird dies immer hervorgehoben. Aber auch Giseler selbst hat
manche fremde Länder bereist,[2] und flicht Bemerkungen über fremde
Sitten und Bräuche gern seinen Predigten ein. Er kennt Italien, er
schildert uns den Carneval in Rom.[3] Der Abend vor Epiphanias heisst
bei ihm der 12. Abend. Er bemerkt dabei, dass man ihn in andern

---

1) Das 5. von Pfeiffer VIII. 452 – 464 mitgetheilte Stück „Es si
denne, daz das weizenkorn" etc. ist nicht von dem Verf. der 4 ersten
Tractate, wie es denn auch aus einer andern Handschr. genommen ist.
Es handelt von dem Grunde aller Bosheit, der Selbstsucht, und erinnert
an die Art Tauler's, wiewohl ich nicht glaube, dass es von ihm selbst ist.

2) Pred. über die 3. Messe des Christtags (*Cod. Mon.*): wo man das wort
horet lesen *Verbum caro factum est* oder singen, do sollen di lute uf di kni
vallen, alzo pfliget man in manchen landen, do ich gewest pin (die Predigt ist von Giseler dann auch in das Heiligenleben herübergenommen;
da heisst es bloss: also pfliget man in welscheme lande.)

3) In der von ihm unzweifelhaft herrührenden Predigt vom Sonntage,
da man das Halleluja hinlegt. Von J. Haupt a. a. O. mitgetheilt.

Landen (Süddeutschland) den „obersten" Abend nenne. In der Mittwochspredigt der ersten Adventswoche erwähnt er des Gebotes, das heilige Abendmahl an Ostern, Pfingsten und Weihnachten zu nehmen, und der Sitte der Brodweihe; „aber hier in diesen Landen", so fügt er hinzu, „weihet man Salz". Noch wichtiger als seine Aufmerksamkeit auf Bräuche und Sitten ist uns die auf die verschiedenen Lehrmeinungen in den die Mystik betreffenden Fragen und seine Berücksichtigung der geistigen Kämpfe und Richtungen seiner Zeit überhaupt. Er zeigt dabei hohen sittlichen Ernst, einen unabhängigen, freimüthigen Sinn. In dem Streite der Minoriten mit Johann XXII. ist er der Bundesgenosse der ersteren. Er könnte leicht beweisen, so äussert er einmal, dass Christus ein ganz armer Mensch war, es sei aber nicht noth. Er verweist hiefür auf den Glauben der Kirche und begründet dies damit, dass er nicht gerne wider den Papst sprechen möchte.

Im Streite zwischen Kaiser Ludwig und Papst Johann waren Bann und Interdict die Hauptwaffe des Papstes. Da stellt Giseler die Fälle zusammen, unter denen der Bann den Menschen nicht treffe. Bannflüche, über solche gesprochen, die nicht in Todsünde leben. Bannflüche, die von Frevel, Hass oder Geldgier ausgehen, treffen nicht. Eine ganze „Sammlung" mag man nicht bannen: denn es mögen solche darunter sein, denen der Bann leid ist, auf die fällt er nicht. Solche, die auf ein höheres Gericht sich berufen haben, können bis zu dessen Entscheid binnen Jahresfrist nicht dem Banne verfallen. Denn lägen solche Bannflüche lediglich in der Willkür des Papstes, so könnte er sie nach Belieben fortdauern lassen.[1]

Wichtiger als diese Instanzen, welche die Furcht vor ungerechten Bannsprüchen mindern konnten, ist das was er als Trostquelle hinstellt, von der auch der Bann der Kirche nicht ausschliessen könne. Das ist das Leiden Christi. Es sind, so sagt er in der Predigt am 11. Mittwoch nach Pfingsten, zwei Stücke an dem Leiden Christi. Das erste ist, dass es frei ist allen Leuten, die sich dazu wollen halten, Juden und Heiden und Christen. Das andere Stück ist, dass das Leiden Christi also innehaftend ist einem jeglichen Menschen. dass es ihm niemand nehmen mag, weder Engel noch Menschen noch Teufel, also fest wird es besessen in den Herzen, die darein gewurzelt werden.

---

1) „Ab der mensche sich berufit keyn eyme hoërin gerichte, di berufunge sal vz gen bei eyme mondin vnd stet iar vnd tac. was benne do czweschin vilen dy in bindin nicht. were is abir an dem pabiste, so lise her si sten wy lange her welde".

Weder Papst noch Bischof noch Pfarrer haben darob Herrschaft.
Man mag ihnen wohl verbieten die Kirche, wie man denn oft unschuldige Leute daraus treibet aus Hass und von Frevel, man mag auch
wohl verbieten die Sacramente — unterweilen thut man das mit Recht,
unterweilen mit Unrecht — aber das Leiden unseres Herrn ist also
frei: wer es dem andern verbote zu betrachten, der wäre zu achten für
einen ungläubigen Menschen. Andere Sacramente darf man nicht
empfangen in tödtlichen Sünden; aber das Leiden Christi wäschet ab
alle tödtliche Sünde, der das recht betrachtet. Er bemerkt ferner:
daraus dass man alle Zeit das Leiden Christi gegenwärtig habe, komme
die grösste Lauterkeit, die man in der Zeit haben könne, „denn es ist
der gewisseste Weg in das ewige Leben". Er handelt dann von der
Weise, sich im Leiden Christi zu üben, und sagt unter anderm: „Dieses
Mit-Leiden mit Christo in dem Gemüthe ist so edel, dass es besser ist
denn alle die äusseren Werke des Menschen. Der andere Weg des
Leidens Christi (das Leiden Christi zu üben) ist, dass man es ansehe in
seinen ewigen Wurzeln und in seinen ewigen Regeln, da es ewiglich
inne gestanden hat in dem Willen des Vaters, dass er es wollte von
seinem eingebornen Sohne und es der Sohn leiden wollte, und es der
heilige Geist wirken wollte in dem Sohne. Dass wir (desselben) theilhaftig werden, das helfe uns Gott."

Wir stehen nicht an, zu sagen, dass wir in den angeführten
Sätzen, auf welche der Verfasser durch den Missbrauch der Kirchengewalt geführt worden ist, die Elemente der späteren reformatorischen
Lehre ausgesprochen finden. Auch darin, dass Giseler mit andern die
Schrift zur höchsten Regel für sein Urtheil macht, dürfen wir eine
Wurzel für die Freiheit seines Urtheils erkennen; denn er hält sie auch
als Kriterium fest gegenüber dem Urtheil der kirchlichen Autorität.
Er spricht in der letzten Sonntagspredigt vor Pfingsten zuerst von der
Schrift als dem höchsten Kriterium angeblichen Offenbarungen gegenüber: Ihr sollt wissen, dass alle die Uebungen und alle die Worte und
alles das Leben und alle die inwendigen Tröstungen und Erscheinungen,
die da Visionen heissen, diese alle sind nicht mehr wahr, und man soll
ihnen auch nicht mehr glauben, denn so viel es mit der Schrift übereinstimmt und mit dem Leben unseres Herrn. Also spricht St. Gregorius. Bei Christo erschienen Elias und Moses auf dem Berge: bei Moses
ist bedeutet die alte Ehe (alttestamentl. Schrift), und bei Elias die neue
Schrift; welcherlei Lehre dieser Lehre ungleich ist, die ist allzumal
falsch. Und dann fortfahrend: „Und ihr sollt auch Zeugniss von mir

geben" — die Apostel waren getreue Zeugen etc. „Denn ihr von Anbeginn seid mit mir gewesen", das meint: vom Beginne meiner Lehre
und meiner Zeichen. „Sie sollen euch aus den Synagogen werfen"
das meint aus der Sammlung, wie die Leute, die man jetzt bannet
(vgl. oben über den Streit des Papstes mit der strengeren Partei der
Minoriten über die Armuth Christi). In der Predigt über die Worte
Haec est vita aeterna sagt er: „Man muss Christi Wort nicht beweisen
und bewähren wollen durch die Worte der Heiligen, sondern mit
Christi Wort soll man bewähren der Heiligen Wort. Doch mag man
wohl nehmen der Heiligen Wort, zu erkennen Christi Wort."

Giseler ist es mit seiner Selbst- und Weltverleugnung, mit den
Zielen seines Ordens ein hoher Ernst. Zahlreich sind daher die Stellen
in seinen Predigten gegen die verweltlichte Kirche, gegen die verwelt-
lichten Pfaffen; gross die Klage, dass die wahrhaftige Lehre jetzt so
selten sei, und dabei die andere, dass die wahrhaftigen Lehrer jetzt
nicht sprechen dürfen die wahrhaftige Lehre. Es sind dies Klagen, wie
sie gerade bei Vertretern der deutschen Mystik häufig wiederkehren,
wie wir sie auch bei Tauler finden werden. Und wie bei diesem, so
richtet sich der strafende Ernst bei Giseler auch gegen die weltlichen
Fürsten, gegen die Reichen und Mächtigen, und tritt für die Armen,
Bedrückten ein, die jetzt so selten ihr Recht finden, weder bei geistlichen noch bei weltlichen Gerichten.

So kann man es dieser Mystik nicht zum Vorwurf machen, dass
sie nicht reformatorisch einzugreifen gesucht habe in die Zeitverhältnisse, sich in sich selbst zurückgezogen habe. Männer wie Giseler,
Tauler, Heinrich von Nördlingen, Venturini und andere bezeugen das
Gegentheil. Der Sinn, der Giseler in verschiedene Länder geführt, hat
ihm auch das Auge erschlossen für die Schäden der Zeit.

Giseler wollte im ersten Werke seinen Ordensgenossen zunächst
nur Material für ihre Predigten liefern. Darum unterlässt er sehr
häufig Beweisführung und Entwicklung und stellt mehr nur Resultate
zusammen. Gewöhnlich folgt er dem Texte Satz für Satz und fügt
eine kurze Erklärung bei, geht aber oft auf andere Themata über, die
mit dem Texte in keinem oder nur entferntem Zusammenhang stehn.
Ganz unvermittelt führt er diese ein. Nun lassen wir die grobe Rede
fahren, sagt er wohl, und nehmen Fragen. Oft stellt er in einer
Predigt nur die Fragen, und verweist auf andere Predigten, wo er die
Antworten geben wird. Er stellt gerne verschiedene Meinungen zusammen, erwähnt die Meister und Prediger, deren Meinung seine Zu-

horer selbst gehort haben. Dabei macht er die eigene Meinung mit starkem Selbstgefühl geltend, entweder da, wo er sich mit den „neuen Meistern", denen der neueren mystischen Schule, zusammenschliesst und den alten gegenüberstellt, oder wo er sich, wie in der Frage, ob Vernunft oder Wille für die höchste Einigung mit Gott von grösserer Bedeutung sei, mit den Meistern seines Ordens gegen die Barfüsser kehrt, oder auch wo er nur für sich selbst redet.

Gleich in der 1. Mittwochspredigt des Advent stellt er 9 Fragen von der Geburt des ewigen Worts in der Seele. Es sind Fragen darüber, wie man sich zu dieser Geburt bereiten solle, was Gottes Sprechen in der Seele sei, in welcher Stätte der Seele es stattfinde, wie sich Geist und Leib dazu verhalten, und ähnliche. In sechs nachfolgenden Predigten finden sich die Antworten. Noch öfters kehren diese Themata wieder und man sieht, dass die Frage von der Geburt des ewigen Worts in der Seele ihn unter allen vorzugsweise beschäftigt hat. Daneben ist kaum eine der mystischen Lehren, von den höchsten speculativen bis zu den praktischen herab, die nicht in diesen Predigten ihre Besprechung fände. Wir werden auf einzelne Sätze, welche für uns von Interesse sind, weiter unten zurückkommen.

In der grossen Predigtsammlung Giseler's findet sich auch die Predigt *Haec est vita aeterna*, welche uns, da sie in der Oxforder Sammlung mit dem Namen des Verfassers steht, auf Giseler als den Urheber der Sammlung geführt hat. Giseler hat sie nicht erst für die Sammlung geschrieben, sie trägt darum auch einen andern Charakter in der Form, wie die von ihm für die Sammlung verfassten. Sie will nicht Stoff für andere Prediger zusammenstellen, sondern ist eine ausgearbeitete Predigt oder Abhandlung, in welcher der Verfasser den Satz, dass die Seligkeit mehr durch die Vernunft als durch den Willen erreicht werde, gegen die Meinung der Lesemeister der Minoriten zu erweisen, und die Bande, die seiner Gegner Sinn gefangen halten, zu lösen sucht. Die Seligkeit liegt vornehmlich im Erkennen, denn es spricht der Meister, dem er glaubt vor allen Meistern: „Das ist das ewige Leben, dass sie dich und den du gesandt hast, Jesum Christum, erkennen". Giseler leugnet, dass die Liebe die „Ihresheit" (Selbstheit) mehr aufzugeben im Stande sei als die Vernunft. Er behauptet, dass bei der Liebe die Creatürlichkeit das Massgebende für die Einigung bleibe. Denn die Liebe strebe den Geliebten mit sich zu verbinden, aber sie will ihr Wesen, ihre Selbstheit nicht verlieren; dagegen wird die Vernunft gänzlich eins mit dem was sie erkennt. „Minne meint, dass das Gut Gottes ihr werde." So hatte auch Eckhart gelehrt "Wille und Minne fallen auf Gott als er gut ist, und wäre er nicht gut, sie achteten sein nicht; aber Vernünftigkeit dringt in das Wesen und achtet nicht gut" (Pr. 31. Pfeiffer S. 110).

Schulmässige Ausführung zeigen auch die übrigen Predigten der Oxforder Sammlung. Die erste *Ubi est qui natus est etc.* handelt von den verschiedenen Weisen, nach denen Christus gegenwärtig ist oder den Raum und das Creatürliche erfüllet. Die zweite *Puer Jesus proficiebat etc.* Hier spricht er davon, wie alle Kunst und Weisheit der Seele, der Seligen, der Engel, Gottes, geeint sei in Christo, und inwiefern er an Kunst und Weisheit zunahm, inwiefern nicht. Die dritte Predigt: *Conturbati discipuli existimabant spiritum videre* behandelt die Frage, wie es möglich war, dass der Herr mit seiner verklärten Leiblichkeit durch verschlossene Thüren kam oder wie zweierlei Leiblichkeit eine und dieselbe Stätte einnehmen könne. Das Resultat nach seiner Untersuchung der verschiedenen Erklärungen, die er verwirft, ist das, dass er auf eine Erklärung verzichtet. Er schliesst mit den Worten: Nach der Natur ist es nicht möglich, dass zwei Körperlichkeiten dieselbe Stätte einnehmen; aber nach der göttlichen Kraft ist es möglich. Die vierte Predigt: *Majorem hac dilectionem nemo habet etc.* handelt von den hohen Eigenschaften der Minne. Diese ist gegenüber dem Bekenntnisse eine freie Kraft, während die erkennende Kraft keine freie Wahl hat. Minne gewinnt alles was sie gewinnen will; der Trieb der Minne geht nur auf das Gute; sie wählt auch das Uebel, um das Gute zu gewinnen.

7. Albrecht von Treffurt.

Albrecht ist ein Zeitgenosse Giseler's, der auf den von Driforte als einen Mitlebenden verweist. Der Urheber der Oxforder Sammlung bezeichnet ihn als Lesemeister, und die Lage Treffurt's, die Aufnahme seiner Predigten in jene Sammlung, das Verwandte seiner zweiten Predigt mit Eckhart's Rede der Unterscheidung lassen ihn als dem Erfurter Kreise angehörig erkennen.[1] Die erste Predigt gibt nur Gedanken Bernhard's wieder, die zweite erinnert, wie gesagt, mehrfach

---

1) Es gab ein Geschlecht der Grafen von Drivorde oder Treffurt. A. Zacke, Ueber das Todtenbuch des Dominikanerklosters und der Predigerkirche zu Erfurt, führt aus diesem Buche an: Johannes de Dryvordia † 1363, Heinrich von Dryvorde, Friedrich II. und Hermann von Drivordia.

an den Geist, der durch Eckhart's Rede der Unterscheidung geht. Lass Gott das erste sein und darnach magst du haben Gut und Ehre und alle Ding. Unser Herr sprach zu einem: Folge mir. Da sprach er: Herr warte, lass mich meinen Vater begraben. Und da er wollte zuerst seinen Vater begraben und setzte das vor die Nachfolge Gottes, da ward er unwürdig seiner Folge. Hätte er Gottes Folge zum ersten gesetzt, darnach mochte er seinen Vater haben begraben. Aber dies ist noch unvollkommen. Suche Gott zum ersten in einer vollkommenen Weise, dass das Gemüth ohne Sorge sei; denn die verbietet unser Herr, nicht die Werke, wenn diese zu der Nothdurft gehören. Hieran liegt es allzumal, dass das Gemüth frei und unbekümmert sei und dass man die Dinge lasse, die das Gemüth bekümmern. Und das (was einer lassen oder suchen soll) mag niemand dem andern sagen, denn ein jeglicher merke in ihm selber was ihn hiezu allermeist fördere oder helfe, es sei Gut zu lassen oder zu haben, es sei fasten oder essen, und folge dem; denn einen Menschen fördert, was den andern hindert.

8. Hane der Karmeliter. Theodorich (Thomas?) von Apolda.

Auch Hane war mit Giseler gleichzeitig. Dieser hat eine Predigt von ihm in sein Sammelwerk aufgenommen, doch ohne seinen Namen. Mit demselben steht sie in der Sammlung der Oxforder Handschrift. Hier finden sich noch zwei andere von ihm. In einer derselben ist er als Meister bezeichnet. Die Predigt *Gaudete in domino semper* knüpft an Dionysius an und zeigt, wie die Seele in der Erkenntniss ihrer Sünde bereit sei Gott sich zu öffnen, und wie dann, wenn die niedersten Kräfte aus aller Mannigfaltigkeit in die höheren Kräfte und mit der höchsten Kraft an Gott geheftet sind, Gott in der Seele geboren werde. Dann kehret sich die Seele mit einer neuen Erkenntniss zu Gott, vergisst über dem Anschauen der Wahrheit des Sündigens, und kommt dabei so hoch, dass sie Gott schauet an seinem Wesen. Sinkt sie dann von Schwachheit wieder nieder, so kommt er wieder und das göttliche Licht durchscheinet ihre natürliche Kraft und rücket sie aus ihrem natürlichen Licht in ein übernatürlich Licht. Das göttliche Licht nimmt dann die Form der Seele und ziehet sie in die Form Gottes, so dass sie sich jetzt nicht mehr an ihrer natürlichen Kraft, sondern an dem göttlichen Licht erkennet. So zieht das Sonnenlicht die Luft in sich und durchkläret sie, dass sie nicht Luft scheinet sondern Schein der Sonne. Noch mehr: Gott holet die Seele zuletzt über und nimmt sie an sich, dass sie das göttliche Licht nicht allein durchscheint, sondern dass sie selbst ein göttlich Licht ist, wie der Kristall in der Sonne seine Gestaltniss verliert und selbst gleich dem Lichte wird.

In der dritten Predigt *Omnes quaerebant eum tangere* spricht er von den verschiedenen Siechen, die Gott rühren. Da führt er auch solche an, die Gott dienen und dabei noch unordentliche Minne zu den Creaturen haben. Das führt er auf Geist und Seele zurück, „der Geist wäre gerne droben und die Seele will bleiben und also ist ein Streit zwischen dem Geist und der Seele in dem einfältigen Wesen.“ Dann sind Leute, die lieben noch die Mittel, darinnen sie Gott sehen. Die, welche auch die Liebe zu diesen Mitteln gelassen haben, sehen Gott sonder Mittel, oder wie Hane es eigentlich meint, sie rühren Gott. Denn was man siehet, sagt er, das hat Mittel; das da rühret, das hat kein Mittel. Willst du Gott rühren, so sollst du über die Natur treten. Auf zweierlei Weise rührt man Gott, nicht das göttliche Wesen. Das eine Rühren ist einfältig, wie wenn eine Hand die andere rührt. Die Hitze, welche die eine Hand hat, gemeinet sie der andern. Also thut Gott denen die ihn einfältig rühren, und damit kommen sie zu der Freiheit des Geistes, die Herr Adam hatte in dem Paradiese. Diese Freiheit sollten haben alle geistlichen Leute. Darum sprechen sie die Wahrheit sonder Furcht. Die sind worden gesund. Die andern rühren Gott mit einem schmecklichen Rühren, also dass sie werden gezogen in ein Licht, — — etliche minder oder mehr, dass sie zu ihrer Bescheidenheit (zu ihrem Bewusstsein) nicht können kommen, zu einem Ave Marin. Das Licht ist also fern über dem Geist als der Geist ist über der Natur. Dieweil du in diesem Lichte bist, so weisst du nicht: wenn du es hast verloren, so weisst du wohl. Dennoch gebricht dir, das ist (das kommt daher) dass du Mensch bist. Die also Gott rühren schmecklich, die sind worden gesund.

Wir führen diese Sätze Hane's an, weil sie uns ein Beispiel sind, wie manche der Mystiker mit den Begriffen spielen, künstliche Unterscheidungen machen, die näher besehen, in nichts zerfliessen oder als werthlos erscheinen. So erkennt man leicht, daß in dem ersten Abschnitt, wo von dem göttlichen Lichte die Rede ist, das die Seele über sich ziehet, unter dem Schein einer Steigerung nur von einer und derselben Sache die Rede ist; und dass in den Sätzen der dritten Predigt die Unterscheidung von Sehen und Rühren, und bei dem Rühren wieder der Unterschied von einfältigem und schmecklichem Rühren, und was darauf gebaut ist, eine unklare Anwendung des Bildes auf die Sache

ist. Auch andere Bemerkungen Hane's tragen einen willkürlichen
Charakter.

Aehnliches ist von dem Dominikaner Theodorich oder Thomas von
Apolda zu sagen, der in seiner Predigt *Puer natus est nobis etc.* von
der dreifachen Geburt des Sohnes, der ewigen, der menschlichen durch
Maria, und der Geburt durch den heiligen Geist in des guten Menschen
Seele ausgeht, und unter dieses Schema allerlei Sätze, die dem Gebiete
der Mystik angehören, zusammenträgt. Es fehlt durchweg die Einheit
des Gedankens, die selbständige Arbeit, das tiefere Eindringen.

9. Hermann von der Loveia.

Bedeutender als die beiden letztgenannten ist der ohne Zweifel
auch dem Erfurter Kreise angehörige Lesemeister Hermann von der
Loveia, wiewohl auch er keine hervorragende Kraft ist. Doch lässt
sich bei ihm wenigstens eine grössere Ruhe und Sicherheit erkennen.
Ueber die Anfänge der eckhartischen Mystik kommt er kaum hinaus.
In der Predigt *Ubi est qui natus est etc.* geht er von dem Begriffe des
Wesens als des Seienden, das in sich alle Vollkommenheit trage, aus,
um zu zeigen, dass die Seele, auch die Christi, Gott nicht auf unendliche
Weise erkennen könne (*cf. Thomas, S. III, qu. 10. a. 1*), da sie geschaffen ist und Mass hat, wiewohl die Seele Christi durch ihre Vereinigung mit der göttlichen Person eine Erkenntniss hatte, welche die
übrigen Menschen nicht erreichen können. Der Schluss der Predigt
führt dann den gleichfalls bekannten Satz aus, dass die Einfältigkeit
des göttlichen Wesens nicht getheilt oder gemindert und geschwächt
werde durch die Mittheilungen und Wirkungen, die von ihm ausgehn.

Die Predigt *Non est deus praeter te Deus Israel* sagt: Alles was
ist, hat Wesen und Wirken. Diese zwei Dinge sind in der höchsten
Weise in Gott. Das höchste Werk ist Erkenntniss. Denn es ist das
erste Werk, das ohne alle Vermittlung vom Wesen fliesst. Es ist ferner
dieses Werk, da sich der Vater spricht in seinem Sohne, eine Ursache
aller Werke, und ist die Ursache, dass alle Werke werden wiederge-
beugt in ihren ersten Ursprung. Aus diesen Gründen ist Erkenntniss
besser als Minne. Mit ziemlicher Geringschätzung werden die abge-
wiesen, welche die Minne höher stellen. „Der einen Blinden fragete,
ob Licht besser wäre oder Hitze? er möchte sprechen, Hitze wäre besser;
denn deren wird er inne, aber das Licht mag er nicht sehen, wiewohl
die Hitze vom Lichte kommt: also ist es um die, welche sprechen, Minne

sei besser als Erkenntniss. Weil Minne grob (sich fühlbarer machende) ist, so wird man sie leichter inne (so ist (si) intsebelicher), und Bekenntniss ist so kleinlich, dass man es hier nicht fühlen (gesebin) mag." Der Schluss der Predigt bringt den bekannten Satz, dass das göttliche Wesen das allererkennbarste sei; denn Wesen sei das der Vernunft gemässe Object; nur unser krankes Auge, nicht das göttliche Wesen sei schuld, dass wir es nicht erkennen.

10. Erbe.

Wir haben von dem Lesemeister der Dominikaner Erbe zwar nur eine Predigt, aber sie genügt, zu zeigen, dass wir es mit einem selbstständig denkenden tieferen Geiste zu thun haben, der mit Vorliebe auf die letzten und höchsten Begriffe zurückgeht. Seine Predigt oder vielmehr Abhandlung: *Hic est filius meus dilectus etc.* will das Eigenthümliche der ewigen Geburt besprechen: An die fünf genannten Worte sich anschliessend hebt er fünf Punkte hervor. Es ist nur Ein Sohn. Denn er ist „von dem Gemüth oder der Vernunft" des Vaters, und die Vernunft kehrt sich ganz und zumal dahin wohin sie sich kehret, und in der göttlichen Vernunft ist nicht Mannigfaltigkeit der Bilder: so reflectirt in der göttlichen Vernunft als in einem Spiegel nur das Eine Wort, der Eine Sohn.[1] Die Geburt ist unwandelbar. d. i. ewig gegenwärtig; denn in Gott ist ein ewiges Ist, ewige Gegenwart, ein ewiger Tag. Wort heisset der Sohn, insofern er von der Vernunft ist, ein Schein, sofern er von dem ausgeht, in welchem ewige Gegenwart und ewiger Tag ist. Ferner sagt das Wort „mein", dass der Sohn derselben Natur ist wie der Vater und eines Wesens mit ihm; denn je edler die Vernunft ist, desto gleichartiger mit ihr ist das Wort, das von ihr fliesset, und so fället das Wort der höchsten Vernunft in Gottes Natur und ist dasselbe Wesen. Darum heisst es Paulus eine Figur seiner Substanz ($\chi\alpha\rho\alpha\chi\tau\eta\rho$ $\tau\tilde{\eta}\varsigma$ $\dot{\upsilon}\pi o\sigma\tau\dot{\alpha}\sigma\varepsilon\omega\varsigma$ $\alpha\dot{\upsilon}\tau o\tilde{\upsilon}$ Hebr. 1, 3). Eine Figur ist eine Gestaltniss, ein Umkreisen eines Wesens. Das Wort „Sohn" will die höchste Gleichheit bezeichnen, darum heisst auch der Sohn ein Bild Gottes; wir sind nicht das Bild, sondern „zu dem Bilde". Gleichheit beruht auf Unterschiedenheit und Uebereinstimmung. Unterschieden ist der Sohn nach der Person, eins nach der Natur. Um endlich zu zeigen, dass die ewige

---

1) vnd wan der bilde in gode nicht in ist vnd vngeterminit, des in mac nicht dan ein gesin. so in mac in der gotheit nicht dan ein son gesin.

Geburt nicht sonder Lust ist, spricht Gott mein „lieber" Sohn. In dieser
Geburt, da der Vater auf sich selber blicket, da der Sohn von seiner
Vernunft fliesset, und der Sohn wieder auf ihn siehet, entspringet die
Minne und da sind die beiden ein Beginn des heiligen Geistes. Darum
sprach die Stimme des Vaters: Dies ist mein lieber Sohn, in dem ich
mir behage. Und alles, das dem Vater je behaget, das muss ihm be-
hagen in seinem Sohne. Darum heisset er ein Erbe Gottes, das ist ein
Erbe seines allerbesten Guts.

11. Eckhart Rube.

Eckhart Rube, ein Lesemeister der Dominikaner, wohl in Erfurt,
erscheint nach den sechs in der Oxforder Handschrift sich findenden
Abhandlungen, die auch er in der Form der Predigt bringt, als ein
sehr geschulter Theologe, von klarem, scharf unterscheidendem Verstande, der die Reichhaltigkeit der Gedanken geschickt zu ordnen und
in klaren, bündigen Formen zum Ausdruck zu bringen versteht. Rube
ist vorherrschend Scholastiker und von Thomas Aquin abhängig, wie
sich dies unter anderm besonders in der Lehre vom Bilde und von der
Gnade zeigt. Aber wir geben ihm, wie auch dem nachfolgenden Florentius von Utrecht, hier eine Stelle, weil auf sie die eckhartische Mystik
von unverkennbarem Einflusse war. Ein unmittelbares Erkennen Gottes
durch die Seele, so sagt er mit Thomas in der ersten Predigt: *Angelus
domini apparuit in somnio Joseph*, findet in diesem Leben nicht statt;
erst in jenem Leben erkennen wir Gott ohne Mittel; da ist nicht nur das,
was wir erkennen, sondern auch das, in dem wir ihn erkennen, Gott
selbst. Im Anschluss an die angeführten Textworte will er sprechen
von dem Engel; von dem, welchem er erscheint; von dem was er wirkt.
Von dem Begriffe des Engels als eines von Gott gesandten ausgehend,
spricht er von dreierlei Engel, dem natürlichen Engel, von Christus,
von der Gnade. Der natürliche Engel heisst ein Engel Gottes, weil er
unmittelbar von Gott geschaffen ist; denn die geistlichen Creaturen,
auch die Seele werden unmittelbar, die niederen mittelbar von Gott geschaffen. Die bösen Engel heissen nicht Engel Gottes, denn sie sind
wohl natürlich, aber nicht sittlich Gottes Gleichniss. Auch Christus
kann ein Engel heissen, insofern er von dem Vater und ein Gleichniss
des Vaters ist. Nun folgen bekannte theologische Sätze von dem Verhältniss des Sohnes zum Vater. Dann fährt er fort: Auch Gnade ist
im weiteren Sinne ein Engel. Denn wenn uns auch Engel und Heilige

Gnade erwerben, so fliesst sie doch von Gott unmittelbar, und ist mit
Gott so vereint, dass Gnade nie ohne Gott und Gott nie ohne Gnade ist.

Der Engel „erschien". Der natürliche Engel kann nicht in die
Seele kommen. Denn keine Creatur, die ein für sich bestehendes Wesen
hat, kann mit ihrem Wesen in die Seele kommen, sondern nur mit ihrem
Bilde, ihrem Gleichnisse. Nur Gott kann das, denn er hat kein Gleichniss. So kommt Gott unmittelbar in die Seele in jenem Leben: da ist
Gott das, was wir erkennen und das, womit wir erkennen (*essentia di-
vina quae conjungitur intellectui nostro ut forma, ut ipsa sit id quod
intelligitur et quo intelligitur. Thom.*). Die Schrift will, dass wir Gott
hier ohne Mittel minnen, allein ohne Mittel ihn zu erkennen, vermögen
wir hier nicht. Auch die Gnade kommt in die Seele, denn sie ist kein
in sich selbst substistirendes Wesen.

Wem erschien der Engel? dem schlafenden Joseph. Die Seele
kann mit ihren niederen Kräften nicht wirken ohne den Leib. Die
höheren Kräfte bedürfen keiner solchen Statt. Im Schlaf sind die
äusseren Sinne gebunden, und auch etliche der fünf inneren Sinne; da
ist dann der über diesen stehende Gemeinsinn frei, und es können in
ihm Offenbarungen und wahre Träume stattfinden. Je freier die
inneren Sinne sind, desto wahrer und gewisser sind die Träume.
Welcher Seele diese Engel sollen erscheinen, die muss geistlich
schlafen und je minder sie bekümmert ist mit diesen leiblichen Dingen,
je mehr und öfter geschehen ihr diese Erscheinungen. Jede Neigung
zu mannigfaltigen Dingen macht unstet; das hindert die Offenbarung
des natürlichen Lichtes in uns und jegliche Offenbarung.

Von dem Werke, das der Engel wirkt. „Stehe auf und nimm das
Kind und seine Mutter". Das Werk der obersten Dinge (Kräfte) ist
allezeit ein aufrichten und ordnen in Gott. Ich muss geistlich Mutter
werden und das Kind geistlich gebären. Dass das Kind ewiglich geboren ist von seinem Vater, davon bin ich und alle Dinge. Dass das
Kind in der Zeit geboren ist von Maria, davon bin ich selig ob ich will.
Die ewige Geburt ist ewig gewesen und soll immer sein; die zeitliche Geburt ist einmal gewesen und soll nicht wieder geschehen;
die geistliche Geburt hebt hier an und soll ewig währen in dem ewigen
Leben.

Auch die übrigen Predigten behandeln Material der scholastischen
Dogmatik in ziemlich ausgedehntem Masse und zeigen insbesondere,
wie Eckhart Rube in Betreff der Lehre von der Gnade und dem Bilde
unter dem Einfluss des Thomas Aquin steht. Das hindert ihn, in die

eckhartische Richtung, von der er doch überall berührt ist, voll einzutreten. Wir werden auf ihn weiter unten noch zurückkommen.

12. Florentius von Utrecht.

Florentius war Unterlesemeister der Dominikaner zu Erfurt. Er
ist minder bedeutend als Eckhart Rube, schwerfälliger in der Sprache
und weniger klar und einheitlich in seinem Denken.

In der Abhandlung *Benedictus qui venit in nomine domini* führt
er unter anderen aus: Gott kann dem Menschen nichts geben, was der
Idee des Menschen nicht entspricht. Der Mensch würde dann nicht
mehr Mensch sein. Voraussetzung aller Gaben für den Menschen nach
dem Fall ist, dass ihn Gott bei dem Falle auf der Stufe der Er-
lösungsfähigkeit erhielt, d. h. auf der Stufe, dass er das wieder durch
die Gnade werden konnte, wozu er durch die Schöpfung bestimmt war.
Da entsprach es nun der göttlichen Gerechtigkeit, dass Christus Mensch
würde. Denn der göttlichen Gerechtigkeit zufolge muss Sünde gebessert (gesühnt) werden. Die Menschheit, Gottes Feindin geworden,
konnte das nicht. Darum musste ein Mittler kommen, der Gottes und
der Menschen Freund war; der Menschen Freund, um mit seiner heiligen
Menschheit die Sünde zu sühnen, und Gott zugleich, um sühnen zu
können; denn wäre Christus nur Creatur gewesen, so hätte er nicht
sühnen können; denn keine Creatur mochte Gott versöhnen, da jede
(ohnehin) pflichtig war und ist alles dessen, das sie ist und vermag. Er
beruft sich auf ein Wort Bernhard's. Es entsprach auch seiner Weisheit, dass der Erlöser Gott war. Hätte er einem Engel gegeben, dass
er uns erlöse, so hätte der Mensch immer dem Engel deshalb zu danken
gehabt und wäre dem Engel nie gleich gewesen. Er beschäftigt sich
dann mit den Antworten auf die Frage, warum Gott die gefallenen
Engel nicht erlöst habe.

Die zweite Predigt *Tres sunt qui testimonium dant etc.* ist verwandt mit der Predigt Erbe's. Sie sucht die Frage zu beantworten,
warum nur drei Personen in der Gottheit seien, und gibt auch in Bezug
auf die Geburt des Sohnes so ziemlich die gleiche Antwort wie jener.
Ich hebe aus dieser Predigt nur seine deutschen Ausdrücke für Substanz, Accidenz und Relation hervor. Es ist dreierlei Wesen, sagt er:
Wesen an sich, als ein jeglich Ding Wesen hat, und ein Inwesen, als
Farbe, die hat nicht Wesen an ihr selber, und ein Zuwesen, wie Vater-
schaft, Sohnschaft.

In der dritten Predigt *Estote misericordes sicut pater vester misericors est,* in welcher er ziemlich willkürlich schematisirt, sagt er, die eigentlichste unter den Eigenschaften Gottes sei seine Barmherzigkeit. Aus ihr gibt er uns sonderlich drei Gaben, die Gabe der Gnade, die des Leichnams unseres Herrn und die der ewigen Seligkeit. Von einigem Interesse ist hier für uns nur, was er über die erste Gabe sagt: Gnade, heisst es da, ist das höchste Licht oder Bild Gottes, und ist das allererste, das da gesachet wird in der Seele. Es entsteht, wenn sich Gott kehret zu der Seele und die Seele zu Gott, wie das Antlitz des Menschen das erste ist, das sich erbildet, wenn er sich kehrt zu dem Spiegel. Und wie das Bild vergeht, wenn sich der Mensch kehrt von dem Spiegel, so vergeht die Gnade, wenn die Seele sich kehrt von Gott. Denn Gott kehret sich nimmer von der Seele, wie daraus zu erkennen ist, dass Gott, sobald sich die Seele wieder zu Gott kehrt, gegenwärtig ist. Gott berühret die Seele ohne Mittel in der Gnade; aber die Seele berühret Gott nicht wieder ohne Mittel. Denn möchte sie Gott wieder berühren ohne Mittel, das ist gewiss, so wäre sie jetzt selig wie die, welche in dem Himmel sind.

Die Gnade wird hier, so scheint es, im Unterschiede von Thomas, als ein Ungeschaffenes, als Gott selbst gefasst. Aber wenn das der Fall ist, so ist schwer einzusehen, wie diesem unmittelbaren Verhältniss Gottes zur Seele nicht auch ein unmittelbares Verhältniss der Seele zu Gott entsprechen soll.

13. Johann Franko.

Johann Franko ist vermuthlich jener Franke von Cöln, dem eine Baseler Handschrift fälschlich einen der bedeutendsten Tractate Eckhart's zuschreibt. Dass jener Tractat nicht von unserem Franko herrühren könne, zeigt sofort eine Vergleichung der im Anhange mitgetheilten Stücke Franko's.

Franko, ein Lesemeister der Dominikaner, unterscheidet sich von Eckhart Rube und Florentius von Utrecht durch die grössere Freiheit, mit der er sich den scholastischen Formen gegenüber bewegt. Seine Rede ist individueller, lebendiger. Sie erinnert an die eckhartische, wenngleich ihr die ausnehmende Frische und Kraft derselben fehlt. Er zeigt Idealität und Geist, und ist nicht ohne zarte, innige Empfindung. Seinen Gedanken fehlt es zuweilen an Klarheit und darum auch an logischer Entwicklung. Offenbar ist Eckhart sein Meister. Franko's

Predigten erinnern nach Form und Inhalt an Eckhart's Predigten nicht lange nach seiner Erfurter Zeit. Aber bei allen Ansätzen, die er macht, es dem Meister nachzuthun, ist es doch, wie wenn eine gewisse Scheu ihn abhielte, gerade in die tieferen Probleme einzutreten. Gleich in der ersten Predigt der Oxforder Handschrift: *Fiat mihi secundum verbum tuum* [1] zeigt sich dies. *Fiat* das ist das edelste Wort das je gesprochen ward, so beginnt sie. Es spricht soviel als: es geschehe (Text: also geschehe ein einikeit?). Dies *fiat* ist gesprochen in der Ewigkeit in der dreien Personen Einigung an der göttlichen Natur. Es ward auch in dem Punkte der Zeit gesprochen in der Vereinung göttlicher und menschlicher Natur an einer Person; es wird auch gesprochen in Gottes Ewigkeit zu der Seele (Text: und der Seele) in der Einung, da die Seele mit Gott vereinet wird. Hier erinnert der erste Satz: dies *fiat* ist gesprochen in der Ewigkeit in der dreien Personen Einigung an der göttlichen Natur, unverkennbar an den eckhartischen Ausdruck, wenn er von dem Einschlag oder Einfluss der Personen in die göttliche Natur sagt: das Auffallen in dem Dinge des Eigenthums das ist die ewige Geschehenheit (vgl. I, 384). Und ebenso erinnert der folgende Satz Franko's an die eckhartische Redeweise: Nun sollen wir merken den Ausfluss aus dem göttlichen Wesen. Was ist der Ausfluss? das ist eine Offenbarung, dass er sich selbst ihm offenbaret, und seine Offenbarung das ist sein Sprechen. In ähnlicher Weise redet Eckhart: Nun merket Unterschied des Ausflusses in der Ewigkeit und in der Zeit. Was ist ein Fluss? Es ist eine Strömung seines Willens mit einem lichten Unterschied (s. Eckhart's Tractat von zweierlei Wegen in Niedner, Zeitsch. f. hist. Theol. 1864, S. 176). Aber nun schon die gleich sich anschliessenden Ausführungen zeigen den Abstand von Eckhart. Ein Fluss, so hatte Franko gesagt, ist eine Offenbarung, dass er sich selbst ihm offenbart, und sein Offenbaren das ist sein Sprechen. Dionysius spricht von der Ordnung der Engel, dass Gott mit ihnen rede. Gott hat weder Zunge noch Mund, womit er rede; denn sein Reden ist, dass er sich einem jeglichen Engel offenbart, als er zu ihm geordnet ist. In der Ewigkeit Gottes da sind alle Creaturen Gott in Gotte, unter dem Ausfluss redet sie Gott mit Unterschied, dass das eine wird ein Pferd, das andere ein Esel etc. Die Welt ward; wiewohl sie ewiglich in Gott gewesen ist, sie ward doch gemacht in dem Punkt der

----

1) Die Predigt findet sich ohne den Namen Franko's auch in der Kloster Neuburger Handschrift Nr. 1141. 8. 14 sc. f. 50.

Zeit, da sie Gott von Nichte schuf. Allda empfing eine jegliche Creatur,
was ihr werden mochte; da sind Creaturen nicht Gott, denn nur so viel
als sie sich Gott gleichen an dem Wesen, das sie sind. Wir bemerken
die Vermengung von ewigem und zeitlichem Ausflusse, so dass seine De-
finition, was ein Fluss sei, auf das, was er von dem zeitlichen Ausflusse
sagt, nicht passt. Indem er ferner sagt, dass Gott die Creaturen mit
Unterschied spricht bei dem Ausflusse, und dieser Ausfluss entgegen
gesetzt wird dem ewigen Sein der Creaturen in Gott, scheint Franko
zu läugnen, dass der Weltgedanke nach seinen Momenten unterschieden
zuvor in Gott stand; und er scheint es doch auch wieder nicht zu
läugnen, wenn er sagt, dass bei dem zeitlichen Ausflusse jegliche
Creatur „empfing" was ihr werden mochte, womit doch die Idee als
vorher bestehend vorausgesetzt ist. Auf das was er eigentlich hat aus-
führen wollen, das erste *Fiat*, das gesprochen ist in der Ewigkeit in
der drei Personen Einigung in der Natur scheint er ganz vergessen zu
haben; denn ist auch die Predigt, so wie sie in der Oxforder Handschrift vorliegt, nur ein Auszug, so ist doch in der mitgetheilten Stelle
aus dem Verhältniss der Sätze zu einander ersichtlich, dass das Weg-
gelassene nicht wohl das könne enthalten haben, was den Mangel
ersetzt hätte, oder wodurch die Unklarheit des Ausdrucks in den vorliegenden Sätzen aufgehellt worden wäre.

In der Predigt *Ipse spiritus reddit testimonium spiritui nostro, quod
sumus filii Dei* führt er aus, dass wir damit, dass wir Glieder am Leibe
Christi sind, in und mit Christo geistliche Gottessöhne sind, und dass es
von Gott so vorausgeordnet sei, dass wir sollten gleich werden dem
Leibe seines Sohnes, der des Vaters Bild ist. Dies ist ein überschön
Bild, in dem alle Bilde gebildet sind, und alles Unschöne schön
ist. In seine Form, in die Form des ewigen Lichts soll sich drücken die
edle Seele, und der göttliche Schein soll sie durchfliessen. Darin sind
wir ähnlich dem Gottessohne, dass wir geboren sind. Wie er ewiglich
als das Wort geboren ist, so sind wir geistlich aus Gott geboren in dem
Wort der Wahrheit. Wir sind auch genährt mit der gleichen Mutter-
milch, die der Gottes Sohn gesogen hat, das ist mit der ewigen Weisheit, die der Sohn aus des Vaters Herzen getrunken hat. Christus vermittelt sie uns mit seiner Erkenntniss und Lehre. Das Bild Gottes
tragen wir auch in der Minne. Der heilige Geist ist die Minne, in der
sich Vater und Sohn minnen, und dieselbe Minne floss in den Leib, von
dem Gottes Sohn das Haupt ist.

Die Predigt *Exiit quidam seminare etc.* handelt zuerst von dem

was die Erkenntniss Gottes in diesem Leben hindert. Ein Hinderniss
ist, dass sowohl die Natur der Seele wie die der Gnade Mass und
Schranke haben. Gott kann nur mit ihm selber erkannt werden. Im
zweiten Theile handelt er von dem was die Erkenntniss Gottes fördert.
Erkenntniss und Minne müssen sich wechselseitig fördern, eins das
andere erweitern. Die höchste Förderung ist, dass sich die Seele
sammle von allen diesen Dingen und allein inniglich auftrage zu dem
höchsten Gute, das Gott ist.

In der Predigt *Nunc quidem tristitiam habetis* nennt er unter
dem was uns zur Betrübniss Anlass gibt, auch das, dass niemand wissen
könne ob er in Gottes Minne sei, es sei ihm denn sonderlich geoffenbart.
Als einen der Gründe, warum wir es nicht wissen, führt er die Gleichheit natürlicher und göttlicher Liebe an. Das ist gewiss, sagt er, dass
alle Creatur von Natur Gott lieber hat als sich selber, darum weil er
der Grund und Bewahrer ihres Wesens ist. Ein Mensch mag Gott so
lieb haben, dass ihm alle Dinge eine Bitterkeit und ein Kerker
sind, und dass sein ganzer Leib brennet von Minne, und dass er von
Liebe zu Gott nichts mit ihm lieb hat, und ist dennoch wohl alles
natürliche Minne. Trotzdem ist natürliche Minne so ungleich und so
ferne von göttlicher Minne als der Himmel von der Erde. Darum ist
derer viel, die da wähnen, dass sie in der Minne sind, und sind doch
nicht darinnen, und etliche die fürchten, dass sie nicht darinnen sind,
und sind doch darinnen. — Nach dem als wir hier minnen, sollen wir
dort nehmen; nicht nach dem Wesen, aber nach dem Werke und nach
dem Gebrauchen soll es dort vollkommener sein.

In der letzten Predigt *In omnibus requiem quaesivi*, wird der
Wille über alles hochgestellt. Der Mensch thue was er vermag: all
sein Vermögen und Vernunft, ja alles das alle Creaturen vermögen,
das könnte doch den Willen nicht erreichen, so überkräftig ist der
Wille. Die ewige Weisheit will ruhen in ihren Werken: sie ruhet
darinnen, wenn jegliches steht in der Natur, die ihm gegeben ward.
„In allen Dingen habe ich Ruhe gesucht", das ist im Menschen, denn
der ist alle Dinge (Mikrokosmus). Aber der Mensch ist von zweierlei
Natur, von Geist und Fleisch, und ist ein ewiger Streit zwischen beiden.
Wollte der Mensch kurze Zeit mit Fleiss arbeiten gegen das Fleisch,
er käme bald zu grosser Ruhe. Siegt der Geist über das Fleisch, so
ruhet die ewige Weisheit da. Er geht verschiedene Weisen durch,
in denen das Wort „In allen Dingen etc." so sich vollzieht, dass auch
wir dabei zur Ruhe kommen. So wenn die Seele steht in der Gegen-

wärtigkeit Gottes. Denn wenn Gott in sie fliessen soll, so muss sie ruhen. Weil Martha mit mannigfaltigen Dingen bekümmert war, so musste sie des gegenwärtigen Einflusses entbehren, den Maria empfing, die da sass und ruhete. Alle Creaturen haben etwas göttliches Gleichnisses, und so viel als die (fromme) Seele Gottes an ihnen erkennt, so viel ruhet sie an ihnen. Ach in welcher Ruhe die Seele ist, der Gott leuchtet in allen Dingen! Ruhe suchet auch die Seele, welche in allen ihren Werken, in Lieb und Leid nur Gottes Ehre sucht; die Seele, so schliesst die Predigt, soll den Fuss ihrer Begehrung nimmer lassen ruhen an keinem Dinge, darin Gottes Ehre nicht ist. Sie soll sofort wieder einfliegen wie die Taube in die Arche, das ist in sich selber, da sie Gott findet. —

IV.

Einzelne Lehren der neueren Schule.

1. Einleitendes.

Ich schloss meine Darstellung der eckhartischen Lehre von Gott im Gegensatze zur Auffassung Lasson's ab, welcher sagt: die göttlichen Personen erschienen bei Eckhart nur als Accidentien und Modi an der Einen göttlichen Substanz. Um zu beweisen, wie ferne Eckhart von dieser Auffassung sei, wurden Stellen angeführt, in welchen Eckhart es ausspricht, dass das absolute Wesen ein sich bis auf den tiefsten Grund wissendes und beherrschendes ist; dass Gott einig in der Dreifaltigkeit, dreifaltig in der Einigkeit sei; es wurde ferner hervorgehoben, dass nach Eckhart die göttlichen Personen das seien, was das Wesen selbst ist, dass ihre Entfaltung den Abschluss des innergöttlichen Processes bilde, und dass alle weiteren göttlichen Manifestationen als freie Wirkungen des in sich vollkommenen Gottes erschienen. Also um zu zeigen, dass Eckhart den christlichen Gottesbegriff festhalte, darum hob ich jene Sätze gegen Lasson hervor; aber wahrlich nicht, um zu beweisen, dass Eckhart damit etwas neues gelehrt habe. Der Grund, warum ich Eckhart als den Vater der christlichen Philosophie, als eine neue epochemachende Erscheinung bezeichnete, ist erst am Schlusse des Abschnittes ausgesprochen, wenn ich sage: „Eckhart hat damit, dass er die Momente der Entfaltung von der potentiellen zur actuellen Persönlichkeit (in Gott) darstellt und nach ihrer inneren Nothwendigkeit anschaulich macht, den Pantheismus der Neuplatoniker und des noch unter ihrer Herrschaft stehenden Dionysius und Johannes Erigena speculativ überwunden und er ist damit der

Vater der christlichen Philosophie geworden. Das ist eine epoche
machende Bedeutung".

Mit diesen Worten war ein Zweifaches gesagt: einmal, dass es die
erste und höchste Aufgabe einer christlichen Philosophie sei, auf speculativem Wege jenen Process der Selbstgestaltung Gottes zur Dreipersönlichkeit darzulegen und die Momente desselben nach ihrer
inneren Nothwendigkeit anschaulich zu machen, und sodann: dass diese
Aufgabe vor Eckhart nicht erfüllt worden sei.

Wenn nun, erbittert über diesen Anspruch, mit welchem die
speculativen Versuche der Scholastik und insbesondere des über allen
verehrten und auch von mir in vielfacher Hinsicht hochgestellten Thomas
Aquin als ungenügend bezeichnet werden, eine leidenschaftlich gehaltene
Kritik[1] sich beeilt hat, Stellen auf Stellen zusammenzutragen, um zu
beweisen, dass eine Reihe von Sätzen Eckhart's schon vor ihm von den
Scholastikern ausgesprochen sei oder von den Kindern in der Schule
gelernt wurde, wie z. B. dass Gott einig in der Dreifaltigkeit und dreifaltig in der Einigkeit sei, so hat man sich damit eine ganz unnöthige Mühe
gemacht. Denn es handelt sich selbstverständlich bei dem Vergleiche
zwischen der eckhartischen und scholastischen Philosophie nicht darum,
ob eine Reihe von theologischen Sätzen schon vor Eckhart ausgesprochen
wurde oder einen Theil der Kinderlehre bildete, sondern ob das, was
Gegenstand kirchlicher oder theologischer Aussage war, auch philo-
sophisch erwiesen ist. Was hilft es z. B., wenn man entgegenhält, dass
Thomas schon gelehrt habe, dass der Vater kraft seiner Natur vermögend gewesen sei, den Sohn zu gebären (es ist dies, nebenbei bemerkt,
schon viel früher gelehrt worden, vgl. *Petr. Lomb. Sentent. L. 1, dist.
VII, 6.*), wenn Thomas den Begriff Gottes in einer Weise bestimmt, dass
daraus die Geburt des Sohnes in keiner Weise sich erklären lässt? Und so
in allem übrigen. Ich kann nicht finden, und ich bin nicht der erste, der
es nicht findet, dass Thomas die Lehrsätze der kirchlichen Theologie
über Gott, die er auf speculativem Wege dem vernünftigen Denken zu
vermitteln sucht, auch wirklich vermittelt habe. Dagegen suchte ich
nachzuweisen, von welchen Principien aus und durch welche Entwicklung der Gedanken dies von Eckhart geschehen sei.

Eckhart nimmt sein Material aus der Fülle des Stoffes, den ihm
die Geschichte der Theologie und Philosophie bietet; er entlehnt viele

---

1) P. Heinrich Seuse Denifle in den Historisch-politischen Blättern
Bd 75, Heft 12, S. 903 ff.

Begriffe auch von der Scholastik; aber er hat, wie Lasson richtig bemerkt, mit kühner Originalität das Alte in neuem Geiste umgestaltet.

Man hat Eckhart auch dadurch zu einem Jünger der Scholastik zu machen gesucht, dass man ihn in ihrem Sinne umdeutete. „Eckhart hält sich" (in seiner Gotteslehre), so sagt man,[1] „so sehr an die Scholastik, dass ihm kaum was anderes als die schöne Sprache und mehrere unvorsichtige Sätze eigen sind." Eckhart hat „in manchen Sätzen pantheistische, beghardische und quietistische Sätze zwar ausgesprochen, aber er war weder Pantheist, noch Begharde, noch Quietist." Er war „unvorsichtig", „höchst unklug". Da freilich der Papst nicht geirrt haben kann, wenn er 17 Sätze Eckhart's als häretisch, 11 als der Häresie verdächtig verurtheilt hat, so müssen diese Sätze zwar häretisch bleiben, aber von Eckhart bei seiner „Unvorsichtigkeit" als solche nicht erkannt worden sein; sie sind ein fremder Tropfen in seinem Blut, das wesentlich kein anderes ist als das Blut der Scholastik. So macht man also Eckhart zu einem stumpfsinnigen Geist, der den Widerspruch nicht merkt, in welchem ein Theil seiner Sätze mit seinen sonstigen Anschauungen steht, bis ihn der Erzbischof Heinrich von Virneburg zur Besinnung bringt, worauf er denn auch in ganz correcter Weise „ohne Bedingung" widerruft.

Denn wenn Eckhart um der ihm von dem Erzbischof vorgeworfenen Irrthümer willen am 24. Januar 1327 gegen die gerichtliche Procedur des Erzbischofs an den römischen Stuhl appellirt, und sich seiner Correction unterwirft in Sätzen, die ihm als Irrthümer vorgeworfen sind, während sie, wie er dabei bemerkt, keine sind (*cum non sint*), und wenn er nachher, am 19. Februar, in voller Ueberzeugung, dass er keine Irrthümer gelehrt, sich bereit erklärt zu widerrufen, *si quid errorum repertum fuerit in praemissis*, und wenn er in dieser Erklärung zwei nachher auch vom Papst verurtheilte Punkte hervorhebt und zeigt, dass man ihn falsch verstanden habe, und dann fortfährt *salvis omnibus* (das heisst: mit Vorbehalt von allem) *corrigo et revoco — quaecunque reperiri poterunt habere intellectum minus sanum*: so sind natürlich weder der Satz mit *si quid*, noch das *salvis*, noch das *quaecunque poterunt* Bedingungen. Wenn ich nun meinerseits solche in diesen Worten gefunden und gesagt habe, Eckhart habe den Widerruf an die Bedingung geknüpft, dass man ihm den Irrthum nachweise, und mir das als ein „wahrhaft empörendes" Verfahren vorgeworfen wird, so

---

1) Histor.-polit. Bl. a. a. O. S. 909.

werde ich es eben darauf ankommen lassen müssen, ob ich noch Jemand ausser P. Denifle zu gleicher Empörung veranlasst fühlen wird.

Wenn wir nun in diesem Abschnitte einige der wichtigeren Lehren, mit welchen sich die neuere Schule beschäftigte, einzeln erörtern wollen, so werden wir zuvor die Einwände zu prüfen haben, welche gegen unsere Auffassung Eckhart's erhoben worden sind, um in den Augen der Leser die Fragen, auf die es bei der Lehre der Schüler ankommt, in gesicherter Weise stellen zu können.

2. Von dem göttlichen Wesen und den drei Personen.

Das wesentlichste Moment in dem aristotelischen Gottesbegriff ist von Thomas in seine Theologie herübergenommen worden und bildet da den wichtigsten Grundsatz, dessen Einfluss überall bemerklich wird. Es ist der Satz, dass Gott *actus purus* sei, der nichts von Potenzialität in sich habe. Mit diesem Satze die christliche Lehre von Gott zu vermitteln, macht Thomas die grössten Anstrengungen; aber seine Anstrengungen sind die einer leeren Sophistik, unter welcher der christliche Gottesbegriff seinen Inhalt wieder verliert.

Eckhart und seine Schule setzen in Gott beides: Ruhe und Bewegung. Das Wesen ist in einer stillen Stillheit, es ist unbewegt. Aber während das Wesen als potentialer Grund aller Dinge sich in seinem an sich sein erhält, entströmt ihm sein Bild, die Natur. Schon das ist Bewegung. So bleibt die Sonne unbewegt, während der Lichtstrahl ihr entfliesst. Und das potentielle Wesen erhebt sich an der Natur zu einem zweiten Ausgang, wird zur wirklichen Persönlichkeit, ohne dass das Wesen darin aufgeht; dieses bleibt vielmehr sich innehaltend in seiner Stillheit. Hier ist wieder Bewegung d. i. ein ausgehendes, und Ruhe d. i. ein innebleibendes. Und wiederum die Person bleibt was sie ist, ein unbewegt in sich ruhendes, das doch, ohne in seinem an sich sein sich aufzugeben, in ähnlicher Weise wieder in den potentiellen Grund zurückströmt, wie dort die Potenz oder das Wesen übergeht in Actuosität ohne aufzuhören, Potenz zu sein. So sind in Gott Wesen und Person, das göttliche Nicht und das göttliche Icht, als zwei unbewegliche Principien gedacht, und doch auch wieder so, dass Kräfte aus ihnen ausströmen, während sie selbst sich gleich und unbe-

weglich bleiben. Eckhart stellt einmal nach einer Seite hin diese beiden
Seinsweisen in Gott dar, wenn er von dem Wesen Gottes als dem göttlichen Nicht spricht, insofern es beweglich wird, und von den göttlichen
Personen als dem göttlichen Icht, insoferne sie sich in ihrem Fürsich-
sein, in ihrer Unbeweglichkeit erhalten. „Das oberste Gut, das
Gott (die göttliche Person) ist, das ist unbeweglicher denn Nicht (das
göttliche Wesen) – das göttlich Icht (Gott als Person) ist ein vernünftig Wesen   Nicht ist beweglich worden aus ihm selber, wann
Nicht Icht worden ist" (Pf. 506). So kann Eckhart von einer Bewegung in Gott sprechen, weil er ein Princip der Potenzialität in Gott
setzt, das beständig in Act übergeht.

Während mit dieser Auffassung die Wahrheit, dass Gott das
Leben sei, nicht nur übereinstimmt, sondern zugleich tief und treffend
erläutert ist, erweist sich der aristotelisch-thomistische Grundsatz mit
der biblischen Lehre von Gott als dem lebendigen Gott unvereinbar.

Ist, wie Thomas lehrt, Gott *actus purus*, keine Potenz in ihm,
dann ist in ihm keine Bewegung, denn Bewegung ist Uebergang aus
der Potenz zum Act. So definirt auch Thomas selbst den Begriff der
Bewegung.[1]

Nun bestimmt Thomas hinwieder den Begriff des Lebens dahin,
dass damit eine Substanz bezeichnet werde, der es von Natur eigne sich
selbst zu bewegen.[2] Da nun aber in Gott keine Bewegung ist, so
würde folgen, dass in Gott kein Leben sei. Wie hilft sich hier Thomas?
Der Begriff der Bewegung wird abgeschwächt bis er so viel ist als
Nichtbewegung, ein etwas, das der Bewegung nur ähnlich ist, ein Wirken
nämlich, wobei die Action nicht auf etwas äusseres geht, sondern in
dem Handelnden oder Wirkenden bleibt, wie das z. B. bei dem Erkennen der Fall sei. Aber ist die immanente Denkthätigkeit keine Bewegung, was ist sie denn? Es ist ja doch Thätigkeit der Gegensatz
zur Ruhe, ein beständiges negiren, latent setzen der Ruhe, ein sich aus
der Ruhe in den Act führen. Streichen wir aus der Thätigkeit den
Uebergang, das Werden, so ist da nur das Gewordensein, also die Ruhe
und damit das Gegentheil der Thätigkeit. Thätigkeit involvirt immer
einen Uebergang von Potenz zum Act, ist somit gar nicht denkbar ohne
Bewegung. Nach Thomas aber ist Gott Act, Thätigkeit ohne Be-

---

1) *Summa I, qu. 2, a. 3: movere enim nihil aliud est quam educere aliquid
de potentia in actum.*

2) *Summa I, qu. 18, a. 2: Vitae nomen sumitur ad significandum substantiam, cui convenit secundum suam naturam movere se ipsam.*

wegung! Denn in ihm ist nichts von Potenzialität. Der Begriff de[s] Lebens in Gott ist mithin bei Thomas nur dem Namen nach.[1]

Ebensowenig als der Begriff des Lebens lässt sich mit dem thomistischen Grundsatz, dass Gott *actus purus* sei, dem nichts von Potenzialität eigne, der Begriff von einem erkennenden und frei wollenden Gotte vereinigen.

Schon F. Chr. Baur hat im Hinblick auf *Summa I, qu. II* gezeigt, dass Thomas trotz aller Ansätze, das Wissen Gottes von sich zu erklären, nicht zum Ziele gelangt. Denn sei Gott der absolut einfache, dann sei in Gott kein Herausgehen aus sich und kein Zurückgehen zu sich; alles Wissen von sich aber beruhe auf einem solchen Processe. Thomas, um der Schwierigkeit zu entgehen, setzt wieder das Zurückgehen auf sich in ein Subsistiren in sich um, wozu Baur treffend bemerkt: „Da nun Gott der durch sich selbst Subsistirende ist, so ist er als solcher auch der sich selbst Wissende und da in ihm nichts blosse Potenzialität, sondern alles reiner Act ist, so ist das Erkennen und das Erkannte identisch, und der beides vermittelnde Begriff (die *species intelligibilis*) ist nichts anderes als der erkennende Verstand selbst. Das Wissen Gottes von sich selbst ist daher nur seine absolute Identität mit sich selbst, aber eben deswegen fällt nach Thomas das Wissen Gottes von sich selbst nur mit seinem Seyn zusammen. Thomas spricht dies unmittelbar in dem Satze aus: das Wissen und Erkennen Gottes ist das Seyn und Wesen Gottes selbst. Schliesst, wie Thomas behauptet, die absolute Einfachheit Gottes jeden Unterschied aus, somit auch den Unterschied des Subjectiven und Objectiven, ohne welchen kein Wissen möglich ist, so mag man das absolute Seyn Gottes auch sein absolutes Wissen von sich nennen, aber sein Wissen ist nur wieder sein Seyn, und wir kommen über den Begriff des schlechthinigen Seyns nicht hinweg.“[2]

---

1) Vgl. auch Schwegler in Bezug auf den aristotelischen Gottesbegriff, sofern er Gottes Verhältniss zur Welt betrifft: Geschichte der Philosophie im Umriss 3. Aufl. S. 77: „Man sieht nicht wie Etwas (der absolute Geist) bewegende Ursache und doch selbst unbewegt. Ursache alles Werdens d. h. des Vergehens und Entstehens, und doch sich selbst gleichbleibende Energie, ein Bewegungsprincip ohne Vermögen (Potenzialität) sein könne: denn das Bewegende muss doch in einem Verhältniss des Leidens und Thuns mit dem Bewegten stehen.“

2) Baur, F. Chr., Die christl. Lehre von der Dreieinigkeit und Menschwerdung Gottes in ihrer geschichtl. Entwicklung. 1842. II. 636 ff.

Es ist ferner hervorzuheben, dass ein lebendiges Erkennen von dem müssigen bloss passiven Schauen sich dadurch unterscheidet, dass es eine fortgesetzte active Aneignung des Objectes durch den Geist ist, die aber hinwieder ohne die Voraussetzung eines potenziellen Lebens nicht gedacht werden kann. Denn alle geistige Aneignung ist eine Information d. h. ein in sich Hineinbilden des Begriffs, der Idee, des Objects. Eine Information ohne ein Etwas, das informirt wird, ist ein Unding. Jeder Informirte aber steht zu dem Informirenden im Verhältniss der Potenz zum Act. Auch das *intelligere* lässt sich daher auf den thomistischen Gottesbegriff nicht anwenden, wenn man darunter nicht ein müssiges oder starres Anschauen verstehen will.

Am grellsten tritt das Widerspruchsvolle der thomistischen Theologie da hervor, wo Thomas eine Ausgleichung versucht zwischen dem Satze, dass Gott *actus purus* sei und zwischen den christlichen Glaubenssätzen, dass das eine göttliche Wesen in drei Personen subsistire und die drei Personen Eines Wesens seien; dass der Vater den Sohn erzeuge, der Sohn das Wort des Vaters sei.

Nach Thomas ist gezeugt worden das Entstehen eines lebenden Wesens aus einem Princip, das selbst lebendig und mit dem Erzeugenden geeint ist; wobei das, was aus der Potenz zum Act hervorgeht, der Natur und Art nach dem Erzeugenden ähnlich ist. [1]

So habe denn nun auch das Hervorgehen des Worts in der Gottheit die Weise der Zeugung, denn es gehe hervor durch einen Lebensact, die erkennende Thätigkeit, aus einem Princip, das mit dem Erkennenden eins ist, und dabei sei das Wort dem Erkannten ähnlich und bestehe in derselben Natur.

Thomas will bei dem Begriff der Zeugung, der Geburt des Sohnes Gottes seinem Princip zufolge die Erhebung aus der Potenz zum Act ausgeschlossen wissen; er zieht dieses Moment bei dem Analogon des Denkprozesses gar nicht in Betracht; aber damit ist gerade das wesentlichste Moment, das was die Zeugung zur Zeugung macht, aus dem Begriffe der Zeugung gestrichen. Der Sohn ist eben nicht gezeugt, nicht geboren, nicht Sohn, wenn dieses Moment fehlt. Er ist dann vielmehr der von Ewigkeit her vollendet in dem Vater seiende, nicht

---

1) *S. I, qu. 27, a. 2: generatio significat originem alicujus viventis a principio vivente conjuncto — — requiritur ad rationem talis generationis quod procedat secundum rationem similitudinis in natur ejusdem speciei, sicut homo procedit ab homine, equus ab equo. In viventibus igitur, quae de potentia in actum vitae procedunt etc.*

durch ewige Zeugung geboren, sondern durch eine Art Selbsttheilung aus dem Vater heraus und ihm gegenübertretend.

Wollte man nun aber etwa geltend machen, dass das Wort der Schrift von der Zeugung, der Geburt des Sohnes für Thomas nur den Werth eines erläuternden Bildes habe, so bliebe doch als Gesetz, dass dem wesentlichsten Moment in dem Gleichniss-Begriff ein Etwas in der zu erläuternden Sache zu entsprechen hat.

Hält man sich aber an die Analogie des Erkenntnissprocesses, so kommen wir auf das Gleiche zurück, was oben eingewendet worden ist; ein Erkennen, eine active Intuition ist ohne Information des eigenen Selbst durch das Geschaute, und somit ohne Potenzialität nicht denkbar. Wird die Information nicht actuell und zugleich als ein ewig sich erneuernder Act gefasst, so kann man eigentlich nur noch von einem Verhalten des Vaters zum Sohne und von einem Schauen des Sohnes durch den Vater, nimmermehr aber von einem wirklichen Erkennen oder von einer Geburt des Wortes in Gott sprechen.

Das aus der aristotelischen Philosophie herübergenommene und alles beherrschende Element im thomistischen Gottesbegriffe ist es zuletzt auch, welches eine wissenschaftliche Begründung der Unterschiede der Personen in der Gottheit und ihrer Thätigkeit überhaupt unmöglich macht. Denn auf jenen Grundirrthum, dass Gott nichts von Potenzialität in sich habe, sondern nur *actus purus* sei, geht es zuletzt zurück, wenn Baur die wissenschaftliche Unhaltbarkeit der thomistischen Trinitätslehre von dem Satze des Thomas aus zu erweisen sucht, dass Gott das absolut einfache Wesen sei. „Die Realität der Relationen, so bemerkt er, gründet Thomas nur auf den reellen Unterschied des Erkennens und Wollens, und da nun, was in einer Creatur Accidens, in Gott substanzielles Seyn ist, überhaupt der Unterschied zwischen Substanz und Accidens oder Subject und Eigenschaft in Gott nicht existirt, so fallen nicht nur die Relationen mit der Substanz Gottes zur Identität zusammen, sondern es erhellt hieraus zugleich, dass auch der Unterschied des Erkennens und Wollens nicht als reeller gedacht werden kann. Und da die Personen nichts anders sind als die subsistirenden Relationen, so gilt was von den Relationen gilt auch von den Personen, und es ist auf dem Standpunkt des Thomas, so sehr er auch durch die Sprache der kirchlichen Orthodoxie diese Consequenz zu verbergen sucht, schlechthin unmöglich, einen realen persönlichen Unterschied in dem Trinitätsverhältniss festzuhalten."[1]

----

1) Baur a. a. O. 687 ff.

Man kann angesichts dieser Gotteslehre unmöglich die thomistische Philosophie als eine dem christlichen Gottesbegriff entsprechende bezeichnen. Wenn ich dagegen in dem ersten Theile dieses Werkes Eckhart den Begründer einer christlichen Philosophie genannt habe, so geschah dies darum, weil es ihm zuerst gelang, dem neuplatonischen Pantheismus gegenüber, von dem auch Dionysius und Erigena noch beherrscht sind, die Weltschöpfung von dem trinitarischen Process zu lösen, und dann auch, weil er dem aristotelisch-scholastischen Gottesbegriff gegenüber die trinitarische Selbstgestaltung Gottes den Forderungen des speculativen Erkennens entsprechend zur Aussage zu bringen verstand. Es gelang ihm dies durch eine von der thomistischen Anschauung verschiedene Auffassung des göttlichen Wesens, das er als Potenz Gottes und aller Dinge fasst. Eben darin aber, dass Eckhart dieses andere Princip, das der Potenzialität, in den Gottesbegriff mit aufnimmt, liegt die principielle Verschiedenheit Eckhart's von Thomas, und in der Weise, wie er dieses Princip anwendet, seine für die christliche Philosophie epochemachende Bedeutung. Denn die eckhartische Theosophie wirkte in der deutschen Theosophie der folgenden Jahrhunderte fort, und kommt in bedeutender Weise in neuen Verbindungen und mit erweiterten Zielen in Jakob Böhme, und in der neueren Zeit namentlich in der zweiten Philosophie Schelling's und in Franz von Baader zu neuen fruchtbaren Resultaten. Es sei hier kurz daran erinnert, wie auch bei Böhme Gott zunächst nach seiner Potenzialität erfasst wird, „als die Kraft oder Verstand zur Dreipersönlichkeit, als unergründlicher ewiger Wille, in dem alles liegt und der selber alles und doch nur eines ist, dabei aber begehrt sich zu offenbaren und in ein geistiges Wesen einzuführen", und wie diese ersten Momente des Processes der göttlichen Selbstmanifestation nicht als vorübergehend, sondern als bleibende Wurzel gedacht sind, aus der sich Gott selber von Ewigkeit zu Ewigkeit gebiert (drei Princ. 7, 14). Ich erinnere ferner an die erste der Potenzen in der späteren Schelling'schen Philosophie, und sodann an Baader, der nicht weniger wie Schelling die Annahme eines potentiellen Grundes in Gott zur Grundlage seiner ganzen Philosophie hat, mit dem Vorzug jedoch, dass er mit Eckhart und Böhme die Welt von dem Process der göttlichen Selbstoffenbarung ausschliesst. „Der Absolute, lehrt Baader, ist *potentia* und *actu*. Die *potentia* geht immer in *actum* und der *actus* in *potentiam*. [1]

---

1) Diese Anführungen genügen, um die folgende ihren Autor bestens

Das göttliche Wesen, das ist die Summa der Lehre Eckhart's in dieser Frage, ist an sich ein möglich Sein, das in sich die Dreiheit der göttlichen Personen in ununterschiedener Einheit birgt. Von diesem Wesen fliesst aus die göttliche Natur, die erste Fassung, das ungeworfene Wort, die Weisheit des Vaters, an welcher die Person des Vaters im Wesen sich erhebt, sich leuchtet, Person sagt. Und in einem zweiten Ausgang durchgründet nun der Vater das Wort, in dem sich die ganze Tiefe seines Wesens erschliesst, und gebiert es als den Sohn persönlich.

Es sind nicht unglücklich gewählte Ausdrücke, wie der Unverstand gemeint hat,[1] wenn Eckhart zwischen „ungeborenem" und „geborenem" Wesen, zwischen „ungenaturter" und „genaturter" Natur unterscheidet, sondern es offenbart sich darin der fundamentale Unterschied der eckhartischen Lehre von der thomistisch-scholastischen. Durch beide Bezeichnungen bringt Eckhart zum Ausdruck, dass er in Gott beides, Potenz und Act setzt. Denn das „Ungeborene" und „Ungenaturte" verhält sich zum Geborenen und Genaturten wie Potenz zum Act.

Während Thomas, indem er Gott als *actus purus* fasst, der nichts von Potenzialität in sich habe, es mit Bestimmtheit betonen muss, dass Gott in keiner Weise leide,[2] erklärt Eckhart im Gegensatze hiezu: Weisheit ist ein mütterlicher Name; denn mütterlicher Name ist Eigenschaft eines Leidens; denn in Gott ist Wirken und Leiden zu setzen (Act und Potenz); denn der Vater ist wirkend und der Sohn leidend, und das ist von der Eigenschaft der Geborenheit.[3] Eckhart ist sich dieses Gegensatzes zur thomistischen Auffassung sehr wohl bewusst. Denn zweifellos gegen Thomas ist es gerichtet, wenn er (Pf. 504) sagt: Darum hat die Wirkung (das Wirken) der Dreifaltigkeit gehindert manchen hohen Meister zu Paris, dass er sich so viel bewirrte mit der Wirkung der Dreifaltigkeit, dass sie nicht zu der Einigkeit (dem Wesen) mochten kommen."

Ich habe in meiner Darlegung der Lehre Eckhart's gesagt, Eck-

---

charakterisirende Aeusserung zu beleuchten: „Nur wer jeglicher philosophischen und theologischen Kenntniss baar ist, wird ferner in Gott den Unterschied zwischen potentiellem und actuellem Seyn machen". Denifle. Die Schriften des seligen Heinrich Seuse I, 281, Anmerk. 1.

1) Historisch-politische Blätter Bd. 75, Heft 12. S. 913.

2) *S. I. qu. 25, a. 1: Unde maxime ei competit esse principium activum et nullo modo pati.*

3) Pf. 199, 18.

hart nenne die aus dem Wesen fliessende Natur die Weisheit des Vaters.
Man hat Gott dafür gelobt, dass das die Scholastik nicht lehre.[1] Aber
wenn man auch die Scholastik von solchem Unglück verschont glaubt,
so sollte man doch nicht sagen, dass auch Eckhart von dieser Lehre
nichts wisse. Ich hatte zwei Stellen dafür angeführt. Man wendete
ein, in der ersteren[2] nenne Eckhart den Sohn die Weisheit des Vaters
und nicht die Natur. Aber dieser Einwand erklärt sich daraus, dass
man Eckhart's Lehre von der ungenaturten und genaturten Natur, von
dem ungeworteten und geworteten Wort nicht beachtet hat. Hier
kann der Sohn nur insofern, als er noch die ungewortete, die per-
sonlose Weisheit ist, gemeint sein, denn der Sohn als Person ist bedingt durch das Erkennen des Vaters (N. 1866, S. 504: Von der Erkenntniss ist er väterlich, denn die Erkenntniss ist Geburt, und die Erkenntniss ist der Sohn des Vaters). Nach unserer Stelle aber will
Eckhart reden von dem Sohne, sofern er nicht durch den Erkenntnissact
des Vaters vermittelt oder geboren ist, sondern sofern er unmittelbar
aus der Natur (hier gleich Wesen) bricht oder ausfliesst. Da mag
„nicht Wille, noch Bekennen, noch Wissen, noch Weisheit ein Mittel
sein, denn das göttliche Bild bricht aus der Fruchtbarkeit der Natur
ohne Mittel (im Text steht irrthümlich „der Natur" hinter „ohne
Mittel"; gehört aber, wie der Zusammenhang lehrt, als nähere Bestimmung zu: „Fruchtbarkeit"). Ist aber hie ein Mittel der Weisheit,
das ist das Bild selber. Darum heisset der Sohn in der Gottheit die
Weisheit des Vaters."[3]
    Auch S. 515 ist die Natur die Weisheit genannt. Darauf kommt
es an, nicht ob sie die Weisheit des Vaters oder des dreieinigen Gottes
heisse. Sie kann beides heissen. Gott, so heisst es (Pf. 515), führt die
Seele in die blosse Gottheit, das ist, wie der Zusammenhang zeigt, in die
göttliche Natur. „Da wird die von Gott gezogene Seele zu Gott in
göttlicher Natur, also dass sie ihr selber göttliche Natur nimmt recht
als der Vater in ihm thut." Parallel damit heisst es nun in der von
mir citirten Stelle weiter unten: Da fliesset sie (die Seele) mit der Gottheit (der göttlichen Natur) in all das da Gott (als Person) einfliesst.
Sie (die Gottheit) ist aller Dinge Statt, und sie hat selber keine Statt

---

1) Historisch-politische Blätter a. a. O. S. 909.
2) Pf. 68, 38.
3) Vgl. über den Unterschied des ersten und zweiten Ausganges des
Sohnes, über den Unterschied von Ausfluss und Geburt bei Eckhart I, 374.

(vgl. Pf. 514, 29 ff.). Das ist der Geist der Weisheit, die weder Herz
noch Gedanken hat." Also die göttliche Natur ist die unpersönliche
Weisheit. Dazu ist ferner zu vergleichen die oben angeführte Stelle
(Pf. 199): „Weisheit ist ein mütterlicher Name; denn mütterlicher
Name ist Eigenschaft eines Leidens. Denn in Gott ist Wirken und
Leiden zu setzen, denn der Vater ist wirkend und der Sohn leidend
und das ist von der Eigenschaft der Geborenheit." Der Sohn ist also
identisch mit der Weisheit, und insofern leidend, als die unpersönliche
Weisheit als ein potentielles, leidendes, durch den wirkenden Vater
zum Act geführt, zum entfalteten Bild der Dreieinigkeit wird, für das
er sich als erkennendes und erkanntes als Subject und Object d. i. als
Vater und Sohn setzt. Es ist dasselbe mit der *sapientia ingenita* und
genita wie mit der ungenaturten und genaturten Natur, dem ungeworteten und dem geworteten Wort.

Es war nöthig, diese Lehre Eckhart's hier noch einmal hervorzuheben und auch die angefochtenen Ausdrücke von neuem zu rechtfertigen, um die Frage, in wie weit die nachfolgende Zeit durch Eckhart beeinflusst ist, mit Sicherheit beantworten zu können.

Wenden wir uns nun zu der auf Eckhart folgenden Generation,
so begegnet uns die eckhartische Auffassung von der Potenzialität des
göttlichen Wesens und von dem ersten Ausbruch, oder der ersten
Fassung des Wesens in der Natur, in der Blume der Schauung.
Denn es sind eckhartische Gedanken, welche diese Schrift gleich im
Anfange als „Lehre der Heiligen" darlegt. Der erste Gegenstand,
heisst es, den man, um zu einem wahren und vollkommenen schauenden Leben zu gelangen, betrachten müsse, sei die Einförmigkeit göttlichen Wesens und göttlicher Natur. Hiebei komme in Frage, was
göttliche Natur sei, und es wird diese mit Eckhart (vgl. I, 379)
als göttliche Schönheit, als Klarheit des Wesens, also als das von dem
Wesen ausleuchtende bezeichnet. Sodann wird erwähnt, dass die
Creatur in der Einförmigkeit des göttlichen Wesens (und der Natur)
stehe als ein möglich Wesen, die göttlichen Personen aber als ein
wesentliches Sein. [Wir erinnern uns dessen, was Eckhart über die
Natur sagt: Das Wesen ist wohl die Potenz aller Dinge, aber mit Nothwendigkeit nur die Natur der Gottheit und nicht aller Dinge, sonst
müssten alle Dinge Gott sein.] Endlich wird die Unterscheidung des
Wortes als eines unpersönlichen und persönlichen erwähnt, im Anschluss
an die johanneische Stelle: Im Beginne war das Wort. Da rühre der
Apostel, heisst es, die Wesentlichkeit des Worts, die es hat in gött-

licher Art (d. h. er bezeichne damit das Wort, soferne es noch unpersönlich, noch identisch ist mit dem göttlichen Wesen). Mit den Worten
aber: „Und das Wort war im Beginne bei Gott", rühre er den natürlichen Ausbruch des Worts (d. h. die erste Objectivirung, Fassung des
Wesens, den Ausbruch desselben als Natur; auch in diesem Momente
ist das Wort noch ein unpersönliches, das noch ungewortete Wort bei
Eckhart). Mit dem Worte aber: „Und Gott war das Wort" rühre er
die Vollkommenheit der Geburt (d. h. das Wort, soferne es subsistent,
persönlich wird).

Wir sehen, wie auch hier das Wort in Gott in dreifacher Weise
gefasst wird, als potentiell im Wesen, als in einer Mittelstufe in der
Natur, und als actuelle Persönlichkeit.

In gleicher Weise setzt Helwic von Germar den ersten unmittelbaren und den zweiten durch die Natur vermittelten Process als
etwas Reales in Gott und dabei so, dass sich der Erste zum Zweiten
verhält wie Potenz zum Act. „Es ist dreierlei Fluss in Gott. Der
Vater ist eine bekanntliche Natur in ihm selbst, und fliesset in sich
selbst in seiner Natur, ehe denn er kenne und etwas wolle, und fliesset
mit alledem das er ist, Substanzie, Wesen und Natur, alles das etwas
in Gotte ist; und wir sagen „etwas" darum, weil der Sohn nicht
„etwas", sondern „zu etwas" ist. Der andere Fluss ist, da sich der
Vater kehret auf sich selber, und bekennet sich selber und alles, das in
ihm ist, seine Weisheit, seine Güte, und seine Barmherzigkeit und alles,
das in ihm ist, und das muss er nothwendig in sich bekennen und da
schaffet er nicht.

Thomas kann seinem Grundsatz zufolge, nach welchem Gott
actus purus ist, der nichts von Potenzialität in sich hat, unmöglich von
einem ungeworteten Wort in Gott sprechen, das erst durch den Act des
göttlichen Intellects zum persönlichen Wort werde. Denn damit würde
er das Wort zunächst als etwas Potenzielles in Gott fassen, was seinem
Fundamentalsatz widerspräche. Darum sagt er: wenn man von
einem Wort in Gott spreche, und das eigentlich nehme und nicht in
dem Sinne, wie man etwa auch die Meinung, Rede etc. eines Andern
das Wort des Andern nenne, dass dann das Wort in Gott nur persönlich
verstanden werden könne. [1] Im Gegensatz hiezu, und zwar vom Standpunkte Eckhart's aus, der Potenz und Act in Gott unterscheidet, sagt
derselbe Helwic von Germar, dass die gewöhnliche Rede, der Sohn

---

1) *S. I, qu. 34, a. 1* u. *2.*

sei das Verständniss des Vaters, von wenigen verstanden werde. Denn
fasse man den Sohn als das persönliche Wort, so folge daraus, dass der
Sohn der väterlichen Person erst den Ursprung verleihe; denn das
Wesen (der Begriff) der väterlichen Person bestehe eben in dem Er-
kennen. Helwic hebt vielmehr hervor, dass in der Stelle: Niemand
kennet den Vater, denn nur der Sohn, unter dem Sohne das unpersönliche
Wort (Eckhart: das ungewortete, das verstrickte Wort) verstanden
sein müsse, weil dieses die gemeinsame Natur der drei Personen sei.
Nur unter solcher Voraussetzung könne man sagen, dass der Vater den
Sohn zeuge (d. h. das Wort in der Potenz zur actuellen Persönlichkeit
erhebe); während ausserdem der Sohn als die Ursache der väterlichen
Person bezeichnet werden müsste. „Dass er spricht: Niemand, das
heisst so viel als: nicht ist, das da erkenne den Vater als der Sohn.
Dass er spricht „nicht", das lautet soviel als eine Läugnung der Person.
Wäre das Wort von der Person gemeint, so wäre es falsch; denn dann
würde sich der Vater selber nicht erkennen, noch auch der heilige
Geist. Aber nimmt man es nach der Natur, was er spricht: nicht erkennet den Vater denn der Sohn, und was dieselbe Natur hat, die der
Sohn hat, so ist es wahr. Denn dieselbe bekenntliche Natur, die in
dem Sohne ist, die ist auch in dem Vater und in dem heiligen Geiste. —
Darum bekennen die Personen alle drei und ist ein einig Bekenntnis
der drei Personen. Doch dass man es dem Sohne sonderlich gibt, das
ist von wegen seines Ausgangs. Denn er allein geht von der Vernunft aus".

Häufig sind sich die Meister in den Ausdrücken ähnlich, aber
doch sehr verschiedener Anschauung, da die gleichen Ausdrücke bei
den verschiedenen einen verschiedenen Sinn haben. Thomas versteht
unter *essentia*, Wesen, den Artbegriff, und weil er keine Potenzialität
in Gott kennt, den in sich entfalteten Begriff. Die Bezeichnungen
Wesen und Natur sind ihm sachlich nichts Verschiedenes, Natur ist
ihm nur eine andere Benennung für Wesen.[1]

Die Einheit des Wesens ist ihm also die Einheit des entfalteten
Begriffs.[2] Einen wesentlich anderen Sinn hat es, wenn die mystische

---

1) *S. I, qu. 29, a. 1: Et quia per formam completur essentia unius cujusque rei. communiter essentia unius cujusque rei. quam significat ejus definitio.
vocatur natura. Et sic accipitur hic natura.*

2) *S. I. qu. 39. a. 2: Propter hoc etiam in divinis, quantum ad modum
significandi. essentia significatur ut forma trium personarum.*

Schule von der Einheit des göttlichen Wesens spricht; sie meint dann das noch unentfaltete, potenzielle Sein des Ternars, „da, wie Eckhart sagt, der Unterschied der Personen noch vergeistet ist in der weiselosen Weise".

In gleicher Weise fasst Suso das Wesen als den potenziellen Grund Gottes und aller Dinge. Er thut dies mit Eckhart's Worten selbst. Der Mensch, sagt er, werde entkleidet und entweiset „in der Weislosigkeit des göttlichen einfältigen Wesens. Und da wird der bleibende Unterschied der Personen, nach Sonderheit genommen, verachtet in einfältiger weisloser Weise".

Auch nach Suso verhält sich die Dreiheit zur Einheit in Gott wie das Aufgeschlossene zu dem Unaufgeschlossenen, somit wie das Actuelle zu dem Potenziellen. „Nun leuchtet die Einigkeit in der Dreiheit nach unterschiedlicher Weise; aber die Dreiheit nach dem einschwebenden Widerschlag leuchtet in der Einigkeit einfältiglich, wie sie es in sich beschlossen hat einfältiglich" (*Vita c. 56* nach Diep., c. 55 nach Den.).

In gleichem Sinne das Wesen und die Natur als etwas Potenziales gegenüber den Personen auffassend, sagt Suso im 3. (2. Den.) Capitel des Buchs der Wahrheit von dem Wesen als dem Grunde und dem Mannigfaltigen in Gott als von den Ausflüssen aus dem Grunde: Diese Mannigheit alle ist mit dem Grunde und in dem Boden eine einfältige Einigkeit. Und auf die Frage des Jüngers, was heissest du den Grund oder den Ursprung? erfolgt die Antwort: Ich heisse den Grund den Auswall und den Ursprung, aus dem die Ausflüsse entspringen, und „das ist die Natur und das Wesen der Gottheit; und in diesem grundlosen Abgrund fliesset (seihet) zusammen die Dreiheit der Personen in ihre Einigkeit und alle Menge wird da ihrer selbst entsetzt in etlicher Weise".

Diese Sätze Suso's wären unmöglich, wenn er Gott nur als *actus purus* fasste, der nichts von Potenzialität in sich hätte; denn der Begriff der vollendeten reinen Wirklichkeit schliesst den des Uebergangs, des Werdens von sich aus.

Wir haben gezeigt, dass Eckhart die Natur als die erste Entäusserung des Wesens fasse, als das Bild, das bildreiche Licht der göttlichen Einigkeit, als die Fassung, die Stätte gleichsam, an der die Potenz des Wesens zur Actuosität sich erhebe, sich leuchte und Person sage. Die gleiche Auffassung theilt Suso. „Wer nun das Wo, heisst es Cap. 56 der Vita, das der Sohn nach seiner Menschheit in sterbender Weise am Kreuze nahm, wer das strenge Wo in Nachfolgung nicht gescheut hat, dem ist wohl möglich nach seinem Geheisse

(Verheissung), dass er das lustige Wo seiner sehnlichen blossen Gottheit in vernünftiger freudenreicher Weise niessen werde in Zeit und Ewigkeit, als fern es denn möglich ist, minder oder mehr. Eya wo ist nun das Wo der blossen göttlichen Sohnheit?" Und die Antwort lautet wie bei Eckhart: „das ist in dem bildreichen Licht der göttlichen Einigkeit". Er sagt von diesem bildreichen Lichte, es sei „nach dem Einschlag (d. i. sofern es als eins mit dem Wesen anzusehen ist, aus dem es wie das Licht aus seinem dunklen Grunde hervorleuchtet) (vgl. Th. I, S. 373), eine wesentliche Stillheit, nach dem Ausschlag (das Wort: „innebleibenden" vor Ausschlag fehlt *Cgm. 362* mit Recht) eine Natur der Dreiheit; nach Eigenschaft ein Licht seiner Selbstheit (d. i. die Idee, an der sich die Potenz zur Selbstheit oder Persönlichkeit erhebt), nach ungeschaffener Ursächlichkeit eine allen Dingen gebende Istigkeit".

Nach Eckhart erhebt sich die Potenz an der Natur zur actuellen Persönlichkeit, leuchtet sich an ihr, sagt sich Person. Nicht bloss die Sache, auch den Ausdruck dafür, dass die Natur den Vater erhebe, scheint mir Eckhart in der Stelle (Pf. 502) zu haben: „In das einfältige Bild kam nie Bekenntniss (des Menschen) und das einfältige Bild, nach dem Gott alle Creaturen geschaffen hat, das entgehet allen Creaturen, und das erhebet Gott. Und soll die Creatur dazu kommen, dass sie Gott folgen soll dahin, wo er ewiglich erhaben ist, so muss sie sich erheben über alle Creaturen" etc. Wenn das „das" im Satze: „das erhebet Gott", sich auf den vorhergehenden Satz, und nicht ebenso wie dieser auf das „einfältige Bild" bezöge, so würde Eckhart hier etwas sehr ungeschicktes gesagt haben.[1] Denn Gott ist wahrlich noch durch sehr viel anderes über die Creatur erhaben als durch den Umstand, dass die Creatur ihn nicht erkennen kann. Was ist der Scopus der ganzen Stelle? Eckhart will lehren, wie wir zu Gott gelangen. Wir müssen in das einfältige Bild kommen, müssen uns erheben über alle Creaturen, denen das einfältige Bild entgeht, in denen es nicht zu finden ist. In dem einfältigen Bilde (in seiner Natur) ist Gott zu finden, da thronet er, da ist er erhaben. „Die Seele soll dahin gelangen, da Gott ewiglich erhaben ist", heisst es gleich im nächsten Satze. Nicht ein Accidentelles erhebet Gott, sondern Gott selbst erhebt sich an Gott. „Gott hat Gott erhoben, sagt Eckhart 543, 11; die Creaturen, die Gott erschaffen

---

[1] Gegen die Auslegung dieser Stelle durch Denifle: Historisch-politische Blätter Bd. 75, S. 909.

hat, die möchten Gott nicht erheben". Und so bezeichnen ja auch Sterngassen, Egwint, Suso die göttliche Natur als die Stätte, als das Wo,
da der ewige Sohn Gottes wohnet, und wo auch unsere Heimath, unser
Ziel ist. „Die Statt, aus der ich geboren bin, das ist die Gottheit"
sagt Sterngassen. Und von der Natur Gottes als „seines unmässigen
Wesens Wo, das alles Wesens Grundveste ist" spricht Egwint.[1] Dass
ihn auch Suso so auffasse, haben wir oben gesehen, und die Bezeichnung Eckhart's: die Natur in der Gottheit erhebe den Vater, die ich
auf diesen Process der göttlichen Selbstoffenbarung anwendete, findet
einen ganz ähnlichen Ausdruck auch bei ihm. Nachdem er (B. d. Wahrh.
Cap. 3) bemerkt hat, dass sich in den grundlosen Abgrund des göttlichen Wesens die Dreiheit der Personen als in ihre Einigkeit einsenke
und alle Menge (Vielheit) da ihrer selbst entsetzt werde in etlicher
Weise, fragt der Jünger, was diesem einigen Grunde den ersten Ausblick gibt zu wirken, und allermeist zu seinem eigenen Werke, das da
ist gebären?[2] Das thut, lautet die Antwort mit Eckhart, seine vermögende Kraft. Und auf die Frage, was diese sei, antwortet die
Wahrheit: „das ist göttliche Natur in dem Vater; und da in demselben
Anblick ist er schwanger der Bärhaftigkeit und des Werkes; denn
da hat sich, nach Nehmung unserer Vernunft, Gottheit zu Gott
geschwungen."

So lehrt also Suso mit klaren Worten: dass das Wesen, der Abgrund, der Vater, sofern er nur potenziales Wesen ist, mittelst der
Natur gebärend werde, aus der Potenz sich zum Act, aus der Gottheit
d. i. aus dem Wesen zu Gott d. i. zur wirkenden Persönlichkeit auf-
schwinge oder, was dasselbe ist, sich erhebe.

Dass Eckhart die göttliche Natur die Weisheit der Vaters nenne,
habe ich gegen unbegründete Einwendungen aus Eckhart selbst erhärtet. Die Richtigkeit dieser Auffassung erhält ihre fernere Bestätigung gleichfalls durch Suso. Eines Tages, so erzählt er in der
Vita (Cap. 54), war ihm, wie wenn das väterliche Herz die ewige Weisheit minniglich und formloslich in sein Herz spräche (d. h. noch nicht
in der Mannigfaltigkeit der Bilder, sondern als das einfache Bild, in
dem alle Bilder noch unentfaltet sind). Wir sahen oben, nach Eckhart und

---

1) Haupt, Zeitschr. f. d. A. VIII, 223.
2) „gebären", nicht „geben" wie der Druck hat, muss es, wie Eckhart's
und Suso's Anschauungen es fordern, und wie auch *Cgm. 819* liest, an obiger
Stelle heissen.

Suso vereinigt sich der Mensch mit Gott so, dass Wesen mit Wesen, Kräfte mit Kräften (den Personen der Gottheit) geeinet werden. Auch hier heisst es demgemäss: „Ich entblösse mein Herz, und in der einfältigen Blossheit von aller Geschaffenheit umfahe ich deine bildlose Gottheit." Die ewige Weisheit ist es, zu der Suso hier spricht. Gott sofern er „Gottheit" und „bildlos", „formlos" ist, ist in Eckhart's und Suso's Sprache Wesen oder Natur, Wesen: als das von allen Formen, auch denen der Dreifaltigkeit freie Wesen, Natur: als das von den mannigfaltigen Formen der Creaturen noch freie einfache Bild. Es ist diese bildlose Gottheit dasselbe, was Cap. 56 das weislose Licht heisst, das von den dreien Personen in die Lauterkeit des Geistes geleuchtet wird, das „entweiste Wo", in dem die höchste Seligkeit liegt. Diese bildlose Gottheit, dies entweiste Wo, dieses weislose Licht, mit einem Worte: die Natur in der Gottheit nennt also hier Suso die ewige Weisheit, die der Vater in sein, des Dieners, Herz spricht.

. Ebenso wird der Sohn als Natur und Person, als unpersönliche und persönliche Weisheit klar unterschieden in einem Tractate aus der eckhartischen Schule „Ein verstantlich beschawung".[1] Es heisst da: „Wie die Person des Sohns an der Geburt ist die Weisheit, mit der da geordnet ist der Ausfluss aller Creaturen, also ist er in der Einigkeit die Weisheit, in der er (Gott) ewiglich bekennet den Unterschied aller Creatur."

---

3. Von den Ideen.

Eckhart redet von dem Verhältniss der Creaturen zu Gott in unterschiedener Weise. Erstlich fasst er die Dinge auf, sofern sie noch als blosse Möglichkeiten im göttlichen Wesen stehen; da sind sie ihm Gott mit Gott, Gott selbst. Ferner redet er von ihnen, insoferne sie Gott im Blicke auf den Sohn denkt. Durch diesen Act treten sie aus der potenzialen Einheit und Ununterschiedenheit hervor in Mannigfaltigkeit und Unterschiedenheit der Formen, da bilden sie die Idealwelt.

---

1) *Cgm. Mon. 627 f. 246—253.* Inc.: Ein mensch stund eins mals vor unsers herrn fronleichnam etc.

13 *

Endlich redet er von ihnen, soferne sie die nach der Idealwelt geschaffene sichtbare Welt bilden.

Auch der Ausdruck „schaffen" wird bei Eckhart in verschiedenem Sinne gebraucht. Wir unterscheiden, wo wir genau begrifflich reden, zwischen Schöpfung, Zeugung und Emanation, und verstehen unter schaffen ein Thun des persönlichen Gottes, durch welches er mit freiem Willen niederere Wesen aus dem Nichts in's Dasein ruft, mit welcher Begriffsbestimmung der Begriff der Zeugung sowohl als jener der Emanation ausgeschlossen ist. Aber die mittelalterliche Theologie verwendet die Bezeichnung Schaffen auch da, wo sie von der Zeugung spricht und redet von einer Emanation der Welt aus Gott, wo sie doch nur ein Schaffen meint. So setzt z. B. Eckhart Schöpfung für Zeugung in folgender Stelle: „Nun spricht man von dreierlei Geschöpfniss: man spricht, dass Geburt sei ein Geschöpfniss, und das was von nicht geschaffen wird, und das geschaffen wird in Gnaden zu höheren Gnaden. Ist Geburt ein Geschöpfniss, so war Christus ein Geschöpf seines Vaters in der ewigen Geburt persönlich und wesentlich" (Pf. 534). Und hinwieder gebrauchen Albert und Thomas mit Eckhart die Bezeichnungen *emanare, effluere* als Wechselworte mit *creare*.[1] Sodann bezeichnet Eckhart die Ideen als geschaffen und ungeschaffen zugleich; als geschaffen, indem er sie als Creaturen in Gott bezeichnet, als ungeschaffen, insofern sie nicht gleich den Dingen dieser Welt zur Realität des Ansichseins aus Gott herausgetreten sind. „Die Creaturen, die Gott noch machen möchte, ob er wollte (d. h. die Ideen von Geschöpfen, die er nach seinem freien Willen machen oder in's Dasein rufen konnte), die erkannte er ewiglich als Creaturen, denn sie sind Creaturen in Gott und an sich selber sind sie nicht, und das sind ungeschaffene Creaturen" (Pf. 530): also Geschaffenheiten zwar, aber ungeschaffen, sofern man unter schaffen zugleich das Herausführen zur Realität dieser jetzigen Welt versteht.

Von den Dingen nun, sofern sie nicht mehr eins mit dem göttlichen Wesen sind, und sofern sie nicht diese Erscheinungswelt bilden, sondern sofern sie in der Mannigfaltigkeit der Bilder im göttlichen Wesen stehen — also von der zweiten Auffassung der Creaturen, wie sie im Eingang zu diesem Capitel dargelegt ist — von der Idealwelt sagte ich: Eckhart lehre, die Idealwelt sei von Gott aus dem Nichts hervorgerufen, sei geschaffen, und mit der Schöpfung der idealen Welt beginne nach Eckhart's Lehre die Zeit.

---

1) Vgl. I, 394 Anm.

„Wahrlich eine Lehre, so hat man entsetzt ausgerufen, von der man mit Innocenz III. sagen könnte (Innocenz redet von Amalrich von Bena): *quod non tam haeretica quam insana sit censenda*"[1] und so unerhört erschien sie dieser tapferen Unwissenheit, dass sie ohne weiteres mich als den Erfinder „des albernen Gedankens einer Schöpfung der Ideenwelt" ihren gläubigen Lesern bezeichnen konnte".[2]

Ich muss natürlich die Ehre dieser Erfindung ablehnen, da bekannter Massen schon Scotus Erigena von der Gottheit als der Natur *quae creat et non creatur* die Ideenwelt unterscheidet, und diese als die Natur, *quae creatur et creat* bezeichnet, um dann von beiden wieder die wirkliche Welt zu unterscheiden als die Natur *quae creatur et non creat* (s. I, 159 ff.).[3]

Erigena's Lehren wirkten auch in dieser Beziehung auf die unter dem Einfluss des Platonismus stehenden Theologen fort. Der nach dem Zeugniss des Johann von Salisbury bedeutendste Platoniker des 12. Jahrhunderts, Bernhard von Chartres, läugnete mit denen, welche Philosophie trieben (*cum iis qui philosophantur*), dass die Ideen gleich ewig mit Gott seien, und bezeichnete sie als geschaffen.[4]

Auch nach Gilbert de la Porrée sind die besonderen Ideen Geschöpfe Gottes.[5]

Eckhart schliesst sich in den drei Fragen: ob es Ideen gebe? ob es viele Ideen gebe? ob es Ideen gebe von allem, was Gott erkennt? an Thomas an. Er wiederholt in der 101. Predigt im wesentlichen die Antworten, welche Thomas auf diese Fragen gibt. Aber es ist ein grober Irrthum, wenn man meint, das, was Eckhart dem Thomas entnimmt, vertrage sich, so weit er es entnimmt, nicht mit der von mir ihm zugeschriebenen Lehre.

---

1) P. Denifle, Historisch-politische Blätter Bd. 75, S. 916.

2) P. Denifle, Die Schriften des sel. H. Seuse I, 285.

3) Vgl. auch *De div. nat. II, 15: Si enim primordiales causae ideae primordiales appellantur, quae primitus ab una creatrice omnium causa creantur etc.*

4) Vgl. Stöckl, Geschichte der Philosophie des Mittelalters I, 212. Zu der dort aus *J. Saresber. Metalogicus l. IV. c. 35* mitgetheilten Stelle s. auch noch die weiteren Sätze im *Metal.* aus Bernhard's *Expos. Porphirii: Duplex est opus divinae mentis, alterum quod de subjecta materia creat aut quod ei concreatur, alterum quod de se facit et continet in se, externo non egens adminiculo. Utique coelos fecit in intellectu ab initio, ad quos ibi formandos nec materiam nec formam quaesivit extrinsecam.*

5) Vgl. Ritter, Gesch. der Philosophie Th. 7, S. 455. 458.

Es würde sich nur dann nicht vertragen, wenn Thomas lehrte, dass die Ideen das göttliche Wesen selbst seien. Das sind nach ihm aber nur die Creaturen, soferne sie noch in Gott als ihrer Ursache stehen. Die Ideen sind nicht das göttliche Wesen selbst d. h. dieses im eigentlichen Sinne, sondern sie sind das göttliche Wesen, soferne dieses die *similitudo* und *ratio* für die Dinge, das heisst ihr Muster und Vorbild (Eckhart: Spiegel — Vorbild) ist, das sich Gott in verschiedener Weise auf untergeordneten Stufen nachahmbar denkt. *Sic igitur in quantum Deus cognoscit suam essentiam ut sic imitabilem a tali creatura, cognoscit eam ut propriam rationem et ideam hujus creaturae.* Gott denkt sein Wesen in untergeordneter Weise nachahmbar und der Reflex dieses Denkens in dem göttlichen Bewusstsein, die Vorstellungen hievon, sind eben die Ideen. *Deus non solum intelligit multas res per essentiam suam, sed etiam intelligit se intelligere multa per essentiam suam. Sed hoc est intelligere plures rationes rerum, vel plures ideas esse in intellectu ejus ut intellectas.*

Damit wäre die dem Thomas imputirte Lehre: die Ideen sind das göttliche Wesen selbst, höchstens dann vereinbar, wenn man das Wort selbst nicht als Zusatz verstehen wollte, welcher die Identität im Gegensatz zur Unterschiedenheit, sondern welcher die höchste Aehnlichkeit ausdrücken soll. So sagen wir etwa von einem dem Vater sehr ähnlichen Sohne: das ist ganz der Vater selbst, und meinen damit natürlich nicht die Identität beider, sondern den höchsten Grad der Aehnlichkeit. Nun aber schreibt man dem Thomas die Lehre zu, die Ideen seien das Wesen Gottes im ersteren Sinne, seien vollkommen identisch mit dem göttlichen Wesen, während doch Thomas selbst diese Auffassung aussschliesst durch den Satz: *Idea non nominat divinam essentiam in quantum est essentia, sed in quantum est similitudo vel ratio hujus vel illius rei.* Der Sinn ist: die Idee ist nicht das göttliche Wesen selbst, sondern das durch den göttlichen Intellect verglichene Wesen, also ein Bild dieses Wesens, und zwar, wie sich von selbst versteht, da hier von der Einzelidee, der *ratio hujus vel illius rei* die Rede ist, ein theilweises Bild dieses Wesens. In was für Hände aber ist diese so einfache Stelle des Thomas gefallen! Denifle übersetzt, als ob dastehe: *Idea nominat ipsam divinam essentiam, non quidem in quantum essentia est:* „die Ideen der Dinge sind die göttliche Wesenheit selber, nicht zwar als blosse Wesenheit genommen" etc. Indem er so dem *non* seine den ganzen Satz beherrschende Stellung nimmt und es dahin setzt, wo es bei Thomas nicht steht, und dazu ein „selber"

einschiebt, wo Thomas nichts dem entsprechendes hat und auch hier nicht
haben kann, weil er eben die Identität ausschliessen will, kommt er zu
obigem unsinnigen Satze, nach welchem Thomas im zweiten Gliede wieder
aufhebt, was er im ersten gesetzt hat. Denn ob ich sage: „die Ideen der
Dinge sind die göttliche Wesenheit selber, nicht zwar als blosse Wesenheit genommen", oder: „die Ideen der Dinge sind die göttliche Wesenheit selber, nicht zwar als die göttliche Wesenheit selber", ist völlig
einerlei. Denn *essentia, in quantum est essentia* heisst eben: die
Wesenheit, sofern sie Wesenheit d. h. sie selber ist.

Wie man einerseits durch die Verschiebung des thomistischen
Textes sich die Möglichkeit genommen hat, zu wissen, wovon Thomas
eigentlich redet, so hat man anderseits sich gehindert zu erkennen was
Eckhart meine, indem man die doppelte Auffassung Eckhart's von den
Dingen in ihrem Vorsein durcheinander wirrte. Eckhart redet, wie
schon gesagt wurde, von den Dingen in ihrem Vorsein in zweierlei
Weise: einmal insofern sie noch im göttlichen Wesen und in der göttlichen Natur potenziell und unentfaltet stehen: da sind sie eins mit dem
göttlichen Wesen, also Gott in Gott; und sodann redet Eckhart von
den Dingen in ihrem Vorsein, insofern sie aus der Potenz durch Gott
erweckt als mannigfaltige Bilder („mit Unterschied der Namen") in
Gott stehen: da bilden sie die Idealwelt. Und um die Dinge in dieser
zweiten Auffassung handelt es sich bei unserer Frage, ob die Idealwelt
von Eckhart betrachtet werde als im Blick auf den Sohn von dem
Vater hervorgerufen, als geschaffen, und ob mit diesem Hervorgehen
der Idealwelt aus der Potenz nach Eckhart die Zeit beginne? Da ist
es nun eine ganz nutzlose Arbeit,[1] wenn man aus der Menge von
Stellen, in welchen Eckhart von den Dingen nach der oben angeführten
ersten Auffassung, also von ihrem noch potenziellen Sein spricht,
etliche zusammenträgt, um damit zu beweisen, dass die Ideen nach
Eckhart das göttliche Wesen selber seien; denn Eckhart redet eben in diesen
Stellen nicht von den Ideen. Die Frage ist also, ob Eckhart da, wo er
von den mannigfaltigen Bildern d. i. den Ideen in Gott handelt, diese
mannigfaltigen Bilder als das göttliche Wesen selbst bezeichne, oder eben
auch nur wie Thomas, als untergeordnete Gleichnisse des göttlichen
Wesens, und als solche im Blick auf den Sohn (hier erst trennt sich
Eckhart von Thomas) vom Vater hervorgerufen, und zwar aus dem
Nicht hervorgerufen und somit geschaffen.

---

1) Historisch-politische Blätter Bd. 75, S. 915.

Wenn bei Eckhart von der Schöpfung aus nichts die Rede ist, so braucht es für solche, die Eckhart auch nur einigermassen kennen, keiner besonderen Beweise, dass Eckhart dann nicht das absolute Nichts, sondern das potenzielle Nicht des göttlichen Wesens meine, in welchem sowohl die Bilder aller Dinge „formlos" stehen, als auch die Potenz des materiellen Seins der Dinge ruht. Aus diesem Nicht, da alle Dinge noch Ein Bild waren, das heisst noch unentfaltet Eins waren mit dem bildreichen Licht der göttlichen Einigkeit, sind sie noch unentfaltet mit ausgeflossen in dem ersten Ausfluss aus dem Wesen, in der göttlichen Natur. Während nun aber dieser erste Ausfluss nur die Natur ist, an der sich Gott als der dreipersönliche bewusst wird, die Dinge aber noch in dem Nicht ihrer Potenzialität stehen bleiben, erweckt sie der als der dreipersönliche sich bewusst seiende Gott aus dem Nicht ihrer Potenzialität[1] im Blick auf den Sohn, und jetzt stehen sie vor Gott und in Gott in der Mannigfaltigkeit der Formen und sind Vorbilder für die zu schaffende sichtbare Welt. Hat aber die Entstehung der Idealwelt den in sich abgeschlossenen trinitarischen Prozess zur Voraussetzung, sind sie aus dem Nicht der Potenzialität vom Vater im Blick auf den Sohn hervorgerufen, dann folgt, wie man auch auf gegnerischer Seite einsieht, mit Nothwendigkeit, dass die Idealwelt geschaffen und zeitlich sei. Es wird daher, um dieser Consequenz nicht zu verfallen, dem Leser mit aller Bestimmtheit versichert: „Auch nicht eine Stelle findet sich bei Eckhart, die nur im entferntesten einen Anhaltspunkt dafür bieten könnte",[2] dass nämlich der Vater im Blick auf den Sohn die Idealwelt erzeuge. Mit dieser Versicherung aber verhält es sich gerade so, wie mit der oben angeführten Behauptung, dass Niemand ausser mir auf den Gedanken einer Schöpfung der Ideenwelt habe kommen können. Ich habe solche Stellen angeführt, welche nicht etwa entfernt nur, sondern aus der nächsten Nähe darauf deuten, dass der Vater im Blick auf den Sohn die Ideenwelt erzeuge.[3] Es sind Stellen, welche sagen, dass das Wesen nur die Natur der Gottheit und nicht aller Dinge sei; dass das bildreiche Licht des göttlichen Wesens, als Wesen gefasst, der göttlichen Personen Wesen natürlich, aber der

---

1) Von dem Nicht des göttlichen Wesens als der Potenzialität Gottes und aller Dinge ist z. B. die Rede Pf. 506: Niht ist beweglich worden uzer im selben, wand niht iht worden ist, unde wirt noch alzit beweget, swan iht von nihte geschaffen wirt.

2) Historisch-politische Blätter Bd. 75, S. 916.

3) Th. I, 389 ff.

Creaturen Wesen nur aus Gnaden sei. Es sind ferner solche Stellen, welche sagen, dem Vater gehöre nur Ein Werk zu, das sei die Gebärung des Sohnes an dem ewigen Ausfluss; alle andern Werke aber gebe man nicht allein dem Vater, sondern man gebe sie drei Personen und Einem Gott.

Will man aber eine Stelle, in welcher Eckhart auch in unmittelbarer Weise das sagt, was ich ihn sagen lasse, so findet man eine solche in der Predigt von dem Schauen Gottes durch die wirkende Vernunft, wo er sagt: „Indem der Vater anschauet seinen Sohn, so erbilden sich alle Creaturen leblich in dem Sohn; das ist das wahre Leben der Creaturen" (1, 487); denn was ist das anderes, als wenn ich ihn sagen lasse: dass der Vater im Blicke auf den Sohn die Idealwelt erzeuge? Denn dass dies leblich Erbilden der Dinge in dem Sohne von den Ideen gemeint sei und nicht von der realen Welt, begreift jeder, der Eckhart nicht unsinnige Gedanken zutraut, und die Lehre kennt von den Creaturen, die in Gott edler sind als sie in sich selber sind (Pr. 530).[1]

Ist somit die Idealwelt im Blick auf den Sohn entstanden, oder hat sie mit andern Worten den in sich vollendeten Ternar zur Voraussetzung, dann ist sie geschaffen und zeitlich. Ungeschaffen nur in dem oben bereits angegebenen Sinn, insofern sie nicht gleich dieser Erscheinungswelt eine aus Gott herausgesetzte für sich seiende Existenz hat; aber geschaffen, insofern sie eben bei Eckhart „Creatur" und nicht Gott heisst. Und zeitlich ist sie, insofern sie nicht gleich ewig ist mit dem Ternar und eine Beziehung hat auf die Dinge, die nach ihrem Vorbild gebildet werden sollen. In diesem Sinne sagt auch Thomas: *Secundum quod (idea) exemplar est, secundum hoc se habet ad omnia quae a Deo fiunt, secundum aliquod tempus.* Eckhart lässt uns aber nicht bloss aus seinen Grundanschauungen schliessen, dass er mit der Schöpfung der Idealwelt den Begriff der Zeit verbinde, sondern spricht dies geradezu aus in seiner Glosse über den Eingang des Evangeliums St. Johannis.

In einer ersten Ausdeutung der Worte „Im Anfang war das

---

1) Vgl. hiezu unter anderm auch die von der neueren Mystik beeinflusste Auslegung des V. U., die wir oben besprochen haben, wo es heisst a. a. O. S. 72: „Sondern er hat uns ewiglich gehabt an seiner Fürsicht, also dass er wollte, dass wir würden geschaffen; und haben alle Dinge an Gott Licht und Leben, und ist die mindeste Creatur in dem Morgenlichte (d. i. wie sie als Idee in Gott steht. Nach Augustin.) lauterer und klarer und schöner denn der schönste Engel sei in dem Abendlichte."

Wort" nimmt er sich vor, nicht von dem Anfang der realen Welt zu reden, sondern von einem „unanfänglichen Anfang", als das förmliche Licht (Gegensatz: das noch formlose, nur in der Potenz seiende) der Creaturen zuerst ausleuchtete, als die Creaturen redlich, d. h. bei Gott mit unterschiedenen Namen standen, ohne dass sie noch in diesem Dasein geschaffen waren. Dieses Ausleuchten der Creatur wird als „ein Ausfliessen des Sohnes in die Zeit natürlicher Bilder" bezeichnet. So lange der Sohn noch bloss die Natur des Vaters war, sagt Eckhart, konnte das nicht geschehen; sondern erst als er von neuem ausging, oder als er nicht mehr das ungewortete, sondern das gewortete Wort war. Der Grund ist, weil der Sohn als Natur, als erster Ausbruch aus dem Wesen, als das ungewortete Wort, als die Vernunft des Vaters, noch unpersönlich war, „weil sich da das ungewortete Wort in sich selber noch nicht verstand. Darum geschah es, so fährt er fort, in dem Anfang neues Ausgangs des Sohnes (da er als vollkommenes, persönliches Wort ausging), dass er ausfloss in die Zeit natürlicher Bilder und an ihm das Wort vereinte, das alle Zeit innebleibend war in dem Anfang der Väterlichkeit." Mit diesem letzten Satze will Eckhart die Meinung abwehren, als ob das Ausfliessen des Sohnes in die natürlichen Bilder zugleich ein Aufgeben seiner göttlichen Natur gewesen sei. Er blieb in Einheit mit der göttlichen Natur, obwohl er ausfloss in die Zeit der natürlichen Bilder, und wirkte fort in persönlicher Weise ähnlich wie die menschliche Person zu wirken pflegt: „und dasselbe Wort wirkte alle seine Werke von Natur in persönlicher Weise menschlich." Es offenbart seine Natur fortwährend in dem Vater, und bleibt ewig Person. Das ist die erste Ausdeutung der Worte „Im Anfang war das Wort", die Eckhart in seiner Glosse gibt.

Der Sohn fliesst aus in die Zeit natürlicher Bilder, und ist und bleibt doch das persönliche Wort — das will Eckhart mit seiner Auslegung sagen. So ist von Eckhart selbst es ausgesprochen, dass er mit der Entstehung der Idealwelt den Begriff der Zeit verbinde.

Man hat nun versucht, Eckhart von dieser *doctrina insana* zu reinigen und zwar mit Hilfe eines „glücklicher Weise" gefundenen Textes, welcher von einem Schreiber des 15. Jahrhunderts herrührt, einem Schreiber, der ebenfalls glücklichst bemüht war, Eckhart von seinen Häresien zu befreien. Denn nachdem dieser Mann zuerst in seiner Abschrift einen der Hauptsätze, nämlich den von der päpstlichen Bulle verdammten Satz ausgelassen hat: „Und darum spreche ich Meister Eckhart: alsbald Gott war, da hat er die Welt geschaffen", bringt er wenige Zeilen später unseren

Satz in folgender Form: „darumb was in dem beginnen neues aus gegangen des sunes, da der sun ausfloss in zeit in natürlichem pild
und in im daz vereint wort daz alle stund innen beleybend waz in be-
ginnlicher veterlikait". Von der in der Zeit geschehenen Menschwerdung Christi habe Eckhart geredet, so hält man uns nun auf Grund
des werthvollen Fundes entgegen. Allein man hätte doch bedenken sollen,
dass Eckhart, der, wie er selbst sagt, in dieser seiner ersten Glosse über
die Worte „Im Anfang war das Wort" von einem „unanfänglichen Anfang" reden will, unmöglich darunter die Menschwerdung Christi verstanden haben könne. Und dann, dass wenn Eckhart von der Menschwerdung hätte reden wollen, er unmöglich die Menschwerdung mit den
Worten hätte umschreiben können: der Sohn floss aus in der Zeit in
natürlichem Bilde. Soll unter dem natürlichen Bilde die in der Zeit an-
genommene menschliche Natur gemeint sein, dann wäre ja der Sohn
nicht in die menschliche Natur, sondern in der menschlichen Natur
diesem Texte zufolge ausgeflossen: der Sohn hätte also die menschliche
Natur nicht angenommen, sondern mit sich gebracht. Seine Menschwerdung wäre ein Ausfliessen, ein Hervortreten aus der Person des
Sohnes. Doch genug von diesem Text, der keines weiteren Wortes
werth ist. Hören wir vielmehr zur Erweisung der Ursprünglichkeit
des Pfeiffer'schen Textes einen Zeugen, der völlig genügen wird. Es
ist dies der noch dem 14. Jahrhundert angehörige bekannte Mystiker
Marquard von Lindau. Er ist in manchen Punkten ein Gegner Eckhart's. Auch er hat eine Glosse über die Einleitung des Evangeliums
Johannis geschrieben und er berücksichtigt in derselben unsere Stelle.
Indem er sich gegen die in Eckhart's Glosse ausgesprochene Ansicht
von dem ewigen Ausflusse der Zeit wendet, sagt er:[1] „Nun redet Eckhardus: Er schuf die Welt im ersten Nun der Ewigkeit, in welchem er
auch Gott war (unsere Stelle bei Eckhart: Alsbald Gott war, da hat er
die Welt geschaffen) und sprach das, dass Zeit alleweg und ewiglich
aus Gott geflossen sei (unsere Stelle von dem unanfänglichen Anfang:
der Sohn floss aus in die Zeit natürlicher Bilder), das doch alles
eine Irrung ist und wider Christenglauben, welcher sagt und hält, dass die
Welt und Zeit Anfang hat gehabt". Ob Marquard von Lindau oder der
Papst die Aeusserungen Eckhart's richtig verstanden habe, ist eine für
uns hier gleichgültige Frage. Was zu ermitteln war, ist dies, ob Eckhart gesagt habe, der Sohn floss aus in die Zeit natürlicher Bilder, oder

1) *Cgm. Mon. 215, f. 40.*

ob er von einem Ausfliessen des Sohnes in der Zeit, d. i. von der in der Mitte der Zeiten geschehenen Menschwerdung habe reden wollen. Darüber kann nun aber auch nach Marquard's Zeugniss kein Zweifel sein.

Es ist schon früher bei der Darstellung der Lehre Eckhart's hervorgehoben worden, dass wenngleich nach ihm mit der Schöpfung der Idealwelt die Zeitlichkeit gedacht und gesetzt ist, dennoch Eckhart nicht meine, dass das Denken dieses Zeitlichen selbst ein zeitliches Moment in Gott sei. Die Ideen der Welt sind, was den Denkenden selbst anlangt, in der Weise der Ewigkeit gedacht, das heisst so, dass da nicht erst Gott gleichsam eine Zeit lang als seiend zu denken ist bis er den Gedanken der Welt fasste, oder dass Gott erst diese, dann jene Ideen dachte, sondern wie Eckhart sagt, denn auch hiefür gilt dieses Wort: „alsbald Gott war da hat er die Welt (der Ideen) erschaffen". Aber das was gedacht ist, ist ein Zeitliches, insofern es nicht identisch ist mit der ersten Ursache, sondern eine Wirkung derselben, und insofern es in Zertheiltheit und Mannigfaltigkeit steht. So ist also das Wesen der Zeitlichkeit ewig aus Gott geflossen, wie die Ideenwelt ewig aus Gott geflossen ist. Mit der Schöpfung der Ideen beginnt nach Eckhart's Lehre die Zeit.

Und um noch einmal auch nach der andern Seite hin die Natur der Ideen im Sinne Eckhart's zu erläutern, so werden wir von ihnen gemäss der Analogie von dem schaffenden Geiste des Künstlers, die auch von Eckhart gebraucht wird, nicht sagen dürfen, die Ideen sind Gott selbst oder die göttliche Natur selbst, ebenso wenig, wie wir von den Ideen des Künstlers sagen, sie sind der Künstler selbst, oder von den Gedanken des Menschen überhaupt, sie sind der Mensch selbst. Aber wir werden von ihnen sagen, sie sind göttlich, wie wir von den Gedanken des Menschen sagen, sie sind menschlich. Mit diesem Prädikate aber kann ein zweifaches bezeichnet sein, entweder bloss die Urheberschaft, wie denn alle Naturdinge als göttliche Werke bezeichnet werden können, weil Gott sie geschaffen hat, oder mit der Urheberschaft zugleich auch Art und Natur derselben. So sagen wir von den Gedanken des Menschen, es sind menschliche Gedanken, und meinen damit, dass sie der beschränkten Art und Natur des Menschen entsprechen im Unterschied von den höheren und vollkommenen Gedanken Gottes. So sind die Ideen und Gedanken Gottes der göttlichen Natur entsprechend, die Natur Gottes an sich tragend, licht, klar, vollkommen, voll Kraft und Leben. Aber bei alledem sind sie eben doch

Wirkungen der schaffenden Thätigkeit Gottes, hervorgerufen aus einem relativen Nichtsein von dem in sich freien und vollkommenen Gott, und jede in ihrer Besonderheit nur einen Theil des göttlichen Wesens nachbildend: somit sind sie, obwohl participirend an der göttlichen Natur, doch geschaffene Wesenheiten.

Wir wenden uns nun zu den Aeusserungen der Schule.

Da bringt uns zuerst wieder die „Blume der Schauung" einen Bericht über die Auffassung der Creaturen unter den Meistern, nach welchem die Ideen sachlich ganz unter die Kategorie des Geschaffenen gestellt werden, wenngleich der Ausdruck „Geschaffenheit", bei dem sonst überall bemerkbaren Schwanken in der Verwendung dieses Ausdrucks hier nur auf das dritte Stadium der creatürlichen Seinsweise, das der realen Welt, angewendet wird. Es heisst da: „Die Meister nehmen Creaturen in viererlei Wesen. Das erste nehmen sie in der Einförmigkeit Gottes und in diesem Wesen sind alle Creaturen gleich und hier lebt der Stein wie der Engel. Hievon spricht St. Augustin und Anselm: Creatur ist ein schaffend Wesen." Hier ist jenes erste Stadium bezeichnet, welches man, ohne zu beachten um was es sich handelt, aus Eckhart gegen unsre Darstellung von Eckhart's Ideenlehre hat anführen wollen. Diese Lehre selbst wird nun in dem unmittelbar folgenden Satze „der Blume der Schauung" berührt: „Das andere Wesen der Creatur ist, dass die Creatur ein Vorwurf sein soll göttlicher Vernunft. Hievon spricht die Weisheit: Ehe ich dich schuf, da kannte ich dich. In diesem Wesen erkennet Gott die Creatur nach Unterschied, einen Menschen anders als einen Engel, gemäss dem, als er eine jegliche Creatur machen wollte. Das dritte Wesen der Creatur, das nehmen sie nach dem Ausgang ihrer Geschaffenheit, das vierte Wesen nehmen sie in dem Wiedereingang ihres ewigen Bleibens."

Wenn die Creatur nur in ihrem ersten Stadium als ein schaffend Wesen bezeichnet wird, und erst in dem zweiten von ihr, sofern sie in einer Vielheit der Ideen besteht, die Rede ist, so werden damit die Ideen als nicht schaffendes und zugleich als ein mittelst der göttlichen Vernunft aus der Potenz, dem Nicht, aus dem ersten Stadium in das zweite hinübergeführtes Sein bezeichnet.

Als nicht mit der Erzeugung des Sohnes identisch, sondern als ein Wort der Dreifaltigkeit werden sodann die Ideen bezeichnet von Johann von Sterngassen. Seine Predigt über die Worte *Formans me* beginnt: „Er hat uns geformet an ihm und mit ihm. Er hat uns geformet an ihm. Wie er uns geformet habe, das sollt ihr merken.

Wir sind ein Licht in seiner Lauterkeit und ein Wort in seiner Verständigkeit und ein Leben in seiner Innigkeit. Also hat er uns geformet
an ihm vor der Zeit. Zu dem andern Male, was wir nun sind in der
Zeit: In uns ist eine Lauterkeit, in die ohne Unterlass leuchtend ist das
Licht der Gottheit, in uns ist eine Verständigkeit, in die ohne Unterlass sprechend ist das Wort der Dreifaltigkeit; und in uns ist eine Innigkeit, in der ohne Unterlass wirkend ist das Leben der Ewigkeit.''

Sehen wir davon ab, dass hier das Wort Zeit im gewöhnlichen
Sinne genommen ist, so wird unser vorzeitliches Sein, das ist unser
ideales Sein als ein Wort in seiner Verständigkeit, als ein Licht in
seiner Lauterkeit, als ein Leben in seiner Innigkeit bezeichnet. Als ein
im göttlichen Wesen erwecktes Sein verhält sich die Idee zu dem göttlichen Wesen wie das, was ist, zu dem, worin es ist. Im jetzigen Zeit-
leben dagegen ist eine zweite Stätte geschaffen, in die jenes ideale Sein
einleuchtend ist, und die jener Stätte in der Gottheit gleichartig ist,
und unser ideales Sein, das vorher nur in der Gottheit leuchtete, leuchtet
nun in diese unsere Stätte, die unser Innerstes ist, herein. Es ist, wie
die Ausdrücke beweisen, dasselbe ideale Sein, das nun inner unser
wirkt und spricht und leuchtet, was vorzeitlich schon in der Gottheit
stand. Und dieses Licht und Leben und Wort wird als Wort näher
bestimmt als ein Wort der Dreifaltigkeit, womit also die Idee als
ein Werk nicht des Vaters allein, sondern als ein Werk der Dreifaltigkeit bezeichnet ist. Hiedurch aber ist Eckhart's Satz erläutert, nach
welchem dem Vater nur Ein Werk zugehört, die Gebärung des Sohnes
an dem ewigen Ausflusse, alle andern Werke aber (also auch die For-
mation der Ideen) den drei Personen und Einem Gotte gegeben werden.

Aus dieser Predigt Sterngassen's ist, wie eine Vergleichung ergibt,
genommen, was der Verfasser der Blume der Schauung gegen den
Schluss seiner Zusammenstellung erläuternd zu seinen Sätzen von der
dreifachen Rede in der Gottheit hinzufügt. Er unterscheidet eine
dreifache Rede in der Gottheit: die wesentliche Rede (da nach Eckhart der Unterschied der Personen noch vergeistet ist in der weislosen
Weise), die wiedertragende Rede (da Gott im Ternar sich offenbart), und
die dritte Rede, da Gott geneigt ist mit Liebe auf seine Creaturen, wie
er selber spreche: In ewiger Liebe habe ich dich lieb gehabt. Diese
dritte Rede kann nicht das schöpferische Sprechen der Creaturen nach
aussen sein, da es als ein Reden in der Gottheit bezeichnet wird und
auch der Zusatz zeigt, wie es der Zusammensteller meint, wenn er
von einer Liebe spricht, die vor unserem Dasein uns gegolten habe.

Auf derselben Anschauung, welche den trinitarischen Process als in sich vollendet denkt, ehe Gott den Gedanken der Welt fasste, ruht es, wenn Suso mit Eckhart sagt (B. d. Wahrh. 7, nach Den. 6): „Er (der Sohn) ist ein Bild des Vaters; wir sind gebildet nach dem Bilde der heiligen Dreifaltigkeit; und darin kann ihm niemand gleich sein." Denn wenn der Vater im Blick auf die Idealwelt die Dinge in's Dasein ruft, und unsere Idee, unser Bild, nach dem Bilde der Dreifaltigkeit gestaltet ist, so kann von einer Idealwelt nicht die Rede sein, ehe der Process der trinitarischen Offenbarung in sich abgeschlossen ist. Dann aber hat der Vater im Blick auf den Sohn die Idealwelt erzeugt.

Die gleiche Auffassung begegnet uns wieder in dem von Pfeiffer mitgetheilten Tractat von der Menschwerdung Christi.

„Der Herr vom Himmelreiche", so beginnt dieser Tractat, „hat ein Gemahl. Wer ist die? Das ist seine Weisheit, die hat ihm den Sohn Jesum Christum in seiner Ewigkeit und in seiner Wohnung je geboren. Wie? Wie wenn ein Maler ein gut Bild entworfen hätte, das aber noch nicht gefüllt ist mit Farbe, so dass man es wohl sehen möchte, so war die Menschheit entworfen in der Gottheit; sie war aber nicht gefüllt mit dem Fleische, so dass man sie hätte wohl sehen und erkennen mögen; nur der Vater alleine, der wusste auch wohl was an ihm lag." Es ist die Frage, ob die Idee der Menschheit (denn diese ist gemeint), die der Herr vom Himmelreich in der Gottheit „entworfen" hat, entworfen sei in dem Sohne als dem ewig geborenen oder ob die Entwerfung der Idee der Menschheit als zusammenfallend gedacht sei mit der Geburt des Sohnes selbst, also ein Moment dieser Geburt sei? Da schliesst nun die ganze folgende Darlegung diese letztere Annahme vollständig aus. „Denn, so heisst es, der Sohn war und ist des Vaters ein Spiegel. Wie? Da war und ist seine Gottheit so grundlos, dass er sie nicht wohl erkennen mochte an sich selber. Da nun aber der Sohn an seiner Gottheit ihm gleich war und ist, so sieht er, wenn er sich selber erkennen will in seiner Gottheit, den Sohn an; denn so hat er erkannt alle seine Gottheit in ihm." Das Geborensein des Sohnes ist also hienach Bedingung für die Erkenntniss der Grundlosigkeit seiner Gottheit. Der Sohn hält dem Vater die göttliche Natur wie einen Spiegel entgegen, und in diesem Spiegel, der die Weisheit ist, wird die Menschheit entworfen als wie ein Maler ein gut Bild entwirft. Der Sohn aber wird als persönlich gedacht, wenn es in dem Zusammenhang mit der hervorgehobenen Stelle weiter heisst: Also sieht der Sohn in dem Spiegel seines Vaters Gottheit und erkennet sich also selber in

auch selber in der reinen Lauterkeit der Gottheit (auch die Person des
Sohnes ist also der Spiegel, die Weisheit des Vaters, in so ferne als sie
das Wort ist für die göttliche Natur) und davon konnte der Vater noch
wollte nie wirken ohne den Sohn. Und nach dieser Darlegung nimmt der
Verfasser die Worte des Eingangs wieder auf von dem Gemahl, die der
Herr vom Himmelreich hat, das ist seine Weisheit, die ihm den Sohn
Jesum Christum in seiner Ewigkeit und in seiner Wohnung je geboren,
indem er sagt: „Da des Herrn Gemahl ward schwanger, da that er, als
ich vor gesprochen habe, und gewann ihm einen reichen Hort und
machte ihm eine Wohnung“ etc. Von der Idee der Menschheit ist die
Rede, die in dem Mensch gewordenen Sohne Gottes nur ihre entsprechende
Verwirklichung hat. Und sowohl hier, wo von der Entstehung der Idee
der Menschheit, als später, wo von der Schöpfung des Menschen in
das creatürliche Sein die Rede ist, beide Male heisst es: der Vater
wirkte nie ohne den Sohn, noch der Sohn ohne den Vater. So hat also
auch nach dieser Stelle der Vater im Blick auf den Sohn die Idealwelt
erzeugt. Denn es versteht sich von selbst, dass mit der Idee der
Menschheit auch alle andern Ideen der Schöpfung gedacht sind.

4. Von dem Verhältniss Gottes zur Welt.

Eckhart hatte gelehrt: „Gott hat alle Dinge geschaffen und ich
mit ihm“; „alle Dinge sind Gott selber“; „Gott ist alle Dinge“. Ich
sagte in meiner Darstellung der Lehre Eckhart's (I, 386), Sätze wie
diese fänden sich in den Schriften Eckhart's in ziemlicher Zahl, und
seien in der päpstlichen Bulle als ketzerisch verdammt worden. Man
hat, um den Papst zu vertheidigen, versichert: „Sätze wie diese (d. i.
die obenangeführten) sind nicht verworfen worden.“ [1] Aber wie wahr
diese Versicherung sei, ist sofort aus der folgenden Thatsache zu ersehen. Der erste der obigen Sätze lautet: „Gott hat alle Dinge geschaffen und ich mit ihm“, und mit diesem Satze halte man nun den
13. der vom Papst verdammten Sätze zusammen: *Quicquid proprium
est divinae naturae, hoc totum proprium est homini justo et divino:*

---

1) Denifle, Historisch-politische Blätter Bd. 75, S. 913.

propter hoc iste homo operatur quicquid Deus operatur et creavit una cum Deo coelum et terram. Eine weitere Bemerkung ist nicht nöthig.

Hat doch nicht bloss der Papst, sondern auch in der späteren Zeit so mancher Andere Eckhart's Lehre um solcher Sätze willen für pantheistisch gehalten: und es ist nun unsere Aufgabe, zuzusehen, wie Eckhart in dieser Beziehung von seinen Schülern verstanden wurde, und wie sie ihn der Anschuldigung gegenüber vertheidigt haben.

Da ist nun für uns jener oben besprochene bisher unbekannte Tractat „von der Minne" von hohem Interesse, der von einem unmittelbaren Schüler Eckhart's herrührt, und den wir im Anhang mittheilen werden. Der Tractat vertheidigt Eckhart gegen den Vorwurf des Pantheismus, weil er den Satz ausgesprochen habe: „Gott sei förmlich Wesen der Creaturen".

Eckhart hatte gesagt: „Alle Dinge sind Gott selber" (311); „die Form des göttlichen Wesens sei nicht ein anderes, denn das, was das göttliche Wesen selber sei" und „diese wesentliche Form sei die Form aller Dinge einfältiglich" (682). Dasselbe, nur zusammengefasst, ist ausgesprochen in dem Satze, den der Schüler anführt: „Gott ist förmlich Wesen der Creaturen". Diesen Satz hatte man bei den verschiedenen Begriffen, die man mit dem Ausdruck Wesen verband, so verstanden, als wäre Wesen οὐσία gleich οὐσίωσις, *subsistentia*, „Istigkeit", wonach dann der Sinn wäre: das, worin alle Creaturen subsistiren, ist Gott, oder logisch ausgedrückt, alle Creaturen sind nur Prädikate des einen Subjects, das Gott ist. Der Schüler behauptet nun, dass Eckhart das mit seinen Ausdrücken nicht gemeint habe. „Aber ich will es beweisen, dass der Meister nicht meint noch meinen kann, dass Gott in der Weise sei förmlich Wesen der Creaturen, dass die Creatur an ihr selbst keine Istigkeit hätte, sondern dass das göttliche Wesen ihre förmliche Istigkeit sei." Und der Tractat sagt uns gleich selbst, was unter Istigkeit verstanden sei, wenn er fortfährt: „Alle Lehrer geben das der Menschheit Christi, dass sie bestehe in dieser Weise in göttlichem Wesen („im persönlichen Wesen des Sohnes"). Wollte man nun das geben allen Creaturen, so wären alle Creaturen so wahrlich Gott als Christus es ist. Aber das wäre Unglaube."

Die erste Deutung, welche der Schüler dem eckhartischen Satze giebt, ist die, dass Eckhart damit die Abhängigkeit des creatürlichen Seins von dem göttlichen bezeichnen wolle: — — „dass die Creatur kein förmlich Wesen (aus sich selber) hat; und das ist unmöglich, denn die Creaturen sind geschaffen von Gott, darum haben sie empfangen Wesen, und sind nicht (wie Gott) ihrer selbst. Göttlich Wesen mag nicht Wesen empfahen, darum muss die Creatur ihr sonderlich geschaffen Wesen haben, das nicht göttlich Wesen sei, sondern Gegenstand göttlicher Wirkung." Der Schlüssel zum Verständniss dieser Stelle liegt in dem Gegensatz von Gott, sofern er nicht Wesen empfangen mag, und der Creatur, die Wesen empfangen hat. Hier bedeutet Wesen empfangen so viel als Existenz, *esse* empfangen (*essentia* wurde auch oft als Wechselbegriff für *esse* gebraucht). Gott ist *suum esse;* nicht so die Creatur, zu ihr kommt das *esse* durch Gottes schöpferische Wirksamkeit hinzu. Das *esse* der Creatur ist also durch Gott determinirt. Das was determinirt, muss Form sein. Gott ist also die Wesenheit, die als höchste Form alles Sein der Creatur determinirt. Insofern ist Gott förmlich Wesen der Creatur — die *forma formans* für die Creatur.

Die andere unverfängliche Deutung, welche der eckhartische Satz zulasse, so wird fortgefahren, sei die, „dass Gott sei Wesen, auf dem besteht und enthalten wird Wesen aller Creaturen". Er erläutert dies dahin, „dass Gott enthalte Wesen aller Creaturen als eine wirkende Ursache und nicht als eine Form, gleichwie die Sonne ihren Schein enthalte in der Luft wesentlich und nicht förmlich". Der Sinn ist: Wie aus der Sonne der Schein in der Luft gewirkt wird und das Wesen der Sonne der Grund bleibt für den Schein, der Schein aber damit nicht selbst zur Sonne wird, so hat Gott als *causa efficiens* aus seinem Wesen (freilich mit der in der folgenden Deutung angegebenen Modification) die Creaturen gewirkt und bleibt mit seinem Wesen der Grund derselben, ohne dass damit Gott ihre Form wird, d. i. ohne dass sie damit selbst zu Gott werden.

Eine dritte unverfängliche Deutung, so fährt der Schüler fort, die der Satz Eckhart's zulasse, sei die: „dass die Creatur zwar habe ihr eigen Wesen, nicht allein Wesen der Weselichkeit (der *essentia*), sondern auch Wesen der Istigkeit (*esse, existentia, subsistentia*); aber doch so, dass dies Wesen, das die Creatur ist, ist nicht ein ander Wesen von dem Wesen das Gott hat, sondern es ist dasselbe Wesen in einer andern Weise: gleichwie das Haus, das da ist in des Zimmermanns Vernunft gegenwürflich (als *idea exemplaris*), das ist in dem Stein und in dem Holz materlich. Und darum mag man mit Wahrheit sprechen: das Haus in des Zimmermanns Bekenntniss (Vernunft) ist förmlich Wesen des auswendigen Hauses in der Materien. Darum sind hier nicht zwei Häuser, sondern eines, und zwar in einer andern Weise in dem Bekenntniss und in einer andern Weise in der Materie."

Hier gibt der Schüler der Lehre des Meisters eine Deutung, welche mit der thomistischen Lehre sich nicht vereinigen lässt, sondern auf einer principiellen Verschiedenheit der Lehre Eckhart's von der des Thomas beruht. Sie liegt in dem Satze, „dass dies Wesen, das die Creatur ist, ist nicht ein ander Wesen von dem Wesen das Gott hat, sondern es ist dasselbe Wesen in einer andern Weise". Thomas fasst das Nichts, aus dem die Creaturen geschaffen sind, als absolutes Nichts. Er erklärt sich ausdrücklich gegen eine Umwandlung in dem hier von dem Schüler Eckhart's ausgesprochenen Sinne,[1] und gerade im Gegensatz zu der Meinung des Thomas scheinen die Worte von dem Schüler gewählt. Nach Eckhart ist das göttliche Wesen die Potenz aller Dinge, das als solches durch den Schöpferwillen Gottes umgewandelt wird, so dass es zur Wesenheit der Creatur wird, zu einer von der göttlichen Wesenheit verschiedenen „fremden" Wesenheit, und zwar so vielgestaltig, als es die Ideen sind, die in dem göttlichen Geiste stehen. Auch Thomas bringt das Beispiel von dem Verhältniss der Idee im Zimmermann zu dem nach der Idee gebildeten Hause, aber nur um zu beweisen, dass in Gott für alle Dinge eigene Ideen sein müssen und dass die Vielheit der Ideen nicht gegen die göttliche Einfachheit sei, weil durch sie der göttliche Intellect nicht erst gebildet werde. Hier aber wird das Verhältniss der Idee im Geiste des Zimmermanns zu der im Hause verwirklichten Idee als Gleichniss benützt, um den Satz zu erläutern, dass das Wesen der Creatur nicht ein ander Wesen sei von dem Wesen das Gott hat, sondern dass es dasselbe sei, nur in einer andern Weise. Jene eckhartische Anschauung von dem Wesen Gottes als der materialen und formalen Potenz für alle Dinge wird dadurch erhärtet.

Die gleiche eckhartische Auffassung ist auch bei Suso die Voraussetzung, wenn er im Buch der Wahrheit (Cap. 4. Den. 3) sagt: Die Creaturen sind dasselbe Leben, Wesen und Vermögen (wie Gott), soferne sie in Gott sind, und sind dasselbe Ein und nicht minder. Aber nach dem Ausschlag, da sie ihr eigen Wesen nehmen, da hat ein jegliches sein

---

1) S. I, qu. 45, a. 2: *quandoque vero est idem ens in potentia tantum, sicut in mutatione secundum substantiam, cujus subjectum est materia. Sed in creatione, per quam producitur tota substantia rei, non potest accipi aliquid idem aliter se habens nunc et prius, nisi secundum intellectum tantum; sicut si intelligatur aliqua res prius non fuisse totaliter et postea esse.*

14*

besonderes Wesen ausgeschiedenlich mit seiner eigenen Form, die ihm natürlich Wesen gibt. Denn Form gibt gesondert Wesen und geschieden (unterschieden), beide von dem göttlichen Wesen und von allem andern".

Auch bei Sterngassen und Heinrich von Egwint liegt diese Auffassung von dem Wesen der Creatur als einem aus dem potenzialen Grund des göttlichen Wesens hervorgegangenen und durch den schöpferischen Willen umgewandelten Wesen zu Grunde. So sagt Sterngassen (Wackern. 166): „Die Seele ist geflossen ab der Person (Gottes) und auch ab dem Wesen, und weil sie nicht innegeblieben ist an dem Wesen, davon vermag sie nicht dem Vater gleich zu wirken"; und Egwint (Haupt VIII. 4. Predigt) sagt: „Aller Creaturen Wesen ist ein Ausfluss aus dem lauteren Brunnen göttlichen Wesens und göttlicher Natur". Er sagt dies (s. o.) in derselben Predigt, in welcher Ibn Gebirols Buch von dem „Brunnen des Lebens" angeführt ist, dem zufolge auch die Materie aus Gottes Substanz stammt.

Wie nun jener unbekannte Schüler seinen Meister vertheidigt hat gegen den Vorwurf des Pantheismus, so vertheidigt ihn auch Suso gegen Beschuldigungen, die ihn der pantheistischen Auffassung der Begarden zeihen. Der Meister hebe nicht, so sagt Suso (Buch d. Wahrheit C. 7 resp. 6), den Unterschied zwischen creatürlichem und göttlichem Wesen auf. Wenn Eckhart sage, die Seele sei von Gott nicht geschieden, so wolle er damit doch die Unterschiedenheit nicht läugnen. Ueberhaupt sei nichts von dem göttlichen Wesen geschieden, weil es allen Wesen Wesen gebe, wohl aber unterschieden, so dass das göttliche Wesen nicht sei des Steines Wesen etc. Darüber sage der Meister in seinen Anmerkungen zu dem Buch der Weisheit: wie nichts innigeres (nichts was unserem Wesen inniger wäre) als Gott sei, so sei auch nichts Unterschiedeneres.

---

5. Vom Seelengrunde.

Mit der dargelegten Auffassung der eckhartischen Schule von dem Verhältniss des göttlichen Wesens zu der creatürlichen Wesenheit hängt es zusammen, dass diese Schule die Frage von dem Wesen der Seele in ganz anderer Weise beantwortet und betont als die Scholastik: es ist diese Frage einer der Angelpunkte, um die sich die Mystik Eckhart's und seiner Schüler bewegt. Die Begriffe, die man hier mit dem Wesen der Seele verbindet, die Verflechtung dieser Begriffe in die höchsten speculativen und sittlichen Fragen machen dieses Thema seit Eckhart zu einem ganz neuen und für die eckhartische Schule charakteristischen und es ist darum nöthig, dass wir ihm hier eine eingehende Untersuchung widmen.

Zum Theil ist dies ja schon bei der Darstellung der Lehre Dietrich's und Eckhart's geschehen; aber die Schüler Eckhart's interpretiren vielfach die Lehren des Meisters, führen einzelnes weiter aus, und es darf angenommen werden, dass sie dem Meister selbst verschiedene Fragen darüber gestellt haben, so dass wir in ihren Sätzen für das Verständniss weiteren Gewinn schöpfen können.

Ich habe die zu erörternde Frage die Frage vom Seelengrunde genannt, wiewohl das, was damit bezeichnet werden soll, wie wir schon gesehen haben und wie sich das gleich weiter zeigen wird, unter sehr vielen anderen Namen noch auftritt. Aber es schien mir diese Bezeichnung unter allen die beste zu sein, um damit die Sache anderen verwandten Begriffen gegenüber abzuscheiden. Auch ist sie, vornehmlich durch Tauler, zur vorherrschenden geworden.

Welche Wichtigkeit man dem Verständniss dieser Frage beilegte, mag aus Giseler erhellen, wenn er das Wort eines Meisters anführt, der in Bezug auf die Vernunft, welche ihm nach einer Seite hin eben das ist, was mit dem Seelengrunde bezeichnet wird, sagt (K 107[a u. b]):[1] „Ein Meister spricht, dass die Vernunft habe drei Pforten, wer sich darin wohl berichten kann, der versteht alle Wahrheit, die man mit Worten reden kann."

In ihrer allgemeinsten Bezeichnung ist die Sache, um welche es sich hier handelt, in den Worten Giseler's gegeben, wenn er (K 147[b]) sagt: „Man theilt den Menschen in drei Theile. Der erste heisset der äussere Mensch, der andere der innere Mensch, der dritte ist das innerste des inneren Menschen. In diesem wird das innere Wort geboren."

Wir verdanken Giseler auch eine Zusammenstellung der verschiedenen Bezeichnungen, die indes trotz ihrer Menge nicht einmal vollständig ist. Wir geben die Stelle nach Hermann von Fritslar, da K sie gar nicht und M[2] nur mit etlichen Auslassungen wiedergibt. Giseler

---

1) K = Königsberger Handschrift.
2) M = Münchner Handschrift Cgm. 222.

spricht von diesem innersten des inneren Menschen mit der eckhartischen
Bezeichnung eines Funkens der Seele (Pf. 1, S. 32): „Und dem Sünder
prediget dieser Funke stetiglich, dass man die Sünde lasse etc. Darum
heissen ihn etliche Meister einen Wächter der Seele. Also sprach
Daniel: der Wächter auf dem Thurm rief gar sehr. Etliche heissen
ihn einen Hafen (M. Hahn) der Seele. Etliche heissen ihn den Wirbel
der Seele. Etliche heissen ihn ein Gotechen (M: göttlichen Schein) in
der Seele. Etliche heissen ihn ein Antlitz der Seele. Etliche heissen
ihn *intellectus*, das ist eine instehende Kraft in der Seele. Etliche
heissen ihn *sinderesis*. Etliche heissen ihn das Wo der Seele. Etliche
heissen ihn das Nirgend der Seele. Textus: „Die Finsterniss begriff
sein nicht". Das meinet: Zeit noch Statt begriff diesen Funken nie
noch nie. Kein Meister konnte ihm je einen rechten Namen geben noch
benennen."

Dieses Innerste, in welchem das ewige Wort geboren wird, die
höchste Vereinigung mit Gott stattfindet, sind nicht die höchsten Kräfte
der Seele, die Vernunft oder der freie Wille. So lehrten wohl verschiedene Meister, aber es war dies nicht die Lehre der eckhartischen Schule.
Giseler in der Antwort auf die 4. Frage von der Geburt des ewigen
Worts in der Seele sagt:[1] „Es ist eine Frage, in welcher Statt der
Seele wird das ewige Wort allereigentlichst geboren? Die ersten
sprechen in der Vernunft, denn sie ist Gott allergleichest. Die andern
sprechen, es werde geboren in dem Willen, denn er ist eine freie Kraft
der Seele." Vernunft ist hier nicht in dem Sinne gefasst, in welchem
sie wie in der vorhin angeführten Stelle als eine der verschiedenen
Bezeichnungen für den Seelengrund oder den Funken der Seele verstanden wird, sondern als eine der drei höchsten Kräfte der Seele, welche
aus dem Wesen der Seele fliessen und mittelst welcher der Mensch all
seine geistige Thätigkeit vollzieht. Von diesen Kräften, den Principien
alles Wirkens, Vernunft Willen und Gedächtniss, wird vor allem von
Thomas die durch die Gnade gehobene und gestärkte Vernunft als das
Organ bezeichnet, in welchem die Informirung durch die göttliche
Form vor sich gehe, während nach der andern vornehmlich von den
Minoriten vertretenen Ansicht die andere Kraft der Seele, der Wille es
ist, in welchem die höchste Vereinigung mit der Gottheit stattfindet.
„Die dritten sprechen", so fährt nun Giseler fort, es werde geboren in
dem Theile, der da heisset ein Funke der Seele, denn er sei Gott aller-

---

1) Gedruckt bei J. Haupt a. a. O. S. 68.

nächst. Die vierten sprechen, es werde geboren in der Verborgenheit
des Gemüths . Die fünften sprechen, und mit denen halte ich es
allermeist, es werde geboren in dem allerinnersten des Wesens, und
des werden gewahr alle Kräfte der Seele." Die drei letzten Bezeichnungen meinen, wie sich zeigen wird, der Sache nach das gleiche; die
eine derselben ist bei dem älteren Eckhart, die andere bei dem jüngeren
Eckhart (das *abditum mentis*, vergl. Augustin und Dietrich von Freiburg I, S. 299 ff.) häufig gebraucht. Diesen Bezeichnungen gegenüber
hält es Giseler lieber mit der andern, nach welcher das ewige Wort
geboren werde in dem allerinnersten des Wesens. Aber nicht darum
etwa zieht Giseler diese Bezeichnung vor, weil bei den übrigen Vertretern der eckhartischen Schule das Wesen, in welchem die höchste
Vereinigung mit Gott stattfindet, zu wenig betont ist. Es wird von
allen das grösste Gewicht darauf gelegt; aber gerade um deswillen,
so scheint es, will er auch einen Ausdruck wählen, der vor allen andern
daran erinnert.

Die Unterscheidung von Wesen und Kräften der Seele findet sich
bei Thomas wie bei Eckhart, wenngleich der Begriff, den Beide mit
der Wesenheit der Seele verbinden, ein verschiedener ist. Nach Eckhart ist die creatürliche Wesenheit der Potenz nach im Wesen Gottes.
Das göttliche Wesen wird unter der schöpferischen Wirkung Gottes
zu einem sich selbst fremden Wesen in der Creatur, während nach
Thomas eine solche Umwandlung der göttlichen Wesenheit, welche die
Grundlage für das creatürliche Sein wäre, nicht angenommen werden darf.
Das Wesen ist durch einen schöpferischen Act Gottes aus dem reinen
Nichts ins Dasein gerufen. Aber diesen wichtigen Unterschied voraus-
gesetzt, unterscheiden beide, Thomas und Eckhart Wesen und Kräfte,
und lassen die Seele erst in den aus dem Wesen fliessenden Kräften die
Principien für ihre Wirksamkeit gewinnen, im Unterschiede von Duns
Scotus, der das Wesen oder die Substanz der Seele nicht mittelst der
Kräfte, sondern unmittelbar durch sich selbst thätig sein lässt. Nach
Thomas fliessen die Kräfte aus dem Wesen der Seele wie die Farbe
aus dem Lichte. Auf eine nähere Erörterung über das Wesen der Seele
lässt sich Thomas nicht ein. Wir sehen bei ihm diesen Begriff nur mit
der *forma substantialis* verkettet, welche das Sein der Seele begründet,
und die Kräfte mit der *forma accidentalis,* welche das So sein der
Seele bedingt. Dagegen werden bei ihm sehr ausführliche Untersuchungen über die einzelnen Seelenkräfte und ihre Thätigkeiten an-
gestellt. Sie sind es, welche bei Thomas ganz in den Vordergrund

treten, wo es sich um die Frage vom Bilde Gottes und von der Vereinigung der Seele mit Gott handelt. Es ist hier ähnlich, wie bei der
Lehre vom Wesen Gottes und den göttlichen Personen. Auch da tritt
die Lehre vom Wesen eben so sehr zurück, als sie bei Eckhart und
seiner Schule voransteht.

Da ist nun die Frage, ob mit dem Wesen der Seele, in welchem
das ewige Wort geboren wird, die reale Einheit der Seelenkräfte gemeint sei, die gleichsam den Quell und Brunnen der Kräfte bildet, aus
dem sie hervorgehen. Denn in diesem Sinne, als potenzielle Einheit
aller Kräfte wird das Wort Wesen sehr häufig gebraucht, wo man es
den Kräften entgegensetzt. So heisst es bei Giseler (K. 149^d): „Thäte
man die Kräfte der Seele von dem Wesen der Seele, so bliebe da kein
Wesen, und da ist das Wesen der Seele bloss Wesen der Kräfte." In
diesem Sinne spricht auch der jüngere Eckhart von dem Wesen unter
dem Namen des Gemüths, wenn er sagt (Cod. Vienn. 2739.): „Du
sollst dich wähnen, dass du Gott viel mehr im Gemüthe wissest als im
Gedanken. Gemüth ist vielmehr als Gedanke oder Vernunft oder Wille.
Diese Kräfte sind alle im Gemüth, — — also fliessen die Kräfte aus
dem Gemüthe und sind es doch nicht: Es hat es alles und vielmehr dazu. Wem Gott mehr im Gemüthe wohnet, dem ist auch Gott mehr
und zumal."

Doch sehen wir schon hier, dass das Gemüth, wiewohl es als die
Einheit der Kräfte gefasst wird, noch etwas weiteres in sich befasse,
das nicht durch den Begriff der Einheit der Kräfte gedeckt wird.

Und fassen wir in jener Dreitheilung des Menschen, die Giseler
benennt, den äusseren Menschen als den in die Schiedlichkeit der Kräfte
herausgetretenen Menschen, den inneren Menschen als das Wesen des
Menschen, so ist hier gleichfalls noch von einem dritten die Rede, dem
innersten des inneren Menschen.

Es ist als ein von dem Wesen in diesem Sinne noch zu unter-
scheidendes Innerlichstes gemeint, wenn in der obenangeführten Stelle
solche angeführt werden, welche das ewige Wort geboren werden lassen
„in der Verborgenheit" des Gemüths; oder wenn Heinrich von Egwint sagt: Formet eure Werke nach diesem Bilde „in eueres Muthes
(Gemüthes) Verborgenheit", oder wenn Tauler sich zu jenen bekennt,
welche das Bild „in dem allerinnersten, in dem allerverborgensten,
tiefsten Grunde der Seele" liegen lassen.

Dieser Seelengrund wird in seinem Unterschied ·von dem Wesen
der Seele, sofern es die Einheit der Kräfte ist, noch bestimmter

unterschieden von Giseler, wenn er sagt (K f. 149ᵇ): „Wenn Gott die
Seele schaffet, so giesst er eine Kraft in sie. Diese Kraft leuchtet der
Seele ohne Unterlass. Ist diese Kraft geistlich oder göttlich? Sie ist
beides. Da sie das ist, da (dass?) sie leuchtet, da ist sie göttlich, und
da sie leuchtet, da ist sie geistlich. Die Kraft heisset ein Spiegel des
Wesens der Seele, da sie ihr Wesen stetiglich innen schauet, sie
versteht es aber nicht, und sie ist auch ein Enthalt des Wesens,
und hätte die Seele die Kraft nicht, sie könnte Gottes nicht verstehen
sonder Bilde."

So ist also der Seelengrund als ein über Wesen und Kräfte der
Seele noch Hinausliegendes und ihnen Innerlichstes zu fassen, wobei
indes zu beachten ist, dass er sehr häufig auch als Wesen bezeichnet
wird. In diesem Falle muss natürlich zwischen ihm und dem existent
gewordenen realen Wesen der Seele unterschieden werden.

Fragen wir nun nach dem Begriffe, den man mit dem Seelen-
grunde oder Funken verbindet, so erscheint er nach Giseler als das-
selbe mit dem realen Wesen der Seele und ihren Kräften, nur in einer
andern Seinsweise. So wenn Giseler von drei Pforten des erkennenden
Lebens spricht, von denen die dritte ihrer Beschreibung nach mit dem
Begriff des Funkens zusammenfällt. Denn es ist dasselbe Subject, die
Vernunft, der er nach den Worten eines Meisters drei Pforten oder
Ausgänge zuschreibt (in der schon dem Anfang nach mitgetheilten
Stelle K 107 ᵃ ᵘ. ᵇ): „Die erste Pforte ist eine Stetung (ein sich in sich
selbst fassen) der Vernunft, da sie alle Dinge läugnend ist, sofern sie
sind in ihren groben Bildern, denn sie ist daraus geführt mit göttlicher
Gnade etc. Die andere Pforte der Vernunft ist, da sie sich kehret
auf sich selber und auf ihren natürlichen Adel, und da sie eine Kraft
ist der Seele und erhaben ist ob der Zeit und ob der Statt, als Johannes
spricht: Ich war an einem Sonntag in dem Geiste. Die dritte Pforte
der Vernunft ist, da sie alle Dinge übertritt und sich selber, und tritt
bloss in Gott, da ist sie mehr ein mit dem das sie erkennet, denn dass
sie Form und Materie sei in sich selber." In diesem letzten Satze ist
dasselbe Subject, die Vernunft, gedacht als über sich selbst, über ihre
eigene „Form und Materie", d. i. über ihre reale Seinsweise hinaus-
geführt; da ist sie das, was Eckhart die wesentliche Vernunft genannt hat.

Und in der kurz vorhin angeführten Stelle wird der Seelengrund
von Giseler „ein Enthalt des Wesens" genannt, also etwas worauf das
reale Wesen der Seele ruht, und „ein Spiegel des Wesens der Seele",

da sie ihr Wesen stetiglich innen schaut. Damit ist nicht nur die Selbigkeit des Wesens mit dem Seelengrunde, sondern auch der Unterschied beider klar bezeichnet; der Seelengrund ist das Wesen als ideales gedacht gegenüber dem realen Wesen der Seele.

In diesem Seelengrunde wird nun eine zweifache Potenz unterschieden, eine empfangende leidende und eine in diese wirkende. Von dem Seelengrunde spricht Johann von Sterngassen, wenn er sagt: „In uns ist eine Lauterkeit, in die ohne Unterlass leuchtend ist das Licht der Gottheit. In uns ist eine Verständigkeit, in die ohne Unterlass sprechend ist das Wort der Dreifaltigkeit, und in uns ist eine Innigkeit, in die ohne Unterlass wirkend ist das Leben der Ewigkeit." Hier ist mit der Lauterkeit, Verständigkeit, Innigkeit jene aufnehmende Seite des Seelengrundes gemeint, in die Gott als in einen lauteren Spiegel wirket. „Alles, das Gott wirken mag, so sagt derselbe Meister, das mag die Seele leiden." „Das in Gott ist ein Wirken, das soll in mir sein ein Leiden. Das in Gott ist ein Sprechen, das soll in mir sein ein Hören. Das in Gott ist ein Bilden, das soll in mir sein ein Schauen."

Dieses Empfängliche ist aber ein lebendig empfängliches, d. i. ein zugleich begehrendes Sein, das nach der Quelle, aus der es geflossen ist, zurückverlangt. Der Funke „kriechet alle wege wieder in seinen Ursprung" sagt Giseler (Herm. 32), und Heinrich von Egwint erklärt das, wenn er sagt: „Das Wesen aller Creaturen ist ein Ausfluss von dem lauteren Brunnen des göttlichen Wesens und göttlicher Natur, die das Wesen selber ist. Da nun alle Ausflüsse wieder in ihren Ursprung streben, so sollen Engel und Menschen verzichten auf das, was sie selber sind, und sich werfen in das Wesen, das seiner Natur nach wieder zu Gott strebt (Pf. falsch: das ze gotte widernatürliche kriegende ist), da es von dannen geflossen ist." Es ist die Verwandtschaft des Seelengrundes mit dem göttlichen Wesen, aus dem dieser Trieb nach oben kommt.

Der Seelengrund wird ferner als Bild Gottes bezeichnet, und zwar zunächst so, dass er als die unausgefüllte Form gedacht wird, in die Gott sich ergiesst, wie dies Johann von Sterngassen im Zusammenhang mit seiner Auffassung von dem passiven Sein der Seele ausdrückt, wenn er sagt: „Meine Seele ist gottformig an ihrem Wesen; darum ist sie allvermögend und ihr Werk ist ewig. Alles das Gott wirken mag, das mag sie leiden. Er mag nicht mehr noch minder."

„Die Seele hat ein gottformig Wesen, da sie nach ihm gebildet ist.

Sie hat ein allvermögend Wesen; denn was Gott hat in Ewigkeit
in einer ungeschaffenen Weise, das hat sie in der Zeit in einer
geschaffenen Weise. Nichts mag mich satt machen, als was mich voll
mag machen. Dem gotthungrigen Menschen schmecket nichts denn
blosse Gottheit."

Von dem Seelengrunde als dem Bilde Gottes sagt der jüngere
Eckhart (Cod. Vienn. 2739, f. 180): „Gott hat sich seine Statt bereitet und behalten in der Seele, die nie ward noch nie wird von Creaturen berühret, und wäre sie je von Creaturen berührt, Gott käme
nimmer darein. Das ist, da das Bild Gottes ist, das Gott so gleich ist;
der das erkennete, der kennete Gott. In diesem Grunde ist Gott ohne
Unterlass; denn wo der Vater ist, da muss er gebären und gebiert
seinen Sohn und da sohnet er uns und gebieret uns, dass wir seine
Kinder sind von Gnaden."

Doch das sind alles noch mehr allgemein gehaltene Aussagen.
Das Bild wird schon bestimmter bezeichnet von dem jüngeren Eckhart,
wenn er sagt (Taul. 1543, f. 16): „Als das ewige Wort, unser Herr Gott,
annahm menschliche Natur, nahm er nicht diesen noch den Menschen,
sondern er nahm an sich eine freie ungetheilte menschliche Natur, die
da war sonder Bild. Und um das, das von dem Worte menschliche Natur
angenommen wurde, so ist sie eigentlich ein Bild des Vaters, denn der
ewige Sohn (das Abbild des Vaters) ist ein Vorbild der menschlichen
Natur — — darum hüte dich, dass du dich nicht nehmest, dass du
dieser oder der Mensch bist, sondern nimm dich nach der Freiheit unge-
theilter menschlicher Natur." Wir erinnern uns der Stelle Giseler's,
dass der Seelengrund ein Spiegel des Wesens der Seele sei, in welchem
sich der Mensch selbst erkenne. Wenn nun das ewige Wort nach dem
jungen Eckhart menschliche Natur annahm, die da war „sonder Bild"
d. h. ohne Sonderung in die Kräfte, und „ungetheilt", ohne die forma
accidentalis, die das So sein des Menschen begründet, die individuelle
Gestalt, wenn er also zunächst mit dem Wesen des Menschen sich verband, sofern man darunter die Art oder Natur des Menschen versteht,
so 'ist der Seelengrund ein Spiegel der menschlichen Natur, d. h. die
menschliche Natur ist im Seelengrunde in idealer Weise, als Begriff,
und der Seelengrund ist Bild Gottes, weil er das Bild, die Idee des
Menschen ist, die nach dem Bilde Gottes ist.

Deutlicher spricht sich die gleiche Auffassung bei Heinrich von
Egwint aus, wenn er von dem Funken oder Ganster (Glanster) spricht
als „der Regel der Wahrheit, die in dem obersten Reiche der Seele

blinket ewiglich". Diese Regel der Wahrheit ist das nicht diesem oder jenem Menschen, sondern das der Menschheit gültige Gesetz, das „uns alle Zeit rathet, dass du einem jeglichen Menschen erlassest, des du von ihm willst frei sein „als ob aller Menschen Natur in dir begriffen sei". „Formet euere Werke nach diesem Bilde in eueres Muthes Verborgenheit", so mahnt er im Verlauf seiner Rede. Daran reihen wir, was Giseler mit Eckhart von dem Funken sagt (Herm. 32): „Dieser Funke ist mit der Seele geschaffen in allen Menschen und ist ein lauter Licht in ihm selber und strafet allewege um Sünde und hat ein stetes Heischen der Tugend und kriechet allewege wieder in seinen Ursprung."

Aber noch mehr als das sittliche Gesetz für den Menschen wird im Seelengrunde offenbar. Für jede Erkenntniss, für die Gottes und für die der Dinge liegen im Seelengrunde die Principien. Giseler sagt (K. 149^b): „Und hätte die Seele diese Kraft nicht (den Funken), sie könnte Gottes nicht verstehen sonder Bilde", d. h. mittelst des Seelengrundes vermag der Mensch Gott zu erkennen ohne Vermittlung creatürlicher Bilder.

Und als eine Stätte, da die Principien für die Erkenntniss aller Wahrheit liegen, wird der Seelengrund gefasst in dem Tractat von der Minne, wenn es da heisst: „Die wirkende Vernunft, die Gott ist, wird vereint mit der möglichen Vernunft. Darum erkennt der Mensch in jeder vernünftigen Erkenntniss mit göttlicher Erkenntniss nicht allein wenn er Gott erkennt, sondern auch bei Erkenntniss einer jeglichen Wahrheit." Wir wissen ja, dass Eckhart den Funken auch als die wirkende Vernunft bezeichnet, und ihn meint auch hier der Schüler Eckhart's, wie aus den folgenden Worten klar hervorgeht: „Dies ist das Ungeschaffene in der Seele, von dem Meister Eckhart spricht, das da vereint wird einer jeglichen Creatur in allen vernünftigen Werken (bei jeder Thätigkeit der Vernunft), und darum erkennen alle vernünftigen Wesen, sie seien geschaffen oder ungeschaffen (vergl. über die Intelligenzen, inwiefern sie nicht geschaffen sind, den Tractat von der wirkenden und möglichen Vernunft) die Wahrheit mit einer Erkenntniss, da Gott sich selber mit erkennt, und ein jeglicher bei jeder vernünftigen Erkenntniss gebiert das ewige Wort" etc.

Wir haben so eine Reihe verschiedener Aussagen über die Eigenschaften des Seelengrundes zusammengestellt. Es fragt sich, ob hier nur verschiedene Seiten einer und derselben Sache vorliegen, oder ob wir es hier mit verschiedenartigen schwer zu vereinigenden Begriffen

zu thun haben? Stellen wir die Aussagen noch einmal kurz zusammen:
der Seelengrund ist gedacht als ein für das Wirken, Sprechen, Bilden
Gottes empfängliches Sein, als ein lauterer Spiegel, als eine Wesenheit,
die nach der Quelle, aus der sie geflossen ist, zurückverlangt, als das
Bild Gottes, dass Gott so gleich ist, dass man in ihm Gott erkennet, als
der Wesensbegriff der menschlichen Natur, als die Stätte, da nicht nur
die Principien für alles sittliche Handeln, sondern für jede vernünftige
Erkenntniss liegen.

Wir können nicht im Zweifel sein, dass wir es bei diesen Aussagen
vom Seelengrunde mit der Idee des Menschen zu thun haben wie sie
dem geschöpflichen Dasein desselben zu Grunde liegt und ihm als
Lebensgrund für immer einwohnt. Die Idee des Menschen, der Gedanke Gottes, als er das Wort sprach: Lasset uns Menschen machen,
ein Bild das uns gleich sei, will ein Geschöpf, das sich selbst und Gott
und alle Wahrheit auf eine seinem Object adäquate Weise denkt.
Dieser Gedanke Gottes vom Menschen ist aber nicht als ein abstractes
Gedankending zu fassen, sondern als „Licht und Leben“, er trägt die
Kraft des sich selbst Denkens und des Denkens Gottes und aller Wahrheit in sich. Wir sehen ferner in den Aussagen über den Seelengrund
noch ein zweites Moment hervorgehoben, das sich zu jenem ideellen
produktiven verhält wie ein empfangendes, wie der Spiegel zu den
Formen, die darinnen wiederleuchten. So vereinigen sich die verschiedenen Aussagen wohl zu einer einheitlichen Anschauung.

Wir lassen hier vorerst die Frage von den Eigenschaften des
Seelengrundes, und wenden uns der Frage zu, was die Schüler Eckhart's
über das Geschaffensein oder Nichtgeschaffensein des Seelengrundes lehren.

Wir erinnern uns, dass Sterngassen von dem Seelengrunde als
einer empfangenden Wesenheit spricht, die all das zu leiden vermöge,
was Gott in sie spreche und wirke. Auf diese Seite des Seelengrundes
scheint es zu gehen, wenn er sagt: „Was Gott hat in der Ewigkeit in
ungeschaffener Weise, das hat die Seele in der Zeit in einer geschaffenen Weise.“ Von der Idee des Menschen in Gott aber ist die Rede,
wenn er in der schon mehrfach angeführten Stelle sagt: „Er hat uns
geformet an ihm. Wie er uns geformet habe, das sollt ihr merken.
Wir sind ein Licht in seiner Lauterkeit, und ein Wort in seiner Verständigkeit, und ein Leben in seiner Innigkeit. Also hat er uns geformet an ihm vor der Zeit. Zu dem andern Male: was wir nun sind
in der Zeit. In uns ist eine Lauterkeit, in die ohne Unterlass leuchtend

ist das Licht der Gottheit; in uns ist eine Verständigkeit, in die ohne
Unterlass sprechend ist das Wort der Dreifaltigkeit, und in uns ist
eine Innigkeit, in die ohne Unterlass wirkend ist das Leben der
Ewigkeit."

In uns ist also etwas Ähnliches mit dem, was in der Gottheit ist:
das ist das, was er die Lauterkeit, die Verständigkeit, die Innigkeit
nennt. Vor der Zeit leuchteten wir als ein Licht in der göttlichen Lauterkeit, in der Zeit leuchtet dieses Licht in unsere Lauterkeit; vor der
Zeit waren wir ein Wort in seiner Verständigkeit, in der Zeit wird
dieses Wort gesprochen in unsere Verständigkeit. Und in dieses dem
göttlichen Wesen entsprechende geschaffene Recipiens des Seelengrundes leuchtet als ein Licht das, was vor der Zeit in der göttlichen
Lauterkeit, Verständigkeit und Innigkeit stand, das ist die Idee des
Menschen, die er „an sich geformet hat". So fasst also Sterngassen
den Seelengrund nach seinen zwei Seiten, nach der leidenden,
empfangenden wie nach der wirkenden Seite als ein geschaffenes Sein.

Auch Dietrich hat, wie wir sahen, den *intellectus agens*, mit
welchem er nicht die eine der Kräfte der Seele, sondern das *abditum
mentis*, den Seelengrund meint, als ein geschaffenes Sein bezeichnet,
und diesem Meister schliesst sich der Verfasser des Tractats von der
wirkenden und möglichen Vernunft an. Indem er den *intellectus
agens* in uns den Intelligenzen des Dietrich gleich setzt, und indem
er sich gegen Eckhart's Ansicht erklärt, dass der Geist Gott leide übernatürlich, wenn er selig werde (a. a. O. S. 180), nimmt auch er den
Seelengrund und zwar, soferne er wirkende Kraft ist, für ein geschaffenes Sein.

Wir glaubten als Verfasser des Tractats von der Vernunft den
jungen Eckhart bezeichnen zu dürfen. Da stimmt es denn auch,
wenn dieser von dem Seelengrunde in einer Weise spricht, welche
gleichfalls die Geschaffenheit desselben zur Voraussetzung hat. „Gott
hat sich", sagt er (s. o. S. 219), „seine Statt bereitet und behalten in der Seele, die nie ward noch nimmer wird von Creaturen
berührt, und wäre sie von Creaturen berührt, Gott käme nimmer darein.
Das ist, da das Bild Gottes ist, das Gott so gleich ist, der das erkennete,
der kennete Gott. In diesem Grunde ist Gott ohne Unterlass." Diese
Statt in der Seele ist nicht, wie wir gesehen haben, das Wesen der
Seele als reale Einheit der Kräfte gedacht, sondern der darüber hinausliegende oder ihm innerliche Seelengrund, jenes tiefste, innerste im
Gemüthe, wo die Kräfte auf eine Wesenheit kommen, die nicht sie

selber ist. „Soll der Mensch etwas gewahr werden (von diesem Ein-
sprechen Gottes), das muss geschehen von einem Wiederlaufen und
Wiederbeugen der Kräfte in den Grund, da sie das Wesen berühren
und finden, da Gott wohnt, da die Kräfte einen natürlichen Ausfluss haben."

Auch Giseler (K 149[b]) sagt von dem Seelengrunde nur, dass er
göttlich, nicht dass er Gott sei, und seine Aeusserungen vergleichen
sich dem, was Sterngassen von der Idee des Menschen sagt. „Wenn
Gott die Seele schaffet, so giesset er eine Kraft in sie. Diese Kraft
leuchtet der Seele ohne Unterlass. Ist diese Kraft geistlich oder göttlich? Sie ist beides: da sie das ist, dass (Text: da) sie leuchtet, da ist
sie göttlich, und da (da wo) sie leuchtet, da ist sie geistlich." Der Sinn
ist unzweifelhaft: Die Idee, an und für sich, als Form in Gott stehend
betrachtet, ist göttlich in dem Sinne, wie wir oben von der Göttlichkeit
der Ideen gesprochen sahen, ohne dass damit ihr Charakter als geschaffener Wesenheiten verläugnet wäre. Die Idee wird nun aber
auch die Bedingung für die Existenz des Menschen, erhält durch Gottes
Willen die Richtung auf den einzelnen Menschen, wird dessen innerster
Lebensgrund, und als solcher kann sie als eine geistliche Kraft des
Menschen selbst bezeichnet werden. Diese Auffassung findet ihre Bestätigung in einer andern Stelle bei Giseler (Herm. 32), in welcher sie
als Funke bezeichnet ist, der in Gott ewig Licht und Leben gewesen
sei (vgl. oben Sterngassen). Giseler sagt da über Joh. 1, 4: „Und das
Leben war das Licht der Leute": „das meint, dass die Seele einen
Funken in ihr hat, der ist in Gott ewig gewesen Leben und Licht. Und
dieser Funke ist mit der Seele geschaffen in allen Menschen, und ist
ein lauter Licht in sich selber, und strafet allewege die Sünde und hat
ein stetes Heischen zur Tugend, und strebt allewege wieder in seinen
Ursprung."

Neben dieser Auffassung aber, welche den Seelengrund als etwas
Geschaffenes ansieht, geht in der Schule Eckhart's eine zweite her,
welche nach des Meisters letzter Auffassung ihn als ungeschaffen, als ein
Particular der göttlichen Natur selbst bezeichnet, wonach denn auch
die Ueberformung der Kräfte mit diesem Seelengrunde als ein Act bezeichnet wird, der seinen Ausgangspunkt von etwas habe, das über der
Natur des Menschen stehe.

Diese Ansicht Eckhart's, welche der Verfasser des Tractats
von der Vernunft auch damit zurückzuweisen scheint, dass er sie
mit den Worten einführt: „Nun will Meister Eckhart noch besser

sprechen und spricht etc." ist in eben dieser Stelle mit Eckhart's
eigenen Worten angeführt: „Eins ist in der Seele, das so hoch und so
edel ist, also als Gott sonder alle Namen ist, so ist dies sonder alle
Namen. In dem Theile ist die Seele ein Funke göttlicher Natur. Dies
ist so edel und Gott also gleich, und ist so fern erhaben über Zeit und
Statt, und ihm ist fremd alles das geschaffen ist — — denn es bekennet
sich selber Gott und gebrauchet in sich aller Dinge nach der Weise
seiner Ungeschaffenheit. Noch sprich ich (Eckhart) mehr: was Gott
nehmen wollte ausser dem edlen Funken, das müsste er nehmen nothwendig als geschaffen, ja wäre das der Fall, dass er sich nehme ausser
diesem Funken, was er nicht thut, er müsste sich nothwendig nehmen
als geschaffen."

Eckhart's Auffassung begegnet uns zunächst wieder in dem Verfasser des Tractats von der Minne (s. Anhang). Derselbe bezeichnet den Funken als die wirkende Vernunft und als Gott selbst. „Denn
die wirkende Vernunft, die Gott ist, wird vereint mit der möglichen
Vernunft bei jeder vernünftigen Erkenntniss." Und weiterhin: „dies ist
das Ungeschaffene in der Seele, wovon Meister Eckhart spricht, das da
vereinet wird einer jeglichen Creatur in allen vernünftigen Werken
(so oft die Vernunft wirksam ist), und darum bekennen alle vernünftigen
Wesen, sie seien geschaffen oder ungeschaffen (vergl. über die Intelligenzen den Tractat von der wirkenden und möglichen Vernunft), die
Wahrheit mit einer Erkenntniss, da Gott sich selber mit erkennt, und
ein jeglicher bei jeder vernünftigen Erkenntniss gebiert das ewige
Wort und ist ein Ursprung des heiligen Geistes und ein Ausfliessen, und
das ist die grösste Vollkommenheit, die Gott vernünftigen Creaturen
geben mag."

Als ungeschaffen erscheint der Seelengrund ferner bei Helwic
von Germar, wenn er sagt: „Die Seele hat eine Kraft, die sonder
Materie und sonder Zeit und Statt wirket. Wenn der Mensch in dieser
höchsten Kraft steht alleine, so spricht der Vater ein Wort in die Kraft,
und gebiert seinen Sohn in die Kraft, und empfähet sich selber in sich
selber in diese Kraft. Hier wird also auch die passive empfangende
Seite des Seelengrundes als Gott selbst bezeichnet, da das Gebären oder
Wirken Gottes in diese Kraft als ein Doppelact des Zeugens und
Empfangens Gottes erklärt wird.

Auch nach Suso ist der Seelengrund ungeschaffen, ein Ausfluss aus
der göttlichen Natur. Im 6. Capitel des Buchs der Wahrheit (Den. 5) sagt
die Wahrheit dem Jünger, die in Gott eingenommenen Menschen nehmen

sich und alle Dinge als je und ewiglich, und Suso meint damit, dass
alle Dinge als Potenz in der göttlichen Natur starben. Als solche
waren sie eins mit der göttlichen Natur oder dem ewigen Nicht, also
mit Gott. Nun nachdem der Mensch Creatur geworden ist, vermag er
in der Weise eins zu werden mit Gott, wie das Auge im Werke
des Sehens eins wird mit seinem Objecte, indem doch jedes bleibt was
es ist. Soll diese Vereinigung geschehen, so muss er sein in dem Grunde,
der verborgen liegt, in dem vorgenannten Nicht. Das Nicht ist also
selbst der verborgene Grund.[1] Ist damit das *abditum mentis*, der
Seelengrund gemeint? Ohne Zweifel. Denn es ist überall Lehre der
Mystik, Gott nicht ausser sich oder über sich, sondern in sich zu suchen,
wie z. B. die Nonne in dem Gedichte auf Dietrich und Eckhart, nachdem sie von dem „Grund ohne Grund" gesprochen hat, im Anschluss
daran fortfährt: „Scheidet aber gar (von den äusserlichen Dingen),
nehmet Gottes in euch wahr, senket euch in Einigkeit, so werdet ihr's
gewahr." In unserem Texte aber gibt schon der nächste Satz, wo von
dem Menschen „in seinem Nicht" die Rede ist, eine Hinweisung, das
Nicht zugleich als Seelengrund zu fassen. Vollkommen deutlich aber
tritt diese Lehre hervor in dem letzten Capitel der Vita. Hier sucht
Suso durch das Bild von dem durch einen Steinwurf bewegten Wasser
die Offenbarung in der Gottheit zu erläutern. „Wer mit einem Stein
mitten in ein stillstehendes Wasser kräftig würfe, da würde ein Ring
in dem Wasser, und der Ring von seiner Kraft machete einen andern
und der wieder einen andern, und nach Vermögenheit des ersten
Wurfes würden auch die Kreise weit und breit. Das Vermögen des
Wurfes möchte also kräftig sein, dass es das Wasser alles überginge.
Hier nimm bildlich in dem ersten Ring, das ist in der vermögenden
Kraft (Diep. die vermögende Kraft) göttlicher Natur in dem Vater, die
grundlos ist, und gebiert ihr gleich einen andern Ring nach der Person,
und das ist der Sohn, und die zwei die dritte, das ist ihr beider Geist,
gleich ewig, gleich allmächtig. — Der oberste überwesentliche Geist,

---

1) „Soll er darkommen, so muss er sein in dem Grunde, der verborgen liegt, in dem vorgenannten Nicht." Ich habe hier ein Komma
auch nach „verborgen liegt" gesetzt, so dass die letzten Worte „in
dem vorgenannten Nicht" Erläuterung sind zu dem Worte „in dem
Grunde" und nicht Näherbestimmung für das „verborgen". Denn von
einem in dem Nicht verborgenen Grunde kann nach dem Zusammenhange
nicht die Rede sein, in welchem das Nicht selbst ein grundloses genannt
ist, sondern das Nicht selbst ist der verborgene Grund.

der hat den Menschen geedelt, dass er ihm von seiner ewigen Gottheit
leuchtet, und das ist das Bild Gottes in dem vernünftigen Gemüthe, das
auch ewig ist. Darum aus dem grossen Ringe, der da bedeutet die ewige
Gottheit, fliessen aus nach bildreichem Gleichniss kleine Ringlein, die
auch bezeichnen mögen den hohen Adel ihrer Vernünftigkeit. — —
Aber ein bekannter (vernünftiger) Mensch von dem lichten Fünklein der
Seel kehrt sich wieder auf in das, das ewig ist, aus dem es geflossen ist."

Das Fünklein der Seele, der kleine Ring, ist also ein Ausfluss aus
dem grossen Ringe, der ewigen Gottheit, das ist der göttlichen Natur,
die, wie das Wesen Gottes, anderwärts das grundlose Nicht heisst. So
ergibt sich aus der Vergleichung der mitgetheilten Stellen, dass Suso
den Seelengrund als etwas Ungeschaffenes betrachtet, als einen Ausfluss der göttlichen Natur.

Und wie Suso so vertritt auch Tauler die letzte Auffassung
Eckhart's vom Seelengrunde. In der 2. Predigt zum Trinitatisfeste
sagt er vom Bilde, dass es nicht in den Kräften, auch nicht in dem
Wirken der Kräfte, sondern im allerinnersten, in dem allerverborgensten, tiefsten Grunde der Seele liege. Von diesem Grunde, so
heisst es weiter, könne man Gott so wenig abscheiden als von sich
selbst. Das klingt ganz in der Weise Eckhart's, den der Verfasser des
Tractats von der Vernunft sagen lässt: Was Gott nehmen mag ausser
dem edlen Funken, das muss er nothwendig als geschaffen nehmen; ja
wäre das der Fall, dass sich Gott nähme ausser diesem Funken, was er
nicht thut, er müsste sich nothwendig als geschaffen nehmen. Auf den
Satz Tauler's: Man könne Gott von jenem Grunde nicht abscheiden, folgt
in erläuternder Weise ein Satz, der den Eindruck einer fremden Hand
macht, so schwerfällig und zugleich schwächlich sieht er sich an. Man
kann Gott von dem Grunde nicht scheiden — „von seiner ewigen Ordnung nämlich, da er es also geordnet hat, dass er nicht scheiden mag
und will von dem Grunde". Aber wer auch nicht, wie ich, diesen Satz
als von fremder besorgter Hand eingeschoben erachtet, wird doch angesichts der folgenden Sätze zugestehen müssen, dass er nicht im
Stande ist, Tauler's Lehre, dass der Seelengrund die göttliche Natur
selbst sei, zu verhüllen. Denn der nun folgende bewundernde Hinweis
auf Proklus, der bereits die Natur des Bildes erkannt habe, setzt uns
ausser Zweifel. „Proklus [1], sagt Tauler, nimmt dies Eine (das Bild) als
ein stillschweigendes, schlafendes, göttliches, unempfindliches Verständ-

---

1) *De providentia et fato cap. 24. Opera ed. Cousin I, p. 41.*

niss. Kinder, so ruft Tauler aus, dass ein Heide dies verstand und dazu kam, dass aber wir dem so ungleich sind, das ist uns ein Laster und eine grosse Schande". „Das göttliche, unempfindliche Verständniss", das ist in Eckhart's Sprache die göttliche „Weisheit, die weder Herz noch Gedanken hat", die göttliche Natur, in der die Fülle des göttlichen Wesens ihre erste Spiegelung hat, der erste Ausfluss des Wesens, aber eins mit dem Wesen, wie das Licht eins ist mit dem dunklen Grunde, aus dem es hervorbricht.

So liegen uns denn von den Mystikern der eckhartischen Schule zweierlei Auffassungen des Seelengrundes vor, von denen die eine jener des Dietrich von Freiburg und Eckhart's in seiner mittleren Zeit, die andere der Eckhart's in seiner letzten Zeit entspricht. Beide haben das gemein, dass sie den Seelengrund als ein über das reale Wesen der Seele hinausliegendes Innerstes erfassen, in das der Mensch mit seinen Kräften sich versenken, dessen stillem empfänglichem Sein er gleichförmig werden muss, um die Ueberformung zu empfangen. Aber nach der ersten Auffassung ist sowohl die empfangende wie die wirkende Kraft des Seelengrundes etwas Geschöpfliches, wenn auch der Art, dass Gott durch dieses Medium sich in der vollkommensten Weise dem Menschen zu erfahren gibt; nach der andern Auffassung ist der Seelengrund ungeschaffen, die Immanenz des göttlichen Wesens und der göttlichen Natur selbst, ein Partikular derselben. Der Seelengrund ist beides, ein Partikular des göttlichen Wesens und als solcher mit ausfliessend in die göttliche Natur, und ein Partikular oder Funke der göttlichen Natur. Der Mensch, in seinen Seelengrund sich versenkend, der Stille des göttlichen Wesens gleichwerdend, fliesst von da mit in die göttliche Natur, wird von ihr überformt, und erkennt so Gott mittelst der Natur, mit welcher sich Gott selbst erkennt.

Der Zusammenhang dieser Auffassungen vom Seelengrunde mit der Gotteslehre ist leicht zu erkennen. Ihre Bedeutung wird sich noch weiter in der Lehre vom Bilde, von der Gnade, von der Geburt Gottes in der Seele, von dem Wege der Vereinigung mit Gott herausstellen.

---

6. Vom Bilde Gottes im Menschen.

Es lässt sich erwarten, dass die Lehre vom Bilde Gottes, wie sie in der scholastischen Theologie durch Thomas herrschend geworden

war, durch die Lehre der Mystik vom Seelengrunde eine wesentlich
veränderte werden musste.

Nach Thomas kann die Ebenbildlichkeit des Menschen mit Gott
in dreifachem Sinne ausgesagt werden.[1] Erstlich soferne der Mensch
eine natürliche Anlage hat Gott zu erkennen und zu lieben; und diese
Fähigkeit ruht in der Natur des Geistes selbst, die allen Menschen gemein ist; nach anderer Weise ist der Mensch Bild Gottes, sofern er
kraft dieser Anlage zu thatsächlicher Erkenntniss und Liebe wenn
auch in unvollkommener Weise sich erhebt, und da ist der Mensch Bild
insoferne, als durch die Gnade Gleichförmigkeit bewirkt wird; in dritter
Weise ist der Mensch Bild Gottes, wenn der Mensch Gott vollkommen
erkennt und liebt; dann fasst man das Wort Bild nach der Stufe, da
die Aehnlichkeit durch die Herrlichkeit oder Glorie bewirkt ist. Da
nun nach Thomas Gott *actus purus* ist und nichts von Potenzialität in
sich hat, so erklärt es sich, dass er die Frage, wo das Bild vornehmlich
liege, dahin beantwortet, dass es vor allem in der Thätigkeit der
Kräfte zu suchen sei. Indem er nämlich bei der Antwort auf die Frage:
Utrum imago Dei inveniatur in anima secundum actus? für *imago
Dei — imago trinitatis* substituirt, sagt er:[2] Es sei zuerst und hauptsächlich das Bild der Trinität im Geiste zu suchen, sofern er thätig ist.
Aber weil die Principien der Thätigkeiten in den Neigungen (*habitus*)
und in den Kräften liegen, ein jedes aber der Potenz nach (*virtualiter*)
in seinem Princip steht, so könne man an zweiter Stelle und wie durch
nothwendige Folgerung sagen: das Bild der Trinität sei in der Seele,
sofern in ihr die Kräfte sind, und insbesondere sofern unterschiedene
Habitus in ihr sind, als in welchen die Thätigkeiten der Potenz nach
sind. Die gleiche Auffassung wie bei Thomas findet sich auch bei

---

1) *S. I, qu. 93, a. 4: Unde imago Dei tripliciter potest considerari in
homine: uno quidem modo, secundum quod homo habet aptitudinem naturalem
ad intelligendum et amandum Deum; et haec aptitudo consistit in ipsa natura
mentis, quae est communis omnibus hominibus; alio modo secundum quod homo
actu vel habitu Deum cognoscit et amat, sed tamen imperfecti: et haec est
imago per conformitatem gratiae; tertio modo, secundum quod homo Deum
actu cognoscit et amat perfecte, et sic attenditur imago secundum similitudi-
nem gloriae.*

2) *l. c. a. 7: Et ideo primo et principaliter attenditur imago trinitatis in
mente secundum actus. — Sed quia principia actuum sunt habitus et potentiae,
annue quodque autem virtualiter est in suo principio: secundario et quasi
ex consequenti imago Trinitatis potest attendi in anima secundum potentias,
et praecipue secundum habitus, prout in eis scilicet actus virtualiter existunt.*

Eckhart habe. „Es ist ein grosser Unterschied, insofern das Bild
ist in der Empfänglichkeit (in der Potenz) und insofern es ist in seiner
Vollkommenheit. Augustin suchet, wo das Bild Gottes liege, ob es sei
in dem Wesen der Seele oder in den Kräften oder in den Kleidern
(habitus) der Kräfte oder in den Werken, und er spricht, dass es liege
in den Werken natürlich und vollkommenlich. Das Wesen ist wohl ein
Ursprung oder ein Vollement (Fundament), und die Kräfte ein Enthalt;
aber die Vollkommenheit des Bildes ist in den Werken.

Im Gegensatze hiezu wird nun von den Schülern Dietrich's und
Eckhart's die Ebenbildlichkeit vor allem in dem Seelengrunde gesehen.
Während nach Thomas das Bild nur potentiell in der Anlage der
menschlichen Natur ist und durch die Gnade entwickelt wird, ist hier
im Seelengrunde das Bild von Anfang an in seiner Vollkommenheit
dem Menschen immanent, und der Mensch wird durch eine Art Rück-
bildung in dieses ihm innerliche Bild verklärt. Während nach Thomas
die Form des göttlichen Wesens, durch welche der Mensch Gott vollkommen erkennt, den durch die Gnade zur Entfaltung gekommenen
Kräften des Menschen von aussenher aufgeprägt wird, ist diese Form
nach der Lehre der mystischen Schule im Seelengrunde von Anfang an
vorhanden. Der Seelengrund ist, wie wir gesehen haben, seiner Form
nach selbst das Bild, entweder die nach dem Urbilde des Sohnes geschaffene Idee des Menschen, wie bei Sterngassen, dem jungen Eckhart,
oder jenes Partikular, jener Funke der Natur Gottes, wie bei Suso,
Tauler, Helwic von Germar. Man ist sich dabei des Gegensatzes gegen
die thomistische Lehre wohl bewusst.

So stellt sich der Verfasser des Tractats von der wirkenden
und möglichen Vernunft der Lehre des Thomas entgegen, wenn
er sich auf Dietrich von Freiburg beruft, welcher der Lehre des Thomas
widersprochen habe. Nachdem er die Lehre des Eckhart vom Funken
dargelegt, fährt er fort (180): „Nun kommen andere Meister und wollen
besser sprechen von dem Bilde der Seele und fragen, wo das Bild liege?
Meister Thomas spricht, dass es sei in den Kräften. Nun kommt
Meister Dietrich und widerspricht dieser Rede, dass das nicht sei." Es
ist zwar, wie wir sehen, die Lehre des Thomas nicht genau präcisirt;
das genauere ist, dass nach ihm das Bild vornehmlich in den Werken
der Kräfte liegt; aber das ist richtig, dass Dietrich, indem er das Bild
in die wirkende Vernunft verlegt, mit dieser nicht eine der Kräfte der
Seele meint, wie Thomas, sondern jenes abditum mentis, den Seelengrund, in welchem die neuere Schule vor allem andern das Bild ge-

sehen wissen will. Auch Tauler spricht mit Bewusstsein den Gegensatz der neueren mystischen Richtung zu Thomas aus, wenn er des Thomas Lehre in diesem Punkte zwar als besser bezeichnet, als die der meisten andern Lehrer, welche das Bild in die Kräfte verlegen, indem Thomas sage, dass die Vollkommenheit des Bildes mehr liege an dem Wirken der Kräfte, aber ungleich höher und ferner, so fährt Tauler fort, sprächen andere Meister, dass es im allerinnersten, in dem allerverborgensten, tiefsten Grunde der Seele liege (2. Trinitatispredigt).

7. Die Lehre von der Gnade.

Die Differenz, welche zwischen Thomas und der mystischen Schule in der Frage vom Bilde besteht, tritt wieder hervor in der Lehre von der Gnade. Dass wir selig werden durch die göttliche Gnade, das steht auf beiden Seiten ausser Frage. Aber was ist die Gnade? Ist sie ein geschaffenes Medium oder ist sie die sich uns unmittelbar mittheilende Gottheit selbst? Und in welcher Weise hilft die Gnade dazu, dass wir Gott schauen und selig sind? Die Bedeutung dieser Fragen leuchtet ein. Es handelt sich um die Art der Einwohnung Gottes im Menschen, um die unmittelbare oder die mittelbare Gemeinschaft mit Gott.

Thomas lehrt von der Gnade, dass sie eine geschaffene Form sei. Er entwickelt seiner Methode gemäss seine Lehre in Beziehung auf die vorausgestellten Argumente, welche für das Gegentheil zu sprechen scheinen. Eines dieser gegentheiligen Argumente lautet: Wie die Seele den Leib lebend macht, so macht Gott die Seele lebend, daher heisst es Deut. 30, 20: Er selbst ist dein Leben. Nun belebt die Seele den Leib unmittelbar. Also tritt auch nichts vermittelndes zwischen Gott und die Seele. Mit dem Begriff der Gnade ist also nicht etwas Geschaffenes in der Seele gesetzt. Darauf antwortet Thomas: Gott ist das Leben der Seele als wirkende Ursache: aber die Seele ist das Leben des Leibes als formgebende Ursache. Zwischen Form und Materie aber tritt nichts vermittelndes, weil die Form durch sich selbst die Materie oder das Subject informirt. Aber das Agens informirt das Subject nicht

durch seine Substanz, sondern durch die Form, welche es in der Materie
bewirkt. [1]

Die Gnade ist also eine von Gott als der *causa efficiens* in der
Seele bewirkte geschaffene Form. Denjenigen, sagt Thomas, welche
Gott bewegt, damit sie das ewige übernatürliche Gut erlangen, giesst
er einige Formen oder übernatürliche Beschaffenheiten (*qualitates*) ein,
*secundum quas suaviter et prompte ab ipso moveantur ad bonum
aeternum consequendum*. Und so ist das *donum gratiae* eine gewisse
Qualität. [2]

Thomas denkt sich das Geschenk der Gnade zunächst dem Wesen
der Seele mitgetheilt. Wie das Wesen der Seele nicht unmittelbar
wirksam ist, sondern durch die Kräfte, so ist auch das *lumen gratiae*
im Wesen der Seele nicht unmittelbar wirksam, sondern es fliessen aus
ihm die Gnadenkräfte, welche die Kräfte der Seele informiren, so dass
diese Kräfte der Seele, informirt durch die Gnadenkräfte, nun Werke
thun, die sie aus ihrer eigenen Natürlichkeit heraus nicht thun könnten.

Die gleiche Ansicht vertritt unter den Erfurter Lesemeistern
Eckhart Rube: „Gnade, sagt er, gleichet sich dem Wesen. Wie
Wesen nicht wirkt, so ist auch Gnade ohne Werk, wo sie inne ist
(noch nicht ausgeflossen ist in die Gnadenkräfte); aber die Kräfte, die
daraus fliessen (die Gnadenkräfte) wirken der Gnaden Werk. Ihr
Werk ist Wesen geben und Leben. Da die Natur Kräfte ausgibt, da
heisst es Kräfte, und sind unterschieden und haben Werk, und da
fliesset Gnade mit aus und Tugend, und erhebet die Gnade die Kräfte,
zu wirken Erkenntniss, Glauben und Hoffnung und Minne, und wäre der
Grund ohne Gnade, so wären die Werke der Kräfte, die da ausfliessen,
sonder alle Gnade und stünden allein in freiem natürlichem Wesen.“

So wird also der Kraft unseres Willens nach Thomas eine Kraft
oder Form durch die Gnade hinzugegeben, welche sie fähig macht,
Gott zu lieben; würde diese Form der natürlichen Kraft des Willens
nicht hinzugegeben und der Wille dadurch geneigt gemacht, so würde
jener Willensact, mit welchem wir Gott lieben, unvollkommener sein
als die andern natürlichen Acte des Willens und als die Acte der
andern Kräfte, er würde nicht ohne Anstrengung und mit Freuden
sich vollziehen (*nec esset facilis et delectabilis*). [3] Was hier vom

---

1) *S. II, 1. qu. 110, a. 1.*
2) *ib. a. 2.*
3) *S. II, 2. qu. 23, a. 2.*

Willen gesagt ist, das gilt dann in ähnlicher Weise von der Kraft der
Vernunft.

Dieser Auffassung des Thomas tritt mit deutlicher Beziehung auf
die hier mitgetheilten Sätze der Verfasser des Tractats von der
Minne gegenüber. Die Meister, so sagt er, sprächen gemeiniglich,
die Minne sei eine geschaffene Form oder eine eingegossene Tugend
(*virtus* Kraft), die den Willen der Menschen neige Gott zu lieben;
denn wäre Minne nicht eine geschaffene Tugend, so wäre die Minne
nicht tödlich (angemessen s. o. bei Thomas *prompte*) und genüglich (s. o.
bei Thomas: *non esset facilis et delectabilis*), zu üben die Werke der Minne;
denn dann seien tugendhafte Werke (genüglich) zu wirken, wenn sie ent-
sprängen von einer Form, die da heisse in dem Latein ein *habitus*, die
dem Menschen gibt eine übernatürliche Neigung zu den Werken. Gegen
diese Beweisführung sich wendend legt nun unser Verfasser ganz in
der Weise Eckhart's zuerst dar, dass die wirkende Vernunft (der
Funke) die göttliche Natur selbst sei, das womit Gott sich selbst erkennt, und sucht dann nachzuweisen, dass wir weder in diesem noch in
jenem Leben Gott anders zu erkennen vermögen als mit der Erkenntniss, mit welcher Gott sich selber und alle Creaturen erkennt. Daraus
folgert er dann weiter, dass wir Gott auch nicht minnen können, denn
mit der göttlichen Minne selbst; denn Minne sei eine Neigung des
Willens, die aus der Erkenntniss der Vernunft entspringe. Da nun Gott
sei förmlich Erkenntniss und Minne, so folge, dass, wem Gott vereint
werde als Erkenntniss, dass dem Gott auch vereint werde als Minne.
Der Verfasser bestreitet es, dass eine Consequenz dieser Auffassung die
Unfreiheit unserer sittlichen Handlungen sei; denn die Mitwirkung
Gottes selbst hebe die Freiheit nicht auf. Der heilige Geist, so sagt er,
ist dem Willen des Menschen innerlicher als jede geschaffene Form,
und doch benimmt Bewegung des heiligen Geistes dem Willen seine
natürliche Freiheit weniger als irgend eine geschaffene Form. Er
will nicht sagen, dass die Minne allein von dem heiligen Geist sei,
sie sei auch von Freiheit des Willens, doch so, dass der Mensch in der
Minne mehr werde gewirkt, als er selbst wirke, wie St. Paulus spreche:
Die von dem Geiste Gottes geführt werden, die sind Gottes Kinder.

Der Verfasser spricht, wie wir sehen, gegen Thomas nichts anderes aus als was Eckhart in seiner letzten Zeit von der Gnade lehrte,
wenn er sagte: Die Gnade sei nicht eine wahre Creatur, sondern crea-
türlich; sie sei das göttliche Wesen selbst, das der heilige Geist beweglich mache und in das Wesen (d. i. das geschaffene Wesen) der Seele

und die Kräfte überfliessen lasse, um sie erst „gottvar" zu machen und
dann der Seele Wesen mit sich selbst zu überformen, so dass der Mensch
selbst die Gnade werde (I, 134).

In ähnlicher Weise lässt Giseler das Fünklein in uns durch den
heiligen Geist beweglich gemacht werden, da es in unseren ganzen
Menschen übergehe (Predigt z. Gründonnerstag h f. 50ᵇ u. M f. 149):
„Eine Kraft ist in meiner Seele, die nimmt das lauterste und das kleinste
(den Funken) und trägt das in mein Leben und vereinet das mit alle dem,
das in mir ist, dass nichts also klein ist, als man eine Nadel setzen
möchte, es habe sich mit ihm (M: mir) vereint, und ist also eigentlich
mit mir eins, als da ich ward genommen aus meiner Mutter Leib, da
meine Seele ward eingegossen zum ersten, so eigentlich nimmt die
Kraft des heiligen Geistes das lauterste und das kleinste und das
höchste, das Fünklein der Seele, und trägt es alles auf in dem Bradem
(K: auf den Bradem. M: in den Brand) der Minne, als man spricht von
dem Baum (so M): der Sonnen Kraft nimmt in der Wurzel (M: unter
den Wurzeln und aus den Wurzeln) des Baumes das lauterste und das
kleinste (und) ziehet in dem Baume alles auf bis in den Zweig (das
folgende fehlt in K), da wird es eine Blume: also wird das Fünklein in
der Seele aufgetragen in dem Lichte und in dem heiligen Geiste und
wird aufgetragen in den ersten Ursprung und wird also gar eins und
ist eigentlicher mit Gott, denn die Speise sei mit meinem Leibe, ja weit
mehr, so viel es lauterer und edler ist".

Ist auch nach Giseler der Funke etwas Geschaffenes, so ist er
doch so geartet, dass er Gott selbst in sich aufnimmt, während nach
Thomas Gott nicht selbst, sondern nur die von ihm verliehenen Gaben
Wesen und Kräfte des Menschen bestimmen. Aber stellt nicht Thomas
eine solche wesentliche Vereinigung des Menschen mit Gott wenigstens
als Ziel hin? Das geschaffene Licht der Gnade und die aus ihm resul-
tirenden Kräfte erheben und stärken die Kräfte der Seele schon hier zu
einer übernatürlichen, wiewohl immer noch diesem Leben in der materiellen
Leiblichkeit entsprechenden Erkenntniss Gottes; doch in dem ewigen
Leben wird das Gnadenlicht zum *lumen gloriae,* da stärkt es die
Kräfte der Seele in dem Masse, dass nun die Kraft des Intellects fähig
wird, Gottes Wesen zu schauen und zwar damit, dass das göttliche
Wesen selbst die intelligible Form des Intellects wird. [1]

---

1) *S. I, qu. 12 art. 5: Cum autem aliquis intellectus creatus videt Deum
per essentiam, ipsa essentia Dei fit forma intelligibilis intellectus.* Damit dies
geschehen könne, bedarf es des geschaffenen *lumen gloriae (lumen creatum*

Aber auch hier kommt die Differenz zwischen der mystischen Schule und Thomas zum Vorschein. Denn Thomas lässt die Ueberformung im Jenseits mit der Wesensform selbst von aussen her an der Kraft des durch die Gnade gestärkten Intellects geschehen, während der mystischen Schule die Vollkommenheit im Jenseits nur die letzte Stufe der Verklärung durch das in unserem Seelengrunde von Anfang an sich bezeugende Leben Gottes ist, und während Thomas jene Ueberformung durch die göttliche Wesensform zunächst an dem Intellect geschehen lässt, so bleibt bei der mystischen Schule das Wesen der Seele die Stätte, wo die Umwandlung zuerst sich vollzieht.

Gegen die Auffassung des Thomas ist es gerichtet, wenn der Verfasser des Tractats von der Vernunft sagt: „Nun ist eine Frage, ob dies Werk (der Ueberformung mit der göttlichen Wesensform) in den Kräften geschehe oder nicht? So antwortet man also dazu und spricht: Nein. Denn wirkte Gott in den Kräften, so wirkte er in Zufall (in einem accidentellen, da die Kräfte sich zum Wesen verhalten wie Accidens zur Substanz); denn das ist eigen der Creatur. Da nun die Grazie Gottes Creatur ist, darum wirkt sie in den Kräften. — Nun wirket Gott in keinen Zufall, sondern er wirket in Wesen, da er findet Ledigkeit; denn Wesen wirket nicht. Also wirket Gott nach seinem vernünftigen Werke mit der Seele in einem ledigen Wesen. Nun möchte man fürbass fragen, ob dies sei gesprochen von dem gemeinen Wesen der Seele? So mag man antworten: Ja."

Hält so die mystische Schule gegen Thomas die Ueberformung des Wesens der Seele durch die immanente Wesensform Gottes fest, so bestreiten dabei doch die, welche Eckhart's letzte Auffassung vom Seelengrunde vertreten gegen Dietrich und seine Anhänger, dass eine geschaffene Kraft, wie der *intellectus agens* bei Dietrich, jene Form oder jenes Licht sein könne, in welcher wir Gott zu schauen vermögen. So sagt Heinrich von Egwint (Zeitschr. f. d. A. VIII, 228): „Es sprechen etliche Meister, Gott könne eine Creatur schaffen, der er gebe ein natürlich Licht, das grösser wäre als das Licht der Glorie, in welchem die Engel

---

est necessarium ad videndum Dei); aber dieses geschaffene Licht der Glorie ist nicht etwa selbst das Bild, die Form, in der wir das göttliche Wesen erkennen *(quasi similitudo in qua deus videatur)*, sondern nur das was den Intellect stärkt, um das Wesen Gottes schauen, das heisst, von der Form des göttlichen Wesens überformt zu werden *(quasi perfectio quaedam intellectus confortans ipsum ad videndum Deum. Et ideo potest dici, quod non est medium in quo Deus videatur, sed quo videtur.)*

blosslich schauen. Darauf antwortete ich, und gebe Gott der Seele ein natürlich Licht, das tausendmal glänzender wäre als das Licht der Glorie, doch möchte sie Gottes Wesen darinnen nicht beschauen, denn das Schauen wird vollbracht in einem unaussprechlichen übernatürlichen Anrühren oder in einem Einsenken (Pfeiffer's Text falsch: entsinkende; die *informatio* durch die Form des göttlichen Wesens ist gemeint) des Wesens göttlicher Form in die Seele."

8. Von der Geburt des ewigen Worts in der Seele.

Bei der scholastischen Lehre, dass Gott nur durch seine Gaben, nicht seinem Wesen nach in uns wirke, konnte natürlich auch nicht von einer Geburt Gottes in der Seele, wenigstens nicht für dieses Leben, die Rede sein. Dagegen ist dies ein Hauptthema der neueren mystischen Schule, das im unmittelbarsten Zusammenhange steht mit ihrer Lehre vom Seelengrunde.

Nach Eckhart gebiert der Vater seinen Sohn in der Seele in derselben Weise als er ihn in der Ewigkeit gebiert und nicht anders. Er gebiert ihn in dem Funken der Seele, in dem Seelengrunde, da wo das Bild liegt. Denn da der Funke der Seele nach Eckhart's letzter Auffassung ein Funke der göttlichen Natur selbst ist, ein Theil derselben, und da Gott mit seiner Natur, an der er sich als dem noch „ungeworteten" Wort zuerst gegenständlich wird, ohne Unterlass zusammenschliesst, um das „gewortete Wort", seinen Sohn zu gebären, so findet consequenter Weise diese Gebärung des ewigen Wortes, des Sohnes, auch in dem Seelengrunde ohne Unterlass statt.

Schon bei jenem Theil der Schule, welcher den Seelengrund für geschaffen ansieht, wird doch eine unmittelbare Einigung zwischen diesem und Gott selbst gelehrt, so dass der Seelengrund in den Kreis des göttlichen Wesens einbezogen wird, in das der Vater seinen Sohn gebiert. So sagt Giseler in der Beantwortung der Fragen über die Geburt des ewigen Wortes in der Seele (Herm. 30): „Aber das ist wahre Freude, wenn sich die Seele gesammelt in ihr Allerinnerstes und wird gewahr einer Kraft in ihr oder einer Statt, die Gottes nimmer vermisset, da der himmlische Vater seinen Sohn inne gebiert ohne Unterlass. Wenn die Seele dieses gewahr wird und empfindet, aus der Stätte fliesset göttliche Freude in die Seele." Und der jüngere Eckhart lehrt in der schon angeführten Stelle: „In diesem Grunde ist Gott ohne Unterlass, denn wo der Vater ist, da muss er gebären, und gebieret seinen Sohn, und da sohnet er uns und gebiert uns, dass wir seine Kinder sind von Gnaden (d. h. auch unser natürliches geschaffenes Wesen lässt er an dieser Geburt des Sohnes in uns Theil nehmen)."

Des Menschen und aller Dinge Sein ist überhaupt von der ewigen Geburt abhängig. Würde der Vater das Wort nicht gebären, so würden alle Dinge ungeschaffen bleiben. Die innere Selbstoffenbarung Gottes ist die Voraussetzung für die Schöpfung der Dinge. In diesem Sinne sagt Suso (Buch der Wahrheit C. 6 resp. 5): Die ewige Geburt heisse ich die einige Kraft, in der alle Dinge und aller Dinge Ursachen (das) haben, dass sie sind"; oder: „Gebäre der allmächtige Gott seinen Sohn nicht ohne Unterlass, Christus der Herr hätte natürliche Werke nie gewirkt". Nun ist das Wesen und die Natur Gottes auch partikularer Weise im Menschen als dessen Seelengrund, folglich gebiert Gott das Wort auch beständig im Seelengrunde. Suso, indem er die Berufung des Begarden auf den Meister (Eckhart) abwehrt (C. 7 resp. 6), bestreitet nicht diese göttliche Immanenz im Seelengrunde, sondern nur die Ansicht, dass der Meister die Grenze zwischen dem Ungeschaffenen und Geschaffenen im Menschen verwischt habe. Es ist die Aufgabe, das Ziel des geschaffenen Menschen, in die Natur Gottes, in den Grund, der im Menschen verborgen liegt, zurückzugehen, in welchem seines Daseins letzte Ursache liegt, und da mit der göttlichen Natur vereint zu werden, damit der Sohn, der in der göttlichen Natur ewig geboren wird, auch sein ganzes geschöpfliches Wesen verkläre und „gottvar" mache. Dieses Zurückgehen des geschöpflichen Menschen in den Grund ist gleichfalls eine Geburt, aber im Unterschiede von der ewigen Geburt, die unausgesetzt und sein Dasein begründend in ihm geschieht, nennt sie Suso die Wiedergeburt. „Die ewige Geburt, so hatte er gesagt, heisse ich die einige Kraft, in der alle Dinge und aller Dinge Ursachen es haben, dass sie sind. Aber die Wiedergeburt, die dem Menschen allein zugehört, heisse ich ein Wiedersenken (Wiederlenken n. Den.) eines jeglichen Dings wieder in den Ursprung, nach des Ursprungs Weise, ohne alles eigene Anschen" d. h. ohne sich in sich selbst fassen und gründen zu wollen, so dass nur Gott das bestimmende ist.

So gebiert also der Vater ewig den Sohn in uns, ohne dass wir uns dessen bewusst sind, und die höchste Aufgabe des Menschen ist es, in diesen Grund sich zu versenken, um der ewigen Geburt auch für das sittliche Leben theilhaftig zu werden, und das ist dann die Wiedergeburt. Ganz ähnlich sagte der jüngere Eckhart: In diesem Grunde ist Gott ohne Unterlass; denn wo der Vater ist, da muss er geboren und gebiert seinen Sohn. Aber soll der Mensch etwas gewahr werden, das muss geschehen von einem Wiederlaufen und Wiederbeugen der Kräfte in den Grund, wo sie das Wesen berühren und finden, da Gott wohnt, wo die Kräfte einen natürlichen Ausfluss haben". Und ebenso wie Suso bezeichnet der junge Eckhart dieses Wiederbeugen der Kräfte in den Grund als Wiedergeburt, indem er sagt (C. Vienn. 2739 f. 173): „Also trägt sich Gott allzumal in die Seele und gebiert selber seinen Sohn in die Seele. Wann sich der Geist da allzumal wiederkehrt in Gott, so wiedergebiert sich der Geist in Gott und wird da ein Wiederbilden und ein Wiedergebären in Gott und wird Ein Geist mit Gott und wirket Ein Werk und Ein Wesen und Ein Leben. Je des mehr geschieht, um so mehr wird die Seele in Gott getragen. Dies Erneuern mag oft geschehen am Tage. Je öfter um so näher (nicht umgekehrt, wie die W. Hdschr. hat: ie näher ie dicker), also dass es sie unmöglich dünket, dass sie je möge von Gott geschieden werden."

Giseler in den 9 Fragen von der Geburt des ewigen Worts in der Seele handelt fast durchweg von dem, was bei Suso und dem jungen Eckhart die Wiedergeburt heisst: also von dem Momente, da die Seele mit ihren Kräften dem Seelengrunde, dem Funken gleichmässig geworden ist, und das ewige Wort, das unablässig geboren wird im innersten des Wesens, in dem durch die Gnade bereiteten Menschen nun auch sich wirksam erweist in dessen natürlichem Leben. Aber dabei wird die erste Geburt, die ohne des Menschen Wissen unablässig im innersten des Wesens geschieht, immer vorausgesetzt, wie dies aus den einleitenden Worten zu der Antwort auf die siebente Frage (Herm. S. 30) klar ersichtlich ist: „Aber das ist wahre Freude, wenn sich die Seele sammelt in ihr Allerinnerstes, und wird gewahr einer Kraft in ihr, oder einer Statt, die Gottes nimmer vermisst, da der himmlische Vater seinen Sohn innen gebiert ohne Unterlass. Wenn die Seele dies gewahr wird und empfindet, aus der Statt fliesset göttliche Freude in die Seele."

So müssen wir also eine doppelte Geburt des ewigen Worts im Menschen bei der neueren Schule unterscheiden, die unbewusste und die bewusste, die ewige Geburt und die Wiedergeburt, die bleibende im Seelengrunde, und die vom Seelengrunde ausgehende Umwandlung des natürlichen Wesens in dem gläubigen Menschen. Denn nur die letztere, die Wiedergeburt, hängt vom sittlichen Verhalten des Menschen, von der Bereitung desselben ab und begründet seine Selig-

keit. Beides zusammenfassend sagt Giseler in der Beantwortung zur
vierten Frage: „Das ewige Wort wird geboren in dem allerinnersten
des Wesens und das werden gewahr alle Kräfte der Seele.“

Fragen wir nun nach den Wirkungen der Geburt des ewigen
Wortes in der Seele, so unterscheidet die Mystik eine allgemeine und
eine besondere Wirkung derselben.   Einerseits ist schon die Erkenntniss einer jeglichen Wahrheit eine Folge der ewigen Geburt in uns.
So sagt Giseler (h' f. 103ᵈ): „Es ist eine Frage, wie die Seele das
ewige Wort empfangen soll.   Man antwortet zum ersten, in einer
Empfänglichkeit (Handschr. pfendikeit) der Seele.   Da das ewige Wort
unmässig ist und mit Zeit und mit Statt nichts zu schaffen hat, so muss
die Seele erhaben werden über Zeit und über Statt in eine Wilde und
in eine Wüste, da sich das ewige Wort innen regen mag.   Zu dem
andern Male, so empfäht die Seele das ewige Wort in einer vernünftigen Wirkung und in einer lustlichen Empfindung; denn die Geburt
des ewigen Worts ist nicht mehr als ein Entdecken und eine Offenbarung einer göttlichen Wahrheit und eines göttlichen Fühlens“.
Und so hörten wir auch oben in dem Tractat von der Minne: „Ein
Jeglicher bei jeder vernünftigen Erkenntniss gebieret das ewige Wort.“
Der Verfasser versucht dies an einer andern Stelle zu begründen, indem er sagt: „Wir mögen Gott in diesem Leben nur erkennen mit einer
Erkenntniss, dass unsere Vernunft mehr ihm als ihr selber sei. — Nun
ist keine Erkenntniss mehr ihm, denn ihr selber, denn an (bei) göttlicher
Erkenntniss allein; darum mag der Mensch Gott nicht erkennen, er erkenne ihn denn mit der Erkenntniss, damit sich Gott selber erkennt;
denn alle andere Erkenntniss ist ein Zufall (eine accidentelle Erkenntniss) und entordnet (entnimmt und richtet) die Vernunft aus ihr selber
auf ein ander Nicht, statt auf Gott, der in ihr ist. — Die wirkende
Vernunft, die Gott ist (der Funke der göttlichen Natur in uns), wird vereint mit der möglichen Vernunft in aller Erkenntniss vernünftig-
lich (auf eine der Vernunft entsprechende Weise). Nun ist die wirkende
Vernunft wesentlich eine Erkenntniss, darum mag sie nicht (anders)
werden vereint denn als eine Erkenntniss, wie Hitze mag nicht vereint
werden, es sei (denn) als Hitze.   Darum erkennet der Mensch in aller
vernünftigen Erkenntniss mit göttlicher Erkenntniss nicht allein wenn
er Gott erkennt, sondern auch in Erkenntniss einer jeglichen
Wahrheit.“

So sind nach dieser Stelle die Erkenntnissprincipien, mit welchen
wir die Dinge erfassen, die uns immanente göttliche Natur selbst, und

eine Ueberformung durch dieselbe findet bei allen Menschen statt, um
sie erkenntnissfähig zu machen. Von dieser allgemeinen Wirkung der
göttlichen Natur in uns ist nun aber jene beseligende Ueberformung
durch die Natur Gottes zu unterscheiden, welche wir oben als die
Wiedergeburt bezeichnet sahen und welche ein sittliches Verhalten des
Menschen zur Voraussetzung hat.

In der Antwort auf die zweite Frage von der Geburt des ewigen
Worts unterscheidet Giseler diese Geburt, als eine sonderliche gegenüber der allgemeinen mit folgenden Worten: „Nun ist nicht mehr denn
ein sonderliches Berühren, da mit Gott die Seele berührt in einer
Heimlichkeit und in einer sonderlichen Weise; denn Gott spricht
sein Wort (auch in einer allgemeinen Weise) in allen Creaturen. Aber
keine Creatur mag sein gewahr werden denn allein vernünftige Creaturen." Aber eben dieses gewahr werden ist durch die Hinwendung,
durch das Trachten nach Gott bedingt. Dies Verlangen ist die Grund-
bedingung, die Seele aller andern Bedingungen. „Der Seele Gebet zu
Gott ist, sagt Giseler, dass sie sich neiget auf Gott, und spüret dem
ewigen Worte nach durch alle Creaturen in das väterliche Herze, so
entdecket und entblösset Gott seine Geburt der Seele, und sodann füllet die Seele mit Liebe und in Erkenntniss auf die Geburt, die
ihr geeiniget ist. Also trägt der Vater sein Wort in die Seele und
trägt die Seele das Wort wieder in den Vater."

Die unmittelbaren Wirkungen dieser Wiedergeburt sind verschieden, je nach dem Grade, in welchem sie stattfindet. Wo sie sich
in besonders starker Weise vollzieht, da werden alle Kräfte der Seele
und des Leibes davon ergriffen. So sagt Giseler (v. d. Geburt des
ew. Worts 5. bis 7. Frage): „Der Leib ist in einer stillen Ruhe, so dass
er keine Bewegung seiner Glieder haben mag; denn die obersten Kräfte
haben die niedersten eingeholt und stehen alle in einer stillen Ruhe,
und in denen wird das ewige Wort geboren gleich in dem Geiste und
in dem Leibe." „Die Seele hat zweierlei Kräfte, innere und äussere.
Diese müssen alle in ein Schweigen gesetzt sein, und auch die Kräfte,
die da bewegen den Leichnam, diese Kräfte müssen alle eingeholt werden, und ihrer keine mag bleiben in ihren Werken, sondern die Seele
ist eine blosse Form des Leichnams sonder Bewegung." Wichtiger
sind die sittlichen Wirkungen, zunächst das Verhältniss, in welches der
Mensch durch die Wiedergeburt zu Gott tritt. Da sagt Giseler
(8. Frage): Der Mensch werde dadurch mit Gott vereint, werde Gottes
Sohn von Gnaden, Gottes Erbe, von ihm falle dann alle Knechtschaft

ab. Es ist also die thatsächliche Einpflanzung in die Gemeinschaft
Gottes mit der Wiedergeburt gesetzt, und damit der Anfang eines neuen
heiligen Lebens, das in Liebe und Erkenntniss sich bethätigt. „Die
Seele", so hiess es oben, „fället mit Liebe und in Erkenntniss auf die
Geburt, die ihr gereiniget ist. Also trägt der Vater sein Wort in die
Seele und trägt die Seele das Wort wieder in den Vater."

Unter solchen Wirkungen wird dann die Seele mit ihren Kräften
zum Gleichniss des im Seelengrunde liegenden Bildes, gewinnt dieses in
der Seele seinen „Wiederblick". „Und darum", sagt Giseler (2. Frage),
„so soll man das wahrnehmen in dem Vater als ein Wort, und bei dem
Vater als eine wesentliche Person, und in dem heiligen Geiste als ein
sitzendes (bleibendes) Ziel ihrer ewigen Seligkeit, und ist dann in der
Seele als ein Wiederblick ihres vernünftigen Bildes, und in allen Creaturen als ein Enthalt ihres Wesens."

Wenn nun auch in diesem Leben wegen der in uns noch wohnen-
den Sünde diese Geburt nicht mit all den Wirkungen, deren sie fähig
ist, sich vollzieht, so kann doch das Ziel der Vollkommenheit, deren
Bedingung sie ist, auf Erden annähernd erreicht werden. So wendet bei
Suso der Jünger der Wahrheit (B. d. Wahrh. C. 6 resp. 5) ein: „Die
Schrift des alten und des neuen Bundes lautet, wie wenn man in der Zeit
nicht dazu kommen möge (zur Seligkeit durch das unmittelbare Schauen
Gottes). Aber die Antwort ist: „Das ist wahr nach (bleibender) Be-
sitzung derselben und voller Erkennung; denn was der Mensch hier
nur versucht, das ist dort alles vollkommener, wiewohl es dasselbe ist;
und vorverstanden (vorgenossen) mag es sein auf Erden."

„Also träget der Vater sein Wort in die Seele, und träget die
Seele das Wort wieder in den Vater", mit diesen Worten ist das durch
die Wiedergeburt bewirkte Verhältniss des Menschen zu Gott als ein
Verhältniss unmittelbarer persönlicher Liebesgemeinschaft in Analogie
gesetzt zu der persönlichen innergöttlichen Liebesgemeinschaft zwischen
Vater und Sohn, und jenem Worte Joh. 14, 20: „Ich in meinem Vater,
und ihr in mir, und ich in euch" durch die Lehre genüge gethan. Nicht
eine Verbindung Gottes mit der Seele durch die geschaffenen Gaben
und Kräfte der Gnade, wie Thomas lehrt, sondern ein unmittelbares
substanzielles und persönliches Einwirken Gottes in der Seele ist mit
der Lehre der mystischen Schule vom Seelengrunde und von der Wiedergeburt gemeint. An die Stelle der sachlich vermittelten Gemeinschaft tritt eine unmittelbare Vereinigung, doch ohne Vermischung
oder Aufhebung der creatürlichen Seinsweise. Mit dieser Betonung

einer schon im Diesseits stattfindenden unmittelbar persönlichen und
wesentlichen Einigung Gottes mit dem wiedergeborenen Menschen ist
die Mystik eine Vorläuferin der evangelischen Lehre von der mystischen
Einigung des gläubigen Christen mit Gott geworden.[1] Die Freiheit und
Selbständigkeit des christlichen Lebens und Denkens, wie es in der neueren Mystik hervortritt, hat in dieser Lehre ihre stärkste Wurzel.

Thomas lehrte, wie wir sahen, eine Ueberformung des menschlichen Intellects durch die göttliche Wesenheit wenigstens für die Glau-
bigen in jenem Leben, aber auch hier bemerkten wir eine wesentliche
Differenz. Es ist der Intellect, also eine der Kräfte der Seele, der zunächst überformt wird, und diese Ueberformung ist nicht die Ergiessung
der dem Lebensgrunde immanenten oder diesen selbst bildenden göttlichen Natur, wie es nach der Lehre der eckhartischen Schule der Fall
ist, sondern sie ist ein von aussen her an dem Intellect sich vollziehen-
der Act. Und noch eine andere Differenz tritt hiebei hervor. Da es
endliche Geister sind, die mittelst der göttlichen Wesensform das göttliche Wesen sehen und diese selbst verschieden sind an Stärke, so
werden wohl alle das göttliche Wesen schauen, aber nicht alle gleich-
viel und keiner es ganz erkennen. Denn kein geschaffener Intellect
kann nach Thomas das göttliche Wesen in dem vollen Masse erkennen,
nach welchem es erkennbar ist.[2] Da ist es nun wohl nicht zufällig,
sondern steht mit der Auffassung von dem hohen Adel der Seele und
von dem Bilde im Seelengrunde im Zusammenhang, wenn der Tractat
von der wirkenden und möglichen Vernunft sich gegen den
letzten Satz des Thomas erklärt, indem er in fast wegwerfender Weise
bemerkt: Die nun sprechen, das da mehr sei, das ihnen (den Heiligen
in jenem Leben) zu erkennen übrig bleibe, als was sie erkennen, die

---

1) Vgl. die Lehre der luth. Kirche hierüber in Schmid's Dogmatik
der evang.-luth. Kirche *s. t. Unio mystica.* Sieht man von der der Mystik
eigenen Lehre vom Seelengrunde ab, welche die Begründung für die
Lehre von der Geburt des ewigen Wortes in der Seele bildet, so findet
sich hier eine beachtenswerthe Uebereinstimmung in den wesentlichsten
Punkten.

2) *S. III, suppl. qu. 92: Ideo in illa visione nos idem videbimus, quod
Deus videt, scilicet essentiam suam, sed non ita efficaciter. S. I, qu. 12. a. 7:
Nullus autem intellectus creatus pertingere potest ad illum perfectum modum
cognitionis divinae essentiae, quo cognoscibilis est.*

verstehen nicht was sie sagen. Wenn die Erkenntnisskraft den Eindruck der göttlichen Form empfängt, so versteht sie auch nach der
Weise der göttlichen Form und versteht darum auf eine unendliche
Weise. Darum habe ich gesprochen und spreche es noch, dass das,
was der niederste Engel oder Heilige also erkennt, das weiss er
nach der Weise Gottes, der überformet hat sein Verständniss. Nun
erkennet sich Gott auf alle Weise, in der er erkennbar ist. Werde
ich nun informirt mit der göttlichen Form, so muss ich Gott erkennen
allzumal.

Indem Eckhart und seine Schüler den Menschen mit seinen
Kräften bis dahin sich aufgeben heissen, dass nur der Punkt der
Persönlichkeit und die blosse passive Wesenheit übrig bleibt, wenn
der Einschlag der göttlichen Form geschieht und die Wiedergeburt
sich vollzieht, so konnte es bei den oft über die Sache hinaus-
gehenden Ausdrücken derselben nicht fehlen, dass ihnen der Vorwurf gemacht wurde, dass sie die Grenze zwischen Schöpfer und
Geschöpf verwischten und die Wirkungen der Wiedergeburt bis zum
völligen Untergang in Gott oder bis zur völligen Gleichheit mit Gott
ausdehnten.

So hatte Sterngassen gepredigt (*Wack.* 164): Würden die
Leute den Adel der Seele auf das Höchste erkennen, sie würden an
etlichen Punkten nicht wissen, wo sie Unterschied finden sollten
zwischen ihr und Gott. — Mich wundert, und diese Verwunderung hat
mich lange beschäftigt, was der Grund sei, dass die Seele ein so kräftig
Wort nicht sprechen möge als der himmlische Vater. Er nimmt nun
die Antworten, die einige Meister auf diese Frage zu geben suchten,
vor. Was Gott wesentlich habe, das habe die Seele nur bildlich, so
sagten die Einen; Gott habe sein Wesen und sein Sein von sich
selber, die Seele von Gott, sagten die Andern. Aber keine Antwort
genügt ihm. Auch der Sohn, sagt er auf die letzte der beiden
Antworten, habe von dem Vater alles empfangen, das er ist, und
wirke doch dem Vater gleich. Das Einzige, was ihm zur Beantwortung
einigermassen genüge, so bemerkt er endlich, sei das, dass der Sohn
ist geboren aus der Person des Vaters und ist inneblieben an dem
Wesen. Davon vermag er in dem Wesen alles, das der Vater vermag,
persönlich und wesentlich. Aber die Seele ist geflossen ab der Person
und ab dem Wesen (so dass sie sowohl eine andere Person als ein
ander Wesen empfangen hat), und deshalb vermag sie nicht dem Vater
gleich zu wirken.

Trotz dieser Unterscheidung scheint Sterngassen um dieser Predigt willen angefochten worden zu sein. Darauf weist ein Zusatz zu der Predigt, der sich in der Einsiedler Handschrift findet. Ein Schüler Sterngassen's, der die Predigt hörte und niederschrieb, bemerkt nämlich: Er, der Schüler, habe es nicht also verstanden, als ob Sterngassen gemeint habe, dass die Seele Gott wäre oder Gott werden möchte, oder dass sie dem Vater gleich gebären oder wirken möchte. Er sage ja nicht, ihn wundere, dass die Seele Gott gleich wirke, sondern ihn wundere, dass sie ihm nicht gleich wirke. Damit spreche er doch an, dass Hemmnisse da seien, welche die Seele hindern und „billig hindern sollen und müssen". Er meine, ihm genüge nicht mit dem Adel, in welchem er die Seele bis jetzt erkenne, und dass er all sein Leben darnach arbeiten wolle, dass er die Seele näher und näher finde in göttlicher Gleichheit und doch nicht Gott.

Und Sterngassen's Meinung war es allerdings nicht, dass durch die mystische Einigung eine Vermischung der Substanzen und der Untergang der menschlichen Persönlichkeit eintrete. In derselben Predigt hat er die wesentliche Vereinigung mit Gott dahin erläutert, dass sie geschehe „an der Schauung" und nicht „an der Wesung". „Sein Wesen, sagt er, mag nicht unser Wesen werden, aber es soll unser Leben sein". Und wie eben ein Schüler seinen Meister Sterngassen, so vertheidigt Suso seinen Meister Eckhart, indem er in gleicher Weise auf den Unterschied hinweist, der zwischen einer Einheit dem Wesen nach und einer Einheit dem Schauen nach, oder wie er sich ausdrückt, dem Nehmen, der Auffassung nach bestehe. (B. d. Wahrh. 6 resp. 5): „Der kräftige entwordentliche Einschlag (der Seele) in das Nicht entschlägt in dem Grunde allen Unterschied nicht nach Wesung, sondern nach Nehmung". „Der es recht hat (die Einigkeit mit Gott), der weiss das und erkennet sich Creatur, nicht gebrechlich sondern vereintlich. Und da er nicht war, da war er dasselbe unvereinet". „Also mag der Mensch in etlicher Weise, so er sich in Gott vergeht, eines sein in dem Verlieren und nach äusserlicher Weise schauend und niessend sein. Und des gebe ich ein Gleichniss. Das Auge verliert sich in seinem gegenwärtigen Sehen, denn es wird in dem Werke des Gesichts eins mit seinem Gegenwurfe, und bleibt doch jedwedes was es ist."

Auf diese Sätze beruft sich der Jünger, um Eckhart zu vertheidigen, als der Begarde vernommen haben will: ein hoher Meister (Eckhart) spreche ab allen Unterschied. Allerdings vermag sich die

Behauptung des Begarden über Eckhart auf die Behauptung der Bulle Johann's XXII. zu stützen; allein Sterngassen wie Suso haben hier jedenfalls ihren Meister richtiger begriffen.

9. Von den Bedingungen für die Geburt des ewigen Worts in der Seele.

Wie bei Eckhart, so musste auch bei seiner Schule die Lehre von der Geburt des ewigen Worts in der Seele von Einfluss sein auf die Lehre, wie man zur Vereinigung mit Gott gelange. Während Thomas die Aufgabe für dieses Leben wenigstens in die höchste Steigerung der Kräfte und deren Wirksamkeit setzen muss, und während er die Seele von innen durch die Kräfte nach aussen führt und von aussen her die Ueberformung durch Gott erwarten lässt, führt die neuere Mystik nicht bloss von den Aussendingen und der äusseren Wirksamkeit auf die Kräfte, sondern auch von diesen auf den innersten Grund des Wesens zurück, damit von hier aus die Seele mit der göttlichen Natur, die ihr immanent ist, überformt werde. Man muss dem stillen Wesen der Seele gleichförmig werden, in ein reines Leiden, in die höchste Passivität sich versetzen, um den Einschlag der Natur Gottes in sich zu erfahren. Und man ist sich bei der Frage nach dem Ziele des verschiedenen Weges wohl bewusst, wie z. B. die Blume der Schauung diese Verschiedenheit andeutet, wenn es da heisst: „Eine andere Frage ist, ob die Seligkeit mehr liege an dem vernünftigen Begriff, da die Vernunft Gott erkennet, oder in dem Einstarren in sich selber, zu merken den göttlichen Griff."

Darum wird denn auch von dem Verfasser des Tractats von der Vernunft das als ein Charakteristisches in der Lehre Eckhart's hervorgehoben, dass er die Seligkeit vornehmlich von der Passivität des Menschen, dem Gott leiden abhängig mache. „Da das Verständniss also muss leiden die Ueberformung Gottes, darum spricht Meister Eckhart, dass Seligkeit liege an Gott leiden, indem er spricht, dass Seligkeit daran hafte, dass man sich mit Gott vereine. — Wo nun ist ein lediger Geist, der beraubet ist aller Werke, der mag leiden das vernünftige Werk Gottes. Also wird nicht vereint der Geist mit Gott, sondern also ist er einer mit Gott, und also wird der Sohn von dem

Vater geboren in der Seele", und zwar, wie nun im Folgenden begründet wird und oben bereits hervorgehoben wurde, nicht in den Kräften, sondern in dem Wesen.

In gleicher Weise hörten wir Sterngassen sagen: „Das in Gott ist ein Wirken, das soll in mir sein ein Leiden, das in Gott ist ein Sprechen, das soll in mir sein ein Hören, das an Gott ist ein Bilden, das soll in mir sein ein Schauen.   Alles das Gott wirken mag, das mag die Seele leiden."

Der Ausführung dieses Gedankens ist ein grosser Theil der mystischen Lehren gewidmet. Zusammenfassend sagt Giseler in der Antwort auf die erste Frage von der Geburt des ewigen Worts in der Seele: die Seele bereitet sich dadurch, dass alle Creaturen in ihr schweigen, dass selbst das Wort schweigt, das die eigene Seele spricht; dass sie sich selber lässet allzumal, ihrer selbst ausgeht, sich selbst verläugnet und Gottes eigen wird; dass der Mensch seine Vernunft aufhebt (emporrichtet) und siehet (nach dem, der da kommt, sich zu offenbaren) und dass er dieser Geburt grosslich begehrt.   „In dieser Nacht (des Schweigens)", sagt Arnold der Rothe (*II. VIII, 210*), „will der himmlische Vater seinen eingebornen Sohn gebären in der Seele, und in dieser Stille will das göttliche Wort zu dir reden."

Es ist auch eine Forderung der älteren Mystik, dass man der Sinnenwelt ersterben müsse um Gott zu finden; und in sehr mannigfaltiger Weise wird dieser Gedanke begründet und ausgeführt. Aber die ältere Mystik geht nicht von den Kräften auf das Wesen der Seele zurück, sie verlangt für den mystischen Weg nicht, wie Eckhart, dass man selbst das Denken über die göttlichen Personen verlasse und dem göttlichen Wesen gleichförmig werde, um eine Ueberformung durch die Natur Gottes zu erfahren; sie weiss wohl von einer Ueberformung mit der göttlichen Wesensform, welche in seltenen Fällen schon in diesem Leben erreicht wird; aber sie weiss nichts von einer Geburt Gottes, welche fortwährend im Seelengrunde geschieht, und von da aus Wesen und Kräfte dessen ergreift, der sich dafür zu bereiten weiss. Eine Richtung der Seele nicht nach aussen und oben, sondern nach innen, in ihren innersten Grund, und ein sich selbst aufgeben, so dass die Seele nur noch Empfänglichkeit und Verlangen ist für den im Seelengrunde wirkenden Gott, so stellt sich die Forderung der neueren Mystik. Denn, um mit einem Worte Giseler's statt vieler anderen zu schliessen: „Gott wird nicht in der Vernunft, nicht im Willen, sondern im Inwendigsten des Wesens geboren, und das werden gewahr alle Kräfte der Seele. Die Seele tritt dabei in ein lauteres Leiden und lässet Gott wirken".

Dass diese Passivität der Seele nicht auf Kosten des wirkenden Lebens von Eckhart und seiner Schule betont, sondern nur als wesentliche Bedingung für die Wirkung Gottes in uns hingestellt werde, deren Frucht dann ein erhöhtes Erkennen und ein geläuterteres Wirken von Seiten des Menschen ist, das braucht nach dem, was darüber schon bemerkt wurde, hier nicht noch einmal begründet zu werden.

———

V.

Mystisches Leben in der ersten Hälfte des XIV. Jahrhunderts.

1. Quellen: Schriften der Christina Ebner. Briefe Heinrich's von Nördlingen. Schriften Johann Meyer's von Zürich.

Schriften der Christina Ebner.

Das Archiv des Freih. K. v. Ebner in Eschenbach enthält eine „*Historia* oder Lebensbeschreibung der wunderthätigen heiligen Christina Ebnerin" vom J. 1721 (*Sign. 89*), welche sich als Abschrift einer Sammlung von Visionen der Christine herausstellt, die diese zum Theil selbst niedergeschrieben hat, zum Theil durch ihren Beichtiger hat niederschreiben lassen. Christine sagt darinnen, dass sie in ihrem 40. Jahre, Advent 1317, angefangen habe, ihrem Beichtiger Konrad von Füssen von den Wundern zu sagen, die ihr Gott gethan „und schriebe das Büchlein sieben Jahr". Nur weniges ist nach dem Jahre 1324 hinzugefügt. Die Visionen stehen ungeordnet neben einander, wie das Gedächtniss oder die unmittelbare Gegenwart sie jedesmal bieten mochte. Beim J. 1324 heisst es: „Es schied ihr Beichtiger (Konrad von Füssen) von ihr und kam gen Freiburg". Gleich darauf berichtet sie in der ersten Person von sich. S. 92 lesen wir: „Sie wollt das Gesicht erst nicht lassen schreiben", dann: „sie hiess es schreiben". S. 91: „Ihr träumt einmal, es sollt der Prior in dem Kloster sein, und der Bruder, der dies geschrieben hat". S. 93 redet der Schreibende von der Heftigkeit, mit der sie sich „schlägt". Nach diesem allem sind die Aufzeichnungen über Christine noch bei

ihrem Leben gemacht worden und es ist wahrscheinlich, dass die
meisten dieser Aufzeichnungen von Konrad von Füssen niedergeschrieben sind.

„Von der genaden überlast" ist der Titel eines Buches, das
Karl Schröder in der Bibliothek des litter. Vereins in Stuttgart,
Bd. CVIII. Tüb. 1871, nach einer Pergamenthandschrift des german.
Museums (Nr. 1338. II sc.) herausgegeben hat. In dieser Handschrift,
welche aus Kloster Engelthal stammt, schreibt eine jüngere Hand das
Buch der Christina Ebner zu. Die Stelle lautet: „Si het ein büechlin
gemacht von den gotelichen gnaden di unser herr den swestern in irem
closter getan hat". Nun meint Schröder, diese Notiz sei unserem Buch
„von der genaden überlast" unrichtiger Weise beigesetzt, während
sie offenbar zu dem Buch gehöre, welches Christine Ebner von ihren
eigenen Visionen und Offenbarungen zusammenstellte. Allein dem
widerspricht schon der Wortlaut. „Von den Gnaden, welche der Herr
den Schwestern in ihrem (der Christina) Kloster gethan hat", spricht
die Notiz, und nicht von denen, die der Christine selbst zu Theil geworden sind. Schröder kannte offenbar die Quelle nicht, aus der jene
spätere Hand ihre Bemerkung schöpfte. Es ist das Buch, in welchem
Christina Ebner ihre eigenen Visionen von 1344—1351 theils selbst
niederschrieb, theils von anderer Hand schreiben liess. Hier findet sich
bei dem Jahre 1346 unsere Notiz von Wort zu Wort. „Sie hat ein
büchlein gemacht von den gottlichen gnaden, di unser herr den swestern
in irem closter getan hat", und dass dies Büchlein das „von der gnaden
überlast" sei, das ergibt, von allen Nebenumständen der Zeit, des
Ortes u. s. w. abgesehen, schon der Anfang dieses Büchleins: „Ich heb
ein buechlin hie an, da kumet man an dez closters ze Engeltal anvank
vnd die menig der genaden gotes, die er mit den frawen getan
hat." Die Gründe, die Schröder hat, das Buch der Christina abzu-
sprechen, sind von keinem Werthe. Er sagt: da, wo ihrer (der
Christine) Schwester Diemut in dem Buche gedacht werde, geschehe
dies ganz einfach und trocken, ohne die leiseste Beziehung auf ein so
enges Verwandtschaftsverhältniss. Allein dafür, dass die Diemut der
Christina Schwester gewesen, ist ein Beweis bis jetzt nicht erbracht
worden, auch von Lochner nicht. Dagegen lässt uns das Buch gar
nicht im Zweifel, in welchem Verwandtschaftsverhältniss die Diemut zu
Christina stand. Denn wenn es da heisst, dass Diemut, aus einer Verzückung wieder zu sich gekommen, „zu ihres Bruders Tochter" die

Worte gesprochen, die dann angeführt werden, so ist dies schwerlich jemand anders gewesen als eben die Verfasserin des Buches selbst, Christina. Denn die Verfasserin lässt überall für ihren eigentlichen Namen die blosse Andeutung eintreten. Die Beziehung auf das Verwandtschaftsverhältniss, das Schröder vermisst, wäre also damit gegeben. Ein weiteres Bedenken findet Schröder in dem Satze des ersten Blattes: Nu wollt ich gern schreiben . . . so han ich leider kleinen sin und kan darzu der schrift niht, wanne daz ich zu disen dingen mit der gehorsam betwungen bin"; denn Christina habe ja schreiben können, meint Schröder. Aber Schröder hat diese Stelle missverstanden. Wären die Worte: „Ich kann der Schrift nicht." von der Schreibekunst zu verstehen, so würde ihr auch „der Gehorsam" über dies Hinderniss nicht weghelfen, vorausgesetzt, dass der Mangel derselben überhaupt ein solches Hinderniss gewesen wäre. Eine andere Schwester konnte ja dazu die Hand leihen. Und wie thöricht wäre ihr Einwand, da sie ja selbst sagt: „Ich heb ein buochlin hie an". Die Worte „ich kann der Schrift nicht" heissen vielmehr, wie so oft: ich bin nicht gelehrt, nicht unterrichtet genug. Auch was Schröder noch hinzufügt, es sei ein anderer Geist, der aus den Worten der Christina rede, ist ohne Belang. Christina stand allerdings höher, als die meisten Schwestern, von denen sie erzählt. Aber sie berichtet hier ja auch nicht ihre, sondern dieser Schwestern Offenbarungen.

Strauch, der das Leben der Adelheid Langmann herausgegeben, findet es auffallend, dass im Buch der Christina „Von der Gnaden Ueberlast", das in der Zeit geschrieben ist, wo Adelheid ihre Offenbarungen hatte, der Adelheid von Christinen nirgends gedacht werde. Allein hierin ist nichts auffallendes, da Christina nicht von den Schwestern der Gegenwart, sondern von denen aus der Zeit der Anfänge des Klosters berichten will, wie die oben aus dem Buche mitgetheilten Worte darthun.

———— ————

Ungefähr von der Zeit an, wo Christina das Büchlein von der Gnaden Ueberlast vollendet hatte — im J. 1346 spricht sie von diesem als einem vollendeten — vom J. 1344 an beginnt eine neue Reihe von Aufzeichnungen, welche Visionen und Offenbarungen der Christina bis gegen das Jahr 1352 enthalten und sowohl in einer älteren Handschrift wie in einer späteren Abschrift (*Sign. 91. 4⁰*) im v. Ebner'schen Archiv vorhanden sind. Sie sind chronologisch geordnet und ohne Zweifel jedesmal gleich niedergeschrieben worden.

Auch hier mögen verschiedene von ihrer Hand selbst herrühren. Am Schluss der Abschrift (91) steht: Di selig Christ. Ebner wart geporn Mcclxxvij jar und wart Lxxix jar alt und starb Mccliiij jar an sand Johanstag zu Weihenachten in dem closter zu engeltal, do ligt sie begraben. Und ferner: „Do man zallt Mccc und in dem Liiij jar an St. Johannestag zu weihenachten, do ist es gewesen an der Jor zall Lxxxxviij jar das di sellig Christin Ebnerin von dieser werlt geschyden ist." Da in dieser zweiten Notiz 1354 offenbar Schreibfehler ist für 1454, so ist nach dieser Zahl ihr Todesjahr 1454—98 = 1356. Auch nach der ersten Notiz ergibt das Geburtsjahr zu der Lebensdauer addirt das Jahr 1356 als Todesjahr und die Angabe 1354 beruht also gleichfalls auf einem Versehen des Schreibers. Eine Abschrift der Offenbarungen der Christina (18. Jahrh.) befindet sich auch auf der k. Bibliothek zu Stuttgart *Cod. theol. et philos. 282. fol.* s. Strauch, Adelh. Langmann Einl. S. IX. Anm.

Die Briefe Heinrich's von Nördlingen.

Die wichtigste Quelle für die Beziehungen der Gottesfreunde zu einander ist bis jetzt die Briefsammlung, welche wir einer Margaretha Bitterlin verdanken. Die Briefe rühren mit wenigen Ausnahmen von dem Weltpriester Heinrich von Nördlingen her und sind an Margaretha Ebner in Medingen gerichtet. Von den wenigstens 67 Briefen dieser Sammlung sind 31 bei J. Heumann *Opuscula Norimb. 1747* gedruckt, in einem leider oft sehr verdorbenen Texte. Die ganze Sammlung scheint Docen noch gekannt zu haben. Wenigstens befindet sich eine Abschrift von 21 bei Heumann nicht gedruckten Briefen von Docen's Hand auf der Staatsbibliothek zu München. Die Briefe der Sammlung sind ungeordnet und ohne Jahresangaben. Wir müssen aus dem Inhalt auf ihre Zeit schliessen. Ich habe auf diese Weise in meinen Vorarbeiten etc. (Z. f. h. Th. 1869, S. 79 ff.) eine Anzahl der wichtigsten chronologisch bestimmt, da die Briefe erst hiedurch vollen Werth für die genauere geschichtliche Darstellung erhalten.

Später hat Jundt (*Les amis de Dieu au quatorzième siècle Par. 1879*) zu 20 andern die Zeit beizusetzen gesucht; doch nicht bei allen in richtiger Weise. Er verwechselt die Pfarrei Fessenheim bei Nördlingen, welche dem Heinrich von Nördlingen verliehen war (das Patronat über F. war im J. 1328 von den Grafen von Oetingen an die Aebte von Kaisersheim abgetreten worden), mit Fessenheim im Ober-

elsass und kommt so dazu, eine Anzahl von Briefen in die Zeit von
1339—1345, also in die Zeit des Aufenthalts des Heinrich in Basel zu
verlegen, während sie doch in die Zeit fallen, da Heinrich noch in
seiner Heimath war, wie das aus verschiedenen in den Briefen ange-
deuteten Umständen hervorgeht. Wir werden weiter unten auf diese
Briefe zurückkommen.

Schriften Johann Meyer's von Zürich.

Die Schriften des Dominikaners Johann Meyer sind für die Geschichte der Mystik von Werth, insofern sie uns eine Reihe von An-
haltspunkten für das Leben einzelner Mystiker bieten. Die nachfolgenden befinden sich auf den Bibliotheken zu Nürnberg, Leipzig, Basel
oder waren vor 1870 in Strassburg. Aus hier und dort gemachten Bemerkungen geht hervor, dass Johann Meyer 1422 zu Zürich geboren
und dort mit $9^{1}/_{2}$ Jahren 1431 in den Orden getreten ist. 1442 wurde
er nach Basel versetzt, 1482 kam er als Beichtiger der Schwestern
nach Adelhausen bei Freiburg. Er starb im J. 1485. Meyer war eifrig
bemüht für die Reform des Lebens in den Dominikanerklöstern, und
diesem Zwecke sollten auch seine Schriften dienen. Er hat fleissig
hiefür gesammelt und ist für eine Reihe von Thatsachen bis jetzt die
einzige Quelle. Spätere Schriftsteller haben aus ihm geschöpft, ohne
ihn zu nennen. So ist Zittard's Chronik bis auf die Zeit des 15. Jahrhunderts nur eine hie und da gekürzte Abschrift aus einer der Schriften
Meyer's.

1. Im Jahre 1454 hat Meyer das Leben der Schwestern zu Töss,
Diessenhoven und Oetenbach nach älteren Aufzeichnungen herausgegeben.[1] Die *Vitae* der Schwestern zu Töss sind von Elisabeth Stagel,
der Freundin Suso's, verfasst. Meyer bringt diese Schrift der Stagel
mit einem Vor- und Nachwort und einer Zusammenstellung der Lebens-
umstände der Stagel aus Suso. Er bemerkt dabei, dass sie wie er
selbst zu Zürich geboren sei und aus ritterlichem Geschlechte stamme.
Die *Vita* Suso's, welche die Stagel verfasst, werde das Seussenbuch
genannt. Ein Karthäuser habe es in's Lateinische übersetzt. Diese
Uebersetzung befinde sich bei den Dominikanern zu Basel und Nürn-

---

1) Stadtbibliothek zu Nürnberg Cent. V, 10 fol. Pergam. und Papier.
15 sc. Aus andern Handschriften dieser *Vitae* haben *Murer* in seiner
Helvetia sancta und Greith, Die Mystik im Predigerorden, geschöpft.

berg. Auch das Leben der Schwestern zu Katharinenthal bei Diessenhoven rührt ungefähr aus der gleichen Zeit her wie die *Vitae* der Stagel. Die Verfasserin hat noch zur Zeit der Anna von Ramschwag und Eckhart's gelebt.[1] Das Leben der Schwestern von Oetenbach ist in der Nürnberger Handschrift nicht vollständig. Eine der Schwestern, deren Leben hier beschrieben wird, Elisabeth von Beggenhofen, starb 1310. In dem Abschnitt, der ihres Todes gedenkt, stellt sich die Verfasserin als eine Schwester desselben Klosters dar, die, was sie über sie erzählt, zum Theil von ihr selbst gehört hat.

2. Das Amtbuch. Auf der Leipziger Univ.-Bibliothek Nr. 1546. fol. Pap. 15. sc., früher nach Meidingen in Schwaben gehörig. Es enthält eine Zusammenstellung von den Ordensregeln und Gebräuchen für die Schwestern und Conversen etc. des Dominikanerordens, und ist von Meyer im J. 1455 deutsch bearbeitet. Daran schliesst sich eine Ordenschronik vom J. 1455, welche Zittard unter Beibehaltung der Eintheilung nach den Ordensmeistern grösstentheils abgeschrieben hat. Sie bietet noch manche Nachlese zu Zittard.

3. *Liber de illustribus viris de ordine praedicatorum.* Auf der Bibliothek zu Basel *D* IV, 9. 4⁰. 15 sc. Das Buch ist 1460 angelegt von „Bruder Johann zu Basel", mit leeren Blättern für Nachträge. Nicht für alle Namen des Registers, das die 6 Theile des Buchs und die zu behandelnden Namen angibt, finden sich die Ausführungen. Das Buch ist von Werth durch eine Reihe von Notizen über deutsche Dominikaner im 13. und 14. Jahrhundert. Einiges davon ist bei Mone, Quellensammlung zur Bad. Landesgeschichte Bd. 2 und Bd. 4 gedruckt.

4. Notizen zur Geschichte des Dominikanerordens namentlich der deutschen Provinz. Bibliothek zu Basel *E* III, 13. Dieser Sammelband, von Meyer zusammengestellt, enthält unter andern ein Verzeichniss der Prioren der Dominikaner zu Basel, sodann der Provinzialcapitel und der Provinzialprioren in der deutschen Provinz des Ordens. Zu dem Capitel in Bern **1431** bemerkt der Sammler: Nach demselben trat ich Fr. Johann Meyer in den Orden zu Zürich mit 9½ Jahren. Im Ver-

---

1) f. 103ᵇ: Meister Eckhart der was ze einer zeit pei uns, do kam die selige swester Anna von Ramsbach zu im heimlichen an das peichtfenster. Darnach fragt ich sie, was die sach were, darumb si zu im gegangen were, da wolt si mir nit da von sagen. — Es ist demnach unrichtig, wenn Murer diese Beschreibungen, aus denen er in seiner *Helvetia sancta* Mittheilungen macht, im 15. Jahrhundert entstanden sein lässt.

zeichniss der Prioren in Basel sagt er zu 1482, er sei im 50. Jahr in dem Orden.

5. *Vitae fratrum.* In der zu Grunde gegangenen Strassburger Bibliothek *G* 180. 4⁰. Pap. 15. sc. Dem Prolog zufolge ist diese Schrift gewidmet allen Schwestern Predigerordens in deutschen Landen. Er sagt da: „das hab ich euer bruder zu teutsch aus latein gekehrt. Es ist aus viel alten büchlein unseres Ordens zusammengefügt, allermeist aus dem Buch *Vitas fratrum* genannt, das der selig Meister Humbertus gemacht hat, und aus dem Buch *Apibus* genannt". Meyer hat den von dort genommenen Stoff insbesondere mit Rücksicht auf Deutschland ergänzt. Das Ganze war in 5 Theile getheilt.

6. Diesen *Vitae fratrum* folgte in derselben Handschrift eine Ordenschronik, die er nach den zur Zeit des Ordens regierenden Päpsten und Kaisern geordnet und den Schwestern in den Dominikanerklöstern zu Freiburg gewidmet hat. Er hatte dieselbe, wie er selbst sagt, aus viel Bullen, Büchern und Schriften zusammengebracht. Sie bot manche interessante Schilderung. Ungeschickt war, dass er die Geschichte des Verhaltens der Kaiser zu dem Orden von jenem der Päpste trennte und für sich behandelte. Die Chronik wurde im J. 1171 vollendet. Dann folgte noch ein Nachtrag in der Form von Annalen vom J. 1484.

An diese Schriften des Joh. Meyer schloss sich noch an ein deutscher Auszug aus dem lateinisch geschriebenen Buch der Anna von Münzingen vom J. 1318 *De sanctitate primarum sanctarum Sororum monasterii beate virginis de annunciatione in Adelhausen.* Er enthielt das Leben von 25 Schwestern und war vom J. 1482. Der ganze Codex war 1485—1487 von der Schwester Agnes Huber geschrieben und gehörte ehedem nach Adelhausen.

7. Leben der Margarethe von Kentzingen, Laienschwester des Klosters Unterlinden zu Kolmar. Deutsch und handschriftlich früher zu St. Agnes in Freiburg. Lateinisch bei *Pez, Bibl. asc. VIII.*

2. Allgemeines.

Wir haben die Frauenklöster insbesondere der Dominikanerinnen schon früher als Hauptsitze mystischen Lebens kennen gelernt. Dieses Leben ist in der ersten Hälfte des 14. Jahrhunderts noch fortwährend im

Wachsen; denn die früher angegebenen Ursachen wirken fort, und
Männer wie Heinrich von Nördlingen, Tauler, Suso fördern durch ihren
grossen Einfluss diese Richtung. Insbesondere führte Suso's Wirksamkeit viele Töchter des Adels seinem Orden und einem mystischen Leben
zu. Es sind hauptsächlich oberdeutsche Klöster, welche für diese
Periode in Betracht kommen. Engelthal, ein Kloster auf Nürnberger
Gebiete, Medingen in Schwaben unweit Donauwörth gelegen, Katharinenthal bei Diessenhoven, Töss bei Winterthur, Oetenbach bei Zürich,
Klingenthal in Basel, Wittichen im Schwarzwald, Adelhausen bei Freiburg, Unterlinden bei Kolmar, zumeist früher schon genannt, ziehen
vor andern die Aufmerksamkeit auf sich. Sie verdanken das vornehmlich dem Umstand, dass das Leben der Schwestern dieser Klöster von
Mitschwestern aufgezeichnet worden ist. An der nöthigen Bildung
fehlt es hiezu keineswegs. Mit manchen dieser Klöster waren gute
Schulen verbunden, und Schwestern, die Latein verstehen und zu
schreiben wissen, sind nicht selten. Katharina von Gebweiler, welche
mit Venturini im Briefwechsel stand, hat mit gewandter Feder das
Leben verstorbener Schwestern in Unterlinden lateinisch beschrieben,
und Elisabeth Stagel verschiedenes aus dem Lateinischen in's Deutsche
übersetzt. Zahlreiche Handschriften sind in Frauenklöstern und für sie
geschrieben worden. Von einer Schwester aus der Familie der Klingen-
berg in Töss wird gerühmt, dass sie viel guter deutscher Bücher dem
Kloster „gefrumet" habe, das heisst für dasselbe habe schreiben lassen.
Was die Schwestern für das Schreiben verdienten, wurde wohl auch
wieder für Gemälde und anderen Schmuck der Kirche verwendet. Die
Wittwe eines Ritters von Hohenfels aus Schwaben, welche zu Oetenbach in den Orden trat und alle ihre reiche Habe dem Kloster übergab,
brachte auch ihre drei Jungfrauen mit, von denen die eine schreiben
und illuminiren, die andere malen, die dritte auf's kunstvollste wirken
konnte. Das Kloster hatte seine eigene Schreibstube, und die darin beschäftigten Schwestern verdienten dem Kloster jährlich gegen 10 Mark.
Sonst war es die einfachere Arbeit des Spinnens, welche die Schwestern
in den Stunden, die Gottesdienst oder Sorge für den Haushalt frei-
liessen, vielfach beschäftigte. Die Gedanken waren meist auf strenge
Entsagung, auf Büssungen, auf Jesus und seine Leiden gerichtet. Das
Ziel der Mystik, die Einigung mit Jesus, das Erhobensein über alle
menschliche Sinne war Gegenstand des Verlangens der Meisten.
Der Wetteifer, sich in Entsagungen und Kasteiungen zu überbieten,
die Monotonie der unzähligemal wiederholten gleichen Gebete, das

Fehlen aller Zerstreuung, vor allem das Verlangen, das Beispiel göttlicher Gnadenerweisungen, das man an einzelnen Schwestern vor
Augen hatte und bewunderte, an sich selbst zu erfahren, begünstigte
das immer allgemeinere ekstatische schauliche Leben. Von einer der
Schwestern wird erzählt, dass sie in fünfzig Jahren kaum einmal an
das Redefenster gelangte, von einer andern, dass ihr Rücken von den
beständigen Geisselungen so hart wie ein Brett wurde, — die Berichte
sind reich an Beispielen von erfinderischer Selbstqual aller Art. Viele
der Schwestern hatten eine hohe Lebensstellung aufgegeben, wie die
königliche Wittwe Elisabeth von Ungarn, die bis zum J. 1336 in Töss
unter den äussersten Entsagungen lebte und nach ihrem Tode einer
Heiligen gleich verehrt wurde. Viele waren unter Zurücklassung von
Reichthum und Ehren aus einem Leben der Weltfreude gerade in die
ärmsten Klöster getreten, um hier die Selbst- und Weltverläugnung im
höheren Masse üben zu können, ja manche hatten selbst einen glücklichen Ehebund im Einverständniss mit dem Gatten gelöst, um mit
solchem Opfer die höchsten Gnaden des Himmels zu erkaufen. So erzählt Katharina von Gebweiler von der ihr gleichzeitigen Rindlindis von
Biseck, wie sie eine glückliche Ehe gelöst und die Liebe zu Gott gesiegt
habe, als ihr der Schmerz über dem Abschied von dem Gemahl und ihren
acht Kindern das Herz zerriss. Während sie in Unterlinden mit zweien
ihrer Töchter Aufnahme suchte, trat ihr Gemahl mit den zwei unmün-
digen Knaben in den Orden der Deutschherrn; die übrigen vier Töchter
in andere Klöster des Dominikanerordens. Gewiss ein grosser Entschluss, aber auch eine grosse Verirrung, die dem Herrn zu dienen
meint, indem sie die von ihm gestiftete Ordnung verlässt, um selbsterwählte Wege zu gehen, und die Liebe zu Gott in der Verläugnung
der natürlichen Liebe und ihrer Pflichten statt in der Verläugnung des
Selbstsüchtigen in dieser Liebe bethätigen will. Aber es ist die Verirrung der Kirche, nicht die Verirrung des Einzelnen, die sich hier darstellt. Nicht immer freilich ohne nachfolgende Reue wird das Recht
der Natur einem vermeinten Dienste Gottes zum Opfer gebracht. Als
Agnes von Wangen mit Willen ihres Gemahls in Katharinenthal den
Schleier genommen hatte, fühlte der Gatte Reue über die gegebene
Einwilligung und auch sie wurde, als sie das hörte, von grosser Betrübniss erfasst. Vor 'dem Bilde Mariens sucht sie Trost, und er, der
Ritter, findet für seinen Schmerz eine Milderung, indem er wenigstens
in ihrer Nähe lebt. „Er kam auf unsern Hof, und lebte gar tugendlich
bis an sein Ende."

Bei dieser Richtung der Zeit bevölkerten sich denn auch die Klöster in rascher Weise und wurden neue in grosser Zahl gegründet. In Freiburg hatten die Dominikanerinnen ausser Adelhausen (1236) bald noch drei andere Klöster ihres Ordens, St. Agnes seit 1264, St. Katharina seit 1292, das der Büsserinnen zu St. Magdalena seit 1303.[1] In Oetenbach war die Zahl der Schwestern bis zum J. 1285 schon bis auf 120 gestiegen. Die Klausnerin Liutgard bei Oberwolfach vernahm „wie von des Priesters Händen aus der Oblate eine Stimme mit bescheidenen Worten zu ihr sprach: Du sollst ein Haus bauen und sollst 33 Menschen zu dir nehmen, in aller der Meinung, als ich 33 Jahr auf Erdreich war". So entstand 1323 das Clarissenkloster Wittichen auf dem Schwarzwald. Noch zu Lebzeiten der Liutgard hatte sich die anfängliche Zahl mehr als verdoppelt.[2]

In all den genannten Klöstern treffen wir Schwestern, denen es um mehr als fromme Empfindungen, denen es um dauernde Gewissheit und tiefere Erkenntniss zu thun ist. Nicht gerade selten lesen wir von Glaubenszweifeln, von Zweifeln an der Unsterblichkeit der Seele oder an der kirchlichen Lehre über das Wesen Gottes, oder von Anfechtungen solcher, die sich wie Ida von Hutwil oder Jützi Schulteiss für ewig verloren halten. Aber sie ringen sich dann auch wieder zu einer Gewissheit und Sicherheit des Glaubens durch, welche unabhängig von der Empfindung und jeglicher äusseren Stütze auf der Kraft des Wortes von der Liebe Christi ruht. Jene Zweifel, mit denen sich Ida von Hutwil lange quälte, wurden ihr genommen; Zeiten der Erhebung, des Schauens kamen für sie — auch diese schwanden wieder, „die Freude begann sich zu mindern, aber die Sicherheit verlor sie nie".

In allen der genannten Klöster sind Visionen, vermeinte göttliche Offenbarungen eine gewöhnliche Erscheinung. Es ist vorherrschend der Erlöser selbst, in dessen Leiden die Schwestern sich versenken, dessen Gestalt sie zu sehen, dessen Stimme sie zu hören meinen. Bei manchen ist es ein erregtes Traumleben, in das sich die Gedanken des wachen Zustandes fortsetzen, das ihnen nach Art des Traumes die eigenen Gedanken und Wünsche in der Form der gegenübertretenden Erscheinung bringt. Bei andern ist es die Macht der religiösen Empfindung, welche die Seele über das Sinnenleben hinausrückt und den ekstatischen Zu-

---

1) Geschichte der vorderösterr. Staaten. St. Blasien 1790. Thl. I, S. 628.
2) s. das Leben der Liutgard von ihrem Beichtiger Berthold von Bombach beschrieben. Bei Mone, Quellensamml. z. bad. Landesgesch. III.

stand herrorruft. Unter solcher Voraussetzung und unter den Einflüssen
aufregender Zeitereignisse kommt es dann hie und da auch zur Voraus-
sagung grosser öffentlicher Heimsuchungen.

In ihrem Buche von der Gnaden Ueberlast hat Christina Ebner
über das Leben von etwa 50 Schwestern aus der Zeit vor dem Jahre 1310
Mittheilungen gemacht. Sie bieten weniger Bemerkenswerthes dar als
die gleichartigen Mittheilungen aus den Schweizerklöstern; aber sie be-
stätigen die früher gemachte Bemerkung, wie bald man anfing, ekstatische Zustände nicht als Ausnahmen, sondern als ein von allen zu er-
strebendes Ziel anzusehen. Es sei selten gewesen, sagt Christine von
den ersten Schwestern, dass nicht etliche sinnlos wurden und als die
Todten lagen, wenn die Meisterin über Tische vorlas oder sie sonst das
Wort süssiglich hörten oder beteten. Nur einer, so bemerkt sie, habe
Gott keine besondere Gnade gethan und sie sei nicht verzückt worden,
wie wohl sie doch ein heiliger Mensch gewesen sei. Aehnlich ist es
anderwärts. „Darnach gegen Martinstag, so heisst es in der *Vita* der
Liutgard von Wittichen, wurden sie alle voll Gnad. Wenn sie bei
einander waren und von Gott redeten, da wurden sie so voll Gnad,
dass sie lachten und gar fröhlich wurden von göttlicher Minne, dass sie
recht thaten, als ob sie ihre Sinne verloren hätten und sprungen und
sungen; eine lachte, die andere weinte, die dritte schrie mit lauter
Stimme, etliche schwiegen, und wer sie hätte gesehen, der hätte ge-
wähnt, dass sie trunken wären — der Verfasser der *Vita*, Berthold von
Bombach, erinnert an die Jünger beim Pfingstfest — und das hatten
ihrer etliche lang vorhergesagt, wie Gott ihnen seine Gnade senden
wollte, dass sie in rechtem Jubiliren würden verzückt bis an den 15. Tag
und geschah auch das in derselben Zeit."

Wir gehen nach diesem mehr allgemeinen Ueberblick nun daran,
einige der Persönlichkeiten, von denen uns diese *Vitae* berichten, näher
in's Auge zu fassen.

3. Jützi Schultheiss.

Jützi Schultheiss von Töss, welche um 1300 gelebt hat, unterscheidet in ihrem religiösen Leben zwei Perioden, eine siebenjährige
des Schauens, und eine dieser folgende, da sie 27 Jahre lang vornehmlich auf den Glauben gewiesen war und jener Gnadenoffenbarungen
meistentheils entbehrte. Als die natürlichen Voraussetzungen für jene

Zeit des Schauens ergeben sich nach den Mittheilungen der Stagel
korperliche Schwäche und eine grosse Fähigkeit der Mitempfindung für
fremde Leiden und Freuden. „Sie hatte auch von Minne", sagt die
Stagel, „so ein mitleidig Herz, so ein Mensch zu ihr kam mit Liebe oder
mit Leide, so weinet sie mit ihm wie ein Kind." Jene siebenjährige
Periode begann mit einer Krankheit (es ist nicht gesagt welcher) und
„Hartigkeit" zum Gebet und zu anderen Pflichten. Auf den Rath einer
Schwester betet sie täglich 15 Paternoster Jesu Leiden zu Ehren. Dieses
Leiden ist denn auch der Gegenstand ihrer Betrachtungen. Darüber wird
allmählich ihre „Hartigkeit" in grosse Süssigkeit verwandelt und nun
betet sie mit Begierde alle Tage 60 Paternoster und 60 *Laudate domi-
num omnes gentes* und 60 *Gloria patri* mit Betrachtung der Marter
des Herrn. Dabei wurde ihr so wohl, dass sie meinte sterben zu müssen.
Die Furcht, es möchte die Hingabe an den Schmerz bei der Pflicht, die
sie für ihre Selbsterhaltung hatte, nicht recht sein, redete ihr Hugo,
ihr Beichtiger (in den Jahren 1300—1303 Provinzial von Deutschland)
aus. Stürbe sie vor Minne, meinte er, so wolle er das vor Gott verantworten. Mit Eintritt der Fastenzeit, „da man das Hallelujah hinlegt",
gesellt sich zu dem Verlangen mit Christus zu leiden, zu dem Genuss
des Versenktseins in dies Leid, die Anfechtung, dass sie bestimmt
glaubte, von dem Schauen Gottes für immer ausgeschlossen zu sein.
Aber ihr Ernst, dem Herrn zu dienen, wird dadurch nicht erschüttert.
Mit übermässiger Anstrengung, da zu ihrer Krankheit noch ein Fieber
hinzugetreten war, suchte sie eines Tages die gewohnte Zahl ihrer Gebete zu erfüllen, als sie plötzlich eine Stimme zu vernehmen glaubt:
Du sollst ruhen und sollst mich dich lassen weisen, was du bitten sollst.
Sie fürchtet eine Täuschung, hört aber wiederholt die Stimme und
empfängt die Weisung: Du sollst bitten um deine vergessene, ungesagte
und unerkannte Sünde, und sollst bitten, dass du Ein Ding mit ihm
werdest, wie Er und der Vater Ein Ding war, ehe er Mensch wurde;
und sollst bitten, dass nimmer kein Mittel zwischen dir und dem Vater
werde, und dass Christus deine Speise werde und in dich komme, und
dass er selbst zu deinem Ende komme.

So hört sie also, indem sie sich quält, die selbsterwählte äussere
Leistung zu vollbringen, und fürchtet dereinst nicht vor Gottes Angesicht zu kommen, das befreiende milde Wort: Du sollst ruhen, und die
Weisung: Bitte um Vergebung deiner unerkannten Sünde und um
dauernde unmittelbare Gemeinschaft mit dem Erlöser. Hierin erkennt
sie den rechten Weg und findet Frieden. Ein himmlischer Gesang, den

sie zu vernehmen glaubt, macht sie gewiss, dass jene Stimme von Gott sei.
Es ist der Wiederklang ihres eigenen zur Harmonie gekommenen Gemüthe.
    Ihr Leben ist nun sieben Jahre lang ein Leben inneren Schauens.
„Wie oft sie in's Himmelreich kam, oder wie es geschah, dass sie solche
Wunder lauterlich sah, das weiss sie nicht. Gott weiss es." Sie litt
in diesen Momenten körperliche Schmerzen und ihr natürlicher Wille
zog sie deshalb aus der Ekstase zurück. Sie hatte also einiger Massen
ein Bewusstsein ihres ekstatischen Zustandes: „Einmal im Sommer ging
sie in den Baumgarten und sah die Sonne an mit Andacht ihres Herzens
und in einem Augenblick da bekannte sie und begriff Gottes so viel
hätte es länger gewährt um einen Punkt, sie wäre an der Stätte zer-
sprungen; aber sie zog ihre Sinne (ihren inneren Sinn) mit all ihren
Kräften zurück; denn ihr ward so weh, dass sie sprach, dass ihr keine
Gnade ihre Kräfte jemals so sehr benahm, dass sie nicht dennoch leiblich Verständniss gehabt hätte."

    Was sind nun aber die Dinge, die sie zu schauen wünschte und zu
schauen glaubte? Sie sind von Interesse, weil sie zeigen, welche
Fragen den religiösen Sinn auch unter den Frauen beschäftigten. Es
ist die Menschwerdung Christi, die Liebe, die ihn dazu trieb, die Art
der Vereinigung der Gläubigen mit ihm, der Rückfluss der Gnaden-
gaben an Gott bei dem Tode, die Absicht Gottes mit dem alten und
neuen Bunde, die Einheit des Menschengeschlechts, Gottes Gegenwart
in allen Dingen, des Erlösers Gottheit und Menschheit, das Wesen der
Ewigkeit und Ueberräumlichkeit, die ewige Geburt des Sohnes, die
Grösse der Sterne u. s. w. Alles das, was in abstracten Begriffen bisher
in ihrem Geiste stand, wünscht sie und glaubt sie nun unmittelbar, in-
tuitiv, „eigentlich zu erkennen, so lauter wie nach diesem Leben";
es sei eine Erkenntniss gewesen, meint die Stagel, besser als sie alle
Meister haben, eine Erkenntniss gleich den Engeln. In der Abspannung,
welche nach der Aufregung bei diesen Visionen eintrat, blieb ihr nur
noch eine dunkle Erinnerung und das Gefühl der Ohnmacht, das auszu-
sprechen, was sie geschaut hatte.

    Ob Eckhart auf sie Einfluss geübt, lässt sich nicht ermitteln, da
die Ausdrücke, welche auf seinen Einfluss zu deuten scheinen, auch auf
Rechnung der erzählenden Elisabeth Stagel kommen können. „Sie
schauete auch lauterlich und erkannte wie der Sohn geboren ward
ewiglich von dem Vater; und dass alle die Freude und Wonne, die da
ist, liegt an der ewigen Geburt. Wie sie weiter (für) kam in das ewige
Wesen Gottes, davon konnte sie nicht mehr sagen, wusste davon auch

nichts, denn sie verlor sich selber da so gar, dass sie nicht wusste, ob
sie ein Mensch war."

Mit den Erhebungen ihres Gemüths wechselten schwere Anfechtungen. Als sie einst wieder um solche hohe Erkenntnisse bat,
hörte sie eine Stimme fragen: Was weisst du, ob dich Gott dazu erwählet hat? Da befiel sie der Gedanke, dass sie schnöder sei als ein
Wurm und an sich nichts hätte denn Sünde und der Hölle würdiges. Und
sie suchte diesem inneren Gerichte nicht zu entfliehen. „Sie setzte sich
da in ein ewig Bleiben", bis die innere Stimme sie an jene zu erbittende
Einheit mit Christus mahnte, d. h. Ein Wille und Eine Minne mit ihm
zu werden. „Da kam sie in ein stetes Bleiben, heisst es, und vereinte
ihren Willen mit ihm."

Von weiterem Interesse ist, was über das Ende dieser Periode
ihres Schauens berichtet wird. Es ist, als ob ein Gefühl, dass die
Grenze des dem Menschen hienieden Zustehenden mit jenem Verlangen
überschritten werde, sie erfasst hätte. Als nämlich gegen das Ende
jener sieben Jahre die visionären Zustände aufzuhören anfingen, und
sie voll Jammers und Sehnsucht darnach wurde, rieth ihr der Provinzial
Hugo, ihr Beichtiger, und zwar diesmal besser als früher, du sollst Gottes in
allen Dingen sein und dir lassen thun Saures und Süsses wie er will.
Indem sie nun diesem Worte zu folgen bemüht war so viel sie mochte,
ihre Sehnsucht aber noch immer nach der Rückkehr jener Zustände
ging, da vernahm sie eine Stimme: „Du sollst alles dein Leben richten
nach dem Glauben und sollst wissen, das ist das Allersicherste und das
Beste". Und da, so berichtet die Erzählerin weiter, erkannte sie lauterlich, dass der Glaube grösser ist als die Sicherheit und die Schauung,
die sie hätte gehabt, und da richtete sie alles ihr Leben nach dem
Glauben, und also hat sie 27 Jahre vertrieben, dass sie auf den Glauben
wirkte, und übte viel, das doch war über ihre Kraft, und auch gar ohne
allen menschlichen Trost.

So findet ihr Ringen und Dürsten nach Gott unter der verborgenen Zucht des Geistes in einem Glauben seinen Abschluss, der gewisse
Zuversicht ist des, das man hoffet, ein zweifelloses Stehen auf Dingen,
die den Sinnen (auch den inneren) sich nicht zu schauen geben.

Dem streng von der Welt abgewendeten Leben lag die Ver-
suchung nahe, über solche, welche von dem Geiste der Welt sich
treiben liessen, mit Strenge zu urtheilen. Aber gerade bei den der
mystischen ¡Richtung Angehörigen zeigt sich ein milder evangelischer
Geist. Als nach dem Kampfe bei Winterthur (1292) ein Turnier nach

Zürich angesagt wurde, fürchtete man von demselben ein Wiederauf
lodern des Hasses der kaum versöhnten Feinde. Eine Schwester for
derte Jützi auf, für die zum Turnier Ziehenden zu beten, aber diese
meinte, sie habe genug gebetet und wolle mit dem Muthwillen der
unverbesserlichen Ritterschaft nicht weiter bekümmert sein. Bald
darauf glaubt sie beim Gebet eine Stimme zu vernehmen: Alles was
Gott je mit dir wirkte, das ist sein und nicht dein. Sie fühlte sich
dabei so arm und bloss, dass sie, als sie vor Scham hinter sich treten
wollte, alles Erdreichs nicht so viel hatte, den Fuss darauf zu setzen.
Die Stimme liess nicht ab, ihr vorzuhalten, was sie zur Demuth und
Milde des Urtheils führen konnte: Du hattest gute Gesellschaft, das
haben sie nicht. Du hast zu allen Zeiten gute Bildung und Lehre, das
haben sie nicht. Du hast Gott, wenn du willst, das haben sie nicht. Er
ist ihnen gar fremde, denn einer ziehet den andern zur Sünde. Da
ward sie noch mehr verzückt in sich selber und sah den Erlöser. „Wie
minniglich sie da sein Antlitz sah, das mögen alle Zungen nicht zu
Worte bringen." Sie erkannte da die grosse Minne, die er zu dem
Menschen hat.

So wird auch hier der Geist ihres religiösen Lebens über die Ver
suchung mächtig und ihr gegenständlich. Es ist der Geist der Liebe,
die nicht richtet.

4. Anna von Ramswag.

Von dem Kloster Katharinenthal bei Diessenhoven heben wir
Anna von Ramswag [1] hervor, die nach der Art, wie von ihr berichtet
wird, unter den Schwestern in hohem Ansehn muss gestanden sein; die
Schwestern wussten wunderbare Dinge von ihr zu sagen, auf die wir
hier nicht weiter eingehen. Auch bei ihr scheint der Sinn auf höhere
Erkenntniss gerichtet gewesen zu sein. Sie erregt unser Interesse
durch ihre Begegnung mit Eckhart. Als dieser einst nach Diessenhoven
kam, kommt Anna heimlich zu ihm an das Beichtfenster, ihm drei

1) Nach Kopp, Eidgenössische Bünde V. 1, 338 gibt Frau Anna von
Sax ihren letzten Willen zu Gunsten ihres Sohnes dem Johann von
Ramswag, Herrn zu Kemnat. Nach Reg. Bocc. VI. 300 wird als Zeuge
im J. 1329 ein Herr Ulrich von Ramswag genannt.

Fragen vorzulegen. Die erste betraf ihre Hingenommenheit von dem Leiden Christi, das ähnlicher Art war wie bei Jützi Schultheiss. Sie hatte in der Fastenzeit des Herrn Leiden also mit ihrer Betrachtung durchgangen und „seiner Minne Wunden mit ihrer Minne so tief in sich gezogen, dass ihr alle ihre Kräfte davon gebrachen". Das zweite, worüber sie Eckharts Rath suchte, war ein Gebet, das sie um die Osterzeit gethan. Des Wortes des auferstandenen Christus gedenkend: Mir ist gegeben alle Gewalt im Himmel und auf Erden, hatte sie auch um solche Gewalt gebeten. Die dritte Frage betraf den Ausfluss aller Creaturen aus Gott. Als sie im Maimonat die Bäume lustig blühen und grünen sah und ihre Betrachtung auf die Creaturen lenkte, da hatte sie darüber nach gedacht, wie alle Dinge ausgeflossen seien und ihr Wesen von Gott empfangen hätten. Bis zum Tode verschwieg sie die Fragen, die sie dem Meister vorgelegt. Erst da offenbart sie es der Schwester, deren Bericht wir haben. Sie begrüsst den Tod, weil er sie zum Begreifen jener Dinge führen werde. Wie Eckhart sie belehrt habe, ist nicht gesagt.

5. Elisabeth von Beggenhofen.

Auch Elisabeth von Beggenhofen in Kloster Oetenbach bei Zürich hat sich bei Eckhart Weisung und Rath erbeten. Sie hatte mit andern Schwestern zu gemeinsamer Kasteiung sich verbunden, aber Gott ihr zu erkennen gegeben, dass er solches von ihr nicht wolle. Ihr wurden dann innerliche Leiden, geistliche Anfechtungen, „so unermesslich, dass sie dieselben zum Theil gar nicht aussprechen konnte". Die Beichtiger und Prediger, denen sie ihre Noth vorlegte, wussten ihr keinen Rath, der ihr geholfen hätte, bis sie einmal Meister Eckhart ihre Leiden klagte. Der sprach: „Da gehört keine zeitliche Weisheit zu. Es ist ein lauteres Gotteswerk. Da hilft nichts für, denn dass man sich in einer freien Gelassenheit der Treue Gottes befehle", und sie empfand, heisst es, dass dem also war.

Sie scheint vieles in jenen Anfechtungen für Wirklichkeit gehalten zu haben, was ihre Phantasie im Traume dazu gegeben hatte. Sie fühlt sich in ihrem Bette vom Teufel wie an einem Seile im Kreise umhergeschwungen, dann „dünkte sie", dass er sie über's Meer führe,

bis sie zuletzt das Bewusstsein verlor u. s. w. Bei einem guten Theil
derartiger Erzählungen verräth die naive Treue der Darstellung selbst,
wie geneigt man war, Traum und Wirklichkeit oder Kräfte der eigenen
Natur mit übernatürlichen zu verwechseln.

6. Ida von Hutwyl.

Ida, eine der Oetenbacher Schwestern, sieht bei ihrer Betrachtung
des Leidens Christi aus den Wunden seines Herzens ein Licht leuchten,
das war so gross in ihm selber, dass sie des Feuers Flammen nicht zu
Ende mochte sehen „weder über sich noch in sich noch neben sich".
Sie glaubte also dieses Licht auch in sich zu sehen. „Und das Licht,
das von seinem Herzen leuchtete, das schien über sie, dass sie darinnen
stand, und sie empfing so viel göttlicher Süssigkeit, Weisheit und
Freude, dass sie nicht mehr mochte empfahen." Dies Licht „ging ihren
Leib nicht an", sie sah ihn „da zu gegen stan" (getrennt davon). Sie
sah aber „ein Bild in ihr, das dies Wunder empfing und sie empfand
wohl, dass es ihre Seele war." Während dieses Licht in ihr leuchtete,
war sie nicht bei gewöhnlichem Bewusstsein. Sie sah in diesem Lichte
stehend göttliche Geheimnisse. Einmal stand der Herr „in ihr". Und
das Licht, das von ihm ausging, fiel in jenes Bild (ihre Seele). Wenn
sie dann der Marter des Herrn gedachte, so schienen ihr „die Lichter"
in der Seele Augen, dass „sie nicht mochte gedenken als was sie sah;
und ward hierinnen etwenn also geeinigt, dass sie nicht wusste, ob es
unser Herr war oder ihre Seele, und wenn sie dies ansah, so zog
es sie auf ohne allen Schaden" (das Licht entrückte ihre Seele ihrem
Willen). Vergleichen wir diese Darstellung mit früherem, so deuten
auch diese Aussagen auf eine Lichtkraft der Seele hin, in welcher die
von der Erinnerung oder dem Vorstellungsvermögen erfassten Dinge
licht und offenbar werden. Die gesteigerte Lichtkraft bewirkt ein
deutlicheres Schauen. Das geschaute Object scheint die Quelle dieses
Lichtes selbst zu sein, die Seele das Empfangende; aber in Wirklichkeit ist es umgekehrt. Die Seele in erregtem Zustande strahlt das ihr
innewohnende Licht nur in verstärktem Masse aus. Eine Verwechslung deuten die Aussagen der Ida selbst an, wenn es da heisst, „sie

wusste nicht, ob es der Herr war oder ihre Seele". (Vgl. Eckhart's Auffassung derartiger Dinge I, 418.)

.

7. Elisabeth Eyke.

Auch von ihr wird wie von der Anna von Ramswag und Elisabeth von Beggenhofen berichtet, dass sie mit Eckhart verkehrt habe. Nach dem Zeugniss J. Meyer's[1] ist sie Eckhart besonders nahe gestanden. Sie lebte wie die beiden vorhergehenden Schwestern in Kloster Oetenbach. Ihre deutsch geschriebenen Aufzeichnungen über ihr eigenes Leben scheinen bis jetzt nicht wieder aufgefunden zu sein. Meyer erwähnt, wie hoch und schwerverständlich gewesen sei, was sie von göttlichen Dingen geschrieben habe. Nach dem, was die Nürnberger Handschrift im Leben der Schwestern von Oetenbach über sie enthält,[2] ruht auch bei ihr das ekstatische Leben auf der strengsten Askese. Es wird berichtet, dass sie ihren Leib auf alle Weise mit spitzen Nägeln, eisernen Kreuzen und grossen Geisselschlägen geschwächt habe. Sie lebte 50 Jahre im Orden.

———

8. Katharina von Gebweiler.

Sie hat in gewandtem Latein, das die Bewunderung ihrer Zeitgenossen erregte, verschiedene Schriften verfasst, die in Deutschland und Italien Verbreitung fanden.[3] Ihrer Schrift von dem Leben der Schwestern zu Unterlinden bei Colmar[4] haben wir bereits gedacht und Einiges ihr auch entnommen. Sie trat mit Venturini in Verkehr und dieser hat

---

1) *Cod. Lips. 1546.* Ordenschronik vom J. 1455.
2) Eine kurze Schilderung von ihr auch bei Pez VIII, 446, wo bemerkt ist, dass sich ihre Schriften in der Freiburger Karthause fänden. Ihre Zeit ist da fälschlich um das Jahr 1200 gesetzt.
3) Joh. Meyer, Ordenschronik vom J. 1455.
4) Pez, *Bibl. asc. VIII.*

mehrere Briefe[1] sowie eine Schrift von den Gaben des heiligen Geistes an sie gerichtet. In einem dieser Briefe zeichnet er das geistige Leben, das er bei den Schwestern in Colmar erwartet und das sein Brief anregen und stärken will. Er schreibt: Eurem Verlangen willfahrend schreibe ich euch, der arme Venturini, der so gerne dessen Nachfolger und Sohn wäre, den ihr zum Vater habt, des seligen Dominikus. Und was soll ich zum Heile euch wünschen, als dass der Urheber alles Heils, der süsse Jesus, euerem Geiste so von Grund aus innewohne, dass er, der durch sein Blut euch erkauft, allein euer Herz besitze. Er allein sei euch im Herzen und sei euch so süsse, dass alle Süssigkeit der Welt euch bitter schmecke und unter der Gluth seiner Liebe alle Bitterkeit euch süss erscheine. O glücklich die Seele, deren Schritte also haften auf dem Wege der Gebote des Allerhöchsten, dass sie nichts weiss ausser Christus, nichts fürchtet oder liebt als Christus Jesus und zwar den Gekreuzigten, nichts will hören oder reden als was durch den allerhöchsten Namen Jesus versüsst ist; glücklich die Seele, der Jesus im Ohre ein süsser Gesang, im Munde ein wundersamer Honig, im Herzen ein Himmelstrank, ja Honig im Munde, Liedesklang im Ohr, Jubel im Herzen ist. Wohlan denn, Christi Braut, gib ganz dich dem, der sich ganz für dich gegeben, ich sage dem, der geboren ward, um dein Gefährte, der Speise nahm um deine Speise, der gestorben ist um deine Sühne, und der die Herrschaft gewonnen, um dein Lohn zu sein. Wirf darum alles hin, um den zu gewinnen, in dem du alles hast![2] Die Briefe sind um das Jahr 1338 nach Colmar geschrieben. Wir werden unten noch einmal darauf zurückkommen.

---

9. Elisabeth Stagel.

Es ist von Interesse zu sehen, wie dieselbe Mahnung, welche Venturini den Schwestern zu Unterlinden an's Herz legt, im Munde Suso's sich gestaltet. Einer seiner Briefe sagt:[3] Daran liegt das Höchste, das wir in der Zeit mögen haben, dass wir oft an das göttliche

---

1) Bei Quétif und Echard s. t. Venturini und Cod. Erlang. Nr. 395. 4°. 14 sc.

2) Cod. Erl. f. 135.

3) In meiner Ausgabe der Briefe Suso's, Br. XXVI. S. 89.

Lieb gedenken, nach ihm das Herz oft aussenden, oft von ihm reden, seine minniglichen Worte in uns nehmen, um seinetwillen alle Dinge lassen und thun, niemand als ihn allein meinen. Das Auge soll ihn minniglich anblicken, das Ohr sich zu seiner Meinung aufbieten, Herz, Sinn und Muth ihn minniglich umfangen. So wir ihn erzürnen, so sollen wir ihn anflehen, so er uns übet, so sollen wir ihn leiden, so er sich birgt, so sollen wir das geminnte Lieb suchen, und nimmer ablassen, bis wir ihn stets von neuem finden; so wir ihn finden, so sollen wir ihn zärtlich und würdiglich behalten. Wir stehen oder wir gehen, wir essen oder wir trinken, so soll allewege die goldne Spange Jesus auf unserem Herzen gezeichnet sein. Suso redet ungekünstelter als Venturini. Er hat nur die Sache im Auge, Venturini auch die Form. Der gleiche Gedanke: „Jesus dein alles" stellt sich bei Suso in grösserer Mannigfaltigkeit der Anwendung dar und mit praktischerer Verwerthung. Die Nonne, an welche dieser Brief gerichtet ist, ist Elisabeth Stagel, aus einem adeligen Geschlecht in Zürich stammend und seit etwa 1337 Klosterschwester zu Töss. Sie war noch jung, als sie in's Kloster trat und der Welt auf diese Weise entsagte, aber sie that es mit kräftiger Entschlossenheit, bereit durch schwerste Entsagung und allerlei Leiden zu gehen, um Gott zu gewinnen. Noch ehe sie mit Suso bekannt wurde, hatte sie sich Auszüge aus Eckhart's Schriften gemacht, „aus der süssen Lehre des heiligen Meisters Eckhart", wie Suso sagt. Es waren die höchsten speculativen Fragen des Meisters, die sie anzogen. Sehr wahrscheinlich bei einem Besuche Suso's in Töss lernte sie das tief und zart empfindende Gemüth und den idealen Geist dieses Mannes schätzen und lieben. Sie bat ihn, dass er ihr geistlicher Führer werde. Da Suso nur von Zeit zu Zeit kommen konnte, so wurde ein fleissiger brieflicher Verkehr eingeleitet und bald ist sie des weisen Führers willigste Schülerin und begeisterte Verehrerin. Sofort bescheidet sie sich, als Suso nicht gleich darauf eingehen will, jene hohen speculativen Fragen mit ihr zu besprechen, weil er nichts hält von einer auch noch so hohen Beschäftigung des Geistes, wenn sie nicht ihre besten Erkenntnisse auf dem Wege des inneren Erlebnisses gewinnt. Dieser Weg aber ist der Weg der Demuth, der Selbstverleugnung, der Busse. Es soll alles innerlich erstritten und erarbeitet sein. Als Suso sie mahnt, ihren Weg zu beginnen mit einer umfassenden Beichte, da will sie, dass er, der entfernt wohnende, selbst ihr Beichtiger werde; sie schreibt ihr Sündenbekenntniss auf eine grosse wächserne Tafel und sendet es ihm. Am Schlusse standen die Worte: „Mein

gnädiger Herr, nun falle ich sündiger Mensch vor euere Füsse und bitte
euch, dass ihr mit euerem getreuen Herzen mich wiederbringet in das
göttliche Herz und dass ich euer Kind heisse in Zeit und Ewigkeit".
Ergriffen durch solches herzliche Vertrauen und im Gebet und durch
ein Traumgesicht gewiss geworden, ist er ihr auch in diesem Wunsche
zu willen, und gibt ihr nun eine Weisung, den natürlichen fleischlichen
Sinn zu brechen, in Sprüchen der Altväter, wie er sie selbst sich einst
zusammengestellt und in seiner Kapelle zugleich mit entsprechenden
Bildern hatte anbringen lassen. Sie verkennt aber die Absicht ihres
Meisters und meint mit schwerer leiblicher Selbstpeinigung es den Alt-
vättern nachthun zu müssen. Sie quälte sich „mit härenen Hemden,
mit Seilen und gräulichen Banden, mit scharfen eisernen Nägeln". Als
Suso mit der Zeit dessen inne wurde, schrieb er ihr: Liebe Tochter,
willst du dein geistliches Leben nach meiner Lehre richten, so lass
solche Strenge unterwegs, weil es deiner fraulichen Schwachheit und
wohlgeordneten Natur nicht zugehört. Der liebe Jesus sprach nicht:
Nehmet mein Kreuz auf euch; er sprach: jeder Mensch nehme sein
Kreuz auf sich. Du sollst nicht darauf sehen, zu befolgen der Altväter
Strenge und die harten Uebungen deines geistlichen Vaters; du sollst
aus alle dem nur das nehmen was du mit deinem schwachen Leibe wohl
erreichen magst, dass die Untugend in dir sterbe und du mit dem Leibe
lange lebest. Er weist sie darauf hin, dass Gott auf mancherlei Weise
wolle gelobt werden; was dem einen Menschen füge, füge dem andern
nicht. Ein jeder Mensch solle auf sich selbst sehen und merken was
Gott von ihm haben wolle und dem genug sein. In der Regel sei es
besser eine mässige Strenge üben, denn übermässige; lieber ein wenig
unter der Mitte bleiben, als darüber hinausgehen; denn es geschehe oft,
wenn man der Natur zu viel unordentlich abbreche, dass man ihr
darnach auch zuviel müsse unordentlich wiedergeben. Suso spricht ihr
die Vermuthung aus, dass Gott sie mit andern als selbsterwähltem
Leiden üben werde. Und nach nicht langer Zeit wurde Elisabeth denn
auch von Krankheit befallen, unter der sie unausgesetzt bis zum Tode
zu leiden hatte. Suso hat in dieser Zeit seines Trost- und Lehramts
reichlich gewartet. Und wenn auch vieles von dem, was die letzten
Kapitel seiner *Vita* als an sie gerichtete Erzählung und Lehre bringen,
von Suso nur mit ihrem Namen äusserlich verknüpft ist, so kann doch
kein Zweifel sein, dass auch die hohen speculativen Fragen, welche
Elisabeth beim Beginn ihrer Bekanntschaft mit Suso beschäftigten,
wieder aufgenommen worden sind, als jene Entwicklung im sittlichen

und religiösen Leben der Elisabeth, welche Suso als Vorbedingung gefordert und durch seine Unterweisungen herbeizuführen gesucht hatte, eingetreten war.

Elisabeth hatte Suso's Leben sich zum Vorbilde genommen, seiner Lehre den Vorzug vor aller andern gegeben. Sie mahnt ihn, die geistliche Speise für sie nicht zu ferne zu suchen, sondern sie aus sich selber zu greifen, wie auch der Pelikan sich selber beisse und seine jungen Kinder füttere mit dem eigenen Blut. Je mehr das, was er ihr sage, aus seinem eigenen Leben quelle, um so empfindlicher sei es ihrer begierigen Seele. Unter der Menge geistlicher Töchter, denen Suso hin und her in den Klöstern ein Führer geworden ist, steht sie an Begeisterung für ihn, aber auch an Verständniss seiner Lehre unbedingt oben an. Es charakterisirt ihre schwärmerische Verehrung für ihn, wenn sie unzähligemal mit rother Seide den Namen Jesus auf weisse Tüchlein näht, damit Suso sie auf sein blosses Herz lege, wo er in der Jugend den Namen Jesus eingeschnitten hatte, damit sie dieselbe von seinem Segen begleitet an alle die geistlichen Kinder senden könne, die er hatte. Aber sie ist ihm auch eine Gehilfin mit ihrem Gebet in seinen mannigfaltigen Leiden, mit ihren Gaben und Kenntnissen in seinen Arbeiten. Das in seiner Art einzige Lebensbild, das wir von Suso haben, verdanken wir ihrer Begeisterung für ihn. Sie hatte, was er ihr von seinem Leben erzählt hatte, heimlich aufgeschrieben, für sich selbst und andere zum Gebrauche. Als Suso „dieses geistlichen Diebstahls" inne wurde, da tadelte er sie deshalb, und er verbrannte, was sie ihm ausgeliefert hatte; dann drang er auch auf den übrigen Theil der Schrift: aber eine Vision hinderte ihn, diese gleichfalls zu verbrennen. Diese also erhaltene Aufzeichnung der Stagel bildet den Haupttheil der Lebensbeschreibung Suso's. Nach ihrem Tode hat er sie ergänzt und so zur Veröffentlichung bestimmt.

Auch die zahlreichen Briefe, welche Suso an sie und viele seiner geistlichen Töchter geschrieben, sammelte sie und stellte sie zu einem Briefbuche zusammen. Aus dieser Sammlung hat Suso nach ihrem Tode ein grösseres und ein kleineres Briefbuch veröffentlicht. Auch um die Verbreitung seiner Schriften war sie bemüht durch Abschreiben derselben. Sprüche, welche Suso in lateinischer Sprache verfasst hatte zur Erläuterung der Bilder, mit denen er seine Kapelle hatte ausmalen lassen, sind von ihr in deutsche Verse übersetzt und in dieser Gestalt von Suso später verschiedenen Exemplaren des Briefbuchs beigegeben worden. Das Leben früherer oder auch gleichzeitiger Schwestern in Töss hat sie in einer Reihe von kleineren Lebensbildern entworfen, die Zeugniss ablegen, wie hoch sie selbst im geistlichen Leben stand, und wie geschickt sie zugleich für die Darstellung der Vorgänge desselben war. Ihr Tod ist um das Jahr 1350 zu setzen.[1]

10. Christina Ebner.

Christina Ebner stammt aus der Nürnberger Patrizierfamilie der Ebner und ist am Charfreitag 1277 zu Nürnberg geboren. Noch ehe sie geboren war, hatte die Mutter sie dem Herrn gelobt. Um ihres Geburtstages willen nannten sie die Eltern Christina. Von der Mutter berichtet später die Tochter, dass sie kurz nachdem sie Christina geboren, verzückt worden sei. Auch von ihrem Vater redet sie in einer Weise, dass wir sehen, es war nicht bloss die Rücksicht auf Versorgung — sie war das zehnte Kind —, um deren willen sie dem Klosterleben bestimmt wurde. Sie selbst hatte die erregbare Natur der Mutter und unter dem Einfluss der Eltern entwickelte sich ausserordentlich frühe der Wille, Gott in besonderer Weise zu dienen. „Wann kommt der Tag, so ruft sie im 10. Jahre aus, dass ich soll betteln gehn, um Gottes willen?" (vgl. Liutgard v. Wittichen I, 140). Sie gibt von dem Ihren, was sie vermag, den Armen und bescheidet ihre Angehörigen mit den Worten: So bin ich selig, wenn ich arm bin. Mit 12 Jahren kommt sie nach Engelthal, wo schon ihre Schwester Elisabeth Aufnahme gefunden hat. Sie war bis dahin zuerst von einer Frau, dann von einem Priester im Orden der Deutschherrn, Heinrich von Rothenburg, unterrichtet worden. Aus einer ihrer frühesten Visionen, in welcher sich ihr sieben Stufen des mystischen Lebens im Bilde von sieben Jungfrauen darstellen, ersehen wir, dass wohl schon ihr Lehrer sie auf den Weg zum schauenden Leben gewiesen hat. Durch ihn mochte sie mit Schriften der kirchlichen Mystik wie etwa mit den sieben Staffeln des Gebets von David von Augsburg und andern ähnlichen Schriften bekannt worden sein. Gleich der Anfang ihres Klosterlebens ist mit Werken der strengsten Selbstpeinigungen bezeichnet, die

---

1) S. die Einleitung zu meiner Ausgabe der Briefe Suso's S. 19.

bei ihr sich nach und nach bis zur Leidenschaft steigern. Sie versagte sich den Schlaf, lag im blossen Hemd bei grosser Kälte auf harter Erde, schlief auf Nesseln oder schlug sich damit; später trug sie ein härenes Hemd, eine Igelhaut über den Brüsten   unter solchen Selbstabtödtungen steigerte sich die schon von Natur vorhandene Erregbarkeit, die bei der ausschliesslichen Richtung ihrer Liebe auf den leidenden Erlöser und der Abgezogenheit von allem Zerstreuenden für ekstatische Zustände reif wurde. Der Widerstand, den ihren Uebungen die Priorin entgegensetzte, die falschen Deutungen, die man ihrem Eifer gab, die grimmigen Schläge, die sie deshalb erleiden musste, wirkten nicht mässigend sondern fördernd ein. Als sie in ihrem 14. Jahre einst krank auf dem Bette lag und ihre Beichte gethan, wurde sie von solcher Reue erfasst und zugleich von Liebe zu Christus so hingenommen, dass sie, ähnlich wie nachher Suso, mit einem Messer ein Kreuz in die Haut über ihrem Herzen schnitt, wobei sie diese wegriss und das Blut in Menge floss. Auch kam über sie ein Weinen, das wochenlang währte, so dass ihr Gesicht wund wurde. In dieser Zeit beginnt ihr visionäres Leben. Dass diese Zustände parallel mit der Entwicklung ihres physischen Lebens, ihrer weiblichen Natur gingen, und von da aus zum Theil ihre Richtung empfingen, wie sie denn träumte, dass sie mit dem Herrn schwanger gehe, ihn gebäre, säuge: das lässt sich aus ihren mit aller kindlichen Naivetät gegebenen Erzählungen unschwer erkennen. Aber auch äussere Einflüsse sind wahrnehmbar. Dass die Schrift der Mechthild von Hackeborn, vielleicht auch der Mechthild von Magdeburg in Engelthal frühzeitig gekannt waren, scheint aus Visionen, welche uns in der Gnaden Ueberlast erzählt werden, geschlossen werden zu dürfen. Später kam dann die hochdeutsche Uebersetzung der Schrift der letztgenannten Mechthild durch Heinrich von Nördlingen in ihre Hände. Der Tochter von Sion gedenkt sie selbst. Im J. 1317 wird der Dominikaner Konrad von Füssen ihr Beichtiger, und diesem theilt sie jetzt ihre Visionen mit, aus denen sie bisher ein Geheimniss gemacht hatte. Die Aufzeichnungen derselben rühren wahrscheinlich zum grössten Theile von Konrad her. Als dieser 1324 nach Freiburg versetzt worden war, fügt sie selbst noch einige Nachträge hinzu. Dann beschäftigt sie das Leben der verstorbenen visionären Schwestern bis in die vierziger Jahre hinein. Das Büchlein, das sie darüber verfasst hat, ist die bereits erwähnte Schrift „Von der Gnaden Ueberlast". Mit dem Jahre 1344 etwa beginnt eine weitere Reihe von Aufzeichnungen eigener Visionen, die bis in den Anfang der fünfziger

Jahre reichen. Christinens Ansehen ist um diese Zeit nicht bloss im Kloster ein grosses, sondern weit über dasselbe hinaus. Sie hat nach und nach eine Reihe von Klosterämtern. Im Jahre 1345 ist sie Priorin des Klosters, und, wie es scheint, bereits seit längerer Zeit, denn in einem Briefe an Heinrich von Nördlingen, der in das J. 1338 fällt, wird eines Befehls des Raths von Nürnberg in Betreff des Interdicts gedacht, der an sie gerichtet ist. Dieser Brief führt uns mitten in die Wirren der Zeit, deren wir nachher gedenken werden. Heinrich von Nördlingen stand zu Margaretha Ebner in Maria Medingen, die nicht minder als Christina unter den visionären Frauen hervorragend ist, und ebenso zu Suso und Tauler in naher Beziehung. So wirken die Zeitereignisse, da sie auch die Freunde vielfach berühren, auf sie in verstärkter Weise ein und ihre Visionen gewinnen mehrfach einen zeitgeschichtlichen Hintergrund. Doch ehe wir darauf eingehen, ist es nöthig, den religiösen Charakter derselben im allgemeinen zu bestimmen.

Ekstasen pflegen bei ihr nach Ueberspannung ihrer physischen Kräfte sich einzustellen. So hätte sie in einer Krankheit, die sieben Tage dauerte, nachts schlafen sollen; sie versagte sich den Schlaf. Dann empfing sie mit grosser Begierde das heil. Abendmahl, und jetzt folgt eine Zeit von sieben Wochen, da sie täglich in den Vormittagen verzückt war. Sie glaubt da in dem Himmel zu sein, den Herrn zu sehen. Und wenn das nicht war, so lag sie doch „in unaussprechlicher Süssigkeit". In ihrem Alter, im siebzigsten Jahre, kommt ihr die Ekstase wohl auch nach dem Essen. Sie beginnt mit einem „ausbrechenden Jubilus". Dann verlassen sie Sinn und Kräfte, so dass man sie gewöhnlich zu Bette bringen musste.

Ihre Einbildungs- und Empfindungskraft sind gleich stark, und was sie schaut, wirkt dann auf das erregte Blut und Nervenleben wieder steigernd ein. So heisst es, dass ihr zuweilen das Blut wallte wie ein siedender Topf, oder dass ihr Leib von übermässiger Hitze ergriffen wurde, wenn sie die süssen, inneren Reden vernahm, so dass sie die Hitze durch Wasser kühlen musste. Wenn sie bei der Stillmesse war, glaubte sie den Leib Christi im Munde zu empfangen und Honiggeschmack zu fühlen.

Viele ihrer Traumbilder fasst sie als Visionen und Offenbarungen. Sie hat anfangs Bedenken, sie als Wirklichkeit zu nehmen, sie meint, es möchten bloss ihre eigenen Gedanken und Begierden sein (13). Aber „der Herr sagt ihr: du sollst es verstehen als wenn ich es wahrhaftig mit dir redete". Er verweist sie darauf, oder vielmehr es ist ihre eigene

Erinnerung, wie oft den Propheten Offenbarungen in Träumen geworden seien (12).

Was ist nun der Inhalt ihrer Visionen? In jenen sieben Wochen, so heisst es, ward ihr Herz so weise in Gott, dass sie viel wusste von den Leuten, für die sie bat. Sie erfährt, wie viele Seelen durch ihr Gebet aus dem Fegfeuer erlöst werden. Bald sind es 300, bald 50,000 u. s. w. Sie meint den Herrn zu sehen als ein Kind, als einen Mann; sie sieht sich als seine Mutter, seine Pflegerin. Sie fühlt, wie der Herr sich zu ihr neigt, sie umfängt; sie hört, wie er zu Maria und zu den Engeln spricht: das ist euere Schwester um ihrer Reinigkeit willen (14). Dies und ähnliches begegnet uns bei unzähligen andern Visionen. Aber was uns näher interessirt, ist die Art, wie sie ihre Offenbarungen den Offenbarungen der Schrift gegenüber werthet. Sie stellt sie mit denselben nahezu auf gleiche Linie. Wie Paulus Briefe schrieb, davon die Welt gebessert wurde, so soll auch, was sie schreibt, der Besserung dienen, sagt ihr der Herr; was der Herr geredet hat in Weissagungen in fremder Rede, das redet er jetzt in süsser Rede mit Christine. Von Anbeginn der Welt hat er überhaupt wenig Heiligen so viel Gnade erwiesen als ihr; er hat so viele Herzen durch sie entzündet, wie sonst nur durch wenige andere Heilige.

Diese hohe Meinung von der ihr zu Theil gewordenen Gabe ist indes in der Regel mit keiner Ueberschätzung ihrer Tugenden verbunden. Sie weiss nur, dass sie treu dem Herrn anhängt. „Was du von mir Grosses empfangen hast, das hast du nicht verdient, sondern mich hat sein gelüstet. Ich hab es von meiner spielenden Gottheit, dass ich thue, wessen mich lüstet." Der Herr hat sich „ihr Gebrechen nicht irren lassen", er hat ihr „Gutes gethan aus reiner Gnade". Hier spricht sie offenbar richtiger als oben, wo sie sich vom Herrn um ihrer Reinigkeit willen zur Schwester Mariens und der Engel gemacht wähnt. Sie weist die Meinung solcher Visionärinnen zurück, welche die Gnaden meist ihrem strengen Leben geben. Solche meint sie, sollten sich vielmehr setzen an die Statt der Demüthigkeit. Sie hört den Herrn zu den Heiligen im Himmel sprechen: Es ist keiner von euch wegen seiner Frömmigkeit hieher gekommen. Was ihr von Ehren habt, das habt ihr alles von mir (aus Gnaden) empfangen (19). Was Menschen leisten, ist ihr überhaupt ein Nichts gegen die Liebe, die der Herr uns erwiesen hat. Es ist eine der schönsten Stellen in ihren Visionen, wenn sie, die 16 jährige, einmal diese Grösse der göttlichen Liebe und die Leistung

der Menschen einander gegenübergestellt. Sie fragt: Herr, was soll ich
dir zu lieb thun? Mir ist ungedankt, lautet die göttliche Antwort, von
dir und von allen Menschen, was ich dir Gutes gethan habe. Da sprach
sie: Ach Herr, hätte ich aller Engel Stimmen, damit wollte ich dich
loben — hätte ich all das Blut der Martyrer, das wollte ich dir geben,
hätte ich aller Herzen Liebe, so wollte ich dich damit lieben. Da
sprach unser Herr: Ein Tropfen Bluts, den ich vergossen habe, der hat
aller Heiligen Blut überwogen; ein Gedanke, der in meinem süssen
Herzen war, der ist grösser gewesen denn aller Heiligen Liebe, womit
du mir vergelten möchtest. Oder wenn sie sagt: Wären alles Laub
und Gras, das je gewachsen ist und noch wachsen wird, lauter Herzen,
dass sie dir für deine Gnade dankten, wären alle Tropfen, die in dem
Meere sind, lauter Prediger, dass sie deinen lieblichen Namen predigten,
und wären alle Saitenspiele süsse Stimmen, die dich um diese Dinge
lobeten! Da sprach er: Mir wäre dennoch ungedankt! Die Innigkeit der Liebe, die aus diesen Worten spricht, ergriff dann alle ihre
Kräfte: darnach, heisst es, zog er ihre Kraft aus mit seiner Liebe, dass
sie ihr Complet nicht mochte sprechen.

Die Gnade Christi ist der Grund ihres Friedens. Sie hatte Furcht
vor ihren Gebrechen, da gedachte sie „sie wolle ihre Gebrechen legen
in seine Wunden“. Da sprach er: ich will dich waschen mit meinem
rosinfarbenen Blut. Warum fürchtest du mich so sehr? Sie fasst diese
Gnade ungetrübt auf nach des Wortes voller Bedeutung. Hätte ich die
Liebe deiner lieben Mutter und aller Engel, ruft sie einmal aus, dass
ich dich damit könnte lieben! Da sprach er: dir ist meine Gunst
nützer, denn die Liebe meiner lieben Mutter und der Engel. Da
sprach sie: ach hätte ich alle die Dienste, die alle Heiligen gehabt (dir
geleistet) haben! Da sprach er: dir ist meine Treu und Hoffnung
nützer denn die Dienste aller lieben Heiligen. — Nicht ihrer eigenen
Leistung, jener Treue allein hat sie alles zu geben — denn „diese
Gnade war dir gegeben (bestimmt) vor deiner Geburt“, d. i. ehe du
irgend eine Leistung vollbracht hattest.

Von der Gewissheit seiner Gnade ist sie denn auch völlig durch-
drungen, und sicher aus dieser Grundstimmung ihres Gemüthes heraus
ist das für jene Zeiten auffallende Wort des gleichzeitigen Berichts zu
verstehen: „Sie hat auch den Willen, dass sie an ihrem Tode keine
Messen haben will“.

Mit dem Bisherigen ist aber nur ihr Leben berührt, so weit es für
sie selbst eine Frucht hatte. Aber es hatte auch Bedeutung für die

Zeit. Sie ist eine Erscheinung, die einigermassen an Hildegard erinnert. Wir werden davon weiter unten reden.

11. Adelheid Langmann.

Unter den Engelthaler Schwestern nennen wir noch Adelheid
Langmann, von der wir ebenfalls gleichzeitige Aufzeichnungen haben,
die zum Theil von ihr selbst herrühren.[1] Sie gehörte wie die Ebner
einem Nürnberger Patriziergeschlechte an. Später geboren als Christina
überlebte sie diese um 19 Jahre. Sie stirbt 1375. Ihre „Gesichte und
Offenbarungen" fallen zumeist in die dreissiger und vierziger Jahre des
Jahrhunderts. Ihre Religiosität hat den gleichen Charakter wie die
Christinens, der sie jedoch an Willensenergie und Geist nicht gleich-
kommt. Doch spricht sich in ihren Aufzeichnungen eine tiefe Innigkeit
und viel Naivetät aus. Bei der Fülle ihrer Empfindung liegt sie oft
starr an Händen und Füssen, sprachlos, hingenommen von der Süssigkeit der Gesichte, die sie hat. Da sieht sie den Herrn in so schöner
minniglicher Gestalt, dass sie wochenlang nichts anderes vor sich hat
als sein schönes Antlitz; sie bittet, dass Jesus seinen Namen in ihr Herz
schreibe und sie sieht vier Buchstaben desselben sofort in Gold leuchten,
nur das E ist von schwarzer Farbe; und wie sie den Namen Jesus im
Herzen empfangen hat, so bittet sie, dass ihr Name hinwieder im
Herzen Jesu stehe, und hört auch alsbald die Zusage. Mit Ausdrücken,
wie das hohe Lied sie reichlich bietet, redet Jesus sie selbst an: Meine
Geminnte, dein Mund ist süsser denn Honigseim; Honig und Milch ist
unter deiner Zunge. Meine Liebe und meine Zarte, mein Gemahl und
meine Schwester und mein Kind! Sie hält sich wie Christina für höher
begnadigt als alle Menschen. Den heiligen Geist habe sie, so hört sie
den Herrn sprechen, so reichlich empfangen wie die Apostel. Wenn sie
nicht alle Sprachen verstehe und nicht Thaten thue wie jene, so liege
das daran, dass die Zeit dessen nicht also bedürftig sei. Aber sie hat
doch diese Kraft in sich; wäre es noth, Gott würde dieselbe aus der

---

1) Strauch, Ph., Die Offenbarungen der Adelheid Langmann, Kloster-
frau zu Engelthal. Strassburg bei Trübner 1878. Eine sorgfältige Arbeit
nach einer Münchner und Berliner Handschrift mit sehr guten erläuternden Anmerkungen.

Seele in den Leib ausbrechen lassen. Der Verkehr zwischen ihr, dem
Herrn und dem himmlischen Gesinde ist nicht sinnlich, sondern sich ver
traulich gedacht, das Himmlische herabgezogen in eine Welt frommen
Wahnes, zu dem Bild, Legende und Dogma den Stoff liefern. „Ich
habe dir, so hört auch sie in ihren Ekstasen, fünf zehn hunderttausend
Seelen aus dem Fegfeuer geschenkt, und ebenso viele Sünder auf Erden,
die ich auf dein Gebet hin bekehren will.“ Sie begehrt oft zu sterben,
um bei Christus zu sein; da vernimmt sie, dass ihr hier unten zu leben
nützer sei, weil sie noch mehr Lohn verdienen könne. Das ist die
Nebelwolke, die sich über sie und so viele ihrer Zeit lagert. Aber daneben tritt der schöne Grundzug ihres Wesens überall hervor: es ist die
tiefe Sehnsucht, der Hunger nach Gott, die Begierde nach unauflös
licher Einheit mit ihm. Als sie einmal das Abendmahl genommen, da
ist ihr, als ob ein Feuer um sie brenne und sie bittet: Herr, vereine dich
mit mir und mich mit dir also, dass eine ewige Einigung zwischen uns
werde. Da sie wieder einmal den Herrn empfing, da ward sie „aus ihr
selber gezogen, dass sie stundenlang nicht von sich wusste. Sie war so
voll Gottes alle ihre Glieder, dass sie däuchte, wäre es nur um etwas
mehr, sie müsste sterben“. Da sprach unser Herr, ich will dir sagen
dass ich deine Seel gezogen habe aus allen deinen Gliedern und aus
allen deinen Kräften und hab sie gezückt und gezogen in die wilde
Gottheit und in die Wüste meiner Gottheit“ (42). Wir hören in diesen
Worten die Mystik des Dionysius, vielleicht auch Meister Eckhart's anklingen. Dass ein Hauch von daher sie berührt habe, wird schon durch
ihren Verkehr mit ihrem geistlichen Freunde, dem Abte Ulrich Niblung
vom Kloster Kaisersheim wahrscheinlich, der mit Margaretha Ebner,
Heinrich von Nördlingen, Tauler und den andern oberländischen
Gottesfreunden in engster Gemeinschaft stand. „Die bärende Kraft, so
hebt einer seiner Briefe an sie in ziemlich chaotischer Weise an, die
da steht von göttlicher Natur in väterlichem Herzen, in der Kraft und
mit der Kraft, in der (Text: diese) Jungfrau Maria bärhaft ward des
ewigen Worts, von der Kraft, der Wirkung und Ueberschattung des
heiligen Geistes, und von welcher Kraft (sie) ihre Bärhaftigkeit genommen hat und noch nimmt — diese Kraft ist euch gesandt, dass sie bärhaft machen soll eure Gedanken, Worte und Werke“ (94).

Auch das kürzere Gedicht der Tochter von Sion, dessen Christina
Ebner um das Jahr 1344 gedenkt, scheint der Adelheid bekannt gewesen zu sein. Wir werden daran erinnert, wenn sie davon spricht,
wie sie von Minne Belangen hat nach ihrem Lieb, wie sie davon sich

18*

und krank sich fühlt, wenn dann *Spes* und *Caritas* ihr erscheinen, *Caritas* sie hinweist auf die Gewalt der Minne, die den Herrn zwang, dass er vom Himmel herab kam, litt und starb, und wenn sie auf dem fernen Wege nach dem Himmel von den beiden Jungfrauen geleitet wird und ihr hier die Kraft gebricht.

Andere Stellen des Buchs, in welchen sie dem Herrn erklärt, dass nicht Himmel noch Erde noch der Engel Trost ihr genüge, dass sie ihn selber haben wolle und nicht seine Boten, erinnern an den gleichartigen schönen Abschnitt im Buche der Magdeburger Begine (I, 106). Wir wissen, dass im J. 1345 das fliessende Licht der Gottheit in der hochdeutschen Uebersetzung des Heinrich von Nördlingen auch nach Engelthal gesendet wurde.

Beziehungen auf die Zeitlage finden sich nur wenige in ihren Aufzeichnungen. Einmal berichtet sie von den Bussübungen, die im Lande im J. 1341 angeordnet waren um des Bannes und um einer Sonnenfinsterniss willen, durch welche man eine grosse Hungersnoth angekündigt glaubte. Sie hört, wie im Himmel von Maria und allen Heiligen dafür mitgebetet wurde nach Art einer Litanei, die immer mit den Worten endete: Herr, erbarm dich über's Volk. Da sprach der Vater vom Himmelreich süssiglich: Ich will mich über sie erbarmen und will ihnen gute Jahre geben, und hiess die Engel, die des Himmels da pflegen und des Firmaments, dass sie sie richteten in einen rechten Lauf, dass die Finsterniss (vielmehr die Hungersnoth) nicht käme und dass gute Jahre würden. Sie vernimmt später, dass auch der Bann damals würde aufgehoben worden sein, wenn man um die Aufhebung desselben mit gleichem Ernste würde gebeten haben wie um die Gefahr, welche von der Finsterniss drohte. Da habe er denn noch manches Jahr gewährt.[1]

---

1) Strauch S. 73: Ir wart auch kunt geton: daz di werlt gemeinclich als ernstlich nit gepeten het, ez weren sogtane hungerjor worden, daz alz daz jomerig wer worden, daz gelebt het, an ihm selber oder an sein freunden. ir wart auch geoffent von got, daz di leut sich gemeinclich als fleizzig heten an genomen umb den pan als um die vinster, er wolt in des selben mols haben lazzen verriht werden. do wert er dennoch (denn noch) manig jor. Die Weise, wie Strauch den letzten Satz interpretirt, gibt keinen Sinn: „Gott eröffnete ihr, die Leute pflegten sich um das Interdict nicht mehr zu kümmern als um die Finsterniss, er habe es (daher) diesmal zu Ende geführt werden lassen wollen; und (wirklich) währte es noch manches Jahr". Aber die Leute kümmerten sich ja sehr um die Finsterniss. Der Sinn ist einfach: gesetzt dass die Leute sich so fleissig

12. Margaretha Ebner und Heinrich von Nördlingen.

Margaretha ist im J. 1291 geboren und stammt ohne Zweifel aus Donauwörth. Hier gab es, wie die Urkunden zeigen, um die Zeit der Margaretha eine Bürgerfamilie der Ebner;[1] eine halbe Stunde von Donauwörth entfernt liegt das Kloster Medingen, in das Margaretha eintrat; und als sie zu einer Zeit, da das Kloster in Noth war, auf kurze Zeit zu ihrer Mutter zieht, da gedenkt sie dieser Sache in einer Weise, dass man sieht, ihre Mutter könne nicht in grosser Entfernung von Medingen gewohnt haben. Auch der Name der ihr innig verbundenen Scheppach gehört einer Donauwörther Bürgerfamilie an. Es ist möglich, dass die Ebner in Donauwörth ein Zweig der Nürnberger Ebner sind. So mag Margaretha, wie sie mit Christina Ebner bekannt und befreundet ist, mit ihr auch verwandt sein; aber keines Falls ist sie deren Schwester gewesen, wie dies Spätere ohne allen Grund behauptet haben, sonst müsste Heinrich von Nördlingen in seinen Briefen an sie der Christina in anderer Weise gedenken, als er es thut.

Margarethens Aufzeichnungen[2] bieten durch die genauen Berichte

hätten angenommen um den Bann (so fleissig gebeten hätten um Abwendung des Bannes) wie um die Finsterniss, er (Gott) hätte ihn (den Bann) damals (nicht diesmal, wie Strauch übersetzt) auch lassen aufgehoben werden. Da währte er denn (weil sie nämlich nicht ebenso fleissig um Aufhebung des Bannes beteten) noch manches Jahr. Der Bann wurde im Verlaufe der Jahre 1347—50, je nachdem die einzelnen Gebiete etc. früher oder später auf die päpstlichen Bedingungen eingingen oder der Papst sich mit den Widerspenstigen abfand, aufgehoben. Damit haben wir eine Zeitgrenze, von welcher an die Visionen der Adelheid können zusammengestellt worden sein. Dass sie selbst einen Theil derselben niedergeschrieben habe, das geht aus 26, 5. 65. 6 hervor: s. Strauch S. XIV.

1) 1339, nechsten Mitichen vor unserer frauen tag Kerzweihen, stellt Anna von Warstein und der Convent zu Medingen eine Urkunde aus, in der als Zeuge Herr Hartman der Ebner, Bürger zu Werde, genannt ist. Münchner Reichsarchiv.

2) Sie hat ihre Erlebnisse theils selbst aufgezeichnet, theils durch eine vertraute Schwester schreiben lassen und diese Aufzeichnungen stückweise an Heinrich von Nördlingen und Tauler geschickt. Im J. 1353, 2 Jahre nach ihrem Tode, sind sie zusammengestellt worden in einer Pergamenthandschrift, die in Medingen aufbewahrt wurde. Durch die gütige Vermittlung des früheren Domkapitulars und jetzigen Erzbischofs Herrn Dr. Steichele konnte ich dieselbe benützen. Eine Abschrift derselben vom

über ihre körperlichen Zustände bei ihrem visionären Leben ein besonderes Interesse. Sie war schon mehrere Jahre im Kloster, und zwar als Laienschwester, als innere Kämpfe ihre Seele zu bewegen begannen, Kämpfe, bei denen es darauf ankam, auf eigene Wünsche zu verzichten. Ein Jahr hindurch hatte sie viel innere Mahnungen empfangen, sich ganz in Gottes Willen zu geben, da spürte sie in der Fastenzeit des J. 1312, in der Zeit, die der Betrachtung des Leidens Christi besonders geweiht war, starke Schmerzen am Herzen und grosse Athemnoth. Die Schmerzen verbreiteten sich allmählich über den Leib, bis derselbe völlig gelähmt war. Sie konnte nicht Hand noch Zunge regen, auch die Augen nicht öffnen, nur das Gehör blieb frei. Ein Jahr lang kämpfte sie gegen die Krankheit mit Arzeneien vergebens an; dann ergab sie sich darein. Sprechen und Sehen kamen zuerst wieder; die Lähmung der übrigen Glieder verlor sich erst im dritten Jahre nach übermässigen Schweissen. Dann folgten 13 Jahre, deren jedes sie gegen sechs Monate an das Bett fesselte. Mit dem Eintritt jener Schmerzen und Lähmungen im J. 1312 beginnen ihre Visionen und Offenbarungen. Sie haben vor allem Jesum zum Gegenstande. Vor ihm bringt sie, was ihre Seele beschäftigt, seine Stimme und Weisung glaubt sie zu vernehmen. Es beschäftigen sie aber nicht bloss Fragen um ihr Heil oder um das nahestehender Personen; auch die grosse Bewegung der Zeit spiegelt sich in ihren Visionen wieder. Namentlich ist es der König und Kaiser Ludwig, der Freund des Klosters, dem sie mit fast schwärmerischer Anhänglichkeit zugethan war und trotz aller Bannflüche der Päpste zugethan blieb. Verstorbene erscheinen ihr im Traume und machen ihr Mittheilungen über ihn aus der jenseitigen Welt. Es ist aus der Zeit seiner Kämpfe mit der Partei des gefangenen Gegenkönigs Friedrich's des Schönen, aus der Zeit, da er zu Rom Papst Johann XXII. hatte absetzen und Nikolaus V. erheben lassen, aus der Zeit, da er gebannt und für einen Ketzer erklärt worden war, dass ihr über ihn „von Gott und von den Seelen kund wurde, wie es ihm ergehen sollte in seinen Arbeiten". „Ich hatte ihn wie einen, der mir von Gott gegeben war. Denn ich hatte sondere Gnade und Begierde zu allen Dingen über ihn". Als Ludwig im J. 1324 vor Burgau lag, hörte sie im Traume das Psalmwort über ihn: *Adorabunt eum omnes*

J. 1461 befindet sich in dem Freiherrl. v. Ebner'schen Familienarchiv zu Eschenbach. Auch diese wurde mir durch Frh. K. v. Ebner freundlichst zur Benützung überlassen.

reges, omnes gentes servient ei (Ps. 72, 11). „Die Seelen" sagen ihm,
dass ihre Fürbitte ihm das Leben verlängere, dass er aus Lombardien
glücklich zurückkommen werde.

Es war um das J. 1328,[1] dass Margaretha die Freundin eines
Priesters wurde, der grossen Einfluss auf ihr Leben gewinnen sollte;
es ist Heinrich von Nördlingen. Aus seinen Briefen lässt sich vermuthen, dass er jünger als Margaretha war, dass er längere Zeit zu
Augsburg gewesen, vielleicht dort zum Kleriker gebildet worden ist.
Dann deutet manches darauf hin, dass er vorübergehend in dem Dorfe
Stetten bei Medingen die Priesterstelle hatte (Br. 4 Heum.) die von
der Priorin in Medingen vergeben wurde, und wohl als solcher hat er
auch in der Schule zu Medingen Unterricht gegeben, denn er spricht
von seinen Schülern (Schülerinnen) daselbst (Br. 61 Doc.). Margaretha
war durch den Tod ihrer Schwester, die mit ihr im Kloster lebte, in
tiefe Trauer versetzt; dazu starb bald nachher eine von ihr innig geliebte Freundin. Der Beichtvater, der sie bisher unterwiesen, war weggezogen. Da fand sie so kräftigen Trost in der Zusprache Heinrich's,
dass sie ihn zu ihrem geistlichen Führer und Seelsorger wählte. Ein
Traum hatte ihr zu diesem Entschlusse verholfen. Sie träumte: Heinrich
begehre, dass sie ihn hätte in ihrer Treue, und sie habe geantwortet:
Ich will es gerne thun, wenn ihr anders die Ehre Gottes darin meint:
„Ich meine nichts anderes", sei Heinrich's Antwort gewesen.[2]

Heinrich zeigt in seinen Briefen eine sehr weiche, empfindsame
Natur. Er ist voll Gefühl, überschwänglich, und von den Gefühlen oft
beherrscht bis zur Unmännlichkeit; dabei gewissenhaft, von der Grösse
seines geistlichen Berufs erfüllt, voll Selbstverläugnung und Hingabe.
Christina Ebner in Engelthal rühmt an ihm eine feurige Beredsamkeit:
Tauler und Heinrich hätten das Erdreich angezündet mit ihren
feurigen Zungen. In Basel, wo wir ihn später treffen werden, drängt
sich das Volk zu seinen Predigten. Die politischen Verhältnisse, seine
eigene Natur treiben ihn umher. Ueberall sucht er die Freunde des
mystischen Lebens auf. Es sind die Freunde Gottes in der gottfeind-
lichen Welt. In ihnen offenbart Gott seinen Willen. Durch sie segnet
er die Welt. In ihnen setzt sich das Wunderbare der apostolischen
Zeiten fort.

Eine Zeit lang steht er zu Margaretha noch im Verhältniss des

---

1) Handschrift von 1353 Bl. 8 u. 14.
2) Vgl. Brief 60, Abschrift Docens.

leitenden Seelsorgers, und diese ist mit der ganzen Hingabe, deren eine
Frau nur je fähig ist, an ihn gekettet. Sie fühlt sich verwaist, wenn
er ferne von ihr ist. Die Tage, da er zum Besuche weilt, sind Freuden-
tage für sie. Er erschrickt über die hohe Verehrung, die ihre Briefe[1] an
ihn kund geben. Was sie von seinen Vorzügen schreibt, will er selbst
nur im Sinne eines zu erstrebenden Ziels nehmen. Ihrer Sehnsucht nach
seiner persönlichen Nähe hält er das Wort Christi entgegen: Es ist
euch gut, dass ich hingehe. Sie soll auf seine leibliche Nähe verzichten
lernen, um ihn in wahrer Weise geistig zu besitzen. Er warnt sie vor
übertriebener Askese. Sie solle sich leiblich stärken, damit sie das
minnigliche Joch des Herrn desto besser trage, sich stiller darunter
neigen könne, dass die Liebe des Herrn in ruhiger, schauender Stille
sich in ihren inneren Kräften gebäre.

Aber im Verlaufe der Zeit wandelt sich dieses Verhältniss. Margaretha wird ihm zur Prophetin; er fühlt sich ihr gegenüber in seiner
Armuth, er holt sich Trost, Kraft, Weisung bei ihr. Er verehrt sie wie
eine Heilige. Er begehrt, „dass die Klarheit der ewigen Sonne ihn
durch sie als durch ein lauter Glas innerlich erleuchte". Denn
„während er und alle geschaffene Gegenwärtigkeit aussen bleiben
müssen, geht sie mit ihrem königlichen Lieb Jesu Christo minniglich
ein in die Weinzelle, da ihre keuschen Brüste voll und übervoll werden
sollen, damit sie nicht allein Heinrich's, sondern vielmehr aller Christenheit wohlsäugende Amme werde". Seine Verehrung verliert in solchem
Masse alle Haltung, dass er sie um einen ihrer abgelegten Röcke
bittet, den er tragen will, um „von Berührung ihres keuschen heiligen
Rockes gereinigt zu werden an Leib und Seele".

Zur Erklärung dieser krankhaften Devotion dienen einigermassen
die ungewöhnlichen Zustände, unter welchen das ekstatische Leben der
Margaretha seit dem Jahre 1336 zur Erscheinung kam, und in denen
Heinrich wie Andere ein Zeichen sahen, dass sie von Gott in ausser-
ordentlicher Weise begnadigt sei.

Margaretha wehrt nun die überschwänglichen Reden Heinrich's
nicht geradezu ab, aber doch erkennt man aus ihrem Brief an Heinrich
(Br. 65 Doc.) ihren bescheidenen, demüthigen Sinn. Sie spricht von
solchen, welche die Gnade Gottes mehr erleuchtet habe als sie; sie hält
sich für unwürdig der Erleuchtung, die sie durch Vermittlung Heinrich's
empfangen. Und so hoch sie ihn damit stellt, die Worte, mit denen sie

---

1) Br. 65 Doc. Brief der Margaretha.

es thut, zeigen, wie viel mussvoller und besonnener sie überhaupt ist
als Heinrich. Sie sagt da nur, dass die ewige Weisheit ihn minniglich
umfangen und süssiglich gezogen in das wahre Licht seiner lautern
Gottheit, und dass die wirkende Kraft seiner Gottheit in Wahrheit aus
seinem Leben und aus seinen Worten leuchte. Und was sie für ihn begehrt, ist zugleich eine Mahnung für ihn. Sie wünscht, dass sein Feuer
nichts anderes sei denn süsse Gnade, und seine Kraft die Kraft der
brünstigen Minne.

Auch Tauler, der durch Heinrich im J. 1338 mit Margaretha bekannt wurde, schätzt sie vor andern hoch,[1] wie denn auch sie ihn als
„den Freund unseres Herrn und ihren Freund" bezeichnet. Er wünscht
öfters, von ihr zu erfahren, was Gott ihr über die Zeitlage geoffenbart.
Er hat es mit veranlasst, dass sie ihre Erlebnisse aufzeichnete. Aber
sein Brief an sie (Br. 34 Heum.) hat im Vergleich zu den schwülstigen
Ausdrücken Heinrich's den einfachsten, nüchternsten Ton. Meinen
treuen Freunden in Gott, *Dominae C.* der Priorin und Margaretha der
Ebnerin ich Bruder T. mein Gebet. Alles was ihr mir gewünscht und
begehrt habt zum neuen eingehenden Jahr, das begehr ich euch
hundertfältiglich. Das ist alles, was er in religiöser Beziehung zu
sagen hat. Nur am Schluss heisst es noch: Bittet Gott für mich und
meine Söhne. Der Brief will freilich nur ein kurzer Gruss sein, aber
er reicht mit den wenigen übrigen Sätzen, die er noch enthält, hin, uns
die nüchterne und schlichte Natur Tauler's erkennen zu lassen.

Margaretha hatte im J. 1336 mit der Zeit, da man das Hallelujah
hinlegt, d. i. mit dem Eintritt der Fastenzeit, sich freiwillig Schweigen
auferlegt. Ihr Herz war voll „Liebe und Süssigkeit zu Jesus". Sie
fühlte kaum ihren Leib (das Blut strömte in verstärkter Weise nach
dem Herzen). Sie hörte in sich die Stimme: die Gnade der innern
Offenbarungen, aus denen sie bisher ein Geheimniss gemacht — nur
Heinrich von Nördlingen, ihr Beichtiger, wusste davon — solle bald
allen Leuten kund werden. So kniete sie betend nach der Mette (*matu-
lina* um 3 Uhr morgens) allein noch vor dem Altar der Kirche. Da
kam über sie eine grosse Furcht (wohl das Vorgefühl der bevorstehenden Krisis), und mit einem Male „ein Griff von einer inneren göttlichen
Kraft, wie wenn ihr das Herz benommen würde", und damit „eine un-

---

1) Vgl. Joh. Meyer *Cod. Lips. 1346 f. 199:* Margar. Ebner, zu der der
gross prediger und selig vater Johannes Tauler viel gnad und lieb in
got hett.

mässige Süssigkeit, dass mich dauchte, meine Seele wäre vom Leibe geschieden". Sofort ergoss sich ihre Empfindung in strömender Rede, der sie nicht widerstehen mochte, und in welcher der Name Jesus sich immer wiederholte. Das währte bis zur Primzeit (6 Uhr morgens). In grosser Schwäche lag sie den ganzen folgenden Tag. Es war ihr, als wenn (bei der ekstatischen Rede) ein Licht von ihrem Herzen ausgehe, von dessen Uebermacht sie für ihre Sinne (für ihren Verstand) fürchtete. Aber sie glaubte die Worte in sich zu vernehmen: „Ich bin nicht ein Berauber, ich bin ein Erleuchter der Sinne." Von dieser Zeit an glaubte sie „das Licht der Wahrheit göttlicher Verständniss" zu haben, das ihre Vernunft kräftige, und sie befähige, ihre Gedanken besser zu Wort zu bringen, und alle (fremde) Rede nach der Wahrheit besser zu verstehen. Jenen Vorgang an ihrem Herzen, dem das Gefühl der Ekstase und die unwillkürliche Rede folgte, nennt sie den Minnegriff. Die ekstatische Rede bricht nun oft bei ihr hervor in der folgenden Zeit, oft so laut, dass man sie bis in den Kreuzgang hörte, und jedesmal geht das Gefühl der Furcht voraus; auch fühlt sie sich vorher so leicht, als ob sie den Leib abgelegt hätte. Sie sagt, dass sie unter der Rede grosse Schmerzen gehabt, so dass man ihr Aechzen weit hin hörte, und doch auch grosse Süssigkeit. Wahrscheinlich gingen die Schmerzen voraus, bis die Rede frei und ungehindert strömte. Die Rede scheint mehr nur der Ausdruck einer einzigen starken Empfindung als der von Gedanken gewesen zu sein. Denn es wiederholte sich dabei zu unzähligen Malen: „dass Jesus Christus ihr einiges Lieb wäre".

Wenige Tage schon nach diesem Vorgang trat eine solche Erschöpfung ihrer Kräfte ein, dass man meinte sie würde sterben, und ihr die letzte Oelung gab. Unter dem Gebete Heinrich's von Nördlingen, nach welchem sie geschickt hatte, und des Convents erholte sie sich plötzlich. „Da ich also lag, da empfand ich, dass sich die süsse göttliche Gnad, die ich inwendig hatte, austheilete in die äusseren leiblichen Glieder, und ward ich da mein selbst empfindend und kam her wieder mit grosser göttlicher Gnade".

Wenn sie in begeisterter Rede die Minne Jesu preist, dann fühlt sie von dem Herzen eine Lichtkraft ausgehen, durch den Leib strömen, das Haupt ergreifen, aus den Augen brechen. Auch sieht sie oft in der Nacht Lichter vor sich. In diesem Lichte erscheint ihr auch in der finsteren Zelle die dunkle Umgebung hell. Dieser Ausstrahlung der Nervenkraft folgt gewöhnlich die tiefste Erschöpfung. „Das machte mich dann also krank, dass ich kaum den Athem mochte gewinnen."

Ihr Freund Heinrich verliess sie im folgenden Jahre auf längere
Zeit (1337—1338). Er unternahm eine Reise nach Avignon. Bestärkt
in seiner Parteinahme für die päpstliche Sache kommt er zurück. Der
Freundin bringt er zwei Alabasterbilder und Reliquien mit (Br. 55 u.
25 Heum.).[1] Er veröffentlicht um diese Zeit einen Brief, zu dem er sich
colorirte Zeichnungen in Nördlingen oder Augsburg machen lässt
(Br. 15 u. 61 Doc.). Bezog sich dieser Brief auf die kirchenpolitische
Frage? Schon vor dem Frankfurter Erlass im August 1338, welcher
allen Geistlichen die öffentliche Feier der Messe wieder aufzunehmen
befahl, fürchtet er für seine Sicherheit. Nun war ihm vom Abte von
Kaisersheim die Pfarrei Fessenheim bei Nördlingen verliehen (Br. 1
Heum.), über die Kaisersheim seit zehn Jahren das Patronatsrecht
hatte.[2] Aber er kann die Pfarrei nicht erlangen, da die Oettingen, die
früheren Patrone, die eifrigen Vertreter der kaiserlichen Sache, einen
andern gesetzt wissen wollen. Am 22. October 1338 (Br. 55 u. 18) steht
er mit seinem Gegner in Augsburg vor dem Bischof. Umsonst haben sich
die beiden Gräfinnen von Greifsbach, die Schwestern des kaiserlich ge-
sinnten Grafen Berthold, die als Nonnen in dem nahen Kloster Niederschönfeld leben, für ihn verwendet.[3] Bischof Heinrich, der Freund des
Kaisers, fordert von ihm die Nichtachtung des päpstlichen Interdicts.
Denn unter schwerer Bedrohung hatte der Kaiser in jenem Frankfurter
Erlasse allen Geistlichen befohlen, das Messelesen wieder aufzunehmen.
Nun geht er in seine Heimath Nördlingen zurück. Die Herren der
Stadt versprechen ihm, seiner so lange zu schonen als möglich (Br. 26
Heum.). Briefe seiner Freundin Christina bestärken ihn im Wider-
stande (ebendas.), und so muss er endlich aus dem Lande weichen. Am
Ende des Jahres 1338 geht er über Constanz und Königsfelden nach
Basel (Br. 21 Heum.).

Wir kehren zu Margaretha zurück, welche durch die Gefährdungen
ihres „einzigen“ Freundes erregt und durch sein Scheiden schwer be-

---

1) Von Jundt unrichtig angesetzt, wie die Nebenumstände und die
Aufzeichnungen der Ebner (*Cod. Med. f. 23*b) beweisen.

2) Steichele, Das Bisthum Augsburg III, 630.

3) Steichele III, 681: Elisabeth und Anna, Töchter Berthold's III.,
Grafen von Greifsbach, nahmen den Schleier in Niederschönfeld. Als Nonnen
gedenkt ihrer eine Urkunde v. J. 1326. Niederschönfeld steht als Cisterzien-
serinnenkloster unter Kaisersheim. Steich. 630. Auch die mit der Frage
wegen der Pfarrei Fessenheim zusammenhängenden Briefe Heinrich's sind
von Jundt unrichtig angesetzt.

troffen war. „Nun geschah das, schreibt sie, von dem Willen Gottes, von der Entrichtung der Christenheit, dass er mir genommen ward. Da hatte ich keinen menschlichen Trost mehr und ward von neuem in grosses Elend gesetzt, und war ich lange, dass ich nichts von ihm hörte." Es ist sehr wahrscheinlich, dass diese Zeiten der Aufregung die neuen Erscheinungen mit herbeiführen halfen, deren sie in ihren Aufzeichnungen gedenkt. Sie versenkt sich nach dem Scheiden des Freundes in das Leiden Christi mit verstärkter Begierde. Sie begehrt ein sinnliches Mitempfinden seiner Leiden, ein Mitleiden „wie es Franziskus hatte" (die Stigmatisation?). In diesen Zeiten (Fasten 1339) trat plötzlich unter grossen Schmerzen eine Erstarrung ihrer Glieder ein. Sie kann die Augen nicht öffnen, „die Hände stehn mir als ein Krampf und es krümmt mir den Rücken, dass ich mich nicht mag aufrichten und mag nicht leiden, dass mich jemand anrührt, und soll ich etwas zeigen mit dem Haupt oder den Händen, so muss es mir gar sauer werden, wie wenig das ist". Es währt gewöhnlich einen halben Tag, dass sie also gebunden und schweigend, aber wie aus ihren Worten hervorgeht, bei vollem Bewusstsein liegt. Die gleichen Zustände, die nur als eine stärkere Form der früheren erscheinen, waren in der Fastenzeit des J. 1340 wieder eingetreten, sie lag am Charfreitag gebunden und schweigend in Betrachtung des Leidens, da fühlt sie, wie es ihr in's Herz schiesst und von da durch alle Glieder. Die Anfälle wiederholen sich nach kurzen Pausen mit verstärkter Kraft. „Es schiesst mir von neuem wie ein Geschoss in's Herz mit einer ungewöhnlichen Kraft, und das geht mir dann auf in das Haupt und in alle meine Glieder und bricht die kräftiglich und werde ich dann mit derselben Kraft gezwungen, dass ich laut schreie und ruf. Da bin ich mein selbst ungewaltig und mag mich dem Rufen nicht entziehen, bis dass es mir von Gott genommen wird. Es ist mir zuweilen also kräftig, dass es das rothe Blut von mir bricht und geschieht mir dann so weh, dass mich dünkt, ich möchte mit dem Leben nicht davon kommen." Wird ihr der Schmerz genommen, so fühlt sie sich ein paar Tage fröhlich und wie in süsser Gnade, muss dann aber wieder mehrere Tage in Folge der Erschöpfung zu Bette liegen. Diese Zustände wiederholen sich in den folgenden Jahren vornehmlich in der Fastenzeit. Im J. 1347 treten sie besonders stark hervor.

Es war um die Osterzeit dieses Jahres. Aus der Unlust, die sie zum Beten empfand, fühlte sie, dass ihr das grosse Leiden kommen wolle, d. i. jene Stösse am Herzen, die ihr die starken Rufe verur-

sachten. An einem Morgen um die Mette trat es ein. Drei Frauen
mussten sie halten, eine unter dem Herzen zur linken Seite, die andere
von hinten her an derselben Seite. Sie mussten gegeneinander mit aller
Kraft drücken, und es war ihnen wie wenn sich etwas Lebendiges in
ihr umkehre (starke Krämpfe). Ihr Leib schwoll an; auch das Antlitz und die Hände, so dass sie ihrer ungewaltig wurde. Unter diesen
Schmerzen ruft sie dann mit einer Stärke, wie es an ihr unerhört war,
so dass man sie auf dem Hof hören mochte, wohl bis zu 250 mal ihr
Ewe! Ewe! aus. Der Anfall endet, indem sich eine süsse Lust über ihr
Inneres ausbreitet und jene ekstatische Rede mit der häufigen Nennung
des Namens Jesu hervorbricht. Dabei ist sie ihres Leibes wieder gewaltig und vermag ohne Mithilfe aufrecht zu sitzen. Ist die ekstatische
Rede vorüber, so sinkt sie zurück und liegt nun keines Wortes mehr
fähig mit geschlossenem Mund und Augen. Sehr richtig erläutert sie
diesen Hergang durch Bilder: Sie wird über dem Rufen heiser, dass die
Stimme nicht heraus will, und sie empfindet grosse Schmerzen darob,
„zu gleicher Weise als da ein Haus inwendig brennt, so ist das Feuer
gar ungestüm; so es aber durch das Dach bricht und ausflammt, so
wird es sittiger und gestümer in dem Haus; und so der Most verschlossen ist in dem Fass, so tobet und wüthet der Wein; so ihm aber
der Spund aufgethan wird, dass er mag ausriechen, so wird er gesessener
und sittiger in dem Fass. Also geschieht mir.“

Wie Margaretha die ekstatische Rede nicht hemmen kann, wenn
die süsse Empfindung der Minne Jesu ihr Herz ergriffen hat, so ist sie
auch des Lachens ungewaltig, das sie bei der stärksten Empfindung
innerer Lust ergreift. So heftig tritt zuweilen diese Empfindung ein,
dass sie fürchtet, die Stösse der Gnade und die süsse Berührung möchten
ihr Herz zerspalten oder es möchte von seiner süssen Gnade zerfliessen.
Auch fürchtet sie darüber von Sinnen zu kommen, hört aber wie früher
schon das Wort: Ich bin nicht ein Zerstörer, ich bin ein Erleuchter der
Sinne. Die Süssigkeit der Empfindung übersetzt sich ihr auch in's
Sinnliche. Sie glaubt süssen Geschmack wie von Honig im Munde zu
fühlen.

Ihre Einbildungskraft ist bei dieser starken Strömung in ihrem
Nervenleben überhaupt in einer Weise gesteigert, dass sie, wessen sie
sonst nur bei der gewöhnlichen Erinnerung als eines entfernten nach
Ort und Zeit sich bewusst ist, unmittelbar vor sich zu sehen glaubt.
„Mir ist auch Gott in derselben Zeit so gegenwärtig und so kräftig in
der Seel und in dem Herzen, und so empfindlich in der Kraft, mit

welcher er im Himmel und auf Erdreich wirkt, als ob ich es mit
meinen leiblichen Augen sähe und soweit es einem Menschen möglich
sein mag."

Der rein subjective Charakter dessen, was sie bei diesen Zuständen
zu sehen und zu hören glaubt, ist für jeden Unbefangenen offenbar, so
sehr auch Margaretha und die übrigen Visionärinnen an die Objectivität
der Erscheinungen glauben mochten. Margaretha selbst sagt: Der
Herr habe sehr viel im Schlaf mit ihr geredet. Sie sieht also selbst
vieles als Traum an; nur dass sie es auf eine besondere Wirkung des
Herrn zurückführt. Dahin ist auch zu rechnen, dass sie zuweilen über
der Erde zu schweben glaubt. Wir hörten oben, wie sie oft vor dem
Eintritt der ekstatischen Rede kaum ihren Leib fühlte. Ob sie die
Seelen im Fegfeuer, für die sie bittet, befreit habe, das merkt sie an
der Wandlung ihrer Stimmung beim Gebete. Erst ist ihr das Beten für
sie schwer, dann wird es leichter, und zuletzt ist es eine süsse Lust.
Seit dem Jahre 1345 besonders glaubt sie die meisten Offenbarungen
von dem Kinde Jesus zu erhalten. Aber wir lesen von dieser Zeit auch,
dass „ihr da einfiel die grösste Lust von der Kindheit unseres Herrn".
Wenn die Verstorbenen ihr im Traume erscheinen und ihr von dem
Schicksale dieses oder jenes Menschen sagen, so sind solche Dinge im
Traumleben etwas sehr häufiges und natürliches. Und auch ohne Schlaf
und Traum konnten sich bei der krankhaften Erregtheit ihres Natur-
lebens die Gedanken und Wünsche der eigenen Seele in Stimmen einer
jenseitigen Welt umsetzen. Unwillkürlich deutet sie selbst einmal den
subjectiven Charakter derselben an, wenn sie sich nicht befriedigt von
jenen inneren Worten zeigt, sondern äussere „leibliche" Worte zu
hören wünscht.

Heinrich bleibt auch, nachdem er in Basel eine neue Stätte der
Wirksamkeit gefunden, im Verkehr mit Margaretha und von Einfluss
auf sie. Doch ist weniger das, was er ihr selbst zu bieten vermochte,
als das was er ihr vermittelt, beachtenswerth. Sie wird durch ihn wahrscheinlich mit Suso's Buch der ewigen Weisheit, dann mit Mechthild's
fliessendem Licht der Gottheit, mit einem Buche von dem reichen
Namen und der süssen Minne Jesu bekannt. Durch die Verbindungen,
welche Heinrich noch in seiner schwäbischen Heimath, mit Suso und
Christina von Engelthal, dann aber während seines Aufenthalts zu
Basel mit den Gottesfreunden in dieser und in andern Städten anknüpft,
kommt sie selbst auch mit dem grossen Kreise „der Gottesfreunde" in

Berührung. Durch Heinrich's und Tauler's Zureden bestimmt fängt Margaretha im J. 1344 an, ihre Zustände und Offenbarungen in Schrift zu verfassen, wobei ihr die ihr und Heinrich innig befreundete Mit schwester Elisabeth Scheppach als Schreiberin dient. Diese Aufzeichnungen werden stückweise an Heinrich gesendet, durch diesen dann Tauler und Andern mitgetheilt. So breitet ihr Ruf sich aus. In Zeitfragen, welche die Freunde bewegen, wird ihr Urtheil, wird eine göttliche Antwort von ihr verlangt.

Man kann nicht sagen, dass die Mystik der Margaretha, wie sie sich in ihren Visionen ausspricht, einen besonders hohen oder auch nur poetischen Flug nehme. Sie steht in dieser Hinsicht hinter den thüringischen Mathilden, der Nonne Gertrud, oder auch einer Jützi Schulthein weit zurück. Es ist im wesentlichen der Gedankenkreis der älteren kirchlichen Mystik, der ihre Aussagen angehören. Nur hie und da spielen die speculativen Redeweisen der eckhartischen Schule mit herein, so wenn sie von dem einigen Ein, von dem Fluss aus der hohen Gottheit, von dem sich Verlieren in dem wilden Einen spricht. Nach der Seite höherer Erkenntnisse neigt überhaupt ihre Natur nicht, so sehr sie auch von dem Zug der Zeit dazu angeregt wird. „Ich begehrte, sagt sie einmal, zu wissen von dem lauteren Wesen Gottes und von den Werken aus Gott, auch von der Ordnung im Himmel; da sprach aber das sanfte Kind Jesus Christus: wie möchte dein Herz empfahen, das alle Herzen nicht begreifen und von dem alle Zungen nicht reden mögen.“

Wir heben, um ihre einfache auf das nächste religiös-sittliche Bedürfniss gerichtete Mystik zu charakterisiren, zwei Stellen aus ihren Gebeten hervor, von denen die erste dem Buche ihrer Offenbarungen, die andere ihrer Paraphrase des Vater Unsers entnommen ist, welche letztere unter dem Titel „der Ebnerin Paternoster“ ihren Aufzeichnungen angehängt ist. „Herr, so betet sie einmal in der ersten Schrift, in deine allerhöchste Minne und in deine allergrösste und süsseste Barmherzigkeit, so sie von deiner ewigen Gottheit je geflossen von Himmelreich auf Erdreich, empfehle ich dir zu behüten in Lauterkeit unsere Seelen, in Reinigkeit unsere Herzen, in wahrer Unschuld unser Leben, und in lauterer Wahrheit alle unsere Begierde und alle unsere Meinung und alles unser Leben. Dazu muss uns, Christus, deine grundlose Barmherzigkeit bereiten und deine vollkommene Minne dazu zwingen, dass wir deinem allerliebsten Willen leben in der Wahrheit, und bitte dich, mein Herr, dass du uns vergebest in deinem heiligen

Leiden alles, das wir übel gethan haben mit Gedanken, Worten und Werken und mit aller Saumsal unseres Lebens, und müsse uns eine Kraft daraus gegeben werden, mit der wir überwinden alles menschliche Uebel mit Zunehmen deiner herzlichen Liebe. Ich begehr auch, dass uns gegeben werde aus der Kraft deiner fünf Wunden die lautere Wahrheit, dass die in uns gedrückt werde und wir in sie gezogen werden, dass sie lebe in uns und wir in ihr".

Und in dem Paternoster betet sie: „Ich bitte dich, mein Herre, dass du uns in deiner lauteren Minne gebest eine sichere Vereinung in das innerste Gut, das du selber bist, und bitte dich, mein Herr, um der kräftigen Hilfe willen, die du uns in deinem menschlichen heiligen Leben gegeben hast in allen deinen Minnewerken, dass wir inne werden mit deiner Gegenwärtigkeit gesichtlich und ungesichtlich mit einer süssen Berührung, dass wir inne werden, was rechte herzliche Liebe gegen dich sei; dass unsere Lust nirgends sei denn in deinem heiligen Leiden und in deinen heiligen Sacramenten, und dass du uns darinnen gebest ein wahres Abscheiden von aller dieser Welt und ein ganzes Verzichten auf uns selbst, eine lautere Erkenntniss, unsere Sünde von rechter Minne zu reuen und zu lassen, und ein bitter Leid um all unsere verlorene Zeit in Gedanken, Worten und in Werken und in aller Versäumung deiner süssen Gnade — — dass wir kein natürlich Leben in uns haben, denn nur das, dass du Jesus Christus in uns lebest mit all deiner Gnade und dass wir dir allein leben".

Durch das ganze Gebet hindurch bleibt Jesus und seine Gnade der Fels, auf dem sie steht, und wenn sie sich gegen den Schluss an Maria wendet, so geschieht es nicht, bei ihr zu weilen, und in der Betrachtung ihrer Tugenden sich bewundernd zu ergehen, sondern dass sie helfe mit allen Heiligen und Engeln „den Brunnen aller Barmherzigkeit zu erschliessen, aus dem keinem Menschen je verweigert ward, dass du dich, mein Herr, giessest in uns und über uns mit reichen Gaben, in vollen Gnaden, und reinige uns und wasche uns aus deinen heiligen Wunden mit deinem heiligen Blut von allen unseren Schulden und tränke uns mein Herr aus dem Wasser, von dem deine ewige Weisheit und Wahrheit geredet hat: wer es trinket, dass den nimmermehr dürste."

13. Die Verbindung der Gottesfreunde und ihr Verhältniss zu den Fragen der Zeit.

Die Reise Heinrich's von Nördlingen nach Basel führt uns mitten in die Wogen der Zeitströmung.[1] Es ist die Zeit, in welcher die öffentliche Meinung in Deutschland mit siegreicher Gewalt sich für Kaiser Ludwig erhebt und die Autorität des Papstes völlig zusammenzubrechen droht. Die Nation war erbittert, dass Frankreich den schwachen Papst Benedict XII. zum Werkzeuge seiner deutschfeindlichen Politik machte, und die Versuche Ludwig's, zu einem für die Würde des Reichs erträglichen Frieden zu gelangen, vereitelte. Ludwig war von dem Vorgänger Benedict's, von Johann XXII., mit dem Banne, die Länder seiner Anhänger mit dem Interdicte belegt worden, weil Ludwig für die Unabhängigkeit der deutschen Königswahl eingetreten war und den Papst als Schiedsrichter im Streite mit seinem Gegner Friedrich von Oesterreich nicht anerkannt hatte. Ludwig war nach Rom gezogen, hatte sich zum Kaiser krönen, Johann absetzen und einen neuen Papst erheben lassen. Er hatte die Häupter der kirchlichen Opposition, den kühnen Marsilius von Padua, die Minoriten Michael von Cäsena, Wilhelm von Occam und andere durch Entschlossenheit und gelehrtes Wissen ausgezeichnete Männer als Bundesgenossen gewonnen, und durch diese, auf welchen wegen ihrer Lehren über Staat und Kirche der Bann der Kirche lastete, seine Rechte vertheidigen lassen. Als sein erster stürmischer Anlauf gegen Johann gescheitert war, suchte er den Frieden, erst mit Johann, dann mit dessen Nachfolgern. Aber die entehrenden Bedingungen, welche man ihm stellte, verletzten die Nation. Auf dem Kurverein zu Rense im Juli 1338 sprachen die Kurfürsten die Unabhängigkeit des deutschen Königthums, im August auf einer Reichs-

1) Kritische Erörterungen und Quellennachweise zu dem Folgenden s. in meinen:

Vorarbeiten zu einer Gesch. der d. Myst. s. t. Heinr. v. Nördlingen, Tauler, Suso. Sodann in meinen beiden Abhandlungen:

Der kirchenpolitische Kampf unter Ludwig dem Baier und sein Einfluss auf die öffentliche Meinung in Deutschland. In d. Abhandl. d. k. b. Ak. d. Wiss. III. Cl. XIV. Bd. 1. Abth.. u. besonders gedruckt: Verl. d. k. Akad., G. Franz 1877.

Beiträge und Erörterungen zur Geschichte des deutschen Reichs in den Jahren 1330—1334. Ebendas. XV. Bd. II. Abth. u. Verl. d. k. Akad.. Franz 1880.

versammlung zu Frankfurt die deutschen Stände die Unabhängigkeit
auch der Kaiserwürde aus. Ein Erlass des Kaisers in demselben Monat
erklärte alle Processe des Papstes gegen den König und Kaiser für
nichtig und bedrohte alle Kleriker und Laien, welche in ihrer feindlichen Stellung gegen den Kaiser beharren würden, mit Entziehung
ihrer Privilegien und Güter.

Ein grosser Theil des Ordens- und Weltklerus hatte bisher schon
dem Kaiser sich gefügt, oder nahm jetzt, der Drohung nachgebend, den
Gottesdienst wieder auf. So hatten die deutschen Minoriten mit
wenigen Ausnahmen von Anfang an das Interdict des Papstes nicht
beachtet. Folgten sie auch dem kühnen und entschlossenen General
Cäsena nicht bis zum äussersten, so gehörte ihm und seinen berühmten
Mitstreitern doch ihre Sympathie, ihre Bewunderung und diese machte
sie auch dem Kaiser freundlich gesinnt. Die deutschen Dominikaner
dagegen hatten eine schwierigere Stellung. Auf sie drückten der Einfluss des Ordensmeisters und die Beschlüsse der Generalcapitel, auf
denen die durch die Ausländer gebildete Majorität die strengste Parteinahme für den Papst forderte. „Wir gebieten, so lautet der Beschluss
des Generalcapitels von 1328, mit allem möglichen Nachdruck und der
Ordensmeister im Verein mit den Definitoren gebietet in Kraft des
heiligen Geistes und des schuldigen Gehorsams allen Brüdern, dass sie
Ludwig den Baier, den ehemaligen Herzog von Baiern, den Feind und
Verfolger der heiligen römischen Kirche, welcher durch die Kirche als
ein Ketzer verdammt ist, und dass sie alle seine Freunde, welche als
Ketzer verdammt sind, meiden, und dass sie das Interdict, welches von
der heiligen Kirche wegen des genannten treulosen Baiers verhängt
worden ist, unverbrüchlich beobachten." So fügten sich denn die Dominikaner an vielen Orten; nicht überall. In Strassburg z. B. sangen sie
fort viele Jahre trotz der Briefe des Papstes und ihres Ordensmeisters.
Hier, wo Eckhart gelehrt und Tauler noch wirkte, wo ein mit dem
Bischof haderndes Domcapitel sich schon im Interesse des besonderen
Streites auf des Kaisers Seite stellte und damit auch der gleichfalls
mit dem Bischof streitenden freien Bürgerschaft den Weg wies — hier
konnte es auch den Dominikanern nicht allzuschwer werden, der natio-
nalen Strömung nachzugeben. Aber die Befehle von Seiten des Ordensmeisters wurden dringender, drohender. Der Convent stellte endlich
das Singen ein, eben um die Zeit, da man von Frankfurt aus so ent-
schiedene Befehle zum Wiederaufnehmen der Messe gegeben hatte.
Nun erklärte ihnen jedoch der Rath, „da sie bisher gesungen, so sollten

sie auch fürder singen oder aus der Stadt springen". Sie wählten das letztere. Wir treffen in Folge dieser Ausweisung Tauler mit den Schülern des Strassburger *Studium provinciale* im Jahre 1339 zu Basel. Erst im Jahre 1347 finden wir ihn wieder in Strassburg. Tauler ist nicht unter denen, welche das Interdict des Papstes für gerechtfertigt halten. Ich habe schon vor langerer Zeit den Bericht Speckle's über Tauler's Verhalten während des Interdicts für unglaubwürdig erklärt. Er berichtet von einer Schrift, die Tauler mit dem Karthäuser Ludolf von Sachsen und dem Augustiner Thomas für Kaiser Ludwig geschrieben, dann von einer Unterredung, die derselbe mit König Karl gehabt und dass er trotz des Interdicts die Messe für das Volk gelesen habe. Tauler's angebliche Schrift trägt jedoch zu sehr die Farbe des Reformationszeitalters, und die vorgegebene Zeit für seine Begegnung mit Karl stimmt nicht mit den Urkunden. Aber so viel lässt sich mit Sicherheit sagen, dass er wie seine Freundin Margaretha Ebner auf Seiten Kaiser Ludwig's stand. Schon im J. 1339 lässt er Margaretha durch Heinrich von Nördlingen bitten ihm zu berichten, was ihr Gott eingebe in Bezug auf die Irrung in der Christenheit. Und welcher Art diese Mittheilungen gewesen, können wir aus dem ersehen, was sie in der Zeit nach den früher angeführten Offenbarungen bis zu des Kaisers Tode über diesen von Gott zu hören glaubt. „Ich will ihn nimmermehr verlassen", so hört sie Christus von Ludwig sprechen, „denn er hat die Liebe zu mir, die niemand weiss, denn ich allein". Ein gleiches Wort vernimmt sie, als Clemens VI. jenen entsetzlichen Bannfluch über ihn ausgesprochen und den Böhmenkönig Karl gegen ihn erhoben hatte. Sie soll, was sie gehört, dem Kaiser mittheilen. „Das thät ich nicht", bemerkt sie hiezu, „weil ich Furcht hatte, er würde inne, dass ich es wäre." Kurz vor seinem Tode wird ihr offenbart, dass Ludwig alle seine Feinde überwinden werde. Als er nun plötzlich stirbt, wird ihr bedeutet, dass die Feinde seiner Seele gemeint gewesen seien. Um diese Zeit ist Tauler in Medingen zu Besuch.

Er kennt Margarethens Meinung über Ludwig, und weiss, dass sie dieselbe auf göttliche Eingebung zurückführt. Wie sollte er sie um weitere göttliche Aufschlüsse über Ludwig haben bitten können, wenn er ihre früheren Offenbarungen als irrthümliche Einbildungen angesehen hätte? Das, was er von Margaretha kurz nach Ludwig's Tode begehrt, die Weise, wie er es begehrt, ist zusammengehalten mit dem, dass er es eben von Margaretha begehrt, ein vollgültiger Beweis, dass er deren Ansicht über Ludwig theilt und ein Freund und Anhänger desselben war.

Er begehrte „mit grossem Ernst" von ihr, dass sie Gott für den
Kaiser bäte. Er hatte „grossen Ernst" darum, zu erfahren was Gott
mit dem Kaiser gewirkt hatte in der kurzen Frist, die er bei seinem
Tode gehabt habe. Sie bittet Jesus und empfängt die Antwort: Ich
habe ihm Sicherheit gegeben des ewigen Lebens. Und auf die
Frage, womit er das verdient habe, wird ihr geantwortet: Er
hat mich lieb gehabt. Denn menschlich Urtheil (des Papstes) wird
oft betrogen. „Das empfing ich", schreibt sie, „mit grosser
Freude." Als sie mehrere Tage nachher in den Chor trat, ist ihr
Herz der Freude noch so voll, dass sie nicht beten konnte und sich
niedersetzen musste. Von neuem hört sie Stimmen, die sie seiner Seligkeit versichern.

War doch auch bei solchen, welche Ludwig's Partei nicht nahmen,
wie bei Christina Ebner in Engelthal, das Gefühl bestimmt genug, dass
der Papst schweres Unrecht thue, indem er durch das Interdict jene
leiden lasse, welche nichts verschuldet hätten. Denn auch den Nonnen
zu Engelthal, wie allen, welche unter kaiserlich gesinnten Obrigkeiten
standen, durfte nicht Messe gelesen oder das Sacrament gereicht werden.
„Dass der Papst", ruft Christina aus, „den Schwestern also thät und
andern geistlichen Leuten, das Rufen und Säufzen ging in den Himmel."
Aber Christina gab sich darein im Gehorsam gegen die päpstliche Autorität. Hatte sie ja im J. 1338 sich nur gezwungen in den Befehl des
Raths zu Nürnberg gefügt, dass sie in Engelthal keinen Prediger be-
herbergen sollten, der nicht öffentlich singe. Wäre sie frei und unge-
gezwungen wie er ,so hatte sie an Heinrich von Nördlingen geschrieben,
sie wollte eher deutsche Lande räumen, ehe sie solches thäte. Sie scheint
denn auch von keinem der „profanirenden" Priester, so nannte man
die, welche dem Volke Messe lasen oder den Leib des Herrn reichten,
das Abendmahl empfangen zu haben. Anders Margaretha. Für
Medingen hatte der Provinzial die Entscheidung dieser Frage dem
Gewissen der Einzelnen überlassen und Margaretha setzte sich über
das Verbot des Papstes hinweg. „Herr, lässest du mich damit unrecht
thun, so sprach sie zu Christus, so musst du es für mich büssen. Und
sie empfing die Antwort: Du sollst zu mir gehn, denn ich will dich
nimmer lassen weder hier noch dort. Denn wer mein in rechter Minne
begehrt, dem will ich mich in rechter Minne nimmer entziehen." Es
ist der unmittelbare Zusammenschluss des Glaubens mit Christus und
die durch ihn gewirkte Gewissheit seiner Gnade, worauf sich diese
Freiheit der menschlichen Autorität gegenüber gründet. „Ich spreche

auch in der Wahrheit, so fügt sie hinzu, dass mit die Gnade Gottes nie
gemindert wurde davon."

Und so ängstlich, so unselbständig Heinrich in manchen Punkten
sonst erscheint: hier ist er doch auch zu sehr von dem Geiste der
mystischen Schule ergriffen, als dass er nicht aus diesem Geiste heraus
eine treffende Rechtfertigung dafür hätte finden sollen. Denn als ihn
Margaretha von ihrem Verhalten in Kenntniss setzt, schreibt er ihr
zurück: „Ich dürfte weder in dir noch in einem Gottesfreunde solche
bedachte, kräftige und bewährte Begierde in Gott und zu Gott hinter-
treiben. Ich liess es gut sein an unserer lieben Mutter Irmel (von
Hohenwart) und an den andern, und lass es noch zugehn in Basel an
vielen Gotteskindern". Er heisst sie die Geschichte von Esther und
König Ahasver lesen (sehr häufig typisch verwendet für die gläubige
Seele und ihr Verhältniss zu Christus), der gesprochen habe: Esther wie
wird dir? fürchte dich nicht; ich bin dein Bruder. „Die Gebote werden
gegeben und gemacht für die, welche unterthänig sein sollen; du aber
regierest mit mir. Esther (Margaretha) begehrt mit dem König zu
essen, und Haman d. i. die ungeordnete Furcht wird erhangen an dem
Galgen des heiligen Kreuzes. Und darum, du Erhöhete in dem Volke,
da dir von der minnenden Barmherzigkeit deines lieben Bruders und
auch deines gewaltigen Königs Jesu Christi gegeben ist mit ihm zu
regieren, der dich auch so oft berührt hat mit dem Scepter seines
heiligen Kreuzes und dir nun längst freie Gewalt gegeben hat in
Himmel, Erde und Fegfeuer: Bitte ihn, du liebe Esther, dass er mit dir
esse" (Br. 6).

Eine solche Freiheit vom Gesetz auf Grund der inneren Heilserr-
fahrung, wie sie später der Protestantismus zur Signatur des ganzen
kirchlichen Gemeinwesens macht, war nun freilich nicht die Meinung
aller Gottesfreunde; aber doch wie aus den Aeusserungen Heinrich's
und andern Anzeichen hervorgeht, die Meinung der meisten. Aus einem
Briefe Venturini's an die Schwestern zu Unterlinden in Colmar, unter
denen Katharina von Gebweiler war, ersehen wir z. B., dass die
Schwestern auch dort das heilige Mahl aus der Hand öffentlich cele-
brirender Priester empfingen; derselbe Brief aber zeigt uns zugleich in
Venturini selbst einen Gegner dieser Freiheit. Im vollen Gegensatze
zu Heinrich von Nördlingen schreibt er: „Was nun aber euere Profa-
nirung des Göttlichen betrifft, so seid ihr keinem heilsamen Rathe gefolgt. Anders lehrte durch Wort und Beispiel die heilige Susanna und
Gott hat sie auf wunderbare Weise befreit, wie er allen denen hilft, die

auf ihn vertrauen. Und so hatte er auch euch auf wunderbare Weise
befreit. Aber weil geschehene Dinge nicht zu ändern sind, so bleibt
nur übrig, dass ihr euch mit Seufzen zu Christus wendet und mit
Thränen um Verzeihung bittet. Dass euch aber die kirchlichen Sacramente vorenthalten werden, damit ist euch die göttliche Liebe nicht
entzogen — denn es kann die Seele auch ohne Gesang und Wörter-
klang Christum aufs reichlichste finden. Von dem Sacrament der
Eucharistie aber sagt der selige Augustin: Glaube, so hast du
empfangen. Versenkt euch darum mit glühender Begierde in das
allersüsseste Leiden des Herrn, und ihr werdet die Frucht des Sacra-
ments haben."

Wie Heinrich von Nördlingen, so ist auch Suso ein Gegner
Ludwig's. Suso stammt aus einer Gegend, wo die Habsburger ihre
Heimath, und unter dem Adel viele Anhänger hatten. So hatte wohl
schon von Anfang an die Zuneigung zu dem ritterlichen Habsburger
die Stellung Suso's in der kirchenpolitischen Frage entschieden. In der
lateinischen Bearbeitung des Buchs der Weisheit, die von dem
deutschen Texte mehrfach abweicht und diesem zur Ergänzung dient,
sieht Suso den Fürsten der Stadt, d. i. den rechtmässigen König,
Friedrich den Schönen, von einem Widder bekämpft, der eine eiserne
Krone trägt. Es ist Ludwig der Baier. Siebenzig Füchse folgen ihm,
welche auch Kronen erhalten. Die Furcht bringt viele in der Stadt auf
die Seite des Widders. Nur wenige halten in der Treue aus und sind
entschlossen, alle Leiden über sich ergehen zu lassen. Den Treuen
hilft nun aber der Führer der Söhne Gottes, der oberste Regent der
Stadt, d. i. der Papst. Nun wendet sich der Widder gegen diesen und
sucht ihn mit seinen Hörnern vom Throne zu stossen; aber dieser bleibt
standhaft und unbesiegt. Da begibt sich der Widder zu dem Fürsten
der Menge (zu Friedrich), bringt ihn mit listigen Worten auf seine
Seite und gewinnt so das Fürstenthum. Doch der Widerstand derer,
welche den alten Ordnungen treu sind, hört nicht auf. Ihre Noth
wächst. Doch eben als der Widder alle seine Macht gesammelt hat zu
einem vernichtenden Schlage (es ist der Zug nach Rom 1328), erheben
sich die Söhne Gottes zum Gebet und dieses findet wunderbare Erhörung.
Der Widder stürzt plötzlich zur Erde und eines seiner Hörner zerbricht
(der von Ludwig eingesetzte Papst tritt zurück). Von diesem Tage an
schwindet die Macht des Widders mehr und mehr. Als Suso diese
Allegorie schrieb, war die Erhebung der deutschen Reichsstände zu
Rense und Frankfurt noch nicht eingetreten. Aber die Bewegung zu

Gunsten Ludwig's ist sicher ohne Einfluss auf Suso geblieben, wie ds
es auch bei Heinrich von Nördlingen blieb. Noch nach dem Tode
Ludwig's machen sich die Gegensätze in den Anschauungen der Freunde
geltend. „Deinen König", so nennt Margaretha Karl IV. in einem
Briefe an Heinrich, und in gereiztem Tone schreibt dieser ihr zurück:
„Du sollst den neuen König nicht heissen meinen König, sondern
den christlichen König".

Und wie Margaretha einst für Ludwig, so betet Christina jetzt
für Karl und empfängt Offenbarungen über ihn. „Ich will dem König
drei Gaben geben, so hört sie Ende 1347 über ihn: die Wahl (der
Fürsten), die Gnädigkeit des Papstes und Signuft" (Sieg). Im Auftrag
Christi muss sie ihm kund thun, er sei ein Erbe des ewigen Reiches
und solle darin behütet werden. Was die schüchternere Margaretha
in gleichem Falle bei Ludwig zu thun sich scheute, das hat sie wohl
gethan. König Karl sucht sie denn auch auf, ihr seine Verehrung zu
bezeugen. Im Jahre 1349, so berichtet sie, kamen zu ihr König Karl,
ein Bischof, drei Herzoge und viele Grafen, die knieten vor ihr und
baten sie mit grosser Begierde, dass sie ihnen zu trinken gebe und sie
segne. Karl's Frömmigkeit ist nicht ohne Beimischung von Schlauheit.
Das Volk ehrt in ihm den eifrigen frommen Reliquiensammler und er
ehrt die, an denen das Volk als an Heiligen hängt.

Während so in der sturmbewegten Zeit der dreissiger und vierziger
Jahre die Freunde der Mystik ein jeder nach seiner Art im kirchenpolitischen Streite sich unter vielen Zweifeln zurechtzufinden suchen,
stärken sie sich gegenseitig in der gemeinsamen Richtung durch die
Pflege der Gemeinschaft, für die mit der Uebersiedelung Heinrich's von
Nördlingen nach Basel etwa auf ein Jahrzehnt diese Stadt ein Mittelpunkt wurde. So gut kaiserlich man in Basel war, so viel kirchlicher
Sinn herrschte doch auch daselbst. Man duldete diejenigen unter den
einheimischen Klerikern, welche seit dem Jahre 1331 die Messe nicht
mehr sangen, und gewährte fremden Klerikern ein Asyl, welche wie
Heinrich oder die Strassburger Dominikaner aus ihrer Heimath hatten
weichen müssen. Im neuen Spital zu Basel fand Heinrich von Nörd-
lingen im J. 1339 Herberge; er erhielt Erlaubniss, in der mit dem
Spital verbundenen Kirche zu predigen. Bald drängt sich alles zu
seinem Predigtstuhl, „das beste Volk, das in Basel ist, von armen
Gotteskindern und von reichen, von Männern und von Frauen, von
Pfaffen, Mönchen, Brüdern, Bürgern, Chorherren, edlen und gemeinen
Leuten, also dass sie vor der Frühmesse kommen und suchen sich einen

Platz mit grossen Begierden — Den Deutschherren liest er täglich die Messe und erhält dafür den Tisch. Viele kommen zu seinem Beichtstuhl. Pfarrstellen, Pfründen werden ihm angeboten; zahlreiche Geschenke ihm zu Theil. Noch im J. 1339 kann er seine Mutter aus Nördlingen zu sich kommen lassen. Da bildet sich denn nun bald um ihn auch ein engerer Kreis von „Gottesfreunden", wie in den Briefen Heinrich's, in den Predigten Eckhart's, Tauler's, Suso's diejenigen genannt werden, welche in Verläugnung der Welt und ihrer selbst eine unmittelbare Gemeinschaft mit Gott anstreben und nach einer reicheren Mittheilung von göttlicher Gnade und Erleuchtung begehren, als sie die veräusserlichte Kirche und Schultheologie zu bieten vermochte.

Der Kreis der Gottesfreunde in Basel nimmt zu und ab, je nachdem es die aufgeregte Zeit mit sich bringt. Heinrich's Briefe verzeichnen als hervorragend unter ihnen einen Heinrich von Rheinfelden, einen Ritter von Pfaffenheim, einen Ritter von Landsberg mit seiner „gottleuchtenden" Frau, eine Frau von Frick, eine Gräfin von Falkenstein, Priorin der Dominikanerinnen zu Klingenthal in Basel, eine Margaretha zum goldenen Ring. Zu diesem Kreise gehörte auch Tauler während seines Aufenthalts in Basel. Nach allen Seiten hin pflegen sie die Verbindung mit Freunden derselben Richtung, so mit den Nonnen von Unterlinden in Colmar, mit der Familie Merswin in Strassburg, mit Venturini in Südfrankreich, mit den Gottesfreunden in den Niederlanden, in Cöln, in Engelthal, Medingen, Kaisersheim, Wien.

Die Sammlung der Briefe Heinrich's von Nördlingen lässt uns einen Blick thun in diese Gemeinschaft. Es ist vorwiegend die ältere Mystik, deren Weisungen man folgt. Das besondere der eckhartischen Mystik tritt weniger hervor, obwohl einzelnes zeigt, dass man sie kennt. Ist ja doch Tauler ein Angehöriger dieses Kreises. Aber es ist hier mehr auf wechselseitige Stärkung im frommen Leben abgesehen als auf speculative Erkenntnisse und mehr als von diesen nährt sich die Flamme des religiosen Lebens von wunderbaren Visionen und Offenbarungen, die Einzelnen von ihnen zu Theil werden. Wir haben ausser Briefen Heinrich's von Nördlingen, Briefe Tauler's, der Margaretha Ebner, Heinrich's von Rheinfelden, der Margaretha zum goldnen Ring, des Abts Ulrich Niblung von Kaisersheim, Venturini's; aber weder in diesen noch sonst in den Schriften der Zeit treffen wir auf Angaben, welche uns nöthigten, die Gottesfreunde als einen förmlichen Verein zu denken. Wir finden da überall nur einen freien Verkehr gleichgesinnter Freunde miteinander.

Reisen oder Briefe vermitteln die Gemeinschaft. Geschenke, die man sich sendet, Reliquien, Bilder, Kreuze, Messen, wie es scheint zu künstlichen Schnitzarbeiten, Zeuge, stärkende Arzneien und der gleichen bekunden die gegenwärtige Theilnahme. Man empfiehlt sich der Fürbitte der andern, man theilt sich Schritten mit, welche in der ge- meinsamen Richtung stärken und fördern können. Im Jahre 1345 aber setzt Heinrich von Nördlingen mit Heinrich von Rheinfelden das Buch der Begine Mechthild von Magdeburg, das fliessende Licht der Gottheit, aus dem Niederdeutschen in's Oberdeutsche zunächst für Margaretha zum goldnen Ring. Es wird zur Kenntniss, zur Abschrift nach Kaisers- heim, nach Medingen, nach Engelthal gesendet. Unter Gebet sollen sie in Medingen „diesen himmlischen Gesang" lesen. Nach dem Tode der Margaretha zum goldnen Ring kommt das hochgehaltene Werk als ihr Vermächtniss an die Waldschwestern von Maria-Einsiedeln. Nach Kaisersheim sendet Heinrich ein Exemplar von Suso's *Horologium aeternae sapientiae*, von welchem Tauler der Eigenthümer ist. Auch eine andere Schrift gedenkt er zu schicken, das Buch „von dem reichen Namen und der süssen Minne Jesu", das bis jetzt nicht wieder gefunden zu sein scheint. Auf ihres Freundes Heinrich Veranlassung schreibt Margaretha Ebner, wie wir sahen, ihre Gesichte und Offen- barungen nieder und sendet sie an Heinrich, durch den sie dann wieder an Tauler und Andere gelangen. Heinrich ist daneben auch ein eifriger Freund der Schriften des Thomas. Die Medinger Freundinnen erhalten den Auftrag, für ihn die beiden Summen in Augsburg kaufen zu lassen. Er habe darin, so schreibt er der Margaretha, seit er von der Schule weg sei, aller seiner Begierde Befriedigung gefunden. Er wisse nichts auf Erden „in vergänglichen Dingen", das er lieber hätte.

Bemerkenswerth ist, welche Anziehungskraft für Heinrich die Reliquien haben und wie bemüht er ist, dergleichen für sich und seine Freunde zu gewinnen. Er unternahm, wie es scheint, besondere Reisen deshalb. Von einer Reise nach Cöln und Aachen 1346 bringt er einen Finger der heiligen Agnes mit und drei Schädel, die dann Margaretha in Medingen zieren und bewahren muss. Auf das eifrigste erkundet er sich in seinen Briefen um diese Heiligthümer. Margaretha scheint ihm hierin nicht genug zu thun. „Ich hör als nit um St. Agnes Finger." Drei, viermal muss er sie mahnen, bis sie endlich sich entschuldigend bemerkt, dass sie selbst Begierde dazu habe. Er meldet ihr, dass ein Gerücht gehe, dass die Tunika Christi gefunden sei, und er sendet ihr einen andächtigen Brief von dem Rock Gottes, den die grossen „Freunde in den Niederlanden" den Baselern empfohlen haben, damit er unter deren Freunden verbreitet werde.

Im Jahre 1317 hält er sich im Auftrag des Bischofs von Basel, der ihn als einen glücklichen Unterhändler in diesen Dingen kennen mochte, längere Zeit zu Bamberg auf, um Reliquien Kaiser Heinrich's zu gewinnen, und unter grossen Festlichkeiten zieht er im Oktober mit den erlangten Schätzen in Basel ein. Wie stark vom Sauerteig heidnischer Magie inficirt erscheint doch das Christenthum jener Zeit, wenn auch Männer wie Heinrich die schirmenden und segnenden Kräfte an todtes Gebein gebunden wähnen, und in wie schroffem Gegensatze dazu steht hinwieder Eckhart's Wort: „Leute, was suchet ihr an dem todten Gebeine? Warum suchet ihr nicht das lebende Heilthum, das euch mag geben ewiges Leben? Denn der Todte hat weder zu geben noch zu nehmen!" (1, 452).

Wie verschieden sind überhaupt auch die Naturen, die sich hier in der gemeinsamen Richtung begegnen: der unter der Macht seiner leicht bestimmbaren Gefühle stehende Heinrich von Nördlingen, der praktisch verständige, tiefernste Tauler, der ideale, innige, in hingebender Liebe sich verzehrende Suso, die gemüthsstarke und freie und doch auch wieder weiblich schüchterne Margaretha, die ihrer selbst gewisse prophetisch ernste Christina, und, um auch einen Fremden zu nennen, der in Berührung mit diesem Kreise steht — der Italiener Venturini mit der Macht seiner feurigen Natur, welche in Italien Tausende mit sich fortgerissen hat, und dabei mit den Merkmalen einer freilich unbewussten Neigung, sich selbst zur Schau zu stellen. Gleich im Eingang seines Briefes nach Unterlinden [1] zeichnet er den Schwestern sein Bild, wie er das Lager gesucht, der nöthigen Ruhe zu pflegen, wie aber der Brief der Schwestern ihm keine Ruhe gelassen, wie er sich erhoben, das Licht angezündet, die Hand zum Schreiben angesetzt habe:

„Als ich euren Brief empfing in der Pfingstoctav, o heilige Schwestern, Bräute meines Herrn Jesu Christi, da jauchzte mein Herz in innerem Jubel auf, und ich fühlte eine Regung des göttlichen Geistes, dessen Führung ich mich seit langem völlig überlassen habe, auch euch hinwieder zu schreiben, was mein Innerstes bewegt. So

---

1) *Cod. Erlang. 393 f. 133 sqq. Epist. Venturini ad moniales de Subtilia in Theutonia ad inveniendum divinum amorem, continens quinque capitula cum suis notabilibus.*

stand ich auf vom Lager, wohin ich mich zum Schlafe gelegt, dem
Leib die nöthige Ruhe zu gönnen, machte Licht und setzte die Hand zum
Schreiben an. Denn wenn ich auch hatte ruhen wollen, ich hatte es
nicht vermocht, da es meinem Geiste keine Ruhe liess, das Werk der
Liebe zu üben." Wir sehen zugleich aus den Briefen Venturini's, dass
dieser Italiener aus einer Schule kommt, wo die Form, die Diction
einigermassen anspruchsvoll sich geltend macht, und Rythmus-, Bild,
Antithese und dergl. nicht ohne Vorliebe gepflegt wird, wogegen in
den deutschen Briefen die Mystik, was sie zu sagen hat, meist künstlos
und schlicht ausspricht. Denn auch bei Heinrich von Nördlingen rührt
der Mangel an Schlichtheit weniger von der Lust am Spiel mit den
Formen als von einem Uebermass der Empfindung her, deren sein Geist
nicht Herr werden kann.

Wenden wir unsern Blick aus der Gemeinschaft der Gottesfreunde
wieder hinaus in die Unruhe und Noth der Zeiten, unter deren Einfluss
sich das Band der Freundschaft, das jene umschlang, nur um so fester
zog. Auch nach Ludwig's Tode legten sich die Wogen des kirchenpolitischen Kampfes nicht sofort. Die freien Städte weigerten sich fast
überall, die päpstliche Absolution unter den Bedingungen anzunehmen,
unter welchen sie angeboten wurde. Die kirchliche Autorität hatte
offenbar durch das Verhalten der letzten päpstlichen Regierungen einen
schweren Stoss erlitten. Das Gefühl der Unsicherheit zu vermehren
trat eine Noth um die andere hervor. Den Kampf Ludwig's gegen den
päpstlichen König setzte die wittelsbachische Partei noch einige Jahre
fort. Zu der mannigfachen Kriegsnoth kamen andere weit schwerere
Heimsuchungen.

Auch die Natur schien aus ihrer gewohnten Bahn gewichen und
schreckte mit Verderben und Tod die Völker. Ungeheure Heu-
schreckenzüge hatten schon im J. 1338 die Aernten vernichtet, wiederholte Ueberschwemmungen, wie sie seit lange unerhört waren, in den
Jahren 1342 und 1343 die grössten Verheerungen angerichtet. Der
Hunger hatte den ärmeren Theil der Bevölkerung namentlich in Oberdeutschland geschwächt und viele hinweggerafft. Da erschien im
J. 1348 von Italien und Südfrankreich her die Pest, „der schwarze
Tod", an den Grenzen Deutschlands und wurde dann durch mehrere
Jahre der Schrecken der abendländischen Völker. In Deutschland
schätzt man die Opfer der Seuche über eine Million. Zu der Pest ge-
sellten sich die grossen Erdbeben des J. 1348, welche einzelne Städte
völlig oder theilweise zerstörten und gegen 5000 Menschen das Leben

kosteten. Das schienen die Plagen zu sein, welche dem Ende nach den Weissagungen der Schrift vorhergehen sollten. Auch die Zeichen am Himmel, welche die Wiederkunft Christi ankündigen werden, glaubte man bereits zu sehen. Im J. 1337 hatte die Erscheinung eines Kometen Schrecken verbreitet. Sonnen- und Mondfinsternisse waren in den folgenden Jahren hinzugekommen. Als so einmal die Stimmung aufgeregt und der Blick auf das Ende der Dinge gerichtet war, da fehlte es auch an Weissagungen über das, was zunächst kommen sollte, nicht. Manche der ekstatischen Frauen verkündeten, wie einst Hildegard von Bingen, das Unglück der nächsten Jahre voraus. Im J. 1347, so lesen wir bei Christina Ebner, wurden ihr kund gethan die grossen Schläge, die Gott auf die Christenheit legen wollte, dass grosse Erdbeben kommen würden und dass die Leute zu Steinen und ganze Städte versinken würden, und dass, wo der Papst wohne, viele Leute jähen Todes sterben sollten. Zur Besserung der Seelen, zu einer Erschreckung der Christenheit werde das geschehen.

Aehnliches wird von Liutgard von Wittichen, die im J. 1348 gestorben ist, berichtet: „Kinder", so habe sie verkündet, „ihr sollt wissen, dass Gott die Leute würgen will, recht als da man Hühner würgt."

Nicht überall bringen die Zeiten des Unglücks die gleichen Wirkungen hervor. Bei vielen entfesseln sie die rohen Begierden und sprengen die letzten Bande, welche Furcht und Sitte noch übrig gelassen haben. Wie in Italien unter zahllosen Leichen die Fleischeslust ihre Bacchanalien feierte, so weckte in Deutschland das öffentliche Unglück die Raublust und Mordgier in den Herzen des niederen Volkes auf. Da war rasch in der entsetzlichen Plage selbst die Rechtfertigung gefunden für den lange gehegten Hass gegen die reichen und wuchernden Juden, und für die blutigen Gräuel, in denen er zum Ausbruch kam. Auf den Verdacht hin, die Juden hätten durch Vergiftung der Brunnen das grosse Sterben veranlasst, erhob sich fast überall in den Jahren 1348 und 49 in den Rheinstädten der Pöbel und ermordete die Unglücklichen mit erbarmungsloser Grausamkeit. Mit wenigen Ausnahmen erwiesen sich die Magistrate zu schwach für ihre Pflicht. Auch in viele Orte des inneren Deutschlands pflanzte sich der verheerende Sturm fort. Wie Christina Ebner in Engelthal, so begehrt auch Margaretha eine göttliche Antwort in Bezug auf das „gemeine Sterben der Menschen", und sie erfährt, dass es verhängt sei um der Sünden und grossen Gebrechen willen, in denen die Christenheit liege. Aber sie hat auch Be-

gierde zu wissen, ob die Juden mit Wahrheit als die Urheber bezeichnet
wurden und ihr wird geantwortet: „es wäre wahr". Der Dominikaner
Heinrich von Herford meint, das sprungweise Auftreten der Pest habe
dem Verdacht gegen die Juden Nahrung gegeben. Er selbst hält sie
für schuldlos und bezeichnet richtig die Habgier und die Aussicht
von den lästigen Gläubigern frei zu werden als die Quellen der
gegen sie verübten Bestialitäten.

Bei Vielen lenkte die öffentliche Noth den Blick in das eigene
Leben und weckte den Geist der Busse. Es war nicht das erste mal,
dass in Zeiten allgemeiner Heimsuchung grosse Schaaren von Menschen
zu gemeinsamen Bussübungen sich vereinten, und Stadt und Land
durchzogen, um durch den Ernst ihrer Busse auch andere zur Umkehr
aufzurufen. In Italien hatte sich unter dem zerfleischenden Kampfe der
Welfen und Ghibellinen im J. 1260 eine Schaar zu einer Bussfahrt
gegen Rom zusammengethan. Dreiunddreissig Tage (nach der Zahl der
Lebensjahre Christi) währte die Bussübung für die Einzelnen, bei der
man sich zweimal des Tages geisselte. Bald erhoben sich aller Orten
in Italien solche Geisslerzüge. Zuerst unter den Welfen, dann auch bei
den Ghibellinen. Sie setzten sich bis nach Süddeutschland fort. In ähnlicher Weise rief die feurige Beredsamkeit des erst dreissigjährigen
Venturini im J. 1334 viele Tausende in Italien zu einer Buss- und
Geisselfahrt nach Rom. Mit Misstrauen sah der Klerus auf dieses nicht
von der kirchlichen Autorität angeordnete Treiben. Venturini, nach
Avignon gekommen, musste auf Befehl des Papstes für eine Reihe von
Jahren in einer Art von Verbannung bei Avignon leben. In dieser Zeit
trat er mit den Gottesfreunden in Deutschland in Verkehr. Wenige
Jahre nach seinem Tode führte die Noth in Deutschland, vor allem die
schreckliche Pest, zu ähnlichen Geisslerfahrten. Wo die erste derartige
Vereinigung stattfand, lässt sich nicht mehr mit Sicherheit bestimmen.
Die Quellenangaben führen auf Süddeutschland. Einer der frühesten
Züge war der von der Magdeburger Schöppenchronik geschilderte. Er
kam am „freitag in der Paschen" d. i. am 17. April 1349 nach Magdeburg, und zwar von „perne". Die Beschreibungen, welche Matthias
von Neuenburg, die Chronik von Closener, Heinrich von Herford und
Andere von ihrem Auftreten an verschiedenen Orten geben, enthalten
so viel Gemeinsames, dass eine erste Genossenschaft, welche für die
andern Vorbild wurde, angenommen werden muss. In Schaaren von
100—200 zogen sie von Ort zu Ort, Hauptleute, „Meister", führten
die Züge. Sie nahmen jedem, der eintrat, Verpflichtungen ab. Drei-

unddreissig und einen halben Tag (vgl. z. J. 1260) dauerte die Busszeit
für jeden nach der Zahl der Jahre Christi. Paarweise, unter Gesang
und Vortragen von Fahnen oder Kreuzen zogen sie in die Städte ein;
anfangs nur Männer, später auch Frauen, aber in eigenen Zügen. Auf
den Hüten und Mänteln trugen sie das Zeichen des Kreuzes. An der
Seite hing die Geissel, deren drei Schnüre in Knoten endeten, durch
welche kreuzweise Stacheln gesteckt waren. Auf den Plätzen vor der
Kirche stellten sie ihre Geisselungen an. Von den Lenden abwärts mit
einem faltigen Tuche umhüllt, den Oberleib entblösst begannen sie vielfach
die Uebung damit, dass alle sich auf die Erde legten und zwei Reihen
bildeten, zwischen denen die Meister hindurchgingen, um jedem unter
einem Geisselschlag zuzurufen: Gott gebe dir Vergebung aller deiner
Sünden! Erhebe dich! Wenn sich alle erhoben hatten, zogen sie paarweise im Kreise dreimal um den Platz. In der Mitte standen die Meister
und sangen vor:

> Nun tretet her, die büssen wollen,
> Fliehen wir denn die heisse Hölle,
> Lucifer ist ein böser Geselle etc.

Alle sangen nach und geisselten sich dabei bis auf's Blut. Bei
jedem der drei Umgänge fielen sie dreimal zur Erde. Das Zeichen dazu
waren die Worte des Liedes:

> Nun hebet auf Alle eure Hände,
> Dass Gott das grosse Sterben wende,
> Hebet auf Alle eure Arme,
> Dass sich Gott über euch erbarme!
> Christ ward gelabet mit Gallen,
> Des sollen wir an ein Kreuze fallen.

So lagen sie dann, die Arme ausgestreckt, ein jeder in Form eines
Kreuzes, wobei sie beteten. Dann erhoben sie sich von neuem zur
Geisselung und zum Gesang, bis der dritte Umgang vollendet war.
Den Schluss bildeten zumeist Ansprachen der Meister an das Volk und
das Vorlesen eines Briefes, den ein Engel vom Himmel dem Patriarchen
von Jerusalem gebracht haben sollte.[1]
    Dieser Brief ist, wie mir scheint, eine Fiction aus früherer Zeit und

---

1) Beschreibung verschiedener Züge bei Förstemann, Die christlichen
Geisslergesellschaften. Halle 1828. Stumpf, in den Mittheil. des thüring.
Vereins II. Riedel, in den Jahrbüchern der Berl. Gesellsch. für deutsche
Sprache und Alterthumskunde IV. etc.

nicht erst in jener Zeit entstanden. Er enthält keine einzige charakteristische Beziehung auf die Gegenwart, wohl aber solches, das an die Zeit erinnert, da man für den Gottesfrieden wenigstens noch den Sonntag erhalten wollte. Auch erinnert die Sprache durchweg an die prophetischen Fictionen aus den Zeiten der Hildegard.

Mit Misstrauen standen sehr bald schon Bischöfe und Klerus auch diesen Bussübungen gegenüber, wenngleich einzelne Kleriker und insbesondere Bettelmönche, wie aus der gegen die Geissler erlassenen päpstlichen Bulle hervorgeht, sich dabei betheiligten oder sie in Schutz nahmen. Was den Widerstand der Hierarchie erweckte, war wie früher die Emancipation von der Ordnung der Kirche, eine Satisfaction für die Sünden, welche nicht von der Kirche vorgeschrieben war, und eine Freisprechung von Sünden nicht durch Priester sondern durch Laien. Auch die eigenmächtige Predigt und die Berufung auf die eigene Gewissheit erregte Unwillen. Der Frage des Klerikers: Wie könnt ihr predigen ohne Beruf? antwortete häufig die Gegenfrage: Und wer hat euch berufen, und woher wisst ihr, dass ihr Christi Leib consecrirt, und dass es das wahre Evangelium ist, das ihr verkündet? (Heinrich von Herford).

Anderes kam hinzu, das Ende der Bewegung herbeizuführen. Viele heruntergekommene schlechte Leute schlossen sich an. So sehr auch leichtfertige Frauen ferne gehalten werden mochten, dennoch kamen Fälle der Unzucht vor. Leicht war auch ein fanatischer Geist erweckt, der in Gewalt- und Blutthaten gegen die Juden oder die Gegner der Bewegung sich äusserte. Schon am 2. October 1349 erliess Clemens VI. eine Bulle gegen die Geissler. Der Papst klagt sie der Verletzung der kirchlichen Autorität und Ordnung an. Bald verschlossen die Städte ihre Thore, die Landesherren ihre Grenzen.

Anderer Ansicht war noch im Juli jenes Jahres Christina Ebner. Ihre Aufzeichnungen erwähnen der Menge, die sich unter die Geissler aufnehmen liess; edel und unedel, jung und alt seien hinzugelaufen recht als durstige Hirsche zu dem Brunnen. Von Gott komme diese Bewegung, so offenbarte ihr damals der Herr; Gottes Gnade habe einen geminneten ausbrechenden Fluss in die Welt gesendet, und weil Gott es ihnen einbilde, so müssten sie es vollbringen und könnten es nicht lassen, „und wer diesen Leuten gut oder übel thun würde, des werde sich Gott selber annehmen".

Auch nach Engelthal kamen Geisslerzüge, wohl um Worte der Mahnung zu hören und den Segen der bewunderten Christina zu empfangen. Von Gott getrieben, so berichten die Aufzeichnungen, trat sie unter die Kirchthüre vor die Geissler und das Volk, und man drang in sie, sie musste, wie es scheint, lange reden: „es war bis zur Vesperzeit, dass sie ihre süssen Worte höreten von unserem Herrn".

Die Bulle vom 2. October scheint sie in ihrer Meinung über die Geissler wenig beeinflusst zu haben, da sie jene Worte der vermeinten göttlichen Offenbarung über sie nicht nur aufzeichnen liess, sondern auch später noch im J. 1351 die Anregung zu den Geisslerfahrten auf Gottes Gnade zurückführt. Denn der Gnaden, die Christus der Welt um diese Zeit that, sind ihren Worten zufolge vornehmlich zwei: die eine, dass das Erdreich jetzt entzündet ist mit dem Feuer der göttlichen Lehre, die andere: „dass man viele Leute findet, die gerne recht thäten, wüssten sie woran, das bewähr ich dir an den Geisslern".

Unter denen, welche mit ihren feurigen Zungen das Erdreich entzünden, sind, wie ihr Gott offenbart, vornehmlich Tauler und Heinrich von Nördlingen gemeint. Ja nicht allein heilige Lehrer sind es nach ihren Worten, die es mit ihrer Predigt entzünden, sondern auch solche, die in grossen Sünden sind. Denkt sie mit dieser letzten Bemerkung vielleicht an Suso, welcher um jene Zeit durch die Verleumdung eines unzüchtigen Weibes in üblen Ruf gekommen war?

Und noch eine weitere Gnade, so wird ihr in jener Zeit kundgethan, erweist der Herr dem Erdreich, dass „jetzt Leute in allen christlichen Landen sind, welche in der höchsten Minne stehn, an denen die Christenheit ein Exempel und Gott Ehre und der Himmel Freude hat". Ohne Zweifel meint sie hier die Schaar der Gottesfreunde, von denen Eckhart früher und Tauler bald nachher das Gleiche aussagen. Sie sind es, nach den Worten der beiden letztgenannten, um welcher willen eigentlich die Welt noch erhalten bleibt.

Denn das Gericht des Untergangs steht nach der Meinung der Gottesfreunde nahe bevor. Nun werden aber, ehe der Herr kommt, die Gläubigen der Schrift zufolge schwere Verfolgungen erleiden müssen. Da beschäftigt sie denn vielfach die Zeit des Eintritts dieser Verfolgungen und es werden vermeinte Weissagungen der Hildegard und andere dahinzielende Aussprüche eifrig gelesen und besprochen. Heinrich von Nördlingen erwähnt gegen das Ende des J. 1349 einer Sage, nach welcher die Plagen für die Gottesfreunde in drei, und einer andern, nach welcher sie in zehn Jahren kommen sollten. Er bittet Margaretha, eine göttliche Antwort zu erwirken, ob er die Leute noch mehr, als er bereits thue, vor den Gefahren warnen soll, d. h. wohl, sie möge erfragen, ob die Plagen wirklich so nahe bevorstehen. Auch geben, so sagt Heinrich weiter, manche gute Leute der bevorstehenden Verfolgungen wegen einen Theil dessen, was ohne ihr Zuthun an zeitlichem Gut ihnen zufällt, schon jetzt den Gottesfreunden, das übrige sparen sie ihnen auf für die Tage der Verfolgung. Auch da möchte Heinrich wissen, ob er die Leute in solchem Thun bestärken oder ihnen anders rathen soll (Br. 62 Doc.).

Als Heinrich diese Worte schrieb, hatte er Basel bereits verlassen. Das Zusammenleben in dieser Stadt bot den Gottesfreunden allerlei geistliche Genüsse, führte manche, wie jene dem Adel angehörige Frau von Frick, dazu hieher zu ziehen, zu der „heiligen, ehrbaren, geistlichen Gesellschaft, der viel in Basel ist". Sie glaubt da aus dem Fegfeuer in das Paradies gekommen zu sein. Aber gerade das Behagen in solchem Genusse stört Heinrich auf. Als er solches an sich inne wird, zieht er fort, indem er zugleich bedenkt, dass man anderwärts seiner Arbeit besser bedürfe (Br. 2 Henn.).

Seit Heinrich weggezogen war, fehlte eine Persönlichkeit, welche wie er die nahen und fernen Freunde in wechselseitiger Berührung zu erhalten verstanden hätte. Dazu riss der schwarze Tod auch in den Reihen der Gottesfreunde manche Lücke. So hörte der lebhafte Verkehr allmählich auf. Heinrich, der von Basel zunächst nach Sulz im Elsass gegangen war, zog unstät umher, bald da bald dort predigend, bis er nach Wiederherstellung des kirchlichen Friedens zu grosser Freude der Freundin in Medingen in seine schwäbische Heimath zurückkehrte. Es war um den April des J. 1350, in einer Zeit, als gerade um Medingen her die furchtbare Seuche wüthete. An Einem Tage, da eben Abt Ulrich mit Heinrich bei Margaretha zu Besuche war, starben in Kaisersheim sieben Priester und ein Novize, in der Zeit von vier Wochen 22 Angehörige dieses Klosters. Nicht viel über ein Jahr noch konnte Heinrich den Umgang Margaretha's geniessen. Sie starb am 20. Juni 1351.[1] Welche Stellung Heinrich in seiner Heimath gefunden, wissen wir nicht. Denn wenn auch sein vormals siegreicher Mitbewerber um Fessenheim im J. 1345 zu Gunsten Heinrich's auf die Pfarrei verzichtet hatte (Br. 45 Doc.), so ist doch nicht wahrscheinlich, dass diese bis zu seiner Wiederkehr unbesetzt geblieben sei. Nicht lange nach dem Tode Margaretha's hält sich

---

[1] Der Sarg, welcher ihre Gebeine einschliesst, befindet sich noch zu Medingen in einer Kapelle, die man zu ihrem Andenken errichtet hat.

Heinrich drei Wochen bei Christina zu Engelthal auf. Von da an verliert sich seine Spur. Christina folgte ihrer Freundin Margaretha am 27. December 1356. Sie starb 79 Jahre alt zu Engelthal.[1]

1) Dass Christina in Engelthal gestorben und begraben sei, steht am Schlusse der Handschrift, welche ihre letzten Visionen enthält. Gegen Schröder, der sie nach M. Meyer, Die Kirche des heiligen Sebald, 1831, in Nürnberg begraben sein lässt, wenigstens da ihren Grabstein gesehen haben will.

ZWEITES BUCH.

Heinrich Suso.

I.

Suso's Schriften.

Suso hat im J. 1362, wie ich in der Einleitung zu meiner Ausgabe von Suso's Briefen gezeigt habe, also im 4. Jahre vor seinem Tode sich mit einer nochmaligen Redaction seiner Hauptschriften befasst. Er wollte, weil sie von mancherlei „unkönnenden" Abschreibern unvollständig oder mit Zusätzen abgeschrieben worden waren, ein rechtes Exemplar herstellen in der Weise, wie sie ihm „des ersten von Gott eingeleuchtet" worden seien. Diese vier von ihm redigirten Schriften sind 1. die Aufzeichnungen aus seinem Leben, die wir der Kürze wegen die *Vita* nennen wollen; 2. das Büchlein von der ewigen Weisheit; 3. das Büchlein von der Wahrheit; 4. das Briefbüchlein. Sie sind in älterer Zeit zweimal zusammen gedruckt worden und zwar zu Augsburg: 1482 durch Antonius Sorg und 1512 durch Hans Othmar. Der zweite Druck hat keinen selbständigen Werth; er ruht auf dem älteren. Einige Handschriften sowie die Drucke bringen auch die Vorrede, welche Suso für die Schlussredaction geschrieben hat.[1]

Es ist nöthig, diese Schriften in einigen Punkten literargeschichtlich zu erörtern, theils um die Zeit zu erfragen, in der sie entstanden sind, theils um unter den Handschriften diejenigen Texte zu ermitteln, welche die letzte Redaction Suso's vertreten. Denn die *Vita* wie das

---

1) In neuerer Zeit sind die genannten vier Schriften mit Anpassung an die neuere Sprache herausgegeben von Diepenbrock: Heinrich Suso's. genannt Amandus, Leben und Schriften. 3. Aufl. Augsb. 1854, und von Denifle: Die deutschen Schriften des sel. H. Seuse etc. I. Bd. München, bei Dr. Huttler. 1876. 78. 80.

Briefbuch sind in verschiedener Gestalt überliefert. Auch die lateinische Bearbeitung des Büchleins der ewigen Weisheit, sowie das von mir aufgefundene Minnebüchlein erfordern eine besondere Erörterung, das erstere, um für dasselbe eine nähere Zeitbestimmung zu gewinnen, das letztere, um Suso's Autorschaft zu erhärten.

1. Die Vita.

Die *Vita* hat eine zweimalige Redaction durch Suso erfahren.[1] Elisabeth Stagel, Suso's geistliche Tochter (s. o. S. 265 ff.), hatte das, was ihr dieser von seinem Leben erzählt hatte, ohne sein Wissen aufgeschrieben. Als Suso „dieses geistlichen Diebstahls" inne wurde, verbrannte er den ersten ihm ausgehändigten Theil der Aufzeichnungen und wollte mit dem andern nachher auch also thun, als ihm dies von Gott gewehrt wurde. „Und also blieb das Nachgehende unverbrannt, wie sie es des mehreren Theils mit ihrer selbst Hand geschrieben hatte. Etwas guter Lehre (*Cgm. 362. Vita c. 1*) ward auch nach ihrem Tode (von Suso) dazugelegt."

Suso hat also die Aufzeichnungen der Stagel überarbeitet und ergänzt. Auch eine Anzahl von ihm selbst entworfener und mit Sprüchen versehener Bilder, die einzelnes Bedeutsame anschaulich machen oder hervorheben sollten, hat er in das Buch eintragen lassen. Und so lagen „die Quaternen des Buchs heimlich verschlossen viele Jahre und warteten des Todes des Dieners (Suso's), weil er sich in rechter Wahrheit ungern damit bei seinem Leben einem Menschen öffnen wollte" (Diepenbr. Vorw. XIII).

Als Suso später daran ging, einige seiner Schriften von den Entstellungen der Abschreiber zu reinigen und von neuem herauszugeben, entschloss er sich, seinem früheren Vorsatz entgegen, auch die *Vita* schon bei Lebzeiten zu veröffentlichen; denn er fürchtete jetzt, dass man sie nach seinem Tode entweder ganz unterdrücken oder sorglos im Winkel liegen lassen möchte. Um aber Anfechtungen gegenüber gesicherter zu sein, wollte er sich für die Veröffentlichung zuvor die Zustimmung

---

1) Siehe zu dem Folgenden meine Abhandlung: Die Briefbücher Suso's in Zeitschr. f. d. A. Neue Folge VIII, 406 ff.

des Provinzials Bartholomäus von Bolsenheim erholen, und so schrieb er für ihn zuerst die Capitel ab, welche „die allerhöchsten Sinne und allerüberschwänglichsten Materien" enthielten (es sind die letzten Capitel der *Vita*), und sandte sie dem Meister, der sie billigte. Darnach „da die gemeine Lehre zu diesem gesetzt ward und er ihm das Gemeine auch wollte gezeigt haben, da zuckte der gütige Gott diesen Meister von hinnen". Bartholomäus starb im J. 1362. Suso hat also im J. 1362 die *Vita* noch einmal umgeschrieben, um sie zugleich mit den drei andern genannten Schriften zu veröffentlichen.

Es lässt sich erwarten, dass der veränderte Entschluss Suso's, die *Vita* nun schon bei seinem Leben zu veröffentlichen, mehrfach Einfluss auf die Redaction gehabt habe, und in der That lassen sich auch, von untergeordneten Abweichungen abgesehen, zwei Classen von Handschriften unterscheiden, welche in wesentlichen Punkten von einander abweichen. Die eine Classe ist, bis jetzt wenigstens, nur durch eine einzige Handschrift repräsentirt; die andere, zu der wir auch den Druck von 1482 stellen, durch eine grössere Anzahl. Aber jene eine Handschrift, *Cgm. 362* der Münchner Bibliothek, ist eine der ältesten und besten. Sie gehört noch dem 14. Jahrhundert an. Es ist nun die Frage, welche von den Handschriften der *Vita* die letzte Redaction Suso's vertrete?

Wir nehmen unsern Ausgangspunkt von dem 6. Capitel der *Vita*. Hier heisst es nach *Cgm. 362* von einem Morgengebete: „daz er do schreib an dem nachgenden briefbüchlein". Dagegen liest die Strassburger Handschrift *B, 139* (14. sc.) in Uebereinstimmung mit *Cgm. Mon. 819* und *531*: „an etlich niuwe briefbuechlein"; der Druck sowie die Stuttgarter Handschr. 281: „an etliche mynne büchlach"; *Cgm. Mon. 4374* „an etliche brieffbüchlach".

Eine Hinweisung auf ein der *Vita* nachfolgendes Buch, auf das Briefbuch, hat also nur *Cgm. 362*. Auf ein der *Vita* nachfolgendes Buch aber konnte Suso nicht hinweisen, als er die *Vita* zum ersten Mal redigirte, weil er da nicht vorhatte, sie mit den drei andern Schriften hinauszugeben. Sie sollte ja für sich und zwar erst nach seinem Tode erscheinen.

Eine zweite wieder nur unserem *Cgm. 362* eigenthümliche Verweisung auf ein nachfolgendes Briefbuch findet sich Cap. 49 der *Vita*: „wie in dem neuen Briefbüchlein, das hie zu hinterst auch steht, eigentlich ist geschrieben". Bei den andern angeführten Handschriften, welche das bezeichnete Capitel haben, fehlt dieser Zusatz.

Für den Unbefangenen ist klar, dass *Cgm. 362* sich mit dieser Bemerkung in den beiden Capiteln als eine *Vita* der letzten Redaction zu
erkennen gibt, während die andern Handschriften, welche die Bemerkung von einem nachfolgenden Briefbüchlein nicht haben, sondern des Briefbüchleins oder auch des Minnebüchleins nur als eines
gesondert erschienenen gedenken, auf eine Redaction der *Vita* zu
deuten scheinen, bei der Suso noch nicht vorhatte, das Briefbüchlein
zugleich mit hinauszugeben.

Denifle, welcher eine Ausgabe der Schriften Suso's angefangen
hatte, ohne den von mir erst später hervorgehobenen Unterschied
zwischen einer früheren und einer späteren Redaction der *Vita* durch
Suso bemerkt zu haben, gibt nun freilich das nicht zu Läugnende wenn
auch mit Widerstreben zu, versucht jetzt aber den begangenen Fehler
dadurch zu verdecken, dass er sich anstrengt zu beweisen, dass
Cgm. 362 nicht die letzte Redaction repräsentire. [1]

Hiefür versucht er zuerst, jene zwei Stellen von einem der *Vita*
folgenden Briefbüchlein als von fremder Hand eingeschoben hin-
zustellen.

Die Thatsachen, für welche Suso in *Cgm. 362* auf das „nachgehende" Briefbüchlein verweist, sind eine Erzählung von der Verehrung des Namens Jesu und ein von Suso verfasster Morgengruss an
die ewige Weisheit. Nun hatte Suso diese Erzählung mit dem Morgengruss, welche in Verbindung mit dem Tode seiner geistlichen Tochter,
der Stagel, steht, nicht allen Exemplaren seines Briefbüchleins beisetzen
lassen können, vermuthlich weil eine Anzahl derselben schon abgeschrieben und hinausgegeben war, als die Stagel starb. Er liess daher
die beiden Stücke nur „etlichen" Exemplaren noch beifügen. Diesen
Umstand benützt nun Denifle, um herauszubringen, Suso habe in einer
letzten Redaction der *Vita* nicht schreiben können: das Briefbüchlein
habe die Erzählung von dem Namen Jesu etc. gehabt, weil ja nur
etliche Exemplare sie gehabt hätten. Und daraus soll nun folgen,
dass die Bemerkung von fremder Hand eingeschoben sei! Aber welch
ein wunderlicher Schluss ist das? Als ob das Briefbüchlein nicht immer
noch das Briefbüchlein heissen könnte wie zuvor, wenn es in späteren
Exemplaren um ein paar werthvolle Zusätze bereichert ist! Als ob,
um aus der Zeit der gedruckten Bücher einen Vergleich zu nehmen,

---

1) Ein letztes Wort über Seuse's Briefbücher in Zeitschr.
f. d. A. Neue Folge IX, 126 ff.

ein Buch, das in zweiter Auflage um einige Zusätze vermehrt wird,
deshalb einen andern Titel tragen müsste.[1]

Ich wies ferner darauf hin, dass im 21. Capitel von den zwei
Offenbarungen, welche nach den übrigen Handschriften einer von Suso's
geistlichen Töchtern zu Theil geworden sind, die zweite in *Cym. 362*
ganz fehle, und bei der ersten der Zusatz: „die hiess Anna und war
auch seine geistliche Tochter". Das Fehlen des Namens in *Cym. 362*
werde, so meinte ich, sich daraus erklären, dass Suso die *Vita* früher,
als es ursprünglich bei ihm beschlossen war, veröffentlichte. Seine
geistliche Tochter mochte etwa noch unter den Lebenden sein, und
Suso aus Rücksicht für sie die öffentliche Aufmerksamkeit nicht auf sie
lenken wollen. Da meint nun Denifle, Suso habe ja auch im andern
Falle auf ihre Verborgenheit keine Rücksicht genommen; denn die
Redaction der *Vita*, welche ihren Namen nennt — nach meiner Annahme die erste — hätte ja doch nach wenigen Jahren, nämlich nach
seinem Tode, in die Oeffentlichkeit gelangen sollen. Aber macht es
denn keinen Unterschied, ob der Todte oder der Lebende über einen
noch Lebenden berichtet? Das Geheimniss, wer unter den vielen
Schwestern dieses Namens jene Anna sei, hat der Verstorbene mit in's
Grab genommen und es ruht da sicher. Aber dem noch lebenden Suso,
der die Mitlebende durch seine Schrift hervorhebt, ist der Tact wohl
zuzutrauen, dass er auch nicht den Schein haben wollte, als spiele er
mit dem Schleier, unter dem ein demüthiger Sinn gerne verborgen
bleiben will. Doch warum soll Suso nicht bloss den Namen der Anna,
sondern auch die ihr zu Theil gewordene zweite Offenbarung gestrichen
haben? fragt Denifle und meint, man finde gar keinen Grund dafür.
Und doch liegt ein solcher nahe genug. Capitel 36 erzählt uns eine
ganz ähnliche Geschichte von einer andern — und zwar einer verstorbenen — Anna, so dass der Inhalt der einen Erzählung durch
den der andern genügend ersetzt ist. In beiden kennen die genannten
Jungfrauen Suso noch nicht von Angesicht, in beiden sehen sie ihn
zuvor in einer Vision, in beiden sehen sie ihn mit Rosen geschmückt
oder beschüttet, in beiden bedeuten die rothen Rosen sein Leiden. So
begreift sich wohl, wie bei einer zweiten Redaction unsere Geschichte
als überflüssig gestrichen, es begreift sich aber nicht, wie sie erst ein-
gesetzt werden konnte.

Und wohl aus dem gleichem Grunde lässt Suso mit dieser zweiten
Geschichte die dritte wegfallen, deren Fehlen Denifle noch nachträglich
bemerkt. Denn auch hier kommt wieder das Gleichniss von den Rosen

vor, mit denen Suso diesmal seine Hände und Füsse bedeckt sieht, und
welche sein Leiden bedeuten. Hat er ja doch im 2. Capitel vorher
schon eine Erzählung gebracht, in der eine heilige Person ihn sitzen
sieht unter einem Rosenbaum voll schöner rother Rosen, wo gleichfalls
die Rosen sein mannigfaltiges Leiden bedeuten. So mochte Suso bei der
abermaligen Durchsicht der *Vita* finden, dass es der Rosenvisionen
(s. auch noch Cap. 46) etwas viel geworden waren und dass seinem
Buche nichts fehlen dürfte, wenn er auch diese tilgte. Bot ja ohnedies
nach Wegfall der zweiten Geschichte die dritte keinen rechten Anschluss mehr an die erste, denn diese endet damit, dass sie von
etwaigen zukünftigen Leiden redet: „was ihm auch etwa schweren
Leidens darauf mag fallen, des soll er alles von mir wohl ergötzt werden", und die dritte setzt bereits eingetretenes Leiden voraus; denn sie
beginnt mit den Worten: „In derselben leidenden Zeit" etc.

Neben den beiden gleich eingangs erwähnten Stellen von dem
der *Vita* beigegebenen Briefbüchlein scheint mir nun aber noch eine
Stelle des 40. Capitels ganz besonders für die Frage entscheidend,
welcher der Texte der letzten Redaction angehöre. Das genannte
Capitel erzählt uns die Geschichte von jener Verleumdung, durch
welche Suso von einem schlechten und rachsüchtigen Weibe der Unzucht beschuldigt worden war. Da ist es nun wieder *Cgm. 362*, welcher
allein unter den Handschriften jene Stelle hat, in welcher Suso berichtet, der Provinzial der deutschen Provinz habe erklärt, er und der
Ordensmeister hätten diese Sache strenge untersucht und die Rede des
Weibes für eine boshafte Verleumdung erkannt. Jedermann sieht,
dass diese Erklärung der Oberen seines Ordens für Suso's Ruf von der
höchsten Wichtigkeit sein musste. Sie trug mehr als alles andere dazu
bei, seine Ehre vor den Menschen wiederherzustellen und die Schädigung,
welche jene Verleumdung seinem Beruf als Seelsorger und Prediger
gebracht hatte, vollends zu beseitigen. Und diese Stelle soll Suso bei
der zweiten Redaction wieder gestrichen haben? Unmöglich. Sie ist
vielmehr ein klarer Beweis, dass die Handschriften, welche die Stelle
nicht haben, nur der ersten Redaction angehören können, und dass
die erste Redaction in eine Zeit fällt, in welcher Suso jene Bemerkung noch nicht machen konnte, sei es, dass die Untersuchung damals noch nicht abgeschlossen war oder dass ihr Resultat erst bei
einer späteren Gelegenheit veröffentlicht wurde.

Wenn nun Denifle dagegen einwendet, in demselben Capitel werde
ja doch das Ende von Suso's Leiden erwähnt, also müsse Suso auch das

Resultat der Untersuchung schon gekannt haben, und deshalb meint,
ich hätte meine Bemerkung leichtfertig niedergeschrieben, so muss ich
diesem Kritiker doch erwiedern, dass er selbst erst die Dinge sich hätte
näher ansehen sollen, ehe er sein Urtheil abgab. Wohl erzählt das
Capitel das Ende seines Leidens; aber muss denn das so viel heissen,
als Suso hat das Resultat der Untersuchung erfahren? Kann denn das
Leiden nicht auch durch anderes zu Ende gegangen sein? Der Text
gibt die klare Antwort. Seine Pein war gross, als er, in einem andern
Kloster wohnend, hörte, der Ordensmeister und der Provinzial seien in
jene Stadt gekommen, wo er verleumdet worden war. Der Gedanke:
„So vielleicht die Meister dem bösen Weibe wider dich Gehör geben,
so bist du todt", liess ihm Tag und Nacht keine Ruhe. Da hatte er
eine Vision, in der ihm eine seiner geistlichen Töchter die göttliche
Hilfe verkündete, und für diese Hilfe einstweilen ein in Bälde ein-
treffendes Wahrzeichen in Aussicht stellte. „Der Bruder (Suso) war
damit wohl getröstet, und wartete fest, wie Gott die Sache enden
wolle." Damit also war Suso's Leiden zu Ende, dass er seine Sorge
im festen Glauben an diese tröstliche Vision auf Gott warf. Er war
innerlich ruhig geworden, mochte nun der äusserliche Verlauf der Dinge
sein, welcher er wollte.

Hätte Suso eine bestimmte entscheidende Thatsache, als er die
Vita zum erstenmal schrieb und abschloss, bringen können, er hätte
sie nach der ganzen Anlage der Erzählung bringen müssen, wenn
er nicht dem Leser eine vollständig berechtigte Frage übrig lassen
wollte. Denn Suso will thatsächliche Beweise für seine Unschuld
bringen, das zeigt er ja deutlich genug gerade da, wo er von dem Eintreffen der Wahrzeichen erzählt. Von dem, was nach dem Eintreffen der
Wahrzeichen geschehen ist, weiss er aber nur im allgemeinen zu sagen,
dass das Wetter sich gar gnädiglich niederliess und zerging, das heisst:
Wie er für sich innerlich dieses Leiden überwunden hatte, so stellte
sich sein Ruf in „allen guten reinen Herzen" im Laufe der Zeit auch
wieder her. Ja es sieht wie eine Andeutung aus, dass Suso von der
Untersuchung zunächst nichts zu hoffen habe, wenn es in der Vision
heisst: „Gott will euch in allen guten reinen Herzen selber ent-
schuldigen." Und wie Gott das gethan, das ist dann im Folgenden zu
lesen. Der jähe Tod jenes unzüchtigen Weibes und Vieler, die ihm in
dieser Sache wehe gethan, — das ist die Entschuldigung, damit ihn
Gott selber bei den guten Herzen entschuldigt: „Da viele Menschen,
denen davon kund worden und die ihm günstig waren, diese unge-

wöhnliche Rache sahen und den Tod, den Gott also plötzlich über seine Widersacher brachte, da lobten sie den allmächtigen Gott und sprachen: Wahrlich, Gott ist mit diesem guten Manne und wir sehen wohl, dass man ihm Unrecht gethan hat".

Wie es kam, dass das Resultat der Untersuchung erst später bekannt wurde, darüber lassen sich nur Vermuthungen geben. Die Verleumdung fällt, wie ich in meinen „Vorarbeiten" gezeigt habe, in die Zeit von 1317—48. Möglich, dass die furchtbare Seuche, der schwarze Tod, der 1349—1350 in Deutschland wüthete, und mit dem wir wahrscheinlich auch jene zahlreichen jähen Todesfälle, die Gott nach Suso über dessen Widersacher verhängte, in Verbindung zu setzen haben, die Sache in Vergessenheit brachte. Es steht fest, dass durch jenes Unglück auch in den Klöstern die Zucht stark in Verfall gerieth. Ein Anlass, des Vorfalls wieder zu gedenken, könnte es dann gewesen sein, als im J. 1354 in der Stadt, wo die Verleumdungsgeschichte vorgefallen war, in Constanz, ein Provinzialcapitel gehalten wurde, auf welchem der Provinzial Johann von Zweienbergen, der mit dem Ordensmeister die Sache untersucht hatte, von seinem Amte zurücktrat.

Mehr als die Denkbarkeit eines solchen Falles aber bedarf es für unsere Untersuchung nicht. Für jeden Unbefangenen ist so viel klar, dass eine Schuldloserklärung durch den Provinzial von Suso wohl nachträglich noch eingefügt, nimmermehr aber, wenn sie einmal stand, wieder gestrichen werden konnte, noch dazu, um ein paar ganz unbedeutenden Stellen dafür Platz zu machen. Denn das ist eine weitere von den Eigenthümlichkeiten unseres *Cgm. 362*, die Denifle nachträglich — denn in seiner Ausgabe ist die nun folgende gleichfalls nicht angemerkt — und zwar zu seinem eigenen Nachtheil noch beibringt. Suso tilgt nämlich da, wo er die Stelle von der Erklärung des Provinzials einfügt, zwei andere dafür, von denen die eine sagt, dass sich das ungeheuere Wetter des Leidens gar gnädiglich niederliess und zerging, und die andere, dass einer seiner Verleumder, sein Geselle, von Gott gar kürzlich darnach hinweggenommen und abbittend ihm erschienen sei. Diese Abschnitte erscheinen nun mit gutem Recht gestrichen, theils weil das, was Suso damit sagen will, durch die Erklärung des Provinzials reichlich ersetzt ist, theils weil Aehnliches in einer Stelle schon vorher gesagt ist und im Schlussabschnitt noch einmal wiederkehrt. Nehmen wir dagegen an, der Satz von dem Untersuchungsresultat sei in der ersten Redaction gestanden und in der zweiten gestrichen worden, so würde Suso einen für seinen Ruf un-

gleich wichtigeren Umstand wieder getilgt haben, um ihn durch
zwei Abschnitte zu ersetzen, die durch das, was er Gleichartiges
vorher und nachher sagt, von ganz untergeordneter Bedeutung
sind.

Nachdem Denifle im ersten Bande seiner Ausgabe der *Vita*, der
vor meinem Nachweis einer doppelten Recension erschienen ist, von
fünf zum Theil schon besprochenen Abweichungen des *Cgm. 362* nur
zwei angemerkt hatte, fragt er jetzt sehr verspätet: „Sind nun das
alle grösseren Eigenthümlichkeiten des *Cgm. 362*? Sind es wenigstens
die wichtigsten? und da bringt er ausser den schon von mir besprochenen
Nachträgen auch noch den, dass *Cgm. 362* in Cap. 29 die Stelle nicht
habe, in welcher Suso erzählt, wie er auf einer Reise nach Strassburg
in einen Ausstrom des Rheins gefallen sei und mit ihm „das neue Büchlein, dem der böse Feind gar gram war". Allein auch damit verwundet sich der Vertheidiger nur selbst wieder. Dies „neue Büchlein"
war ohne allen Zweifel (s. u.) das Buch der Wahrheit. Um dieses
Büchleins willen war er der Ketzerei angeklagt und im J. 1335 vor
das Provinzialcapitel zu Herzogenbusch gestellt und im darauffolgenden
Jahre durch das Generalcapitel zu Brügge seiner Stelle als Prior entsetzt worden. Nun spricht aber gerade der Umstand, dass *Cgm. 362*
die erwähnte Stelle nicht hat, für die zweite Redaction. In der ersten
Redaction der *Vita*, die nach seinem damaligen Entschluss erst, wenn
er gestorben sei, veröffentlicht werden sollte, konnte eine Stelle, welche
die Feindschaft gegen sein Büchlein auf den Teufel zurückführt, wohl
Platz finden; aber bei der *Vita* der zweiten Redaction, die der noch
Lebende veröffentlichen, die er dem Provinzial des Ordens zuschicken
wollte, erklärt es sich hinreichend, warum sie gestrichen ist.

Aber Denifle hat noch eine weitere Eigenthümlichkeit zu verzeichnen. „Es gibt noch eine", so verräth er uns, „und zwar die schwer
wiegendste, weil sie die Lehre betrifft". Im 55. Cap. hat nämlich
Cgm. 362 den in der Strassburger Handschrift fehlenden Satz: „won so
man ain ding wil verstan, so begegent der vernunft des ersten wesen
vnd dz ist ein aller dingen (*Genitiv*) würkendes wesen." Hier wird Gott,
so hat Denifle gefunden, mit dem Sein, das wir zuerst erkennen, verwechselt und in Folge dessen wird Gott das *primum cognitum*. Mit
diesem Funde arbeitet nun die Phantasie Denifle's weiter. Man sei im
Dominikanerorden, sagt er, verpflichtet gewesen — wir erhalten dafür
überflüssiger Weise eine Anzahl von Quellenbelegen — sich strengstens
an die Lehre des hl. Thomas zu halten. Thomas aber habe gelehrt,

dass Gott nicht das *primum cognitum* sei; die gegentheilige Ansicht
habe überhaupt und nicht bloss im Predigerorden als eine *opinio singu-
laris* gegolten. Suso habe also — Grund genug gehabt, seine
Lehre zu revidiren und umzugestalten! und das um so mehr,
als sie mit dem vorhergehenden Capitel nicht harmonirt.
„Und wann sollte", so schliesst mit loyalem Scharfsinn diese wunderbare Beweisführung ab, „wann sollte er sich am ehesten dazu verstanden haben, als da er daran ging, sie dem Provinzialprior Bartholomäus vorzulegen oder sie zu veröffentlichen?"
Und so ist es bewiesen: *Cgm. 362* ist die erste Redaction, und die
Handschriften, welche die angeführte Stelle nicht haben, gehören der
zweiten an! Suso, der „die ängstliche Furcht" hatte, seine *Vita* könne,
wenn er sie bis zu seinem Tode liegen lasse, von Unverständigen oder
Uebelwollenden unterdrückt werden — streicht unter der heilsamen
Einwirkung dieser „ängstlichen Furcht" oder am Ende gar dieser
fürchterlichen Angst geschwind noch vor der Thüre des Provinzials
den anrüchigen Satz aus! Welch ein Segen ist es doch um eine gute
Disciplin! Den Orden schonen oder der eigenen Arbeit nicht unnöthiger
Weise Hindernisse bereiten — dafür kann man ja sonst wohl einen Gedanken unterdrücken, wenn derselbe die Person des Richters betrifft,
wie Suso that, als er jene Stelle von dem Hasse gegen sein Büchlein
strich; aber auch den Mantel der wissenschaftlichen Ueberzeugung nach
der jeweiligen Windrichtung flattern lassen, das leistet nur eine tüchtige
mönchische Erziehung!

Aber diese ganze Geschichte Denifle's ist eine Seifenblase, die
zerplatzt, sobald man den Text Suso's an sie anlegt. Denn Suso ebenso
wenig als Bonaventura, in dessen *Itinerarium* (Cap. 5) Denifle die von
Suso benützte Stelle nachweist, lehren hier, dass Gott das *primum
cognitum* sei. Um mit Bonaventura zu beginnen, so ist nach ihm
durchaus die Erkenntniss Gottes durch die Gnade bedingt. Denn die
Sünde hat das Auge des Menschen blind gemacht. Auf dieser Grundlage bauen sich, wie ein Blick in die ersten Capitel des *Itinerarium*
sofort belehrt, die sechs Betrachtungsweisen des göttlichen Wesens auf,
von denen jede folgende eine höhere Stufe repräsentirt als die vorhergehende. [1] Auf allen sechs Betrachtungsstufen ist es der durch die

---

1) *It. c. 1: Sed avertens se a vero lumine ad commutabile bonum, incurvatus est ipse per culpam propriam et totum genus suum per originale
peccatum, quod dupliciter infecit humanam naturam, scilicet ignorantia men-*

Gnade erleuchtete Geist, der betrachtend seine Folgerungen für die Erkenntniss des göttlichen Wesens zieht.

Das zuerst in den Intellect Fallende ist in der fraglichen Stelle nicht der Begriff Gottes, sondern der Begriff des Seins als reiner Wirklichkeit, als *purus actus*. *Esse igitur est quod primo cadit in intellectu, et illud esse est quod est purus actus.* Aber den Schluss: *sed hoc non est esse particulare, nec esse analogum, restat igitur quod illud esse est esse divinum* — diesen Schluss macht erst der durch die Gnade erleuchtete und nicht der natürliche Mensch, wie nach allem was schon vorherging (vgl. auch die vorige Anmerkung), zum Ueberfluss noch der unmittelbar folgende Satz beweist *Mira igitur est caecitas intellectus, qui non considerat illud quod prius videt et sine quo nihil potest cognoscere:* also das, was die Vernunft zuerst sieht, ist wohl ein gesehenes, aber in seiner letzten Bedeutung nicht er- kanntes — *non considerat* — es ist wohl ein *primum visum*, aber kein *primum cognitum.* Dass es kein geprüftes oder erkanntes ist, das macht die Blindheit unserer natürlichen Vernunft! Und nun zu Suso. Der verrätherische Satz in *Cgm. 362*, der beweisen soll, dass Suso Gott mit dem Sein, das wir zuerst erkennen, verwechselt, ist der oben ange- führte: „won so man ain ding wil verstan, so begegent der vernunft des ersten wesen, und dz ist ain aller dingen würkendes wesen." So übersetzt Suso richtig den schon mitgetheilten Satz Bonaventura's: *Esse igitur est quod primo cadit in intellectu et illud esse est quod est purus actus.* Was kann denn nun aber der unschuldige Suso dafür, wenn sein Commentator diesen Satz liest oder versteht, als ob Suso ge- schrieben hätte: „und dz ist ain alle dinge (*Acc.*) würkendes wesen"? Der adverbiale Genitiv „aller Dinge" oder „aller Dingen" heisst: durchaus, und Suso gibt mit diesen Worten nur das wieder, was Bonaventura mit den Worten sagt: *et illud esse est quod est actus purus.* Also der Seinsbegriff und nicht Gott ist das, was „der Vernunft des ersten begegnet", der Seinsbegriff ist das *primum cognitum.* Aber dann beweist doch wenigstens ein folgender Satz Suso's, aus dem Denifle mit gesperrter Schrift die betreffenden Worte zum Beweise hervorhebt, dass Suso Gott mit dem Sein, das man zuerst erkennt, verwechselt; denn, so lässt Denifle Suso sagen: „das göttliche Wesen ist nicht bloss

_____

tem et concupiscentia carnem; ita quod exc a e c a t u s homo et incurvatus in tenebris sedet et coeli lumen non videt, nisi sibi succurrat gratia etc.

dasjenige, ohne das man nicht erkennen kann, sondern auch das man
vor an sieht, das einem zuerst begegnet". Hier sind wir bei der
höchsten Leistung Denifle's angekommen. Sollen die Worte „das man
vor an sieht" der Beweis sein, dass Suso Gott als das *primum cognitum*
ansehe, warum hat er denn in seiner „ängstlichen Furcht" dann nicht
auch den Satz mit dem Auge und dem Lichte gestrichen, der denselben
Gedanken durch das Bild verdeutlicht? Doch nicht diese Kurzsichtig-
keit ist es, die ich Denifle aufrechnen möchte: wohl aber das, dass er
die klaren Worte Suso's hier in entstellender Weise wiedergibt.

*Mira igitur est caecitas intellectus, qui non considerat illud quod
prius videt et sine quo nihil potest cognoscere*, sagt Bonaventura,
und Suso übersetzt das: „ez ist ain wunderlichiu blindhait menschlicher
vernunft, dz si nit dz prüft, dz si vor an sieht und an dz si nit mag
erkennen noch sehen". Jedermann sieht, dass bei Suso wie bei
Bonaventura die Worte „dz si vor an sieht" und die gleich darauf
folgenden „an dz si nit mag erkennen noch sehen" coordinirte Begriffe
sind, dass sie also nicht untereinander im Gegensatze stehen, sondern
dass sie beide zusammen den Gegensatz bilden zu dem vorausgehenden
„prüft". Eine Sache sehen und mittelst derselben alles erkennen, sagt
hier Suso mit Bonaventura, ist noch etwas anderes als eben diese Sache
selbst prüfen oder erkennen (wahrnehmen, dass ich eine Seele habe und
mittelst der Seele alles empfinden oder verstehen, ist etwas anderes als
begreifen, was es um die Seele sei). Suso beklagt hier also, dass das,
womit wir alles erkennen, von uns nicht in seiner Bedeutung, seinem
Wesen erkannt werde. Er beklagt es als eine Blindheit unserer Natur,
dass das *primum visum* nicht auch das *primum cognitum* sei, dass
der Mensch von Natur den Begriff des nur wirkenden Seins als ersten
Begriff in seiner Vernunft zwar wahrnehme, aber nicht prüfe d. i.
erkenne, dass dieser Seinsbegriff der Begriff Gottes sei. Was thut aber
Denifle mit diesem Satze? Er stellt die beiden bei Suso coordinirten
Begriffe einander gegenüber und lässt so Suso das Gegentheil sagen
von dem, was er wirklich sagt: „das göttliche Wesen ist nicht bloss
das, ohne das man nicht erkennen kann, sondern auch das man vor
ansieht, das einem zuerst begegnet": also das *primum cognitum*.

Und wie kurzsichtig den armen Suso seine Furcht gemacht hat.
Er hat auch nicht bemerkt, dass der dem anrüchigen Satze unmittelbar
vorhergehende Satz ganz dasselbe sagt wie der anrüchige, dass der
anrüchige nur die erläuternde Parallele zu seinem Vorgänger ist. Denn
auch dieser vorhergehende sagt, dass wir nur mit dem Begriffe des

„alligen Seins“ d. i. des ungemischten, des reinen Seins alles andere
Sein, das aus Potenz und Act gemischt ist, erkennen können. Also
auch dieser Satz musste dem Provinzial zum Opfer fallen, so gut wie
der zweite — und die Strassburger Handschrift hat ihn dennoch!

Damit nun aber dieser Komödie der Irrungen Denifle's auch die
Selbstironie nicht fehle, muss derselbe Kritiker von Suso und Bonaventura bezeugen, dass sie in dem Texte, welcher jene dem Provinzial
geopferte Stelle begleitet, ganz die richtige Ansicht haben. „Im
Capitel 54 hat er die richtige Ansicht“, und „selbst mit dem Texte
im 55. Capitel harmonirt die Lehre, das göttliche Wesen sei das
primum cognitum, nicht; das Beispiel vom Lichte ist dagegen und
nicht weniger das dem Aristoteles entlehnte von den Fledermausaugen,
welche beide auch Bonaventura gebraucht“. Ja, welche schwach-
sinnige Köpfe sind doch diese Bonaventura und Suso, die im nächsten
Satze schon wieder vergessen haben, was sie im vorhergehenden geschrieben! Aber mögen sie das nur immerhin sein, wenn dadurch nur
erreicht wird, dass nicht *Cgm. 362*, sondern die Strassburger Handschrift die letzte Redaction repräsentirt.

Und schliesslich muss Denifle auch noch durch seine Bemerkung
zum 55. Capitel „der Text in der Münchner Handschrift fliesst viel
besser“ sich selbst widerlegen. Denn wenn sachlich, wie wir jetzt gesehen haben, nicht der geringste Unterschied zwischen der Münchner
und Strassburger Handschrift in der Lehre von dem *primum cognitum*
besteht, in der Form aber sich zwischen den beiden Handschriften der
Unterschied zeigt, dass in der Strassburger Recension die Sätze Bonaventura's lückenhaft, in der Münchner Handschrift aber verhältniss-
mässig vollständig wiedergegeben sind, so kann auch hier kein Zweifel
sein, dass der Text der Münchner Recension der spätere sei, wenn
anders eine zweite Redaction zugleich mit der Absicht vorgenommen
zu werden pflegt, Mangelhaftes zu verbessern, Unvollständiges zu ver-
vollständigen. Wenn Suso seinen Text nicht verstümmeln konnte, um
eine Lehre daraus zu entfernen, die nicht darinnen stand, welchen
Grund soll denn dann Suso gehabt haben, den besser fliessenden
Text in einer Redaction letzter Hand wieder schwerfälliger zu machen?

Nun noch einige Bemerkungen zu Einwänden Denifle's, welche
mehr die äussere Gestalt des Handschriftentextes betreffen. Er sagt:
„Die *Vita* im *Cgm. 362* hat gleichwie keine Bilder oder Sprüche, so
auch keinen Prolog“. Um mit dem letzteren anzufangen, so lehrt ja
der Augenschein, dass der Abschreiber nur die *Vita* und nicht auch die

übrigen Schriften hat abschreiben wollen. Was sollte ihm da der Prolog, der auf die vier Schriften zugleich sich bezieht? Dass aber sein Text dem viertheiligen Sammelwerk Suso's entnommen sei, davon haben wir oben den Beweis gefunden, da gerade *Cgm. 362* von dem „nachgehenden Briefbüchlein" spricht. Und hier noch ein anderer Beweis auch für Denifle. Wenn *Cgm. 362* den zweiten Theil der *Vita* Bl. 60 mit den Worten einleitet: „daz ander tail dez ersten buchs", was kann klarer sein, als dass die *Vita* dieser Handschrift aus dem viertheiligen Sammelwerk stammt? Wie könnte die zweitheilige *Vita* das erste Buch heissen, wenn ihr kein anderes Buch nachfolgte?

Und der andere Einwand: *Cgm. 362* habe keine Bilder oder Sprüche. Wie soll doch das eine Instanz sein? Haben denn die andern Handschriften alle die Bilder? Sie sind hier wie in einigen andern weg-gelassen, weil eben der Abschreiber kein Zeichner war. Und dann natürlich auch die Sprüche, weil die Sprüche zu den Bildern und nicht zu dem Text der *Vita* gehören. Zudem ist es nicht einmal wahr, dass die Münchner Handschrift auf einem Text beruhe, der keine Bilder hatte. Denifle hätte nur *Cgm. 362* genauer ansehen müssen, ehe er dies schrieb. Denn auch die *Vita* in *Cgm. 362* Bl. 115ᵇ schreibt: **als es hienach mit bilden ist entworfen".**

So ergibt sich denn die *Vita* in *Cgm. 362* als Bestandtheil des viertheiligen Sammelwerkes ebensogut, wie sich die Texte in den übrigen Handschriften dafür ausgeben. Es fragt sich nur, welche der verschiedenen Recensionen ein grösseres Recht dazu habe. Das aber entscheidet nicht die Ziffer der bis jetzt aufgefundenen Handschriften, sondern die innere Beschaffenheit derselben. Es ist nun aber, glaube ich, zur Genüge dargethan, dass wir in *Cgm. 362*, die eine der ältesten und besten unter den Handschriften der *Vita* ist, eine *Vita* der letzten Redaction haben. Wie es gekommen sein möge, dass die andern Handschriften die *Vita* der früheren ersten Redaction zugleich mit ein-zelnen der drei übrigen Schriften nach deren letzter Redaction auf-genommen haben, darüber will ich weiter unten meine Vermuthung aussprechen.

2. Horologium aeternae sapientiae.

Dieses Buch hat das deutsche Büchlein der ewigen Weisheit zur Voraussetzung, wie schon Diepenbrock (Einleitung zu Suso's Schriften V) mit Recht aus zwei Stellen der *Praefatio* vermuthet hat. Nicht richtig ist dagegen, wenn er in Betreff der Abweichungen, welche die lateinische Bearbeitung dem deutschen Originale gegenüber zeigt, die Muthmassung für begründeter hält, dass jene Abweichungen durch Untreue der Abschreiber entstanden seien. Diepenbrock kannte von dem *Horologium* nur das Vorwort, wie es bei Quétif und Echard steht, und sodann das, was dort über das 5. Capitel „*de planctu ecclesiae*" gesagt ist. Aber wer das ganze Capitel und die zahlreichen übrigen Abweichungen des lateinischen Textes liest, wird nicht bloss überall die sprachliche Uebereinstimmung erkennen, sondern finden, dass das Neue auch inhaltlich so sehr mit den andern Theilen verbunden ist, dass es schlechterdings nicht angeht, es als fremde Zuthat anzusehen. Suso erzählt in diesen Stellen unter anderm Züge aus seinem Leben, wie sie nur er selbst bringen konnte. Er hat sich eben bei der lateinischen Bearbeitung nicht wörtlich an den deutschen Text gehalten, sondern solche Dinge noch mit aufgenommen, die ihm während des Schreibens als beherzigenswerthe neue Gedanken kamen, oder die in deutscher Sprache zu sagen er nicht für zweckmässig halten mochte.

Suso hat das *Horologium* dem Ordensmeister Hugo von Vaucemain gewidmet, der in den Jahren 1333—1341 regiert hat. Nun schreibt Heinrich von Nördlingen in einem Briefe, der unzweifelhaft auf den 21. Sept. 1339 zu setzen ist [1]: „Ein puch han ich gesant dem prior zu kaissheim, das ist das Buch, das man nennt *Orologium Sapiencie latin*, und das ist unsers lieben vatters Taulers". Es ist ganz unwahrscheinlich, dass das unter den Freunden Suso's cursirende Buch ein anderes als das um diese Zeit erschienene Buch Suso's gewesen sei. Die Bemerkung, dass man das Buch „*latin*" *Orologium Sapiencie* nennt, scheint ja ohnedies ein deutsches Büchlein der Weisheit unter etwas anderem Titel vorauszusetzen. Sollten diese Freunde Suso's ein anderes *Horologium* gekannt haben, das Suso, der Verfasser einer Schrift mit solchem Titel, nicht auch gekannt hätte? Wenn aber Suso ein also

---

1) S. den Nachweis hiefür in meinen Vorarbeiten zu einer Gesch. d. deutschen Myst. a. a. O. S. 85.

überschriebenes Buch bereits kannte, wie konnte er dann den Titel
seiner Schrift auf eine Vision zurückführen und von dieser Vision in einer
Weise sprechen, als ob ihm damit ein neuer ungewöhnlicher Titel für
sein Werk an die Hand gegeben worden sei?[1]

Da Tauler, der Besitzer des Buchs, im Juni 1339 Heinrich von
Nördlingen bereits verlassen hatte, so besass er das Buch schon in der
ersten Hälfte des Jahres. Zudem scheinen auch die Worte Heinrich's:
„Das Buch, das man nennt", bereits eine allgemeinere Verbreitung
vorauszusetzen.[2] So glaubte ich die späteste Grenze für das Erscheinen
des *Horologium* in das Jahr 1338 setzen zu dürfen. Zur Gewissheit
wird diese Vermuthung dadurch, dass Suso in diesem Buche von der
nach dem Rücktritt des Gegenpapstes täglich mehr und mehr schwindenden Macht des Kaisers redet.[3] Jeder, der die Zeitgeschichte kennt,
wird einsehen, dass ein Buch mit dieser Bemerkung nur vor den wichtigen politischen Ereignissen des Jahres 1338 herausgegeben sein
könne. Im Juli und August 1338 erfolgte die Erhebung der Deutschen zu
Gunsten des Kaisers zu Rense und Frankfurt. Auf Befehl des Kaisers
wurden im Anfang des J. 1339 die kaiserfeindlichen Dominikaner ausge-
trieben und auch Suso musste Jahre lang im Exil sein. Wer könnte da

---

1) Gegen Denifle, der hier mit einem Male merkwürdiger Weise die
„Vorsicht" empfiehlt, und dieselbe natürlich gleich bestens begründet. Er
warnt nämlich, so ohne weiteres die Identität der nach Kaisersheim gesandten Schrift mit Suso's Buch anzunehmen, weil er in einer Handschrift
aus dem 15. (!) Jahrhundert Stücke eines andern *Horologium sapientiae*
gefunden hat. Was nützt diese Bemerkung, wenn er nicht auch nachweist, dass dieses *Horologium* älter als das Suso's war? Dass Suso's berühmt gewordenes Buch späteren Schriftstellern zur Wahl eines gleichen
oder ähnlichen Titels für ähnliche Werke Anlass gegeben, ist sehr
wahrscheinlich; sehr unwahrscheinlich aber ist, dass Suso einem andern
Werke den Titel entnommen und diesen dann doch also sollte motivirt
haben: *Unde et praesens opusculum in visione quadam sub figura cujusdam
horologii pulcherrimi — dignata est ostendere clementia salvatoris. Hor. aet.
sap. ed. R. Braun. Col. 1724. Prol. p. 3.*

2) Auch gegen diese Vermuthung müht sich Denifle ab. Die Worte
„das man nennt", so belehrt er uns, sind gleichbedeutend mit dem Aus-
drucke: dessen Titel ist. Ja sicher, das Gleiche bedeuten sie, aber einerlei
sind sie darum nicht. Ein Buch hat seinen Titel, wenn es fertig ist, aber
man „nennt" es nach diesem Titel, wenn es bekannt wird, und „man"
nennt es, wenn es nicht bloss einem oder zweien, sondern einer grösseren
Anzahl bekannt ist.

3) *I, 5: Et exinde coepit potestas ejus decrescere ac deficere de die
in diem.*

noch im Zweifel sein, ob ein Buch, das von der täglich mehr und mehr schwindenden Macht des Kaisers spricht und dessen Zeit wir innerhalb der feststehenden Zeitgrenze zwischen 1333—1341 näher bestimmen wollen, vor oder nach dem August des Jahres 1338 hinausgeschoben worden sei?

Dass das Buch nicht vor der zweiten Hälfte des Jahres 1334 vollendet sein könne, dafür wies ich (Vorarbeiten u. a. O. S. 120 f.) auf die Weise hin, wie Suso im Vorwort der *literae exhortatoriae* des Ordensmeisters gedenkt. Hugo hat solche *literae* in den J. 1333, 1334, 1336 geschrieben. Nun kann zwar *literae* auch nur einen einzigen Brief bedeuten, aber Suso gedenkt dieser *literae* in einer Weise, welche die Kenntniss mehrerer anzudeuten scheint, indem er sagt, wie diese *literae* ein genugsamer Beweis seien, dass Hugo mit dem Lichte der ewigen Weisheit und andern geistlichen Gaben begnadet sei, indem er darinnen zum Frieden und zu brüderlicher Liebe, zu strenger Zucht und zum Eifer in der Frömmigkeit, zum Wandel nach dem Vorbilde Jesu Christi und zur Vollkommenheit in allen Tugenden so angelegentlich ermuntert habe u. s. w. [1]

Wie sicher aber die Ausschliessung der Jahre vor 1334 für die Zeit der Vollendung des *Horologium* ist, das erhellt auf's neue aus folgender Erörterung, die uns zugleich auf eine noch bestimmtere Zeit führen wird. Suso arbeitete an dem *Horologium* wie an dem deutschen Originale mit grösseren Unterbrechungen und er nimmt dabei öfters Züge aus seiner nächsten Gegenwart auf. So ist er, als er an Cap. 5 des ersten Buchs schreibt, noch Prior: *Praelatus enim vel rector fratrum tu cum sis, licet in minimo gradu, discas ex his non statim*

---

1) Denifle nimmt bei dieser Gelegenheit eine belehrende Miene an und sagt, dass auch ein einziger Brief *literae* heisse, nicht *litera*, wie ich in jedem lateinischen Wörterbuch finden könne. Möchte doch dieser Held im Latein sich mit seinem Eifer an eine ihm viel näher liegende Adresse wenden statt an mich; denn für jeden, der lesen kann, ist in meinen Worten: „Suso erwähnt dieser *literae* in einer Weise, dass man sieht, er hat nicht einen Brief, sondern mehrere im Auge", eben das schon ausgesprochen, worüber er mich belehren will. Wozu schlösse ich denn die Annahme, dass er einen Brief meine, durch die verneinende Partikel aus, wenn ich nicht voraussetzte, dass *literae* auch schon ein einziger Brief heissen könnte. Ich sage aber, warum ich diese von mir zugestandene Möglichkeit im vorliegenden Falle nicht gegeben glaube, weil die Art und Weise, wie er der *literae* erwähnt, mir dies zu verbieten scheine. Mit solchen Leuten muss man sich herumschlagen!

fidem adhibere his qui caeteros deferre consueverunt - nec faciliter accusationem adversus probatos recipias etc. Nach Buch I, Cap. 9 ist er in grosser Bedrängniss, so dass er vor Weinen kaum weiterschreiben kann: *Quapropter et ego nunc in tribulatione spiritus mei confabulor tecum in amaritudine animae meae et lacrymae decurrentes praeoccupant stylum scribentis.* Nach Capitel 13 desselben Buchs bezeichnet er unter seinen Leiden als noch fortdauernd, dass er zwei Schäflein, die ihm innig nahe standen, durch Wölfe verloren habe. Darüber sei er den Vorwürfen der Unweisen verfallen und Bedrängnisse schlimmer als der Tod seien ihm daraus erwachsen. Aber nicht genug: mit viel Arbeit und Eifer habe er von Jugend auf eines Haines gewartet, welcher eine *cathedra honoris* für ihn barg. Aber diese *cathedra* sei umgestürzt worden; über den Hain sei nun ein Anderer zum Herrn gesetzt, und eine Reihe feindlicher Thiere stürzten auf ihn ein, die ihn bald gemeinsam, bald vereinzelt bedrängten.[1]

Suso war Lector und Prior zu Constanz. Denn dass Constanz sein Heimathkloster gewesen, steht aus der *Vita* wie aus der Tradition fest. Noch im J. 1339 hat Heinrich von Nördlingen dort ihn zu finden erwartet. Ein wahrscheinlich aus der Zeit Suso's stammendes Exemplar des *Horologium* bezeichnet ihn als dem Constanzer Convent angehörig.

Nun erzählt die *Vita* Cap. 25: „Zu einer Zeit fuhr er abwärts in die Niederlande zu einem Capitel. Da war ihm vorhin Leiden bereitet, denn es fuhren ihrer zween Vornehme wider ihn dahin, die viel emsig waren wie sie ihn schwerlich möchten betrüben. Er ward mit zitterndem Herzen vor Gericht gestellt und wurden viele Sachen auf ihn gelegt, deren war eine also: Sie sprachen, er mache Bücher, in denen stünde falsche Lehre, wovon alles Land verunreinigt würde mit ketzerischem Unflath. Hierum ward er übel behandelt mit scharfer Rede, und

---

1) *Nec adhuc substitit ea, quam maxime diligebam, sed istis tribulationibus novas accumulavit. Etenim nemus foliorum viriditate venustum magno cum labore et studio a pueritia mea plantaveram cathedrae honoris contentivum, de qua gloriam et honorem me recepturum sperabam. Cumque jam tempus adesset, ut meo fruerer labore, cathedra subvertitur et nemus in alterius cuiusdam redigitur dominium et labor omnis perditur ac finis intentus frustratur et sic velut in altum elevans allisit me valde. His malis adhuc recenter grassantibus magnam multitudinem quorundam velut serpentum et animalium venenatorum concitavit adversum me etc.*

ward ihm gedrohet, man wolle ihm grosses Leiden anthun, wiewohl ihn
Gott und die Welt darin unschuldig wusste."

Suso hat sein *Horologium* zwischen 1334—38 vollendet. Nach
I, 5 ist er Prior, nach I, 13 ist er es nicht mehr. Nun hören wir in den
Acten der Generalcapitel der Dominikaner, dass 1336 zu Brügge der
Prior zu Constanz seiner Stelle enthoben worden sei. In obiger Stelle der
Vita wird ein Capitel in den Niederlanden erwähnt, auf dem er unter
anderm wegen ketzerischer Lehre angeklagt und mit grossem Leiden
bedroht wurde. Von einer wirklichen Verhängung der Strafe steht
da noch nichts. So kann er mit dem Capitel in den Niederlanden
nicht das Generalcapitel zu Brügge meinen, weil da die Absetzung
wirklich ausgesprochen wurde.[1] Ein anderes Generalcapitel in den
Niederlanden aber wurde zwischen 1330—1350 nicht gehalten. Folglich muss das Capitel in den Niederlanden, in welchem er wegen
ketzerischer Schriften angeklagt und nur bedroht wurde, ein Provinzialcapitel gewesen sein. Nun findet sich in einem Handschriftenver-
zeichniss der Provinzialcapitel der deutschen Ordensprovinz zwischen
1334—1338 auch ein in den Niederlanden abgehaltenes Provinzialcapitel. Es ist das 1335 zu Herzogenbusch abgehaltene. Dieses also
wird es gewesen sein, auf welchem er der Ketzerei wegen angeklagt
und bedroht wurde, worauf dann das Generalcapitel des folgenden
Jahres die Drohung ausführte und ihm das Priorat nahm. So ergibt
sich, dass das 5. Capitel des ersten Buchs, wo von Anfechtungen in
seinem Priorat noch nichts zu lesen ist, vor dem Provinzialcapitel zu
Herzogenbusch 1335, ferner dass I, 9 um die Zeit desselben, und endlich dass I. 13 nach dem Generalcapitel zu Brügge 1336 geschrieben
ist. Da wir sahen, dass das *Horologium* nicht später als 1338 vollendet sein könne, und da das, was von Buch I, 13 an sich findet, nach
dem Generalcapitel zu Brügge geschrieben sein muss, so folgt, dass die
Vollendung und Veröffentlichung des *Horologium* in die Jahre 1337
oder 1338 fällt.

1) Gegen meine frühere Annahme (Vorarbeiten a. a. O. S. 123), dass
Brügge gemeint sei.

3. Das Büchlein der ewigen Weisheit.

Suso hatte sich ausserordentliche Selbstpeinigungen bis in sein
40. Jahr auferlegt (*Vita* Cap. 20). Erst da wurden sie ihm „abgesprochen". In den letzten acht Jahren hatte er ein mit Nägeln durch-
schlagenes Kreuz auf dem blossen Rücken getragen, um sich das Leiden
Christi „empfindlicher" zu machen (*Vita* c. 18). In der gleichen Zeit
pflegte er täglich 100 gestreckte und 100 knieende Venien (Venie = =
ein Niederfallen und Bitten um Vergebung) zu nehmen, eine jegliche
mit sonderlicher Betrachtung (*Vita* c. 18). So entstanden ihm die
100 Betrachtungen und Gebete, welche jetzt den dritten Theil des
Büchleins der ewigen Weisheit bilden. Die weiteren Meditationen, zu
welchen er durch jene Betrachtungen geführt wurde, bilden nun den
1. und 2. Theil des Buches (vgl. Vorrede z. B. d. ew. Weisheit) und
sind die Hauptsache desselben. Demnach ist dieses Buch zwischen dem
32. und 40. Jahr Suso's entstanden, und da, wie ich anderwärts gezeigt habe (Vorarbeiten etc. a. a. O. S. 119 ff.) Suso's 40. Jahr in das
Jahr 1335 fällt, zwischen 1327--1335. Denn wir werden nach dem,
was der Verfasser im Vorwort zu dem *Horologium* über die Geschichte
desselben berichtet, die allmähliche Entstehung dieses Buchs über den
grösseren Theil dieser acht Jahre sich ausdehnend zu denken haben.

Suso spricht in dem Vorwort, mit welchem er sein *Horologium*
dem Ordensmeister übersendet, von dem Originale des *Horologium*.
Es kann damit nichts anderes als eben unser deutsches Büchlein der
ewigen Weisheit gemeint sein. Das hatte er vollendet, aber nicht
herausgeben wollen, weil er fürchtete, es möchte auch dieses fromme
Werk den Lästerern verfallen — *ne istud quoque similiter pium opus
eorum dentibus dilaceretur.* Er hat sich aber dann doch entschlossen,
dasselbe hinauszugeben, gemahnt durch deutliche Zeichen und Offenbarungen, die ihm die ewige Weisheit gab.

Somit kann sich die Anklage wegen ketzerischer Schriften, gegen
die er sich 1335 zu Herzogenbusch zu verantworten hatte, nicht auf
das Büchlein der ewigen Weisheit beziehen. Dieses ist vielmehr erst
nach den erfahrenen Anfechtungen im J. 1335 und 1336 und wahrscheinlich zugleich oder kurze Zeit vor dem *Horologium* veröffentlicht worden.

4. Das Buch der Wahrheit.

Suso übernimmt in diesem Buche die Vertheidigung seiner Lehrer, des Meister Eckhart, den er deutlich bezeichnet, aber nicht nennt. Er widerlegt einen der Brüder der Secte des freien Geistes, der sich mit Sätzen Eckhart's zu decken sucht. Einige der wichtigsten Theosopheme Eckhart's kommen hier zur Sprache.

Der Eingang des Buchs zeigt uns, wie Suso in die Schule der höchsten Gelassenheit geführt werden soll. „Es war ein Mensch in Christo, der hatte sich in seinen jungen Tagen geübt nach dem äusseren Menschen — aber der innere Mensch blieb ungeübt in seiner nächsten Gelassenheit." An die Stelle der äusseren Uebungen sollen nun innere Uebungen, Uebungen in der Gelassenheit treten. Mag man nun Gelassenheit nehmen, in welchem Sinne man will, so ist doch keine Frage, dass das, was ihm hier über die Gelassenheit offenbart wird, zu den ersten Lehren gehört, die Suso in dieser für ihn neuen Schule empfängt[1], und dass ihm das Wort „Gelassenheit" in jedem Sinne, also auch das Gelassensein in Schmach und Unehre noch „wild und unbekannt" war, als er die Aufschlüsse erhielt, welche er im Buch der Wahrheit darlegt. Da wird nun aber mit diesen Worten des Eingangs jene Zeit in Suso's Leben gemeint sein, welche uns Cap. 21 der *Vita* schildert. Suso vernimmt dort bei einer Vision das Wort: „Du bist lange genug in den niederen Schulen gewesen und hast dich genug darin geübt, und bist zeitig worden; wohlauf mit mir, ich will dich nun führen zu der höchsten Schule — die ist nichts anderes denn eine ganz vollkommene Gelassenheit seiner selbst." Denn wenn dem Buch der Wahrheit zufolge Suso sich bis dahin „geübt hatte nach dem äusseren Menschen", und ihm nach dem mit Cap. 21 zusammengehörigen Capitel 22 der *Vita* die äusseren Uebungen jetzt abgesprochen werden, und nach dem Buch der Wahrheit wie der *Vita* für ihn nun die Schule der Gelassenheit beginnen soll, so ist klar, dass wir einen und denselben Zeitmoment vor uns haben. Nun aber lesen wir in dem gleichfalls mit Cap. 21 zusammengehörigen vorhergehenden Cap. 20 der *Vita,* dass die Zeit, in der ihm die schweren äusseren Uebungen abgesprochen wurden, die

---

[1] Gegen Denifle, Die deutschen Schriften des Seligen H. Seuse. Einleit. XXVI.

seines 40. Lebensjahres war. Da nun Suso's 40. Lebensjahr, wie ich
in meinen Vorarbeiten gezeigt habe (a. a. O. S. 125) in die Zeit vom
21. März 1335 bis 21. März 1336 fällt, so muss die Vollendung des
Buchs der Wahrheit in das Frühjahr des J. 1335 fallen; in das Frühjahr nämlich, weil er sich noch in dem gleichen Jahre wegen eben
dieses Buches auf dem Provinzialcapitel zu Herzogenbusch zu verantworten hatte. Denn dass dieses Buch vornehmlich den Gegenstand der
Anklage bildete, erhellt aus Folgendem. Er wurde im J. 1335 vor dem
Provinzialcapitel angeklagt: er mache Bücher, in denen stünde falsche
Lehre. Es ist damit nicht nothwendig gemeint, dass mehrere Bücher
dieser Art von ihm verfasst worden seien. Wenn er auch nur ein einziges Buch geschrieben hatte, so konnte diese Thätigkeit doch in der
verallgemeinernden pluralischen Form als Büchermachen bezeichnet
werden; doch mag auch Suso noch um eines anderen uns unbekannten
Buches willen mit angeklagt worden sein, so muss doch in der Stelle
(*Vita* c. 25): „er mache Bücher, in denen stünde falsche Lehre, wovon
alles Land verunreinigt werde mit ketzerischem Unflath", das Buch
der Wahrheit wenigstens mit begriffen sein. Wir erinnern uns, dass
in Johann's XXII. Bulle vom Jahre 1329 Eckhart der Ketzerei be-
zichtigt worden war. In dem Buche von der Wahrheit aber wird der
Meister in Schutz genommen. Das Buch weist auf eine Zeit hin, da die
Aufregung, welche Eckhart's Anklage und Verurtheilung hervorrief,
noch nachwirkte. Es ist unter den übrigen uns bekannten Schriften
Suso's keine, von der sich denken liesse, dass sie in gleicher Weise
Gegenstand der Anklage auf Ketzerei könnte gewesen sein. Auch die
Bezeichnung Suso's als Jünger „der Wahrheit" weist auf eine Ab-
fassungszeit vor der Vollendung des Buchs der ewigen Weisheit. Denn
seit diesem letzteren Buche bezeichnet er sich stets als Jünger oder
Diener der ewigen Weisheit. So dürfen wir als sicher annehmen, dass
unter den Büchern, um deren ketzerischen Inhalts willen Suso zu
Herzogenbusch angeklagt wurde, das Buch der Wahrheit zu verstehen
oder wenigstens mit zu verstehen sei.

5. Das ältere Briefbuch.

„Das vierte Buch, das da hei[sset] das Briefbuch, das s[ein]e geistliche Tochter auch zusammenbrachte aus allen Briefen, die er ihr und
andern seiner geistlichen Kinder ge[sen]det hat, und sie [ein] Buch daraus
machte, aus dem hat er genommen einen Theil der Briefe und hat sie
gekürzt, als man hernach findet" (Prolog Diepenbr. XI). Elisabeth
Stagel, die begeisterte Verehrerin Suso's, hatte von den Briefen,
welche Suso an seine geistlichen Töchter richtete, gesammelt so viel
sie vermochte und ein Buch daraus gemacht. Aus dieser Sammlung gab
Suso ein Briefbuch heraus.

Pfeiffer hatte auf der Bibliothek zu Stuttgart Briefe Suso's gefunden, welche von denen im Briefbuch des Drucks bedeutend abweichen und eine viel ursprünglichere Gestalt zeigen. Es sind 26 Briefe.
Pfeiffer hielt das Briefbuch des Drucks für ein verstümmeltes und
glaubte in den 26 Stuttgarter Briefen das ursprüngliche Briefbuch
Suso's gefunden zu haben. In seinem Nachlass fand Denifle die Abschrift der Stuttgarter Briefe, und überraschte die Freunde der deutschen
Literatur in dem Aufsatz „Zu Seuse's ursprünglichem Briefbuch"[1] mit
dem Nachweis, dass in den Stuttgarter Briefen die ursprüngliche
Sammlung der Stagel gefunden sei. Die Gründe, welche er dafür angibt, sind folgende: Erstlich enthalte es keine Bemerkungen, welche
auf die Redaction Suso's hindeuten, zweitens werde es in dem Prologus
nicht als eine Auslese aus einer grösseren Sammlung oder als ein
„kurzes Büchlein" bezeichnet, wie das bei dem Briefbüchlein des Drucks
der Fall sei, und drittens bringe es nicht die Briefe in gekürzter Gestalt, während Suso von den Briefen, die er herausgegeben, sage: sie
seien von ihm gekürzt worden. In diese drei Argumente laufen Denifle's
Ausführungen zusammen.

Aber selbst wenn diese Argumente sämmtlich auf richtigen Voraussetzungen beruhten, was jedoch nicht der Fall ist, so wären sie doch
lange nicht für einen Beweis ausreichend, da sie alle nur für ein
dem kleineren Briefbuch vorausgehendes grösseres Briefbuch, aber
damit noch nichts für die ursprüngliche Sammlung der Stagel beweisen. Es stehen nun aber der vermeintlichen Entdeckung Denifle's

---

[1] Zeitschr. f. d. A. Neue Folge VII, 346 ff.

Thatsachen im Wege, welche dieselbe als einen blossen Traum erscheinen lassen.

Als Suso aus der Briefsammlung der Stagel ein gekürztes Briefbuch machte, da vernichtete er alle diejenigen Briefe ihrer Sammlung,
von denen er nicht wollte, dass sie bekannt werden sollten. Das sagt
er selbst in seiner Einleitung zum 5. Brief des gekürzten Briefbuchs:
„Darnach lange, da er aus allen seinen Briefen dies kleine Ding zusammen machte, und das andere alles um der Kürze willen unterwegen
liess, und da er auch diesen Brief hervornahm, da gedachte er also:
dieser Brief ist nichts, denn eine jubilirende Rede, und so die dürren
Seelen und harten Herzen das lesen werden, so wird es ihnen unge-
schmack, und also verwarf er denselben Brief auch. Da es morgen
ward, da kam in einem geistlichen Gesicht vor ihm mancher Jüngling
der englischen Gesellschaft und straften ihn, dass er denselben Brief
vertilgt hätte und hingeworfen und meinten, er müsste ihn wieder
schreiben". Die Folgerungen aus dieser Stelle ergeben sich von selbst.
Suso konnte nur dann erwarten, dass die Vernichtung eines Theils der
Briefe der Sammlung seiner Absicht dienen werde, wenn diese Sammlung nicht bereits in Abschriften verbreitet war. Was hätte ihm sonst
die Vernichtung genützt? Schon dieser eine Punkt genügt, die Annahme, als sei die ursprüngliche Sammlung der Stagel noch vorhanden,
als völlig unwahrscheinlich erscheinen zu lassen. Denn wer wollte annehmen, dass Suso, als er aus dieser von der verstorbenen Stagel gemachten Sammlung das gekürzte Briefbuch machte, nicht gewusst habe,
ob die Sammlung veröffentlicht sei oder nicht? Wer wollte annehmen,
dass die Stagel ohne Wissen und Willen Suso's dessen Briefe habe veröffentlichen wollen?

Derselbe Grund gilt auch der Annahme gegenüber, auf welche sich
Denifle neuestens zurückzieht: „Es mussten (von der Sammlung der Stagel)
wenigstens zwei Exemplare vorhanden gewesen sein, von denen
zwar Seuse das eine vernichtete, das andere aber einem Bruchtheil
nach übrig blieb." Das setzt voraus, dass die Stagel das Briefbuch
gegen Suso's Willen habe veröffentlichen wollen. Aber Suso nimmt
dies offenbar nicht an, weil er der Meinung ist, es sei nur dieses eine
Exemplar vorhanden und die Stagel habe die Briefe nur für sich gesammelt. Und der Stagel ist eine solche Absicht, ohne Erlaubniss
Suso's dessen Briefe zu veröffentlichen, auch nimmermehr zuzutrauen.
Nach Denifle aber hätte sich Suso in der Stagel getäuscht, und sein
gewissenhafter Ernst, der hin und her überlegte, bei welchen der Briefe

eine Veröffentlichung frommen dürfte, bei welchen nicht, und die
darüber aufgewendete Zeit wären verschwendet gewesen, wenn inzwischen ein zweites Exemplar seiner Redactions- und Vernichtungs-
arbeit spottete.

Nun geben sich aber auch die Briefe der Stuttgarter Sammlung
gar nicht wie ein defectes Buch. Der Stuttgarter Schreiber wenigstens
glaubt das vollständige Exemplar eines Briefbuchs vor sich zu haben,
denn seine Sammlung beginnt mit den Worten: *Prologus libri episto-
larum*, und zeigt mit den Worten am Ende: *Explicit liber* den Schluss
des Buches an.

Auch die übrigen Handschriften, auf welche ich in meiner Abhandlung über die Briefbücher Suso's zuerst hinwies, eine Züricher und
Strassburger Handschrift, und dann noch eine weitere, die ich in Nürnberg fand,[1] enthalten mit wenigen Ausnahmen dieselben Briefe wie die
Stuttgarter, ohne von einander abhängig zu sein. Das deutet doch
gleichfalls nicht darauf hin, dass die ursprüngliche Sammlung nur als
Fragment an die ersten Abschreiber gekommen sei. Zudem ist der
Schlussbrief der Stuttgarter Handschrift wirklich ein Schlussbrief zu
einer Reihe von Briefen, denn er beginnt mit den Worten: „Meine
lieben Kinder, ich sende euch hier die Briefe, dass ihr allezeit habet
etwas in den Mund der Seele zu legen" etc. Das alles führt nicht
darauf, dass wir hier nur den Bruchtheil einer Sammlung vor
uns haben.

Aber auch von einer andern Seite aus ergibt sich die Unhaltbarkeit der Meinung Denifle's. Das Briefbuch der Stuttgarter Handschrift
trägt die deutlichsten Spuren der Redaction durch Suso's Hand. Zunächst sind die einleitenden Worte zu diesem Briefbuch Worte Suso's,
denn sie decken sich zu einem guten Theile mit den Worten, mit
welchen er das gekürzte Briefbuch des Drucks einleitet. Dann zeigen
die einleitenden Worte: „har vmb zu einer vnder libe dines gemutes so
mahtu disev brieff götlich lesen", an, dass die Sammlung zur Veröffentlichung bestimmt ist. Nun kann aber die Stagel mit ihrer Sammlung
dies nicht beabsichtigt haben, wenigstens traut ihr Suso diese Absicht
nicht zu. So führt auch das darauf, dass die oben mitgetheilten Worte
von Suso, und nicht von der Stagel herrühren. Sodann enthält der
Brief *Viriliter agite* eine Bemerkung, welche die Redaction durch Suso's

---

Hand unzweifelhaft macht. Suso sendet diesem Brief die einleitenden
Worte voraus: „Er war eines Tages ausgegangen und hatte einen
Raub, den er dem Teufel wollte nehmen, hinterstanden" und nun
erzählt Suso, wie ihm in einer Vision kundgegeben worden sei, dass
ihm die bösen Geister jenen Raub — eine geistliche Tochter — wieder
entreissen wollten. Da habe er ihr nun diesen Brief geschrieben: *Viriliter agite etc.*

Denifle sucht sich dieses von mir geltend gemachten Arguments
dadurch zu erwehren, dass er jene historische Notiz von Suso geschrieben sein lässt, ehe die Stagel ihre Sammlung gemacht habe. Der
Empfängerin des in der Sammlung vorhergehenden Briefs *Quomodo
potest etc.* habe einst Suso den Brief *Viriliter agite* mitgeschickt und
diese Notiz für sie beigefügt. So habe die sammelnde Stagel dieses
Briefpaar gleich mit jener historischen Notiz erhalten und in ihre
Sammlung aufgenommen. Allein nichts rechtfertigt dieses Auskunftsmittel
der Verlegenheit. Denn der Brief *Viriliter agite* ist durch Trennungs-
zeichen und Initiale vollständig von dem vorausgehenden Briefe *Quomodo potest* geschieden. Aber, so sucht nun Denifle seine Hypothese
von der Zusammengehörigkeit der beiden Briefe zu retten: „der zweite
Brief hat eine historische Notiz, ohne vorher ein Motto zu besitzen,
weder in der Züricher noch in der Stuttgarter Handschrift, während
sonst in der letztgenannten Handschrift alle Brief ein rot geschriebenes
Motto führen." Mit solchen Zufälligkeiten der Abschreiber muss sich
Denifle behelfen! Von welchem Werthe aber seine Bemerkung sei,
mag der Leser aus der Nürnberger Handschrift erkennen. Denn diese
hat das Motto vor der historischen Notiz und hat es roth unter-
strichen.

Ein zweites ebenso werthloses Argument für die Zusammengehörigkeit der beiden Briefe wird aus dem kurzen Briefbüchlein des
Drucks genommen: da verbinde Suso nicht nur die beiden Briefe, sondern auch noch einen dritten, und lasse in der Einleitung zu den drei
verbundenen Briefen diese als an ein und dieselbe Adressatin gerichtet
erscheinen. Aber Suso verbindet überhaupt in dem Briefbüchlein des
Drucks ursprünglich verschiedene Briefe zu einem Briefe, wenn sie dem
Inhalte nach nahe verwandt sind. „Niemals", so wendet Denifle ein,
„wo er es sonst gethan hat, sagt er, jene Stücke seien an dieselbe
Person gerichtet gewesen, also müssen wir hier die gleiche Adressatin
annehmen, wollen wir nicht Seuse zum **Lügner machen**." Nach
diesem „Niemals" meint man, dass ausser unserm Briefe noch eine

Menge von Fällen vorliege, aus denen man eine constante Regel
Suso's ableiten könne. Aber von den zusammengesetzten Briefen hat
nur noch einer eine einleitende Notiz Suso's: auf diesen einen ist das
grosse „Niemals" zurückzuführen. Und hier sagt er es allerdings nicht;
aber sagen oder nicht sagen ist da ganz gleichgültig, wo die That
selbst spricht. Denn thatsächlich ist die Form in allen zusammengesetzten Briefen so, als ob sie an eine und dieselbe Person gerichtet
wären. Suso pflegte sich aus dergleichen „Lügen", die man sonst schrift-
stellerische Licenzen nennt, kein Gewissen zu machen. In dem
1. Capitel der *Vita*, in welchem Suso erzählt, wie dieses Buch entstanden sei, sagt er: er habe etwas guter Lehr in der Person der Stagel
hinzugelegt, also Lehren an sie gerichtet, die er in Wirklichkeit nicht
an sie gerichtet hatte. Was er dort thut, kann er es nicht auch hier
thun? Und wenn er es dort sagt, muss er es allemal sagen, wenn er
so verfährt? Ja er hätte es vielleicht gesagt, wenn er sich hätte
denken können, ein vernünftiger Mensch würde ihn um deswillen für
einen Lügner ansehen können. Ich glaube, das Vorstehende genügt
zum Erweise, dass das Briefbuch der Stuttgarter Sammlung das Briefbuch der Stagel nicht sei und auch kein Bruchtheil desselben. Wenn
nun aber diese Sammlung das Briefbuch der Stagel nicht ist, welche
Bewandtniss hat es dann mit ihr?

In der *Vita* der Münchner Handschr. 362 wird, wie wir gesehen
haben, auf das „neue Briefbüchlein, das hie zu hinterst auch steht",
hingewiesen. Die Erwähnung des neuen Briefbüchleins setzt voraus,
dass ein altes existirte, und dass dieses alte bekannt war. Das Begleit-
schreiben *Pone me* am Schlusse der Stuttgarter Handschrift begleitete
Briefe, welche zum Gemeingute bestimmt waren. Das neue Briefbüchlein kann mit diesen Briefen nicht gemeint sein; denn in diesem sind
die Worte: „ich sende euch hier die Briefe" gestrichen. Da nun
Suso, wie wir sahen, die ursprüngliche Sammlung der Stagel mit Rücksicht auf ein zu veranstaltendes Briefbuch durchmusterte, und alle
die Briefe derselben verwarf, die ihm zur Veröffentlichung nicht
geeignet erschienen, so bleibt nur übrig, in der Stuttgarter Sammlung das alte von Suso redigirte Briefbuch zu erkennen, das er aus
der Sammlung der Stagel zuerst veröffentlichte, und dem er dann
später das neue Briefbüchlein folgen liess, in welchem nur ein Theil
der Briefe des alten und diese zum Theil in veränderter Gestalt gegeben sind.

6. Das neue Briefbüchlein.

Wir finden einen Theil der Briefe des alten Briefbuchs noch einmal in einer kleineren Sammlung und in mehrfach veränderter Gestalt. So in der Strassburger Handschrift *B* 139 und im Drucke von 1482. Es sind 11 Briefe. Dieselben erweisen sich als ein zusammengehöriges Ganzes, welches in der Einleitung als solches angekündigt wird. Das Vorwort bezeichnet nämlich diese Briefe zunächst nicht als eine Summe von Briefen, sondern als Lehre, die aus den gemeinen Briefen ausgelesen sei,[1] und die Aufschriften über den einzelnen Briefen sehen sich an wie Aufschriften von Lehrcapiteln. So will der erste Brief von dem Beginn eines anfahenden Menschen handeln, insofern er sich nämlich äusserlich von der Welt scheidet, der zweite Brief von der innerlichen Verläugnung des alten Wesens u. s. w. Und dass der letzte Brief ein zusammengehöriges Ganzes abschliessen will, wird aus Ueberschrift und Inhalt zugleich klar; denn in diesem Briefe wird von der besten Uebung, die man haben möge, geredet, von der Krone, auf welches alles andere, als auf sein Ende gerichtet sei, von dem Gebete zu Jesus.

Will also Suso in dem alten Briefbuche nur eine Anzahl sich für die Oeffentlichkeit eignender Briefe aus der Sammlung der Stagel wiedergeben, und diese zum Theil in kürzerer Gestalt, so ist es ihm bei dem jüngeren Briefbüchlein mehr um eine so viel als möglich geordnete Lehre zu thun, weshalb denn auch verwandte Stellen aus andern nicht mit aufgenommenen Briefen des alten Briefbuchs hier mit einzelnen Briefen verschmolzen sind. Dazu ist dieses neue Briefbuch um die Hälfte kleiner als jenes, welchem es entnommen ist; es will nur das Wesentlichste des alten Briefbuchs in einigermassen geordneter Weise zu leichterem Gebrauche zusammenstellen. So hat also dieses kleinere Büchlein neben dem grösseren Stuttgarter seinen besonderen praktischen Zweck.

Diese kleinere Sammlung werden wir nun als das „neue Briefbüchlein" erkennen müssen, von welchem es in der *Vita* nach *Cgm. 362* heisst, dass es in der viertheiligen Sammlung „auch stehe". Denn es findet sich, wenn wir hier von *Cgm. 819* noch absehen, keine andere

---

1) Dise lere ist aussgelesen auss den gemeinen briefen, die der diener der ewigen weissheit seiner geistlichen tochter vnd andern seinen geistlichen kinden sandt.

Sammlung von Suso's Briefen, welche die Merkmale eines zusammengehörigen Ganzen an sich trüge, und sich durch die Form ihrer Briefe
als ein besonderes von Suso hinausgegebenes Büchlein von dem alten
Briefbuch unterschiede.

7. Das Briefbuch der Münchner Handschrift *Cgm. 819*.[1]

Suso sagt in der *Vita* der Münchner Handschrift 362, dass das
neue Briefbüchlein in der viertheiligen Sammlung auch stehe. Dieses
„auch" kann eine doppelte Beziehung haben: es kann sich auf die
andern Schriften, welche in die viertheilige Sammlung aufgenommen
werden sollten, auf die beiden Bücher von der Weisheit und von der
Wahrheit beziehen, oder es kann der Ton auf dem Beiwort „neu"
liegen und die Voraussetzung die sein, dass auch das alte Briefbuch in
dem viertheiligen Exemplar sich finde. Suso sagt ferner, er habe aus
dem Briefbuch der Stagel einen Theil der Briefe genommen und sie gekürzt, als man es hernach finde. Er hatte dies aber zweimal bereits
gethan, im alten wie im neuen Briefbuch. So könnte mit den hervorgehobenen Worten angedeutet sein, dass man in dem Exemplar alle
Briefe, welche Suso der Sammlung der Stagel entnommen und gekürzt
hatte, finden werde.

Nun enthält *Cgm. 819* der Münchner Handschriften von Einer
Hand geschrieben die *Vita*, das Buch der Wahrheit, das Briefbüchlein
mit Aufschriften, welche die viertheilige Sammlung zur Voraussetzung
haben. Denn das Buch der Wahrheit ist als das dritte, das Briefbüchlein als das vierte Buch bezeichnet. Dieses Briefbüchlein aber zeigt
sich als eine Zusammenlegung des alten und neuen Briefbuchs. Das
neue Briefbuch ist vollständig, und in dieses sind die in dasselbe
früher nicht aufgenommenen Briefe des alten Briefbuchs eingeschoben.
Sämmtliche Briefe lassen überall eine im Einzelnen nachbessernde
Hand erkennen. Ich habe in meiner Abhandlung über Suso's Briefbücher (a. a. O. 319 ff.) den Nachweis zu führen gesucht, dass diese

---

1) Von mir herausgegeben: Die Briefe Heinrich Suso's, nach einer
Handschrift des XV. Jahrhunderts. Leipzig, Dörffling u. Franke 1867.

Hand unmöglich die eines Abschreibers, dass sie nur die Hand Suso's
selbst sein könne.

Ich will hier einige der dort gemachten Bemerkungen hervorheben.

So stand im neuen Briefbüchlein (Br. 5): „So daz liplich zuo dem
geischlichen und daz wolgenatiurt zu dem ewigen geratet, daz denne
ein grosse funk diner gnadenrichen minne darus wirt" — der erste
Satz ist mangelhaft, denn nicht die Verbindung jedes Leiblichen mit
dem Geistlichen bewirkt was der Schlusssatz sagt. Verbessernd schreibt
Cgm. 819: „So daz wol begabet leiblich zu dem geistlichen und daz
wolgenaturt[1] zu dem ewigen geratet, daz denn ein grosser funck deiner
gnadenreicher mynne dar uss wirt."

Das neue Briefbüchlein hatte (Br. 5): „So es mir in minen muot
kunt, ach so wird ich als reht froelich gestalt, daz man es an mir
brüefen moehte, der es nemi war; alles daz in mir ist, daz zer-
fliusset von rehten froeden." *Cgm. 819* beseitigt die unnützen und
schleppenden Zusätze in der Mitte und schreibt: „so es mir in meinen
mut kumpt, ach so wird ich als recht frölich gestalt; alles, daz in mir
ist, zerflewsset von rechten frewden."

Im alten Briefbuch der Stuttg. Handschr. stand: „Gemynter herre,
du bist alleine daz gut, in dem man stete fröide, gantzen friden vnd
liep ane leit findet." Die letzten Worte sind gewiss in dem Sinne
richtig, als die Liebe zu Gott nicht wie die Liebe zur Welt die Wurzel
des Leides in sich trägt. Aber so hingestellt wie hier stimmen sie nicht
zu dem vorhergehenden Satze: „Vor allen dingen so seczend euch ge-
wegenlich als alle sunder gotesfreund uff zeitlich leyden — aber ein
ding ist war: geit er leid, so geit er auch lieb".[2] *Cgm. 819* schreibt
nun: „Gemynnter herre, du bist allein daz gut, in dem stete frewd,
ganczer frid ist, und in dem lieb und leid wenden". Hier sind die
nicht passenden Worte durch eine treffliche Wendung ersetzt: „in
Gott wenden lieb und leid", d. h. beide finden in Christus ihr Ziel, die
Liebe, um, wenn sie ihn gefunden, ohne weiteres zu suchen zu sich selbst
befriedigt zurückzukehren, das Leid, um sich in Gott zu wandeln und
in Freude zu verkehren.

Das alte Briefbuch hatte: „wie weren die so billich zu weinen,

---

1) Denifle hält das für eine Tautologie, indem er fälschlich Leib und
Natur für einander deckende Begriffe ansieht.

2) Damit ist hinreichend erledigt, was Denifle gegen meine früher zu
allgemein ausgesprochene Bemerkung vorbringt.

den die gewonheit zuo einer billichen,[1] vnd die billichen zuo einer
erberkeit worden ist". Für die auf Brauch und Sitte sich beziehende
Steigerung ist „billiche" nicht ganz die entsprechende Mittelstufe.
Cgm. 819 hat darum das entsprechendere „zimlichkeit" gesetzt, wo
mit zugleich die Wiederaufnahme des kurz vorhergehenden „billich"
vermieden ist.

In ähnlicher Weise zeigt eine Anzahl anderer Stellen die nachbessernde Hand. Nachbesserungen wie sie schwerlich ein Abschreiber
vornimmt.[2] Und was hiebei beachtenswerth ist, diese Nachbesserungen
finden sich nur in Cgm. 819, in keiner der übrigen Handschriften.
Denifle müht sich umsonst, den Hinweis auf solche charakteristische
Aenderungen im Texte auch dadurch zu entkräften, dass er zahlreiche Nachlässigkeiten und Missverständnisse des Schreibers von
Cgm. 819 zusammenzutragen sucht. Er hilft unwillkürlich gerade dadurch nur mit zu dem Beweise, dass so treffende Aenderungen wie die
beispielsweise hervorgehobenen nicht von einem Abschreiber herrühren
können.

Noch anderes führt darauf, dass Suso selbst seine beiden Briefbücher zu einem einzigen für das viertheilige Exemplar zusammen-
gelegt habe. So ist es unter anderm[3] eine historische Notiz, welche
wieder nur in Cgm. 819 sich findet, die unverkennbar auf Suso's
redigirende Hand weist. Der 4. Brief des neuen Briefbuchs ist eine
Composition aus drei ursprünglich verschiedenen Briefen. Im neuen
Briefbüchlein ist der dritte Brief von dem zweiten nicht geschieden,
wiewohl er einen andern Seelenzustand zur Voraussetzung hat als der
zweite. Es war Suso bei der Zusammenstellung dieses Briefbüchleins, wie
wir sahen, nicht um den historischen Charakter der einzelnen Briefe,
sondern um die Lehre zu thun. Deswegen bringt er zum öftern Verwandtes aus verschiedenen Briefen unter der Form eines einzigen

---

1) Denifle ist gewöhnlich unglücklich, wenn er sprachlich belehren
will. So sagt er: „Ebenso ist nach Preger ein Unterschied zwischen
billiche und zimlicheit, während doch jeder philologe (d. h. Denifle) weiss,
dass ersteres nur das ältere Wort ist". Damit vergl. man Müller und
Zarnke, Mittelhochdeutsches Wörterbuch I, 119 zu „billich": das wort
kommt vor dem 11. Jahrhundert nicht vor. „zemen" dagegen
kommt schon bei Otfried vor: in hérza imo quami so iz fore gote zami.
Billig und ziemlich sind zudem verschiedene Begriffe.

2) Vgl. Die Briefbücher Suso's a. a. O. S. 400 ff.

3) Vgl. a. a. O. S. 391 ff.

Briefes. Nun hatte aber dennoch Suso im neuen Briefbüchlein den zweiten Brief durch eine Bemerkung vom ersten Brief unterschieden, hatte aber vergessen zu bemerken, wo derselbe zu Ende gehe, so dass man meinen konnte, der ursprünglich selbständige dritte Brief sei die Fortsetzung des zweiten. Nachdem aber einmal Suso den zweiten Brief als einen eingeschobenen angezeigt hatte, forderte es die Deutlichkeit, auch zu bemerken, wo derselbe schliesse. Die Stelle, welche den zweiten Brief einleitet, endet mit den Worten: „und (die bösen Geister) schwenken darum hier, wie sie ihn irren in dem guten Vorsatz und wie sie ihn wieder verweisen in das alte Leben. Da schrieb er ihr einen Brief und entbot ihr also", und die Worte mit denen er nun in *Cgm. 819* diesen Brief von dem dritten Briefe abgrenzt, lauten mit deutlicher Rückbeziehung auf jene einleitenden Worte: Dies alles schrieb der Diener dem angefochtenen Menschen, dass er würde von den bösen Geistern gewarnt, die den Menschen gern verweisten, ob sie den Folg an ihm fünden". Vergleicht man die Worte dieses Schlusses mit den oben hervorgehobenen Worten des Anfangs, so erhellt auch zugleich, was von der Bemerkung Denifle's zu halten ist, nach welcher diese Notiz „gar nicht Seuse's Stil erkennen lässt".

Der Redactor der Münchner Handschrift *Cgm. 819* wusste, dass Suso vier seiner Schriften redigirt habe, um sie vereint zu veröffentlichen. Aber es ist ihm nicht darum zu thun, dieses Susobuch vollständig zu geben. Von der *Vita* sagt er, er habe das Beste daraus genommen in kurzen Worten; auch das Buch der Weisheit lässt er weg. Es ist ihm also keinesfalls darum zu thun, mehr zu geben als das Sammelwerk bietet. Wie sollte er nun, beim Briefbuch angekommen, mit einem Male ein gegentheiliges Verfahren eingeschlagen, und das neue Briefbuch durch Briefe des alten Briefbuchs erweitert haben? Es wird also auch aus diesem Umstande wahrscheinlich, dass ein Briefbuch vorhanden war, welches als ein von Suso redigirtes und für die viertheilige Sammlung bestimmtes galt, und das die Briefe so enthielt, wie sie im *Cgm. 819* sich finden.

8. Die Verschiedenheit der Handschriften.

Die Verschiedenheit ist in Bezug auf das Briefbuch keine geringe. Die Strassburger Handschrift hat die ausführlichere Erzählung über eine besondere Verehrung des Namens Jesus, von welcher *Cgm. 362* in der *Vita c. 19* gesagt ist, dass sie in dem neuen Briefbuch „eigentlich" sei geschrieben, nicht. Ebenso fehlen ihr der Morgensegen, welcher nach *Vita* Cap. 6 „etlichen neuen Briefbüchlein" beigeschrieben war, und die Sprüche. Dagegen fanden sich die drei genannten Stücke in der Handschrift des Druckes.

Nach Denifle hat eine Handschrift der Breslauer Dombibliothek von den 11 Briefen, welche die Strassburger Handschrift und der Druck haben, den 4. nur zum Theil und den 6. und 7. gar nicht, und von dem alten Briefbuch der Stuttgarter Handschrift, das sie gleichfalls bringt, fehlen die Briefe *Quomodo potest*, *Viriliter agite*, *Nemo potest*. Dagegen enthält sie einen Brief, den die Stuttgarter Handschrift nicht hat, und sie hat am Schlusse die Erzählung von der besonderen Verehrung des Namens Jesus und den Morgengruss.

Eine Kolmarer Handschrift hat nach Denifle das Briefbüchlein der Strassburger Handschrift, dann die Predigt *lectulus noster floridus*, welche in der Stuttgarter Handschrift am Schlusse des alten Briefbuchs steht, und dann noch drei Briefe aus dem Briefbuch der Stuttgarter Handschrift.

Wie kommt es, wenn Suso selbst seine vier von ihm nochmals redigirten Schriften vollständig in ein Buch zusammengeschrieben hat, dass diese Schreiber, die doch alle von Suso's letzter Arbeit wissen, durch welche er vier Schriften zu einem rechten Exemplar zusammenstellen wollte, sich im Briefbuch nicht genau nach demselben halten? Dem Breslauer Schreiber ist es doch um möglichst viele Briefe Suso's zu thun, sonst würde er nicht einen bringen, den er ausserdem nicht fand, und er würde nicht zu dem Briefbüchlein der Strassburger Handschrift noch das der Stuttgarter zum grossen Theile hinzufügen. Hätte er das Briefbuch der letzten Recension vor sich gehabt, wie sollte er es da nicht vollständig abgeschrieben haben?

Wir wissen aus der *Vita*, dass Suso dem viertheiligen Werke ein Briefbüchlein beigeben wollte, das die Geschichte von der besonderen Verehrung des Namens Jesus und den Morgensegen enthielt; wie erklärt es sich, dass, wenn die Strassburger Handschrift das Briefbuch der

letzten Redaction vor sich gehabt, in dieser die Geschichte von dem
Namen Jesus und der Morgengruss fehlt? Wie kommt es ferner,
dass der besondere Morgengruss, welcher auch nach der *Vita* der
Strassburger Handschrift und dem Drucke dem neuen Briefbüchlein,
wenigstens etlichen Exemplaren desselben, beigeschrieben war — in
der Breslauer Handschrift mit der Erzählung vom Namen Jesus nicht
am Schlusse des neuen, sondern des Briefbuchs der Stuttgarter Handschrift steht? Endlich tritt noch hinzu, dass eine Anzahl von Handschriften nur das neue Briefbuch, die Breslauer und Kolmarer
Handschrift das alte und neue oder Theile von jedem, *Cgm. 819* ein
aus dem alten und neuen zusammengelegtes Briefbuch bringen.

Wir haben nun auch bei den Recensionen der *Vita* etwas ganz
Aehnliches gefunden. Auch dort fanden wir aus unwidersprechlichen
Merkmalen, dass *Cgm. 362* ebenso gut von Suso's letzter Arbeit an dem
viertheiligen Sammelwerke weiss wie die übrigen Handschriften, und
dass er trotzdem eine von den übrigen Handschriften in wesentlichen
Punkten abweichende Redaction zeigt.

Woher diese Varietäten, wenn Suso wirklich in seiner letzten Zeit
an einer Redaction der vier oft genannten Schriften gearbeitet hatte
und diese auch wirklich in einem einzigen Band zusammengeschrieben
waren? Denken wir uns auch die Willkür der ersten Abschreiber als
eine grosse, so bleibt es doch undenkbar, dass sie bei jener Voraussetzung eines vorliegenden zusammengebundenen Buches das Briefbuch
und auch die *Vita* so verschieden sollen wiedergegeben haben.

Es ist bei dieser Sachlage nur eines als Erklärung möglich: Suso
hat seine vier Schriften nicht in der Weise redigirt und abgeschrieben,
dass er sie nacheinander in ein einziges Buch, sondern dass er sie vereinzelt auf besondere Quaternen schrieb, um sie, wenn alles geschrieben
wäre, zusammenbinden zu lassen.

Suso war 67 Jahre alt, als er sich mit der Redaction der *Vita* für
Bartholomäus von Bolsenheim beschäftigte. Die Redaction der übrigen
Schriften mag sich bis zu seinem drei Jahre später erfolgten Tode hin-
gezogen haben. So könnte der Tod ihn ereilt haben, ehe er die revidir-
ten und corrigirten Quaternen der einzelnen Schriften zu einem Buche
verbinden liess. Nimmt man diese ganz nahe liegende Hypothese an,
sind die ersten Zusammenstellungen, ganze Codices des Exemplars erst
nach Suso's Tod entstanden, dann fanden die, welche nach Ulm kamen,
um das viertheilige Werk für ihr Kloster oder für Einzelne abzu-
schreiben, nicht bloss die letzte Redaction der *Vita*, sondern auch die

frühere, nicht bloss das neue, sondern auch das alte Briefbuch. Denn
Exemplare der älteren Ausgaben seiner Schriften werden in Suso's
Nachlass gewesen sein, da er sie ja für die letzte Redaction nöthig gehabt hatte. Von der *Vita* lagen mindestens zwei Manuscripte da, wie
wir als sicher annehmen können. In die früheren Exemplare des alten
und neuen Briefbuchs mögen einzelne redactionelle Aenderungen bereits
eingetragen gewesen sein, ehe Suso aus beiden das Briefbuch der letzten
Redaction zusammenstellte. Stand es aber so, dass die nach Suso's
Tode nach Ulm kommenden Abschreiber erst die vier Schriften sich
zusammensuchen mussten, um ein Ganzes zu erhalten, auf welches
der von Suso verfasste Prolog hinwies, dann hing die Zusammenstellung von der grösseren oder geringeren Sorgfalt in der Vergleichung der einzelnen Texte, so wie von Nebenumständen ab,
wie etwa davon, ob der eine oder der andere der Texte leserlicher
geschrieben war.

Diese so nahe liegende und sich wie von selbst aus der Vergleichung der Handschriften ergebende Annahme, dass nämlich Suso
selbst die zum Sammelwerk bestimmten Schriften vereinzelt mit den
älteren von ihm für die Redaction benützten Schriften hinterliess, und
dass vollständige Exemplare von den Abschreibern erst nach seinem
Tode hergestellt werden mussten, diese Annahme wird uns auch
durch eine Notiz nahegelegt, welche der Drucker des Susoexemplars
von 1512 über Felix Fabri's Arbeit für den ersten Druck der Suso-
schriften vom J. 1486 bringt: „Nun hat dieses buch, so heisst es da,
gar vil begriffen von dem gantzen leben des andechtigen vatters Amandi
vnd so das on ordnung hyn vnnd her zerströwet gewesen ist,
so hat der wirdig lessmaister, bruder Felix Fabri zu Ulm, das mit
vleiss zusammengelesen vnd in ordnung gesetzt in lateinischer sproch“.
Sehen wir von dem undeutlichen Schlusse ab, der auch von einer
lateinischen Uebersetzung der *Vita* durch Fabri zu sprechen scheint,
so geht aus dieser Notiz so viel hervor, dass Fabri die einzelnen Schriften
Suso's zu Ulm, wo ihr Verfasser gestorben war, nicht zusammenge-
bunden fand, sondern „ohne Ordnung hin und her zerstreut“. Ich
meinte früher, durch die Sorglosigkeit der Mönche sei der Sammelband
Suso's wieder zerfallen. Aber die spätere Vergleichung führt mich nun
auf die Vermuthung, dass dieser unordentliche Zustand des Nachlasses
von Suso darauf zurückzuführen sei, dass Suso selbst kein zusammen-
gebundenes Exemplar der vier von ihm in den letzten Jahren seines
Lebens redigirten Schriften hinterlassen hat.

So wird nun nach unserer Erörterung so viel wenigstens als geboten erscheinen, dass wir uns in der Frage, welche Recension der vier
für das Sammelwerk bestimmten Schriften der letzten Redaction Suso's
angehöre, nicht durch die Autorität dieser oder jener Handschrift bestimmen lassen, sondern dass wir die Schriften einzeln ansehen und
durch Vergleichung der Texte prüfen, welche derselben die unverkenn-
baren Merkmale der letzten Hand Suso's tragen. Und da scheinen mir
die klarsten Gründe in Betreff der *Vita* für *Cgm. 362*, in Betreff des
Briefbuchs für *Cgm. 519* zu sprechen.

9. Das Minnebüchlein.

Ich machte in meiner Abhandlung über Suso's Briefbücher darauf
aufmerksam, dass Suso auch ein Minnebüchlein verfasst habe. Ich
fand es in derselben Züricher Handschrift, welche auch Suso's Briefbuch enthält.

Unter den Schriften Suso's ist eines Minnebüchleins bisher nicht
gedacht worden. Die Bemerkung der Stuttgarter Handschrift und des
Drucks der *Vita*, nach welcher Suso die Erzählung von dem Namen
Jesus und den Morgengruss „an etliche mynne büchlach" schrieb,
konnte ja wohl die Vermuthung erwecken, dass Suso auch ein solches
Büchlein möchte verfasst haben. Denn ist diese Lesart auch falsch
und wahrscheinlich so zu erklären, dass man „mynne" für „niuwe" las,
so konnte ja doch das Auge der Abschreibenden leichter sich getäuscht
und bei dem vermeintlich gelesenen Worte beruhigt haben, wenn Suso
wirklich ein Minnebüchlein geschrieben hatte. Denn dass Suso ausser
den bisher besprochenen Schriften noch die eine und andere Schrift verfasst habe, davon schien eine Stelle in C. 37 der *Vita* eine Andeutung
zu enthalten. Meine Vermuthung wurde zur Gewissheit, als ich in
jener Züricher Handschrift, in welcher ich das alte Briefbuch Suso's
fand (Stadtbibl. C. 96/320, 4⁰. f. 63ᵇ — 80ᵃ), auf eine Ueberschrift
kam: „Hie fahet an daz erst capittel des minne buchleins", und die nun
folgenden Blätter zu lesen begann. Die Schrift enthält tief empfundene
Betrachtungen der Liebe des leidenden und sterbenden Erlösers in der

Form der Anrede (an Christus oder Maria) und des Gebets. Da war überall Suso's Stil, derselbe Rythmus der Sprache, dieselbe poetische Anschaulichkeit, dieselbe reiche Empfindung, dieselben Redewendungen und Lieblingsausdrücke, und das alles so ungesucht und sicher und so durch alle Blätter hin, dass dies schwerlich von einem blossen Nachahmer herrühren konnte.

Die Betrachtungen des Leidens Christi und die Gebete erinnern in der Form im allgemeinen und in den besonderen Ausdrücken an die verwandten Stellen im Buch der Weisheit, nur dass dort der Herr dem Diener der Weisheit das Leiden erzählt, hier der Verfasser in der Form der Anrede an Christus es schildert. Wie gleichartig aber die Sprache überhaupt der Sprache Suso's sei, dies zu erkennen bedarf es nur des Gegenüberstellens einiger Sätze. Ich wähle solche, bei welchen auch Bild und Ausdruck anklingen:

Minnebüchlein:

f. 64ᵃ: Kehr wieder zu dir selber, meine geminnete Seele, und ehe wir verdorren (erdürrin), so kröne uns mit den rubinrothen Rosen, von dem Haupte unserer zarten Weisheit entsprungen.

Nicht geschehe uns, dass die sommerlichen Blumen des lichten Angers seiner süssen Worte und verwürzten Werke, die so recht süssiglich alle Tugend und Mildigkeit schmecken, uns vergehen.

f. 71ᵇ: Und das billig ist, dass ich mich nun all dieser Welt soll benehmen und von Grund meines Herzens dir geben und darum: Ade, ade der falschen Welt, heut und immer mehr! Urlaub hab die falsche Welt!

Briefe (Nach meiner Ausgabe):

Br. 4: Zarte Kinder, wie will er das traurige Erdreich, die dürre Haide noch heuer so leutseliglich ergrünen machen und so minniglich zieren! — So begehrt die überwonnigliche Feldblume, der leutselige Herr aller Herren, dass ihr wohlstehende Rosen werdet, damit sein göttlich Haupt feinlich gezieret werde. Br. 10: Und gedenket an die schönen rothen Rosen, die nun versenket sind in das weislose Wesen — und vor kurzen Zeiten eines Distels Natur hatten etc.

Br. 19: Der natürlich geblümte Anger beginnet in übernatürlicher Schönheit wieder zu glänzen. Br. 8: Und lugt ihm in den Mund, ob keine himmlische Rose daraus fiele (ein tröstendes Gotteswort).

Br. 1: Hätt ich dich, Frau Welt, tausend Jahr besessen, was wäre es nun (anders) als ein Augenblick, bald dahin! — O weh du Mörderin, ade, ade! Gott Gnad heut und immer mehr!

f 72ᵃ. Ich suchte deine Gottheit: ich finde die Menschheit; ich suchte deine Herrlichkeit (Gunlichkeit) und du erzeigest mir deine Arbeitseligkeit, ich begehrte Süssigkeit und finde Bitterkeit! Was soll ich nun sprechen?

f 73ᵇ Eia, mein Allersüssester, wer gibt mir, dass ich für dich sterben möge?

f. 73ᵇ: *Consurge, consurge!* Wohl auf, wohl auf, Herz meines, steh auf und bekleide dich mit Gottes Stärke. Gebar (erzeige dich) mannlich, sei fromm, und hab dich kecklich, fürcht dich nicht, geh nicht mehr wieder hinter dich.

f. 74ᵇ: Deine Minne, Geminuter mein, übertrifft in mir aller Frauen minniglichen Schein, denn alle gebildete Geschaffenheit ist kaum ein kleines Wahrzeichen und unendlich verschwindend (unzallich fur wesend) vor deiner hohen Ungemessenheit und eigentlich erzeigend dich — als einen Ursprung aller Genugsamkeit.

Br. 19: O weh aber du geminntes Lieb, ewige Weisheit! Du verbirgest dein minnigliches und zeigest dein Leides! Du zeigest das Bittere und birgest das Süsse. O weh geminntes zartes Lieb! warum thust du das?

Br. 20: Kind meines, wer gibt einem getreuen Vater, dass ich für mein liebes wohlgerathenes Kind sterbe?

Br. 18: *Viriliter agite etc.* Das spricht: Gebaret kühnlich und mannlich, ihr alle, die Gott getrauen! Eia werther Held, thu heut als ein frommer Mann und gebar kecklich und wehr dich frischlich! Lass dir dein Herz nicht entfallen als ein Zager!

Br. 19: Lug, ist etwas minnereiches, wohlgefallendes an einem minniglichen Menschen, das nicht in gleicher Weise tausendmal minniglicher in dir geminntes Lieb sei?

Die Betrachtung des Leidens Christi trägt im Minnebüchlein die Form des Gebets. Ganz gleichartig und auf einander bezüglich sind die jeden Abschnitt einleitenden Worte. So im ersten Capitel: *O sapientiae aeterna:* O ewige Weisheit, du bist etc. *O anima mea!* O Seele mein, gehe etc. *O spes mea,* o einige Zuversicht von meinen jungen Tagen etc. Erkennt man aus der Gleichartigkeit der Form, dass die einzelnen Stücke hier ihren ursprünglichen Ort haben, so wird das Vorkommen einzelner Stücke in andern Schriften, wenn diese Suso's Namen tragen, zu einem Zeugniss für Suso's Autorschaft auch hinsichtlich des Minnebüchleins. So beginnt das Minnebüchlein, wie oben bemerkt, mit dem Gebet: *O sapientia aeterna!* O ewige Weisheit, du bist ein Ausglanz und ein Gepräge des väterlichen Wesens (Hebr. 1, 3) etc., und dasselbe Gebet findet sich lateinisch in der 1. Lection von Suso's *Officium de aeterna sapientia*, einer Zusammenstellung von Gebeten, Psalmen, Liedern etc., welche Suso zur Uebung der Andacht seinem *Horologium* beigegeben hat.

Ebenso bildet das Gebet im 3. Theil des Minnebüchleins: O Jesu, meine allersüsseste, meine allerheiligste Weisheit, ein Wort des Vaters etc. den Anfang der zweiten Lection des Officiums.

Jeder etwa noch übrige Zweifel aber über den Verfasser muss schwinden, wenn wir in dem Minnebüchlein nach dem Eingangsgebet den Abschnitt lesen, welcher die Ueberschrift trägt: „Des Gemüthes eine Ermunterung", und hier in den ersten Sätzen Beziehungen auf das eigene Leben des Verfassers finden, welches kein anderes ist, als das uns in der *Vita* geschilderte Leben Suso's. Denn so beginnt dieser Abschnitt des Minnebüchleins: *O anima mea;* o Seele mein, gehe eine Weile in dich, in die Heiligkeit (Heimlichkeit?) deines Herzens, und gedenke, dass du die ewige Weisheit des himmlischen Vaters dir selbst zum Gemahl und zu einem einigen Lieb hast auserwählt, und gedenke, dass du zu einer Urkunde der lieblichen Gemahlschaft seinen Namen deinem Herzen unvertilglich hast eingedrückt. Hier sind die Vorgänge bezeichnet, welche uns die *Vita* Cap. 4 „Wie er kam in die geistliche Gemahlschaft der ewigen Weisheit", und Cap. 5: „Wie er den gnadenreichen Namen Jesus auf sein Herz zeichnete" erzählt sind, und von denen weiter unten in der Darstellung des Lebens Suso's noch die Rede sein wird.

II.

Suso's Leben.

1. Die Jahre des Anfangs in Constanz und Cöln.

Heinrich Suso ist am 21. März 1295[1] zu Ueberlingen[2] am Bodensee geboren. Sein Vater war ein Ritter aus dem Geschlechte derer von Berg, die im Hegau begütert waren, seine Mutter eine geborene von Sûs oder Sûse,[3] jener weltlich gesinnt, diese eine tief religiöse

---

1) In der *Vita* Suso's ist weder das Geburtsjahr angegeben noch überhaupt eine chronologische Ordnung eingehalten. Ich habe in meinen Vorarbeiten (a. a. O. S. 119 ff.) durch Vergleichung und Prüfung von Nebenumständen die wichtigsten Ereignisse aus seinem Leben chronologisch zu bestimmen gesucht, auf welche Untersuchung ich hier verweise.

2) Nach einem Briefe von Eylenbenz in Ueberlingen an Franz Pfeiffer ist in Ueberlingen ein altes Bild, welches Suso darstellt im Dominikanerhabit, mit ernstem Blick, lebhaftem feurigem Auge; Haar und Bart sind röthlich; um das Haar windet sich mit Bezug auf eine Stelle in der *Vita* ein Kranz von Rosen. Der schwarze Mantel zeigt sich vorne geöffnet; die beiden Hände weisen auf die Brust, welche das Zeichen *J. Ĭ. S.* (Jesus) trägt. Das Bild hat in der linken Ecke die Inschrift *Joannes Henricus Suso ex hac imperiali Civitate Ueberlingiana oriundus*. Ein zweites altes Bild in Ueberlingen hat dieselbe Inschrift, nur abgekürzt, und scheint dieselbe Auffassung wie das erste zu haben.

3) Sûse, siuse, seuse = sause. Vgl. die Bemerkung im Vorwort zum Drucke von 1512: Wenn er einen merklichen Sinn oder ein gut Stück wollte sagen und das Volk aufmerksam machen, so sprach er: „Merket auf, denn der Seuss will säussen‟. Dort noch andere angebliche Aeusserungen Suso's mit Beziehungen seines Namens auf das Wort sausen. Suso ist das latinisirte Sûs.

Natur voll zarter Empfindung. Die Ehe war bei der entgegengesetzten
Richtung der beiden Ehegatten keine glückliche; die Mutter, unter
dem Verhältnisse zu ihrem Manne schweres leidend, suchte Ersatz und
Trost in dem Verkehr mit dem Erlöser, dessen Leiden die Beschäftigung
ihrer Seele wurde.

Wie bei Chrysostomus, Gregor von Nazianz und Augustin so war
auch bei Suso der Mutter Einfluss und Vorbild bestimmend für sein
Leben. Die Erregbarkeit des Seelenlebens, die Uebermacht der Empfindung, wie sie so ungewöhnlich stark in dem Sohne sich kundgibt, zeigt
sich nicht minder schon bei der Mutter. Der Sohn berichtet von ihr,
dass sie in 30 Jahren keine Messe hörte ohne reichliche Thränen zu
vergiessen, und dass sie zuletzt, als sie beim Beginn der Fasten vor
einem Bilde des leidenden Christus ohnmächtig niedergesunken war,
12 Wochen hinsiechte, bis sie am Charfreitag um die neunte Stunde
ihre Seele aushauchte. Der Erbe ihres Geistes glaubte seiner Liebe zu
der Mutter ein Zeichen setzen zu sollen. Nicht nach des Vaters, sondern nach der Mutter Familie hat er sich, vielleicht von ihrem Tode
an, genannt.

Die Kränklichkeit des Knaben, so wie die Richtung, welche dessen
Seelenleben unter dem Einfluss der Mutter genommen hatte, mochte in
dem Vater die Hoffnung zerstört haben, in ihm einen Ritter, wie er
sich ihn wünschte, erwachsen zu sehen, und so war es wohl zuletzt
auch diesem nach Wunsch, als die Dominikaner in dem jenseitigen
Constanz im J. 1308 den erst 13jährigen Knaben gegen ein Geld-
geschenk, wodurch der um 2 Jahre zu frühe Eintritt in's Kloster erkauft werden musste, als Novizen aufnahmen.

Der Geist, welcher in diesem Convente herrschte, war ein anderer,
als ihn fromme Laien nach dem Rufe des Ordens und der Art, wie das
Leben der Brüder sich nach aussen darstellte, voraussetzen mochten.
Nach den Aeusserungen Suso's fand sich hier unter dem Scheine
frommen Lebens ganz der gewöhnliche Weltsinn, der bald auch an
Suso seine verführerische Macht übte. Er beruhigte sich mit der Vorstellung, dass durch Vermeiden gröberer Sünden der sittlichen Aufgabe
genügt sei. Doch hielt dieser Trost immer nur kurze Zeit an; bei
einer so tief angelegten Natur wie der seinigen musste sich bald genug
der innere Unfriede einstellen. Von durchaus idealem Sinne und der
höchsten Begeisterung fähig, stand ihm vor der Seele das Ideal eines
Lebens, welches völlig und ganz an Gott hingegeben, von ihm die
Stillung eines noch unbestimmten, unendlichen Verlangens erwartete.

Nach fünfjährigem Schwanken und innerem Leiden war jener Trieb
mächtig genug geworden, um ihn zu einem plötzlichen durchgreifenden
Entschlusse zu bestimmen. Dieser lag nach einer Richtung hin, welche
Tausende schon vor ihm eingeschlagen hatten, und die er aus Schriften
kennen konnte, welche um diese Zeit überall in den Klöstern seines
Ordens verbreitet waren. Suso schmückte kurze Zeit nach seiner
„Kehr" seine Capelle mit Sprüchen aus dem „Leben der Altväter" aus.
Es ist ein Buch, das zum Theil von Hieronymus und Rufinus herrührt
und der asketisch-mystischen Richtung angehört. Auch die Schriften
des Gerhard von Frachet, des Thomas von Chantimpré, des Jakob von
Vitry, welche von dem schauenden Leben so Vieles und Ausserordentliches aus der nahen Vergangenheit zu berichten wussten, hat er
wohl gekannt, und nicht undenkbar ist es, dass um diese Zeit der Ruf
des grossen Meisters Eckhart, der seit dem Jahre 1312 seine Gottesweisheit zu Strassburg verkündete, auch bis zu ihm gedrungen sei.

Nicht ohne Bedenken und Kämpfe betrat Suso den Weg äusserster
Selbst- und Weltverläugnung, auf welchem er Frieden für seine Seele
gewinnen wollte. Er zweifelte an der Ausdauer seines Willens. Dazu
kam abmahnend noch das Wort eines Freundes, der auffallende Uebungen
widerrieth und ihn auf die innerliche Frömmigkeit verwies. Aber er
überwand die Bedenken. Mit seinem 18. Jahre beginnt er sein neues
Leben mit der Ablegung einer umfassenden Beichte. Von da an suchte
er 22 Jahre lang durch eine ununterbrochene Reihe qualvoller Uebungen
seinen „wilden Muth" und seinen „verwöhnten widerspännigen Leib"
zu brechen. Die ersten 10 Jahre (1313—1323) hielt er sich in strenger
Abgeschiedenheit in seinem Kloster. Eine Capelle, die er sich bauen
lassen durfte, seine Zelle und der Chor der Kirche bildeten da den
engsten, das Kloster den weiteren, der Gang bis zur Pforte den
weitesten Kreis, zwischen denen er je nach Ermessen wählte. Lange
Zeit trug er ein härenes Hemd und eine eiserne Kette, dann ein härenes
Niederkleid mit Nägeln, die ihm bei jeder Spannung oder beim Liegen
in's Fleisch gingen. Um den Qualen des Ungeziefers — er badete sich
durch 22 Jahre nicht — nicht wehren zu können, steckte er während
der Nacht seine Hände in Schlingen; später liess er sich zu gleichem
Zwecke Handschuhe mit Messingspitzen machen. Ein spannenlanges
Kreuz mit 30 Nägeln und 7 Nadeln durchschlagen (zur Erinnerung an
die Schmerzen Christi und Mariens) trug er auf dem blossen Rücken
gebunden; täglich lag er darauf oder schlug sich darauf. Lange war
eine Thüre sein Lager. Die Qualen der Kälte, des Hungers, des Durstes,

der blutigen Geisselung bereitete er sich so lange und in solchem Grade, dass er dem Tode nahe kam.

„Die Füsse wurden ihm voll Geschwäre, die Beine schwollen ihm wie einem Wassersüchtigen, die Kniee waren ihm blutig und versehrt, die Hüfte voller Narben von dem härenen Niederkleid, der Rücken vom Kreuze verwundet, der Leib öde von masloser Strengheit, der Mund und die Zunge dürr von dürstender Noth, die Hände zitterten vor Kraftlosigkeit."

Da er nun solch übendes Leben von seinem 18. bis in sein 40. Jahr geführt und er seine Natur verwüstet hatte, dass ihm nichts mehr übrig war als Sterben oder solche Uebung lassen, da liess er davon.

Suso hatte solchen Uebungen unter anderm auch eine sühnende Kraft beigemessen. „Darnach", so sagt er einmal, „da er sich gänzlich wollte versöhnen um die Missethat, da wagte er sich hertür und fiel dem Richter zu Füssen und nahm vor ihm eine Disciplin mit dem Kreuze und ging da um und um vor die Heiligen und nahm 30 Disciplinen, dass ihm das Blut über den Rücken abrann, und also büsste er die Lust viel bitterlich, die er gehabt hatte unordentlich." Allein die Gewissheit der Versöhnung, der Friede ward ihm mit diesen Uebungen nicht geworden. Er meinte am Ende dieser Jahre der Selbstpeinigung: „es müsste noch fürbass gedrungen werden in einer anderlei Weise, sollte ihm je recht geschehen" (C. 20). Das Resultat der Erfahrungen aus seiner Askese fasst er vielmehr in den Satz zusammen, dass das alles nur gewesen sei „ein guter Anfang und ein Durchbrechen seines ungebrochenen Menschen".

Nicht die Auffassung Christi als des Richters war es zunächst, was ihn in solche Uebungen getrieben hatte; das Bild Gottes oder Christi, das sich allmählich vor seinem Seelenleben entfaltet hatte, trägt einen Charakter, bei welchem ganz andere Züge als die herrschenden hervortreten. Wie seine *Vita* zeigt, ist es zunächst das unbestimmte Ideal einer ewigen Wahrheit, Güte und Schönheit, das ihn ergriffen hat und beherrscht. Die Sehnsucht nach Erfüllung seines leeren Herzens mit diesem höchsten Gute ist es, die ihn treibt, den Leib abzutödten, um den Sinn für die himmlische Welt zu erwecken. Es war in der ersten Zeit seines neuen Lebens, und er stand einst unter schwerem Leiden und innerer Trostlosigkeit allein im Chor der Kirche: da war ihm plötzlich im Lichte seines inneren Sinnes, als leuchte ihm das höchste Gut. „Es war formlos und weislos und hatte doch alle Form und Weise freudenreicher Lust in sich; das Herz war gierig und doch gesattet; der Muth war lustig und wohl geflorieret; ihm war Wünschen gestillet und Begehren entgangen. Er that nur ein Starren in den glanzreichen Wiederglast, in welchem er gewann seiner selbst und aller Dinge ein Vergessen; war es Tag oder Nacht, er wusste es nicht; es war des ewigen Lebens eine ausbrechende Süssigkeit nach gegenwärtiger stillstehender ruhiger Empfindlichkeit" (Cap. 3). Also eine förmliche Entzückung, ein Zustand seliger Ruhe bei äusserer Bewusstlosigkeit. Als er wieder zu sich kam, fühlte er sich körperlich kraftlos, er sank wie ohnmächtig zu Boden. Diese Stunde hinterliess einen unauslöschlichen Eindruck in ihm.

Bald gestaltete sich für Suso, was er in diesem bedeutsamen Augenblick seines Lebens geschaut und empfunden, zum Ideal der „ewigen Weisheit". Man las im Convent zu Tische die Sprüche Salomo's und das Buch der Weisheit. Sie redet da, sagt Suso, im weiblichen Bilde, damit sie alle Herzen gegen sich neigen möge. Da erwachte in ihm die Sehnsucht, sie zur Geliebten zu gewinnen, „weil doch sein junges, wildes Herz sonder Lieb nicht wohl die Länge bleiben mochte" (Cap. 4).

Er wusste nicht was sie sei? Ob sie ein persönliches Wesen oder eine blosse Kraft der Erkenntniss sei. Er rang darnach, eine bestimmte Vorstellung von ihr zu gewinnen. In wechselnden bedeutungsvollen Bildern glaubt er sie mit dem Auge der Seele zu sehen: sie leuchtete als der Morgenstern, sie schien als die anbrechende spielende Sonne; sie erschien ihm bald im weiblichen Bilde, bald in dem des Mannes, bald als weise Meisterin, bald als süsse Minnerin, erhaben und doch herablassend, die Höhe des Himmels überragend und in die Tiefen des Abgrunds reichend; alle Dinge regierend. „Sie that sich zu ihm minniglich und grüsste ihn viel lachendlich und sprach zu ihm gütlich: Gib mir dein Herz, Kind meines (Spr. 23, 26)!

Als er einst, wie er pflegte, in Gedanken an die „Allerlieblichste" verloren war, da that er eine innerliche Frage, und fragte sein minnesuchendes Herz also: Ach Herze meines, siehe, wannen fleusst Minne und alle Leutseligkeit? Wannen kommt alle Zartheit, Schönheit, Herzenslust und Lieblichkeit? Kommt es nicht alles von dem ausquellenden Ursprung der blossen Gottheit? Wohlauf, wohlauf denn, Herz und Sinn und Muth, hin in den grundlosen Abgrund aller lieblichen Dinge! Wer will mir nun wehren? ach ich umfahe dich heute noch nach meines brennenden Herzens Begierde." Und dann, so drückte sich in seine Seele der ursprüngliche Ausfluss alles Gutes,

in dem er geistlich alles fand, das da schön, lieblich und begierlich war
(C. 4). So erzählt er selbst, wie er in die geistliche Gemahlschaft der
ewigen Weisheit kam.

Der Name für die ewige Weisheit, ihre Kräfte und Gaben fasste
sich ihm zuletzt in das Wort Jesus zusammen. Aber der leidende Erlöser bildet nur ein Moment in dieser Vorstellung der ewigen Weisheit,
wenn auch ein bedeutsamstes. Sie ist ihm die ewige Liebe, von der alle
Minne und Leutseligkeit, alle Zartheit und Schönheit, Herzenslust und
Lieblichkeit fliesst. Er fasst sie in ihrer Quelle, als den grundlosen
Abgrund aller lieblichen Dinge, als den ausquellenden Ursprung
der blossen Gottheit. Wir werden später darauf zurückkommen.

Diesem seinem Ideal widmete er nun einen Dienst, wie ihn nur die
edle Liebe eines Jünglings der Geliebten widmen kann.

Im Frühling, wo in Schwaben nach der Sitte die Jünglinge mit
Liedern um einen Kranz bei der Geliebten werben, bittet er von der
ewigen Weisheit, dem Kinde Jesus, auch um seinen Kranz, nämlich um
eine weitere Gabe des Lichts. Im Mai stellt auch er den Maienzweig
auf und denkt sich darunter den Ast des heiligen Kreuzes und grüsst
vor dem Zweige den himmlischen Mai der ewigen Weisheit. Für alle
rothen Rosen erbietet er ihr eine herzliche Minne, für alle schönen
Blumen in Wald und Auen ein herzliches Küssen, für aller wohlge-
mutheten Vöglein Sang ein grundloses Loben.

Wie die irdische Liebe edler Art nur in der opferwilligsten Hingabe sich genug thut, so fasst auch Suso seine peinlichen Uebungen als
Opfer, mit denen er die Geliebte sich zu eigen gewinnen will. Er hatte sich
seine Capelle, wie gesagt, mit Bildern und mit Sprüchen der Altväter
ausmalen lassen. Sie beziehen sich auf die strengste Enthaltung von
sinnlichen Genüssen, vom Umgang mit der Welt, auf die Unterdrückung
der Begierden und Leidenschaften und schliessen mit dem Satze des
Cassian: alle Vollkommenheit endet da, wenn die Seele mit allen ihren
Kräften eingenommen ist in das einige Ein, das da Gott ist (C. 37).
Es ist die ewige Weisheit, an die er durch alles um sich her erinnert sein
will. Er hat sich ihr Bild auf Pergament malen lassen: sie sollte sich hier
darstellen in wonnesamer Schönheit und lieblicher Gestalt, wie sie
Himmel und Erde in ihrer Gewalt hat.

Abwehr und Hingabe, aus gleichem Drange entsprungen, steigerten
sich in dem auf sich selbst gestellten Jüngling bis zur Schwärmerei.
Eines Tages kam ihm im Uebermass der Minne plötzlich der Gedanke,
sich ein sinnlich wahrnehmbares und bleibendes Wahrzeichen der

seligen Gemeinschaft mit seinem höchsten Gute zu schaffen. Er
warf das Scapulier (Schulterkleid) auf, nahm den Griffel und stach in
das Fleisch ob dem Herzen, stach hin und her und auf und ab, bis er
den Namen Jesus auf sein Herz gezeichnet hatte. Von den scharfen
Stichen rann das Blut stark aus dem Fleisch und das war ihm wonne-
sam anzusehen von der feurigen Minne, dass er des Schmerzes nicht
viel achtete. Blutend ging er aus der Zelle auf die Kanzel unter das
Crucifix und betete: O Herr, ich bitte dich, dass du dich nun weiter in
den Grund meines Herzens drückest und deinen heiligen Namen also
in mich zeichnest, dass du aus meinem Herzen nimmermehr scheidest
(Cap. 5).

Die Zeichen des Namens blieben bis zum Tode, „und so oft sich
das Herz bewegte, so wurde der Name bewegt". Nur zweien Freunden
hat er nachher sein Geheimniss gezeigt. Ein Blick auf dasselbe er-
leichterte ihm alle Widerwärtigkeiten des späteren Lebens. Einmal
kam es ihm vor, als ob Licht durch den Namen aus dem Herzen dränge,
ja er sah da ein Kreuz mit so mächtigem, klarem Lichte, dass er vergebens es vor sich selbst zu verhüllen suchte.

Suso's Natur ist in der stärksten Aufregung in diesen Jahren
seines Anfangs. Im Kampfe mit seiner Sinnlichkeit glaubt er bei Tag
und Nacht böse Geister zu sehen, die mit wilder Grausamkeit seine
Seele schrecken in angenommenen Bildern. Das Vorgefühl eines sich
ausbildenden körperlichen Uebels gestaltet sich zu einer Vision, in der
Dämonen eine geringe Abweichung von seiner strengen Lebensweise
auf martervolle Weise an ihm strafen wollen. Die Steigerung aller
Seelenkräfte zeigt sich nicht minder in plötzlichen kühnen Entschlüssen
seines Glaubenslebens. Als der Maler, welcher seine Capelle mit
Bildern schmückte, von einem Augenleiden befallen, die Arbeit einstellen wollte, fuhr Suso mit den Händen über die Bilder und dann über
die Augen des Künstlers und sprach: In der Kraft Gottes um der
Heiligkeit dieser Altväter willen gebiete ich euch, Meister, dass ihr
morgen wiederkommt und an eueren Augen gänzlich genesen seid.
„Und er kam des Morgens fröhlich und gesund und dankte Gott und
ihm." Aber der Diener, sagt Suso von sich, gab es nicht sich, sondern den Altvätern zu, an deren Bilder er die Hände gestrichen hatte.

Wie mit der Fluth die Ebbe wechselt, so folgten auf die übermässige Steigerung des inneren Lebens, wie das auf solchem Wege
nicht anders sein kann, Zeiten tiefster Niedergeschlagenheit und
innerer Verödung.

So vorherrschend die Empfindung bei Suso ist, so erwachte doch auch in ihm ein starker Trieb, erkennend die ewige Weisheit zu er fassen und mit dem Scheitern seiner Versuche, in die Tiefen der gott lichen Offenbarung einzudringen, erwachten die Zweifel an der Mög lichkeit der Thatsachen, von denen uns die heilige Schrift berichtet. Und das Gefühl, dass sein Glaube wanke, ward ihm zur Qual, dass er wohl 9 Jahre lang mit „schreiendem Herzen und weinenden Augen" auf zu Gott um Hilfe flehte, bis er dieser Anfechtung für immer ledig wurde und ihm von Gott „grosse Festigkeit und Erleuchtung des Glaubens" wurde.

Daneben bereiteten ihm einzelne Rückfälle grosse Unruhe; denn seine starke Natur war mit den heftigen äusserlichen Anfällen wohl auf Zeiten zum Schweigen gebracht, aber damit noch nicht innerlich überwunden. Grösser und andauernder aber war die Qual, welche ihm der Gedanke bereitete, dass sein Eintritt in den Orden durch eine nicht wieder gut zu machende Unregelmässigkeit, durch ein Geschenk erkauft worden sei. Er fasste das als Simonie auf, als Kauf einer geistlichen Stellung um Geld. Ausser dem Orden sah er für sich die Hölle, und als ein Glied des Ordens der Verdienste des Ordenslebens theilhaftig zu werden verzweifelte er, weil er sich um jener Unregel-mässigkeit willen nicht als ein wahres Glied des Ordens betrachtete. Er hielt sich oft für ewig verloren und meinte, ihm möge für Zeit und Ewigkeit nicht Rath werden. Zehn Jahre lang quälte er sich mit diesen Gedanken ab, er nahm sie mit sich auf die Schulen von Strassburg und Cöln.

— —

Es scheint, dass Suso die sechsjährigen Studien, welche dem *Studium provinciale* d. i. dem Studium der Sentenzen vorausgehen mussten, in Constanz selbst habe machen können; denn wir lesen in der *Vita* nichts von einer Unterbrechung seiner zehnjährigen Abge-schlossenheit, die er sich im J. 1313 auferlegt hatte. Dann wird er im J. 1323 zum *Studium provinciale* nach Strassburg, im J. 1325 zum dreijährigen *Studium generale* nach Cöln gezogen sein. Es ist ausser Zweifel, dass er noch etliche Zeit Eckhart's Schüler war. Er hatte das Pergamentbild der ewigen Weisheit, das er sich in Constanz hatte machen lassen, mit sich gebracht; da stand es in Cöln im Fenster seiner Zelle „und er blickte es da lieblich an mit herzlicher Begierde" (C. 37). Mächtig griff hier Eckhart's Persönlichkeit in sein Leben ein. Die Qual, welche ihm die Art, wie er in's Kloster gekommen war, bereitete,

brachte er vor Eckhart und es gelang dem Zuspruch des Meisters, ihn
davon zu befreien. Ich finde in Eckhart's Reden der Unterscheidung
einen Gedanken, der wohl als ein Heilmittel für solche Beunruhigung
betrachtet werden könnte. „Ja, der recht wäre gesetzt in den Willen
Gottes, der sollte nicht wollen, dass die Sünde, in die er gefallen, nicht
geschehen wäre; nicht insoferne als es wider Gott war, sondern soferne
du damit bist gebunden zu mehr Minne, und bist damit geniedert und
gedemüthigt. Aber du sollst Gott wohl getrauen, dass er dir das nicht
verhängt hätte, wenn er nicht dein Bestes daraus hätte ziehen
wollen etc. Gott ist ein Gut der Gegenwärtigkeit. Wie er dich findet,
also nimmt er dich und empfängt dich, und sieht an, nicht was du gewesen seiest, sondern was du jetzt bist etc. (Pf. 557).

Jene Weisheit aber, die er mit so schwärmerischer Liebe verehrte,
sollte ihm hier unter Eckhart's Leitung Gegenstand eindringender
Forschung werden, und die Besprechung seiner Schriften wird zeigen,
wie tief er in Eckhart's Lehre eingedrungen ist und wie sehr er dieselbe
sich zu eigen gemacht hat. Es ist hier nicht ausser Acht zu lassen,
dass die Zeit, in der Eckhart auf ihn Einfluss gewann, gerade die war,
in welcher der Meister um seiner Sätze willen die schwersten Anfechtungen zu erleiden hatte und als Freund der Brüder des freien
Geistes gebrandmarkt wurde. Wir erinnern uns der Klage, welche
1325 auf dem Generalcapitel zu Venedig erhoben ward, der Untersuchung, die erst Nikolaus von Strassburg wegen Eckhart's Lehre zu
führen hatte, der Untersuchung, die dann der Erzbischof Heinrich von
Cöln von neuem aufnahm, des Widerstands von Seite Eckhart's, des
Nikolaus, des Ordens, der Uebertragung des Streits an die Curie. Wie
sollte nicht in diesen Zeiten höchster Erregung das Für und Wider
auch unter den begabteren Schülern Eckhart's eingehend erörtert, der
Meister selbst um ihretwillen oder auch durch sie veranlasst worden
sein, Dunkles aufzuhellen, Verdacht erweckendes zu rechtfertigen? So
dürfen wir auch nicht im Zweifel sein, dass Suso, was er später zur
Vertheidigung von Eckhart's Lehre bringt, zumeist aus des Meisters
eigenem Munde vernommen haben wird. Denn dass er sich auch durch
die päpstliche Verdammungsbulle vom J. 1329 an dessen Lehre nicht
hat irre machen lassen, das zeigen uns seine späteren Aeusserungen.
Er nennt ihn den heiligen, den seligen Meister, er spricht von dem
edlen Trank des hohen Meisters, der süssen Lehre des heiligen Meisters,
er vertheidigt ihn in seinem Buch der Wahrheit wider den Pantheismus
der Brüder des freien Geistes und nimmt getrost die Anfechtungen auf

sich, die er deshalb später zu erleiden hat. Als ein Zeichen wie mächtig
Suso während seines Cölner Aufenthalts von Eckhart und seinen Kämpfen
mit ergriffen und aufgeregt war, möchte ich auch das Traumgesicht
ansehen, in welchem ihm der Meister nach seinem Tode erschien. Denn
es liegt nahe, sich diese Vision in jener Zeit zu denken, da Suso noch
unter den unmittelbaren Eindrucken des Kampfes stand, in welchem
der Meister starb, und da die Frage nach seiner Seligkeit am leb-
haftesten erörtert wurde. Er sieht den Meister in überschwänglicher
Klarheit, in die seine Seele bloss vergottet war in Gott (C. 8); er hat
also das Ziel erreicht, das er in seiner Mystik als das höchste bezeichnet
hatte. Auf die Frage nach der Art dieser höchsten Gemeinschaft wird
das Hineingenommensein der Seele in die weiselose Abgründigkeit
(in das göttliche Wesen) genannt, und auf die andere Frage, wie man
hiezu gelangen könne, werden als drei Hauptregeln angeführt: sich
selbst nach seiner Selbstheit mit tiefer Gelassenheit entsinken; alle
Dinge von Gott und nicht von den Creaturen nehmen; sich in stille
Geduldigkeit setzen gegen alle noch so wölfische Menschen.

Es ist in wenig Worten Eckhart's Mystik. Die letzte Regel trägt
ein individuelles oder wenn man will geschichtliches Merkmal. Sie
scheint ein Reflex der letzten Widerwärtigkeiten, die Eckhart erlebt hat.

Auch nach anderer Seite hin brachte ihm der Aufenthalt zu Cöln
eine Bereicherung seines Lebens. In Constanz hatte er niemand gehabt,
der ihn verstanden hätte, den er zum Vertrauten seines inneren Lebens
hätte machen können. In Cöln gewann er einen Freund, der von
gleichem Streben und Empfindungen beseelt, den innigsten Bund mit
ihm schloss. Er war der eine von den zwei Menschen, denen Suso sein
Geheimniss, den Namen Jesus auf seinem Herzen, zeigte. Der legte
Hand und Mund darauf und wurde herzlich weinend vor Andacht (C. 45).
„Da diese zwei liebe Gesellen, so berichtet Suso weiter, manch Jahr
mit göttlicher Gesellschaft bei einander gewesen waren, und nun von
einander sollten fahren, da gesegneten sie einander getreulich und
machten ein Gedinge zwischen ihnen, dass wer zuerst stürbe, dass
dem der andere gesellige Treue nach dem Tode leiste und ihm ein
Jahr lang alle Wochen zwei Messen sprechen solle."

In Cöln erfuhr Suso den Tod der treuen Mutter (C. 45), der er so
viel zu danken hatte, deren Bild als das einer Heiligen vor seiner Seele
stand. Sie erschien ihm nach ihrem Tode, sagt Suso, und sprach mit
grossen Freuden: Eia, Kind meines, habe Gott lieb und getraue ihm
wohl; er lässt dich mit nichten in keiner Widerwärtigkeit. Siehe ich

bin von dieser Welt geschieden und bin nicht todt; ich soll ewiglich
leben vor dem ewigen Gott. Sie küsste ihn mütterlich an seinen Mund
und segnete ihn treulich und verschwand also.

2. Suso Lector und Prior zu Constanz.

Suso kehrte nach Vollendung seiner Studien und einem einjährigen
praktischen Curse für seine Ausbildung zum Lector nach Constanz
zurück. Nach Paris, um dort die Magisterwürde zu erlangen, wurde
er nicht gesandt. War es der Schüler des schwer angeklagten Eckhart,
den man nicht senden wollte, oder wollte Suso selbst, wie eine spätere
Nachricht uns sagt, nicht dahin gesendet sein, weil er solcher Ehre sich
für unwürdig achtete? Wir finden Suso zwischen den Jahren 1329—
1336 als Lector und zuletzt als Prior zu Constanz.

Verschiedenes deutet darauf hin, dass Suso aus der Grösse seiner
Selbstpeinigungen andern ein Geheimniss gemacht habe. So mag auch
Eckhart wohl schwerlich etwas davon erfahren haben. Ich zweifle, ob
dieser sonst „die Verwüstung der Natur" an seinem Schüler gut ge-
heissen hätte. Noch in Cöln beklagte es Suso, dass die Betrachtung des
Leidens Christi in ihm nicht die entsprechenden Empfindungen hervor-
rufe. Wohl deshalb trug er jenes von Nägeln durchschlagene Kreuz.
Auch ward ihm gewiesen, 100 Venien zu nehmen, d. i. hundertmal sich
auf die Erde zu werfen, und bei jeder Venie einen Theil des Leidens
Christi zu betrachten und jede Betrachtung mit einem Gebet zu verbinden. Diese Venien waren ihm zugleich ein Miterleiden des Kreuzes
Christi; denn das mit Nägeln durchschlagene Kreuz auf seinem Rücken
verursachte ihm bei jedem Hinfall die grössten Schmerzen. So entstanden ihm neunzig Betrachtungen, die zusammen mit zehn andern,
die er zuvor, ehe er die Marter mit dem Kreuze auf sich genommen,
niedergeschrieben hatte, die Grundlage für sein Buch der ewigen Weisheit wurden. Sie bilden jetzt den dritten Theil des Buches, nur einen
Anhang, während die beiden ersten Theile das eigentlich Bedeutende
am Buche sind. Willst du mich erkennen in meiner ungewordenen Gottheit, lässt er im Eingange die ewige Weisheit sagen, so lerne mich
erkennen in meiner leidenden Menschheit, das ist der schnellste Weg

zur Seligkeit. Und im Wechselgespräche zwischen Suso und der ewigen
Weisheit wird nun das Leiden Christi geschildert und ermessen (1. Theil),
und dann die Nothwendigkeit dargelegt, der Welt abzusterben, die
göttliche Liebe, die sich namentlich im Sacrament anbietet und mit
theile, zu ergreifen, und zum Lobe dieser Liebe zu leben (2. Theil).
Ein Büchlein der ewigen Weisheit nennt Suso dieses Buch, während
er seine andere in denselben Jahren verfasste Schrift das Büchlein der
Wahrheit überschreibt. Denn die rechte Weisheit ordnet das Leben gemäss der ewigen Wahrheit, gemäss dem Ziele, zu dem wir bestimmt sind.
Insoferne ist uns Christus, die Wahrheit, gemacht zur Weisheit. Indem
wir seiner leidenden Menschheit ähnlich werden, gelangen wir zu
diesem Ziele. So ist sein Buch der Weisheit vorherrschend ein Buch
der praktischen Mystik, sein Buch der Wahrheit der speculativen
Mystik oder der Theosophie. In jener handelt es sich um das Einssein
mit Gott, in dieser um die Erkenntniss des Wesens dessen, mit
dem wir geeint sein wollen. Beide Richtungen sind in Suso vertreten: in jener bereichert er die Lehre durch den Gehalt seines eigenen
Lebens und hier ist er durch und durch original; so viel er auch
von Andern entlehnen mag, er prägt allem seine Eigenart auf; es ist
alles von seiner zarten Empfindung durchwoben, von seiner Innigkeit
vergeistigt, von dem milden Feuer seiner Liebe durchglüht. In dem
Buche der Wahrheit ist er nur der Schüler Eckhart's.

Ehe Suso sein deutsches Buch der ewigen Weisheit, an welchem
er mit vielen Unterbrechungen arbeitete, im Jahre 1335 zu Ende
brachte, hatte er auch sein Buch der Wahrheit vollendet, das ihm nicht
wenig Leiden bringen sollte. Es war ein Denkmal, das er seinem
grossen Lehrer setzte, von dessen Lehrsätzen 17 als häretisch, 11 als
der Häresie verdächtig vom Papste Johann XXII. verdammt worden
waren. Und mit dem Papste betrachteten Viele im Orden Eckhart als
einen Freund der pantheistischen Lehre der Brüder des freien Geistes,
oder wie diese ungenau damals genannt wurden, der Begarden. Wie
innerliche Gelassenheit den Menschen zur höchsten Wahrheit bringe,
was es um die höchste Wahrheit, um Gott, sei, wie der Mensch, der
zur höchsten Wahrheit gelangt, in Gott stehe und welch ein Unterschied sei zwischen des Meisters (Eckhart's) Theologie und Ethik und
jener der Begarden: das bildet den Inhalt des Buchs.

Suso verfiel mit dieser Schrift ähnlichen Verfolgungen, wie sie
Eckhart zu bestehen gehabt hatte. Er lässt in derselben einen Begarden
eine Lehre als eckhartisch behaupten, die auch der Papst unter den

Lehren Eckhart's verworfen hatte: der gläubige Mensch sei gleich
Christo, und Suso läugnet, dass Eckhart dies lehre. Die päpstliche
Bulle hatte angeordnet, gegen alle jene als gegen Häretiker vorzu-
gehen, welche sich anmassten, die vom Papste verdammten Artikel
hartnäckig zu vertheidigen oder zu billigen — das war denen, welche
Suso übel wollten oder voll orthodoxen Eifers waren, Anlass genug
ihn anzuklagen.

Jakob von Felsberg war damals Provinzial der Provinz Deutschland. Suso musste auf dem Provinzialcapitel zu Herzogenbusch 1335
erscheinen: „Er war da mit zitterndem Herzen vor Gericht gestellt
und wurden viele Sachen auf ihn gelegt, deren eine war: er mache
Bücher, in denen stünde falsche Lehre, wovon alles Land verunreinigt
werde mit ketzerischem Unflath." Zwei „Vornehme" (Ordensglieder in
Vorsteherämtern) waren es, welche die Anklage gegen ihn vorbrachten.
Nur vermuthen lässt sich, welches die übrigen Klagepunkte gewesen
sein mögen. Er mochte in Constanz den Hass derer erregt haben,
deren Leben er als ein zu weltläufiges in seiner *Vita* bezeichnet hatte;
vielleicht ist sein Verkehr mit frommen Frauen, vielleicht sind vereinzelte Vernachlässigungen von Prioratspflichten, die der so leicht
in höhere Regionen verlorene Suso sich etwa hatte zu Schulden
kommen lassen, ihm noch vorgeworfen worden. Ueber die Anklage
wegen der Lehre sagt er: Hierum wurde er übel behandelt mit
scharfer Rede und ward ihm gedroht, man wolle ihm grosses Leiden
anthun. Zu der „grossen Unehre und Schmach", die ihm zu Herzogenbusch geboten worden war, kam auf der Rückreise eine schwere Er-
krankung in Folge eines Geschwüres, das sich in der Nähe des Herzens
gebildet hatte. Fieber stellte sich ein. An Christi Leiden in Gethse-
mane gedenkend erwartete er den Tod. Die Schmerzen, welche ihm
das Liegen bereitete, trieben ihn aus dem Bette auf einen Stuhl. Da
glaubte er Engel zu sehen, die ihn zum Lobe Gottes aufforderten.
„*Viriliter age!* Gehab dich wohl, sei fröhlich. Dir wird nichts solches
(du wirst nicht sterben); du wirst noch einen solchen Gesang bei deinen
Lebtagen thun, davon Gott in seiner Ewigkeit wird gelobt und mancher
leidende Mensch wird getröstet werden." Indem, so erzählt er, über-
liefen ihm seine Augen und er brach aus in ein Weinen und zur Hand
in der Stunde zerbrach das Geschwür, das er in sich hatte, und fuhr
von ihm und er genas an der Statt.

Noch anderes trug bei, seinen gebeugten Muth wieder aufzurich-
ten. Nach seiner Heimkehr kam ein „seliger Gottesfreund" zu ihm und

sprach: Lieber Herre, wiewohl das ist, dass ihr auf dieser Fahrt mehr denn 100 Meilen von mir gewesen seid, so ist mir doch euer Leiden gar gegenwärtig gewesen. Es sei ihm, so fuhr er fort, offenbart worden, dass Gott jene beiden Ankläger jähen Todes sterben lassen und so die an ihm begangene Ungerechtigkeit rächen werde. Der Gottesfreund scheint ein Laie gewesen zu sein, wie die Anrede an Suso „lieber Herre" schliessen lässt. Seine Worte klingen an die Sprache des Gottesfreundes vom Oberlande an, den wir aus Tauler's Leben kennen.

Jene Drohungen zu Herzogenbusch sollten indes nicht ohne thatsächliche Folge bleiben. Wir lesen in den Akten der Generalcapitel, dass im J. 1336 auf dem Capitel zu Brügge der Prior zu Constanz abgesetzt worden sei. Das war aber damals Suso. Er blieb auch nach seiner Absetzung im Kloster zu Constanz, denn die lateinische Bearbeitung des Buchs der ewigen Weisheit, die er bis zum J. 1338 vollendete, ist in Constanz abgeschlossen worden. Dieses Buch der Weisheit in seiner deutschen und lateinischen Fassung ist vielleicht mit jenem „Gesang" gemeint, den jener Vision zufolge der wiedergenesene Suso Gott zu Lobe und den Leidenden zum Troste noch thun sollte. Denn wiewohl er im Hinblick auf die Erfahrungen, die er mit seinem Büchlein von der Wahrheit gemacht hatte, anfangs Bedenken trug, so entschloss er sich doch zuletzt, wohl auch ermuthigt durch die erwähnte Vision, das Buch zu veröffentlichen. Ziemlich zu gleicher Zeit mögen das deutsche Original und die lateinische Bearbeitung erschienen sein, um die Zeit von 1337—1338. Der letzteren gab er den Titel *Horologium aeternae sapientiae,* denn unter dem Bilde einer herrlichen Uhr, die mit den schönsten Rosen geschmückt war, und deren mancherlei Cymbeln (Becken) die Zeit wie mit himmlischen Klängen verkündeten, war ihm in einer Vision seine Schrift gezeigt worden.[1]

Suso sagt im Vorwort zum *Horologium,* dass er am Original desselben, d. i. dem deutschen Buche nur wenn er die göttliche Gnade gegenwärtig fühlte, geschrieben habe. Und in der That zeugt jede Seite dieser Schrift von der höchsten Erhebung des Gemüths. Das Gleiche gilt von dem, was er neues in der lateinischen Bearbeitung hinzugefügt hat.

---

1) *Prol.: Unde et praesens opusculum in visione quadam sub figura cujusdam horologii pulcherrimi rosis speciosissimis decorati et cymbalorum bene sonantium et suavem ac coelestem sonum reddentium, cunctorumque corda sursum moventium varietate perornati dignata est ostendere clementia Salvatoris.*

Die aufregenden Erlebnisse der Jahre 1335 und 1336 spiegeln
sich in dem *Horologium* wieder. Je tiefer er niedergeschlagen wurde,
um so höher war dann auch wieder der Aufschwung. Es ist freilich
ein Aufschwung, der hie und da die rechte Nüchternheit vermissen
lässt und jenes Mass, das uns die Schrift auch da zeigt, wo ihre Worte
der Ausdruck der höchsten Begeisterung sind. Es ist in der Zeit, da
Suso an den letzten Capiteln des *Horologium* schreibt, wo uns dies
ganz besonders entgegentritt. Im Glauben, die Vermählung seiner
Seele mit der ewigen Weisheit durch einen Act der göttlichen Gnade
wirklich erlebt und den Namen Amandus (Liebwerth, Herzenstraut)
von Gott empfangen zu haben, strömt hier seine Empfindung in die
Worte aus (Cap. 7): „Höret nun alle Völker! Von einer königlichen
Hochzeit komme ich, vom Tranke eines himmlischen Weines bin ich
trunken, eines hochzeitlichen Lagers theilhaftig worden bin ich froh!
Und gute Botschaft habe ich bei mir und bringe neue Freude allem
Volke und darum fasse ich mich nicht vor Jubel, sondern ganz von
Wonne durchflossen jauchze ich auf in dem Herrn! Du fragst, von
wannen mir diese so seltene und ungewöhnliche Freude hier zu Lande
erwachsen sei? Fürwahr daher, dass in dieser Osterfreude (*in his
paschalibus gaudiis*), das ist in dieser königlichen und geistlichen Hochzeit er selbst der allerhöchste König und göttliche Kaiser mir seine
Freundin und Geliebte, die ewige Weisheit, als eine Braut vermählt,
das Verlöbniss abgeschlossen und mich so zu sagen zu seinem Eidam gemacht hat. O wer bin ich, dass ich sein soll des Königs Eidam (1. Sam.
18, 23), wer darf es wagen, solcher Ehren zu begehren? O wie gross ist
das, dass ein Mensch so arm und so gering, so niedrig und so unwerth, so
ohne alles Verdienst zu solcher Würde erhöht werden musste. Wer kann
die Grösse dieser allertheuersten und des höchsten Dankes werthen
Gaben ermessen? Aber damit nicht genug, so hat der hehre König
noch weitere Gaben geschenkt, die Wohlthaten gehäuft, die Güter ge-
mehrt, und die Gnade in noch reicherer Fülle erschlossen. Denn jener
so geringe Schüler der Weisheit wurde in dieser Gnade des Gesichtes
mit einem neuen und geheimnissvollen Namen Bruder Amandus genannt,
und als die hohe göttliche Braut ihn in der Abgeschiedenheit und Stille
heimgesucht hatte und er in den Armen ihrer Liebe süss entschlummert
war, dabei aber doch auf dem Lager seines Herzens, auf dem bräut-
lichen Bette mit brennendem Verlangen wachte und auch auf Anderer
Heil in gleicher Weise bedacht war, da sprach die Braut die folgenden
Worte, gar süsse, verständlich, geistlich und übernatürlich und mit einer

Stimme, welche sterblichen Stimmen in keiner Weise zu vergleichen
war: „denn von dir soll ausgehen der, in dem alle Völker gesegnet
werden" (Gen. 12).

Nach Suso's Willen und Meinung sollte auch durch diese seine
Schrift Christus von neuem Heil schaffend unter die Menschen ausgehen.
Darum gibt er am Schlusse des *Horologiums* praktische Rathschläge,
wie ein Jeder sich die Betrachtungen der beiden Theile seines Werkes
für sein eigenes Leben nutzbar machen könne (II, 6) und legt dann zu
freiem Gebrauche eine Ordnung vor, nach welcher Viele der ewigen
Weisheit gemeinsam dienen könnten, wiewohl er das nicht in der Absicht
thut, damit eine äusserlich organisirte Gemeinschaft zu begründen. Zu
gleichem Zwecke fügt er dann seiner Schrift auch noch eine an die
sieben Gebetszeiten sich anschliessende reichhaltige Liturgie (*Officium
de aeterna sapientia*) bei.

Suso hat sein *Horologium* dem Ordensmeister Hugo von Vaucemain
gewidmet. Das scheint anzudeuten, dass es ihm gelungen war, den
Vorwurf wegen ketzerischer Lehre zu entkräften. Jener Name an
der Spitze konnte ihm zugleich ein Schild gegen weitere Verleumdungen
sein. Im J. 1339 sendet Heinrich von Nördlingen, wie wir oben gesehen haben, das Buch dem Prior von Kaisersheim; es ist ein Exemplar,
das dem auf einer Reise nach Cöln befindlichen Tauler gehört. Wie
rasch das Buch Verbreitung fand, zu einem Lieblingsbuche der Zeit
wurde, das zeigt die grosse Zahl der lateinischen und deutschen Handschriften schon in den nächstfolgenden Zeiten. Auch in verschiedene
neuere Sprachen, wie in's Französische, Schwedische u. s. w. ist es schon
frühe übersetzt worden.

3. Die Jahre des Exils.

Suso hatte mit seinem 40. Jahre die übermässigen Selbstpeinigungen aufgegeben, dafür aber waren dann andere Leiden über
ihn gekommen, die seine Ehre vor den Menschen auf einige Zeit ver-
nichteten. Doch schon nach wenig Jahren erscheint sein Ruf wieder
hergestellt, und gewiss hat hiezu sein Buch der ewigen Weisheit
wesentlich mitgewirkt. Seinen persönlichen Einfluss in Oberdeutschland

zu vermehren trugen nicht wenig auch die Zeitverhältnisse bei, die Suso's
Aufenthalte in Constanz ein Ende machten und ihn mit vielen andern
seines Ordens zu einer Art Wanderleben nöthigten. An dem aufregenden Kampfe zwischen Ludwig dem Baier und dem Papste betheiligten
sich die deutschen Dominikaner in hervorragender Weise. Der grössere
Theil von ihnen, eingeschüchert durch die Generalcapitel, auf denen die
nichtdeutschen Brüder die Mehrheit hatten, förderte die reichsfeind-
lichen Bestrebungen der Curie, und der Hass des Volkes in den Städten
gegen sie ist daher wohl erklärbar. Suso war nicht der Mann, seine
Ueberzeugungen nach dem Wink seiner Oberen einzurichten. Er würde
seine Sympathien für Ludwig ebenso bekannt haben, wie er nun als
sein Gegner sich bekundete. Wir sahen bereits, wie entschieden er
sich auf die Seite des Papstes stellte. Nun brachten die Processe
Johann's gegen Ludwig wohl ziemliche Aufregung und Verwirrung
hervor, und hemmten diesen selbst vielfach in seinen Unternehmungen;
aber seine Stellung erschütterten sie darum nicht. Trotz der ver-
rätherischen Politik Johann's von Böhmen und der feindlichen Haltung
einzelner Bischöfe gewann Ludwig in den dreissiger Jahren mehr und
mehr die öffentliche Meinung für sich und namentlich die thatkräftige
Unterstützung der Städte. Schon in der Zeit Johann's XXII. hatte der
päpstlich gesinnte Klerus, welcher das Interdict nicht brechen wollte,
viele Bedrängnisse zu erleiden. Nach dem Kurverein zu Rense aber
und den Augustbeschlüssen zu Frankfurt im J. 1338 wurde die Noth
für jene Kleriker eine allgemeine und auch für die Dominikaner zu
Constanz war die Zeit der Ruhe dahin. Ein Befehl des Kaisers hatte
dem Klerus bei Verlust aller Privilegien und Güter geboten, den
Gottesdienst, wo er eingestellt war, wieder aufzunehmen. Auf Grund
dieses Befehls stellte der Rath zu Constanz seinem Klerus eine Frist
bis zum Epiphaniasfeste 1339. Als die Dominikaner bei ihrer Weige-
rung beharrten, mussten sie aus der Stadt weichen; nur vier blieben
zurück und gehorchten dem kaiserlichen Befehl Suso hatte schon kurz
vorher die Stadt verlassen. Heinrich von Nördlingen, gleichfalls um
des Papstes willen aus seiner Heimath vertrieben und auf dem Wege
nach Basel, hatte ihn im December noch zu Constanz zu finden erwartet, aber ihn daselbst nicht mehr getroffen. Der Convent fand
während seiner siebenjährigen Verbannung ein Unterkommen zu
Diessenhoven. Auch Suso hatte in dieser Zeit dort sein Asyl. Im
Jahr 1343 ist er wieder zum Prior erwählt. Aber einen grossen Theil
der Zeit dürfen wir ihn uns wohl wie so viele seiner Brüder auf Reisen

von einem Kloster zum andern denken. Namentlich sind es die Frauen
klöster, wo er einen immer wachsenden Einfluss gewinnt.

Suso's inniges Wesen, sein zartes Gefühl, seine Milde, seine Willigkeit zu leiden musste insbesondere für Frauen etwas anziehendes haben,
und Suso hinwieder fand in dem Bilde edler Weiblichkeit den irdischen
Ausdruck dessen, was ihm als Ideal der höchsten Schönheit und Güte
vor der Seele stand. So finden wir ihn vorherrschend im Verkehr mit
frommen Klosterfrauen, von denen er vielen ein Führer aus der
Sinnlichkeit und Weltlust zur Gemeinschaft mit Christus dem himmlischen Bräutigam wurde. Denn unter diesem Gesichtspunkt lässt
er die Frauen, die er für Christus gewonnen hat, ihr neues Leben
vorherrschend betrachten: als ein Analogon zu der irdischen
Minne. Kommt er auf dieses Gebiet, so glaubt man sich mitten im
blumenreichen Garten der Minnepoesie des vorausgegangenen Jahrhunderts, nur dass die Minne ihr Object vertauscht, ihre Stätte
in die Regionen des himmlischen Paradieses verlegt hat. Wie
Musik umrauscht uns da seine Sprache, die wie kaum die eines andern
in ihrem Rythmus, in ihrem sanften und doch ungemein lebendigen
Flusse, in ihrer Herzlichkeit die Empfindungen der rein bewegten
Seele in der unmittelbarsten Weise in die des Lesers hinüberzu-
spielen weiss.

Und über das ganze schwäbische Land hin zählte Suso gar bald
seine begeisterten Jüngerinnen. Viele Töchter des Adels haben von
seinem mächtigen Wort und Beispiel ergriffen die heimathliche Burg
mit der Klosterzelle vertauscht, um auf dem Wege der Entsagung und
strengsten Bussübung in der Liebe des himmlischen Bräutigams zu
leben und in Visionen und Offenbarungen die Schönheit der himmlischen
Welt zu schauen und ihre Sprache zu vernehmen. Dafür traf ihn wohl
auch der Hass derer, die ihre Angehörigen nicht in solchem Leben
wissen wollten, das sie spottend ein Leben der „Geister und
Geisterinnen" nannten, wie denn Suso erzählt, dass ihm ein Ritter den
Tod geschworen habe und ihn verfolgen liess, weil er seine Töchter
und viele andere Menschen zu solchem Leben verleitet habe. Um so
inniger hingen ihm seine geistlichen Töchter an; sie widmeten ihm eine
oft schwärmerische Verehrung. Er erscheint ihnen in ihren Visionen;
seine Schicksale, seine Leiden bilden häufig den Gegenstand der Offenbarungen, die sie zu haben glauben; seine körperlichen Schmerzen
tragen sie in einer Weise mit, dass sie diese zuweilen an sich selbst zu
fühlen meinen. Wie Elisabeth Stagel, die begabteste unter seinen

Jüngerinnen, ihn verehrt, ihm gedient hat, ist oben erwähnt worden (S. 265 ff.).

In welchem Sinn und Geiste Suso das Leben seiner geistlichen Töchter zu leiten suchte, dafür haben wir ein Zeugniss in seinen Briefen, die zu dem Besten gehören, was in dieser Beziehung geschrieben worden ist. Suso zeigt in ihnen nicht nur die Innigkeit und Liebe, der wir überall bei ihm begegnen, sondern auch ein hohes Mass seelsorgerlicher Weisheit, die Gabe, die Geister zu unterscheiden und jedem das zu rathen, was ihm je nach seiner Anlage oder nach der Stufe seiner religiösen Entwicklung das Heilsamste ist. „Was unter allen das Nächste (das Höchste, das Ziel) sei, so schreibt er einer seiner geistlichen Töchter (Br. 23), das ist unverborgen nach der Schrift; aber was einem jeden Menschen das Nützlichste sei in Sonderheit und mit Rücksicht auf seine Eigenthümlichkeit, das kann man nicht wohl sagen. Allerlei versuchen, wie Paulus sagt, und selbst erfahren, wie Gregorius spricht, und göttliche Erleuchtung, wie Dionysius sagt, das hilft dem Menschen zur Ruhe. Leibliche Uebung hilft etwas, da ihrer nicht zu viel ist; aber rechte Gelassenheit auf allen Punkten, in allen erkannten und unerkannten Sachen, Gelassenheit in den obersten Willen, der alle Dinge weiss, das hilft dem Menschen aus allen Wellen, und setzt ihn in Frieden in allen Dingen." So viel sich aber trotz der ihm so wohl bewussten und auch ausgesprochenen Schwierigkeit jedem seelsorgerlich nach seinen besonderen Verhältnissen rathen und weisen liess, das hat er gleich einem geschickten und weisen Arzte zu rathen sehr wohl verstanden. Das weiche und unstete Gemüth, das im neuen Leben zu stehen meint, wenn es dem alten eine christliche Form gibt, straft er (Br. 18): „Liebe, wie lässt du dich an? wie wirfst du die getreue Lehre deines Vaters so zurück, dass du dich den Dingen beginnst wiederzugeben, von denen ich dich kaum so recht abgebracht habe, und die dir Seele, Leib und Ehre haben geschwächt? Glaubst du, nun sofort thun zu sollen, was dir in den Sinn kommt? Bist du jetzt schon so fest, dass du dir alle Dinge erlaubst? O weh, warum nimmst du dein selbst nicht wahr, und lässest alle andere Menschen unterwegen? Du konntest dich selber nie lehren, was willst du denn andere Leute lehren? Du willst Stroh zu dem Feuer in den Brand legen, der nur ein wenig bedeckt ist und noch nie recht erlosch. Du sprichst, du wollest es nun in eine geistliche Weise ziehen, und das, was zuvor leiblich war, in dem Geist anfangen: es wird aber bald im Fleische enden. Bist du nicht genug gewitzigt?" Denen, die in Kürze

glauben an das Ziel kommen zu können, ruft er zu (Br. 2): „Wie wär
das möglich, dass all das Gerümpel, das sich zwanzig Jahre an einer
Statt sammelt, dass sich das sobald lasse ausstossen? Es wird von Tag
zu Tag ausgehen, so es sicht, dass es seine Statt nicht mehr findet."
Ungeduldige verweist er auf die Art, wie Gott Israel führte (Br. 11).
Er liess sie vierzig Jahre in der Wüste, dass kund würde, was sie in
ihrem Herzen trügen, und dass sie von Tag zu Tag ein Vergessen
hätten des alten Landes und das neue in der Begierde. Ein Ding sollst
du als wahr nehmen: Gott ist nicht jäh, weder in natürlichen noch in
übernatürlichen Werken. Das schreib ich dir darum, dass du dich in
keinen Dingen und keinen Werken verschnellen (übereilen) sollst. Je
lauterer der Grund wird, desto lauterer wird empfangen, was darein
gegossen wird."

Solche, die an ihrer Kraft verzagend im Kampfe matt werden
wollen, ermuntert er mit den Worten (Br. 2): „Der Berg ist hoch,
und der Weg schlüpfrig, es mag mit einem Anlauf nicht erreicht
werden; es heisst da: wieder und wieder, bis es erstritten ist. — Ich
weiss einen Prediger, so der von mancher starken Welle ward zurück-
geworfen, so ging er in sich und sprach: Eia Gott, wie ist es mir ergangen, wie bin ich so gar unversehens herabgeglitten! Wohl recht
her! Mit freiem Muthe werben um ein anderes Gut! Das alte ist gar
dahin. Und fing dann wieder an sich selber abzubrechen, den Leib zu
kasteien, sich selber zu hüten, neues Gebet zu erdenken, und all die
Wege zu versperren, wo er zuvor geschlüpfet war, und trieb das Nacht
und Tag, bis er in göttlichem Ernste und herzlicher Andacht wieder
erhitzet ward und das Nachfolgende oft viel besser wurde, als das
Vorige je war." Sterbende endlich tröstet er mit Hinweis auf das Verdienst des Erlösers (Br. 20): „Ein Ding ist, das manchen unerfahrnen
Menschen im Tode zag macht und ihm einen strengen Tod verursacht,
das ist, wenn er seine vergangenen Jahre und sein üppig verzehrtes
Leben hervornimmt, dass er sich dann als einen grossen Schuldner
Gottes findet und dass er in seiner letzten Stunde nicht weiss, was ihm
da zu thun ist. Da will ich dir einen sichern Weg geben aus der
heiligen Schrift und der Wahrheit, wie du magst ausgehen in ganzer
Sicherheit. Hast du bei deinen Tagen je gebrestenlich gelebt, wie
denn wenig Menschen des ohne sind, darüber sollst du nicht zu sehr
erschrecken in der Stunde deines Todes. So du deine christlichen
Rechte (die Sacramente), im Falle du es vermagst, hast ordentlich
empfangen, so thu eines und nimm das Crucifix vor deine Augen und

sich das an und drück es an dein Herz und neige dich in die blut-
giessenden Wunden seiner grossen Erbarmung und bitt ihn, dass er
mit den blutnassen Wunden abwasche alle deine Missethat nach seinem
Lobe und deiner Nothdurft; und sei dann sicher auf mich, nach christ-
lichem Glauben, der nicht trügen kann: magst du das festiglich in dir
selber haben, dass du dann von allem Mittel (von allem, was zwischen
dir und Gott steht, d. i. aller Sünde) gänzlich wirst geläutert und fröhlich magst sterben."

4. Die letzten Jahre in Ulm.

Am 25. April 1346 führte der für Constanz ernannte Bischof
Ulrich die 8 Dominikaner, welche bisher in Diessenhoven gewohnt
hatten, bei seinem Einzug mit sich in ihr Kloster zurück. Der Rath,
der die widerstrebenden Kleriker auf 10 Jahre verbannt hatte, konnte
wohl auf ihre Bitte eine Abkürzung der Strafe eintreten lassen, da der
Wortlaut des Befehls für dieselben nur die Verbannung aus der Stadt
aussprach, das Kloster der Dominikaner aber ausserhalb der Stadt-
mauer auf einer Rheininsel gelegen war.

Dass Suso wenigstens in der nächsten Zeit nach 1346 wieder in
Constanz wohnte, das geht aus einer Erzählung hervor, welche uns
über eines seiner Leiden berichtet, und in welcher uns einzelne Bemerkungen Zeit und Ort zur Genüge erkennen lassen. Viele Frauen,
weltlich und geistlich, in sündliche Gebrechen gefallen, darunter seine
eigene Schwester, hatte Suso mit milden, herzgewinnenden Worten
wieder auf den Pfad eines tugendhaften Lebens geführt, sie „als ein
Kärrner der ewigen Weisheit aus der tiefen Lache ihres sündlichen
Lebens wieder an die Schöne gebracht". Manches verleumderische
Wort hatte Suso um solchen Verkehrs willen über sich ergehen lassen
müssen; aber er hatte dessen nicht geachtet. Nun aber traf ihn eine
Verleumdung, die ihm auf lange seine Ruhe raubte, ja ihn fast wahn-
sinnig machte und an den Rand der Verzweiflung riss. Ein unzüchtiges
Weib that Beichte und Busse bei Suso und dieser nahm sich lange ihrer
an und half ihr nach seiner unermüdlichen Treue und Gewissenhaftigkeit. Als er inne wurde, dass sie ihn täusche und ihre Unzucht wie
zuvor treibe, brach er den Verkehr mit ihr ab und entzog ihr die

Unterstützungen, die er bisher ihr hatte zukommen lassen. Da Suso trotz ihrer Bitten bei der Abwehrung beharrte, führte sie aus, was sie für diesen Fall ihm gedroht; sie gab ihn bei Geistlichen und Weltlichen als Vater des Kindes an, das sie in kurzem gebaren wollte. Der Ruf seiner Heiligkeit war damit zerstört, seine Wirksamkeit schien für immer vernichtet. Viele, die bisher an ihm gehangen, ihn hoch verehrt, wendeten sich von ihm ab. „Mein Herz hält nicht mehr zu dem Sussen, als es ehedem that", schrieb Heinrich von Nördlingen in dieser Zeit an Margaretha Ebner. Das drang ihm durch das innerste Mark seines Herzens und er ging versunken in sich selbst, in Jammer und Noth, und hatte lange Tage und strenge Nächte und sein kurzes Ruhen war mit Schrecken vermischt. Wenn er an die reinen Herzen dachte, die ihn nun für einen Betrüger ansehen mussten, oder wenn er auf die durch ihn geschändete Ehre des Ordens sah, so wünschte er sich in seinen Gebeten den Tod.

Kurz darauf kam ein Weib zu ihm, das sich bereit erklärte, das Kind zu tödten. Sie war, wie es scheint, von der unnatürlichen Mutter gesendet worden, um Geld von Suso zu gewinnen. Mit wüthender Stimme fuhr Suso sie an bei diesem furchtbaren Antrag. Abscheu und Entsetzen erfüllten seine Seele. Er hiess das Kind, das sie in der Nähe, wie es scheint, verborgen hatte, zu sich bringen. Er setzte es auf den Schoss, es lachte ihn an: er brach in Thränen aus. „O weh, du elendes, zartes Kindlein, wie bist du sogar ein armes Waislein. Ich will dich haben von Gott und musst mein liebes Kindlein sein." Da fing auch das Kind unter den Thränen und Küssen Suso's zu weinen an „und weinten also beide miteinander". Die Erzählung dieser Geschichte ist eine der ergreifendsten in der ganzen *Vita;* mit dramatischer Lebendigkeit schildert sie uns Suso's vom Sturm des Schmerzes aufgeregte und dann wieder von göttlichen Tröstungen besänftigte Seele, sein hohes und zugleich so kindliches Gemüth, die Unzerstörbarkeit seines Glaubens, die Herzlichkeit seiner Liebe. Sie schliesst mit dem Berichte, wie unter Gerichten Gottes über seine Verleumder und nach einer von dem General des Ordens und dem Provinzial vorgenommenen Untersuchung, die natürlich seine Unschuld ergab, sein guter Name hergestellt wurde. Schon nach wenigen Jahren sehen wir in der That Suso's Namen wieder in dem alten Glanze leuchten und seine Schriften weithin und mit Begierde gelesen.

Noch bevor durch die Oberen des Ordens die Verleumdungsgeschichte untersucht worden war, hatte man Suso an einen andern Ort

verwetzt, ohne Zweifel um damit dem Reden über die Sache in Constanz
früher ein Ende zu machen. Ob er gleich jetzt oder erst später den
Dominikanern in Ulm zugetheilt wurde, lässt sich mit Sicherheit
nicht ermitteln. Felix Fabri lässt ihn im J. 1348, als das Interdict
über Ulm aufgehoben wurde und die Dominikaner dieser Stadt in ihr
Kloster zurückkehrten, mit diesen dort einziehen. Eine ältere Notiz
sagt, dass er in Ulm lange gewohnt habe. Es muss in den ersten
Jahren seines dortigen Aufenthalts gewesen sein, dass Elisabeth Stagel
seine geistliche Tochter und Freundin starb. Er hat ihr in dem zweiten
Theile der *Vita* ein Denkmal gesetzt. Erst jetzt, so scheint es, hat er
auch den ersten Theil des Buches, der vorherrschend aus ihren Aufzeichnungen bestand, überarbeitet. Dem Ganzen liess er dann nach seinen
Angaben Bilder einfügen und setzte diesen erklärende Sprüche bei. So
sollte das Buch liegen bleiben bis nach seinem Tode. Von der jedenfalls sehr reichen Sammlung, welche die Stagel von seinen Briefen gemacht hatte, veröffentlichte er zweimal eine Anzahl von Briefen. Sie
bilden das sogenannte alte und das neue Briefbüchlein. Die übrigen
Briefe vernichtete er. Ein jedenfalls beklagenswerther Verlust, nicht
bloss um der zeitgeschichtlichen Beziehungen willen, die sie enthalten
haben mögen, sondern auch um des Gedankengehaltes willen, den
sicher auch diese Briefe gleich den übrigen gehabt haben.

Auch als Prediger muss Suso bedeutend gewesen sein. Die ver-
hältnissmässig wenigen Predigten, die von ihm bis jetzt wieder aufgefunden sind, zeigen ihn als einen innigen und feurigen Verkünder der
göttlichen Wahrheit. Sie athmen dieselbe reiche und zarte Empfindung,
sie reden dieselbe herzgewinnende Sprache des Gemüths wie seine
übrigen Schriften. Die Wärme, die Begeisterung, mit der er predigte,
scheint auch seinem Aeusseren in auffälliger Weise Leben und Ausdruck
gegeben zu haben. Einer, der ihn zu Cöln einst predigen hörte, glaubte
in seinem Antlitz einen Glanz zu sehen wie den der Sonne; es war ihm
als spiegle er sich darinnen wieder. Auf seinen Namen anspielend ver-
glich er, wie die Ueberlieferung berichtet, seine Rede wohl selbst mit
dem Sausen des Windes. Die Sanftmuth und zugleich die Macht seines
die Herzen dahinnehmenden Wortes mochte mit diesem Bilde wohl bezeichnet sein. Er selbst freilich wollte sicher damit nur sagen, wie ihn
schon sein Name zum Eifer mahne, die Herzen zu einem höheren Leben
anzuregen und dafür zu beleben.

Suso war sich bewusst, welche Bedeutung das geschriebene Wort
habe, wie es die Berufsthätigkeit des Einzelnen zu vervielfachen und

über Raum und Zeit hinauszutragen vermöge. Darum denkt er auch nach über die Form, welche am geeignetsten sein möge, der ewigen Weisheit Jünger zu gewinnen, wie er das Wort unterstützen könne durch die Art seiner Darstellung. So wählte er für seine Bücher der Wahrheit und der Weisheit die lebendigere Form des Dialogs, und in dem Vorwort zu der letztgenannten Schrift sagt er: „Er nimmt an sich, wie ein Lehrer thun soll, aller Menschen Person; nun redet er jetzt in eines sündigen Menschen Person, etwann in der minnenden Seele Bild, darnach, wie der Stoff es mit sich bringt, in dem Gleichniss eines Dieners, mit dem die ewige Weisheit redet. Die Gesichte, die hiernach stehen, geschahen auch nicht in leiblicher Weise, sie sind allein ein ausgelegtes Gleichniss" (ein verdeutlichendes Bild).

Wie schon hervorgehoben wurde, entschloss er sich gegen seine frühere Absicht, seine Lebensbeschreibung noch selbst zu veröffentlichen. Aber diese enthielt in ihrem zweiten Theile so viel der eckhartischen Theosophie, dass er vor allem um dieser Stellen willen sich die Zustimmung seiner Obern sichern wollte, um nicht Aehnliches zu erleben wie einst mit seinem Büchlein von der Wahrheit. So schrieb er denn zuerst jene schwierigeren Theile speculativen Inhalts seiner *Vita* ab und legte sie dem damaligen Provinzial, dem gelehrten und ihm wohlwollenden Bartholomäus von Bolsenheim, der seit 1354 die Provinz Deutschland regierte, vor. Es war dies im Jahre 1362. Sie fanden die Billigung desselben, „er las es, sagte Suso, mit dem ganzen Wohlgefallen seines Herzens". Als er nun auch noch den übrigen Theil der *Vita* abgeschrieben hatte und diesen gleichfalls dem Meister vorlegen wollte, starb derselbe. Aber Bartholomäus erschien, wie Suso erzählt, dem Verfasser im Gesichte und bekräftigte ihm, dass die Veröffentlichung nach Gottes Willen sei. Auch die wichtigsten seiner übrigen Schriften, die durch die Abschreiber vielfach entstellt worden waren, nahm er noch einmal vor, um sie so viel als möglich in ihrer ursprünglichen Gestalt wieder herzustellen. Er wollte sie so mit der *Vita* vereinigt von neuem ausgehen lassen. Ueber dieser Arbeit, scheint es, nahm ihn der Tod hinweg. Er starb am 25. Januar 1366 im Kloster zu Ulm, 71 Jahre alt.

Blicken wir noch einmal auf dieses Leben zurück. Es ist ein Leben der härtesten Kämpfe mit der eigenen reichen und sinnlich kräftigen Natur, ein Leben reich an Leid und höchstem Aufschwung des Geistes, bewegt von den Stürmen einer durch grosse Gegensätze und öffentliche Noth aufgeregten Zeit und doch unter allem Wirrsal

stetig auf ein Ziel gerichtet und in Selbstlosigkeit aufgewendet im
Dienste der Menschen. Suso war kein schöpferischer Geist in dem
Reiche des Gedankens wie Eckhart, kein die Menge ergreifender
Redner wie Berthold oder Tauler, aber er hat in einer harten, rauhen
und nüchternen Zeit den Sinn für das Ideale mit der Flamme seiner
Begeisterung rege erhalten in vielen Herzen und den Formen kirchlicher Frömmigkeit die Innerlichkeit und die Gluth seines Lebens ein-
gehaucht. Vornehmlich durch das was er selbst war, nicht durch das
was er that, hat er gewirkt. Dass bei ihm die Persönlichkeit, der
Adel und Reichthum seiner Natur so unmittelbar und lebendig her-
vortrat, das gab seiner Rede nicht nur ein einzigartiges Gepräge,
sondern regte auch verwandte Gemüther in der mächtigsten Weise
an. Denn mehr als bei vielen anderen Schriftstellern ist das, was er
spricht und schreibt, der unmittelbare Ausfluss des eigenen Erlebnisses, und nicht bloss seine *Vita* sondern auch seine übrigen Schriften
tragen einen durchaus individuellen Charakter. Aber weil in
seiner Individualität charakteristische Eigenschaften der deutschen,
insbesondere der schwäbischen Natur einen so lebendigen Ausdruck
gewinnen, so findet er auch da, wo er nur sich selbst gibt, leicht
einen Wiederklang in dem Herzen seiner Leser. Der Grundzug aber
in seiner Individualität ist das Gemüth, jene Kraft der Seele, die ein
Mitempfinden hat mit dem innersten Wesen der Menschen und Dinge
um sie her und sich angezogen fühlt von den Gründen und Quellen,
aus denen alles Leben hervorbricht. Jene letzten Lebensgründe aber
sind die Ideale einer ewigen Wahrheit, Güte und Schönheit, deren Abbild und Gleichniss die creatürliche Welt ist und die Suso zusammenfasst in den Begriff der ewigen Weisheit. Er wird ihr Jünger und
Diener mit einer Hingabe, die oft an Schwärmerei grenzt. Nicht als
eine Sonne, die nur im Bilde leuchtet, sondern als lebendige Macht der
Liebe tritt sie ihm überall entgegen, die uns aus Sündern zu Erben
der Seligkeit gemacht hat und auf dem Wege der Selbstverläugnung
diesem Ziele zuführt. Sie ist ihm zugleich die höchste Schönheit, die
in der edlen Weiblichkeit ihr zeitliches Abbild hat. Nach der Weise
einer nur noch in der Erinnerung fortlebenden edleren Zeit widmet
er ihr einen geradezu ritterlichen Dienst. Ihr Bild folgt ihm überall
hin, strahlt ihm überall wieder, auch aus dem Geringsten und Ver-
worfensten sieht er es noch leuchten; ihr hat er sich gelobt: des
Bundes mit seinem Ideal sich stets von neuem zu versichern, sucht er
seine Sinnlichkeit durch die härtesten Kämpfe zu brechen; ihr Raum

zu verschaffen in den Herzen der Menschen scheut er es nicht, Schmach
und Leiden auf sich zu nehmen und verzehrt er seine Kräfte in uner-
müdlicher Arbeit. Es ist der Minnedienst des edleren Ritterthums,
der hier in das religiöse Leben übertragen erscheint, und dem er aus-
gerüstet mit der Kraft eines dichterischen Gemüths auch Ausdruck
zu geben weiss in einer Sprache, die oft wie zum Gesange wird
und in ihrer andringenden Herzlichkeit wie in ihrer rythmischen Bewegung der unmittelbare Ausdruck des in Liebe bewegten Gemüths,
in ihrer blühenden Schönheit und unmittelbaren Anschaulichkeit der
Wiederglanz seiner starken und lebendigen Einbildungskraft ist. Und
so wirkt denn auch seine Rede nicht zunächst auf die höheren Kräfte
der Erkenntniss wie bei Eckhart oder auf die Ueberzeugung des gesunden Verstandes wie bei Tauler, sondern auf die Empfindung und
Anschauung. Sie sucht vor allem den Menschen in seinem Gemüthe
zu ergreifen und von da aus die übrigen Kräfte in den Dienst des
Göttlichen zu ziehen. Die Tiefe seines Gemüths führt ihn denn auch
der mystischen Richtung zu und macht ihn zum begeisterten und treuen
Schüler Eckhart's; aber die Uebermacht der Empfindung hindert oft bei
der Behandlung der schwierigsten Fragen die ruhige Auseinandersetzung
und nimmt seiner Rede zuweilen die Klarheit und Deutlichkeit. Seine
Begeisterung für das Ideale führt ihn in jene höheren Regionen speculativer Erkenntniss weit öfter als z. B. Tauler. Er ist überall geneigt, das Niederste mit dem Höchsten, das Sichtbare mit dem Un-
sichtbaren zu verknüpfen, das Fernliegendste auf seine Quelle zurückzuführen. Bei dieser Sinnesrichtung fehlt es ihm jedoch nicht an dem
richtigen Blick für das nächste Bedürfniss derer, auf die er wirken
will. Ueber dem Kampfe mit sich selbst hat sich ihm das Auge erschlossen für die mancherlei Schäden und Irrwege des Menschen-
herzens, für die Unterschiede im Seelenzustande der seiner Pflege Be-
fohlenen, und er zeigt als geistlicher Führer eine bewundernswerthe
Besonnenheit und Weisheit, die ferne davon ist, dem Andern die
eigenen Wege aufzudrängen, indem sie vielmehr nur das zu rathen
sucht, was jedem auf seinem Standpunkte das Nothwendigste und
Heilsamste ist. Das Feuer des Jünglings wie die Reife des Mannes
bekunden sich bei ihm abwechselnd noch in seinen späteren Tagen
und nicht immer ist es so, dass das erstere von der letzteren gemildert oder beherrscht wäre. Oft scheint er in der Empfindung
zu schwelgen, davon übermannt zu sein. Jene Gleichmässigkeit
der Haltung, wie sie das Mannesalter charakterisirt, jener nüchterne

Sinn auch in der höchsten Erhebung des Geistes, wie er uns
aus der Schrift entgegentritt, fehlt zuweilen. Die Idealität seiner
Sinnesrichtung, die Zartheit seiner Empfindung lässt ihn besonders
unter den Frauen der schwäbischen Klöster eine Stätte reicher Wirksamkeit finden, aber sein Einfluss blieb keineswegs auf diese Grenze
beschränkt. Weithin bis in fremde Länder und von allen ohne Unterschied wurden bald seine Schriften gelesen, und bis auf die Gegenwart
herab hat der johanneische Geist, der sie durchweht, Wärme und
Leben verbreitet.

III.

Suso's Lehre.

1. Die Lehre im Buch der Weisheit.

Es sind nicht neue Gedanken, welche dieses Buch auszeichnen, sondern es ist die Art, wie Suso das, was auch andere vor ihm als den Weg zur Vollkommenheit und Seligkeit bezeichnet haben, zusammenfasst, entfaltet und an's Herz legt, auf welche wir besonders zu achten haben, wenn wir Suso in seiner Eigenthümlichkeit verstehen wollen.

Das Leiden Christi ist das eigentliche Thema dieses Buchs. Der leidende Christus ist der Inbegriff nicht bloss der Weisheit des Apostels Paulus, sondern aller Weisheit überhaupt, nach den Worten eben dieses Apostels. Er bildet auch den Grund und Ausgang, den wesentlichen Inhalt von Suso's Buch der ewigen Weisheit.

Wie ein Fremdartiges stand ihm anfänglich dieses Leiden gegenüber; was Suso in sich von frühster Zeit an fühlte, war nur ein unbegrenztes Verlangen nach einem geahnten unendlichen höchsten Gut, das die Leere seines Gemüthes mit dauerndem Frieden zu erfüllen vermöge, jene Sehnsucht, wie sie Augustin im Beginne seiner Bekenntnisse ausspricht. Da erschloss sich ihm dieses Gut über den Betrachtungen des Leidens Christi, von hier aus erkannte er es als die ewige Weisheit.

Im Wechselgespräche zwischen dem Diener und Christus, der ewigen Weisheit, wird nun der Weg zur Vollkommenheit, zum Frieden gezeigt und dem Herzen nahegelegt. Ich bin es, die ewige Weisheit, sagt Christus zu dem Friedlosen, die dich von Ewigkeit her erwählet hat; ich wirkte dir den Unfrieden an den Dingen; und auf die Bitte: Gib dich mir weiter zu erkennen, dass ich dich gänzlich minnen möge,

empfängt er die Antwort. Willst du mich erkennen in meiner ungewordenen Gottheit, so lerne mich erkennen in meiner leidenden Menschheit, das ist der schnellste Weg zur Seligkeit (vgl. Rom. 8, 17). Nun
schildert die ewige Weisheit die Momente ihres Leidens von Gethse-
mane bis zum Gange nach Golgatha, mit der Anwendung: All mein
Leiden muss von dir nach deinem Vermögen gelitten werden; du musst
von meinen Widersachern heimlich verleumdet und öffentlich ge-
schmähet werden. Und auf die Frage, ob es keinen andern Weg gebe,
antwortet die ewige Weisheit: Ich konnte nur durch Leiden die Welt
versöhnen, meine Minne erzeigen und das steinerne Herz der Menschen
erweichen, darum erschrick nicht vor meiner Nachfolge im Leiden;
wem Gott innerlich ist, dem ist das Leiden leicht. Mich neusst
niemand mehr nach ungewöhnlicher Süssigkeit, als die, die mit mir
stehen in der harten Bitterkeit. Als dann über der Schilderung der
Leiden am Kreuze der Diener sein Herz mit inniger Klage erkühlen
möchte, weist ihn die Weisheit von den Zähren auf ein Nothwendigeres,
auf die Erzeigung der Werke: Brich ab ausschweifendem Gesicht und
üppigem Gehör, Zartheit des Leibes; begehre Verschmähung; stirb den
Gelüsten; das ist der Anfang in der Schule der Weisheit, den man
liest an dem aufgeschlossenen zerdehnten Buche meines gekreuzigten
Leibes (3).

Das Leiden Christi, wie es äusserlich bemessen unendlich gross ist,
erhält für uns einen unermesslichen Werth durch die Weise, in der es
gelitten wurde, durch die unendliche Minne, die damit den Sündern zu
helfen und ihre Liebe zu gewinnen begehrte. Da begehrte nie ein
durstiger Mund so hitziglich eines kalten Brunnens, als ich begehrete,
dass ich allen Sündern hülfe und mich ihnen geliebete. Und darum so
bin ich so gar ausgegossen in Minnezeichen, dass man nicht möchte
einer Nadel Spitze an meinen durchmarterten Leib setzen, ohne dass
sie ein sonderlich Minnezeichen berührte (4). Die Betrachtung dieser
Liebe führt nun auch den Diener in die wilde Wüste eines grundlosen
Herzeleids, das mit Worten tiefster Empfindung in höchster Lebendigkeit sich kundgibt. Die bitterste Reue hat ihn erfasst, dass er den
falschen Minnern, die ihn betrogen haben, gefolgt, darüber den wahren
Minner verloren und sein väterliches Antlitz erzürnet hat; das ist ihm
eine Hölle und ein Leiden ob allem Leiden. Aber die Weisheit erweist
sich als tröstende Liebe dem zerknirschten Sünder gegenüber: Erkenne
mich doch in deiner Trostlosigkeit. Ich habe vergessen was du thatest,
als ob es nie geschehen wäre; ich habe es alles gesühnt. Nimm hin

Ring, Kleid und Schuhe (Luc. 15, 22); du sollst ewiglich mein Gemahl heissen. Ich habe dich so recht sauer erworben. O Vater mein! o Bruder mein! o Alles, das mein Herz erfreuen mag! so ruft der Diener aus, willst du meine ungenehme Seele noch begnaden? O was Gnade, o was grundloser Erbarmung! Vater der Erbarmung, das ist dein Name! Wem hast du deinen allerliebsten Sohn gegeben? Den Sündern! Herr, er ist mein, Herr, er ist unser! Ich umschliesse mich heute mit seinen zerdehnten blossen Armen mit einem minniglichen Umfangen in dem Grunde meines Herzens, und will von ihm weder lebend noch todt nimmer geschieden werden. O dass ich dich je erzürnte. Möchte ich darum durch alle Himmel Herzeleid schreien, dass mein Herz in dem Leibe in tausend Stücke zerspränge, das thäte ich gern. Und du, mein einziger Trost, zarte, auserwählte, ewige Weisheit! wie kann ich dir je volldanken die höchste aller Wohlthaten, dass du mit deinen Wunden und Schmerzen sauer versöhnt und geheilt hast den Bruch, den alle Creatur nicht mochte wiederbringen. So weise mich, wie ich dankbar sei dem grundlosen Gut, das du an meiner verlornen Seele gethan hast. Gib was du bist und hast in meinen Dienst, spricht die Weisheit (5). So ist die in Busse und Glaube ergriffene Versöhnung, die Erfahrung der Liebe Gottes in Christo Jesu, das was die dankbare Liebe weckt und von selbst zu guten Werken, zum Dienste Christi führt.

Suso's Auge richtet sich nun auf die Christenheit,[1] auf die Ordens-leute insbesondere. Wie ist die Stadt verfallen mit ihren Mauern und Gräben, in der man einst Gott so ehrbarlich diente und so sicher lebte! Christus, der Pilger in der verfallenen Stadt, wird vertrieben, ver-trieben aus der Stadt, die er so sauer erworben, in der er einst so hoch gehalten war. Die verfallene Stadt ist das geistliche Leben. Wenige sind, die es ernst meinen und denen erweist er sich als süsser Tröster. Viele hinken auf beiden Seiten; sie bauen auf den Wind und zimmern auf den Regenbogen. In blosser Abgeschiedenheit der Creaturen muss sich halten, wer den werthen Gast recht will empfahen.

Keine Entschuldigung gibt es. Wüssten es die Thoren, so meint der Diener, welche Folgen das hat, sie thäten es vielleicht nicht; und die ewige Weisheit antwortet: Sie wissen es und lassen doch nicht da-von. — Aber es ist unmöglich, alte Gewohnheit lassen! Antwort: Un-

---

1) In der latein. Bearbeitung (Cap. 5: *Planctus super extincto fervore devotionis etc.*) ist diese Schilderung ausgeführter und auch auf die kirchlich-politischen Verhältnisse ausgedehnt.

möglicher ist es, der zukünftigen Marter entrinnen. — Vielleicht sind
sie so in sich geordnet, dass das weltliche Leben ihnen unschädlich ist!
Antwort: Wie mag das geordnet sein, das die Zucht verkehrt? — Aber
sie richten ja ihre Minne auf geistliche Menschen! Antwort: War
schon meine leibliche Gegenwart den Jüngern ein Hinderniss (vgl. Joh.
16, 7. 20, 17), wie viel mehr muss menschliches Beisein Hinderniss
geben, zergängliche Minne geistliche Zucht zerstören! (6).

Solche, welche zarterer Natur sind, so dass sie leichter von
Minne denn von Furcht gezogen werden, will dann Suso dadurch gewinnen, dass er ihnen die göttliche Minne preist. So du, Herr der Natur,
nicht bist ein Zerstörer, sondern ein Vollbringer der Natur, darum,
gütigster Herr, so gib dieser traurigen Rede ein Ende und sage wie
du seiest eine Mutter der schönen Minne und wie süss deine Minne sei.
Und das ist es im wesentlichen, was Suso sie sagen lässt: Ich bin in mir
selbst das unbegriffene Gut, das empfunden, aber nicht in's Wort gefasst
werden kann. Alles was Menschen von Gestalt und Schönheit und
Gnade erdenken können, ist in mir noch unendlich wonniger. Ich bin
von hoher Geburt, das ewige Wort des väterlichen Herzens, auf dem
der Vater mit Wohlgefallen ruht in der süssen aufflammenden Minne
des heiligen Geistes; ich bin der Wonnethron, meine Augen sind so
klar, mein Mund so zart, meine Gestalt so schön, so wonniglich geziert
mit lichtem Gewand, so feinlich umgeben mit allen blühenden Farben
der lebenden Blumen: in seliger Lust sind die Augen der Engelschaaren
in die meinen gesenkt. Wohl ihm, der das süsse Spiel, den Freudentanz
in Himmelreichs Wonne an meiner schönen Hand ewiglich treten soll.
Ein einiges Wort aus meinem süssen Munde übertrifft aller Engel Gesang, aller Harfen Klang, alles süsse Saitenspiel. Ich kehre mich hin,
ich kehre mich her (vgl. o. S. 60): in mir ist nichts das missfalle; in
mir ist alles, das wohlgefällt, nach Herzenswunsch, nach Seelenbegierde.
So verschwimmen die Lieben, von meiner süssen Minne umgeben, in das
einige Ein ohne Bild und Wort und werden geflösset in das Gut, aus
welchem sie geflossen sind. Der Mensch, der mir all sein Herz gibt,
lebt wonniglich, stirbt sicherlich und hat Himmelreich hier und dort
ewiglich.

Mit diesen und andern Worten lässt Suso die ewige Weisheit die
Herzen zu sich ziehen. Aber der Diener ruft nun aus: Du theilst dich
vielen Herzen mit und ich möchte dich allein! rechte Minne duldet keine
Zweiheit! Doch die Weisheit antwortet: Ich bin ein solcher Minner, der
in der Menge nicht vermenget wird; ich bin mit dir zu allen Zeiten so

gar bekümmert, als ob ich aller andern Dinge ledig stünde (7). Von
dem Ausdruck der Empfindungen, die die Weisheit in dem Diener durch
ihre Worte wachgerufen, geht dann die Schrift dazu weiter, das Ver
hältniss des göttlichen Zornes zu der Liebe zu besprechen. In Gott ist
kein Widerspruch. Ich bin, sagt die Weisheit, das unwandelbare Gut,
ich stehe gleich und bin gleich. Aber dass ich ungleich scheine, das
kommt von Ungleichheit derer, die mich ungleich, mit Sünden oder ohne
Sünden sehen.[1] Auch dient der Zorn der Minne: Ich will von meinen
Freunden kindliche Furcht und freundliche Minne haben; die Furcht
soll sie abhalten von Sünde, die Minne sie mir vereinen mit ganzer
Treue (8). Und auf die Frage, warum die Minne sich so oft ihren Freunden
entziehe, antwortet die Weisheit, es geschehe, damit die Seele lerne dem
göttlichen Willen genug zu sein. Eine Gelassenheit ob aller Gelassen
heit ist Gelassensein in Verlassenheit. Und wenn es auch weh thut,
Tugend wird bewährt in Widerwärtigkeit. Die Seele muss es erfahren,
dass alles gelähmt ist, wenn Gott sich entzieht, dass alles Leben und
Freude ist, wenn Gott sich mittheilt. Das ist der Minne Spiel: So lange
Liebe bei Liebe ist, so weiss Liebe nicht wie Liebe ist; wenn aber Liebe
von Liebe scheidet, so empfindet erst Liebe wie lieb Liebe war. Nur
bei wenig Menschen in dieser Zeit, nur bei solchen, die alles Mittel ab
gelegt (alles was zwischen sie und Gott treten kann), ist dieser Wechsel
nicht. In diesem Wechsel hält sich auf rechte Weise, wer in guten
Tagen die bösen ansieht und in den bösen der guten nicht vergisst, und
kann man nicht verzichten mit Lust, so soll man doch haben ein geduldiges
Warten und ein emsiges Suchen. Nur wer ein stetes Innebleiben hat, wird
Gottes Innigkeit empfinden. Denn Gottes Himmelreich, d. i. Gerechtig
keit, Friede und Freude im heiligen Geist (Röm. 14, 17), ist nicht in
der Ausserkeit, ist in der Seele, wenn auch ihr selbst oft verborgen (9).

Der Frage, warum sich Gott der minnenden Seele oft innerlich
entziehe, folgt die weitere, warum sie so oft äusseres Leiden treffe?
So fragen Menschen von krankem Glauben und kleinen Werken, von
lauem Leben und ungeübtem Geiste. Wohlauf mit deinem Gemüthe
aus der leiblichen Wollust! Nimm wahr, was du bist, wo du bist und
wohin du gehörst, so magst du begreifen, dass ich meinen Freunden
mit Leiden das Allerbeste thue. Du bist nach deinem natürlichen
Wesen ein Spiegel der Gottheit, du bist ein Bild der Dreifaltigkeit und

---

1) Ein oft wiederkehrender Gedanke. Vgl. u. a. auch Thl. I, S. 408
u. 428.

bist ein Exemplar der Ewigkeit; denn wie ich in meiner ewigen Unge-
wordenheit bin das Gut, das da ist endlos, also bist du nach deiner Begierde grundlos (vgl. o. S. 117), und so wenig ein kleines Tröpflein
erscheusset (etwas ausmacht, fruchtet) in der hohen Tiefe des Meeres,
also wenig erscheusset in Erfüllung deiner Begierde alles, das die Welt
leisten mag (10). Und was ist das Leiden der Zeit, das die Frommen
tragen, gegen das immerwährende Wehe der Hölle, das die tragen,
welche die Lust der Welt gesucht haben. Nun schildert Suso das Leiden
der Ewigkeit, den Jammergesang, der nachfolgt den Freuden dieser
Welt, dieses Immer und Nimmer in ergreifender Weise; aber die Weisheit schliesst mit dem Trostwort: Erschrick nicht, es bleibet in Ewigkeit ungeschieden, das in der Zeit (mit Gott) vereint ist (11).

Wie die äusseren Leiden der Zeit als ein Nichts erscheinen gegenüber den Leiden der Ewigkeit, so verschwinden sie auch gegenüber den
Freuden der Ewigkeit. Suso schildert, welche Aufnahme nach dem
Streite dem Pilger in der Heimath wird, welche Liebe, welche Ehre in
der leuchtenden Stadt, auf der himmlischen Weide mit ihrer Sommerwonne, wo der Hof des himmlischen Heeres, wo die ewigen Stühle sind,
von denen die bösen Geister gestossen wurden. Nun luge selber auf
die schöne himmlische Haide; eia hier ganze Sommerwonne, hier des
lichten Maien Aue, hier das rechte Freudenthal; hier sicht man fröh-
liche Blicke der Augen von Lieb zu Lieb gehen; hier Harfen, Geigen;
hier Singen, Springen, Tanzen, Reihen und ganzer Freude immer
pflegen; hier Wunsches Gewalt, hier Lieb ohne Leid in immerwährender
Sicherheit. Nun lug umher die unzählige Menge, wie sie aus dem lebendigen ausklingenden Brunnen trinken nach aller ihrer Herzensbegierde;
lug wie sie den lauteren klaren Spiegel der blossen Gottheit anstarren,
in dem (Diepenbr. falsch: indem) ihnen alle Dinge kund und offenbar
sind. Welch eine Gesellschaft, welch ein fröhliches Land! Ich ziere
sie mit dem Lichte der Glorie, das sie hebt über alle natürliche Mögen-
heit;[1] mit verklärtem Leibe, der siebenmal lichter wird denn der Sonne
Schein, schnell, kleinfügig und unleidig. Die Morgengabe ist Schauen
des Geglaubten, Erfassen des Gehofften, Geniessen des hienieden Geminnten. Die Krone ist wesentlicher Lohn,[2] der liegt an der schau-
lichen Vereinigung der Seele mit der blossen Gottheit, am freien Ein-

---

1) Vgl. über das *lumen gratiae* und *gloriae* die Lehre von der Gnade
ob. S. 230 ff.

2) Im Unterschied von dem zufälligen Lohn, d. i. „der sonderlichen
Freude von sonderlichen Werken, mit denen sie hier gesiegt haben, als die

gang in die wilde Wüste und in den tiefen Abgrund der wesenlosen
Gottheit, in den sie versenkt, verschwemmt, verrint werden, so dass
sie dasselbe werden was Gott ist, d. i. dass sie selig sind von Gnaden,
wie Gott es ist von Natur¹ (12).

Aber auch um des Gewinnes willen, den das Leiden für die sittliche
Vollendung des Menschen hat, ist es willig und fröhlich zu tragen. Ich
bestreue der Seele den Weg mit Leiden, dass sie den Fuss ihrer
Herzenslust nirgends setzen kann denn in die Hoheit meiner göttlichen
Natur. „Herr mein Leiden ist ohne alles Maass." „„Jeder Durstige
meint, er sei der Aermste."" Gib dich freiwillig in alles das ich von
dir will, ohne Ausnahme. Meine Leiden, die ich sende, gehen viel tiefer
denn alle selbstgewählte Leiden. Leiden tödtet Leiden. Es mindert
das Fegfeuer; es kästigt den Leib, der doch faulen muss; es speiset aber
die edle Seele, die ewiglich bleiben soll (13).

Der Verfasser geht von den menschlichen Leiden wieder auf seinen
Ausgangspunkt, das Leiden Christi zurück, und will zu immer erneuter
Versenkung in dieses Leiden dadurch ermuntern, dass er die theil-
nehmende Hingabe an dieses Leiden, das Mitleiden als das Mittel bezeichnet, wodurch das Verdienst desselben auf uns übergehe. Dieser
Abschnitt ist darum bedeutungsvoll, weil sich hier Suso's evangelische
Grundrichtung Bahn bricht. Es ist der Verzicht auf alle eigene Genugthuung, die Zurechnung des Verdienstes des Leidens Christi, in der
allein er Vergebung der Sünden und Frieden suchen heisst: „Wie sollte
nun ein grosser Sünder, der vielleicht mehr denn hundert Todsünden
gethan hat, und um eine jegliche Todsünde nach dem Gesetz (der
Kirche) sieben Jahre lang büssen oder die ungeleistete Busse in dem
heissen Gluthofen des grimmen Fegfeuers leisten müsste, — eia, wie
sollte die elende Seele ihre Busse vollaus leisten? wann sollte ihr langes
Ach und Weh ein Ende nehmen? Wie würde es ihr so gar zu lang!
Siehe das hat sie gar behändiglich gebessert mit meinem unschuldigen
würdigen Leiden. Sie mag also wohl in den edlen Schatz meines verdienten Lohnes greifen und ihn zu sich ziehen, und sollte sie tausend
Jahre in dem Fegfeuer brennen, sie hätte es in kurzer Zeit nach Schuld
und Busse (Strafe) abgelegt, dass sie ohne alles Fegfeuer in die ewige

---

hohen Lehrer, die starken Märtyrer, die reinen Jungfrauen". Eine von der
scholastischen Theologie gemachte Unterscheidung.

1) Am Rande des Textes ist auf Bernhard, Ad fratres de monte Dei,
verwiesen. Der Verf. ist indes der Karthäuser Guigo. S. Denifle I, 337
Anm. 4. Vgl. zu ob. Stelle auch Thl. I, 241, Anm. 2 meines Buches.

Freude führe". Und auf die Bitte: Lehre mich; wie möchte ich so gerne einen so gethanen Griff thun (d. h. das Verdienst dieses Leidens mir aneignen)! antwortet die ewige Weisheit: „Der Griff geschieht also, dass ein Mensch mit einem reuigen Herzen oft und schwerlich wiegt die Grösse und Menge seiner Missethat, womit er die Augen seines himmlischen Vaters so offenbarlich erzürnet hat, und darnach mit einem Vernichten (für Nichts achten) der Werke seiner eigenen Besserung (Genugthuung), denn die sind, gegen diese Sünden gezählt, als ein kleines Tröpflein gen dem tiefen Meere, und dann mit einem füglichen Wägen der unmässigen Grossheit meiner Besserung (Genugthuung); denn das mindeste Tröpflein meines kostbaren Blutes, das da unmässiglich allenthalben aus meinem Leibe hinfloss, das vermöchte für tausend Welten die Sünden zu bessern. Und doch so zieht ein jeglicher Mensch der Besserung (Genugthuung Christi) also viel zu sich, so viel er sich mir durch Mitleiden gleichmacht (d. h. mein Leiden als sein eigenes betrachtet und empfindet), und darnach, dass ein Mensch so demüthiglich und schlicht die Kleinheit des Seinen in die Grossheit meiner Besserung oder Busse versenke und verhefte" [1] (14).

Hat so die Erwägung der Früchte des Leidens Christi zur Willigkeit in der Nachfolge eine neue Anregung gegeben, so kann nun die Fortsetzung der Betrachtungen in der Weise gemacht werden, dass in der zeitlichen Aufeinanderfolge schliesslich auch das Leiden, das dem Gekreuzigten von den Umstehenden kam, erwogen und das Nachtragen des Kreuzes für uns auch in dieser Hinsicht bestimmt wird. Unschuldig, gut sein und gut handeln und darüber Schmähung willig leiden — ist der hier ausgeführte Gedanke (15). An diese Betrachtungen des Leidens Christi reihen sich nun zwei Capitel des Leidens der Maria unter dem Kreuze an, die zumeist an die Betrachtungen Bernhard's von Clairvaux sich anschliessen und insoferne von Bedeutung sind, als sie zeigen, wie unausgeglichen die Widersprüche in Bezug auf den Heilsweg in der mittelalterlichen Kirche noch neben einander lagen; wie Männer, die so eben von Christus als dem, der nur darauf wartet, der darnach dürstet seine Gnade zu erzeigen, gesprochen haben, nun von eben demselben als einem strengen Richter reden, den zu erweichen wir eines zweiten Mittlers oder Mittlerin, der Maria bedürfen. „Bist du ein wahrer Mensch, so bist du auch wahrer Gott und ein viel strenger Richter der Missethat: darum, so wir im engen Nothstall des Herzeleids sind, so

---

1) Vgl. die ähnliche Stelle bei Nik. v. Strassburg oben S. 76 ff.

bleibt uns nichts, denn dass wir unsere elenden Augen aufbieten zu
dir, auserwählte Königin im Himmelreich."

Und nun ergiesst sich die ganze irrthümliche Zeichnung unauf-
gehalten wie ein unreiner Bach durch den Garten dieses Buchs. „Du
einiger Trost aller sündigen Herzen", heisst es da von Maria, oder:
„Wir haben ein Paradies verloren und zwei Paradiese gewonnen"
(Jesus und Maria). „Darum bist du meiner Seele erster Anblick, wenn
ich aufstehe und ihr letzter Anblick, wenn ich schlafen gehe. Nimm die
Kleinheit meiner Werke und trage sie vor, dass sie etwas scheinen vor
den Augen des allmächtigen Gottes. Sei uns eine Mittlerin und Gnaden-
werberin gen deinem zarten Kinde der ewigen Weisheit" (16). Nach
dieser Abschweifung, bei welcher das von Suso so rein erfasste Ideal
zarter Weiblichkeit ohne Zweifel mitbestimmend eingewirkt hat, und
nach Betrachtung der Leiden Maria's unter dem Kreuze (17) kehrt die
Betrachtung wieder zu dem Leiden Christi, und zwar zu seinem inneren
Leiden am Kreuze zurück (18), um dann in den beiden letzten Capiteln
des ersten Theils (19 u. 20) wieder auf die Schmerzen Maria's zu
kommen.

Wie Suso im ersten Theil vom Leiden und Sterben mit Christus
gehandelt hat, so handelt er im zweiten vorherrschend vom Leben mit
und in Christus. Zu diesem Leben zu erwecken führt er einen unbe-
reitet sterbenden Menschen vor, der sein Leben versäumt hat, jetzt nur
verzweifeln, nicht mehr reuen kann. Fremde Hilfe fehlt ihm; denn sie
fürchten alle, dass ihnen das Oel in der Lampe (Matth. 25, 9) gebreche.
Für den, der mit Sünden beladen noch Reue finden kann, hat die ewige
Weisheit das Wort: So du in Wahrheit an diese Stunde kommst und
du es nicht bessern kannst: so sollst du nichts auf Erdreich ansehen
denn meinen Tod und grundlose Barmherzigkeit, dass deine Zuversicht
ganz zu mir bleibe (21). Nachdem so Suso die Willigkeit zu einem
rechten Leben geweckt, lässt er die Weisheit den Weg, den man gehen
soll, kurz dahin zusammenfassen: Halte dich abgeschieden von allen
Menschen, von allen eingezogenen Bildern, von allem Zufälligen und
richte dein Gemüth auf ein göttliches Schauen, indem du mich zum
steten Gegenwurf nimmst. Alle andere Uebung soll nur soweit beige-
zogen werden, als sie diesem Zwecke dient. Also: innerlich, lauter,
lediglich, aufgezogen! Niemand freilich vermag hier unverwandt Gott
zu schauen; aber es ist das Ziel, wonach wir alle streben sollen. Wird
dir das Schauen entzogen, so suche bis du es wieder findest (22).

Nun widmet Suso dem wesentlichsten Mittel, durch welches die

göttliche Minne in unser Herz sich ergiesst, uns selbst uns entnimmt
und sich uns gibt, um die Frucht des Erlösungsleidens uns anzueignen,
eine eingehende Betrachtung: dem Sacrament der Minne, dem heiligen
Abendmahl. Er erörtert, wie Christus gegenwärtig sei, wie wir ihn empfangen sollen, was er uns bringe; die Fragen, warum wir seine
Gabe nicht in entsprechender Weise empfinden? ob wir ihn auch
empfangen sollen, wenn wir uns im Gemüthe schwach und trocken
fühlen? wie oft wir ihn empfangen sollen? werden beantwortet. Ich
hebe nur einzelne Sätze heraus: Was bringst du den Deinen mit deiner
Gegenwart? Mich selber. Ich gebe mich dir und nehme dich dir. Ich
bringe dir mehr als Sonnen- und Sternenlicht der Luft und Nacht.
Warum empfinden wir die Gabe nicht mehr, ich spüre oft nichts? So
der Urkunde je minder, so der Glaube je lauterer und der Lohn grösser. So
wirkt der Herr der Natur im Baume und niemand sieht es bis es vollbracht
ist. Ich bin den Wohlbereiten das lebendige Brod, den Kleinbereiten
das trockene Brod, den Unbereiten ein ewiger Fluch. Ach minniglicher
Herr, mit was zitterndem Herzen sollen wir zu dir gehen! Antwort:
Wenn ein Mensch sein Vermögen thut, so wird nicht mehr von ihm gefordert; denn Gott vollbringt das Unvollbrachte. Ein Siecher soll alle
Blödigkeit hinwerfen und soll dem Arzte nahen, des Beisein sein Genesen ist. – Ich bin ein Gut, das da gebraucht wächst und gesparet
schwindet. Es ist besser von Minne zugehn, denn von Furcht von-
stehn. Es ist besser alle Wochen einmal zugehn mit einem tiefen
Grunde rechter Demüthigkeit, denn einmal im Jahre mit Ueberhebung in
seiner selbst Würdigkeit. Herr, zu welcher Zeit geschieht der Einfluss der Gnade von dem Sacrament? In dem Nun des gegenwärtigen
Niessens (23).

Ein Gebet vor dem Genuss des heil. Abendmahls (24) schliesst die
Betrachtungen und Belehrungen, worauf dann das letzte Capitel dieses
Theils und des Hauptwerks vom Lobe Gottes handelt, als dem Ziele des
Leidens und des Lebens, dem Zwecke unseres ganzen Daseins über-
haupt. Es ist ein herrlicher Erguss einer von der Grösse der göttlichen
Liebe tief durchdrungenen Seele, voll dankbarer Liebe und demüthiger
Freude. O weh, Herr, alle meine Gerechtigkeit liegt an deiner grund-
losen Barmherzigkeit. Ich erkenne wohl, dass ich billiger um meine
Sünden sollte trauern und flehen, denn dich loben; aber doch, du
grundloses Gut, verschmähe nicht von mir ungenehmem Wurm meine
Begierde deines Lobes. Ihn nach Würdigkeit loben wollen heisst
dem Winde nachjagen, den Schatten ergreifen wollen; doch ihn aus

richtigem Herzen loben, das können wir; ihn eben so inniglich loben
mit Herzen, mit Worten, mit Werken in Leid wie in Lieb, jede
Schmach der Erde, jede Qual des Fegfeuers, jedes Weh der Hölle
tragen wollen, wenn es zu Gottes Ehre gereicht, das ist ein liebliches
Lob. Aeussere Worte des Lobes wecken die schlummernde Lust, ihn zu
loben. Alle Zeit lobt Gott, wer ihn in allen Dingen meint. Die Seele
gleicht der leichten Feder; ist sie nicht mit Irdischem beladen, so steigt
sie von selbst empor; der Sinn, vom Irdischen innerlich geschieden,
allezeit auf das ewige Gut gerichtet, wird zu englischer Gleichheit
überbildet, und was dann der Mensch äusserlich thut oder leidet, er
esse, trinke, schlafe, wache: es ist das allerlauterste Lob. Was bewegt
zum Lobe? Der erste Ursprung, doch der ist mir zu hoch; da sollen
dich loben die hohen Cedernbäume auf dem Libanon, d. i. die himmlischen Geister. Aber der Answall aus dem ersten Ursprung, der Answall deiner Güte, der ist mir, der rauhen Distel, angemessener zum
Lobe, deine Gnade gegen den Sünder, deine Geduld. Aber nicht bloss an
dem was Gnade, auch an dem was Natur an uns ist, ist Gott zu preisen.
So oft etwas Holdseliges oder Fröhliches oder Gehobenes in deinem
Gemüthe aufsteht, es sei von Natur oder von Gnade, so fasse dich
schnell in deinem Innern und schreibe es Gott zu, dass es in meinem
Lobe verzehrt (genossen) werde, weil ich ein Herr der Natur und der
Gnade bin, und also wird dir dann Natur Uebernatur (in Gott verklärte
Natur). Ja auch jede Einflüsterung eines bösen Geistes müsse Anlass
werden, an ihrer Statt einen guten Gedanken Gott zu Lobe emporzu-
senden, so das Lob zu ersetzen, das jener Geist dem Herrn entzieht.
Es ist in der Zeit kein wahreres Vorspiel des himmlischen Lebens als im
Lobe. Es ist nichts das einem Menschen so sein Gemüth erluste, sein
Leiden erleichtere, die bösen Geister vertreibe, die Schwermüthigkeit
schwinden mache, als fröhliches Gotteslob. Gott ist denen, die ihn loben,
nahe bei; die Engel sind ihnen heimlich (vertraut); sie sind sich selber
nütze; Gott loben bessert den Menschen und erfreuet die Seele; alles
himmlische Heer wird von dem wohlgemuthcten Lobe geehret.

Mit dem Gebete, dass mit dem Aufthun der Augen an jedem neuen
Morgen auch das Herz sich aufthue und aufbreche eine feurige Minne-
fackel des Lobes, und dass diese allezeit inbrünstiglich aufschlage in
allem Gebete, aus dem Munde, in dem Gesange, in Gedanken, Worten und
Werken bis an's Ende, damit das Ende dieses zeitlichen Lobes ein Anfang sei des immerwährenden ewigen Lobes — schliesst das Buch, das
aus der Vorstellung der einzelnen Momente des Leidens Christi und

den daran sich schliessenden Bitten — welche im dritten Theile angefügt sind — entstanden ist.

Im Leiden Christi die weltversöhnende, die Herzen überwindende Liebe sehen, und in dankbarer Gegenliebe im Leiden mit Christus der Welt sterben, Gotte leben zu seinem Lobe, das ist das Thema des Buches. Es ist das Evangelium, welches ihm zu Grunde liegt, wenn auch manches, was darauf gebaut ist, diesem Grunde nicht entspricht. In herrlicher Weise offenbart sich in dieser Schrift ein in Liebe an seinen Erlöser hingegebenes Gemüth und eine durch eigene Erfahrung gereifte Gottesweisheit, die ernst und milde zugleich, mit einem Rufen, das aus dem innersten Herzen kommt, von dem Unfrieden zum Frieden führen will, und mit Worten voll Geist und Leben, voll Licht und Schönheit Sinn und Herz ergreift und in ihre Kreise zieht.

2. Die Lehre im Buch der Wahrheit.

In jener Vision, bei welcher Suso eine Erscheinung Eckhart's zu haben meint (*Vita* c. 8), fragt derselbe den verstorbenen Meister: „Wie die Menschen in Gott stünden, die der nächsten Wahrheit (der Wahrheit in eigentlicher, unmittelbarer Weise) mit rechter Gelassenheit gerne genug wären? und die erste Lehre, welche Suso in dem Buch der Wahrheit vernimmt, ist die, „dass innerliche Gelassenheit den Menschen bringe zu der nächsten Wahrheit". Dem Jünger der Wahrheit ist solche Forderung auffällig, da auch die Brüder des freien Geistes, die hier als die Vertreter einer der Christenheit schädlichen ungeordneten Freiheit ohne ihren Namen angeführt werden, eine solche Gelassenheit als Bedingung für das „bloss" (unmittelbar) erkennen der Gottheit forderten.[1] Aber er wird belehrt, dass die gleichartige Forderung darum noch nicht eine gleiche Quelle voraussetze, denn oft

---

1) S. Theil I, S. 461 ff. Sätze der Brüder des freien Geistes etc. *Thes. 121: Quod libertas mala et quies et commodum corporale faciant locum et inhabitationem in homine spiritui sancto.*

Th. 111: Quod homines non debent insistere laboribus, sed videre et gustare quam suavis sit dominus.

Th. 73: Hominem debere abstinere ab exterioribus et sequi responsa spiritus intra se.

berge sich das Böse hinter das Gute. Es kommt also auf eine recht be-
schaffene Gelassenheit an, um zu der unmittelbaren Erkenntniss der
Wahrheit zu gelangen, und da gilt es vor allem das Wort der heil.
Schrift zu sich reden lassen, aus welchem die ewige Wahrheit spricht
oder auf das hören, was die heil. Christenheit davon redet (Die p. 1.
Den. Einleit.).

Um zu dem höchsten Ziele zu gelangen, muss man wissen, was
Anfang und Ziel aller Dinge ist. Da wird nun übereinstimmend von
allen Wahrheitsuchenden anerkannt, dass ein „Etwas ist, das überall
das Erste ist und das Einfältigste, und vor dem nichts ist". Mit Berufung vor allem auf Dionysius wird dieses grundlose Wesen als das
Unnennbare [1] und für alle creatürliche Vernünftigkeit Unbegreifliche,
und deshalb als ein Nichtwesen, als ein Nicht, als ein ewiges Nicht bezeichnet. Es ist ein einfältiges weiseloses Wesen, seine Natur endlos
und ungemessen. Dieser stillen Einfältigkeit Wesen ist ihr Leben und
ihr Leben ist ihr Wesen. Es ist „eine lebende, wesende, istige (subsistirende) Vernünftigkeit, die sich selber versteht", und alle Dinge
sind da „als in ihrer Neue und in ihrer Erste, und in ihrem ewigen
Anfang". Das ist die ewige, ungeschaffene Wahrheit, und sie ist Anfang und Ziel des gelassenen Menschen, indem er da eingenommen wird
(C. 2. Den. 1).

Nachdem so Suso den Gottesbegriff auf den einfachsten allgemeinsten Ausdruck gebracht, aber in einer Weise ihm gegeben hat,
dass das Eigenthümliche des eckhartischen Gottesbegriffs sich leicht
daran anschliesst, geht er im 3. Cap. (2 Den.) zu der Frage über, wie
aus dem einfältig Einen das Mannigfaltige entspringe. Da fasst er nun
Gott als Potenz seiner selbst und aller Dinge, und nennt dieses potenziale Sein die Natur und das Wesen der Gottheit. Als Potenz aller Dinge
aber ist Gott erfasst, wenn er sagt: dass alle Mannigheit (Vielheit und
Verschiedenheit) mit dem Grunde und in dem Boden eine einfältige Einigkeit sei,[2] und wenn er den Grund den Auswall und Ursprung nennt,
aus dem die Ausflüsse entspringen,[3] und wenn er diesen Quellort

---

1) Vgl. zu diesem und den nächsten Sätzen Thl. I, S. 151 Anm. 3.
152 Anm. 1. 151 Anm. 3; auch Erigena 158 Anm. 4.

2) Eckhart Pf. 540, 26: Diu gotheit ist ein bloz einfaltic dinc, daz
aller dinge kraft an im hat ob den personen unde der drier persone
kraft in einvaltikeit.

3) Eckhart Pf. 144, 32: vernunft nimet den sun in dem herzen des
vater und in dem grunde. Pf. 632, 25: In dem ursprunge ist ir (der

wieder als die Natur und das Wesen der Gottheit[1] bezeichnet. Dieses
potenziale Sein, in dessen grundlosem Abgrund die Dreiheit der
Personen und alle Menge noch als in ihrer Einheit ruht, ist selbst noch
ein Nichtwirkenbe, eine „stille ein schwebende Düsterheit" d. h. ein
ein sich selbst noch nicht Offenbares. Das was der göttlichen Wesenheit
„den ersten Anblick", das Mittel gibt, wirkend, gebärend zu werden,
das „that seine vermögende Kraft, d. i. die göttliche Natur in dem
Vater",[2] denn in dem Anblick der Natur, d. i. indem das einfältige
Wesen, der Vater (vgl. Thl. I, 376 f.), in der Natur sich selbst Object
wird, wird er kräftig zu wirken, ist er schwanger der Bärhaftigkeit
und des Werkes; denn da hat sich, nach Nehmung unserer Vernunft,
Gottheit zu Gott geschwungen, d. i. zur selbstbewussten Persönlichkeit
erhoben. So ist also in Gott nicht nur Gottheit und Gott zu unterscheiden[3]
oder Wesen und Person, sondern das Wesen selbst ist wiederum ein anderes,
sofern es Wesen und sofern es Natur ist. Mittelst der Natur als der
ersten Objectivirung des Wesens wird das Wesen vermögend, gebärend,
schwingt sich zur Person, das ist von Gottheit zu Gott auf. Nun sind
Gottheit und Gott insoferne nichts wesentlich von einander verschiedenes,
als Gott dasselbe ist was die Gottheit, aber insoferne unterschieden, als
die Weise des Seins eine andere ist; dasselbe was im Wesen, in der
Gottheit unentfaltet, unoffenbar, nichtwirkend ist, das ist nun, als
Gott angesehen oder als Person, entfaltet, offenbar, wirkend.[4] „Und
das (die Unterscheidung von Gottheit und Gott als dem nichtwirken-
den und wirkenden) kommt allein von der Anderheit, die da ist in der
Bezeichnung nach Nehmlichkeit der Vernunft"; damit ist natürlich nicht
gesagt, dass diese doppelte Weise eines und desselben Seins in Gott eine
bloss menschliche Vorstellung sei,[5] sondern nur das, dass der sich in seiner

---

sele) enthalt — in dem ursprung da ist ir al ein und ein in al. Vgl. 670, 35 ff.
181, 3: Do ich stuont in dem grunde, in dem bodem, in dem river und in
der quelle der gotheit etc.

1) Eckhart Pf. 668, 35: Daz bilderiche lieht gotlicher cinekeit daz ist
einveltig und ist doch wesen unde nature.

2) Eckhart Pf. 388, 28: Dise mugentheit hat diu heilige drivaldikeit
an der einikeit irs natiurlichen wesens. Nu habet ir wol gehoeret, wie
diu heilige drivaldikeit mugentheit hat an der einikeit gotlicher nature.

3) Eckhart 180, 15: Got unde gotheit hat underscheit als verre als
himel und erde. 181, 10: Got wirket, diu gotheit wirket niht.

4) Vgl. Thl. I, 368 ff. 372 ff. 376 ff.

5) Vgl. Eckhart Pf. 198, 35 ff.: Wan da man in (den Menschen) got
nemende ist, da ennimt man in niht nach der creaturlicheit; wan als

Persönlichkeit, in seinen Unterschieden bewusste Gott nicht, andere
sei, als das zu seiner Selbstoffenbarung gekommene göttliche Wesen
selbst, das nur hier nach seiner andern Seite von uns aufgefasst werde,
wie das gleich auch aus den zwei folgenden Sätzen erhellt, von denen
der erste sagt, dass „die wiedertragenden Eigenschaften (die Personen) überall nichts (d. i. nichts neues) zu dem Wesen legen (hinzufügen), und der zweite es ausdrücklich hervorhebt, dass sie „Unterschied haben gen dem sie sind, das ist von ihrem Gegenwurf".

Nachdem so Suso im 3. Capitel hervorgehoben hat, wie die Gottheit mittelst der Natur zur actuellen Persönlichkeit wird oder zur
trinitarischen Entfaltung ihrer selbst kommt, geht er im 4. Capitel
(Den. 3) zur weiteren Beantwortung der im 3. Capitel gestellten Frage
über, wie sich zu dem einfältig Einen das Mannigfaltige verhalte, indem er von dem Verhältniss der Creaturen zu Gott spricht. „Alle Creaturen, so beginnt er, sind in Gott als in ihrem ewigen Exemplar" d. i.
in ihrem Vorbild. Das Vorbild für sie ist sein ewiges Wesen, „in der
Nehmung, wie es sich in gemeinsamlicher Weise der Creatur zu erfolgen
(so nach Den.) gibt", d. h. alle Creaturen stehen in dem ewigen Wesen
insofern, als dieses in verschiedener Weise mittheilbar d. i. nachahmbar
genommen wird. Auf eine nähere Darlegung des Verhältnisses der
Ideen zu dem göttlichen Wesen, wie das Thomas und Eckhart gethan
haben (vgl. o. S. 195 ff. den Abschnitt: Von den Ideen), geht Suso hier
nicht ein. Er setzt nur das ewige Sein der Creatur in Gott und ihr
irdisches Sein einander gegenüber. Aber es ist unschwer zu erkennen,
dass auch seinem Gegensatze jene drei ersten Auffassungen der Creatur
zu Grunde liegen wie sie oben S. 205 in der „Blume der Schauung" als
die der Meister angeführt werden. Wenn er zuerst sagt: „Und merke,
dass alle Creaturen ewiglich in Gott Gott gewesen sind, und haben
da keinen gründlichen Unterschied gehabt, denn als gesprochen
ist", so meint er damit den Unterschied „in der Nehmung". Das vergleicht sich dem, was er im vorhergehenden Capitel von den wiedertragenden göttlichen Eigenschaften sagt, wenn er da bemerkt, „sie

man in got nimt, so enlougent man der creaturlicheit, niht daz diu
lougenunge zu nemen si nach dem, daz diu creaturlicheit ze
nihte werde, sunder si ist ze nemen nach der verjehunge gotes in dem,
daz man si got nemende ist. Wan Kristus, der got unde mensche ist,
als man den nimet nach der menscheit, so verlougent man sin noch der
gotheit in dem nemen, niht daz man ime der gotheit verlougent,
sunder man verlougent ir nach dem nemen.

sind es (das göttliche Wesen) allzumal, wiewohl sie Unterschied haben
gen dem sie sind, das ist gen ihrem Gegenwurf". Wie Suso dort
zwischen potenziellem und entfaltetem Sein in Bezug auf Gott unterscheidet, so fasst er auch hier die Creaturen in zweifacher Weise,
als eins mit dem göttlichen Wesen, als noch ununterschieden von demselben, und dann insoferne als sie „nach Nehmung" sind, d. h. als sie
von Gott als mannigfaltige untergeordnete Bilder seines Wesens genommen werden. Denn wenn Suso nach dem obigen Satze, welcher die
Einheit der Creaturen mit Gott ausspricht, fortfährt: „Aber nach dem
Ausschlag, da sie ihr eigen Wesen nehmen, da hat ein jegliches sein
besonder Wesen ausgeschiedenlich mit seiner eigenen Form, die ihm
natürlich Wesen gibt; denn Form gibt Wesen, gesondert und geschieden, und zwar sowohl von dem göttlichen Wesen als von allem
andern": so ist klar, dass diese Form nichts anderes sein kann, als das
Nachbild des göttlichen Wesens, sofern dieses als in untergeordneter
Weise nachahmbar gedacht ist, d. i. der Idee der Creatur, die in dem sein
Wesen erkennenden Gott steht (vgl. ob. S. 198 u. 205); denn es muss
ja doch diese Form des Dinges in irgendeiner Weise früher sein als
das Ding, das durch sie erst Existenz gewinnt. So involviren also die
angeführten Sätze Suso's eine dreifache Auffassung der Creaturen. Er
fasst sie als identisch mit dem göttlichen Wesen, ehe sie als Ideen von
dem göttlichen Wesen unterschieden werden, als Ideen, soferne sie von
Gott genommen werden als untergeordnete Aehnlichkeiten seines
Wesens, und als in die materielle Existenz herausgesetzte Dinge. Die
Form aber, welche die reale Existenz der Creatur bewirkt, macht nun
auch, dass das Wesen oder Sein der Creatur ein von dem Wesen Gottes
verschiedenes Wesen ist (vgl. I, 398), und erst da erkennt diese ihren
Schöpfer und ihren Gott. Suso hebt dann hervor, dass die Creatürlichkeit einer jeden Creatur edler und gebräuchlicher oder nützlicher sei,
als das Wesen, das die Creaturen in Gott haben, dass sie aber alle
so geordnet seien, dass sie ein Wiederschauen haben zu ihrem ersten
Ursprung, und dass es das Ziel der Creatur sei, wieder einzukehren in
das Eine. Das Wesen der Sünde aber sei nichts anderes, als dass die
Creatur sich in sich selbst gründen wollte, statt eben in jene Einheit
wieder einzukehren.

Wie der Mensch von diesem sündigen Sichinsichselbstfassen
wieder zu Gott und in Gott komme und eins mit ihm werde, das führt
Suso im 5. Cap. (Den. 4) aus. Voran steht natürlich, dass Christus der
Vermittler dieser Wiedervereinigung sei, und es wird dargelegt, inwie-

fern Christus als der Gottmensch die Vereinigung der Menschheit
schon an sich selbst darstelle. Da wird nun im Anschluss an Johannes
Damascenus (*Ekdosis* III, 9. 11), welcher auch in dieser Hinsicht die
Resultate der morgenländischen Lehrentwicklung zusammenfasst, und
wohl im Anschluss an Petrus Lombardus, welcher die Sätze des Damascenus im Abendlande in die theologische Lehre einführte (vgl. *Sent. III,
dist. 3 - 6*), dargelegt, dass Gottes Sohn nicht eine menschliche
Person, sondern eine menschliche Natur annahm, die in der göttlichen Person subsistirte, dass er eine individuelle und selbstverständlich sündlose Natur annahm, wodurch er allein im Stande
war, das verschuldete menschliche Geschlecht zu erlösen. Hat Christus
die menschliche Natur gemein mit allen Menschen, so ist das Besondere, das ihn unterscheidet von allen Menschen, auch von den durch
rechte Gelassenheit mit Gott geeinten, dass diese eine in sich selbst
subsistirende Persönlichkeit haben, die menschliche Natur Christi aber
keine andere Persönlichkeit hatte als die des Sohnes Gottes. So ist der
Gottmensch das Haupt der Christenheit (Eph. 1, 22—23) und für die,
welche bestimmt sind, ihm gleichförmig zu werden, der erstgeborne
unter vielen Brüdern (Röm. 8, 29). So gilt es also, durch rechte Gelassenheit der selbstischen Fassung zu entsinken und mit ihm eins zu
werden. Wie dieses von Christus geforderte „sich lassen" oder sich
selbst verläugnen zu verstehen sei, das wird nun durch eine Analyse
der Begriffe „sich" und „lassen" erörtert. Nach der alten Eintheilung
des Seins, an welchem der Mensch partizipirt, dem Sein sofern es nur
ist, sofern es Wachsthum hat, sofern es empfindet, und sofern es dem
Menschen allein eignet als die allen Menschen gemeinsame Natur und
schliesslich als Persönlichkeit und diese nach ihren beiden Seiten hin als
jedem Menschen eignend (nach dem Adel) und als nur diesem Menschen
eignend (nach dem Zufall,[1] Accidens), wird nun in Bezug auf das Sein
der Persönlichkeit, das hier allein in Betracht kommt, die Erkenntniss
gefordert, dass alle Dinge an sich selbst ein Nicht seien gegenüber dem
alleinigen Icht, das die einig wirkende Kraft von allem sei; dass die
menschliche Seele auch in der höchsten Gelassenheit oder Hingabe an
Gott nie völlig untergehe, sondern immer noch ein an sich seiendes

---

1) Vgl. Eckhart Pf. 158, 10: Und also, sult ir ein sun sin, so müezet
ir abe scheiden und abe legen allez daz, daz underscheit an iu machende
ist. Wan der mensche ist ein zuoval der nature, und dar umbe get abe
allez daz, daz zuoval ist, unde nemet iuch nach der friheit der unge-
teilten menschlichen nature.

Wesen bleibe (bleibe auf seiner eigenen Istigkeit),[1] und dass die rechte
Weise dieses Seins die sei, dass es nicht selbstisch sich in seinem
eigenen Bilde hege oder in alle dem, worin es sich je besessen hat,
sondern dass es sich selbst entwerde und mit Christus eins werde, um
sich in ihm und mit ihm von neuem zu einem neuen Leben im Wirken,
Leiden und Erkennen zu erheben.[2] Damit sei dann jenes paulinische
Wort (Gal. 2, 20) erfüllt: „Ich lebe; doch nun nicht ich, sondern
Christus lebet in mir“. Darnach bestimmt sich dann, wie das „Lassen“
gemeint sei; es heisst nicht ein Lassen der Existenz selbst, sondern ein
Verachten, d. i. ein Ablassen oder Aufgeben des Willens. Indem so der
Mensch „christförmig“ geworden ist, sich selbst in der bezeichneten
Weise lässt, vergisst er unter der Fülle des göttlichen Einflusses seiner
selbst, gehört sich selbst nicht mehr an; er ist wie ein klein Wasser-
tröpflein in viel Wein gegossen; es bleibet wohl sein Wesen, aber in
einer andern Form, in einer andern Glorie, in einem andern Vermögen.
Es sind Worte des Bernhard (s. I, 226), die Suso hier bringt, und die
er dann eckhartisch erläutert, wenn er sagt, die „andere Form“ sei die
göttliche Natur und das göttliche Wesen, die „andere Glorie“ sei das
istige Licht, das nicht Ausgangs hat (s. u. S. 408), das „andere Vermögen“ sei das von der göttlichen Selbstheit und deren Einigkeit ausgehende göttliche Vermögen (s. o. S. 388). Suso meint mit diesen drei
Sätzen die Ueberformung durch die göttliche Natur. Diese „Ent-
menschung“ des Menschen, so fährt er dann mit Bernhard fort (de dil.
deo c. 10 u. 15), werde hier nur annähernd erreicht, und nur etliche
wenige Menschen, die mit dem Leibe noch in der Zeit gehen, kämen
dahin, dass die Tugenden ihnen innewohneten nach göttlicher Gleichheit, weil sie entbildet und überbildet seien in des ersten Exemplars
(der göttlichen Natur) Einigkeit, und verwandelt in göttliches Bilde
und eins mit ihm seien.

Suso hat mit der bisherigen Erörterung in der Hauptsache dargelegt was er wollte. Was er im folgenden bringt, sind nur weitere
Ausführungen einzelner Momente. So geht er im 6. Cap. (Den. 5) zunächst dazu über, die rechte Gelassenheit zweien Irrwegen gegenüber
in das richtige Licht zu stellen. Durch eine Vision lässt er die ewige
Wahrheit lehren, was er sagen will. Er sieht das Bild eines Menschen
in gütlicher Gestalt bei einem Kreuze, und zweierlei Menschen um-

---

1) Vgl. die aus Eckhart mitgetheilten Stellen I, 444 ff.
2) Vgl. I, 446.

gehen das Bild ohne dass sie ihm näher kommen. Der Grund ist, dass
die Einen das Bild nur von innen und nicht auch von aussen, die Andern
es nur von aussen und nicht auch von innen sehen.

Das Bild ist Einer und Viele zugleich, Christus das Haupt und
alle die, welche in rechter Gelassenheit unter dem Kreuze-leiden ihm
gleichförmig sind: solche Menschen stehen in rechter Beschaffenheit
nach innen und aussen, sie folgen seinem Wort und Vorbild in allem
nach. Jene Menschen aber, welche ihn nur von innen sehen, sind die,
welche ihn nur in der Vernunft in schaulicher Weise haben und nicht
auch im Leben und Wirken ihm nachfolgen (vgl. Thl. I, S. 110), alles
nur in die Wollust ihrer Natur ziehen wollen. Suso meint damit die
Brüder des freien Geistes, die er schon in der Einleitung zu seiner
Schrift eingeführt hat. Die andern Menschen sind die, welche Christum
nur gesetzlich, äusserlich, buchstäblich, aber nicht im Geiste erfassen.
Bei aller Strenge und Heiligkeit ihres äusseren Lebens fehlt ihnen der
Geist der Liebe Christi; sie haben sich selbst noch nicht gelassen,
sind dem Willen ihrer Natur noch nicht entsunken. Indem dann Suso
das Gleichniss fallen lässt, hebt er als Hauptbedingung für die
Seligkeit hervor, dass sich der Vater in des Menschen Seele gebäre. Das Gebärende gebiert so, dass es das, was geboren wird, in
sich und nach sich bildet und ihm Gleichheit seines Wesens und
Wirkens gibt. In dieser Weise findet sich denn auch der gelassene
Mensch in Gott, dass er sich da versteht und seliges Wesen und
Leben nimmt und eins mit ihm ist. Denn wo der Gelassene Gott nimmt,
da sind alle Dinge eins in Einem. Und Suso bringt nun von neuem
zur Aussage, was er schon im 3. Capitel von dem verschiedenen Sein
der Creaturen in ihrem Verhältniss zu Gott gesagt hat, nur dass er es
hier aussagen lässt von der Erfahrung. Der Jünger ist jetzt selbst in
das Eine vorübergehend entrückt worden, so „dass ihm mit offenen
Sinnen seine Sinne also entgingen nach eigener wirkender Weise, dass
ihm überall in allen Dingen nur Eines antwortete und alle Dinge in
Einem ohne alle Mannigfaltigkeit dieses und jenes". Wenn auf solche
Weise der Mensch auf das Wirken der eigenen Kräfte (Vernunft und
Wille) verzichtet, dann tritt für ihn das ein, dass er durch „Nicht-
erkennen die Wahrheit erkennt;"[1] da versteht er dann auch das Ent-

---

1) Eckhart Pf. 15, 7: von wizzenne sol man komen in ein unwizzen.
Danne sullen wir werden wizzende mit dem unwizzenne unde danne wirt
geadelt unde gezieret unser unwizzen mit dem übernatiurlichen wizzenne.

gegengesetzte:[1] „das ewige Nicht und seine zeitliche Gewordenheit in
Einem zugleich." Welches ist nun dies Eine, mit dem er eins wird,
und das, indem es ihm antwortet, zugleich alle Dinge ohne Mannigfaltigkeit antwortet? Natürlich Gott, aber insoferne er ein Nicht ist
aller der Dinge, die man worten mag, das heisst, Gott insofern in
ihm alle Dinge noch in der Potenz stehen, und „er, das Nicht, sich
selber erkennet ohne Werk der Erkenntniss", d. h. da er noch das in
sich selber schwebende weiselose Licht, die unaussprechliche Vernunft[2],
Gott, aber der sich selbst noch nicht offenbare, das noch nicht „gebär-
liche Nicht" ist. Hier ist der Mensch von dem Nicht noch nicht unterschieden. So lange dieses Nicht in uns wirkt, gebärlich ist, so ist es
nicht in sich selber, da weiss sich der Mensch von ihm unterschieden
und es weiss sich von dem Menschen unterschieden; „kommt es aber
unserthalb (in Bezug auf uns) in sich selber, d. h. stehet das Wesen des
Menschen in Gott, soferne Gott noch nicht gebärend geworden ist, oder
soferne er sich noch nicht selbst offenbar geworden ist, so kann da
weder von einem Wissen des Menschen von sich selbst noch von einem
Wissen Gottes in Bezug auf den Menschen die Rede sein.[3]

Denn aller Unterschied hört da auf, wo der sich offenbare Gott
zurückfliesst in seinen eigenen Grund, nicht als ob die Dinge oder der
Mensch da überhaupt nicht wären, sondern weil sie da von Gott noch
nicht aus der Potenz zu dem offenbaren unterschiedenen Sein heraus-
genommen, erhoben sind. Sie sind da wohl „nach Wesung, aber nicht
nach Nehmung". Wird der Mensch in dieses Nicht (der göttlichen
Natur) eingenommen (von ihr überformt), so ist er in das Wesen der
Ewigkeit eingenommen, das über alle Zeit ist und alle Zeit in sich be-
schliesst, und er kann dieses Eingenommensein annähernd schon in der
Zeit erreichen. Der eingenommene Mensch wirkt dann nicht als
Mensch,[4] d. i. seine Persönlichkeit hat da als Mittel für ihr Wirken

---

1) Vgl. Eckhart Pf. 206, 30: daz alle creature uz fliezent unde doch
inne belibent, daz ist gar wunderlich.

2) Eckhart Pf. 579, 14: unde dar umbe verstuont ez sich nie in ime
selber, und ist doch diu vernunft des vaters.

3) Vgl. Eckhart Pf. 583, 3: wan ich stan in dem grunde der ewigen
gotheit, da wirket er uz alliu siniu werc unverstentliche durch mich. Und
die Stelle aus Cod. Nor. Cent. VI, 46ʰ (s. Anhang zu I S. 485): Alhie ver-
nicht sich gott in der sele, und den so beleibt nymer noch got noch sele.

4) Eckhart Pf. 531, 20: Her uf sprichet sant Dionysius, daz diu sele
denne niht sele heize, si heize diu oberste kraft gotes.

nicht die eigene Natur, sondern die göttliche Natur (mit der sie überformt ist), und er hat da alle Creaturen in Einigkeit (der göttlichen
Natur).

Diese Betrachtungsweise, sich und alle Dinge als je und ewig zu
nehmen, unterscheidet sich von der Weise der alten, natürlichen Meister,
welche die Dinge nur bis zu ihrer letzten natürlichen Wurzel verfolg-
ten, so wie von der der göttlichen Christenmeister, welche die Dinge
nur nehmen, soferne sie von Gott geschaffen oder Mittel seiner Gnade
sind, um den Menschen nach seinem Tode wieder zu Gott zu bringen.
Es ist die Betrachtungsweise der „in Gott eingenommenen Menschen".
Suso sucht dann näher zu bestimmen, inwieferne der Mensch dasselbe
sei mit dem ewig Einen und doch Creatur. Er war vor seiner Existenz
als geschaffenes Wesen dasselbe mit dem ewig Einen, und er kann jetzt
als geschaffenes Wesen eins mit Gott sein in der Weise, wie das Auge
in der Thätigkeit des Sehens eins wird mit dem Gesehenen (der Form
des Gesehenen), ohne dass das Auge und der gesehene Gegenstand auf-
hören das zu sein was sie sind.[1] Wie das Sehen überformt wird von
dem Gesehenen, so wird die Seele von jenem Nichte überformt und
bleibt doch Creatur; nur hat sie bei jenem Acte der Ueberformung
durch das Nicht kein Denken an sich selbst. Dabei wird ihr das,
was sie hat, nicht benommen: es wird von ihr dann vielmehr in einer
lautereren Weise verstanden. So lange sie sich freilich selbst noch
ausser dem Nicht (nach dem Ausschlag) und ihm gegenüber als Besonderheit fasst, kommt sie nicht zur vollen Einheit; sie muss sich aufgeben, um in jenen Grund des Nicht zu kommen. Wo dies geschieht,
und die Seele Gott bloss (unmittelbar) schauet, da ist das, was von
diesem Grunde des Nicht von ihr aufgenommen wird, so übermächtig,
dass sie des Wissens und der Minne als solcher sich nicht bewusst ist,
sie weiss nur das Wesen, das Gott oder das Nicht ist. Und auch das
nicht so, dass sie weiss, dass sie es weiss. Denn wo sie sich selbst als
wissend von diesem Nichte erfasst, da ist sie bereits reflectirend auf
sich selbst wieder zurückgekehrt.[2] Die Dinge so zu fassen, da sie noch

---

1) Eckhart Pf. 193, 1: Geschiht aber daz, daz min ouge ein und einvaltic ist an ime selber und uf getan wirt und uf daz holz geworfen wirt
mit eime ansehenne, so blibet ein ieclich daz ez ist unde werdent doch in
der wirklichkeit (Thätigkeit) des ansehens als ein, daz man mac sprechen
ouge holz unde daz holz ist min ouge etc.

2) Eckhart Pf. 500, 8: So mac si komen uf so groze vereinunge, daz
got si alzemale in sich ziuhet alse genzlich, daz da kein underscheit blibet

ohne Unterschied in der göttlichen Natur stehen, das heisst eine
Morgenerkenntniss, während die Erkenntniss derselben nach der Weise,
als sie in ihr geschaffenes Wesen herausgetreten sind, eine Abend-
erkenntniss genannt wird (Augustin). Der Geist nach Geistes Weise
(nach seiner eigenen Natur) vermag sich in seinem Einssein mit dem
Nicht in dieser Zeit nicht zu erfassen,[1] wohl aber wenn Gott ihm mit
sich vereint (in vereinter Weise), da versteht er sich vereint in dem,
da sich dies Nicht geniesst und gebärlich ist (d. i. da, wo sich das göttliche Wesen mit sich selbst zusammenfasst und Kraft und Macht zu
seiner Selbstoffenbarung als Person gewinnt, in der göttlichen Natur).

Diese Vereinigung ist eine wesentliche und persönliche. Das
Wesen der Seele wird mit dem Wesen des Nicht, die Kräfte der Seele
werden mit den Werken des Nicht, welche das Nicht in sich selber
hat (die *opera ad intra*, die Werke der drei göttlichen Personen, insofern
in ihnen Gott sich selbst offenbar wird) vereint.[2] So lange der Mensch in
dieser Vereinigung bleibt, sündigt er nicht, wirkt er nur Ein Werk,
d. i. er leidet das Werk Gottes in sich; denn da Gott mittelst der Natur
den Sohn gebiert, und er dieser Natur geeint ist, so wird nun auch in
ihm der Sohn geboren. Indem nun so der Mensch mit allen seinen
Kräften dem ewigen Grund vereint wird, wird er wiedergeboren. Diese
Wiedergeburt ist aber nicht so beschaffen, dass sie die Natur des Menschen
in ihrer natürlichen Wirksamkeit hemmte, die Natur wirkt vielmehr dem
Menschen unbewusst in gleicher oder erhöhter Weise fort wie bisher. So
ist denn von der ewigen Geburt die Wiedergeburt zu unterscheiden.[3] Die
ewige Geburt ist die Voraussetzung für das Sein der Dinge und für das Sein

---

der tugende noch der untugende, noch daz diu sele kein underscheit bekennet, für waz si sich selben habe. Got hat sie für eine creature. Vgl.
531, 24: din geist ist dir niht genomen: die krefte diner sele sint dir genomen. 491, 7: Unde so diu abgescheidenheit kumet uf daz hochste, so
wird si (diu sele) von erkennen kennelos unde von minne minnelos unde
von liehte vinster. Vgl. 386 ff.

1) Ein jeder Mensch ist in seinem Seelengrunde Eins mit dem Nichte;
aber nur dann, wenn durch die Gnade Wesen und Kräfte des Menschen
zurückgeführt und vereint werden mit diesem Grunde, versteht er dieses
Eins sein mit dem Nicht.

2) Eckhart Pf. 581, 25: Swenne sie alle ir werc vollebringet, so blibet
si mit irn werken in gote, der ir materie ist, unde wirfet sich mit dem
einveltigen wesen in die gotheit ane werk und ane materie, daz ist
ir lant.

3) Vgl zu diesem und dem folgenden den Abschnitt von der Geburt
des ew. Worts in der Seele oben S. 235 ff.

der Ursachen der Dinge: „Die ewige Geburt heisse ich die einige Kraft, in der alle Dinge und auch aller Dinge Ursachen haben, dass sie sind; durch die Wiedergeburt aber werden die Menschen und in dem Menschen alle Dinge wieder in den Ursprung zurückgeführt. Die wesentlichen natürlichen Ursachen (da sie nichts sind, als das, was potenziell schon im Grunde war) wirken in der Natur des Menschen, nachdem sie durch die ewige Geburt in den Menschen (in das Wesen des Menschen) hinein geboren sind. Ist der Mensch in dem Grund, aus dem die ewige Geburt geschieht, verloren, dann wirken die Kräfte des Menschen, Vernunft und Wille fort, aber ohne dass der Mensch auf sie reflectirt, und wirken fort entsprechend ihrer ursprünglichen Bestimmung. Da ist nun auch der Wille in der Wiedergeburt wahrhaft frei geworden, denn er ist eins geworden in dem Grunde mit dem was er selber ist (d. h. mit der göttlichen Natur, aus der er geflossen ist), so dass nun Gott der ihn bestimmende Grund seines Lebens ist. Eins mit Gott ist sein Wollen zugleich Gottes Wollen, Gottes Wollen sein Wollen. Weil der Mensch nun so geeint sich nicht mehr in sich selbst, sondern nur so nimmt, wie er selbst in Gott war ehe er wurde, so nimmt er sich als Nicht-Creatur, wiewohl er dem Wesen nach von Gott unterschieden bleibt. Was er in solcher Einung gewinnt, dessen geht er nicht verlustig, auch wenn er nicht mehr in unmittelbarem Genusse des blossen Schauens steht. Durch die Bedürftigkeit und Schwachheit des Leibes können wir einigermassen in dem Genusse dieser Einheit gestört werden, auch durch die Berührung unserer geistigen Kräfte von Seiten der äusseren Dinge; aber durch dies letztere nur dann, wenn wir uns innerlich den Dingen gegenüber nicht frei halten. Für den, der inwendig frei ist, ist dann auch Schwermüthigkeit kein Zeichen, dass er die Gnade verloren hat, da solche Stimmung ihre Wurzel in dem Leibesleben hat und mit demselben vergeht. Die Einigung kann nach ihrer höchsten Vollkommenheit hier annähernd erreicht und begriffen werden; aber der möge davon lassen, welcher nicht übernatürlich (durch die göttliche Gnade), sondern nur durch Hörensagen von jenem Nicht weiss. Ein solcher halte sich an die gemeine Lehre der heiligen Christenheit.[1] Denn ein unachtsames Thun auf diesem Wege führt entweder zur Unfreiheit (Gebundenheit durch die Worte, die er von Hörensagen hat) oder zu ungeordneter Freiheit (wie bei den Brüdern des freien Geistes).

Hier ist nun Suso wieder bei der häretischen Mystik angelangt,

---

1) Vgl. Eckhart Pf. 498, 22.

die ihren Schatten auch auf die eckhartische Mystik geworfen hat. Das
folgende 7. Capitel (I b n. 6) ist bestimmt, sich mit derselben auseinander
zu setzen. Die Brüder des freien Geistes werden unter dem Bilde eines
Menschen vorgeführt, der subtil (geistreich) in seinen Worten, aber
ohne entsprechendes sittliches Thun ist und doch in selbstbewusster
prunkender Weise sich gebärdet. Suso lässt ihn mit dem Namen des
„namlos Wilden" sich bezeichnen, einer Bezeichnung, welche, wie es
scheint, auch in jener Secte für das ewige Nicht gebraucht wurde, die
aber Suso hier auf die schrankenlose Freiheit derselben deutet. Die Brüder
des freien Geistes sahen alles, was ausser dem ewigen Grunde stand, die
Erscheinungswelt mit ihren Unterschieden und Ordnungen, als ein sittlich Gleichgültiges an, und dieser Ordnungen sich zu entschlagen hiess
ihnen die wahre Freiheit, welche von ihnen zugleich als ein Mittel bezeichnet wurde, mit dem Grunde aller Dinge eins zu werden. Da
waren ihnen dann alle Regungen des natürlichen Geistes Regungen des
Einen, des Grundes aller Dinge, mit dem sie sich eins wähnten.[1] Ihnen
gegenüber macht Suso geltend, dass der Weg zur rechten Freiheit der
sei, dass man mit einem lauteren Gewissen und einem behüteten Leben
eingehe in Christum mit rechter Gelassenheit seiner selbst. Das ewige
Nicht, da es bärhaftig wurde (den Weltgedanken fasste), hat allen
Dingen eine unumstössliche Ordnung gestellt und damit für das Handeln einen Unterschied gesetzt zwischen Gut und Böse. Die Dinge sind
darum nicht bloss in dem ewigen Grunde zu nehmen, da aller Unterschied verschwindet, sondern auch in sich selbst als creatürliches Icht
und damit nach ihrem Unterschied und der ihnen gesetzten Ordnung.
Die Berufung des „Wilden" auf einen „hohen Meister" (Eckhart), der
von dem „Unterschied" (im Gegensatze zur Einheit) nichts wissen wolle,
weist Suso zurück. Weder seine Aussagen in Bezug auf die Gottheit
noch in Bezug auf die Creatur berechtigten zu solcher Meinung. Denn
wenn er von einer Unterschiedslosigkeit in Gott spreche, so beziehe sich
das nur auf die Personen, sofern sie als eins mit dem Grunde, dem
Wesen betrachtet werden, nicht aber, soferne sie sich (der Natur
gegenüber) widerheblich halten; denn da sei sicherlich persönliche
Unterschiedenheit. Und was die Einheit der Menschen mit dem Grunde
betreffe, so bleibe auch hier, wenn auch nicht nach der Nehmung
(s. o. S. 395), so doch nach der Wesung (der Existenz) der Unterschied.
Auch dürfe Geschiedenheit und Unterschiedenheit nicht verwechselt

---

1) Vgl. über die Secte des freien Geistes Thl. I, 209. 211.

werden. Wir sind in der Einheit mit dem Grunde von die ein nicht
geschieden, aber doch unterschieden, und wenn Eckhart in seiner
Schrift über der Weisheit Buch sage, dass es nichts Innneres denn Gott
gebe (nichts, was uns innerliches sei), so sage er doch auch eben daselbst, dass es nichts (von uns) Verschiedeneres gebe. Auch lehre Eckhart nicht, dass wir in dem gleichen Verhältniss zu Gott stehen wie
Christus. Er lehre, dass Christus der eingeborne natürliche Sohn,
der geeinte Mensch aber der wiedergeborne Sohn sei; Christus
sei ein Bild des ewigen himmlischen Vaters; wir seien gebildet
nach dem Bilde der heiligen Dreifaltigkeit.[1] Wenn ferner Eckhart
sage, dass der Geeinte alles wirke, was Christus wirkt, so meine er das
so, dass Christus alles wirke in natürlicher Weise, wir in der durch
Christus vermittelten Weise. Und wenn Eckhart sage, alles was
Christo gegeben sei, das sei auch uns gegeben, so sage er an vielen
Orten, dass Christus das habe mit seiner Menschwerdung, wir aber insoferne wir ihm geeint seien.[2] Und wenn nun „das Wilde" einwirft,
Eckhart wolle von „Gleichheit und Vereinigung" (welche Begriffe ein
unterschiedenes Sein voraussetzen) nichts wissen, sondern er setze uns
in die völlige Einigkeit mit Gott (setze uns bloss und entgleichet in die
blosse Einigkeit), so antwortet der Jünger mit Hinweis auf den bereits
hervorgehobenen Unterschied, wie ein Mensch eins solle werden mit
Christo und doch gesondert bleiben, wie er vereint sei und sich un-
vereint (geschieden bleibend dem Wesen nach doch) eins nehmend sei.

Nachdem so Suso den Unterschied der eckhartischen Lehre von
der Lehre der Brüder des freien Geistes in den Punkten, wo sie über-
einzustimmen scheinen konnten, hervorgehoben hat, geht er im 8. Capitel
(Den. 7) schliesslich dazu über, zu zeigen, wie bei der in richtiger Weise
erfassten Einheit der Mensch nun auch in allen Stücken in rechter
Weise sich dem Gesetz gegenüber verhalte und wie hier von einem
Antinomismus nicht die Rede sein könne. Ein mit Gott geeinter Mensch

---

1) Eckhart Pf. 503, 22: Die drie personen hant geworht ir eigen bilde
an allen creaturen, die redlich sint.

2) Eckhart Pf. 531, 37: Daz got hat von nature, daz hat diu sele von
gnaden. 127, 40: Er hat allez erkrieget von gnaden, daz Kristus hete
von nature. Vgl. 671, 35 ff.: Sie (die göttlichen Personen) sint ungeschaffen
und ane begin und ane maze und unbegrifenlich unde besitzent eigen,
wan ihr nature gemeinet es in naturlich. Diz enmag der sele niht be-
schehen, wan si ist geschaffen unde hat begin und ist mensche unde be-
sitzet erbe und niht eigen, want ir ist gegeben al.

erfasst in allem, auch dem Geringsten das Ewige, und da er durch sein
Eins sein mit dem Grunde das Gesetz für jedes Ding versteht, so hält
er sich unterthänig er gegen das Gesetz denn alle Menschen; doch nicht
gezwungen, sondern mit freier Gelassenheit. Suso warnt vor über-
grossen Anstrengungen, vor falscher Gewissenhaftigkeit und Weit-
herzigkeit, darunter noch eine feine Selbstsucht verborgen liege. Er
spricht dann von dem Verhalten eines mit Gott Geeinten in der Arbeit,
im Umgang mit den Menschen, in Beichte und Gebet, in leiblichen Be-
dürfnissen, im täglichen Wandel und hebt zum Schlusse hervor, wie
jeder, der sich selber noch nicht entgangen sei (sich selbst noch nicht
gelassen habe), im Dünken und Wähnen befangen bleibe.

3. Die Lehre im zweiten Theile der Vita.

Der zweite Theil der *Vita* (Cap. 35—57) stellt uns dar, wie Suso
seiner geistlichen Tochter Elisabeth Stagel ein Führer auf dem Wege
vollkommenen Lebens geworden ist. Sie hatte, ehe sie mit Suso bekannt wurde, sich mit den höchsten speculativen Fragen beschäftigt
und insbesondere mit der „süssen Lehre des heiligen Meisters Eckhart".
Aber Suso will von einem Erkennen und Schauen Gottes, das nicht
auf dem Wege der Nachfolge Christi, „nach seiner Menschheit", gewonnen worden ist, nichts wissen. Diesen Grundsatz sahen wir schon
im Buch der Wahrheit von ihm betont. Er hat ihn **da** den Brüdern
des freien Geistes gegenüber hervorgehoben. Nun schreibt er seiner
Schülerin: „Du scheinst noch eine junge ungeübte Schwester und darum
ist dir und deines Gleichen nützer zu wissen von dem ersten Beginnen,
wie man soll anfahen, und von dem übenden Leben und guten heiligen
Bildern, wie dieser und jener Gottesfreund, die auch einen gleichen
Anfang hatten, sich zuerst mit Christi Leben und Leiden übten, was
sie emsiglich erlitten und wie sie sich innen und aussen hielten, ob sie
Gott durch Süssigkeit oder durch Härtigkeit zog, und wann oder wie
ihnen die Bilder abfielen. Siehe, damit wird ein anfahender Mensch
gereizt und gewiesen, fürbass in das Nächste (das Höchste) zu kommen."
(Cap. 35.)

Elisabeth ist völlig bereit der Führung Suso's zu folgen, und
Suso berichtet nun, wie er durch Hinweis auf das Leben der Altväter,

auf das Leben anderer Gottesfreunde und vor allem auf ein eigenes
die Stagel jenen Weg „der Menschheit Christi", d. i. den Weg der
Selbstverläugnung und Gelassenheit zu führen gesucht habe. Der er
Bericht schliesst Cap. 19 mit den Worten: „Mit solchen strengen
Uebungen und göttlichen Bildern Jesu Christi und seiner lieben Freunde
war der Anfang dieser heiligen Tochter gebildet." [1]

Der mit C. 50 beginnende Abschnitt hebt mit der Mahnung an,
dass es nun Zeit für Elisabeth sei, einen höheren Weg zu gehen.
Auch hier ist es wieder wie bei dem Buche der Wahrheit der falsche
Weg der Brüder des freien Geistes, die zwar gut scheinen, aber auf
ihrer selbst Bild zielen mit einer ungebrochenen Natur und von der
Sünde als Sünde nichts wissen wollen, auf den er zuvor warnend hinweist,
(Cap. 50) und den er im Gegensatz zu der wahren Vernünftigkeit und
zu der wahren Gelassenheit als florirende oder gleissende Vernünftigkeit (Cap. 51) und falsche Gelassenheit (Cap. 52) charakterisirt. Wir
heben aus diesem Abschnitt nur hervor, wie Suso psychologisch den
Weg mancher Mitglieder dieser Secte zu erklären sucht, eine Erklärung,
die sich durch ihre Milde auszeichnet. Jene Verirrten gehen oft von
dem gleichen Streben nach dem Höchsten wie Andere aus, unterdrücken
wie jene Fleisch und Blut, kosten theilweise die Lust, welche der Einblick in das gegenwärtige Nun der Ewigkeit gewährt, beginnen die
ewige Vernunft theilweise in sich selbst und in allen Dingen zu verstehen, und wenn sie dann finden, dass sie zuvor arm und leer waren
und sich nun voll Gottes dünken, so weisen sie weitere Belehrung zurück, begnügen sich damit, dass sie in allem, auch in sich selbst nur
Gott sehen, fassen die Dinge nicht mehr in ihrer eigenen Natur und
wirken jetzt ohne einen Unterschied von Gut und Böse zu machen allen
ihren Willen aus sich heraus, als ob es Gott selbst wirkte. Und das
komme entweder von ungelehrter Einfalt oder von noch nicht über-
wundener Einbildung auf die eigene Klugheit.

Auch nach einer andern Seite hin scheint mir ein Satz dieser über
die falsche Vernünftigkeit gegebenen Erklärung bemerkenswerth. Indem Suso die Gefahr, wie man in den pantheistischen Irrthum der Brüder

---

1) Wir ersehen aus diesen letzten Worten, so wie zuvor schon fast
aus jedem Blatte, dass Suso hier nicht etwa ein von der Stagel selbst
geschriebenes Lebensbild nachbessernd überarbeitet, sondern dass er selbst
diese ganze Erzählung von der Geschichte der Stagel verfasst und dazu
nur Aufzeichnungen der Stagel von dem, was er über sein Leben und
Leiden ihr erzählt, benützt hat.

des freien Geistes gerathen könne, hervorhebt, sagt er von einem in
solcher Weise Irrenden: Er wird in seinem Gemüthe florirend wie ein
aufgährender Most, der noch nicht zu sich selber gekommen ist, und er
fällt auf das, was er dann versteht, oder das ihm ohne Unterscheidung
vorgehalten ist von jemand, der das selbst ist, dem er dann
allein zu losen hat und keinem andern". Bezieht sich der letzte
dieser Sätze, wie mir scheint, nicht auf den Inhalt des Vorgehaltenen,
sondern auf den Vorhaltenden selbst, so würde das auf einen Brauch
bei den Brüdern des freien Geistes hindeuten, wie wir ihn auch bei
gläubigen Gottesfreunden finden, nämlich auf eine zeitweise unbedingte
Hingabe in die Leitung und Unterweisung eines Andern, ein Brauch,
für welchen sonst der Ausdruck: „sich einem zu Grunde lassen"
vorkommt.

Sätze, welche, wie Suso sagt, den äusseren Menschen in die Inner-
keit leiten sollen, durch deren Befolgung das Ziel des höchsten
Schauens bedingt ist, gehen noch vorher (Cap. 53), ehe Suso die specu-
lativen Lehren über Gott darlegt.   „In dem kräftigsten Unterwurf ist
die höchste Erstandung" — „Entwerdung ist des wohlgelassenen
Menschen Uebung" — „Der Sinnen Untergang ist der Wahrheit Auf-
gang" — „Ein gelassener Mensch muss entbildet werden von der
Creatur, gebildet werden mit Christo, und überbildet in die Gottheit" —
„Ein gelassener Mensch soll in dem Lichte (der Gnade) merken die
Gegenwärtigkeit des alligen göttlichen Wesens in ihm" — nach dieser
Richtung hin liegen die hier von Suso mitgetheilten Sprüche und
Weisungen.

Es ist dreierlei, worüber nun Suso's geistliche Tochter, nachdem
sie von dem äussern Menschen in den innern geleitet ist, Belehrung
wünscht. Was Gott sei? Wo Gott sei? Wie Gott sei?

Auf die Frage: Was Gott sei? so antwortet Suso (Cap. 54.
Den. 53), könne ein fleissiger Mensch mit emsigem Suchen einige Kunde
von Gott gewinnen. Auf den Standpunkt der natürlichen Betrachtung
sich stellend, von welchem aus auch etliche „tugendhafte" heidnische
Meister Gott gesucht und gefunden hätten, sagt er im Anschluss an
Aristoteles (vgl. *Metaph. XII, 7. 8 etc.*): Es sei ein einiger Fürst und
Herr aller Creaturen, den wir Gott nennen. Von ihm haben wir Kund-
schaft, dass er ein substanzlich Wesen ist; ewig, ohne vor und nach;
einfältig und unwandelbar; ein unleiblicher, wesentlicher Geist, des
Wesen sein Leben und Wirken ist; des istige Vernünftigkeit alle
Dinge in sich selbst und mit sich selbst erkennet. Von diesem natür-

lichen Standpunkte aus schliesst Suso von der Schönheit, Güte und
Weisheit in der Natur auf das unermesslich Schöne, auf die Unermess-
lichkeit und Weisheit, die Gott selber ist, und die den in dem Spiegel
der Natur schauenden, den speculirenden Menschen bis zur jubilirenden
Freude führen kann, bis zu einer Freude, welche die Zunge nicht aus-
zusprechen vermag.

Suso geht mit seiner Unterweisung stufenweise aufwärts. Nachdem er auf dem Standpunkt der tugendhaften heidnischen Meister „eine
Weile geblieben", bezeichnet er das, was Hohes und Freudiges auf
dieser Stufe erlebt wird, nur als Mittel, um zu einer höheren, zur
„wesentlichen Eingenommenheit" anzuregen.

Im folgenden Capitel (55. Den. 51) geht Suso zur Beantwortung der
Fragen über: Wo und wie Gott sei? Er tritt mit der Beantwortung
derselben jetzt von dem natürlichen auf den christlichen Standpunkt,
auf den der christlichen Schultheologie, für die er vornehmlich Bonaventura und Thomas sprechen lässt.

Alles aus Potenz und Act gemischte Sein, so sagt er mit Bonaventura (s. o. S. 318 ff.) ist nur zu verstehen mittelst des Begriffes des
unvermischten Seins, des Seins, das durchaus nur Wirksamkeit ist. Nun
ist die Creatur überall nur getheilte Wesenheit, die angewiesen ist
auf etwas ausser ihr, und die Möglichkeit an sich trägt, etwas zu
empfangen. Daraus zieht er dann den Schluss, dass das durchaus
wirkende Wesen das göttliche Wesen sein müsse. Dass dieses „allige
Sein", mittelst dessen die Vernunft das creatürliche Sein erkennt, nicht
auch sofort als Gott erkannt werde, das ist die Folge der (durch die
Sünde eingetretenen) Blindheit der menschlichen Vernunft.

Aus dem Begriffe des reinen einfachen Seins d. i. Gottes, so fährt
Suso mit Bonaventura fort, folge, dass es von niemand sei, nicht vor
noch nach habe, dass es unwandelbar, dass es das Allerwirklichste,
Allergegenwärtigste, Allervollkommenste sei, in welchem nicht Gebrechen noch Anderheit ist. Alles andere Sein muss daher dieses
höchste Sein zur Ursache haben, alle zeitliche Gewordenheit muss von
ihm umschlossen sein, es muss ein Anfang und ein Ende aller Dinge, in
und ausser allen Dingen sein. Damit hat Suso im Anschluss an Bonaventura, aus dem er auch das Wort anführt: Gott ist ein zirkeliger
Ring, welches Ringes Mittelpunkt allenthalben und dessen Umschwang
(Umkreis) nirgends ist",[1] Antwort gegeben auf die Frage: Wo Gott ist?

---

1) *Itin. 5: Quia aeternum et praesentissimum, ideo omnes durationes*

26*

Er geht nun dazu über, die dritte Frage zu beantworten: Wie Gott sei,
wie er einfältig und doch dreifältig sei? Auch hier schliesst er sich
zunächst wieder an Bonaventura an (Itin. c. 6). Das Einfachste, so
führt er aus, ist auch das, was das kräftigste Vermögen besitzt.[1] Gott
ist das höchste Gut, die höchste Güte und es liegt im Wesen der Güte,
sich selbst mitzutheilen. Nun muss die höchste und nächste Entgiessung
oder Mittheilung die sein, in welcher sich das oberste Gut sich in sich
selbst ergiesst. Diese Entgiessung Gottes in sich selbst muss aber dem
Begriff des höchsten einfältigen Seins entsprechend und diesem gleich
sein, er muss sich (im Unterschied von der getheilten Creatur) zumal
und ganz in sich selbst ergiessen; seine Ergiessung mag nicht sein ohne
Entgiessung seines Wesens nach persönlicher Eigenschaft. In dieser
höchsten Güte, die sich in sich selbst ergiesst „natürlich und williglich"
(Nothwendigkeit und Freiheit als eins gedacht), entspringt die heilige
Dreifaltigkeit. In der nun folgenden Frage: wie die Dreifaltigkeit
stehen möge in des Wesens Einigkeit? knüpft Suso an Augustin,
Dionysius und Thomas an. Dem Augustin[2] entnimmt er den Satz, dass
der Vater ein Ursprung aller Gottheit des Sohnes und des heiligen
Geistes sei, persönlich und wesentlich. Aus Dionysius[3] führt er an,
dass in dem Vater sei ein Quell der Gottheit, und dem Thomas entnimmt
er in der ihm durch Eckhart vermittelten Form den Gedanken,[1] dass

---

*ambit et intrat, quasi simul existens earum centrum et circumferentia. Quia
simplicissimum et maximum, ideo totum intra omnia et totum extra omnia,
ac per hoc est sphaera intelligibilis, cujus centrum est ubique et circumferentia nusquam.*

1) *Bonav. It. V: Quia enim simplicissimum in essentia, ideo maximum
in virtute.*

2) *De trin. l. XV, c. 17, 28—29. cf. 11, 23: Est hoc omnino quod Pater,
non tamen Pater; quia iste Filius, ille Pater. Ac per hoc novit omnia quae
novit Pater: sed ei nosse de Patre est sicut esse. Nosse enim et esse ibi
unum est etc. Lib. XV, cap. 26, 47: Si enim quidquid habet, de Patre habet
Filius, de Patre habet utique, ut et de illo procedat Spiritus sanctus. —
cum sicut Filio praestat essentiam sine initio temporis, sine ulla mutabilitate
naturae de Patre generatio, ita Spiritui sancto praestet essentiam sine ullo
initio temporis.*

3) *De div. nom. cap. 2, 7.*

4) Suso hat die Stelle dem Tractate Eckhart's über den Eingang des
Evang. St. Johannis entnommen, wie eine Vergleichung der Ausdrücke
das unzweifelhaft macht. Denifle verweist auf des Thomas *S. c. gent. IV, 11,*
welche Stelle hier wahrscheinlich benützt ist. Der eckhartische Ursprung
des Tractats, aus welchem Suso die Stelle entnommen hat, ist gegen

die Vernunft des Vaters, weil sie das göttliche Wesen anschaut, das so
empfangene Wort ihres Erkennens als ein Wort empfange, das die
göttliche Natur in sich trage; und dies Wort oder Bild des Wesens
müsse der Natur der Sache nach dem Wesen gleich sein, deshalb es
es der Sohn. Die Vernunft habe eine Neigung zu dem ihr gemässen
Thun und zu dem Ziel ihres Thuns. Die Neigung oder der Wille aber
hat das Gute zum Object. Das Gute ist in dem, der es minnet. Doch
ist es nicht so in dem Minnenden, wie das Erkannte in dem Erkennenden. Denn das Erkennen ist gleich dem Gebären. Nicht so die Minne.
Die Minne in dem Willen ist eine Neigung zu dem Geliebten, das da
erkannt ist. So kann also wohl das Erkannte Sohn heissen, nicht aber
die Minne. Sie heisset als inwendige Neigung zu dem Geminnten Geist.

Die Brüder des freien Geistes sahen in der Lehre von der Dreieinigkeit ein Hinderniss, um zu der höchsten Vereinigung zu gelangen.
Man müsse entgottet und entgeistet werden, sagten sie, und sich zu der
einleuchtenden Wahrheit allein kehren, die der Mensch selber sei.
Suso will diese Ausdrücke nun nicht bestreiten, sondern nur im rechten
Sinne genommen wissen. Entgottet sollen wir sein in dem Sinne, als
wir eines Dienstes Gottes uns entschlagen, der Gottes nur als des
strafenden und belohnenden gedenkt; wogegen allezeit unser Dienst
ein Dienst inbrünstiger Minne sein soll. Entgeistet aber sollen wir sein
insoferne, als wir im Hinblick auf den, der unermesslich über unsere
erkennende Kraft hinausliegt, verzichten auf unser eigenes Erkennen
und Erkennenwollen, diesem entsinken und uns zu Grunde lassen der
ewigen göttlichen Kraft, nach Pauli Wort: Ich lebe, doch nun nicht
mehr ich (Gal. 2, 20) und nach Christi Wort: Selig sind die Armen des
Geistes (Matth. 5, 3). „Also bleibt der Geist wohl in seiner Wesenheit,
wird aber entgeistet nach besitzlicher Eigenschaft der Seinesheit" (will
und weiss sich nicht mehr als einen, der sich in sich selbst gründen
will). Da ist nun nach Thomas jede Erkenntniss um so vollkommener,
ein je mitteloseres Schauen der blossen Gottheit sie ist, und jede
Vision um so höher, je bildloser sie ist. Ob aber ein Traumgesicht (und
so wohl jede Vision) trüglich sei oder nicht, dafür gebe es keine
äussere Kriterien, sondern nur eine vom Geiste Gottes selbst gewirkte
Gewissheit.

Denifle festzuhalten. Zu den Zeugnissen, welchen Stil und Inhalt des
Tractates selbst bieten, kommt nun auch das des Marquard von Lindau
hinzu (s. o. S. 203).

Nachdem so Suso die Elemente der natürlichen und die der christlichen Gotteserkenntniss im Anschluss an Aristoteles, und sodann an
Augustin, Dionysius, Bonaventura und Thomas dargelegt, und mit
Hülfe dieser Autoritäten in der Hauptsache begreiflich zu machen gesucht hat, ist seine geistliche Tochter doch noch nicht völlig befriedigt;
sie wünscht ein Letztes zu hören, durch welches der volle Einklang
zwischen dem höchsten Erlebniss und den Fragen der Vernunft hergestellt werde. Dass nun auch Suso in dem folgenden Capitel (56, nach
Den. 55) eine über das bisher gegebene noch hinausliegende höhere Erkenntniss darbieten wolle, das deutet er schon in den Worten an, mit
denen er dasselbe überschreibt: „Von dem allerhöchsten Ueberflug
eines gelehrten (durch inneres Erlebniss geführten) vernünftigen Gemüthes". Es ist nicht so, dass Suso dem Bisherigen ein völlig Neues
gegenüberstellte, sondern er weist in dem bisher über das Wesen
Gottes Gesagten ein Moment nach, das von der dionysianisch-plato-
nischen Mystik nur angedeutet, von der Scholastik aber unbeachtet
geblieben war, und erst durch Eckhart zur Geltung gebracht worden
ist: es ist der Begriff der göttlichen Natur in ihrem Unterschied von
dem Wesen und den Personen in Gott. Dieser Begriff ist durch die
näheren Bestimmungen, die ihm Eckhart gibt, und durch die Weise,
wie er das ganze mystische Leben durch ihn beherrscht sein lässt, das
unterscheidende Merkmal für die neuere Mystik geworden. Von dem
Nicht hat ja die neuplatonische Mystik bereits viel gesprochen, aber es
handelt sich um die einzelnen Momente dieses Begriffs. In dem Buche
der Wahrheit hatte Suso die eckhartische Lehre hierüber in der Hauptsache wohl berührt: eine eingehendere Darstellung aber erhalten wir
erst in dem vorliegenden Capitel der *Vita,* das fast ganz auf eckhartischen Sätzen beruht.[1]

Nachdem Suso an jene Bedingung für die höchste und wesenhafte
Erkenntniss, an die Nachfolge Christi „nach seiner Menschheit in sterbender Weise am Kreuze" noch einmal erinnert hat, nimmt er jene
zweite Frage über das Wo der Gottheit wieder auf, indem er das Wo
„seiner sohnlichen blossen Gottheit" bespricht und unter Umstellung
dieses Begriffs die Frage stellt: „Wo ist nun das Wo der blossen göttlichen Sohnheit?" Da die Genitive in den beiden parallelen Begriffen:
„das Wo der sohnlichen blossen Gottheit", „das Wo der blossen gött-

---

1) Sie sind der Mehrzahl nach genommen aus dem von Pfeiffer sogen.
Liber positionum und aus dem 12. Tractate von dem Ueberschalle, und von
Denifle in seiner Ausgabe der *Vita* im einzelnen nachgewiesen.

lichen Sohnheit" epexegetische Genitive sind, die das Wo selbst gleich
benennen, und nicht das Subject anzeigen wollen, dessen das Wo ist,
so ist hier die Gottheit als die Stätte bezeichnet, da Gott sich gründet
(s. o. S. 193 f.). Nach dem Wo des Wo, das die Gottheit, die Sohnheit
des Sohnes ist, fragt also Suso. Und die Antwort ist: sie sei , in
dem bildreichen Lichte der göttlichen Einigkeit". Wir sahen, dass
Suso im 3. Capitel des Buchs der Wahrheit als den Grund oder den
Ausquall, aus dem die Ausflüsse entspringen, die Natur und das Wesen
der Gottheit bezeichnet hat. So ist nun auch hier mit dem bildreichen Lichte als der Stätte, wo die sohnliche Gottheit oder die
Sohnheit zu suchen ist, nichts anderes als die Natur und das
Wesen der Gottheit gemeint. Dass Suso in dem Buche der Wahrheit
unter Natur und Wesen, obgleich er mit beiden Begriffen den Grund
bezeichnet, nicht völlig dasselbe meine, das wird daraus ersichtlich,
dass er das, was dem Grunde den ersten Ausblick gibt zu wirken, nur
die Natur und nicht das Wesen nennt. Und so fasst er auch hier das
bildreiche Licht der göttlichen Einigkeit nach seinen zwei Seiten, nach
dem Einschlag nennt er es eine wesentliche Stillheit, nach dem Ausschlag eine Natur der Dreiheit.

In dem Satze, der gleich nachher eine weitere Erläuterung geben
will, bezeichnet er das bildreiche Licht der göttlichen Einigkeit als
die Stätte wo die Personen entspringen und sagt, dass „diese ein-
schwebende (immanente) Entspringlichkeit der persönlichen Entgossen-
heit" komme „aus der allvermögenden Gottheit", womit gleichfalls die
Natur gemeint ist (B. der Wahrh. cap. 3: das thut seine vermögende
Kraft, das ist die göttliche Natur in dem Vater); wie er denn sonst
auch nicht mit „denn" fortfahren könnte, indem er sagt: „denn die
Dreiheit der Personen ist in der Einigkeit der Natur, und die Einigkeit
der Natur ist in der Dreiheit der Personen". Die Natur verhält

---

1) Vgl. Eckhart, Pf. 668: Daz bilderiche licht götlicher eineket daz
ist einveltig und ist doch wesen unde nature. Har umbe ist ein frage.
wie ez wesen si unde wie es nature si? Daz merkent. Seht. da. da ez
wesen ist, da ist es in einer wesender weselicher stilheit. Da liuhtet
ez sich elliu dinc in einveltiger wise. niht daz ez wise si keiner creature.
mer: ez ist wise im selber in der selber weselicher stilheit. — — Daz
selbe einvaltig bilde daz is ouch nature unde da, da ez nature ist. da
haltet ez sich in der driheit ein sinde und haltet die driheit ein sinde
in einekeit. Unde da ez sich in der driheit ein sinde haltet. da ist ez
der driheit einveltigin mügentheit unde da ist ez nature der personen
unde niht aller dinge.

-ich nun zu der Dreiheit der Personen wie das was Kraft gibt zu
wirken zu dem das da wirket. Die Einigkeit hat ihre Wirklichkeit
(Actualität) an der Dreiheit, und die Dreiheit hat ihre Vermögenheit
an der Einigkeit." [1] Ferner verhält sich die Natur zu den Personen,
wie das Unentfaltete zu dem Entfalteten. Denn Suso führt fort: „Nun
leuchtet die Einigkeit in der Dreiheit nach unterschiedlicher Weise;
aber die Dreiheit nach dem einschwebenden Wiederschlag leuchtet in
der Einheit einfältiglich, wie sie es in sich beschlossen hat einfältiglich."
Die zweite Hälfte dieser Stelle lautet bei Eckhart (Pf. 517, 34): „Aber
der blosse Wiederschlag der Einigkeit, da leuchtet sie (die Dreiheit)
sich selber einlich ohne Rede in Einigkeit." Das also, was Suso den
„einschwebenden Wiederschlag" nennt, heisst bei Eckhart „der blosse
Wiederschlag der Einigkeit", es ist damit die unmittelbare, erste
Objectivirung des Wesens gemeint, die Natur (vgl. Thl. 1, S. 372 f.).
In der Natur aber leuchtet die Dreiheit einfältiglich und in den Personen unterschiedlich. Es ist also die Einigkeit dasselbe, was die Dreiheit ist, nur hier in ununterschiedener, dort in unterschiedener, hier in
beschlossener, unentfalteter, dort in erschlossener, entfalteter Weise.

Nachdem wir gesehen, dass Suso in dem Begriffe des bildreichen
Lichtes der göttlichen Einigkeit Wesen und Natur: „Einschlag" und
„Ausschlag" unterscheidet, und dass er den Ausschlag als die Natur
der Dreiheit bezeichnet, so können wir nun nicht im Zweifel sein,
welcher Seite wir das zuzutheilen haben, was Suso im übrigen noch
von den Eigenschaften des bildreichen Lichtes bemerkt. Wenn er von
ihm aussagt, nach dem Einschlag sei es eine wesentliche Stillheit, so
stellt sich dem an die Seite, was in derselben Stelle noch „die finstere
Weiselosigkeit" heisst, in welcher alle Mannigfaltigkeit vergeht; und
wenn es weiter heisst, es sei ein Licht seiner (der göttlichen) Selbstheit, [2] so ist damit das bildreiche Licht gemeint, soferne es Natur ist.

---

1) Eckhart Pf. 180, 14: Nu wil ich aber sprechen daz ich nie gesprach:
got unde gotheit hat underscheit als verre als himel und erde. 181, 10:
Got wirket, diu gotheit wirket niht. 388, 29: Nu habet ir wol gehoeret,
wie diu heilige drivaldikeit mugentheit hat an der einikeit götlicher
nature. So sprichet man von würkunge der heiligen drivaldikeit unde
niht von wesenlicheit.

2) Eckhart Pf. 669, 18: Sin meistiu eigenschaft ist, daz ez sich alleine
liuhtet ime selber unde liuhtet sich alleine den personen. Und Niedner,
Zeitschr. f. hist. Theol. 1866, 504: und daz liecht ist daz erste in dem
ursprung, daz da entspringt uz sich selber und dis ist diu edele substancie
siner persönlicheit.

Die Aussage aber, dass es „nach ungeschaffener Sachlichkeit (Ursach-
lichkeit) eine allen Dingen gebende Istigkeit" sei, d. h. die Ursache des
Seins aller Dinge sei, kann auf die beiden Begriffe Wesen und Natur
bezogen werden; auf das Wesen, weil dieses überhaupt der Grund der
göttlichen Personen und aller Dinge ist; auf die Natur, weil ohne den
Ausfluss des Wesens in die Natur die göttlichen Personen überhaupt
nicht wirkend wären, mithin auch von keinem Sein der Dinge die Rede
sein könnte.

Nachdem Suso noch mit eckhartischen Worten die kirchliche
Lehre von dem Ursprung des Sohnes und des heil. Geistes und von der
Einheit des Wesens der Personen ausgesprochen hat, kommt er auf das
bildreiche Licht der göttlichen Einigkeit zurück, von welchem er da,
wo er von den Eigenschaften derselben redete, bereits bemerkt hat,
dass in diesem endlosen Wo aller Geister Geistheit ende, und dass in
ihm sich verloren zu haben ewige Seligkeit sei.

„Allhier, so führt er nun aus, in dieses vernünftige Wo erschwinget
sich der Geist geistend und von endloser Höhe wird er fliegend, dann
von grundloser Tiefe wird er schwimmend von den hohen Wundern der
Gottheit. Und dennoch so bleibet der Geist da in Geistesart in der Ge-
bräuchlichkeit der gleich ewigen, gleich gewaltigen, innebleibenden
und doch ausfliessenden Personen, abgeschieden von allem Gewölk und
Gewerbe der niederen Dinge, anstarrend die göttlichen Wunder."
Diese Einigkeit leuchtet „mit ihrer Selbstheit" d. i. durch die Vermittlung der göttlichen Personen in den Menschen.[1] Die Ausdrücke „da
leuchtet aus verborgene Wahrheit" und die „gebiert sich in der Entdeckung der bedeckten Blossheit" deuten an, dass sich Suso die Einigkeit zugleich als den Lebensgrund der Seele denkt (s. o. S. 212 ff. vom
Seelengrunde). Jenes einleuchtende Licht nun macht, dass die Seele ihr
selbst entsinkt, wiedergeboren wird, „entkleidet und entweist wird in der
Weislosigkeit des göttlichen einfältigen Wesens, das da sich leuchtet alle
Dinge (*Cgm. 362*: nicht wie Diep.: in alle Dinge) in einfältiger Stillheit".
Von neuem bringt dabei Suso mit Eckhart's Worten (669, 1 ff.) zur Aus-
sage, dass in dieser Einigkeit der Natur „der bleibende Unterschied der
Personen nach Sonderheit genommen verachtet werde in einfältiger, weise-

---

1) Eckhart Pf. 668, 22: diu selbe forme liuhtet einvalticlich ein lieht
in alle geiste underscheidenlich. 519, 14: Als sprichet sant Augustinus:
diz weseliche lieht wirt gelinhtet von den personen in die purheit
des geistes.

loser Weise", dass sie der Personen Wesen sei natürlich, der Creaturen
gnädiglich, dass sie aller Dinge Bild in sich beschlossen habe einfältig
und wesentlich, d. h. dass sie die Ideen aller Dinge noch nicht in entfalteter Weise, noch nicht in ihrer Unterschiedenheit in sich trage. Die
Dinge sind in dem bildreichen Lichte „nach seiner selbst Wesenheit, und
nicht nach einbildender Zufälligkeit", das heisst abermals, sie sind noch
nicht in ihrer Besonderheit und Unterschiedenheit, noch nicht nach den
sie trennenden Eigenschaften gedacht. Denn das bildreiche Licht
leuchtet da nur sich alle Dinge, d. h. indem sich, so alle Dinge, als die
Form aller Formen. [1]

Suso wiederholt dann mit eckhartischen Worten (Pf. 518 f.), was
er auch schon im Buch der Wahrheit (Cap. 6, Den. 5) ausgeführt hat,
warum dieses Wo der Gottheit das Nicht heisse, ferner wie der Geist da
über seine natürliche Beschaffenheit gerückt werde in dieses Nichtes
Blossheit, in sich selbst aber seine Wesenheit behalte. In diesem wilden
Gebirge des übergöttlichen Wo ist eine empfindliche, allen reinen Geistern
vorspielende Abgründigkeit, da kommen sie in die wilde Entfremdetheit,
in den Abgrund, der verborgen ist alle dem das er nicht selber ist und
nur denen erkennbar, denen er sich gemeinen will; diese müssen ihn in
etlicher Weise mit ihm selber (durch Ueberformung mit der göttlichen
Natur) erkennen.

Wie es dazu komme, das führt der Schluss dieses Capitels unter
mehrfachen Wiederholungen von bereits früher Gesagtem und mit Hinweisung auf das Buch der Wahrheit aus. Das weislose Licht wird geleuchtet durch die drei Personen in die Lauterkeit des Geistes und von
diesem Einblick entsinkt der Geist sich selber und aller seiner Selbstheit, auch dem Wirken seiner Kräfte, er wird entwirket und entgeistet.
„Und das liegt an dem Einschlag, da er aus seiner Selbstheit in der

---

1) Eckhart Pf. 669, 16: Wan sich denne daz einveltic bilderiche licht
haldet wesen unde haldet sich ouch der nature, so frage ich, ob ez ieclichem
eigenschaft trage (d. i. ob es ein anderes sei sofern es Wesen und ein
anderes sofern es Natur sei) oder nicht? Nein ez, niht! Da enist niht
me denne ein. Sin meistiu eigenschaft ist, daz ez sich alleine liuhtet ime
selber und liuhtet sich alleine den personen. Swenne sich aber daz bilderiche licht alliu dinc liuhtet und allez daz ez liuhtet daz ist ez selber,
seht, har umbe haltet ez liehtes eigenschaft. Disiu eigenschaft haltet sich
wesende wesen unde haltet sich ouch der nature nature — daz einvaltic
wesen haltet sich wesende stilheit unde der nature liuhtic driheit. Vgl.
669, 29: Her uf ist ein frage: ob elliu dinc liuhten in dem wesenne und
in der nature in einveltiger wise oder niht? Man antwürtet: ja.

Seinesheit (in seinem sich in sich selbst befassenden Sein) vergangen
und verloren ist in die Stillheit der verklärten glanzreichen Düsterheit
und der blossen einfältigen Einigkeit. Und in diesem entwelsten Wo
liegt die höchste Seligkeit." Nachdem Suso noch einmal mit Worten
des Dionysius (De myst. theol. I, I) gezeigt hat, wie man in diesen
„Wiederglast der göttlichen Finsterniss" gelange, durch ein Ausgehen
von allen Dingen und allem Wirken der eigenen Vernunft, sucht er
zum Schlusse im 57 Cap. (nach Den. 56) unter Bild und Gleichniss das
Wichtigste seiner bisherigen Lehre zusammenzufassen. Er hat selbst
eine Zeichnung hiefür entworfen und der Vita beigefügt. Die Erläuterung, die er gibt, zeigt zuerst unter dem Bilde von Ringen oder
Kreisen, die durch einen Steinwurf im Wasser entstehen,[1] das Verhältniss des Wesens, der Natur und der Personen in Gott. Das
Wasser, in dem die Ringe entstehen, ist das Wesen der Gottheit, der
erste Ring die göttliche Natur in dem Vater, welche die Bedingung für
die Geburt der Person des Sohnes und für den Geist ist, wie der erste
Ring im Wasser für die Entstehung des gleichartigen zweiten und
dritten Ringes. Aus dem grossen Ringe, der die ewige Gottheit bedeutet (dem ersten Ring), lässt dann Suso viele kleine Ringe ausfliessen,
welche das Bild Gottes in dem vernünftigen Gemüthe, das lichte Fünklein der Seele bedeuten. Wir haben oben bei der Lehre vom Seelengrunde diese Stelle besprochen und gesehen, dass Suso sich den Seelengrund als ein Partikular der göttlichen Natur selbst, als die Immanenz
derselben im Wesen der Seele vorstelle. Das Uebrige können wir
übergehen, da es zu dem bisher Dargelegten keine weiteren Aufschlüsse bietet.

4. Rückblick.

Wir sehen Suso im Buch der Wahrheit zwischen der Betrachtungsweise der natürlichen Meister, der göttlichen Christenmeister und
der in Gott „eingenommenen Menschen" einen Unterschied machen.
Die ersten führen die Dinge zurück auf ihre natürlichen Ursachen, die
zweiten auf Gott, sofern er die Ursache und das Ziel aller Dinge ist,

---

1) In ähnlicher Weise Eckhart Pf. 165, 15 ff.

die dritten auf das in Gott, wo alle Dinge ewig eins mit ihm waren, auf das ewige Nicht, aus dem alle Dinge in die zeitliche Gewordenheit ausgeflossen sind.

Auch in der *Vita* ist eine dreifache Stufe des Erkennens von Suso angedeutet. Von dem Standpunkt der tugendhaften heidnischen Meister geht er über auf die Aussagen von Augustin, Dionysius, Bonaventura und Thomas, und dann erst spricht er „von dem allerhöchsten Ueberflug eines gelebten erfahrenen Gemüths", d. h. von Lehren, zu deren Erfassung es solchen allerhöchsten Ueberflugs bedürfe, und da sind es dann fast nur Sätze Eckhart's, die er bringt, und diese beziehen sich vornehmlich auf das bildreiche Licht der göttlichen Einigkeit, sofern es nach seinem Einschlag und nach seinem Ausschlag, als Wesen und als Natur genommen wird.

Wir haben schon oben auf eine Stelle Eckhart's hingewiesen, in welcher er sagt, das Wirken der Dreifaltigkeit habe gehindert manchen hohen Meister zu Paris, dass sie sich so viel bewirrt hätten mit dem Wirken der Dreifaltigkeit, dass sie nicht zu der Einigkeit (des Wesens) kommen mochten (Pf. 504). Und in der That ist es die Auffassung und Betonung des göttlichen Wesens und die Art, wie das Verhältniss der Dinge zu demselben bestimmt wird, wodurch sich die neuere mystische Schule bestimmt und scharf von der scholastischen Theologie, und insbesondere von ihrem bedeutendsten Repräsentanten, von Thomas Aquin unterscheidet.

Stellen wir hier zuerst noch einmal die Unterschiede zusammen, um dann Suso's hauptsächlichste Lehrpunkte damit zu vergleichen. Thomas schliesst alle Potenzialität von Gott aus, fasst ihn nur als *actus purus;* Eckhart lehrt, dass in Gott beides, Potenz und Act zugleich sei. Nach Thomas sind Wesen und Natur in Gott keine verschiedenen Begriffe; nach Eckhart ist die Natur die erste Objectivirung des Wesens, aus dem Wesen fliessend, an der sich die Persönlichkeit in der Potenz zur wirkenden Persönlichkeit erhebt. Nach Thomas ist das Wesen die abstracte Form, der Begriff der Dreiheit, und zwar der entfaltete Begriff; nach Eckhart ist Wesen und Natur das noch unentfaltete Bild, das erst durch den Vater zu einem entfalteten wird. Nach Thomas ist die Creatur nur insofern in Ewigkeit eins mit Gott, als das Gewirkte von der schöpferischen Allmacht noch nicht aus dem absoluten Nichts in's Dasein gerufen ist; nach Eckhart ist das göttliche Wesen selbst die Potenz aller Dinge und gestaltet sich unter dem schöpferischen Willen Gottes zu einem von dem göttlichen Wesen verschiedenen Wesen.

Nach Thomas sind die Ideen zugleich mit der ewigen Geburt des Sohnes,
nach Eckhart haben sie den Ternar zur Voraussetzung und ruft sie
der Vater durch den Blick auf den Sohn hervor. Nach Thomas
ist die ewige Geburt des Sohnes ein Vorgang ausser der Creatur, nach
Eckhart findet die ewige und immerwährend sich vollziehende Geburt
zugleich im Seelengrunde statt. Nach Thomas liegt das göttliche Bild
in den Seelenkräften und ihrer Wirksamkeit, nach Eckhart liegt es im
Wesen der Seele, im Seelengrunde. Nach Thomas geschieht die Ueberformung mit der göttlichen Wesensform von aussen her an dem Intellekt,
nach Eckhart durch Ueberformung vom Seelengrunde aus und zunächst
im Wesen der Seele. Nach Thomas geht der Weg zur mystischen Vereinigung mit Gott durch die Erhebung der Kräfte nach oben, nach
Eckhart durch ein sich Lassen und Entsinken der eigenen Seinsweise,
und durch ein sich Versenken und Aufgeben an die göttliche Natur
im Seelengrunde.

Vergleichen wir damit die von Suso im Buch der Wahrheit und
in der *Vita* dargelegte Lehre, so unterscheidet auch er wie Eckhart
Wesen und Natur in der Gottheit. Im 3. Cap. des Buchs der Wahrheit
und im 57. Cap. der *Vita* (Den. 56) finden wir die näheren Bestimmungen.
Die Weise, wie er in dem Buch der Wahrheit von dem Wesen und der
Natur redet, er nennt sie den Grund und den Boden, den Auswall und
den Ursprung, aus dem die Ausflüsse entspringen, ergibt, dass er Gott
nicht bloss als Actualität, sondern auch als Potenzialität erfasst. Das
zeigt sich ferner, wenn er in dem grundlosen Abgrund des Wesens und
in der Natur die Dreiheit der Personen in Einheit zusammenfliessen
lässt, und wenn er sagt: alle Menge werde da ihrer selbst entsetzt in
etlicher Weise. Es sind das Ausdrücke, wie sie allein für ein Leben,
das aus der Beschlossenheit zur Offenbarkeit, aus der Einfachheit zur
Mannigfaltigkeit, aus der Potenzialität zur Actualität übergeht, zu-
treffend sind. So spricht er im 6. Cap. (Den. 5) von dem Nicht (dem
göttlichen Wesen) und seiner zeitlichen Gewordenheit, womit gleichfalls das Nicht als potenzialer Grund für die zeitliche Gewordenheit
bezeichnet ist. Nicht minder klar geht das aus dem entsprechenden
56. Capitel (Den. 55) der *Vita* hervor, wo er von dem bildreichen
Lichte spricht, d. i. jener blossen Einigkeit, die sowohl Wesen als
Natur ist. Mit eckhartischen Worten bemerkt er da, dass in dieser
Einigkeit der bleibende Unterschied der Personen nach Sonderheit genommen verachtet werde in einfältiger weiseloser Weise.
Die Dreiheit leuchtet in der Einigkeit noch einfältiglich, sie ver-

hält sich zu Wesen und Natur wie das Entfaltete zu dem noch Unentfalteten.

Wir sahen ferner, wie im Buch der Wahrheit Wesen und Natur
unterschieden wurde, wie Suso erst von beiden vereint noch als der einschwebenden Dusterheit redet und wie er dann das, was „diesem selben"
den ersten Ausblick gibt zu wirken, als die göttliche Natur in dem
Vater bezeichnet; wie er wohl von der Natur, aber nicht vom Wesen
sagt, der Blick auf die Natur mache den Vater schwanger der Bärhaftigkeit und des Werkes (des Wirkens) und da schwinge sich Gottheit
zu Gott. Er lehrt damit, dass die Natur das Mittel sei, durch welches
sich die Gottheit aus der Potenz zur Actualität, zur wirkenden Persönlichkeit erhebe. Auch in der *Vita* zeigt er in dem entsprechenden
56. Capitel (Den. 55) durch die Ausdrücke: Einschlag und Ausschlag,
und durch die Verwendung der eckhartischen Stellen von dem bildreichen Lichte (Pf. 668 und 669), dass er die Natur als den ersten
unmittelbaren Ausfluss des Wesens erfasse, und als das Licht für die
göttliche Selbstheit, mittelst dessen sich das Wesen aus der Potenzialität
zur wirkenden Persönlichkeit erhebt. Wohl sahen wir, dass Suso eine
Stelle des Bonaventura benützte, in welcher ausgesprochen ist, dass
Gott *actus purus* sei; allein bei Bonaventura wird die Potenzialität
in Gegensatz gestellt zur Absolutheit des Seins oder zu dem ungetheilten
Sein oder sie ist etwas, was dem Sein nur analog ist und den geringsten
Grad von Kraft in sich trägt, dem Wesen nach ein Geringstes ist. In
diesem Sinne konnte auch Suso die Potenzialität in Gott läugnen; denn
das Wesen nach der eckhartischen Auffassung ist auch als Potenz d. h.
als das Vermögen alles zu sein kein getheiltes Sein, sondern das Eine
und Allgemeine, das Wesen aller Wesenden, in welchem zugleich aller
Dinge Kraft beschlossen liegt, eine allen Dingen gebende „Istigkeit",
ein Nicht wohl für unser Verständniss, aber deshalb doch an sich ein
allerwesentlichstes Icht. So konnte also Suso gar wohl jene Stelle des
Bonaventura verwenden, ohne mit seiner Anschauung von dem göttlichen Wesen als der Potenz des Ternars und aller Dinge in Widerspruch zu gerathen.

In welchem Sinne er aber das göttliche Wesen und die göttliche
Natur als die Potenz aller Dinge auffasse, das zeigt er im 7. Cap. des
Buchs der Wahrheit (Den. 6), wenn er das Vorbild für die Idee des
Menschen die heilige Dreifaltigkeit sein lässt, während er vom Sohne
sagt, dass er ein Bild des ewigen himmlischen Vaters sei, wonach also
für die Idealwelt der Abschluss der trinitarischen Selbstoffenbarung die

Voraussetzung bildet. Ferner wird im 4. (3.) Capitel dieser Schrift von
dem Wesen der Creatur so gesprochen, dass man sieht, dass das Sein
der Dinge das durch den schöpferischen Willen Gottes umgewandelte
göttliche Wesen ist.

Wesen und Natur der Gottheit sind nun aber nicht nur die ausser
und über dem Menschen bleibenden Ursachen des menschlichen Daseins,
sondern sie sind auch der ihm immanente Seelengrund, wie er denn im
6. (5.) Cap. des Buchs der Wahrheit von dem Nichte als dem in dem
Menschen verborgenen Grunde, und im 57. (56.) Capitel der *Vita* von
dem Fünklein der Seele als einem Ausfluss aus der göttlichen Natur
spricht (vgl. o. S. 226).

Und so geht denn nach Suso der Weg zur Vereinigung mit Gott
nach innen, durch ein Entsinken und Entgeistetwerden, das ist nach
dem Buch der Wahrheit (6 resp. 5) durch die Wiedergeburt in den
Seelengrund, um der ewigen Geburt theilhaftig zu werden.

Das sind die wesentlichsten Punkte in Suso's theosophischen
Lehren, wie wir sie oben im Zusammenhang mit den Lehren der
eckhartischen Schule und dann in den letzten beiden Capiteln im Zusammenhange seiner beiden Schriften dargelegt haben, und die wir
hier noch einmal in Kürze zusammenfassen wollten, um zu zeigen, wie
Suso in allen diesen Fragen nur der Schüler Eckhart's ist, der mit
seinem Meister über das Wesen Gottes, über das Verhältniss Gottes
zur Welt und über den Weg zur höchsten Vereinigung mit Gott wesentlich anders denkt als die von dem aristotelischen Gottesbegriff be-
herrschte Scholastik.

ANHANG.

I.

Tractat von der Minne. [1]

Got ist die mynne: also schreibet Johannes inn seiner episteln
(1 Joh. 4, 16). Die meister sprechent gemeinklich, das mynne sey ein
geschaffen forme oder ein eingegossen tugent, daz des menschen willen
neiget gott zu minnen loblich. Das beweren sie mit zwein reden. Zu
dem ersten mall sprechen sie: enwere mynne nicht ein geschaffen tugent,
so wer die myn nicht redlich vnd gnuglich zu üben die werck der
mynne, wan darumb seint tugenthafftige werck (gnuglich) zu wurcken,
wan sie entspringen von einer form die da heisset in dem latein ein
habitus, das dem menschen gibt ein natürlich neygung zu den wercken.
Nu sind werck der mynne. Der mensch, der in der mynne ist, der ist
leicht und gnuglich, darumb muss mynne, die ein ursprung ist unser
werck, sein ein ingegossen tugent, wan sie mag (muss?) sich geben
dem menschen, vmb (mit) naturlich neygunge zu üben werck der
mynne. Die ander rede ist: Enwer die mynne nicht ein geschaffen
forme, so geschaehen die werk, die wir wurcken in der mynne, nicht
von freyheit unsers willen. Das beweisen sy und sprechen das, das
naturlich sey dem menschen, das er wurke von freyheit seins willen.
Nu entspringent alle naturliche werck von mynne, als bewegunge des
steines zu der erden entspringet von swerheit die in dem stein ist, und
wen nu mynne ist ein ursprung des werckes unsers willen, darumb muss
ein geschaffen forme an unserm willen sein, sullen wir von mynnen
vreylich loblich werck wurcken. — Disen syn spricht sant Johannes in
dem ersten wort, als er spricht: Got ist die myn. Diss hat zwen synn,

---

1) *Cod. Nor. Cent. VI, 46ʰ. f. 48ᵇ sqq.*

27*

wen man mag die myn nemen das mynne werck — — auf den *habitum*,
von dem diez minne werck entspringet, vnd von disem *habitum* haben
die meister vill gesprochen, das er nicht ensey ein geschaffen form,
mer der heilig geist selber, das enhat chein meister offenwar gesprochen, aber nach sant Augustin worten , und ich sprich mit
sant Augustinus, das nicht allein ein *habitus* der mynne ist ungeschaffen,
mer auch das werck der mynne ist der heylige geist selber. Darumb
spricht sant Johannes: Gott ist die mynne. (Die) warheit des sins
wil ich zu dem ersten beweren mit zwein reden, darnach wil ich die
rede ausslegen die diss synn widersprechent, zu dem dritten mall
will ich sprechen, wie gott mit dem menschen wirt vereint als mynne,
nicht als wesen.

Zu dem ersten sprich ich mit sant Johannes: Got ist die mynne.
Diss wort ist offenwar von der mynne do gott sich selber in minnet und
auch die creaturen, wan was in got ist das ist got. darumb mag man
von got sprechen: Gott ist die myn, und also enmag man nicht sprechen
von vill andern dingen, als von dem fewr, davon mag man nicht
sprechen: das fewr ist die hicz, mer das fewr ist heis, mag man sprechen.
Das ist darumb, wan die hicz ist nicht wesentlich mit dem fewr eins.
Wan nun die myn, mit der got sich selber mynnet und alle creaturen, ist
weselich ein mit im, darumb mag man den werlich sprechen nicht allein
Gott ist die mynne, mer gott ist die mine wessenlich. Aber das got selber
sey die mynne, damit die vernuftig creatur minnet, das enist nicht
offenwar, darumb wil ich es beweisen. Zu dem ersten bewere ich es also:
der got nicht bechennen mag, den mit dem bekantnuss das got ist, der
mag auch gott nicht gemynnen, den mit der minne die got ist, wan
mynne ist ein neigung dez willen, die entspringet von bekentnüsse der
vernuft. Nu enmag der mensch gott nit bechennen den mit dem bekentnuss, das got ist, noch in disem leben noch in dem ewigen leben,
darumb mag niemant gott gemynnen denn mit der mynne die gott ist.
Got ist die mynne. Aber das der mensch got nicht moge bekennen den
mit dem bechentnis das gott ist, das bewer ich zu dem ersten also: in
dem ewigen leben — wan da begreiffen die vernufft der beschawlichen
ein ungemessen vernüfft, die nicht begriffen mag werden den allein mit
dem bekentnuss das gott ist, wan sein bekentnuss das ist ungemessen.
Auch das bekentnuss, do der mensch got mit bechennet in dem ewigen
leben, muss sein alle ding vernuftigklichen, wan ir vorwurff ist das
gotlich wesen alle ding sprechenlich. Nun ist chein bekenntnuss aller
ding vernufftiklich an gotes bechenntnuss allein, dar umb ist das be-

kenntnuss, da got mit bekant wirt in dem ewigen leben, gottlich
bekantnus. Aber nun mocht yemant sprechen: nicht allein gottlich
bechentnus ist vernufftiklich alle ding, mer auch bekentnus der intelligencien, der wessen sprechenlichen oftenwere alle ding. Wan nun der
mensch vernufftiklich mag gott bekennen mit dem bekentnus, dem
vernufftig ist alle ding, darumb wurde bechantnus der intelligencien
alle ding vereint mit des menschen moglich vernunft, mit dem bekant-
nüss mag der mensch bechennen anschawlichen, darumb enist das nicht
war, das der mensch mit enniig got bekennen [es scheint zu fehlen: denn
mit dem Bekenntniss das Gott ist], als ich erst sprach, das der mensch
in dem ewigen leben mag gott nicht bechennen anschawlich mit einem
geschaffen bechentnuss. Aber wenn du sprichest, das mit der bekentnus, die vernufftig ist alle dingk, der mensch müg gott bechennen
beschawlichen, herzu antwurt ich also, das das war ist von dem bekentnuss, das in diser weis ist alle ding, als gottlich wesen ist alle ding, das
da ist ein fürwurff diser bechentnuss. Nu ist gotlich wesen alle ding in
einer ungemessen weisse, und darumb mag (man) es allein bechennen
mit einem bekentnuss das da alle dingk ist in einer ungemessen weise
und darumb mag man allein mit gotlichem bekentnuss gott bechennen
anschawlichen in dem ewigen leben. Mer auch das wir got mügen bekennen in disem leben nicht den mit bekenntnuss das got ist, das
bewer ich also: wir mügen gott nicht bekennen den mit einem bechentnuss, das unser vernufft sey mer im, den sy ir selber sey; wan bechentnus muss sein ein mittell zwischen der vernuft und sein selbs. Nu ist
chein bekentnuss der vernuft mer ime den ir selber, dan an (?) gottlicher
bechentnuss allein, darumb mag der mensch gott nicht bechennen, er
beken in den mit der bekentnus damit sich gott selber bekennet, wan
alles ander bechentnuss ist ein zuvall und entordent die vernunft auss
ir selber auf ein ander nicht, den auf gott der in ir ist. Die ander red
ist, das ich han gesprochen, das die wurckent vernuft, die gott ist, werd
vereint mit der muglichen vernuft in allem bechentnuss vernuftiklich.
Nu ist die wurckent vernuft wesenlichen ein bechentnuss, darumb mag
sie nicht werden vereint den als ein bechentnüss, wie hitz mag nicht
vereint werden es sey als hitz: herumb bechennet der mensch in allem
vernufftigem bechentnus mit göttlichem bekentnus, nicht allein wan er
gott bechennet, mer auch in bekentnus einer iglichen warheit, als
sant Augustinus spricht, das die vernuft die schaw alle warheit in der
ersten warheit. Nu sag mir, war an bechennen wir sie? Ich bechennen
nicht an dir noch du an mir, aber wir bechennen beyde in der unwan-

delbaren warheit, die da ubertriffet unser vernuft. Des haben wir ein
geleichnus in leiplichen creaturen: das aug mag nicht gesehen es ensey
übergossen mit dem liecht, und were das liecht ein gesicht, so wer es
den augen vereint als ein gesicht. Also enmag die vernuft kein warheit
versten, sie verste sie den in dem ungeschaffen liecht das got ist, in
dem alle warheit erscheinet als in dem liecht der sunnen alle varbe.
Nu ist das ungeschaffen licht wesslich ein vernufftig licht bekentnuss,
darumb wem es vereint wirt, dem wirt es vereint als ein bechentnus.
Wil nu gottlich bechentnuss einem iglichen bechentnuss vereint werden
menschlicher vernuft, als die philosophi sprechent, so muss es werden
vereint als ein bechentnuss, und darumb ist das war, das der mensch
gott nicht bekennen mag noch in disem leben noch in jenem leben dan
mit dem bekentnuss, do mit got sich selber und alle creaturen bekent.
Nu sprach ich zu dem ersten, das wir gott nicht müigen bechennen, dan
mit gottlichem bekentnuss, so mugen wir in auch nicht mynnen den mit
gotlicher mynne, wan myn ist ein neigung des willen, die von dem
bekentnuss der vernuft entspringet. Wan nun in gott ist ein formlich
bekentnuss und mynne, darumb wer got wirt vereint als ein (in?) mynne,
mag der (Text: der mag) in nicht bekennen denn mit gottlichem bekenntnuss, so mag er in auch nicht geminnen den mit gottlicher minne, als ich
han bewert. Darumb got ist die mynne. Diss ist die erst rede. die ander
rede ist, wer die minne ein geschaffen tugent, so möcht sie nicht wachsen
an ende und zu nemen und gemert werden an mass, wan alles, das geschaffen ist, das ist alles gemessen und hat ende wesens und volkumenheit. Nu mag gotlich myn wachsen an ende und zu nemen und gemert
werden an mass, als alle meister sprechent. Ich sprich mer, das gotlich
mynne enwirt nymer volkomen, sy ensey ungemessen, wan ir fürwurff
ist die gotlich güte, die ungemessen ist. darumb ist die mynne, do der
mensch gott mit mynnet, ein ungeschaffen mynne, und kein dingk ist
ungeschaffen den gott allein. Darumb ist gott die mynne. Nun wil ich
antwurten wider die ersten rede die dicz widersprechent. So man zu
dem ersten spricht, wer mynn nicht ein geschaffen ingegossen tugent,
so wer der mensch, der in der mynne ist, nicht redlich leichtlich und
genuglich zu uben werck der mynne. Ich sprich: nein, und das bewer
ich also: wan darumb sint tugent werklich und genuglich, wan sie entspringent von einer formen, die den menschen gibt ein naturlich neygung
sie zu uben. Herzu sprich ich, das des nicht enist, das die form, die
den menschen neiget gott zu mynnen, sey geschaffen; wan der heilige
geist ist die form selb, und darumb sint die werck der mynne dem

menschen, der in der mynne ist, vill leichter zu wurcken und zu gniiglichem(?) den andei werck, die tugentlich sein, da den menschen zu neiget, ein geschaffen *habitus;* wan es mag kein creaturlich will als swintlich leiden und beweget werden als von dem heiligen geist selber. Zu der andern rede, so man spricht: wer mynne nicht ein geschaffen tugent, so geschechen nymer die werck, die wir uben in der mynne, von freyheit des willen. Ich sprich: nein. Si beweeren es und sprechent, das mynne entspring von oben herab. Das ist war; aber die form an uns von der gottlichen myn entspringt in uns. Nicht die ingegossen tugent, mer der heilige geist selber, der des menschen wille mere inne ist, den kein geschaffen formen, und noch mynner benymet bewegung des heiligen geistes dem willen sein naturlich freyheit, den kein ge- schaffen form. Ich sprich nicht, das die mynne allein sei von dem heiligen geist, mer sie ist auch von freyheit dez willen, doch also, das der mensch in mynne mer wirt geworcht, den er wurket, als sant Paulus spricht: Die von dem geist gotes gefürt werden, die sind gottes kinder. Von diesem wurcken des heylichen geistes beleibet unserm willen ein bereitten und ein neigunge zu wurcken werck der mynne, wan sye enmag nicht neigen gott ze mynnen loblich an sunderlich be- wegunge des heiligen geists, darumb ist der heilige geist die mynne und nicht die bereitung oder die neigung des willen in gott. Mer die myn ist gott selber. Diez ist das ungeschaffen in der sele, da meister Eckhart auff spricht, das da wirt vereint einer iglichen creaturen in allen vernuftigen wercken, und darumb bekennen alle vernufft, sie sein geschaffen oder ungeschaffen, — warheit mit einem bekentnus, da gott sich selber mit bekennet, und ein yglich in allem vernuftigen bekennt- nüsse gebirt das ewig wort und (ist) ein ursprung des heiligen geistes und ein ausfliessen, und das ist die groste volkumenheit, die gott ver- nufftigen creaturen gegeben mag. Zu dem dritten mall will ich sagen wie gott vereint wirt formlich mit uns als ein vernufft oder als mynne und nicht als ein wesen, und wie man es versten süll nach des meisters synn, das er sey förmlich wesen der creaturen. das mag man verstan in zweyr hant weyse. Zu dem ersten mall also, das die creatur kein formlich wesen hat, und das ist unmuglich, wan die creatur sint ge- schaffen von got, darumb haben sie enpfangen wesen, noch nicht sein sie ir selbs. Gottlich wesen mag nicht wesen enpfahen, darumb muss die creatur ir sunderlich geschaffen wesen han, das nicht gottlich wesen sey, den ein fürwurff gottlicher wurckung. Zu dem andern mall so mag man versten, das gott sey formlich wesen der creaturen also,

nicht das er sey ir geschaffen wesen, da ich itzundt abgesprochen hab,
mer das er hie sey wesen auf dem bestet und enthalten wirt wesen
aller creaturen; nicht wureklich sunder formlich gibt ein isticheit,
das sie von ir selber nicht möcht haben förmlich. Aber ich will es
beweren, das der meister nicht enmeint noch nicht enmag meynen, das
gott in diser weisse sey formlich wesen der creaturen, als da die creatur
von ir selber kein istigkeit hab, mer das götlich wesen sey ir formlich
istikeit. Die erst rede ist, wan alle lerrer geben das der menscheit
Cristi allein, das sie beste in diser weise in gottlichem wesen; wolt
man nun das geben allen creaturen, so wern all creaturen als werlich
got als Cristus, mer das wer ungelaub. Aber so setz ich, das alle creaturen also bestent in gotlichem wesen, so mag man noch dan nicht
gesprechen, das gott sey formlich wesen der creaturen, wan das ist
sicher, wan Cristus menscheit also bestet in gotlich wesen, also das sye
kein istikeit enhat von ir selber und ist auch got (vereint?) mit formlichen wesen der menscheit Cristi, wan das götlich wesen ist gemein
den dreyn person, wer es nu vereint formlich der menscheit Cristi, so
weren die drei person all menschen worden und das ist ungelaub. Auch
wie das die varbe bestett in dem stein, doch so sprechen wir nicht, das
der stein sey formlich wesen der varbe. Aber wie bestet die menscheit
Cristi in personlichem wesen des sunes und wie sie im werd vereint als
in einer istigkeit in einer forme, das ist gar unsprechenlich, und
darumb ensag ich nicht mer dar ab zu disem mall. Nu mocht ymant
sprechen, ob in gotlichem wesen beste und werde enthalten wesen aller
creaturen, darumb sey gott formlich istigkeit. Herezu antwurt ich, das
gott entheltet wesen aller creaturen als ein wurckende sach, nicht als
ein forme, als wir sehen das die sunne entheltet iren schein in der luft
wessenlich und nicht formlichen. Die ander rede ist, wer gott der
creatur als ein formlich istigkeit vereint, wan kein einung inwendiger
enist den stan in der einunge der istigkeit, so wer er auch vereint
vernuftigen creaturen als ein bekentnüss oder ein bekant fürwurf
und also weren alle vernuftig creaturen als ein formlich wesen, mer
als ein istigkeit. Nu mocht ymant sprechen, Cristus sele bestund
in einunge des gottlichen wortes und hat doch gott mugen sehen anschawlichen von crafft der einunge ir vernuft und waren ir crefft über-
gesetzet oder erleuchtet mit dem liecht der eren. Herezu sprich ich,
das Cristus sele enpfencklich was des gottlichen gesichtes darumb das
sie ward vereint mit dem gotlichem wort; des sahe sie gott weslichen,
wan gott enmocht ir nicht mynner vereint werden, und dar umb was

das kein not, das dise einunge geschech übernütz ein geschaffen torne,
die die meister heisent ein liecht der eren, wan got macht sein antlitz
offenwar schawlichen menschlich vernunft one (Text: oder) liecht der
eren. Also spricht der heilig meister bruder Thomas in zwelen stetten[1]
und ist diez redlich, wan (?) liecht der eren ist ware (bare? nur?) ein
zuvall, und verstunde des menschen vernuft unvernuftigklich aus ir
selber, nicht auss gott, der in ir ist unsunderlich; wan Cristus sele die
ist redlich, wan das götlich liecht was ir vereint als ir istikeit und
darumb mocht das liecht der eren in ir nicht mer einunge gemachen.
Ich sprich mer, das die vernuft Cristi got als edelich vereint was, und
mer dan sie sich mocht verein mit dem liecht der eren, wan cristus vernuft was edler den das liecht der eren, mer es wer ein plint zuvall.
Cristus vernuft ist ein bekenntlich liecht, dar umb enmag kein geschaffen zuvall dar ezu gehelffen, das gott were vereint mit Cristus sele
gegenwurtiklich, wan er ir was vereint als ir istigkeit. Die drit rede
ist, wer got formlich wessen der creaturen, so wer er ir forme und auch
wurekende sach, mer das haben all meister widersprochen. Zu dem
dritten mall mag man verstan das got sey formlich wesen aller creaturen also, das die creatur hab ir eygen wesen, nicht allein wesen der
weslichkeit, mer auch wesen der istigkeit, also doch, das diez wesen,
das die creatur ist, enist nicht ein ander wesen von dem wesen das
gott hat, mer es ist dasselb wesen in einer andern weiss, als dasselb
hauss, das da ist in des zymermans vernuft gegenwurflich, ist in dem
stein und in dem holez materlich, und darumb mocht man werlich
sprechen, das hauss ist in des zimermans bekentnüss und formlich wesen
des ausswendigen hauses in der materien. Darumb ensint hie nicht
zwey hewser, mer eines und das in einer andern weise in dem bekentnuss und in einer andern weiss in der materie, und darumb ist (es?) ein
formlich wesen. Das ander. Nu sint alle creaturen in gott bekent-
lichen als das hauss in dem zimerman also, das dasselb weslich ist in
gott und in seiner eigen naturen, und die anderheit .. die zwüschen got
ist und der creaturen, machet allein anderheit der wesen und darumb
mag man werlich sprechen, got ist formlich wesen der creaturen und
got ist der creaturen istigkeit und mag man auch wol sprechen, die

---

1) *S. II. 1 qu. 110. 2: Et quia gratia est supra naturam humanam, non
potest esse quod sit substantia aut forma substantialis: sed est forma accidentalis ipsius animae. Id enim quod substantialiter est in deo, accidentaliter
fit in anima participante divinam bonitatem cf. 2 dist. 26. qu. 1a. 2; S. III,
qu. 9, 2.*

creatur ist formlich wesen gottes, der (das?) ist gott, und mag nach disem synne heissen ein iglich vernuft der creatur sich selber geschaffen von nicht, und mag sich selber fürwurflichen in dem ewigen leben bekennen. Also verstan ich den meister, das er spricht: Got sey formlich wesen. Herezu sprich ich, das chein dinck mag enpfahen, das es an im hat oder das es ist. Warumb nü kein ding sein mag es sey ein wesen, darumb mag kein dinck enpfahen ein anders dan sein wesen; mer ein dinck mag dem andern wol vereint werden als ein istikeit, als das ewig wort ist vereint mit der menscheit Cristi als ir istikeit, mer doch enist das wort nicht ir formlich wesen eygentlich zu sprechen, mer es ist ir formlich istikeit; aber das uns gott vereint wirt formlich als ein bekentnüsse oder ein mynne, dar umb ist genug das wir dem bekantnüs oder der mynne volgen. Darumb allein das in gott sey formlich bekentnuss, mynne und wesen, doch wirt uns got vereint als bekentnuss und als myn und nicht als wesen. Aber diss eynung ist in disem leben unvolkumen, wan sie geschicht über nutz geschaffen pild biss in dem ewigen leben, da ist es volkumen, wan da wirt er uns vereint als bekentnus und als myn und das also, das wir in bekennen und mynnen mit dem bekentnuss und (der mynne), mit dem er sich selber bekennet und mynnet und all creaturen. Amen.

II.

Die Blume der Schauung. [1]

Dicz buch heisset die plum der beschauung und der geistlichen ubung, wan (?) es ist gemacht in dem lande ze Sorgen was (?), es nymt sein geleichnus von der heyligen geschrift und von der cristenlewt (wohl: cristenheit) warheit. Bittent gott für den tichter dicz buches und auch für den schreiber, das sie got behalt in seiner mynne und gebe sich in ewigklichen. Amen.   .

Ir sult wissen, das vill stuck sind die ein iglich cristenmensch pillich wissen soll und können. Das erst ist das stuck des glauben, das ander ist das pater noster und daz ave maria. St. Augustinus spricht,

---

1) *Cod. Nor. Cent. VI, 46ʰ. f. 67ᵇ sqq.*

das sullen die leyen zu teutsch! sprechen. Und die zechen gepott, die
da sein ein weg dises lebens, und wer die behaltet der get in das reich
gottes. Auch soll man die rett gottes wissen, die da sein recht steige
und den menschen pringen an fegfewr zu gott, also das der mensch got
lieb hab „von allem seinem hertzen", das ist mit einer süssen liebe, der
kein dinck smack denn got allein; „und von aller sele", diez ist weislich,
daz der mensch gedencke wie er gott gedien, und „von allen seynen
gedencken", das ist stetigklich in gott, wan ein meister spricht, das der
mensch czweyer ding sol wol warnemen, das ist der gedencken und der
augen, wan sie tragen oft vergift in die sele. Auch soll man gott lieb
haben „von allen den creften der sele", das ist stercklich, das der
mensch lieber sterben wolt den das er ichtes wolt thun das wider gott
wer, ob man den menschen sluge an eynen packen, das er den andern
dar hab, und ob man im nem seinen rock, das er den mantel dar wurfe,
und ob man inn bezwunge tausent schrit zu gen, das er den zwey
tausent gieng; und das man den feind liebe hab und für die pitt die jn
leit thun und geb in auch gabe, wen sie ir notturft sehen oder das sie
der gaben notturft sein, und lere sie die gerechtikeit und straf sie ob
sie es nemen wollen. Armut und keuscheit und gehorsamkeit die sein
alle recht volkumen wege gottes und sein recht steige, die den menschen
bringen in das ewig leben, wan sie sein uber die gebott. Sant Augustinus spricht, das die rett gottes sein ein erfullunge aller gepott; wan
vierlei lewt seyn, die da faren in das ewig leben an das fegfewr, die
ersten sein iung lewt, in den das fewr gotlicher lieb also vestiklichen
wurckett, das die sund kein stat in in gehaben mag; die andern, das
sein die ir fleisch und ir plut derren mit starcker ubung und alle czeit
zwingen den leichnam unter den geist; die dritten das seind die die da
sterben umb den glauben; die virden das sind die iren orden recht halten und die rett gottes. Auch soll der mensch wissen die werk der
parmherczikeit, wie er die erfülle, und die siben gaben des heiligen
geistes, das er der begere, und die siben zeit, das er die behalt und damit gedenck die marter unsers hern Jesu Cristi, die er leid in seiner
menscheit umb unser aller willen.

Die heyligen sprechen, es sey sechserley fürwurff, da war und
volkumen schawend leben inn leit. Der erst furwurf ist einformikeit
gottlichs wesens und gottlicher naturen. Auss disem fürwurff fallent
zwo frag: die erst ist, was gottlich natur sey? gottlich natur ist gottlich schonheit und ein clarheit seins wesens. Die ander frag ist: was

unterscheid haben die personen in der einformikeit von allen creaturen? Merckt, die craft (lies: creatur) in der einformickeit ist ein muglich wesen, aber die personen in der einformikeit sein ein weselich sein.

Der ander furwurff ist von dem einfluss der persone, als wie der sun ausgett von dem vater naturlich und vernüfftigklich und der heilig geist von willen von in beyden als von ein. Hie von spricht sant Johannes: „In dem beginnen waz das wort", und da ruret er die wesenlicheit des worts, die es hat in gottlicher art. In dem andern ruret er den naturlichen aussbruch des wortes, da er spricht „und das was in dem begynnen bey gott". In dem dritten ruret er die volkumenheit der gepurt, da er sprach „und got was das wort". Herauf spricht sant Augustinus, das der gottheit ist in einer person als vil als in allen dreyen, und in allen dreyen als vil als in einer.

Der drit furwurff ist, wie das die gotheit unbewegenlich auss sich ursprungt alle creaturen. Herauf vellet ein frag, was unterscheid die creatur hab und das ewig wort in irem ausgang? hie sprechen die heyligen, das ewig wort das get allein auss von dem vater, aber die creatur get auss von der drivaltigkeit zemall; wan sant Augustinus spricht, die werkh der drivaltikeit sein ungeteilt. Ein ander frage ist, was das geperend sey in der gotheit, ob es wesen sey oder nature gottes oder die allmugende macht gottes oder die person des vaters? wann die meister sprechen das wesen noch natur gebere nicht noch enwirt geboren; wan gebere wesen oder nature, so geberet sie ander wesen oder ander natur. Hie von spricht sant Petter: du pist gottes (lies: Christus), sun des lebentigen gottes. Auch spricht sant Augustinus, das die persone die gepyrt von fruchtbarkeit dez wesen und der nature.

Der vird furwurff ist die vereynigung menschlicher nature und gotlicher nature in der persone des suns und doch unvermuschet eine nature mit der ander, sunder menschlich nature angenommen an gotliche persone (Text: nature). Her umb sprechen die heiligen, das Cristus leib und sele hat ein gotlich persone und nicht ein menschlich persone, wan der heilig geist formiret den leichnam, und die heilige drivaltigkeit schuf die sele und goss sie in den leichnam, da bestund leib und sele auf der persone des ewigen wortes. Hie von sprechen die heiligen, das Cristus ist ein natürlicher sun gottes, und wir werden kinder gottes von gnaden; wan das evangelium spricht, die in da enpfingen, den gab er gewalt kinder gottes zu werden. Auch wisset, das der leichnam Cristi nit vor geformt ward und die sele darnach geschaffen, sunder in dem selben nu schuf

auch die drivaltikeit die sel und goss sie auch in den leichnam, und do
unterstund die persone des ewigen wortes Cristus leib und sele, und für-
kem die menschlich persone, die er gehabt het, ob er ein lauter mensch
were worden. Secht diez geschach alles in dem einigen nu. Und
herauf spricht sant Augustinus, das man werlich sprechen mag, der
mensch ist got und got ist der mensch. Nu merckend drey ding, die
der sele Cristi wurden gegeben in dem selben nu. Das erst ist, das die
sele selig war; das ander was, das sie erkennet alle die ding, die got
ie geworckt oder noch ie wurcken will; das dritt ist, das sie erkant alle
die, die behalten oder verloren solten werden. Herauf spricht sant
Augustinus: da Cristus seinen geist bevalh in die hent seynes vaters,
secht do bevalh er im auch alle die, dy uber nutz seiner marter und
tot ie behalten solten werden.

Der funft fürwurff ist die seligkeit der heiligen, wie das die alle
erfüllt sein mit der ewigen selikeit ein ieclicher nach seiner enpfenck-
licheit. Hievon spricht sant Augustinus, das die weslich seligkeit an
vir stucken ligt: das erst ist, das sie got erkennen an mittel; das ander
ist, das man in mynne; das drit, das man sein geprauche; das vird ist,
das sie got sehen. Nun fragen die heiligen weder die selikeit mer lig
an bekentnuss oder an mynne? Nu spricht sant Thomas, das die vernuft formlichen besitzt den wesentlichen lon, und herumb ligt die selikeit mer an der vernuft. Aber ein ander meister spricht, sie liget mer
an dem willen, wan der will ist ein ausskerent kraft, der sich keret in
das, das er lieb hat; aber die vernuft ist ein innemende kraft, und also
beweiset er das, das die seligkeit mer ligt an dem willen. Herauf
spricht ein meister: da mynne einget, da beleibet bekantnus hie aus,
recht als der schein der sunen wurcket auf dem ertrich die plumen,
aber die kraft der sunnen die wurcket in dem ertrich. Secht nu sprechen
die dritten lerer und sprechent bass, das die seligkeit geleichlich an-
liget an in beyden; wan die vernuft wurcket in beden warheit, und warheit und mynne die beide sein ein in gott. Ein ander frag ist, ob die
seligkeit mer ligt an dem vernuftigen begrif, da die vernuft got bekennet, oder in dem instarren in sich selber ze mercken den gotlichen grit?

Der sechst fürwurff ist, alswie got in allen dingen ist vnd sunderlichen in der vernuftigen creatur, die das pild der heiligen drivaltikeit
treit. Und hie von nemen die meister die creaturen in virlay wessen.
Das erst nemen sie in der einformikeit gottes, und in dem wesen
sein alle creaturen geleich und hie lebt der stein als der engel. Hievon

spricht sant Augustinus und Anselmus: Creatur in got ist ein schepfend
wesen. Das ander wesen der creatur ist, das die creatur ein furwurff
sein solle gotlicher vernuft. Hie von spricht die weissheit: Ee ich dich
geschuff, do kant ich dich. In disem wesen erkent gott di creatur nach
unterschied, einen menschen anders dan einen engell, nach dem, das er
ein iglich creature machen wolt. Das drit wesen der creature das nemen
sie in dem aussgang irer geschaffenheit. Das vird wesen nemen sie in
dem widereingang (in?) ir eygen (ewig?) pleibunge, aber die ausser-
welten nemen es nach ir ewigen selikeit, und also ein iglich nach ire
bekennunge.

Nu merck auch vir stuck zuvallendes lones der selikeit. Der
erst ist glorificzirunge des leichnams; das ander an der menschheit
unsers herrn Jesu Cristi; das drit an der gesellschafft der engel und
menschen; der vird ligt an sunderlichen gutten werken des menschen
selber als an keuscheit oder an marter oder an lere und also von andern
gutten ubungen. Nu fragen die meister: wer viel weselichs lons hab
ob der auch vill zuvallendes lons hab? Sie antwurten in neyn und ja.
Zu dem ersten: ja, darumb das der wesentlich lon ein sach ist an gross
dez zuvallendes lones, an glorificzirunge des leichnams; wan darnach
das die sell hoch erhaben ist an weslichem lon in der seligkeit, secht
dar nach ist auch der zuvallent lon gross an der glorificzirung des
leichnams. Auch sprechen sie zu dem andern mall: nein, umb die sunder-
licheit der werck und umb die meinung der werck; wan ein heilig mag
mer werck getan haben den der ander, dem antwurt mer zuvallendes
lones den dem andern, der in einem grosser oder mynner grad der liebe
ist gewesen; wan der weslich lon wirt gemesen nach der mynne und
nach irem ernsthafftigen zukeren, aber der zuvallent lon wird gemesen
nach der mennigfalt und gross der werck. Auch wissent, das die sich
hie allermeist kerent zu der menscheit unsern hern Jhesu Cristi und
zu seinem leiden und der heiligen, die haben in dem grad dort allermeist
zuvallendes lons.

Nu merck, sol der geist komen zu volkumener schanung, so muss
er sehserley pild durchwandeln. Das erst pild ist das pild aller creaturen, als wie ein iglich creature von got geordent ist, als sant Paulus
spricht, alle creatur sein ein fusspur gottes; auch spricht Boecius, alle
creatur sein ein wurken zu got. Das ander pild ist das vernuftig pild
des geistes. Wer das wol erkante, der erkant auch got. Nu merck von
virlei pilden. Das erst pild ist und wirt gemachet von einem zulegen,
und also ist das pild geschaffen und alles das da gehort zu volkumenheit

der selen naturlich. Das ander pild wirt gemacht mit ablegen, also wirt
die sell enplosset von allen geprestenhaftigen dingen. Das dritte wirt
gemacht mit einem eindruck an dem, da gnade wirt eyngedruckt in die
sell. Das vird wirt gemacht mit einem widersehen, und also sicht das
pild des geistes an unterloss in sein pilder, also daz er es volnacht.
Hievon spricht sant Paulus: Wir süllen gewandelt werden von clarheit
zu clarheit und süllen wider transfiguriret werden in das selb pild, und
also wirt das pild volnacht also, das es gedruckt werde in seinen
pildner. Das drit pild das ist ein pild des gefülles, das ist da die sell
gotlicher gegenwirtikeit in ir enpfindet. Das vird pild ist ein pild des
wunders. Hie von spricht Dionysius, das die vernunft durchprechen
muss die gotlichen wunderwerck. Das fünft pild ist ein pild des liechtes,
als der prophet spricht: Herre in deinem liecht süllen wir sechen das
liecht. Das sechst pild ist das uberleuchtend pild, das ist das hochste
pild das die sele gehaben mag unter got. Hievon spricht sant Dionysius:
Wan die sell ubersteiget alle pild, so allererst wird sie geezogen in gott.

Es ist ein frag, warumb der ruck also kurcz sey? Das ist davon:
gott bedarff nicht zeites zu seinen wercken, wan alles das gott wurcken
mag in tausent jaren, das tut er in einem gegenwurtigen nu. Das
ander ist, das er den menschen der ezeit nit berauben will, wan er im
sy zu nutz gegeben hat. Das drit ist, wan got nicht gemeines hatt in
der zeit. Diez spricht sant Gregorius. •

Nun merekt von den fruchten des ruckes. Die erst ist, das er das
pild wider formiret: die ander ist, das er dem geist newe warheit offenbaret; die drit ist ein stet begerung ewiger ding; die vird ist ein
versmechnuss aller vergencklicher ding. Diez spricht sant Gregorius.
Nu spricht auch sant Bernhardus von den fruchten des schawens: Das
erst ist ein einbildunge des geleichnus mit gottlichen bilden und es erhebt den willen an mynne und es erleuchtet das verstantnuss und seczet
die sell in fried und in frewde und in sicherheit.

Nu spricht meister Hugo von dreyerley schawen: Das erst ist in
der vernuft und wirt gesacht von vernuft. Das ander ist uber vernuft
und doch nicht an vernuft — — auch spricht sant Gregorius: Der be-
schawent mensch sol geleich sein einem vogel. Zu dem ersten sol er
sich erheben von allen irdischen dingen, zu dem andern mall sol er die
vetich tugentlicher werck aussgereckt haben auff das hochste, zu dem
driten mall sol er die stat besechen da er zu fliegen will, wan sant
Gregorius spricht: Schawent leben ist nicht mer wan ein gemerck
ewiger ding.

Die heiligen sprechen, das schawent leben pesser sey wan wurckent
leben. Diez spricht unser herr: Maria hat das best teil erwelt. Auch
spricht der prophet: Got hat mer geminnet die pforten von syon als das
tabernackel von Jacob. Origenes sprach das, daz schawent leben hat
gleicheit der engel und ist ein hut vor leiplichen gedencken, die da
geschechent an vernuft. So spricht auch Origenes, das der heillig geist
in dem schauenten menschen beleibet pey den gedencken die gotlich sind.

Nu fraget Sant Thomas (?) vier frage: die erst ist, wie das der
geist aussgegangen sey nach wesslichem sein und doch inbeleibend sey
nach seinem ewigen pild? Er antwurt selb und spricht: er ist aussgegangen als ein werck von seinem meister und als ein frucht von
seiner wurezell. Die frucht des pawmes lebt nicht sunder an dem anbe-
leiben des pawmes. Sant Augustinus spricht: herumb ist die sell ewig,
das sie got beruret ewigklich. Auch spricht ein meister, das die selle
mer lebet von irem ersten wesen, den von irem andern; aber wer das
erst wesen der creatur nicht, so enmochte das ander nit gesein; wan als
die paum ir laub nemen von der wurezell, also nymet das ander wesen
der sell sein wesen von dem ersten wesen an unterless. Herumb
sprechen die meister, das die mynste creatur ein edeler wesen hab in
gott den alle creatur in in selber. Die ander frag ist, ob gott den geist
auf im selber lasse wan er alle ding abgeleget hat? diez werck, wen
der geist enplosset wirt von allen formen und pilden, darin er sich ge-
ubet hat, so nymt got den geist an sich und ubersetzet in in ein got-
formig geleicheit recht als die varbe übersetzet die wol und das liecht
die luft und als das fewr das eysen, wan es treibt auss die fremde
formen und drucket sein forme darein. Secht also treibt got auss dem
geist alles das, das im ungeleich ist und machet in im geleich, nicht das
er den geist zu nichte mach, sunder das der geist scheinet in got-
formiger geleicheit. Die drit frag ist ob der geist kumen mug zu
seinem hochsten gut von naturen oder ob er bedurffe einer ubernatur-
lichen kraft. Sant Augustinus spricht: Die sele ist von nichte geschaffen
zu ewiger selikeit, sie mag ir aber nicht erfolgen on sunder gnade, wan
die heiligen sprechen, das der mensch kein werck gewurcken mug das
ewig lons wirdig sey sunder genade; secht vill mynner mag die sele got
beschauen anders dan in dem liecht der glorien, wan die gnade und
glorie sein ein. Sant Augustinus spricht: Glorie ist nicht mer den ein
volbrachte genade. Auch also, das das liecht der glorien nicht ein
mittell sey zwischen got und der sele, sunder das es erheb die sele

sunder mitel in got, also als der mir ein salben strich auf mein ungen, die
mich ereilliget die summe anzusehen an mittel, secht also strich auch
das liecht der glorien den geist got anzuschawen an mittell. Die vrid
frag ist: ob der geist sein .... in dem ewigen leben iner verirche nach
seinem ewigen pild, das er hat in got, den nach der ichtikeit seiner
geschaffenheit. Sant Paulus spricht: wir sullen dort bekant sein. Das
ist des geistes hochste volkumenheit, das er bekenn und besitz sein
ewig pilde und doch nicht verliese das icht seiner geschaffenheit. Dise
rede spricht sant Dionysius zu seinem frewnt: Hertzlicher frewnt
Thymothee, zu heimlichen gesichten beut (heite, entschlage) dich
deiner syne begreiffe und alle vernuftige wurckunge und alle die ding,
die da sein und nicht ensein, als das müglich ist, antwort dich zu
machen zu seiner vereinunge, der da ist uber alle wesen und uber alle
bekennen. Dich selber uberelym mit einem lautern gemüt, alle ding
unbeheltlich, ledig, und reinig dich zu dem uberwesentlichen
vinsternüss. Besich aber daz, daz dis icht yemant ungelertes höre,
die ungelerten mein ich, die in wesslichen dingen gewachsen und ge-
furt sind, wan sy enwenen, das kein uberwesenlich ding sey wan
ir wesenlich ding, und sie wollen dan damit bekennen den, der die
vinsternuss hat gesetzt zu seiner winckelhut (*De myst. theol. I,*
1 u. 2). Nu sprechen die heilligen, got sey ein vinsternuss; so spricht
got selber „ich pin ein liecht“, und diss sind beid ware. Secht, dan ist
got ein liecht, wen er sich offenwaret dem geist und sich im gibt zu erkennen. Wan sant Dionysius spricht: Gott ist ein willig spiegel, der sich
einem iglichen geist offenwart als vil! als er will. Aber da heisset
man got ein vinsternuss, da er alle geist ubermisset mit seinem liecht.

Die meister setzen dreyerley rede in der gotheit. die erst heisset
ein pleibend red und sein wesslich, die ander heisset widertragende
reden und die seind personlich, die drit heisset ausskerende reden und
sein naturlich. Nu merckt die erste rede: da sich die gotheit haltet
nach einikeit ir selben, da laugent der vater vaterheit und der sun
sunlicheit und der heilig geist geistung. Die ander red ist, wie der
vater perhaftig wirt seins suns, da hat er ein auschapfen in den
sun, der sun wider in den vater, und der hailige geist wider in sie
beid. In disem spiel der dreyen personen einikeit sol sich der geist
seliklich ewigklich besitzen. Die drit rede ist, wie got mit lieb geneigt
ist auf sein creaturen, als er selber spricht: In ewiger liebe hab ich
dich lieb gehabt. Die meister fragent, welche die eygenste rede sey,
darin die sell got bekenn. Sie antwurten in der rede der warheit — —

die dritten sprechen, in der rede des wesens, wan wessen ist der erst fürwurff nach diser zeit. Meister Eckhart spricht: Das ist die eygentlichste rede got zu bekennen in dem eynen, als es in sich selber fleusset wesen und güte und warheit.

Ein meister spricht: Wa was gott, ee er die welt macht? Er antwurt und spricht: Er was in sein selbs wesen als er yetzund ist und het in jm alle creaturen beslossen, wan got der ist ein punckt der da erfüllet alle ding und sein umbkreiss ist nyndert.

Der selb meister fragt, was die sel in gott were, ee den sie got macht? Er antwurt: sie was ein wesen in gottes weselicheit und ein liecht in seiner vernuftigkeit und ein wort in seiner verstentnus. Was ist aber got in der selle nu sie gott gemachet hat? Er ist ein wesen in ir weslichkit und ein leben in ir leblicheit und ein licht in ir vernuftiheit und ist ein wort in ir verstentikeit und alles das die sele was in gott ee sie got geschuf, sechent das ist nu got in der seln (vgl. o. Sterngassen S. 120). Man nymbt die sel nach dreyen greden: der erst grad ist, da sie forme ist des leichnams; der ander ist, da sie wurckt in den synlichen crefften; der dritt ist, da sie erhaben ist über alle leiplich ding, da sie got rueret an mittell. Das wir herezu komen, dez helf uns gott. Amen.

III.

Bruder Eckart, den man heizit den jungen. [1]

1.

Rechte angehaben geit ummer vort. Daz iz rechte, dz also ist alse iz sin sal. Daz ist alse man diz werkes bid gode und in gode und alleine luterlichen blozlichen durch got beginnet sunder alle ander war umbe, noch sus noch so, noch inmeinet ho noch nider in, sunder daz der mensche uz ge und laze got in gan in alme, und beginn es in ime, bit ime, in buzen sich selber. Ouch sal iz der mensche dicke beginnen, so wirt iz zulest weselich. Wen in allen dingen nit alle die vollenkomenheit inmag gesin, die billichen sin sulde, iz si gebet oder gnade oder werk, dar umbe sal man ein

---

1) *Cod. Vindob. 2739. 15 sc. Nr. 1 f. 209ᵇ, Nr. 2 f. 173ᵃ, Nr. 3 f. 180ᵃ.*

ieklich ernuwen, erfrischen daz an ime gebrichet, daz er diz ander dz
zimde dz hundertste ervulle, iz sl pater noster oder waz, daz -z, und
were iz ouch wol dz ime nit ingebreche, so insal doch ich den in ne he
nummer geachten in keine duone, also he ist dun, oder dz iz ime eine
bere(i)dunge si, dz he iz beginnen wolle etzwaz zu duone. Dru dink her.
biz allewege also ein anhebende mensche, dz beniment dir alle trache it,
du salt sin alle zit gode heimlich, so biz du alle zit in vreuden; und
nim alle dink glich van gode, lib und leit, so blibes du alle wege in
vriden. Nu mirke van deme dicke ernuwen: also sdtu dich gote dicke
ergeben und bit ime beginnen, also du iz nie me inbequemer noch me
beginnen insuls, und also eins ieklichen werkes und dins lones da inne
warten, und also mochte ein mensche duon dusent werbe des d-zes und
anheben bit alle deme dz he iz. Dunket eine menschen alle sin duon
oder sin zit oder sin werk sin verloren oder unrecht, alzahant an alle
merren so beginnes nuwe, drag dich in god also du biz, und wiz ime
bit alme, as obe du dusent iar bit ime zuokeren erholen (210°) suldes,
also du ouch dedes, obe du vliz hettes. Ein ker mochte sulche hundert
übergan. Daz iz nuwe, dz deme beginne na iz; ie naher ie nuwer.
Und dz iz gantz, dz ungedeilet iz, also die ernuwunge zu mal iz. Der
vader gebirt sinen sun alle zit nuwe nit ernuwet, wan in ime iniz nit
kein veranderen also in der kreaturen, he inverandert sine wort nit,
wan ein wort hat alle vollenkomenheit in ime, und der engel dett ouch
einen ker und begref da mide alle sine selicheit. Want wir des nit
invermugen und unse ker nit alle in ime insint, des müzen wir unse
werk dicke vernuwen und veranderen, daz wir mit manicheme kere
den waren ker ervolgen. Wer nu iet wirkendes in uns, ich insprechen
nit wesendes, sunder(lich) wirkende kraft, di gode as na mochte kumen,
dz si nit nare kumen inmochte, sulch ein werk mochte uz der kraft
gan, dz (ez) keins vernuwens nit inbedorfte, sunder dz wer nuwe alle zit;
des iniz nit. Gott iz uns alle zit na und geliche na, des insin wir ime
niet, und wir han vil mittels, des sullen wir uns ie nare in in dringen
durch alle mittel, und mugen da ane wunderlichen zunemen an eime
ieklichen werke, da sich der mensche zu male uzer ime dreit und zu male
in got, iz sie in wie kleine gedanke, oder mit einem pater noster, oder
wie kurt dz si, si ouch dz selve die selve meinung, und dz aber und
aber, dz ernewet und brenget ie nare und nare. Der ein wesen einre
kunst wil leren, he muz des werkes also dicke bestan krenklichen, biz
he zulest des werkes ein meister wirt und gewinnet das wesen der
kunst. Also sal iz sin aber und aber. Gebirt der vater sinen eingeborn

son in die sele, alse verre as iz an gode iz, so iniz keine veranderunge an diser geburt, an alse iz an uns iz, so ist verwandelunge. Dz wir in ie blozer, ie nare mugen vinden und unmittelicher, dar na dz he stat vindet, des helve uns got. Amen.

2.

Unse here wil van den sinen, daz si vur allen dingen vliz haben an underlaez unde dicke da heime sin. Also dicke ime daz intgeit, so hebe aber wider an unde nuwes, alse ob iz nie begunnen were, allewege ein nuwe nu und ein itzu. Ein vollenkumen mensche sal alle zit sich achten ein beginnende mensche. Dit iz ein nuwe indragen, ein inkeren in got. Dit is daz man sprichet, daz got dusent werbe muge in der selen geboren werden an deme dage. Daz is dar umbe alse dicke, want der uzval unde der abeval alse dicke ist van unser krancheide wegen. War umbe heizit diz eine geburt? daz is van der grozer glicheit wegen; wan in geinen werken indreit sich die nature alse gar und alse glich, alse in ire geburt. Also dreit sich got allzumale in die sele unde gebirt selver sinen sun in die sele, also wanne sich die sele gote erbudet und ime intgeine treit zumale bit alle deme, daz si is, so begeint ir got alzuhant bit eime vrolichen antlize alse ein al zu libe muder irme liben kinde, und wider git sich ir dusent valt me, wan si sich ie gegeben mochte oder ime gebiden mochte. Hie gebiert he rechte sinen sun. Wanne daz si daz wil wizzin oder gewar werden, daz pruve si da ane, av si iet nuwes in ir gevulen, iz si ein bekennen oder ein minnen oder ein nigen zu gode oder zu gude. Wa die sele diz alzumale war nimit und ime recht dut, da is si recht eine eigen brut des himelschen vaders und eine geisteliche muder des sonis und ein wanhus des heiligen geistes. Wan sich der geist da alzumale wider kert in got, so widergebirt sich der geist in got unde wirt da ein widerbilden und ein widergeberen in got, und wirt ein geist bit gode, und wirket ein werk und ein wesen und ein leben. Je des me geschit, ie si naher in got gedragen wirt. Dit ernuwen mak dicke geschien an dem dage, ie dicker ie naher, also dz si unmogelich dunket, daz si ummer moge van gode gescheiden werden, alse sente Paulus sprach. In diseme ist alse unmezich zunemen und sich zu male keren in got bit alme gemude. Entweder iz muz zu male sin oder iz inmuz niet sin. Got wil den menschen alzemale han, ane daz gemude so ingnugit ime niet: entweder got sal daz gemude haben oder nit; der gedenke wan der sin wir niet geweldich, wir inkunnen daz veur nit gezemen. Die gedenke die glent hin bit den villehen sinnen wider unsen willen. Darumbe sprach ein lerer: Ich klagen dir vil übe here uber diese nothe rren, daz ri ro groze gewalt dribent in dime hule. Diser gedenke insln wir nit ge- weldich, sonder unse gemudes sin wir wol geweldich, av wir alleine vliz han. Wer sin gemude alre werlichste und vlizlichste in got alzu male dreit und kert, je der mensche gode naher sal sin und iz in zit und in ewicheit. Dit nu der zit daz sal antwerden deme nu der ewicheit. Je dicker je nuwer, je gotlicher und seliger. Wan wir hie uzvallen, so heben wie alzu hant wider an sunder alle meren, je snelre je bezzer. Niet inbeide einicher muozen noch rugen noch zit noch stat; bit diseme versumet man nummer nit, und ane diz versumet man alle zit daz alre beste. Got ist ein uz vlizinde wesen, daz sich van not geben muz und inbedarf niet dan dat ime begeint werde und intphangen werde. Alse wenik alse sich daz vlizende wazzer inthalden mak iz invlize, und die swere des steines he invalle, noch vil minre mach sich got inthalden he innuze sich geben, ab he stat vindet. Man indarf got numer gebiden, daz he sich gebe; bide dich selver daz du numme dan in nemen wulles. He iz alle gereide gebeden, he iz so vliezich, so gut, he inkan nit dan geben; rume ime und nim in alleine. Got ingit noch inwirket nit nuwes; waz got git, dz hait he ewelichen gegeben und gewirket; anders iz vil wandelber in got alse in die kreaturen, daz unmogelich ist. Die wandelbericheit iz in uns, daz wir nit in nemen noch genomen han. In deme ougenblicke daz die stat bereit iz, so vullet got alle die irtfenklicheit der selen uf daz hoste. Wir solden numme den vliz haben, daz wir got nemen in allen ziden und wisen, und solden sin alse die werbende bin, die dz honich samet van allen blumen, also solden wir got nemen in allen dingen. Ein lerer sprach: Ein geistelich mensche van sinre ledicheit wegen, av he vlizich iz, so iz daz rechte ein himelsch mensche und ein erzengel, ist aber dz der mensche ist unvlizich unde ungotlich, so iz er rechte ein vilich mensche und inis nirgen zu nutze.

3.

Daz wesen daz van uzen inkumet daz ist unstede, aber daz van inwendich uzgeit daz ist warhaftig. Got hat ime sine stat bereit und behalden in der selen, die nie inwart noch numer inwirt van kreaturen berurt und were si je van in berurt, got inqueme numer dar in: daz iz, da daz bilde gotz ist, daz gode so gelich iz, der daz erkente, der kente got. In disme grunde iz got an underlacz; wan wa der vader iz, da

muz he geberen und gebirt sinen sun, und da sunt he uns und gebirt
uns, daz wir sine kint sin van genaden, sine liebe gewünschte kint,
und hie uz vluzit alle des menschen leben und werk (und) verdinen.
Und dise dri, di wirket got und sint allewege, die wile der mensche in
der genaden steit, he ezze oder slafe, he wizze oder inwizzes nit, waz
he dut, so he ocker wider die gnade niet indu. Aber sal der mensche
etzwan gewar werden, daz muz geschien van eime wider loufen und
wider beugen der krefte in den grunt, da sie dz wesen berurint und
vindent, da got want, da die krefte einen naturlichen uzvluz habent,
und van diseme wider beugen werdent die krefte gekreftiget und
werdent weselich und werdent gegodit; dan abe alle werk, die dan uz
vlizint, die werdent gotlich, weselich und gebildet na deme grunde.
Und daz alre edelste werk ist abe gen, lazen und abe scheiden van alle
deme, dz da ist, und iz iniz kein werk nuzzer, daz me vurder zu disem
edelen inwendigen wesen, wan abe vallen van alle deme daz sinlichin
iz und daz daz hocest; und hie ane iniz is nit gnuk, mere die ledecheit
die sal durch got sin, und daz man die an god wise und hange, und
ouch god bide daz he helve, und ouch bit grozeme vlize beware,
daz nit von inbuzen insle daz da ein mittel si, und ouch dz da
in kein inwerde, wan alliz daz und daz, daz iniz got niet. Diz leben
daz inwil niet spilgank haben; alle lere und alle kunst wil spilgank
haben und uthören, und dan abe bewilen ein ruge haben; an die kunst
van deme himel und van deme gestirre, die wil des menschen zit zumale
haben, entweder daz iz si zumale oder ez inist niet, und daz iniz in
andern wisen nit also. Wan man sich selver nit innimmet dan got
alleine, und he in allen dingen, in alre zit und in allen steden ist, in
dem minsten alse imme grosten, want ime iniz noch groz noch minre
und alle in einiz, herumbe dut der mensche in diseme und bit diseme
und uz dizeme alleweg daz beste in eime ieklichen zu male, wan ein
iekliche iz zu male, und wan hie nit gudes ingebrichet, so ist hie ein
rugen und ein ergezzen. Hie abe sprichet der prophete David: *Huec
requies mea in seculum seculi.* Sint uns diz also na ist und iz in uns ist,
und uns so licht und so wunnkliche iz, und war umbe ist iz uns dan so
unbekant und so verre? Daz ist vur allen dingen unvlizzes schult,
want vliz gehort vur allen dingen herzu, und wan man des vermiset
und sin uz kumet, so muz man sich alre meist behelven bit deme
glouben. Wan in keinre wisen inist, er vallen in unglouben, wan?
uz diseme uz valle und herumbe sal der mensche alle wege und van
erst in got . . . . und in nemen und dan bit gode in sich . . ., so wer

got alleine mittel intuschen uns und allen dingen. Herumbe spilchet
he und heizet uns, daz wir in ime bliben und he in uns. Herumbe sulde
alle unser vliz heruf gan, daz got wurde begin, mittel und ende alle
unse werke und alle unsers lebens.

IV.

Helwic von Germar.

1.

Hi lerit brudir Helwic von Germar, der lesemeistir waz zu Erforde,
wi der lidindin fornuft odir der mugilichin fornuft, daz allis eyn ist,
wi ez ir mugilich si, daz si daz gotliche licht in ir lidit da fon di sele
selic ist in himilriche, und wi man kume fon bekentnisse des sonis zu
bekentnisse des vadir.[1]

Qui videt me videt et patrem meum (Joh. 14, 9). Sente Johannes
bescribit dise wort, und sprichit dise wort Christus: Wer mich sihit,
der sihit minen vadir, und sprichit auch: Ich bin in deme vadere und
der vadir ist in mir. Sente Augustinus sprichit: *Visio est tota merces,*
daz angesichte godis daz ist der sele lon zu male. Bekentnisse und
sehin hait groiz undirscheit. Hi bekennit man, abir in deme himmil-
riche sal man sehin. Man sal got sehin also verre alse ez ist der
creature mugilich zu begrifine, und daz ur inplibit, daz si nicht gesehin
immac, des insal si nicht geleubin, mer si sal ez sehin, daz si ez nicht
begrifin noch vol sehin immac und da ligit ir freude inne. Got ist in
allin dingin, und da fon ist, daz man un dar inne nicht inkennit, daz
di dinc sich selbir nicht forlisin noch fornichte cunnen. Alle unse bekentnisse daz muze wir hi nemen fon disin dingin, und daz hohiste da
wir hi in disime lebine zu mugin cunnen ist, daz wir di selbin dinc, da
inne wir got irkennen, wole abe cunnen gescheidin und nidir gedruckin.
„Philippe, der mich sihit der sihit meinen vadir auch." Ez sint zwo
bekentliche crefte noch deme ubirsten der sele. Eine, di wirkinde
fornuft, die andere ein lidinde odir ein muglich fornuft (77^b). Di
wirkinde fornuft immac got nicht irkennen weder fon nature noch fon

---

1) Die folgenden Stücke sind sämmtlich aus der Oxf. Handschr. s. o. S. 87.

gnadin, und dit ist die sache: waz der nature gemeine ist, da inmac si
sich nicht ubir in habin; wan dan got und di sele sint nicht einer
nature, du umme immac si nicht in un getredin. Ein andir sache ist,
waz da etwaz inwirkit, daz vollinbrengit daz, in daz ez wirkit, alse di
sunne vollinbrengit die luft. Nu immac got nicht vollinbracht werdin
fon keinir creature, dar umme immac he nicht bekant werdin fon dirre
craft. Abir di lidinde fornuft immac got nicht bekennen fon nature, mer
si fornac ez fon gnadin, wan was da inphehit, daz wirdit follinbracht
fon deme, daz ez inphehit. Da fon dan daz dise craft got in sich inphahin mac und sin were lidit daz si follinbrengit, da fon wirdit si
da zu irhabin, daz si got irkennin mac. Alse daz fuir fon siner nature
nicht inhait wan daz ez burne und hitze, abir von sinir materien wein
hat ez eine muglichkeit, daz ez ein ander mac werdin alse wazzir, und
undir wazzeris formin keldin alse wazzir, also hait di sele eine muglichkeit, daz si got in ur lidit, der si vollinbrengit und also uz ir selbin
irhebit, daz si un bekennen mac. Also habe wir die muglichkeit der
sele got zu bekennine. Man sal mirkin, wie man fon bekentnisse des
sonis cumit zu deme bekentnisse des vadir. Philippus sprach: Wise uns
den vadir. Under allin den dingen, di wir irkennen mugin, so inist
nicht daz also sere vlihe bekentnisse alse die materie, und ein iclich
dinc da noch, daz ez der materien neher ist, da noch ist ez uns un-
bekentlicher, wan materie inist nicht ein dinc, daz da an ume selbin
si, mer daz ez sin mac, und waz da nicht inist, daz inmac man auch
nicht bekennen. Alliz daz da bekentlich ist fon une selbin one (78ª)
fremide helfe, daz mac auch bekenne. Etliche dinc insint nicht bekentlich und bekennen doch von un selbir andere dinc und nicht sich selbir,
alse di sele bekennit andere dinc und inmac sich selbin nicht bekennen;
wan da mide daz si andere dinc bekennit, da mide kennit si sich auch,
alse der hedenische meistir sprichit, wan da fon daz si bekennit, daz
ein coile noch ein bein nicht ingeit noch infornimit, da fon geit si in
sich und bekennit, daz si daz formac fon der sele wein. Ez enist nicht
daz also bekentlich si alse got, wan sin wesin ist zumale lutir und
unbetwngin und sin wesin ist in ume gesaminit; dar umme ist he aller
bekentlichist, und alle geistliche dinc sint bekentlich, wan ir wesin
lutir und unbetwngin ist, abir daz wir si nicht bekennin, daz ist fon
krancheit unsis bekentnisses. Got hait sich zu unsime bekentnisse alse
di sonne zu dem augin der uwilin und des adilarn und des valkin. Daz
die uwile nicht insihit, daz ist urre crankin augin schult. Daz der
valke und der adilar clerlicher ane sihit, daz leit ein andir wort uz in

Lucas buche, da he sprichit: „Niman inkennit den vadir wan der son
und deme ez der son wil offinbarin"; wan he ist di selbe nature di des
vadir ist. Der vadir ist daz bekentnisse, der son di bekentlichkeit;
waz mac luz bekennen den vadir, wan bekentlichkeit des vadir? Daz
he sprichit „Niman", daz ludit also vil abe nicht iniet, daz da bekenne
den vadir wan der son. Daz he sprichit „nicht", daz ludit also vil abe
ein lokennunge der personen. Vile daz wort ist die personen, so were
ez valsch, wan so inkente sich der vadir selber nicht noch auch der
heilige geist. Abir nimit man ez noch der nature daz he sprichit „nicht
inkennit den vadir dan der son" und daz die selbe nature hat, di der
son hait, so ist ez wor; wan di selbe bekentliche nature di in (78ᵇ)
deme sone ist, di ist auch in deme vadere und in dem heiligen geiste.
Dar umme sprichit he, niman inkennit den vadir dan der son und der
di selbin nature hait, daz ist der vadir und der helige geist. Dar umme
bekennen die personen alle und ist ein einic bekentnisse der drien
personen. Alleine man ez deme sone sunderliche gebe, daz ist von der
weine sines uzgangis; wan he alleine uzgeit fon der fornunt. Man
sprichit gemeinliche, daz der son si daz bekentnisse des vadir. Ez ist
wenic iman, der dit fornemе. Di des wende(n), daz der vadir kein andir
bekentnisse hette wan daz he bekennit in deme sone alse in eime
spigile, daz were valsch. Inbekente sich der vadir nicht dan in deme
sone, so were der son ein orsprunc des vadir, wan des vadir bekentnisse
ist sin wesin. Bekente der vadir nicht dan in deme sone, so inwere
nicht undirscheit der personen in gode. Ez ist drigirleige fluiz in gode:
der vadir ist ein bekentlich nature in ume selbin und fluzit in ume
selbin in sinir nature, e dan he kenne odir icht wolle, und fluzit mit
alle deme daz he ist, substancie, wesin und nature, alliz daz etwaz in
gode ist. Dar umme — etwaz, wan der son enist etwaz, sundir zu etwaz.
E dan he bekenne odir wolle so fluzit fon der eginlichkeit gotlicher
nature alse in deme vatere ist di zwo personen. Der andere fluiz ist,
da sich der vadir kerit uf sich selbin und bekennit sich selbin und alliz
daz in ume ist, sine wisheit, sine gude und sine barmherzikeit und
alliz daz in ume ist, und daz muiz he fon noit in ume bekennen
und da inschephit he nicht. Der dritte fluiz ist sin wille, und dz
ist ein sache des uzflussis der creature, wan bekentnisse, daz he di
creature irkennit, enist nicht sache des geschepnisses der creature,
mer sin wille, wan da fon daz he si wil so sint si, nicht da fon daz
he si bekennit. Der vadir ist ein orsprunc des bekentnisses (79ª), der
son ist daz bekentnisse, der heilige geist ist, der da leidit odir furit

daz bekentnisse in des menschin sele. Des ist ein glichnisse: alse der
mensche trachtit, so wirkit alle die craft dar in der sele, ist ez ein
recht betrachtunge, und da ist daz wort der sele daz bekenntnisse. So
ist da ein fuchtikeit, ein bredemichin, ez heizit in deme latine ein
geist, und treit daz bekant ist in der betrachtunge in alle die gelide
des lichamen. Daz huis, daz da betrachtit wirdit, daz furit dirre geist
in di hant zu wirkine, daz wort in die zungin zu sprechine und zu
lerine und also in ein iclich glit des lichamen. Also ist der vadir daz
orsprunc des bekentnisses, der son ist das bekentnisse und der heilige
geist ist der da leidit odir brengit daz bekentnisse in des menschin sele.
Wer nu got wil bekennen, der sal irhabin sin pobin allin creaturen.
Nu sal man mirkin, daz wisheit dinit der sele, clucheit den sinnen.
Wisheit ist alliz daz man irerigin mac von eiginin werkin, alse daz
man bekenne des himmelis lauf und der sterin, und daz man daz
ertriche gemezzin kan und di tufe dez wazziris. Dit zuhit und teilit
alliz die sele, wan ez an ume selbin geteilit ist, wan daz man des
himmelis lauf irkennit, daz ist ein andir, wan daz man daz ertriche
kan gemezzin. So ist cunst, daz man kan gewirkin dise lipliche were,
und diese kunste tragin alliz die sele uz. Aber di sich hi mide
stedecliche bekummerin, den wirdit got forborgin und gotliche offinbarunge. Dar umme spricht der ewangelista: — — vadir himmilrichis
und ertrichis, dz du dise dinc haist forborgin for den wisin und den
clugin dirre werlinde und hast si geoffinbarit den cleinisten, daz ist den
demudigin (79ᵇ), di sich fon allin dingin inzihin und insaminen, den
wirt alleine geoffinbarit; wan ie ein dinc cleinir und me zusamene gezogin ist, ie ez creftigir ist, wan so samenit sich die craft. Daz mirkit
man bi glichime zehine . . zihin ein schif, wan so ist di craft gesaminet,
zoge ez ir iclich alleine, so were di craft geteilit und inmochtins
nirgin brengin. Wer nu offinbarunge wil habin, der si cleine und gesaminet und si ein; wan ez ist ein son uze einir gotlichin nature, wan
he inteilit di nature nicht mit eime anderin gebornen. Daz uns daz
gotliche bekentnisse werde, daz helf uns got.

2.

Predica etc. Hi lerit brudir Helwic von Germar, lector, wilche
wis di sele daz ewige wort uz ir spreche und gebere (f. 93ᵃ).

Predica verbum (2 Tim. 4, 2). Sente Paulus sprichit: Brenge
fore daz wort. He sprichit auch: Ich beswere uch bi deme, der orteilin
sal di dodin und di lebinden, daz ir gewinnit ein kint. Der son des

himelischin vadir ist wol geheizin ein wort, wan der vadir spichht »Ich
selbir in dem worte und alle dine. Wan der vadir hait alle dine in ime
in urre hohistin edilkeit und sprichit sich selbe in daz wort und alle
dine. Mochtis di sele inphangin habin, he hette ur di selbe glicheit
gegebin, daz sie alle dine hette in der selbin edilkeit. Si inmochte ez
nicht inphahin von nature. Nu hait he ur eine muglichkeit gegebin,
dz si alle dine in sich gebildin mae. Sal daz auge ein bilde in sich
zihe alse ez gesnidin ist ganz, so muiz ez fon allin anderln kein. Waz
hilfit hi zu? daz got wirkit in der sele dru dine: daz eine ist ein uz
werfin allir forgenclichir dinge; daz andere ist ein uferiginde, ein furige
begerunge, mit der sal man erbeidin; daz dritte, alse sich die creature
in di sele (93ᵇ) wollin bildin, daz ez ur ein pine si und ein erbeit. Di
sele hait eine craft, di sundir materien und sundir zit und stat wirkit.
Alse di sele in der hohisten craft steit alleine, so sprichit der vadir ein
wort in die craft und gebirit sinin son in di craft und inphehit sich
selbin in sich selbir in dise craft. Also wirt daz ewige wort inphangin
in der sele. Dit ist daz kint und daz wort daz wir sullin fore brengin.
Di sele sal harte lutir sin, in der dit kint sal geborin werdin und di
diz wort fore sal brengin. Wan der vadir ingebirit sinen son nirgin
dan in der ewikeit. Sal die sele inphahin daz ewige wort fon deme
himmelischen vadere, so muiz si fon allin forgenclichin dingin gezogin
sin in godis ewikeit. Da mae si inphahin daz ewige wort, daz on
vndirlaiz wirt geborin von deme ewigin vadere. Eia edile sele, haist
du daz wort in dir, sprich is her fure! Wanne wirt dit wort forbracht?
alse ein licht der worheit luchtit ez in den geist und durch den geist in
den creftin der sele und in den werkin und sidin und wandelungen, so
wirdit dat wort furbracht, daz Paulus meinete. Du unse vrowe unsin
herrin inphinc, du sprach der engil zu ir: One we, vol gnadin! also
sal di sele, di daz ewige wort inphahin sal, di sal uz getribin habin
alle we, und sal habin ein tugintlich lebin, daz di tuginde durch si
luchtin und daz si gebere. Bide wir etc.

V.

Bruder Erbo.

Hic est filius etc. An disin wortin bewisit brudir Erbe, der prediger und lesemeistir, funf eiginlichkeit an Christi geburt meistirliche.

Hic est filius meus dilectus in quo mihi bene complacui (Luc. 3, 22). Dise wort (f. 21ᵃ) sprichit sente Lucas: Hi ist min libir son, in dem ich mir wol behage. Allir wundir wundirlichste, daz mit wundern ni gegrundet mochte werdin, ist, daz zwo geburte sint und ein einic son, ein zitlich und ein forgenclich, in der he geborin ist fon der mudir one vadir, und ein ewic ummer wernde, in der he geborin ist von deme vadere one mudir. Dise zitlichin geburt habin geschrigit und gepredigit di engle und di lude, der himmil, der oze und der esil, und di ist uns bekentlich worden, aber di ewige was uns gar forborgin und inmochten di nicht bekennen. Daz uns nu nicht alleine bekannt were sin zitlich und forgenclich geburt, alse he ist fon marien, sundir ouch sin ewige, alse he ewicliche geborn ist von sime vadere, so irslozin sich di himmile ubir yme uf, du he gine zu deme Jordane, und predigite di stimme des vadir dise geburt und sprach: Dit ist min libir son, in dem ich mir etc. In disin wortin sint gerurit funf stucke, di sunderlichin steim (?) und wundirlichin eginkeit, di ic fundin worden an einer geburt. Daz erste ist, daz nicht dan ein son mac gesin in der ewigin geburt, da he sprichit „dit", und noch dirre eginlichkeit ist he genant ein wort. Daz andir ist die unwandilberkeit, di in dirre geburt ist. Di ist gerurit: da „ist". Hi noch gibit yme sente Paulus einen namen und hezit in ein schin des ewigin lichtis. Di dritte ist, daz he ist geborn von der nature dis vadir und ist daz selbe wesin mit yme und hi fon ist he genant ein figure siner substancien. Daz vierde ist di glichheit, da he sprichit „son". Hi fon ist he geheizin ein bilde des vadir. Di funfte eginlichkeit, die da ist in dirre geburt, ist da he sprichit „liber", und hi noch ist he genant ein erbe godis. Wie der son si in deme vadere, daz ist forborgin. Sente Augustinus sprichit: Nicht inist so swere in deme suchine, und so sorclich in deme irrene, und also selic in deme vindene. Daz (21ᵇ) nicht dan ein son mac gesin, daz bewerit man also: man vindit wol etliche tier, di nicht dan ein geberin, abir alse der vadir gestirbit, so mac dit abir ein andir fort geberin. Dar umme ist di ewige geburt wunderinbere. Man insal nicht fornemin fon disir

alse fon einer liplichin geburt, sundir daz si ist fon deme gemule odir
fon der fornuft des vadir. Nu ist ein naturlich eginlichkeit der fornuft,
wo daz si sich hine kerit, da keit si sich al zu male hine und ist daz
ein edilkeit der fornuft, alleine mein fornuft hunderit zu male muge
begrifin, si inmac doch nicht sundirlichin geschin dan uf ein und abir
uf ein. Ist dit in der fornuft und ist ein edilkeit der fornuft, und
wan dan di in gode ist one maze edilre ist, so inkuzit sich sin fornuft
so gar uz uf ein, da he uf sich selbin blickit, da der son von einer
fornuft flusit, daz da nicht dan ein einie son mac gesin. Die fornuft
enist ouch nicht getermint zu keime dinge, also wenie zu eime engle
alse zu eime esile. Abir di dinc, di sich irbildin in der fornuft, di
terminen di fornuft, alse da sich ein antlitze irbildit in einen spigil, daz
den spigil termint, der ane yme selbir ungetermint ist, und wan der
bilde in gode nicht inist und ungeterminit ist, des inmac nicht dan ein
gesin. So inmac in der gotheit nicht dan ein son gesin. David sprichit:
Semel locutus est deus (Ps. 62, 12), ein einie wort habe ich gesprochin,
und in deme sint alle dinc gesprochin und hir umme heisit he ein wort,
nicht ein uzwendic wort, sundir ein wort der fornuft. Wan man eime
eginliche etwaz wil wisin, so muiz man yn wisin uf ein dinc, dar umme
sprichit he egenliche „dit“. An deme worte „ist“, daz ist daz andere,
da bewisit he di unwandilberekeit dirre geburt. Daz zu male ist, daz
inmac nicht geteilit sin. Dar umme ist (22ᵃ) dise geburt ummer me
geginwertielich. David sprichit: Mit dir ist diz one begin. Item: Hude
hon ich dich gewunnen. In der zit ist forgangin, geginwertikeit, . . und
inhaben wir hi der ewikeit nicht me, dan alse vil wir der zit geginwertikeit habin. In gode ist nicht forgangin odir kunftic. Ez inist nicht
in eme dan ein ewic tac. Dar umme ist he genant ein schin. Were di
sunne ewicliche gewest, so were ouch der schin ewicliche gewest. Da
he sprichit „min“, da bewisit he, daz der son der selbin nature ist, di
der vadir ist und ist ein wesin mit eme. Daz man dit forneme, so muiz
man mirkin daz erste. daz he ist geborn fon der fornuft. Ie di fornuft
edilre und scherpir ist, ie daz wort, daz da uz geit fon der fornuft, inre
ist und me ein und glichir ist der fornuft, da fon iz fluzit. Wan der
ubirste engil di allir edilste fornuft hait, dar umme ist sin wort allir
meist mit siner fornuft (Text: worte) forenit und allir glichis sinir
fornuft; abir doch enist ez nicht ein wesin mit eme, mer ez ist ein
andir. Und wan gotlich fornuft ubir alle maze geit ubir des engilis
fornuft, dar umme ist sin wort so ein und so glich, daz ez vellit in sine
nature und ist daz selbe wesin. Dar umme nennit en sente Paulus ein

figure siner substancien. Ein figure ist ein gesteltnisse, ein umme
creizin eines wesines. Also ist der son ein gesteltnisse, ein umme creizin
eines wesines. Also ist der son ein gesteltnisse gotlicher substancien
oder wesines. Ein meistir wart gevragit, waz got were, da antwortite
he: Got ist ein cirkil, des punct alle dinc irfullit und des cirkil nirgin
inbt. Di meistere gein dar uf mit grozir kunst wi si einen cirkil
viereccht (quadrangulum) gemachin. In der gotheit ist ein sinewel
cirkil. Ez enist disir cirkil nicht viereccht worden, du derewige zitliche
wart geborn, gemartilit, gecrueigit und getodit wart. An dem worte,
da he sprichit „son" und nicht tochtir, da bewisit he di allir sundir-
lichisten glichheit des sones mit deme vadere. Dar umme nennit he yn
ein bilde godis, wir insin nicht daz bilde, sundir zu deme bilde. Waz
machit bilde? Daz licht, sprichit Ambrosius, anderis were der himmil
also wenic gebildit alse ein coile. Waz machit glich? Da di dinc, di
underschedin sint, etwaz bequemelichkeit mit ein andir habin, und
wan dan dit zu male in eime lutirstin ist, da der son geit uz der
fornuft des vadir, und alleine si underschedin sin an den personen,
so haben si doch eine nature und ein wesin mit einandir, und wan
daz di hohiste bequemelichkeit ist, dar umme ist da di allir groiste
glichheit. Daz man ouch icht wende, daz dise geburt sundir glust si,
dar umme sprichit he',,libe". Lust cumit fon drin dingin: daz erste,
daz man bekenne, wan one bekentnisse immac kein lust gesin; daz
andere, daz ez geginwertic si, daz man bekennen sal; daz dritte, daz
ez lustlich si. Und wan dit zu male vollincumen ist in dirre geburt,
wan si fornuftic und ummir geginwertic und allirlustlichis ist, dar umme
ist da die allir groiste lust. Gelust lit an eime dinge, daz man sich des
alleine genide. Vreude lit an ruwe des willin. Gelust hait got in eme
alleine; vreude hait got mit eme und mit den creaturen. Dar umme
sprichit der ewangelista, daz da der helig geist, der di minne ist,
irschein in einir tubin glichnisse und saz uf in. Wan in dirre geburt,
da der vadir uf sich selbin blickit, da der son von siner fornuft fluzit
und der son wider uf in blickit, da inspringit di minne, und da sint di
beide ein begin des heiligen geistis (23ª). Dar umme sprach die stimme
des vadir: Dit ist min libe son, in deme ich mir behage. Vnd alliz daz,
daz deme vadere ummir behagit, daz muiz eme behagin in sime sone,
dar umme heizit he ein erbe godis, daz ist ein erbe sines allirbeisten
gudis. Daz uns daz mide werde, des helf uns got. Amen.

VI.

Bruder Gisilher von Slatheim.

1.

Ubi est etc. In disir predigade bewisit brudir Gisilher fon Zlathem, lector, wi man vindit in Christo dem kinde daz ewige, das nuwe, daz alde.

Ubi est qui natus est rex Judeorum (Matth. 2. 2). Sente Matheus schribit dise wort: wo ist der geborn ist etc. Die meistere sprechin, wan der comete irschine an deme ostin, daz si ein zeichin, daz di gudin herschaft sullin habin ubir di bosin; aber alse ir schinit an dem weisten, so ist he ein zeichin, daz di bosin sollin herschaft habin ubir di gudin. Wedir dirre sterre ein comete were, alse etliche meistere wollin odir nicht, wi ez dar umme was, so halde wir uns an unsin cristenen gloubin. Dise dri kunige warin meistere von kunsten, den dirre sterre erschein an dem osten, der in waz ein zeichin, daz der geborin was, den der sterre bezeichinte, der herre was ubir himmel und ubir erdin. Du si quamin zu Jerusalem und vrogiten, wo he were, du si menslichin troist suchtin und rait, du forlorin si gotlichin troist zu hant; du si von menslichime troiste lizin, du fundin si gotlichin troist, wan si funden den sterrin und quamen in groize freude; wan got ist alleine ein barmherzic vadir und ein got ganzis troistis etc. In gode ist etwaz aldis, daz ist sin lip, der fon aldin vederin heforgeworzelit ist, fon adam, und etwaz nuwis, daz was di sele, und etwas ewigis alse di gotheit. Der nu di kunige berichtite, wo he were an deme aldin, an deme nuwin, an deme ewigin, der wisite si rechte noch. Daz wort „wo" daz vregit noch der stait. Di hedenischen und di krischin meistere wollin, daz lipliche (23ᵇ) dinc alleine habin stait und nicht geistliche. Stait ist ein ummecreiz oder ein ummecirkil der groze. und stait ist noch der maze des daz dinne bestait wirt. Waz groze hait und maze daz ist bestadit. Waz ist sin stait. Di luft di da rurit den lip al umme und der lip di luft an allin endin, also daz ein iclich lip fullit sine stait, daz zwene libe nicht mit einandir mugin gesin an einir stait, noch ein lip mit einandir in zwein stedin. Daz ist gewis, daz sin lip was an einir stait und in siner — alse min lip ist. Ez informochte daz ewige deme aldin nicht zu gebene, daz ez mit einandir zu Betlehem und zu Jerusalem

were gewest. Da inide enist nicht gotlich craft forkurzit, der alle dinc
formae, mer daz dinc inhait der craft nicht, daz iz an ume muge ge-
schchin, daz icht vnd nicht mit einandir mugin gesin, daz zwene libe mit
einandir mugin gesin in einir stat, alse he was noch der uffirstandunge,
also daz he fuir durch alle di himmile, und durch den himmel, der unte-
lich und unzubrechlich ist und veste ist und nicht forgewichin mac alse
di luft mime liebe. Wi daz gesin mochte, da habin di meistere vil rede
fon; abir ir kelnes rede inmochte mime sinne gnugin, wan daz ich ez
mit eime wundere begrifen, daz ez also were, und daz ez got wol for-
mochte. Abir wi he si in deme sacramente, daz horit zu unsime geloubin, alse der prister di wort gesprichit ubir daz broit, daz godis
lichame da ist zu male uf tusint altarin, daz ist wol moglich, wan di
wort, di der pristir sprichit, wandelin nicht wan di brotheit in den
lichamen unsis herren; one groze, di sinewelligkeit und di wize und
waz man da sihit und (24^a) smeckit, licht und swere, daz enist nicht
brotheit, mer ez ist ein aneval des brodis. Groze ist ouch ein aneval
des liebis, si inist der lip nicht. Were min lip one groze, so were ich
alse wol zu Rome alse hi. Waz den aneval inthalde, daz ist gotliche
craft. Nu wollin di meistere deme libe doch stait gebin und sprechin:
alleine fon der craft des sacramentis nicht me gewandelit werde dan di
broitheit in den lip, so hait doch die groze ein naturliche nochvolgunge
deme libe alse ein iclich groze volgit urme libe naturliche. Hi sin wir
berichtit, wo daz wo ist des aldin, an siner stait, wo he lac odir ginc.
Zu deme anderin male: wo ist daz (wo) des nuwin der sele in der drie
des todis, daz ist in den drin tagin noch dem tode. Unse geloube seit
uns, daz he were di dri tage in deme forburge der hellin. Hedenische
meistere und krische meistere wollint, daz geistliche dinc nicht stait inhabin. Si insint nirgin, sprechin si, und sint doch; mer unsir heligin
meistere sprechin, daz si stat habin; sie gebin stat den engilen. Der
engil ist ein lutir geist, irhabin pobin alle lipliche und materieliche
dinc; und he hait craft zu wirkine pobin alle lipliche dinc wan he wil.
Nu sprechin di heligin, da he wirkit an liplichin dingin, da ist sin stait,
alse he eine stat irlichtit odir bewegit sie zu kerin zu deme werke, da
ist he bestait, alse daz he di wile nicht mac gewirkin an einir anderin
stait. Daz ist da fon, daz sin craft gemezegit ist. Der engil cumit von
einir stait zu der anderin ubir tusint mile in eime ouginblicke, also daz
he daz mittil nicht durch wadin noch durch varin indarf. Alse min
gedanc (24^b) gedenkit von wizir varwe zu swarzir, di da ein umme-
vanc sint allir varwe, alse daz ich an daz mittil, daz schussime wiseme

und swarzime ist, daz ist allirleige varwe rot geil grune und allirleige varwe, nicht Indenke, also enmit he fon einir stalt zu der anderin, daz he daz mittil nicht durchverit abe min lip muiz. Ez inwerkin ouch nicht zwene engile mit einandir ein were. Dar umme wan die heiligin sprechin, daz der minniste engil alle lipliche dine formae, worchtin daz swene, daz ein formae, so were eines forgeblnis. Des inphligit got und die nature nicht, daz si forgebines icht wirkin. Wan des engilis stait lit an wirkine noch sinem willin, so ist sin stat wedir he wil cleine odir groz und ist ioch also cleine ob he wil daz si unteilich ist und si inist ioch nirgin ob he wil. Ez inist nicht ungelenplich gesprochin, ob man spreche daz der engil nirgin inist. Der engil mochte sin gewest e got ie lipliche dine geschufe, und mochte sin gewest ob si sidir ni geschaffin inweren. Sint dan sin stait ist alse (he) wirkit an liplichin dingin, werin dan nicht lipliche dine gewest, so inheite he ouch dar ane nicht geworcht, so were he one stat und were an unne selbin an sinir nature. Also was di sele Christi in der helle, du si die helle irluchte und irloiste, di irlosit soldin und mochtin werdin. Wo ist he dan an deme ewigin? In allin creaturen innewendigir in mit sime wesine wan si un selbin sin, wan sin wesin ist ein sache, fon deme alle wesin vlizin allir creature. Wo ein ielich dine wirkit da muiz ez sin. Dar umme sprechen wir in unsime geloubin, daz he hait geschaffin di gesichticlichin und (25ᵃ) unsichtlichen dine. Daz ist wider di ketzir, di da sprechin, di gesichticlichen dine hette ein andir got gemachit. He ist ouch in allin dingen mit sinir gegenwertikeit. Alle dine sint bloz und nackit for sinen ougin. Daz ist ouch widir di ketzir, di da sprachin, got hait so vile zu tune dort obine mit sinen geistlichen creaturen, daz he nummir hernider gelugite zu disin liplichin dingin. He ist ouch in allin dingin mit sinir gewalt, daz he si beheldit an urme wesine, daz si icht zu nichte werdin; abir sundirlichen ist he in guden luden mit sinir gnade in deme bekentnisse und in der minne. Daz da bekant wirt, daz muiz sin in deme bekentnisse, und daz geminnite in dem willin und in der minne. Dise zwei tuit got: he ist mit sinir gnade in deme bekentnisse und in der minne und irfullit daz bekentnisse und di minne, also daz daz bekentnisse nicht me inkennit dan got, und daz ez bekennit daz ez daz bekenne durch got, und daz die minne nicht me inminne dan got und waz si minnet daz si daz minne durch got. Ist icht me in deme bekentnisse dan got, daz nicht bekannt wirt durch got, so ist daz bekentnisse idel: odir minnet di minne icht me wan got, daz si nicht minnit durch got, so infullit got di minne nicht, mer si wirdit idel fon

godis gnade. He rumit zu male uz. Dar umme sprichit sente Paulus:
Ich mane uch brudire und swestire, daz ir di gnade godis icht idiliche
inphahit, und sprichit ouch: Daz ich bin, daz bin ich von gnadin und
godis gnade was nicht itilliche in mir. In deme ist godis gnade
itilliche, der icht me bekennit odir minnit dan got, daz he (nicht) bekennit odir minnit durch got. Bide wir etc.

2.

Puer Jesus etc. Hi lerit brudir Gisilher, lector, von virleige kunst
und wisheit in Christo und an wilcher kunst und wisheit Christus
zu neme.

*Puer Jesus proficiebat etate et sapiencia et gracia apud deum et
homines* (Luc. 2, 52). Sente Lucas schribit dise wort: Daz kint Jesus
nam zu etc. He nam zu an aldere, biz daz he quam zu der groze di
ume di nature bescribin hatte odir beschedin. He nam ouch zu an
gnadin, alse die zechin di he ettis wanne nicht offinbarite, daz he di me
fon tage zu tage offinbarete, alse he zu nam an aldere. Daz he zu nam
an kunst und an wisheit, daz ist gar forborgin. Daz man dit forneme,
so muiz man mirkin, waz kunst und wisheit ist. Kunst und wisheit ist
ein luter liecht bekentnisse, daz gezogin ist von lipheit und von allin
deme, da lipheit ane gevallin mac, alse groize, lenge, licht und swer,
daz ein aneval ist lipheit. Ez ist vierleige kunst und wisheit. Kunst
und wisheit der seligen, kunst und wisheit der engle, kunst und wisheit
der sele, gotlich kunst und wisheit. In disin vierin ist begriffin alle
kunst und wisheit. Di sint alle gesamenit in unsime herrin Jesu Christo.
Sente Paulus sprichit: Alle schetze der kunst und der wisheit sint ge-
samenet in ume. Du Paulus fon gottlicher kunst solde sprechin, du teit
he ein geschreige (27ᵇ): O du hoe des richtumes der kunst und wisheit,
wi unbegriflich sint dine orteil etc., alse ob he sprechin solde, he ist
so hoch an gotlicher kunst, daz ich ein geschreige da von tu, wan ich
da fon nicht gesprechin kan. Konde der himmillugere da fon nicht
gesprechin, waz muge wir da fon sprechin? Wir sprechin doch daz
selbe daz he sprach: O altitudo etc., daz ez ist unbegriflich. Gotlich
kunst und wisheit ist, daz sich got selbin irkennit und durchkennit
alse (he) bekentlich ist, und alle dinc in ume, di geschaffin sint
und noch geschaffin sullin werdin und di dinc di da sin an siner
mugintheit, di he noch gescheppin mochte ob he wolde, di kennit
he alle mit einandir in eime bestentlichin geginwerdigime nu der
ewikeit, nicht in eime flizinden nu der zit, wan ewikeit hait in ir

beslozzin alle di ende und di orte der zit. Daz dise kunst Christus
hette, da habin di meistere twinginde rede zu. Wan sin nature torenit
was mit gotlicher nature an einede der persone, so muiste daz sin daz
he dise kunst hette, daz he got bekente und alle dine in une mit ein
andir. Abir sin sele indurchkennit nicht got abe he bekentlich ist,
noch ouch di dine, di da sint an siner mugintheit, di he noch ge-
schepphin mochte ob he wolde; wan si ein creature ist und maze hait.
Waz grozir ist wan min hant, daz innac min hant nicht begriffin. An
disir kunst innam he nit zu, wan mit deme, daz sin sele geschaffin
wart und geeinegit mit der gotheit, du was si also vollinnemen an gotlicher kunst alse hude dissis tagis. Daz he hette ouch kunst der
seligin, di in deme himmele sint, da twingit di meistere dise rede zu:
wan he solde sin ein gebir der selikeit, so muiste he si habin. Ez
innac niman (28ª) nicht gegebin he inhabiz. Wisheit und kunst der
seligin lit daran, daz si got bloizlich bekennen alse he ist, on allis
mittil, und alle dine in une, di geschaffin sin und noch geschaffin
sullin werdin; abir si indurchkennin un nicht noch ouch di dine, di da
sint an sinir mogintheit. Abir wan sin sele nehir was forenit mit der
gotheit wan kein sele, so kante su ouch me in disime lichte wan kein
sele. An dirre kunst nam he ouch nicht zu, da waz sin sele also vollincumin an du si geschaffin wart, alse hude dis tagis. Di dritte kunst
daz ist englisch kunst und wisheit. Daz he di hette, daz muiste fon
noit sin, sprechin die heligin. Englisch kunst und wisheit ist, daz der
engil alle dine bekennit in vrin bildin, nicht mit einandir, mer ein
noch dem anderen, alse di wile he ein dine hait an der wirclichkeit, so
hait he daz andere an der muglichkeit dar noch zu bekennene. Daz
Christus dise kunst hette, daz muiste sin, sprechin di meistere, wan
der sele vollincumenheit lit an englischime bekentnisse, wan di sele hat
muglichkeit in ir alle dine zu bekennene, so muiste von noit di sele
unsis herrin Jesu Christi vollincumen sin, di da forenit solde werdin
mit gotlichir nature an einede der persone. In sinir sele warin geschaffin bilde allir dinge, daz he alle dine bekante in une, daz sin sele
nicht uz inlif di dine zu bekennine alse unse sele muiz; me blibinde in
une bekante he ein noch dem anderen. Di wile he ein dine hatte an
der wirclichkeit, so hatte he daz andere an der mugintheit. Di vierde
kunst, fon der der ewangelista sprichit, an der he zu nam, daz waz
naturlich kunst und wisheit. Daz ist ein wirkinde licht, daz sine vollincumenheit hait fon innemine ein noch (28ᵇ) deme andere, des he fore
nicht inwiste. Alse ein mensche sizit und trachtit nach wisheit, so

cumit sin licht daz he in sinir sele hait, daz he bekennit daz he fore nicht bekante. Also nam he zu von tage zu tage biz daz he vollincumin wart an der kunst for sime tode noch sinir nature. He hatte ouch an der kunst, daz he eine grozerin zoch uz einir minnerin kunst, also du he sprach zu sinen iungerin: Waz sprechin di lude fon des menschin sone, wes son he si? Du antwortin si: Si sprechin, he si Davidis son. Da antworte unse herre: Nu sprichit doch David fon ume: Min herre sprach zu mime herrin, sitze zu miner rechtin hant. Ist he sin son, wi heizit he un dan herre? Also zoch he eine kunst uz der anderin. Dise kunst inlernite he fon niman, me in ume selbir fon sime eiginen lichte. Alleine man fon ume spreche, daz he saiz undir den meisterin und horte si und fragite si, doch inlernite he fon un nicht. Ein wise man lerit dicke mit sime fragine, dan ein andir mit sinir lere. Ez was wol billich, daz, der ein lerere solde sin allir dirre werlinde, fon nimande inlernite. Ez ist ouch nemeliche ein groiz schuz und beschirm cristines geloubin, und inwas nicht unmuglich, daz ein arm mensche, alse he schein uf der erdin, alle di werlint zu ume zoch mit sinir lere, di alle kunst in ume hatte. Ez muiste fon noit sin, daz he vollincumin were an der kunst, wan daz licht gehorit zu vollincumenheit menslicher nature, wan he ein vollincumen mensche was. Bide wir etc.

3.

Conturbati etc. Brudir Gisilher von Slatheim, der lesemeistir, sazit hi vil rede der meistere, wi daz muglich were, daz unsir herre mit beslozzenir ture zu sinen iungeren queme und sin licham beseze di selbin stat, di ein andir lichame besaz.

Conturbati discipuli existimabant se spiritum videre (Luc. 24, 37). Man lisit in deme evangelio, daz unsir herre mit beslozzinir ture quam zu sinen iungerin. Di iungerin irschrakin und woindin, daz si einen geist sehin. Den zwifil, den di iungerin hatten, de quam un von zwein sachin. Di eine sache ist, daz unsir herre sinen lichamen geanderit brochte sinen iungerin. Di andere sache, daz he sinen lichamen mit beslozzinir ture brachte sinen iungerin. Hi fon zwifiltin si, wi daz mochte gesin, daz sin lichame beseze di selbin stat, di ein andir lichame besaz, und doch geschedin blibin an dem lichamen. Hie sint noch liechte sinne mide beworrin. Ez muzin ubirclare sinne sin, di sich hi uz kunnen gerichtin und den zwifil zubrechin. Etliche meistere antwortin hi zu mit halbime sinne, wan halp sinnige lude antwortin allir snellist und dunkit si, daz si allir meist wizzin. Dise meistere sprechin, daz ez

gar muglich si, daz unsir herre mit beslozzinir ture qume zu sinen
iungerin und daz sin lichame di selbin stat beseze, di ein andir lichame
besaiz. Daz ist hir umme, sprechin si, wan der lichame gemachit
ist von den (18ᵇ) vier elementin, wan di zusamine gefugit sin mit
der helfe des himilischin libis, so sprechin si also, daz di gropheit
der element abe ge und di behendikeit und di subtilikeit des himillischin
libes beste an deme geseligiten libe unsis herrin. Hir umme ist ez muglich, sprechin di meistere. Abir unse meistere sprechin, daz die vier
element nicht abe gein, si bestein ewicliche an dem geseligiten libe
unsis herrin. Andere meistere sprechin auch, daz ez muglich si, daz
der lichame unsis herrin beseze die selbin stat di ein andir lichame besaiz. Das ist dar umme, sprechin si, daz der lichame unsis herrin durch-
schinie und behende were alse di luft. Di meistere inhabin nicht ge-
gemirkit, daz blut, fleisch und bein, daz da werliche was der lip unsis
herrin, di durchgrifikeit und durchschinikeit nicht lidin inwil. Dar umme
sprach unsir herre: Grifit her an mich, daz ich einen worin lip habe.
Nu cumen andere meistere und sprechin tifire, daz mich gar swinde
dunkit, daz der geseligite lip unsis herrin und auch unse lip, alse wir
geseligit werdin, hette di macht daz he sich burge wan he wolde und
sich uffinbare wan he wolde, und auch sprechin si daz der lip unsis
herrin hette macht ubir sine groze, daz he mochte zihen ein gelit in
daz andir, di vingire in di hant und di hant in den arm und den arm in
di sitin und also alzumale in ein glit, und daz di groze des gelidis also
cleine worde, daz he mochte gegein durch daz minniste wormvinstir.
Dit widersprechin unse meistere, di nu di schrift handelin, daz di unordenunge (unordenunge?) und di umsetzunge der gelide an deme
geseligiten libe Christi nicht mochte geschehen. Nu sprechin abir an-
dire (19ᵃ) meistere, daz ez muglich si, daz de lichame unsis herrin beseze di selbin stat, di ein andir lichame besaiz, daz ist da fon, sprechin
si, daz der lichame unsis herrin ein geist ist. Daz nemin si in dem worte
Pauli: Wir sin cumin in dise werlint tirliche und sullin uf irstein geistliche. Dise meistere inhant diz wort nicht recht genomin. Geist und
geistlich treit in zwei. Weri der lichame unsis herrin ein geist, so in-
lide wir keine noit an disir rede. Der lichame unsis herrin ist geistlich,
wan di gropheit ist ume abe gevallin und ist behende wordin, daz he
ganz wesin inphahin mac fon der sele und alliz daz di sele giftic ist,
des he edis nicht intede. Andere meistere sprechin, daz ez nicht muglich insi, daz unse herre beseze di selbin stat, di ein andir lichame besaiz; also wenic alse ein lichame mac gesin an zwein stedin, also weniç

mugin zwene lichame gesin an einir stat und den beidin ur groze volge und doch geschedin an deme lichamen. Dit sprechin dise meistere und sezin glich, daz verre unglich ist. Ez inist nicht muglich eime lichame zu sine an zwein stedin. Wan eime ist daz egin, daz ez ungeteilit si und ume volgit geschedin von allin. Daz informac got nicht, daz ein ein si und doch geteilit. Ez ist abir muglich daz zwene lichame sin an einir stat, ez inist abir nicht muglich keinir nature; mer wir gebin ez der gotlichin craft. Bide wir etc.

4.

Maiorem hac etc. Hi bewisit brudir Gisilher der lesemeistir dri edilkeit der libe for allin creftin.

Maiorem hac dilectionem nemo habet ut animam suam ponat etc. (Joh. 15, 13). Sante Johannes sprichit: Ez inist nicht grozir libe, dan daz ein mensche sterbe for sinen frunt. Daz habint wol bedacht di heiligen martelere, di da begertin daz si durch den glaubin und durch got sterbin muisten. Nu sprichit unsir herre: Grozir liebe inheit nieman. Groze der libe kan niman gewegin, dan der, der di libe selbe ist. Libe inkennit sich nirgin dan in gode, wan he ist di libe selbir. (72ᵃ) Johannes: Got ist di minne. Minne und bekentnisse ist alle wis gescheidin, dan in gode ist ez ein. Grozir minne inhait niman. Groze der libe ligit wedir an lenge noch an breide, mer si ligit an grozirme adile. Groze der minne ligit an drin dingin. Daz erste, dar ane di minne groiz ist, daz ist vriheit. Minne daz ist ein gar vrie craft, di inwirdit nummir gevangin, si ingebe sich danne gevangin selbir. Ein ture rittere inlezit sich nicht vahin und wirdit eume gevangin, he ingebe sich dan selbe gevangin. Abir bekentnisse inkan sich nummer irwerin, ez inwerde gevangin fon der worhait. Worheit vehit daz bekentnisse, daz ioch di lude sprechin, ich muiz bekennen der warheit, si hait mich gevangin. Vriheit ist sere nutze der minne, wan si geleidit wirdit fon der wisheit. Enwirdit si abir nicht geleidit fon der wisheit, so ist si gar schedelich. Godis rittir insal sich nicht neigin uffe uzere dinc, daz he deste baz godis rittirschaft geplegin muge. Wolde ein rittir caufmanschaft triben, daz were groiz schande; he sal rittirschaft triben. Daz andere, dar ane groze lit der minne, daz ist daz si gewinhaft ist. Minne gewinnit alliz daz si gewinnin wil; ur inist nicht zu ture, ere noch guit noch alliz, daz in himile ist, und ioch got selbir. Augustinus: daz alle wis unmugilich ist, daz ist der minne muglich zu gewinnene. Minne, sprichit der wise man, ist ein ubirwindende craft, di da ubir-

windit alliz daz si wil. Minne ist ein behende caufman, si gewinnit an
deme viginde (me?) dan an deme frunde. Wan min frunt ist mir nahe,
alleine ich un durch got lip habe, so minnerit doch di nehide und di
widirlibe minen gewin. Abir min vigint ist mir verre und sal min
minne du hine (72ᵇ) rechin so muiz si sich denin und streckin und
reckin und dar an lit mit (mer?) gewin. Daz dritte, dar ane groze
der libe lit, daz si di beistin kur hait an allime gude und kere fon allime
ubile und zubit sich zu gode, da behelddit si di beistin kure. Also hait
der heiligin mertelere minne verre gereckit zu urin vigindin, wan si
korin den toit durch got. Der toit enist nicht zu kisine, wan he pinlich ist. Abir daz si daz gewonnen, daz si libir hatten dan sich, dar umme
korin si den toit. Bide wir ete.

VII.

Bruder Kraft.[1]

Illumina oculos meos. Hi lerit sente Dyonisius, daz di sele muz
habin drigir leige licht, di da kumin sal zu dem luterin bekentnisse
godis.

Illumina oculos meos (Ps. 13, 4). Sente Dyonisius sprichit: Ez ist
drigir leige licht daz di sele habin sal, di da cumen sal in ein lutir bekentnisse godis. Daz erste ist naturlich, daz andere ist geistlich, daz
dritte ist gotlich. Waz ist nu daz naturliche licht und wi verre mac
di sele mide cumen in daz bekentnisse godis? Fon nature hait di sele,
daz si forsteit alle di dinc di da sint, daz si fon un selbir nicht insint,
so muiz ubir ein ein (Text: ubir brein) sin, daz fon um selbir ist
und daz gesachit hait alle dinc. Ouch forsteit di sele von nature, daz
alliz, daz gudis ist geteilit in alle dinc, daz daz zu male ist beslozzin
in der einigin sache aller dinge. Fon nature hait die sele, daz si
minnit ein iclich dinc noch deme daz ez guit ist. Wan si dan fon naturlicheme bekentnisse ist cumen uf di sache allir dinge und alliz, daz
gudis ist geteilit in alle dinc, daz ez zu mole ist beslozzin in der sache
allir dinge, fon deme naturlichime bekentnisse intspringit ein natur-

---

1) S. o. S. 108 ff.

liche minne zu deme, daz di sache ist allir dinge. Alle creature sint
gebrechlich und wandilhaftic nicht alleine an urin wesine, daz daz forge,
mer an dem ufgange irre volmachtheit (98ᵇ). Augustinus sprichit:
Di sele inmac nicht lange blibin an eime gedanke, si vellit uz eime in
den andern. Di sele inmac auch nicht file gedanken gehabin zu male:
uze den si vellit, den stirbit si und lebit den andern. Wan dan got
keine gemeinschaft hait mit den creaturen, hi ane ist bewisit, daz keine
gebrechlichkeit in deme enist, der da keine gemeinschaf(t) inhait mit
den creaturen, daz ist got alleine; und also vil alse di sele sines glichnisses hait, also vil ist si unbegriflich. Alsus bekennit und minnit di
sele fon nature got pobin alle dinc. Daz andir licht ist geistlich. Daz
inspringit in deme gelaubin, wan alliz daz der glaube in une beslozzin
hait, daz inmac di sele fon nature nicht gerechin. Der gelaube ist, daz
dri personen sint in eime wesine und ein wesin in drin personen. Hi zu
ist zu cleine alliz naturlich licht und forstentnisse, wan al naturlich
licht inmac kein glichnisse hi zu geleistin. Alleine dri persone sint,
si inwirkin doch nicht alse dri, mer si wirkin alse ein got. Daz dritte
daz ist ein licht der glorien. Daz ist ein gotlich licht, daz inpfehit die
sele in die uberstin craft. In disime lichte irkinnit man got sundir
mittil. Also verre alse sich daz licht senkit in di uberstin craft, also
verre wirt got one mittil irkant. In disime lichte irkennit die sele
allir dinge edilkeit in gode; wan alliz daz ic uz gefloiz odir nu uzfluzit
odir ummir uzgeflizin sal, daz hait ewie wesin und lebin in gode, nicht
also alse ez hi gebrechlich ist an der creature, mer alse ez sin eigin
wesin ist, wan ez ist sin nature. Got inhait sin eigin wesen nicht fon
nichte, he hait ez fon siner eginen nature, di werliche icht ist an ir
selbir. Di nature ist grundelois. Da fon inwirdit auch si nicht ge-
grundit dan fon eime grundelosin bekenntnisse. Allir creature forstentnisse ist gemezzin, dar umme hait ez grunt. Da fon inkan ez daz
grundelose forstentnisse (99ᵃ) nicht begrifin noch Christus noch der
mensche. Da got sin egine nature ane schowit, di grundelois ist, di
inmac fon nichte begrifin werdin dan fon eime grundelosin forstentnisse.
Daz forstentnisse enist nicht ein ander dan daz die nature selbir izt.
Alsus begrifit sich got alleine an siner eginen nature in eime lichte da
niman zu cumen inmac, alse sente Pawel sprichit. Bide wir etc.

VIII.

Johann Franko.

I.

Fiat mihi secundum verbum tuum. In disir predigale bewiset brudir Franco der lesemeistir der predigir, daz daz wort *fiat* ist das groiste, daz got in himilriche odir in ertriche ie gesprach.

Fiat mihi secundum verbum tuum (Luc. 1, 38). *Fiat* daz ist daz allir edilste wort daz ie gesprochin wart. Ez sprichit also tile also (as?) geschehe ein enikeit. Dit *fiat* ist gesprochin in der ewikeit in der drien personen einunge an gotlicher nature. Ez wart ouch in deme puncte der zit gesprochin in der foreinunge gotlicher und menslicher nature an einer personen. Ez wart ouch gesprochin in godis ewikeit und (zu?) der sele in der einunge, da di sele mit gode vireinit wirt. Nu sullin wir mirkin den uzfluz uz deme gotlichen wesine. Waz ist der uzfluz? daz ist ein offinbarunge, daz he sich selbin yme offinbarit, und sin offinbarunge daz ist sin sprechin. Dyonisius sprichit von der ordenunge der engel, daz got mit yn rede. Got dir inhait wedir zungin ioch munt da mide he rede; dan (Text: wo mide dan) sin redin ist, daz he sich eime ielichin engile offinbarit alse he zu ime geordinit ist. In der ewikeit godis da sint alle creaturen god in gode; undir deme uzfluzze redite si got mit undirscheide, daz daz eine wirdit ein pert, daz andir ein esil etc. Di werlint waz, dan si ewicliche in gode si gewest, si wart doch gemachit in deme puncte der zit, du si got von nichte geschuf. Alda inphinc ein ielich creature waz ir werdin mochte, da insint si nicht got, dan alse vile alse si sich gode glichin an deme wesine daz si sint. Daz andere *fiat*, daz da wart gesprochin in deme puncte der zit, daz geschach an den wortin, du unse vrowe deme engile zu (14ᵃ) sprach. *Hic nota historium.* Daz si gnadin vol waz, daz behagite ir wole, mer si wolde daz got mit (Text: mir) ir were. Sente Dyonisius sprichit: Marien tuginde sint so ubirgriflich, daz ich von ir swigin muiz. Da wart daz ewige wort ingefleischit, daz ewicliche von deme vadere ist geflozzin. Were ein man also groiz, daz he nicht grozir gesin mochte, hilde man yn vor einen cleinen spigil, man sehe sin bilde dar inne. Also wart daz ewige wort ingefleischit; ez nam mensliche nature in sich und nicht einen personen, und von deme werke des heligen geistes gewart lip und sele, und di einunge gesach in eime puncte der zit zu male und nicht fore ioch noch, daz da was vollincumen got und mensche an der personen Christi. Sint dem male daz di were der heiligin drivaldikeit ungeteilit sin, so ist ein vrage, ob der heilige geist alleine worchte, du he den lichamen machite, und ob der son alleine worchte, du her mensliche nature an sich nam. Respondeo: Noch der ordenunge gibit man deme sone daz eine und deme heilegen geiste daz andere. *Rogemus.*

2.

Ipse spiritus testimonium etc. In diser predigade lerit brudir Johan Franco, daz daz houbit, daz Christus ist, und der lichame, der di cristinheit ist, hait einen geist.

Ipse spiritus reddit testimonium spiritui nostro quod sumus filii dei (Rom. 8, 16). Sente Paulus sprichit dise wort: Der helige geist gibit gezucnisse unsime geiste, daz wir sin godis sone. Groiz duchte di aldin heligin, daz god ir vadir genant waz; doch seldin ist got in der aldin schrift vadir genant. Daz abir wir cristene lude godis sune sin genant, daz ist von godis sune und von sines geistes gnaden. Groze noit leit godis son, Christus, fon den iuden, dar umme daz he sprach he were godis son, und hait irarnit daz wir alle an yme und in yme godis sone sin geistliche. Sente Paulus sprichit: Christus ist ein houbit des lichamin, der di cristinheit ist. Dz houbit und dise gelidimese sint ein lichame und ein lichame hait einen geist. So dan Christus godis son unse heubit ist, wir sin lichame, so sin wir in yme ein (16ᵇ) geistlich godis son und sin geist machit lebinde und berichtit alle di gelidemese und gibit gezucnisse und geturst, daz si sprechin in der einunge: vadir vadir, *abba pater!* Sente Johannes sprichit: Daz licht, daz fon gode schinet, godis son, quam in sine eginen und di sinen inphingin (in) nicht. Abir den, di in inphingin, den gab he gewalt godis sune zu werdine. Nu mac man merkin, wilche hohe gewalt got uns gegebin hait, daz wir godis sune heizin und sin. Daz wisite und ordinte got fore, daz wir solden geformit werdin und glich deme libe sines sunes, der dis vadir bilde ist. Dit ist ein ubirschone bilde, in deme alle bilde gebildit sint und alle unschone schone sint. Salomon sprichit: Der son ist ein bilde der gotlichen gude, und ein spigil one fleckin und ein lutir schin siner clarheit, und ein schone candor des ewigin lichtis. In die formin des ewigin lichtis sal sich druckin di edele sele, also daz si sich stelle in eine susse guit zu phlichtikeit di gar one erge si. In den spigil sal si sehin mit geistlichin ougin, da si vindit reine lutirkeit one missewende, noch der si sich richtin sal. Ez muiz gar lutir sin, da sich der gottliche schin inwerfin sal, und sal durchflizin und durchluchten der sele fornuftikeit und

reinige(n) von allime dinstirnisse der duplichin valscheit und sezin in di
clarheit der ewigin warheit, also wirdit der mensche glich geformit
noch dem bilde godis sone. Daz glichnisse, daz wir habin mit godis
sone, du sone wir godis sone heizin, daz ist an der geburt; wan abir
her ewicliche got uze gode geborin ist daz wort, daz di warheit ist,
also sint wir geistliche uze gode geborin in deme worte der warheit.
An dirre wondirlichen geburt lit die hohe edilkeit cristiner sele. Wir
sin ouch gezogin und generit fon dem selbin (17ᵃ) spune, daz der godis
son gesogin hait, daz ist di ewigin wisheit, di der son uz des vadir
herzin getrunkin hait. Mit den brustin sines bekentnissis und sinir lere
so gibit Christus godis wisheit der sele. Des spunes sullen wir begeren
alle di nu geborin sint, di da redelich sin, on ungunst, daz wir dar ane
wasin in daz ewige heil, in den lichamen Christi. Wir sullen ouch be-
waren daz wir di icht sin, fon den got clagit in Ysaias: Soine habe ich
generit und irhohit, abir si habin mich forsmehit. Daz bilde godis
trage wir ouch in der minne. Der vadir minnit sinen son mit der
minne, di da ist der heilege geist, und mit derselbin minne minnet der
son sinen vadir und diselbe minn floz fon eme in den lichamen, des godis
son houbit ist, daz die minne wisit und machit lebinde und einit daz
houbit mit deme lichamen, daz beide houbit und lichame wirdit geistliche ein godis son. Alse Christus sprach in deme gebede zu sinem
vadere: Di minne, da du mich mide geminnet hast, di si in in und ich in
in. Bide wir etc.

3.

Exiit quidam seminare semen suam (Luc. 8, 5). Hi lerit brudir
Johan Franko, lector, daz funf hindirnisse sin, daz wir got in disme
lebine nicht mugin erkennen, und lerit auch, daz funf stucke sint, di
uns dazu furderin, daz wir got irkennen.

Daz ewige wort, daz da ist ein sewer sines selbis bekentnisses in
di sele, und der uns alle zit fon sinir mildekeit bereitir ist zu gebine
wan wir sin zu nemine. He ist allezit bereide, wir sin unbereide. Dise
dinc hinderin uns daran, daz wir got in disme lebine nicht mugin
irkennin. Daz erste ist die swetracht disis lebines fon dem lebine da
man got inne irkennit. Dit ist ein erbedinde und ein pinlich lebin;
genis ein geruwic und ein selic lebin. Daz andir, ob nu kein mensche
were, daz sich mit sime gemude so gar irhebin mochte uz disime lebine,
daz un daz erste nicht hindirte, so ist daz andir hindirnisse, daz noch
nehir ist, daz naturliche bant, daz da ist schussin deme geiste und deme

libe, daz nicht instadit deme geiste sich zu irhebine zu bekennine gotliche dine, me ummir me ist nidirzihinde zu deme libe (36ᵃ), daz joch
ton sinir wen der geist gehinderit wirt zu bekennine di dine, di in-
mochtin gefurderin zu godis bekentnisse. Ist nu daz disir bose geselle
ubirwondin wirt, alse Origenes un heisit, mit keistigunge, daz der
geist ton dem libe ungehinderit wirt, so ist ein andir hindirnisse, daz
ist ein bewegelich lidunge, der sele ummir me uf steinde und laginde,
alse da ein vigint lagit deme anderen wie he un forterbe, also lagit daz
iamir der froude, forchte der hoffnunge und also ielich dem anderen,
und machit eine zustörunge in der sele, daz si sich nicht gesaminen noch
ufgetragin immac zu godis bekentnisse. Ist nu daz diese lidunge in der
sele fordruckit werdin, daz si sich gesamenen mac und ufgetragin mac,
so ist daz vierde hindirnisse di maze der nature der sele und di maze
der nature der gnadin, die ouch ein creature ist, und inthaldin in der sele,
und von urre maze wein .. zu kurz zu rechine die unmaze die got ist.
Gnade di ist an der sele alse lichtikeit ist an eime ielichin dinge. Je
daz dine der lichtikeit me an ume hait, ie iz me geborit wirdit fon der
erdin zu deme himmele. Ez ist an deme hostin lichte alse daz fuir daz
da crigit uf biz daz es rurit an die sperin des manen, und der gnadin
nature ist, daz si di sele irhebit fon irdishin dingin und ie die gnade
grosir ist, ie si di sele me bereidit zu godis bekentnisse, abir di gnade
immac di sele da zu nicht irhebin daz si got irkenne. Christi sele, di
di allir groistin gnade hatte, di da foreinit was mit des sonis personen
for allin creaturen, doch inmochte si sinir sele nicht gegebin, daz si
got bekente. Hette he ein unnuftige (36ᵇ) creature an sich genomen,
die hette ein einvaldic wesin mit um gehat. Abir wan sin sele ein
fornuftic creature was, so muiste ur gegebin werdin daz licht der
clarheit, daz ein vollinbrengunge ist der gnade. Wan dan di sele
maze hait und die gnade maze hait und got so hoch irhabin (ist) ubir
alliz daz maze hat, daz si un nicht irlangin mac, und daz ist daz funfte.
Wan was daz onge bekennen sal, des bilde muiz foreinit werdin mit
dem augin und wirdit daz dine bekant mit deme bilde, daz mit dem
augin foreinit ist. Sal die sele got bekennen, so muiz he sich in si
negin und mit ur forenin und si durchgein, daz si un also mit umme
selbir bekenne. Got der ingestadite in keinis gebrechin, he inhette ie
da ingegin, daz den gebrechin irfullin mochte. Nu sint ouch etliche
dinc, di da zu furderin, daz man got irkenne. Daz erste ist ein
abezihin der begerunge fon allin den dingin, die mugelichkeit habin
des menschin herze zu inthaldine. Mit disime sint zu fore uzgenomin

di dine, di in deme gemude inthaldin sint. Ez inmac zu male nicht gesin dan ein andacht, und di fornuft inmac sich nicht gekerin dan uf ein dine. Waz mugelichkeit halt, einen anderin dinen glichin zu inthaldin, daz inne ouch dich inthaldin; da ton sal sich der mensche kerin. Daz andere daz du zu furderit, daz ist di lere, di uns weit, wi wir tuginde und gnade irwerbin, wan du mide werde wir allirmeist bereit zu gødis bekentnisse, daz wir daz redin in uns. Daz dritte, daz du zu furderit, ist daz sich die zwo crefte undir einandir behelfin (37ª), daz forstentnisse und di begerunge, und daz eine di anderin wide, daz di begerunge wide daz forstentnisse und begere daz es noch me forste, und daz bekentnisse wide di begerunge. Wan ie me si bekennit, ie widir die begerunge wirt; wan sal die sele got bekennen, so muz si gewidit werdin. Dyonisius sprichit: Was wir bekennen sullin fon geistlichin dingin, daz muze wir irkennen mit glichnissen, und mit mittile etlicher liplicher dinge. Nicht ist schussin gode und der sele geschaffin dan englisch nature. Wan die sele ist geschaffin in deme nidersten grade fornuftiger nature und des englis ammit ist, daz he irluchte. Ein engil irluchtit den anderen, alse he um etwaz offinbarit odir in einir anderin wise alse (he) fore nicht inkante, daz sich di sele inbore und ordene zu dem mittile, alse si got geordenit hait, daz si di irluchtunge der engle mugin inphahin; enmugin si di sele dar zu nicht irluchtin, daz si got irkenne, so furderin si si doch da zu, wan si an in irkennen, wi guit daz ist, daz man got irkenne. Daz funfte und daz hohiste furdernisse ist, daz sich die sele zu male samine fon allin disin dingin und alleine eniclichin uftrage zu dem einigin gude daz got ist. Hi fon sprichit Origenes: Ach herre, wi selic were ich, daz ich irluchtit worde mit dime lichte noch alle deme, daz mime forstentnisse muglich were zu inphahine. Ich were selic, ob ich inzogin worde fon den creaturen und fon dem rothe des irretumis; ich were noch seliger, ob ich volgite der lere und geordinit were zu der luchtunge der engle; ich were allir seligist, ob ich gesaminit worde fon allin dingin und mich alleine dem einigin gude uf truge und von inne irluchtit worde, daz ich in mochte irkennen. Bide wir unsin etc.

4.

Nunc quidem tristiciam habetis, iterum autem videbo vos et gaudebit cor vestrum. Lesemeistir Franke, brudir Johan, der bewisit dri dinc, war umme sich der mensche billige betrubit in disim lebine, und sundirlichin dar um, daz niman weiz, wi guit he si, ob he in der minne godis oder in dem zorne godis si.

Nunc quidem tristiciam habetis, iterum autem videbo vos et gaudebit cor vestrum (Joh. 16, 22). Vil ist der Dinge, dar umme wir uns betrubin mugin, abir sundirlichin sint ir dri. Ein ist, wan sunde so grozin schadin tuit (52ᵇ) und brengit, und daz wir der doch in dirre werlinde nummir mugin ledic gesin, wan da mide daz wir eine wolle bewarin, so valle wir in di anderin. Daz andere, dar umme wir uns billiche betrubin mugin, ist daz niman so helic inist, der da wissin muge ob he in godis minne si, ez ensi ume dan sundirlichin geoffinbarit. Daz geschihit wol, daz got eime offinbarit, daz he der irwelitin si; abir daz ein mensche geginwerticliche in der minne si, daz offinbarit got seltin oder nummir. Daz sprechin die heiligin alle, daz got daz du durch unsin nutz. Di sele hait ein also edil wisin in der gnade und in der minne, da si inne mit gode foreinit ist, daz ich si libir dar inne irkente, wan daz ich alle die chore der engle irkente in der nature, und daz inwere ir nicht nutze, wan daz naturliche adil luciferis sundir gnade, da he sich inne irkante, was ein sache sines vallis. Hir umme ist dem menschin nutze daz he ez nicht inkenne. Ein andir sache ist, dar umme man ez nicht inkennen mac, durch die glichheit naturlichir und gotlichir libe. Daz ist gewis, daz alle creature fon naturen got libir han dan sich selber dar umme, wan he ir inthalt und di behaldunge ires wesines ist. Ein mensche mac got also lip habin, daz ime alle dinc ein bittirkeit und ein kerker sint und daz alle sin lip burnit fon minnen und daz he got also lip hat, daz he nicht mit ume lip hat, und ist dannoch wol alliz naturliche minne. Doch ist naturlich minne also unglich und also verre fon gotlicher minne, alse der himmil ist fon der erdin. Dar umme ist der vile, di da wenin, daz si in der minne sin und insint doch dinne nicht, und etliche die sich vorchtin, daz si nicht dinne sin und sin doch dinne, und wolde ez libir an irre stat habin, dan an vile engle in deme himilriche. Wan noch deme, daz wir hi minnen, in deme selbin puncte sulle wir dort nemen und nicht me, daz ist noch dem wesine, aber noch dem werke und der gebruchung sal es dort vollincuminir sin. Daz dritte, dar umme wir uns betrubin mugin, ist daz wir so lange von deme ewigin lebine gesunderit sin. Ir sullit nu truric sin, daz ist in der zit; ich wil uch abir andirwede sehin. Alse wir sehin, so nemen wir fon den dingin glichnisse, wir ingesehin anderis nummer. Abir sin sehin gibit allin dingin hi nature und gnade, und sin andirwede sehin di ewigin ere, da fon unse herre also irfrouwit wirt, daz si uns nummir me benomin inwirt. Des helf uns got. Amen.

In omnibus requiem quaesivi. Iſt leſit brudir Johann Franke, der leſemeiſtir, wi got ruwete an ſinen wirkin, du he ez geſchuf alſe eyn weremeiſtir tut, wan he ſine kunſt, di he in dem herzin hat, brengit in daz bilde, und wi die ſele ruwin ſal in gode.

In omnibus requiem quaesivi (*Sir. 24, 11*). In allin dingin habe ich ruwe geſucht. Diſe wort ſint geſchribin in deme buche der wisheit fon unſir vrauwin und fon einer iclichen helligin ſele. Wa der heilige geiſt wirkit, da unnezigit he den willin. Alleine der menſche tu daz he formac, doch alliz ſin formugen, und formuchte he alliz daz daz alle creaturen formugin, daz inmochte den willin dannoch nicht irvolgin, also uberereſtie iſt der wille. Di ewige wisheit hait ruwe geſucht in allin dingin, daz iſt in deme menſchin, der alle dinc heizit, wan he minnir ruwe an ume vindit, dan in allin ſinen werkin. Alſe ein meiſtir ſin were in di materien brengit, alſe he ez in ſine herzin hatte, ſo ruwit he an deme werke, also ruwite got noch allin ſinen werkin, du iclich ſtunt in der nature, di ume gegebin was, one der menſche, der iſt fon zweigerleige nature und iſt ein ewic ſtrit ſchuſſin deme geiſte und deme fleiſche. Wolde ein menſche eine kurze wile mit flize erbeidin gegin deme fleiſche, he queme ſchire zu grozir ruwe. Alſe di ſele ſprach: Ich habe ein wenig geerbeidit und hein mir groze ruwe fondin. Alſe der geiſt ubertridit daz fleiſch, ſo ruwit die ewige wisheit da, wan daz vazzit got in ſich. Daz gelobite got ſinem volke, (64ᵇ) he wolde ſi noch brengin an di ſtait, da ſi ſoldin ruwen uffe urre eiginen erden. Daz geſchihit den, di daz fleiſch undir ſich brengin, und daz muz daz erſte ſin. Odir audiris: Wo glicheit iſt, da iſt ruwe. Ie glicher der ewigin wisheit, ie me ruwe. Alleine wir godis bilde tragin, ſo inhabe wir doch ſines glichniſſes, daz an tuginden iſt, nicht me, dan alſe vile wir dar noch ſtein, daz wir ſinen wegin noch gein, di he uns fore gegangin hait an allin tugindin. Wa allir meiſt gnadin und gabin iſt des heiligen geiſtes, da iſt des glichniſſes allir meiſt. Cume wir da zu, daz wir mit allim flize den wegin noch gein, di he uns fore gegangin hait, ſo tuit godis gnade daz groiſte teil da zu, und ie me wir ſiner wege irkennen, ie grundelosilicher und ie manicvaldiclicher ſi uns zu bekennene werdin. Di ſiner wege nicht woldin irkennen, den ſwr he ſi inquemen in ſine ruwe nummir. In einir anderin wis mac ich ſprechin, daz di ewige wisheit ruwe habe geſucht in der heligen ſtait, daz iſt in der ſele, di da ſteit in der geginwerti-

keit godis. Alleine si in der stedikeit alle zit nicht gestein inmac, doch
fon zit zu zit, alse got in si flizin sal, so muz si ruwin, wan sin inflizin
wil ruwe habin, und di sele muz ruwin, di sinen influz sal inphahin, wan
he me mildekeit hait uz zu flizine, wan di sele mugilichkeit habe zu
inphahine. Alleine Martha ein heilic innefrauwe was und van heligin
werkin, was doch, wan si mit manievaldigin dingin bekummirt was,
so muiste si des geginwirtigis (65ᵃ) influzzis inbern, den Maria
inphine, di da saz und ruwite. Zu deme vierdin male mac man sprechin
fon unsir vrauwin und fon allin heiligin selin, daz si habin ruwe ge-
suchit in allin dingin in zweigerleige wis; wan kein creature ist, si
inhabe etwaz gotlichis glichnisses an ir, und alse file alse di sele godis
an un bekennit, also vil ruwit si an un und nicht me. Ach in wilchir
ruwe di sele ist, der got luchtit in allin dingin! Alse sente Augustinus
sprichit: Di sele ist geschaffin zu gode und ir ruwe enist nirgin dan in
gode. In der anderin wis suchit si ruwe, alse si in allin urin werkin
nicht me insuchet dan godis ere, an libe und an leide und an allin
dingin. Di sele insal den fuiz irre begerunge nummir lazin geruwin
an keine dinge, da godis ere nicht ane enist. Si sal zu hant widir in-
fligin alse di tube in di archin, daz ist in sich selbin, da si got vindit.
Rogemus etc.

— —

IX.

Eckart Rube.

Angelus domini etc. In disir predigade lerit brudir Eckart Rube,
der lesemeistir in prediger ordine wz, wi Christus muge geheizin ein
engil und gnade ouch heize ein engil und der engil selbir, der ist der
naturliche engil godis, und weme dise engle irschinen und wo zu.

*Angelus domini apparuit in sompnis Joseph dicens: Tolle puerum
et matrem* (Matth. 2, 13). Sente Matheus sprichit, daz der engil godis
irschein Joseph in deme slafe und sprach: Stant uf und nim daz kint
und sine mudir und ganc in daz lant zu Egipten. An disin wortin muge
wir mirkin dru dinc: Zu deme ersten, waz der engil si, zu dem anderen
male, wer der si, deme der engil irschine, zu deme dritten male daz

were und waz nutzbis du fome enme. Wir vindin in der schrift von
drigirleigo engllin. Der erste ist der naturliche engil, der ander ist
Christus, ein engil des grozin radds, der dritte engil ist gnade gode,
wan si wirdit fon gode gesant und ingegozzin. Den naturlichen engel
nennit der ewangelista einen engil godis gar eigintliche, dar umme wan
he one mittil von gode geschaffin ist. Dise nidirsten dine ehephit got
mit mittele der obirsten dinge, abir den engil und di sele, geistliche
creature, werden alleine von gode geschaffin one mittil. Dar umme
heizit der engil eiginliche engil godis. Der engil ist ouch du glichnisse godis, dar umme nennit si sente Dyonisius spigile. Der engil ist
ouch gode foreinit und dar umme heizit he ouch godis engil, und alleine
der boise engil si ein naturliche godis glichnisse, he enist doch nicht
gode foreinit mit sime willin und mit sinir minne und dar umme enist
he nicht godis engil genant. Ouch alle des were uzzewendic und inne-
wendic, di habin einen wec und eine ordenunge in got. Der ander engil,
godis son, ist ouch von gode, wan he ist von deme vadere und ein
glichnisse des vadir. Wan alliz daz (18ᵃ) der vadir hait und ist, daz
gibit he sime sone in der geburt on daz alleine, daz he vadir ist.
Salomon: He ist ein spigil one moil der gewalt dis vadir godis. Der
son ist ouch ein mit deme vadere und foreinit, wan he ein wesin hait
mit eme. Man mac ouch wol sprechin, daz he deme vadere foreinit si
von deme undirschede der persone. Groiz undirscheit lit dar an alse
man sprichit ein unde foreinit. Sente Johannes sprichit: „In deme
beginne waz daz wort“, da bewisit he, daz si ein sin in deme wesine;
„und daz wort was bi gode“, da bewisit he, daz si undirscheidin sint an
den personen. Der son ist ouch ein offinbarunge des vadir. Der son in-
bekennit noch inbegihit eme selbir nicht dan alzumale begihit he dem
vadere. In Johannes sprichit der son: Vadir ich han geoffinbarit dinen
namen. Hir umme nennit in Ysaias einen engil oder einen bodin des
grozin radis. Gnade ist ouch ein engil godis geheizin, wan si alleine ist
von gode. Alleine di heiligin uns gnade mugin irwerbin, si inmac doch
niman dan got selbir gegebin. Gnade ist ouch ein glichnisse godis. Si
ist ein schin godis, der da irluchtit daz antlitze der sele. Alse got
geginwertic ist und bereidit die sele, daz si got inphahin mac, wan
daz allir erste were, daz got wirkit alse he cumit zu der sele, daz ist
gnade. Gnade ist ouch gode also foreinit, daz si nummir ist one got
noch got one gnade. Gnade ist ouch allezit ein ordenunge in got, wan
si bewarit sunde und wirkit alle were tusintvalt pobin di nature, ist ez
daz der mensche volgit der gnade und besteit an der gnade. Der

engil irschein. Alse di engile undirscheidin sint, also ist ouch ir
dirschinunge. Daz ist gewis, daz der naturliche engil noch kein
creature, di ein besteinde wesin hait an ir selbir, in di sele nicht
eumen inmac. He mac wole einen lichamen (18^b) an sich nemen und
sich offinbarin, abir einem menschen. He wirkit ouch wol etwaz in den
creftin der sele, einen schin, darinne he sich ir offinbarit, abir mit sime
wesine inmac he nicht in di sele noch kein creature, si cumen wol
darin mit iren glichnissen. Ich inkenne di want nicht mit irme wesine
sundir mit irme glichnisse, daz ich habe in mime ougin. Got mac
alleine in di sele, wan sin ist kein glichnisse nicht. Gebe ich eine ein
glichnisse des ubirsten engilis, daz were eme also unglich alse ein stein.
Alse wir got irkennen one mittil in deme ewigin lebine, da ist got daz,
daz wir bekennen, und daz, da inne wir in irkennen, daz ist got. Di
schrift wil, daz man hi got one mittil muge geminnen, alleine man in
one mittil hi nicht muge irkennen. Ein meistir sprichit: Sal ich got
bekennen, so muiz min bekentnisse und min begerunge von gode
berurit werdin, und diz muiz fon noit sin, sal ich got one mittil minnen.
Alleine daz glichnisse, da ich got mide irkenne, got nicht insi, dar umme
insteit min sele nicht dar ane alse ez ein glichnisse ist, mer alse ez
wisit zu deme, den daz glichnisse meinet oder bewisit, daz ist got, und
deme blibet di sele und nicht an deme glichnisse. Di gnade cumet ouch
in di sele, wan si nicht bestende wesin inhait an ir selbin, me si gibit
der sele wesin und lebin. Si gibit der sele ein gotlich wesin und ein
gotlich lebin. Dar umme wil ioch ein meistir, gebe di gnade der sele
nicht gotlich wesin und lebin, daz si dan in die sele nicht inmochte,
wan gnade incummit nummer in di sele one got noch got nummir one
gnade. Der engil irschein Josebe, nicht eime iclichin Josebe, sundir
eime slafinden Josebe. Alse der mensche slefit, so ist he bereit (19^a)
zu influzze und zu offinbarungen. Ein meistir sprichit, daz di sele si
ein ecke, da sich ane stozit zit und ewikeit. He meinit vil lichte, daz
di sele hait zweigirleige crefte, mit den nidersten ist si geheftit in den
lip und wirkit in liplichin gezowin, on di si ir were nicht follinbrengin
mac; alleine di craft in der sele ist, da fon daz ouge sihit, si inmac sich
doch nicht bewisin noch ir were follinbrengin, enist daz gezowe der
sele, daz ouge, nicht dar zu geordenit. Also ist ez ouch an den inne-
wendigen sinnen. Di anderen crefte der sele, di ubirsten alse di fornuft
und wille insint wedir hi noch da, si insint nirgin, wan ez geistlich
crefte sin, dar umme inhabin si nicht stait. Ein meistir sprichit, daz
ioch daz dinc, daz da begriffin ist von der fornuft, nirgin insi, daz dinc

enist doch nicht me abe gezogin (*abstractum*), wan die fornuft, vil
minner ist di fornuft. Irgin. Der engil irschein Josebe in deme slafe,
wan in deme slafe sint die uzerin sinne gebunden. Ez ist ein orde
nunge in den creften, daz ie daz ubirste di nidersten berurit, daz
niderste die obirsten. Da die niderste ir were hait geworcht uf ir
hohistes, da hebbit sich daz were der, di di nehiete ir istande me nideroten,
alse di uzewendigin sinne ir were gewirkin uf daz hoiste, da hebin sich
di innerin sinne und der sint funfe und beginnen an deme gemeinen
sinne, der der nahiste ist. der uzerin sinne, und also wirkit ir ielich
zu der fornuft, und wan in deme slafe die uzerin sinne gebundin sint
und ouch etliche der innerin sinne, und den sin, der der fornuft allir
nehist ist, ungebunden ist und fri, dafon cumen di offinbarunge in deme
slafe und warin troume. Und ie di uzerin sinne me beslozzin sint und
ouch di innerin frigir und unbekummirtir sin mit disin manievaldigin
dingin, ie di offinbarunge, di in deme troume zu cumen, warir und (19ᵇ)
gewissir sint. Rechte also ist ez, wilicher sele dise engle sullin
irschinen, di muiz geistliche slafin und ie si minnir bekummerit ist. mit
disen liplichin dingin, ie ir dise irschinunge me und dickir geschehin.
Daz ist ein gewis dinc, daz di wirkinde fornuft. daz naturliche licht
der sele. alse vollincumen ist in eime kinde alse in deme wisten
meistere. Abir wofon ist, daz ez nicht alse vil bekennit noch inweiz
alse der wiste meister? Daz ist. da fon, daz iz zu vil neigunge hait zu
manievaldigin dingin und daz ez unstede ist: wan offinbarunge und
kunst wil stedekeit habin. Da fon wirt ein mensche stede und
unwankilhaft, daz he sich heldit zu gode, der unwankilhaftic ist.
Heldit he sich abir zu disin wankilhaftigin dingin, so wirdit he unstede.
Der engil irschein Josebe in deme slafe und sprach. Daz ist daz wort
daz her sprach: Stant uf! Daz were der ubirsten dinge ist allezit ein
ufrichtin und ein ordenen in got. Ist daz der vigint wol icht wirkit,
daz ist alle zit ein nidirdruckin und nidirneigin. Her sprach: Stant uf
und nim daz kint und sine mudir. Got ist gliche nahe allin dingin, he
inwirdit abir nicht genumen von allin dingin und he inselegit ouch
nicht alle dinc. Waz ist daz diz kint nimit? Gnade nimit diz kint
und di libe di mudir. He sprach eiginliche, nim daz kint und di mudir.
Daz diz kint lipliche geborn ist, daz inseligit mich nicht, ez insi daz
ich geistliche mudir werde und dit kint geistliche gebere. Daz diz kint
ewicliche geborn ist von sinem vadere, da fone bin ich und alle dinc;
abir daz dit kint in der zit geborn ist fon Marien, da fon bin ich selich
ob ich wil, nicht von noit, daz ich selic muize sin fon dirre geburt. wan

ez ist manic in der helle deme (20*) dit kint geborn ist. Di geburt von deme vadere di ist eweeliche gewest und sal ummer me sin, da fon bin ich und alle dine. Di zitliche geburt di (ist) eines gewest und insal nummer me werdin, und fon der bin ich selic ob ich wil; abir di geistliche geburt, di hebit sich hi und sal ummir me werin in deme ewigin lebine. Daz sich dise geburt hi hebe und daz wir in hi also geborin daz wir in noch disme lebine ewicliche muzin geberin, des helf uns got. Amen.